散所・声聞師・舞々の研究

世界人権問題研究センター編

思文閣出版

◆世界人権問題研究センター創立十周年記念出版◆

刊行の序

世界人権問題研究センター理事長
京都大学名誉教授　上田正昭

平成六年（一九九四）の十一月二十二日、文部省から財団法人の認可をうけて、同年の十二月一日、正式に発足した世界人権問題研究センターは、つぎの4部会を中心に、着実に調査と研究を積み重ねてきた。国際的人権保障体制の研究（第1部会）、同和問題の研究（第2部会）、定住外国人の人権問題の研究（第3部会）、女性の人権問題の研究（第4部会）がそれであり、原則として毎月定例の共同研究を組織し、それぞれの部会が研究テーマを設定して問題の究明に努力してきた。

そしてそれらの成果は、毎年発行している当研究センターの『年報』および『研究紀要』さらに各部会の研究報告書のほか、『京都人権歴史紀行』（人文書院）、『人権歴史年表』（山川出版社）や季刊誌『ＧＬＯＢＥ』に反映され、「人権大学講座」・「講座・人権ゆかりの地をたずねて」などの啓発活動にも活かされてきた。

数多くの障壁をのりこえて平成十六年（二〇〇四）の十二月、世界人権問題研究センターはめでたく創立十周年を迎えた。その十周年を記念する事業のひとつとして出版したのが本書である。この『散所・声聞師・舞々の研究』は平成七年四月からはじまった第2部会前近代班のおよそ八年におよぶ共同研究のまとめである。

この共同研究会に当初から参加され助言されたのが、当センターの林屋辰三郎前理事長であった。林屋前理事長は残念にも平成十年の二月にあの世に旅立たれたが、この研究をリードされた業績と役割はきわめて大きい。

平安建都千二百年記念事業推進協議会がスタートしたのは、昭和五十八年（一九八三）の二月七日であった。そして同日企画委員が選出され、林屋前理事長がその委員長となり、私も企画委員会のメンバーのひとりとなった。平安建都千二百年記念事業のひとつとして当センターの設立がおりこまれたのは、その企画委員会においてであった。

昭和六十年（一九八五）の七月二十二日、京都府認可の財団法人平安建都千二百年記念協会がスタートして、桑原武夫会長の指名により林屋前理事長が副会長に就任された。理事に任命された私は、昭和六十二年の六月十三日から当センターを具体化するための検討部会長となり、平成四年の一月二十二日からは、田畑茂二郎前所長を会長とする設立研究会が組織されて、その副会長を私がつとめた。そうしたあまたの努力が結実しての、アジアにおけるはじめての世界人権問題研究センター創設であった。

散所の研究は、喜田貞吉・西岡虎之助・森末義彰各氏らによって展開されてきたが、中世被差別民衆史の主流に散所を位置づけて、その考察を大きく前進させられたのが林屋辰三郎前理事長であった。その所論は中世被差別民衆の研究はもとよりのこと、日本中世史研究の動向にも多大の影響をおよぼした。

その後、初期の散所と第二次的な中世後期の散所を明確に分けて、その実相を究明した脇田晴子氏をはじめとする研究によって、散所の内容はより鮮明になってきたが、本書は、散所の人びとが携わった芸能あるいは陰陽道などとのかかわりを含めて、文献・絵画・地図の綿密な分析をこころみ、洛中・山城国・近江国における散所の実態を浮きぼりにする。

書名のとおり、「散所」「声聞師」「舞々」を総合的にとらえ、散所の実像とその側面を明らかにしたこの共同研究は、中世の被差別民衆史のみならず、中世から近世への歴史研究にも大きく寄与するにちがいない。座談会でも言及されているが、残された課題へのさらなる論究を期待する。

『散所・声聞師・舞々の研究』によせて

世界人権問題研究センター所長
同志社大学教授
安藤仁介

財団法人・世界人権問題研究センターの設立十周年記念事業の一端として、ここに『散所・声聞師・舞々の研究』が公刊されることになった。同センターの所長として、一言お祝いの言葉を寄せたい。

周知のとおり世界人権問題研究センターは、京都の建都千二百年記念事業の一つとして設立されたものである。記念事業には、式典のように性質上一過性のものが多かったが、長期的な展望に立つ事業をもということでセンターは企画・構想された。だが、センターの設立にはいくつかの問題があった。一つには、センターをどのような形態で設置するか、が問題となった。設立の推進母体となった平安建都千二百年記念協会は、参考とすべき情報を収集するため、欧米へ国際人権関係機関調査団を派遣することを決め、私がその団長をお引き受けした。調査の結果、センターをいずれかの大学の付置研究機関とする案も検討されたが、組織の独自性を保つためには独立法人とするのが望ましい、という結論に達した。二つ目の問題は、センターを支える財政であった。これについてもいろいろな考え方があったが、最終的には平安建都千二百年記念協会を引き継いで、京都府・京都市・京都商工会議所の三者で負担されることになった。もっとも、財政規模による制約から、事務局職員については、府・市からそれぞれ派遣される一～二名以外はアルバイト職員若干名で補い、研究職員については、国際人権・同和関係・定住外国人・女性の四研究部門に各々一～二名の専任研究員を置くほか、部門ごとに二～三名の客員研究員、一〇～二〇名程度の嘱託研究員を置くことで決着した。

最後まで問題となったのは、独立法人を文部省（現在の文部科学省）認可の全国的な財団法人とするか、府知事認可の地域的な財団法人とするか、であった。京都府が財政支援の一母体である関係から、地域的な法人とすることはさほど困難ではない。しかし折角、アジアで最初の人権問題研究機関として発足させ、しかも〝世界〟と名付けるからには、少なくとも全国的な法人として発足させ、やがては国際的な広がりも持たせたい。そのためには、何とか文部省の認可を得たい。けれども文部省側は、「人権」という政治性の強いテーマについて自らの管轄下に入る「研究」機関を認可することに、きわめて懐疑的かつ消極的であった。したがって、人権問題について種々の角度から世界的に〝純粋学問的に研究する機関の必要性〟を文部省に対していかに説得的に説明するかが、センター設立の最後の関門となったのである。この点は、本センターの初代所長となられた故田畑茂二郎先生ほか関係者の非常な努力によって解決された。そして、その説明の正当性は、その後のセンターの実践を通して証明されることになったのである。

私自身は個人的に見て、センターが純粋に学問的な機関としてそれに相応しい実践を積み重ね成果を生み出してきた、と考えている。そのことは、設立以来公刊されてきた『年報』や『研究紀要』が明確に証明している。さらに、センター創立十周年記念事業の一端として公刊される本書『散所・声聞師・舞々の研究』こそが、その更なる証明である。国際法を専攻する私には、本書の学問的な意義について云々する資格がない。ただし、若い一時期、歴史に興味を懐き、歴史のなかでも日本史を専攻しようと考えたこともある私の素人目には、本書が本センター同和関係研究部門の純粋学問的成果の見事な結晶である、と映る。本書に続いて、他の研究部門からも同様な結晶が生まれ出ることを願って、本書の公刊に対するお祝いの言葉としたい。

目　次

出席者　宇那木隆司　梅田千尋　亀岡哲也　河内将芳
川嶋將生　源城政好　村上紀夫　山路興造
司　会　山本尚友

散所・声聞師・舞々の研究

序　章　散所の概要と研究の経緯

山本尚友

一、掃除散所の成立

散所という言葉が現在残っている文献で初めて用いられたのは、天平十九年（七四七）の「勅旨写一切経所牒」（『正倉院文書』九）が法隆寺三綱等に対し、法華経疏一部を貸出すよう申しでたもので、もし寺家になければ「探求散所」するように命じている。ここでは散所は、寺家ではない他の場所の意で用いられているが、法華経疏一部が本来あるべき寺家に対し、正規の場所でない貸出先である臨時の場所の意を含有していたとみてよいであろう。

この意がもう少し明瞭に窺えるのは、保元元年（一一二〇）に後三条天皇の御願寺であった円宗寺で折りから行われていた法華会の結願の日が、先帝の忌日である国忌に当っていたため、法会で楽を奏することの是非が問題となった時のことである。この事を記した『中右記』（十二月二十三日条）は、「於散所事」であるので「恒例之楽」を止めるべきでなく、「於禁中事者所不挙也」と述べ、本所である禁中では楽を止めるべきだが、散所である円宗寺では問題ないとしている。

この例からわかるように、正規のあるいは中心的な場所である本所にたいし、臨時のあるいは散在の場所を散所と称したのである。

ところで、古代には、宮家や高位の貴族に内舎人・近衛・雑色・衛士を天皇より貸与する制度があった。彼らは随身と呼ばれ、当初は貴人の外出などのさいに一時的に賜ったものと思われるが、後には院家や摂関家に長期にわたり賜与されるようになり、そのような状態にある内舎人らを散所内舎人・散所近衛・散所雑色などと呼ぶようになった。

とはいっても、彼らの所属は本所である派遣元の官司にあり、朝廷の大儀などの際には本所に召喚されて、役を勤めねばならなかった。しかし、長和二年（一〇一三）に白馬節会の24を命じられた左府及大将家の散所随身が、「称散所随身、不勤其事」（『小右記』正月四日条）なかったように、律令体制が衰退するなかで散所随身は権門の私的な従者に変質していった。また同じ時期、当初は貴族の師弟から選任されていた随身に、地方の武士が任じられるようになってその職が世襲化され、国家より一定の給田・雑免田・在家等が与えられるようになった。

諸権門はこれらの散所随身を寄人的身分に編成して、摂関家では散所雑色、院家では散所召次などと呼び、外出のさいの警固や身辺雑用に使役するだけでなく、魚菜等の供物の貢進や、旅行などのさいに船を用意させるなどの雑役にしたがわせたものと思われる。散所随身は国家の雑公事や臨時雑役を免除されるかわりに、権門に種々の奉仕をおこなった。荘園制的支配を人身にもおよぼしたものであったが、随身たちは権門との関係を利用して、随身として給された土地以外の年貢を対捍するなどの行動をとるようになり、また摂津国河辺郡長洲庄のようにはじめは三十八宇にすぎなかった散所が増加し、千家にもおよぶというような事態も生まれた。

このような散所のなかに、掃除を職掌とするものがあった。康和五年（一一〇三）の高陽院の装束始に見参したものの内に、「鳥羽殿庭掃百二人、法勝寺庭掃四十二人、尊勝寺庭掃三十人」と法皇の建立した御願寺の庭掃と称するものがおり（『為房卿記』八月十二日条）、また天永三年（一一一二）に藤原忠実が娘の高陽院に掃除夫三百人を送ったという記事（『殿暦』五月二十五日条）が、掃除を職掌とするものの存在を知ることのできる早い例である。

この掃除を職掌とする人びとが散所と呼ばれていたことは、醍醐寺散所の例から知ることができる。醍醐寺に散所が付されたのは、承暦元年（一〇七七）に没した源師房によってであった。師房は宇治関白藤原頼通の北政所源隆姫の兄弟であり、醍醐寺十三代座主定賢に「山階散所十人」を付していた（『醍醐雑事記』巻五）。この散所は定賢の甥の源能俊の所知するところとなったようで、白河院近臣であった能俊は元永二年（一一一九）に白河上皇が前年に建立した白河院（白河北殿）の庭掃として「山科散所」を寄進している（『中右記』四月三十日条）。

すなわち、庭掃を職掌とする人びとが散所として、院御所や御願寺あるいは大寺に付されることが、遅くとも十一世紀末頃より行われるようになったと思われるのである。平安期における掃除を職掌とする散所の実態は不明であるが、室町時代の東寺散所の請文によれば、月一回境内の掃除に従うこと、および築地役等の他役にも命があれば従うことを誓約している。醍醐寺の散所についても後に史料で掃除役に従っていたことが確認できるので、おそらく庭掃という名称が示唆するように平安時代より、これらの散所は奉仕する権門の掃除役に従っていたと推定することができるであろう。

二、散所と陰陽道

一方、これらの掃除散所は千秋万歳にも携わるものであった。醍醐寺での千秋万歳は、久安五年（一一四九）の「座主坊雑事日記」（『醍醐雑事記』巻十一）に近江国柏原庄から修正会料に納められた桶餅の一部が千秋万歳料に宛てられており、それがおこなわれていたことを知ることができる。千秋万歳は『新猿楽記』に「千秋万歳之酒禱」とあるように、酒造等の際にそれが首尾よくいくよう呪言を唱えるものであった。予祝としての機能が期待されたもので、このことから散所の人びとは掃除奉仕をする権門を正月に訪れて、一年の幸を願って千秋万歳を演じるようになったのである。

千秋万歳には二つの側面があった。そのひとつは呪術としてのもので、「酒禱」のための千秋万歳はまさにこの性格を如実にあらわしていた。もうひとつは芸能としてのもので、正月に主家を訪れておこなう千秋万歳は予祝という呪術的側面よりも、呪言をとなえるさいの節回や所作をめでるということに関心が移っていったものと思われる。

平安時代の末の文治二年（一一八六）以前の写と推定される知恩院本『倭漢朗詠注上』は、当時の千秋万歳の風俗を次のように描写している。

此《ノ》子日《ト》卯日《トノ》、正月七日内《ニ》出来《レル》時、千秋万才《ト》云物《ハ》スルナリ、二《カ》中《ニ》一《モアレハス》、二日午《ヲモ》有《レハ》二度《スルナリ》、装束《ハ》、錦《ノ》帽子《ニ》、ヲリモノ、キウタイ、綾《ノ》サシヌキ、花《ノ》節ワラフカクツハイテ、左手《ニ》ソテマクヒニ、ウツヱカ子日《ノ》松《カ》マトヒテ、右手《ニ》ヒアフキヲ二間許開《テ》、口《チ》ヲオイシテ、二人《ノ》事《トリ》、三人《ノ》フクロ持《チシテ》、スルナリ、此《ハ》乞食法師《ノ》スル事也、正月七日《ノ》子日ナルニ、シアワセタルヲ以《テ》、美《キ》事《ニ》スル也、

平安時代には正月七日の内に子日があれば吉日として、東山に登って若松を引き抜き、松千年の齢を祈る習慣があり、散所の人びとはその日に合わせて千秋万歳を演じたのであった。装束は錦の帽子以下の美々しいものを着け、左手に呪力のある卯杖か若松を持ち、右手には檜扇を持つという扮装は、呪能と芸能をあわせもつ千秋万歳の性格を象徴するものであったといえるだろう。

散所の人びとはまた声聞師とも呼ばれた。文明九年（一四七七）五月十三日条の『大乗院寺社雑事記』には、声聞師が沙汰するものとして「陰陽師・金口・暦星宮・久世舞・盆彼岸経・毘沙門経」があげられている。この書上は、呪能と芸能という千秋万歳のうちに統一されていた二つの側面が、その後分化していった様子を窺わせてくれる。

陰陽師というのは、律令制とともに中国から伝来した天文学と占易術で、朝廷の陰陽寮がその担い手であった。

律令官制の衰退により宮廷陰陽道が後退するのにかわって、鎌倉時代からは民間信仰と習合した民間陰陽道が盛んになるが、散所の声聞師たちはその一角を担う存在となっていくのである。

民間陰陽師は仏教系の行法にも携わっており、金口は金鼓のことで、平安時代には良い夢見を願って観音堂の鐘を打ちにいく習慣があったが、時代が下ると家々の門にたって経文を唱え、金鼓を打ってまわる人が出現するようになったものである。暦星宮は仏教系の暦法および占法・祈禱術であった。盆彼岸経・毘沙門経も経文を声聞師が唱えたものである。

三、散所と芸能

千秋万歳は鎌倉時代に入ると、必ずしも初子日にかぎらずおこなわれるようになり（『岡屋関白記』寛元四年正月十日条）、また余興に猿楽や曲芸などを演じるようになって、一層の芸能化が進んだ。千秋万歳が猿楽を演じた初例は、正安三年（一三〇一）正月五日に禁裏に参入した千秋万歳が猿楽三番と手鞠・振劔を演じたというもので（『継塵記』）、この後千秋万歳が余興に猿楽を演じることが恒例となっていった。

また、室町時代になると地方の声聞師が曲舞を演じるようになった。『大乗院寺社雑事記』に「久世舞」とあるのがこれである。曲舞はもとは猿楽・田楽などと並ぶ専業芸能者によって演じられた芸能で、そのリズムを強調した節付が猿楽に取り入れられたことで知られているが、室町時代初期には衰退して演じるものがほとんどいなくなっていた。

それを受け継いだのが声聞師たちで、越前の幸若大夫を筆頭に近江・摂津・若狭・加賀・美濃などから、声聞師たちが都に上洛し、貴族の邸宅や寺社などで演じる記事を多くみるようになる。応永三十年（一四二三）十月一日に六角堂に近江・河内・吉野・八幡の声聞師があつまって勧進興行を催したことは有名で、勧進興行をおこなえるほどに好評をはくしていたのである。

曲舞は舞々とも二人舞とも称されたが、物語を語りながら舞をまうものであった。越前国田中の幸若大夫が、瞽女や琵琶法師の語っていた軍記物語をレパートリーに取り入れると人気をはくし、「幸若舞」と呼ばれるようになった。また、都の千秋万歳たちも曲舞がはやると、千秋万歳の余興にこれを演じるようになった。

この頃、地方に散所の声聞師と同様の活動をおこなう村々が多くみえるようになるが、それらの村々の多くは舞々村あるいは舞村と呼ばれた。多くは曲舞を演じたことから、このような称が生じたものであろうが、これらの集落は陰陽師的活動にも従事している場合が多く、畿内を中心とした散所とその生業は共通するものであった。

月一回の掃除役を奉仕した散所は、その代償に無税の居住地を与えられ、また検非違使より賦課される雑公事を免除されるという特権が認められていた。これを物語る史料は鎌倉時代以降のものしか現存していないが、諸状況からみてこの制度は平安時代から始っていたものと思われる。検非違使の散所に対する雑公事の賦課権は、おそらく検非違使が平安京の管理のために乞食への使役権をもっていたことと関連するものと思われる。

検非違使は律令官制が弛緩するのに対応して、弘仁年間（八一〇～八二四）頃に天皇直属の警察機構として新たに設置されたもので、弾正台・刑部省・京職の権限を継承したものであった。相次ぐ飢饉等で都の大路に死骸が散乱したときには、検非違使は乞食を使役してその処理にあたっていたのである。おそらく、検非違使の管轄下にあった乞食の一部が院御所や御願寺・大寺に付されたのが、掃除散所の淵源と思われるが、掃除散所に付された人びとは他の乞食とは趣を異にする面があった。

それは彼らが当初より、千秋万歳や陰陽道に携わっていたことである。朝廷の式楽であった雅楽や、寺社の法会を荘厳した猿楽等の芸能は別として、町の辻や家々の門で芸能を演じた人びとは、乞食同然の者として古来より差別される存在であった。藤原朝の作とみられる『万葉集』巻十六の「乞食者詠歌二首」は、都の市で演じられた芸能で謡われた歌を収録したものだが、「乞食者」の語は「ほかひひと」と訓じられていたのである。目出度い言葉を唱えながら芸能をおこなう人が、当時は外来語であった乞食という言葉をあてはめるのに最適と思われたのであった。

散所の声聞師たちも、宿や穢多の集団とともに非人と呼ばれていたのは周知のことである。非人とは、日本では罪人を意味する言葉として平安時代の初めころより用いられた言葉であったが、平安時代の末より乞食のことをも非人と呼ぶようになり、乞食のうち一部のものが寺社の清めの仕事を手中にすることで集団化した「宿」や、皮革の製造という生業が忌避された「穢多」なども非人と称されるようになった。

散所の場合、乞食が散所として組織されるなかで千秋万歳等に進出していったという見通しもたてられないわけではないが、千秋万歳という生業が乞食同然の所業とみなされて、非人の称が冠された可能性のほうが高いと思われる。それほどに、散所の民と陰陽師的職掌に芸能をあわせた声聞道との間には密接な関係が認められるのである。

散所に組織されることは、彼らに大きな利益をもたらしたと思われる。彼らは安定した居住地を得ただけでなく、検非違使の臨時課役から逃れることができるようになった。また、権門との関係は彼らの本来の仕事である声聞道の展開にとって好条件となった。というのは、千秋万歳ひとつにしても、新たな出入先を見つけるには有力者の推薦が不可欠であったからである。

四、散所の解体

室町時代になって武士の支配が直接京都にも及ぶようになると、散所をとりまく環境も変化していった。それまで散所の設定は天皇権の行使として実現していたが、新たに室町将軍により散所が設定されるようになったのである。このことが具体的に確認できるのが、足利義満により相国寺に寄進された御霊社東西散所で、寛正四年（一四六四）七月十三日条の『蔭凉軒日録』によれば、侍所から当該散所に公役が命じられたのに対し、相国寺では義満の免許状等を示してこれを逃れようとして、認められている。この他にも、義満により北野社経王堂に寄進された西京散所、義政により相国寺に寄進された柳原散所などが、足利将軍により設定された散所の例である。

このような武士の権力の伸張にともなって、散所の管理も検非違使から室町幕府の侍所に移っていった。検非違使管理下においても、散所は院の御願寺の築地つき等に使役されることはあったが、侍所の管理に移ると臨時雑役への使役は頻繁となり、散所をかかえる寺院等はその対処に奔走することが多くなった。他役免除が認められている散所であっても公方大役の場合は、労役奉仕を命じるというのが侍所の基本方針であった。

散所への臨時課役は応仁乱をすぎるとひんぱんとなり、特に東山山荘の造営がはじまるとそれは激しくなった。東寺の散所に対しては造営が始った文明十四年（一四八二）から人夫役が賦課されたが、同十五年には東寺領柳原散所から二十二人、他の東寺領散所から三十六人が徴発されている。ところが、文明十六年からはそれが夫役銭の賦課に変り、文明十六年は五百文、同十七年は一貫文、同十八年は二貫文、翌長享元年は一貫五百文、同二年は一貫文が散所に賦課されている。さらに、明応二年（一四九三）に幕府より人夫役が課され、散所がこれをしぶった時には、人別二十疋の夫役銭が寺家より厳命された。

すなわち、ここにいたって他役免除の特権は侍所によって実質上否定されるにいたったのである。この時期以降、東寺の文書から散所関係の記事はみられなくなる。他役免除が認められない以上、散所側としては東寺境内の掃除役をつとめる義務はないわけであり、東寺への散所の奉仕は停止されたものであろう。これ以降も、東寺の地子納帳等には散所者の名は記されており、住所としての散所が消滅したわけではなかった。

他寺の場合の推移については、史料が確認されていないために不明であるが、ほぼ同じ事態が起こったものと推定される。北野社の西京散所は近世には七軒町という町名が付されるようになるが、享保十年（一七二五）に他の西京の町々と同様の町役を勤めるようになるまでは、北野社の鳥居道の掃除役を勤めていた。明らかに中世の散所の役が近世にまで引継がれていると見なすことができる。しかし、井替等の他の散所所役は近世では消滅しており、鳥居道の掃除役は町役のひとつとして賦課されたものであり、散所の所役がそのまま延長したものではなかった。

このように、散所の制は中世社会の終焉をまたずして、解体したものと思われる。

五、研究の経緯

以上、これまでの研究をふまえて散所の歴史を概説したが、簡便な叙述を心掛けたため、研究上の細かな議論についてはふれなかった。例えば、掃除散所の成立期を平安期とすることについては、鎌倉期とする論者があり現在でも結論がでていない状況である。また、散所の民の出自については、先に述べたように乞食そのものであるのか、あるいは乞食同然とみなされた独自の職能集団であるのか、いまだ判明していない。さらには、検非違使の散所支配についても、その根拠は充分には明らかになっていない等々である。

これらの未解決の課題の解明をめざして、世界人権問題研究センターの研究第二部会「同和問題の研究」で、「散所に関する総合的研究」が開始されたのは平成七年の夏からであった。

世界人権問題研究センターは平成六年（一九九四）十二月に、京都府、京都市および京都商工会議所の三者が中心となって設立された、日本ではじめての人権問題の本格的な研究機関である。同センターの研究機構は、研究第一部会「国際的人権保障体制の研究」、第二部会「同和問題の研究」、第三部会「定住外国人の人権問題の研究」、第四部会「女性の人権問題の研究」の四部体制となっており、第二部会はさらに「前近代班」と「近現代班」の二つに分れ、「散所に関する総合的研究」は前近代班により研究が進められた。

第二部会では、当初研究テーマを「被差別部落史における移行期の研究」として試行的な研究をおこなっていたが、それを「散所に関する総合的研究」と改めるにあたっては、当時同センターの理事長を勤めておられた林屋辰三郎氏の熱心な勧奨があった。

周知のように林屋氏は戦後における古代中世の部落史研究をリードされ、その中で散所を部落史の中核として重視された方であった。林屋氏の提唱をうけてその後研究は急速に進んだが、一九七〇年代後半から研究は停滞し、研究の深化が図られないままであった。しかし、他方で猿楽・曲舞などの散所の人びとが携わった芸能の研究が進展し、また陰陽道の研究も一九九〇年代に入って本格化するなど、周辺諸領域の研究が進展していた。

これら未解明の課題の究明と、新しい研究成果を散所研究として統合することを目指して、研究は開始された。世界人権問題研究センターでの月一回の研究例会を中心に、研究活動は行われ、この間、研究例会において報告された研究報告は次のとおりである。

一九九五年 九 月　宇那木隆司「散所研究の現状と課題」
一九九五年一一月　山路　興造「舞々考―地方の舞々を中心に」
一九九六年 三 月　川嶋　将生「山科家をめぐる散所と河原者」
一九九六年 七 月　岡　　佳子「北山散所について」
一九九六年一〇月　下坂　　守「絵画史料に見る中世の身分」
一九九七年 三 月　山本　尚友「東寺散所の位置についての基礎的研究」
一九九七年 四 月　宇那木隆司「東寺散所の成立と散所長者」

一九九七年　五月　亀岡　哲也「近世近江の散所村について」
一九九七年　六月　川嶋　將生「随身下毛野氏と散所」
一九九七年　七月　梅田　千尋「近世京都周辺の陰陽師について」
一九九七年一〇月　村上　紀夫「常盤散所小考」
一九九八年　一月　宇那木隆司「東寺散所の特質」
一九九八年一〇月　梅田　千尋「近世における禁裏年中行事と陰陽師」
一九九九年　二月　宇那木隆司「東寺算用状にみる散所」
一九九九年　三月　山本　尚友「西京散所について」
一九九九年　六月　川嶋　將生「近江国三上左散所再考」
一九九九年一〇月　村上　紀夫「岩神散所覚書」
二〇〇〇年　一月　木下　光生「近江国甲賀郡岩根村散所・高島郡産所村をめぐって」
二〇〇〇年　四月　川嶋　將生「鷹飼と差別の関連をめぐって─古代・中世を中心に」
二〇〇〇年　六月　山本　尚友「近江国滋賀郡前田村について」
二〇〇〇年　九月　木下　光生「田中神社文書に見る近江国高島郡産所村の諸相」
二〇〇〇年一〇月　山路　興造「賤民系散所の機能─醍醐寺の散所を中心に」
二〇〇一年　一月　亀岡　哲也「近江堅田の陰陽師村について」
二〇〇一年　四月　源城　政好「柳原散所と御霊社東西散所」
二〇〇一年　六月　梅田　千尋「近世後期の大黒松大夫家の帰属をめぐって」
二〇〇一年一〇月　宇那木隆司「最勝光院敷地柳原西在家散所について」

二〇〇一年一二月　亀岡　哲也「近世兵庫津の算所村と夙村」
二〇〇二年　四月　山路　興造「京都の声聞師再考―室町期の声聞師に関する二・三の疑問点」
二〇〇二年一一月　源城　政好「相国寺周辺の散所をめぐって―御霊社東西散所・柳原散所」
二〇〇三年　一月　宇那木隆司「散所研究の現状と課題」

一九九八年の前半を終わった時点で、研究員の報告はほぼ一巡したが、課題であった未解明の部分の究明という点では、あまり進展が望めないことがほぼ明らかとなった。研究会と同時並行的に、「散所関係研究文献目録」と「散所関連年表」の作成をおこなったが、これらを通覧するなかで散所に関する史料が東寺関係のものにいちじるしく偏っており、それ以外のものが余りに少ないことが判明した。もちろん、東寺関係の散所史料もすべてが検討された訳ではないが、それをおこなったとしても未解明の部分の解明にすぐに役立たないことも分ってきた。

このため、研究の方向を修正することとし、これまで余り試みられてこなかった、個別散所の研究をおこなうこととなった。そのため、全国の散所、声聞師、舞々の集落の一覧表を作成することとなった。北は陸前国から南は日向国までの全国三十七国、百五十ヵ所の集落を収録した「散所所在地一覧」が作成され、それを検討するなかで全国の散所関係集落を横断的に研究するのは研究会の力に余るものであることが確認され、重要な地域について集中的に研究を進めることになった。

これまでの研究の蓄積と、残存史料の期間の長さと豊富さ、そして地域としての重要性から、洛中と山城国そして近江国を研究対象とすることとなった。一九九八年十月には、各研究員の担当地域が決まり、以後これにそって研究が進められ、二〇〇二年にはそれがおおよそ終了したことを受けて、二〇〇二年六月より執筆を開始し、翌年末に取りまとめたものが本書である。

洛中・山城国・近江国に所在する散所関係集落について、それぞれ一項をたてて原稿化したが、これまで地名が知られていたものの中で、洛中の「土御門四丁町」については集落は存在していなかったと判断し、また近江国甲賀郡の「野田村」「朝日国村」については所在地が特定できなかったため、原稿化を断念した。

なお、個別散所の研究を通じて種々のことが明らかとなったが、個々の項目では言及できない問題も多かったため、二〇〇三年八月に執筆者による座談会をもった。第四章の座談会はそれをまとめたもので、今回の共同研究のまとめに相当するものである。また、第五章の「散所関連年表」と「散所関係文献目録」は研究用ツールとして作成したものを補訂したもの、「散所に関する基本史料」は座談会の参考資料として作成したものをそれぞれ収録した。

第一章　洛中の散所

北畠散所と桜町散所

源城政好

北畠の位置については、『後愚昧記』応安二年（一三六九）十一月十一日条に「申刻許、下部五郎男、於毘沙門堂北畠、為京極三位行光卿下人被殺害了」とあり、また『山城名勝志』に「北畠　指南抄云、北畠通一条ヨリ北、其間三町也云云」「毘沙門堂、按今塔壇内有毘沙門町、南北二町、是其旧蹟歟、世ニ毘沙門ノ花盛ト謂フハ、此寺ノ事也、寛文年中門主公海僧正於北山科地被再興、塔壇者相国寺大塔在富小路東毘沙門堂南載于薩戒記其跡也」とある。これらの史料から、北畠は相国寺の東、かつて出雲路にあった毘沙門堂の近辺に位置する。ここは、相国寺の七重塔があったところで、今日もなお「上塔之段町」「下塔之段町」という町名がそれを伝えている。

北畠散所は、柳原散所とともに長禄二年（一四五八）十一月に足利義政によって相国寺に寄進された[1]。柳原散所の例から考えて相国寺の掃除役としての寄進であったと考えられる。

一、北畠声聞師の活動

史料上における北畠声聞師という呼称は永正二年（一五〇五）まで待たねばならないが、彼らの活動は永享三年（一四三一）まで遡ることができる[2]。

永享三年の正月十一日、北畠の声聞師が伏見宮貞成親王の伏見御所に参入し松拍を演じた。貞成親王が日記に「北畠松拍参、次柳原松拍参初参、各賜禄」と柳原声聞師の松拍に「初参」と注記していることから、伏見御所での北畠声聞師の松拍はこれ以前からおこなわれていたことを物語る。(3) 貞成親王は、元服する応永十八年（一四一一）まで菊亭すなわち今出川邸で養育されており、伏見御所での北畠や柳原の松拍はその縁であろう。北畠の松拍は、永享七年（一四三五）十二月十九日に貞成親王が一条東洞院邸に居を移しても変わりなく続けられ、(4)永享十年まで確認することができる。(5)

禁裏▨三毬打、三本蔵人右中弁沙汰之、蔵人将監源政仲奉行有催也、今夜、北畠散所参入皷舞如例中権喝食、見物之

伏見宮三毬打、岩上散所皷舞云々、

禁裏の三毬打行事に参入して囃子の奉仕をおこなっている北畠声聞師の様子をつたえるこの『建内記』文安四年（一四四七）正月十八日の記事は、北畠散所という呼称の初出史料でもある。「北畠散所参入皷舞如例」とあることから、北畠声聞師は以前より禁裏の三毬打行事に参入していたことを窺わせる。

北畠声聞師は、北畠党と名乗り、文明十四年（一四八二）以降は、毎年正月に参内して千秋万歳を演じており、(6)小集団を組織しての芸能活動をおこなっていた。永正二年（一五〇五）以降は正月五日が北畠党の禁裏での千秋万歳が行われる日としてほぼ定着し、曲舞を二番もしくは三番舞っている。演じる場所は、議定所の庭もしくは孔雀間である。(7)

北畠声聞師が蔭涼軒に参入して千秋万歳を演じたのは長禄二年（一四五八）に北畠散所が足利義政によって相国寺に寄進されて以後の長享元年（一四八七）一月二日が記録の上では最初であり、(8)その後、毎年正月二日に蔭涼軒に参入している。翌年の正月二日には某入道が北畠党を率いて参入している。(9)この入道は、将軍御所まで参入していたようで、延徳元年（一四八九）には足利義尚の六角高頼討伐のための陣所にまで出かけていて蔭涼軒には

来なかった。[10] しかし、翌延徳二年と延徳三年には再び北畠党を率いて蔭凉軒を訪れている。[11]

北畠党は永正期までは七、八人で集団を構成していたようであるが、[12] 構成人数も徐々に減少し、天文十五年（一五四六）には五人となり、[13] 元亀元年（一五七〇）には三人となっている。[14] しかし、ともかくも北畠党の禁裏での千秋万歳は、天正十年（一五八二）まで続く。[15]

祇園会結構云云、公方無御見物、早旦北畠笠鷺杵（鉾）参、於屏中門之内令舞、練貫一・太刀一給、往昔於菊弟見物、再会目珍養眼、其後大舎人杵参、練貫一・太刀一被下、見物衆皷操也、内裏就近所如此拍物推参、且珍重也、

（『看聞日記』永享八年六月十四日条）

永享八年（一四三六）六月十四日の祇園会に北畠の「笠鷺鉾」が御所に参入し、多くの見物衆を前にして屏中門内で鵲舞を舞っている。

この北畠の鉾と風流踊を見物した伏見宮貞成親王は「往昔於菊弟見物、再会目珍養眼」と日記に記した。伏見御所で元服する応永十八年まで菊亭すなわち今出川邸で養育されていた貞成親王の述懐であるが、北畠の鵲鉾は早くから公家邸などに参入して鷺舞を舞っていたことを物語っている。このような縁であろうか、鵲鉾は、貞成親王の伏見御所や一条東洞院邸に参入して、「ぬれぬれ舞」などを舞っている。[16]

祇園会における北畠の鉾と鷺舞はその後も続けられ、寛正六年（一四六五）まで確認することができる。[17]

図1　祇園会の鷺舞
祇園会のときに北畠の声聞師は鷺舞を舞った（月次祭礼図）

二、桜町声聞師の登場

北畠の近辺の桜町にも声聞師が存在し、千秋万歳などの芸能活動をおこなっていたことが知られる。桜町声聞師の居住地域は、相国寺の東、寛永十四年（一六三七）の『洛中絵図』（宮内庁蔵）では「さくら町」と記載される付近であろうが、北畠散所のやや北方に位置する。

天文二十二年（一五五三）八月十八日の御霊社の祭礼の日に、葉室邸で桜町声聞師の奈良松が曲舞二番を舞っている。[18] 桜町声聞師の存在を示すもっとも早い事例といえる。翌天文二十三年正月五日、桜町声聞師は禁裏に参入し千秋万歳を演じている。この日、例年のごとく北畠声聞師が禁裏に参入して千秋万歳を演じたが、このことを山科言継は日記に、この北畠声聞師は桜町からきた者であると書いている。[19] 同じく『言継卿記』永禄八年（一五六五）正月五日条に「禁裏千秋万歳に未刻参内、自桜町参、根本北畠也」と記されていることから、一六世紀半ば、北畠声聞師集団の一部が桜町に本拠を移したことを物語っており、彼らは桜町声聞師とも呼ばれていた。

『御湯殿上日記』における北畠声聞師の正月の禁裏での千秋万歳を遂ってみると、文明十四年（一四八二）正月六日を初見として一貫して北畠声聞師が演じてきているが、永禄四年正月五日にはじめて桜町声聞師が禁裏に参入し千秋万歳を演じている。[20] これ以降、禁裏での正月五日の千秋万歳は桜町声聞師によって演じられるのであるが、北畠声聞師の千秋万歳の記録が全く消えたわけではない。『御湯殿上日記』元亀元年（一五七〇）正月五日条には「きたはたけのせんつまんさい三人まいる」などと記されおり、桜町と北畠の千秋万歳が年によって交代で演じているようにも思える。

しかし、永禄七年正月五日の禁裏での千秋万歳を『言継卿記』は「北畠之千秋万歳」と記し、『御湯殿上日記』は「さくら町の千すまんさいまいる」と記し、万里小路惟房は「禁中千秋万歳参之、桜町唱門士云々」と記していること、[21]桜町声聞師の根本が北畠であるという経緯、永禄四年以降桜町声聞師の禁裏での演ずる度合いが圧倒的に多くなっていくことなどからすれば、北畠と記される場合も桜町の声聞師をさしている可能性がきわめて高い。北畠声聞師の芸能活動は、天文二十二年頃をさかいに桜町に本拠を移した北畠声聞師に引き継がれ、桜町声聞師として史料上にその姿を見せることになったといえるのではないか。ともかくも、彼らの禁裏での活動は後水尾院期まで続いていることが確かめられる。[22]

さきに、曲舞を舞った奈良松という名の声聞師に触れたが、『御湯殿上日記』文明十八年（一四八六）二月十一日条に「なら松といふくせまゐ、一はん申たきよし大こく申、そとまわせらる丶、たひ物もなくてくこんはかりたふ。」とある。天文二十二年とは六十七年の隔たりがあって、とうてい同一人物とは考えられない。文明十八年に大黒党の仲立ちによって禁裏で曲舞を舞った「なら松」はおそらく北畠に本拠をおいていたと考えられ、その後桜町に本拠を移し、その後継者とおもわれる「桜町声聞師奈良松」が、天文二十二年に葉室邸で曲舞を舞ったと考えられる。[23]

三、大　黒　党

北畠党を名のる声聞師とともに禁裏での千秋万歳を演じた大黒党について触れておきたい。大黒は、「大極」と記される場合もあり、[24]「だいごく」と呼称されたのであろう。大黒党の史料上の初見は『御湯殿上日記』文明十年（一四七八）正月四日の禁裏での千秋万歳の記録である。以後、天正十四年（一五八六）に至るまで正月四日に禁裏に参入して千秋万歳を演じている。

大黒党がどこを居住地として活動していたかについては、河内将芳氏によって禁裏（土御門東洞院殿）の西方「新在家」というところにあったことが論証されている。[25]

しかし、『後水尾院当時年中行事』に「水合、陰陽師大黒行之、この大黒といふもの、称号土御門被官刑部丞云、塔の壇今出川寺町に在之、出雲寺の旧跡なり」とあり、また『京都御役所向大概覚書』にも、

「陰陽師之事」

一、塔之壇毘沙門北半町　陰陽師　大黒刑部

「諸役寄宿御免許之事」

壱軒役　同（塔之壇）毘沙門三町目北半町

一、陰陽師　大黒松大夫

との記載があって、大黒は近世期には北畠や桜町に隣接する塔の壇に居住していた[26]。

大黒党が史料上に姿を現して以降のことではあるが、正月五日に北畠党もしくは桜町党が禁裏に参入して千秋万歳を演じたのに対し、前日の四日は大黒党が演じるのが通例となっていた。大黒党の構成人数は、永正六年（一五〇九）に七人、天正八年（一五八〇）に六人という記録があるが[27]、だいたいにおいて五人で構成されていた[28]。演じる場所も議定所南庭が通例であったようで、雨の日は孔雀間で演じられることもあった[29]。

応仁・文明の大乱後、大黒党は、正月五日の千秋万歳以外にも十八日に行われる三毬打にも参入して囃している[30]。このころから禁裏では三毬打行事が正月十五日（小三毬打）と十八日（大三毬打）におこなわれるようになり、ことに十八日は一般民衆の見物にも開放されるようになっていくが[31]、大黒党は毎年十八日に参入して囃すのが例となっていた。

またわずかな事例ではあるが、大黒党は正月二日に参内して毘沙門経を読んでいる[32]。

禁裏では重陽の節句の行事のために菊を植えるが、天文元年（一五三二）になって「きく大こくうへまいらする」と記録され[33]、以後、大黒が御所の議定所の庭に菊を植えることが恒例となっている。

図２　三毬打（左義長）
竹を三角錐に組んで、吉書や正月の飾り物などをつけて燃やす正月の行事。パチパチと竹が弾ける音とともに、風流の囃子物で悪霊を追い払った。（月次風俗図扇流屏風）

このように禁裏における大黒党の活躍が知られるが、文明十五年（一四八三）三月十二日に「ちこ・おとこ」を、同十八年には「なら松」を引き連れて禁裏に参入し、彼らに曲舞を舞わせている。このように大黒は新たな芸能者を引き連れて禁裏で演じさせるという仲介のようなこともおこなっている。それほど大黒党は禁裏との縁の深い声聞師集団であったといえる。

天文十九年（一五五〇）閏五月八日、大黒が殺害される事件がおきた。河狩をしていた伏見宮家の承仕・仕丁らと声聞師たちが喧嘩になり、双方が相当の応援を得て睨み合ったが、伏見宮家の侍三木新五郎によって大黒が殺害された(34)。翌日、伏見宮家では声聞師村成敗のため仁和寺に応援を求め二千人を動員して差し向けるという大騒動になった(35)。伏見宮家が声聞師村の成敗のためにこれほどの多数を動員しなければならなかったのは、声聞師方にも相当数の動員力を備えていたことを物語っている。御霊社東西散所の項でも触れているが、御霊社の東方には池を伴う声聞師村が、「万里小路過昌門出村」や「近衛辺声聞師村」が近辺にあり(36)、また大黒党とはきわめて近い関係にある北畠・桜町など声聞師集団が隣接していた。大黒が新たな芸能者を引き連れて禁裏で演じさせたりしていることからも各地域に居住する声聞師集団間のネットワークがすでにできていたと考えられる。

事件がこれ以上拡大することを恐れた禁裏は、山科言継と四辻季遠を使者として伏見宮に「穏便之御沙汰可然之由」を伝えてともかくも事件は収まった。

『後水尾院当時年中行事』の正月四日の項に「旧院のはじめ後陽成院の比迄は、今日千秋万歳参れど、正親町院御事の後は、御忌月なれば参らず、されば旧院御代の間中絶によりて、彼者の子孫共のゆくへをしらずなり行く、今はまゐらず」とあり、禁裏で千秋万歳がおこなわれなくなったことから、禁裏に出入りしていた大黒も退転していったと記している。正親町天皇は文禄二年（一五九三）正月五日に没しており忌月であることが契機となっているが、文禄三年、秀吉は京・堺・大坂に居住する声聞師たちを「荒地おこし」使役のために尾張国清須辺りへ強制的に移住させた。これによって大黒たち声聞師の芸能活動は中断を余儀なくされたことが大きな要因であろう[37]。

しかし、慶長四年（一五九九）ごろから声聞師たちの帰洛がはじまっていたようで[38]、同八年正月六日には女院御所に千秋万歳が参入している[39]。

慶長十八年（一六一三）正月十八日の院御所における三毬打行事に大黒が参入しており、大黒党もこの時期には帰洛が実現していたのであろう[40]。以後大黒党の禁裏三毬打への奉仕は幕末期まで続き[41]、重陽の菊植栽についても大黒党の奉仕が再開されている[42]。しかし江戸期を通じて大黒党による千秋万歳は復活することはなかった。

（1）『蔭涼軒日録』長禄二年十一月二十二日条。
当寺領北畠柳原散所御免許于寺家之由、御奉書可被成之事被仰出也、

（2）『二水記』同年正月五日条。

今日北鼻畠聖門師申千秋万歳於議定所申之、

(3)『看聞日記』同日条。

(4)『看聞日記』同日条。

(5)『看聞日記』永享十年正月十三日条。

松拍北畠参、自晩至夜猿楽五番仕、小袖一絵・太刀一・折紙捶等給、猿楽了八抜打、扇・帯等給、見物衆群衆如例、

内裏ニも小犬仕云々、公方松拍推参被止云々、

(6)『御湯殿上日記』文明十四年正月六日条。

(7)『二水記』永正二年正月五日条・『言継卿記』天文二年正月五日条。

(8)『蔭凉軒日録』長享元年正月二日条。

(9)『蔭凉軒日録』長享二年正月二日条。

(10)『蔭凉軒日録』延徳元年正月二日条。

(11)『蔭凉軒日録』延徳二年正月二日条・同三年正月二日条。

(12)『東山御文庫記録』永正六年正月五日条「北畠千寿万歳参、七、八人」

『後柏原院御記』永正九年正月五日条「北畠千寿万歳七八人参」

(13)『後奈良天皇宸記』天文十五年正月五日条。

(14)『御湯殿上日記』元亀元年正月五日条。

(15)『御湯殿上日記』天正十年正月五日条「かれいきたはたけのせんすまんさいまいる」

(16)『看聞日記』永享十年六月十四日条。

(17)『蔭凉軒日録』寛正五年六月十四日条「北畠跳才（戈）舞賀々無（舞）参于御所、蓋旧例也」

『蔭凉軒日録』寛正六年六月十四日条「祇園祭礼如恒也、北畠跳門外、有拍声也」

(18)『言継卿記』同日条。

今夕桜町声聞師奈良松曲舞々之、二番大織冠・曽我十番剪舞之、

(19)『言継卿記』同日条。

禁裏千秋万歳に午時に参、今日者北畠声聞師也、但、自桜町参云々、

(20)『御湯殿上日記』同日条「さくらまちのせんすまんさい六人まいる」

(21)『惟房公記』同日条。

(22)『後水尾院当時年中行事』。

(23)盛田嘉徳『中世賤民と雑芸能の研究』(雄山閣出版、一九七四年)には、「この奈良松と先のなら松とは、親子、または師弟の関係にあったものではないかと推測される。そうだとすれば、先に大黒が仲介の労をとったなら松は、桜間(マヽ)の声聞師であろうと思われる」と記されている。

(24)『十輪院内府記』長享二年(一四八八)正月十八日条・『二水記』永正二年(一五〇五)正月四日条。

(25)河内将芳「新在家声聞師」(本書第一章)を参照されたい。

(26)大黒が塔の壇に居住地を変えた時期は、信長の上京焼き討ちがおこなわれた時か、あるいは天正十八年に始まる秀吉による都市改造政策期であろう。

(27)『東山御文庫記録』永正六年(一五〇九)正月四日条「大黒千寿万歳参、七人」

『御湯殿上日記』天正八年正月四日条「大こくせんすまんさい六人まいる」

(28)『御湯殿上日記』永禄三年正月四日条・同五年正月四日条・同六年正月四日条・同八年正月四条・同十年正月四日条など。

(29)『御湯殿上日記』天正十年正月四日条。

(30)『御湯殿上日記』長享二年正月十八日条。

(31)清水克行「戦国期における禁裏空間と都市民衆」(『日本史研究』四二六、一九九八年、後に『室町社会の騒擾と秩序』吉川弘文館、二〇〇四年、に再収)。

(32)『御湯殿上日記』元亀元年正月二日条・天正元年正月二日条。

(33)『御湯殿上日記』天文元年九月八日条。

(34)『言継卿記』天文十九年閏五月七日条。

伏見殿御承師盛厳法師、同仕丁若狭、河駆之処、水之故歟、声聞師及喧嘩、乍両人令打擲云々、仍馳参、各数多祗候、

無殊事之間罷出之処、於禁裏南堀外、三木《伏御侍》新五郎罷出、声聞師之内大黒と云物令生害、不便之至也、利不尽之様之
沙汰歟、

(35)『言継卿記』天文十九年閏五月八日条。
自伏見殿声聞師村御成敗云々、伏見仁和寺方に御人数共二千余馳参、各祗候、種々馳走、広橋境内披官之間、堅可
致成敗之由被申、未下刻相調、上使共罷向、本人逐電、家放火也、武士に付之間種々申事有之、七時分各分散了、
今朝自禁裏、予・四辻黄門以両人、穏便之御沙汰可然之由被申、仍又夕方以両人禁裏へ御案内被申候了、

(36)『親長卿記』文明十七年五月十七日条。
及晩禁裏東方有火事、顛倒衣裳参内、万里小路過昌門出（士）村也、一間焼失、無殊事、自火云々、

(37)『実隆公記』明応四年十一月十八日条「入夜有火、近衛辺声聞師村云々」
川嶋将生「室町期の声聞師に関する二、三の問題点」（『中世京都文化の周縁』思文閣出版、一九九二年）。

(38)『義演准后日記』文禄五年正月六日条。
今日惣門千秋万歳、一典申之、従去々年唱門師為大閤御聞□如何、今日不参、

(39)『義演准后日記』慶長四年正月六日条。
千秋万歳来、此五六ケ年天下御▒禁制ニ付不来、今年ハ別而召寄了、寝殿西庭上ニテ祝言申了、

(40)『御湯殿上日記』同日条。
女ゐんの御所にせんすまんさいまいりてならします、
『慶長日件録』同日条。
次女院千秋万歳参内之衆不残被召、有御振舞、

(40)『孝亮宿禰日次記』同日条。
院御所三毬打卅八本有之、自去年始、当年者大黒参、有音曲云々、

(41)『年中行事大成』。

(42)『御湯殿上日記』延宝四年九月八日条・同七年九月八日条・天和二年九月八日条。

御霊社東西散所

源城政好

御霊社東西散所については、『蔭凉軒日録』に若干姿を現す程度でよくわからない。散所の位置については、「御霊之前散所」とも書かれるので[1]、御霊社(現上御霊神社)に隣接する地域に所在したことはたしかである。東西という名称から御霊社をはさんで東西に分かれて位置していたか、あるいは「東西」を御霊社に隣接する近辺と解することによって一カ所にまとまっていたとも考えることができる。

「中古京師内外地図」(原図:寛延三年=一七五〇)や「中昔京師地図」(宝暦三年=一七五三)には「唱門師村」や隣接する「唱門師池」が描かれている。大永元年(一五二一)七月十二日、公家の鷲尾隆康が近辺の公家たちと連れだって、三条高倉にあった足利義稙第(三条御所)を訪れての帰路、この声聞師村の池を見物し、設けられていた四阿で酒をくみかわしている[2]。この声聞師村と御霊社東西散所との関係については、ともに相国寺の北東に位置しており、両村はきわめて近接している。

また、『応仁記』に、

此御霊ノ森ノ南ハ相国寺ノ藪大堀、西ハ細川ノ要害ナレバ、北ト東口ヨリ攻入ケル、義就方ノ遊佐河内守馬ヨリ飛下リ、真先ニ進デ懸レバ、兵ドモ馬ヲ乗放々々争競テ攻ル、早鳥井ノ脇ノ唱門士村ニ火ヲ懸タリ、

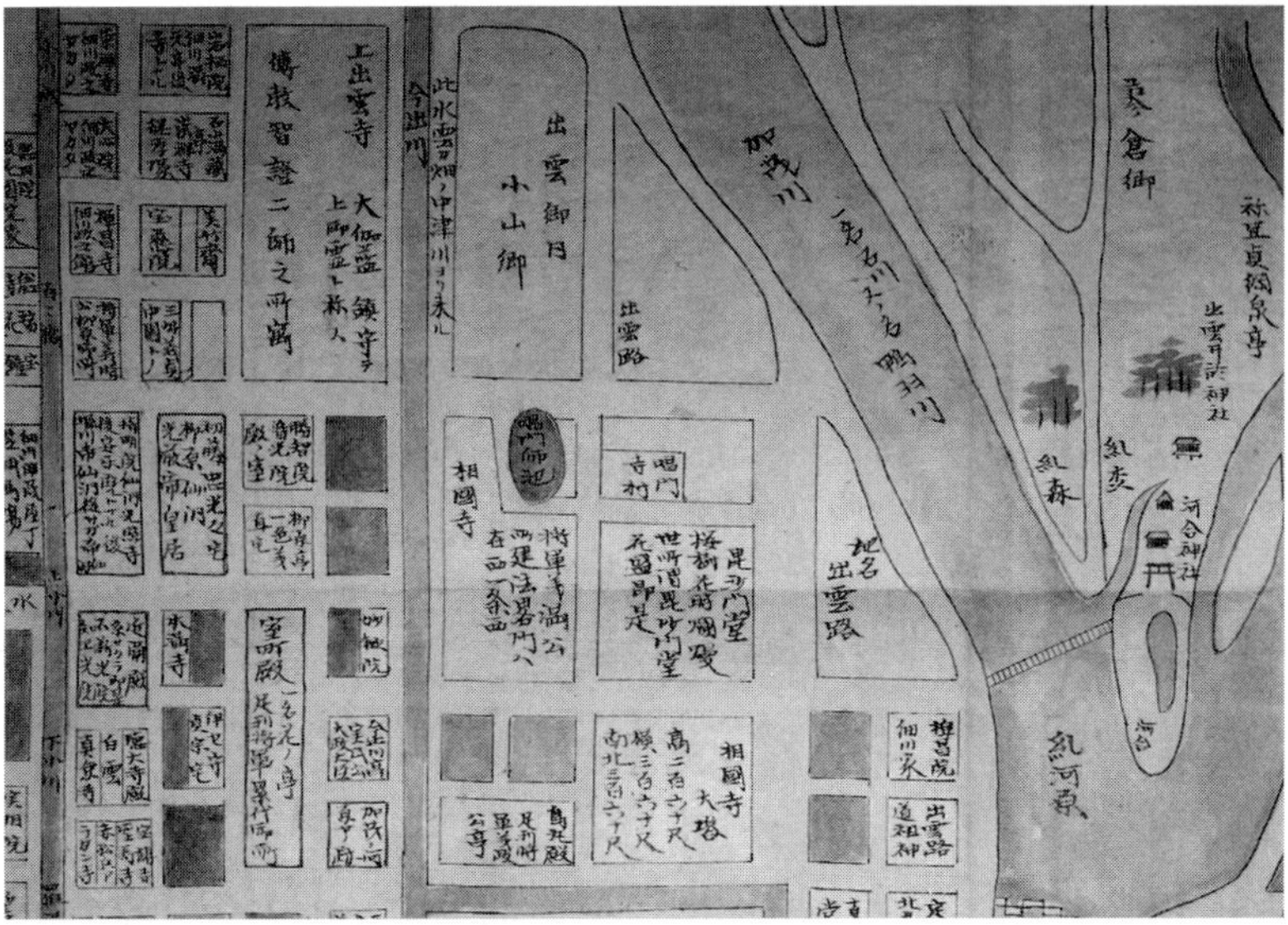

図3　唱門師村と唱門師池

相国寺の北東には「唱門寺村」や「唱門師池」、西には「初藤忠光卿宅柳原仙洞光厳帝皇居」と記されている。「中古京師内外地図」には、平安時代から応仁・文明の乱に至るまでの名所旧跡が記載されている。

と記されるが、義就軍の侵攻コースからすればこの「鳥井ノ脇ノ唱門士村」は御霊社東西散所を、この散所が東西に分かれて存在していたとするならば西散所を指していることになる。そうならば、この散所は村を構成するほどの規模をもっていたことになる。

　この御霊社東西散所が史料上に初めて姿を現すのは、『蔭凉軒日録』寛正四年（一四六三）七月十三日条である。

> 当寺領御霊社東西散所者、公役之事、自所司代命之、怠則可致罪科之由触之、仍自寺家以自鹿苑院殿代々御免許御判并御奉書支証、重奉懸于御目訴之、仍向後御免許之由被仰出、即以飯尾左衛門大夫以此旨可命于所司代之由被仰出、即命之、又此旨命于寺家也、懽喜踊躍也、前月廿四日普広院御懈怠、晩来当院施食之次、可有御焼香之由、被仰出也、寺領御霊社東西散所之事、於高倉御所御掃地之事、津頭依怠慢可有罪科之

由申之、其時自寺家出此支証具于上覧、即免許停止之御奉書有之、即今依彼違乱重伺之、

京都所司代多賀豊後守高忠より高倉第（足利義政生母大方殿邸宅）の掃除のため御霊社東西散所者の公役出仕を命ぜられた相国寺は、足利義満以来の「御免許御判并御奉書」を提示して公役免除を認められた記事である。

相国寺の創建は永徳二年（一三八二）に始まり、明徳三年（一三九二）八月に工事が完成するが、御霊社東西散所者は、この時期をさして下ることなく義満によって相国寺に掃除散所として寄進されたと考えられる。『相国考記』明徳元年（一三九〇）九月二十八日条に、

准三宮賜御教書於相国寺、其書云、当寺領諸国諸役神社役・公家武家関渡役・寺家門前諸役・守護使入部・諸国洛中寺領屋地諸役等事永所停止也、早可被存此旨状如件、明徳元年九月廿八日、従一位御判相国寺長老見于当寺古記

とあることがその証左となろう。

高倉第の掃除を免除された年の翌々年の寛正六年（一四六五）十一月、御霊社東西散所は、後土御門天皇の即位に伴う内裏の掃除を命じられている。このときは「限此御即位、依無人而被仰付、以後者可有御免之由、懇々被仰出」という理由で相国寺も仕方なく公役の出仕に応じている。(3)

相国寺への寄進以前の御霊社東西散所については不明であるが、御霊社が平安京造営以前から当該地にあった出雲寺址に位置しているという歴史的経緯からすれば、出雲寺の掃除散所として形成された可能性もあり、出雲寺の鎮守としての伝承を有する御霊社が、出雲寺の衰退によって付属していた散所が御霊社に引き継がれてきたとも考えられる。

また、相国寺を創建するにあたって、「福原遷都外無例歟」と称されたほど、当該地に居住していた多くの人々が強制的に移転を余儀なくされていることから、(4)御霊社東西散所者は公家邸などへも出入りしていたとも考えられる。

ともかく、出雲寺もしくは御霊社の掃除散所として出発したであろう御霊社東西散所は、相国寺の建立にともない義満によって相国寺に寄進された。御霊社東西散所者のすべてが寄進されたかどうかは不明であるが、おそらく後宇多上皇によって文保二年（一三一八）に東寺に「教王護国寺掃除料、彼寺近辺散所法師拾伍人、所被付寺家也」として寄進された散所を想起するならば(5)、一定程度の人数を限定して寄進された可能性が高い。

御霊社東西散所については、『蔭凉軒日録』以外にまったく姿を現さないのでこれ以上のことはわからない。御霊社の西には同じく相国寺領の柳原散所が存在するが、『蔭凉軒日録』寛正四年七月二十六日条によれば、御霊社と柳原の両散所は別の散所として認識されている。しかしこの東西散所の東散所はやがて消滅したか、あるいは柳原散所に吸収されてしまったのではないだろうか。

ところで、上御霊神社文書の天保十三年（一八四二）の「記録帳」に、天正十一年（一五八三）六月二十一日付の正親町天皇綸旨の写しが記載されている。

神領算所村燈明料事、今度号楽人山井跡、松波資久貧地利令違乱所行甚以曲事也、所詮如先々被令社納可抽御祈禱之精誠之由、
天気所候也、仍悉之、以状
天正十一年六月廿一日　　左少弁在判
上御霊
　別当法印御坊

散所村にある上御霊社燈明料分を松波資久が違乱したことに対し、元に戻すよう命じた綸旨であるが、この「算所村」がどこの散所村を指しているのか明らかでない。

（1）『蔭凉軒日録』寛正四年七月十三日条。

（2）『二水記』同日条。

十二日、午時、近辺衆令同道、三条御所（足利義稙第）令見物、殿々美麗驚目了、庭上草茂、絶道為体也、不堪嗟嘆、帰路之次、見聖問師村之池、於亭有酒、晩頭帰家、

（3）『蔭凉軒日録』寛正六年十一月二十四日条。

当寺領御霊之前散所者、以鹿苑院殿御代被免許諸役、雖然依今度御即位、被仰付内裏御掃地之事、限此御即位、依無人而被仰付、以後者可有御免之由、懇々被仰出、尤可敬也、依閉却彼屋、以折帋伝此旨、命于所司代多賀豊後守也、

（4）『荒暦』永徳二年十月六日条。

六日辛巳左大臣義満将軍可令建立伽藍於安祥寺辺、可号相国寺者最初治定号昌国歟、近辺居宅不依貴賤皆遷他所、福原遷都外無例歟云々、

（5）文保二年九月十二日「後宇多上皇院宣」（「東寺百合文書」せ函・南朝文書五）。

柳原散所

源城政好

現在の烏丸通以西、上立売通以北一帯は中世には柳原といわれた地域で、南北朝期には後光厳院の柳原仙洞御所があった[1]。柳図子町・下柳原南半町・下柳原北半町・上柳原町といった現在の町名が中世の柳原をしのばせている。

当寺柳原掃地散所者、於寺家可領之由被仰出也、

当寺門前柳原散所者、於寺家被免許之由被仰出也、可被下御奉書之由被仰出也、

『蔭凉軒日録』の長禄二年（一四五八）九月二十八日と二十九日条であるが、「当寺門前柳原散所者」とあることから、柳原散所は相国寺に隣接する地にあり、なおかつ相国寺の西方にあったことは明白である。

相国寺や御霊社に隣接する柳原散所は、長禄二年九月二十八日に足利義政によって相国寺に寄進された。「当寺柳原掃地散所者」とあることから、柳原散所の地を相国寺に寄進されたということではなく、義政は相国寺の掃除役として柳原の散所者を寄進したと理解すべきである。

一、柳原党と犬若党

犬若という声聞師が初めて史料上に姿を見せたのは応永二十六年（一四一九）正月十一日のことである。

松拍参柳原犬若、猿楽種々施芸、禄物捶等賜之、当座飲之、乱舞了退出、(2)

松拍のために柳原と犬若の二組が伏見宮貞成親王の御所を訪れ、猿楽その他の芸を披露し、下賜された禄物・捶を食し、乱舞して退出した。この『看聞日記』の記事をもって犬若を柳原の声聞師としているが、注記を「柳原の犬若」と読んでの理解であるが、「柳原・犬若」と読めば、この日二組の声聞師集団が伏見御所を訪れたということになる。このように読むことができる根拠は次の記事である。

松拍蝶阿末村参、追出、依諒闇禁中ニも不被入、仍追出了、

同じ『看聞日記』永享六年（一四三四）正月六日の記事であるが、蝶阿と末村の二人もしくは二組の声聞師集団を表現していることは明らかである。

犬若を個人名と考えるか、集団名と考えるかであるが、蝶阿党・北畠党・小犬党・大黒党などの名称が史料上に現れることから「犬若を頭目とする声聞師集団名」と考えるのが妥当であろう。(3)このように犬若党を柳原の声聞師集団とする確証はないわけであるが、柳原党と犬若党が同時に伏見御所を訪れ猿楽等の諸芸を演じていることから両者は親しい関係にあったとも考えられる。

『看聞日記』応永二十三年（一四一六）正月十一日条に、

自京松拍参、猿楽等乱舞、其興不少、捶ヲ賜則飲之令乱舞、禄物扇等賜之、

とあり、以後、毎年正月十一日に京の松拍が伏見御所を訪れている。貞成親王が日記に犬若と注記した松拍も年が相違するものの正月十一日に伏見御所を訪れていることから、(4)この「自京松拍参」とある松拍は柳原党の可能

図4　松拍
小松の枝などをかざし、太鼓、鼓、鉦で囃しながら、貴族の邸宅など回り、新年を言祝いだ。様々な趣向なども施され、人びとの目を驚かせた。(月次祭礼図)

性がきわめて高く、柳原党と犬若党が交代で伏見御所での松拍を演じていたと考えられる。

永享二年（一四三〇）四月二十八日の後小松院の室町殿への御幸に際し「猿楽犬若」も召されて五千疋を下賜されている。これを最後に犬若は史料上から姿を消してしまう。

翌永享三年の正月十一日、伏見御所での松拍に訪れたのは北畠党と柳原党の声聞師たちであった⑸。

北畠松拍参、次柳原松拍参初参、各賜禄、

この時、柳原の声聞師に対して「初参」と貞成親王は注記している。しかし、犬若以外の柳原の声聞師はすでに応永三十年正月十七日に伏見御所を訪れている⑹。

自京松拍参、柳原云々、前ニ不参者也、院御悩之間斟酌之由仰追出了、

柳原党を名のる集団は一組とは限らず、柳原散所を本拠として活動する声聞師集団が複数組存在したのであろうか。応永三十年以前、すなわち応永二十六年正月十一日に伏見御所を訪れていた柳原党とはメンバーが異なっていたことから貞成親王は「前ニ不参者也」と記したのであり、このときは後小松院の病気により追い出されてしまった。それゆえ永享三年正月十一日に伏見御所を

訪れた柳原党について貞成親王は「初参」と注記したのではないか。[7] 柳原党の活動も嘉吉三年（一四四三）正月までたどることができる。[8]
犬若が姿をみせなくなって以後の伏見御所には、北畠や柳原以外にも「小犬・蝶阿・末村・さるらう・市」といった声聞師集団が参入している。

二、小犬党の出現

犬若が史料上より姿を消す二年前の応永三十五年（一四二八）正月四日、小犬を頭目とする声聞師集団が仙洞御所に参入し散楽（猿楽）を演じている。小犬という声聞師の初見である。

参院、参賀也、是又毎年之佳例、於西面有散楽小犬云々、散所也、

犬若が姿を消して新たに登場するのが小犬であること、『看聞日記』応永二十六年（一四一九）正月十一日条から犬若を柳原に居住する声聞師集団であるとしたこと、また「犬若」と「小犬」というその名称に近似性があるため、小犬も柳原の声聞師集団の頭目と考えられてきた。しかし、小犬が柳原に居住する声聞師であることがわかるのは『蔭凉軒日録』文正元年（一四六六）正月二十日の次の記事である。

今晩柳原小犬勤其能云々、蓋旧例也、

応永三十五年から数えて三十八年後である。応永期の小犬党と文正期の小犬党の頭目が同一人物であるかはわからないが、小犬党が当初より柳原に居住する声聞師集団であるとの根拠にはならない。『看聞日記』嘉吉三年（一四四三）正月二十七日条に、

内裏松拍柳原仕、但比興之間一番不終御追出、小犬被召仕云々、御喝食両所御参見物、六番仕云々、

とある。松拍のために内裏に参入した柳原党が、「比興」のために一番の途中で追い出され、代わって小犬党が召

されて六番演じたという記事である。小犬党が柳原を本拠にしていない確証とはなりにくいが参考にはなろう。ともあれ小犬が当初から柳原を本拠としていたとは言い切れないが、文正元年ころすでに小犬は柳原を本拠として活動していた。

声聞師集団小犬は、小犬党[9]・唱門師小犬[10]・小犬大夫[11]・小犬座[12]ともよばれ、優れた芸能者集団として公武に重用された。

　唱門師小犬、於六道珍皇寺可致勧進猿楽之由治定、欲舞之時分、自管領仰付侍所京極、令追散云々、如自余猿楽、於洛中勧進不可舞之由、観世今春等支申故歟云々[13]、

宝徳二年（一四五〇）二月二十三日、六道珍皇寺で猿楽の勧進興行を行おうとした小犬が管領畠山持国の命を受けた侍所京極持清の配下によって追い払われてしまった。大和猿楽の観世・金春両座の訴えによるものであった。小犬は「其芸甚殊勝」「猿楽上手」「芸能甚神妙」と賞賛される猿楽の名手であり、洛中における勧進猿楽興行の独占を画策していた大和猿楽の危機感によって引き起こされた事件であった[14]。

小犬党の活動は洛中にとどまることなく近江にまでおよんでいた。文正元年四月四日、小犬大夫は近江での勧進猿楽において面を着したということで罪に問われて捕縛されてしまった。

文明八年（一四七六）三月一日、小犬党は禁裏に参入している[15]。『親長卿記』の同年三月六日条には、

　小犬弥太郎・与四郎来、去一日為御礼参内裏之処、被召出、及歌舞祝着、今日又有召云々旧院御時、年始春三月連々有松囃、其外致其沙汰之処、称緩怠之由、被召籠了、武命也、其後一乱之時、自獄舎自然出了、其後無御免之儀歟、宿老大夫者四ケ年已前死去了、与四郎者件大夫子云々、被申武家、去一日有歌舞、御免分歟、羞一盞了、

と書かれている。この日「小犬弥太郎・与四郎」は歌舞を許された御礼の挨拶に甘露寺親長邸を訪れ、一日に禁裏で歌舞に及んだこと、今日も禁裏に召されていると報告した。小犬党はようやく将軍より「歌舞」を許されて三月一日禁裏で十年ぶりに舞うことができたのである。「緩怠之由」とはまさに文正元年に小犬が捕縛されたこ

とをさしており、応仁の乱の際に「自然」と出獄し、四年前に死んだ宿老大夫とは、宝徳二年に六道珍皇寺で勧進猿楽をおこなおうとして侍所から追い払われた小犬をさしていることは間違いない。この宿老大夫すなわち小犬の子が与四郎である。宿老大夫の子でない弥太郎に小犬という名が冠せられていることから、小犬という名はグループのなかで技芸もしくは指導力に優れた者が継承していることを示している。(16) 三月一日に禁裏に参入し「ムサレウタハセラ」れたのが小犬弥太郎のグループであった。(17)

長享二年（一四八八）二月五日、小犬党は参内して曲舞を舞った。これを最後に小犬党は史料上より姿を消す。

三、蝶阿党について

柳原松拍参、留守之由申追出了、
松拍参、先日参追出之処重参非柳原蝶阿子孫也、已入夜之間挙松明猿楽五番仕、縫物一・練貫一・太刀一振・捶二等賜之、庭田直垂、隆富朝臣・重賢・行資等直垂各脱之賜、其外面々扇等賜、珍重之折節面々又酔気之間、殊有其興、児一人賞翫之余、殊蔵主・梵祐等張行、召留庭田へ行、酒盛乱舞令賞翫云々、

『看聞日記』永享五年（一四三三）正月二十七日と二十九日の記事である。二十七日に伏見御所を訪れた柳原党は、親王が留守のために追い出されたため再び二十九日に訪れたのであるが、貞成親王は彼らを「非柳原蝶阿子孫也」と注記している。これは二十七日に訪れて追い出された柳原党と違い、同じ柳原の声聞師たちであるが、蝶阿党であるといっているのである。これによって蝶阿党は柳原を本拠とする声聞師集団であることがわかるが、芸能者としての技量については、貞成親王によって「散々下手」と評され、ほとんど追い出されている。

四、散所の市

『看聞日記』によって「末村[18]・猿らう[19]・市[20]」といった声聞師の存在を知ることができるが、彼らがどこを本拠にしていたかについては明らかではない。ただ市という声聞師については若干動静を知ることができる。

永享十年（一四八三）六月四日、「内裏御庭掃除者」が泉殿に置かれていた堆紅四方箱を盗み、捕縛される事件があり[21]、市が代わって内裏の掃除役に召し使われることになった。このとき市は貞成親王邸と三条邸の「兼参奉公者」であったため、伝奏中山定親からは内々に、勾当内侍からは書状でもって貞成親王に申し入れがおこなわれ、貞成親王も「畏悦可被召仕之条、不及子細之由」と返答し、「市面目之至也」と喜んでいる[22]。また嘉吉三年（一四四三）二月には、市は虎父子とともに貞成邸の庭の栽木にも従事している[23]。正月には声聞師として内裏や伏見邸で千秋万歳を演じる市は、日常は伏見邸や三条邸に出入りする庭者でもあった。『看聞日記』永享八年正月八日、千秋万歳の言祝ぎに伏見邸を訪れた声聞師を貞成は「予召仕者也」と書いているが、おそらくこの声聞師は市ではないだろうか[24]。

賀茂別雷神社に蔵される宝徳三年（一四五一）の賀茂六郷地からみ帳（明応九年写）の内「宝徳三年小山郷地からみ帳」に「散所市」の名を見いだすことができる[25]。「地からみ帳は一般的呼称を適用すればまさしく検注帳にほかならない[26]」とされるものである。小山郷は現京都市北区小山と称される所であり、相国寺・上御霊神社の北に位置している。

総田畠数四十七町七反三百四十歩・四百五十六筆の内、作人の名が明らかな田地は三百五十八筆で、そのうち柳原と北畠の作人分が百三十八筆、作人数でいえば四十七人（柳原が二十九人、北畠が十八人）を数える。また散所者が作人となっている田地が二十六筆あり、作人数は十九人を数える。

図5　宝徳三年小山郷地からみ帳復元図(須磨千頴氏作成)
賀茂別雷神社所蔵の「宝徳三年小山郷地からみ帳」に「散所市」の名を見いだすことができる。小山郷は相国寺・上御霊神社の北に位置し、市は柳原もしくは北畠の散所者と考えられる。

次ノ南ノ路ノ浦
二反　アクワう小原殿　散所 作人　市
次ノ西
一反　小三郎 作人　散所 兵衛四郎入道
次ノ西
一反　小三郎 作人　同所市

散所の市は二筆三反の作人であるが、「小山郷地からみ帳」における柳原と北畠の作人の多さから推して、また千秋万歳のために例年貞成親王の一条東洞院邸を訪れていることからして、市は柳原もしくは北畠の散所者と考えられる。市が作人として現れる田地の位置は、須磨千顕氏の復元図[27]によれば現京都市北区下総町の南端部である。柳原や北畠からすればさしたる距離ではない（図5参照）。なお小山郷の西に位置する大宮郷の地からみ帳には市の名を見いだすことはできない。

（1）『中古京師内外地図』によれば、相国寺の西に「初藤原忠光卿宅柳原仙洞光厳帝皇居」と記された区画地域があり、『中昔京師地図』ではこの区画地域に「此辺ノ地名ハ柳原」と記されている。
（2）『看聞日記』同日条。
（3）『看聞日記』永享九年正月四日条「松拍〈蝶阿／党〉参、追出」
『看聞日記』永享十年二月十六日条「くせ舞〈小犬／党〉参、頻申之間令舞児、其芸いたいけ也」
『御湯殿上日記』文明十四年正月六日条「北はたけかたうとて千しゆ万さ申」
『御湯殿上日記』文明十年正月四日条「大こくかたう千しゆ万さゐ申」
（4）『看聞日記』応永二十七年正月十一日条・同三十一年正月十一日条。
（5）『看聞日記』永享三年正月十一日条。
（6）『看聞日記』同日条。
（7）能勢朝次『能楽源流考』では、応永二十六年正月十一日に伏見御所を訪れた声聞師は「柳原の犬若」との認識での理解である。

(8)『御湯殿上日記』明応元年正月五日条に「やなき□□たうとて千しゆ万さ申」とあり、この日、禁裏に参入して千秋万歳を演じたのは柳原党かとも考えられるが、文字欠損のため確定ができない。

(9)『看聞日記』永享十年二月十六日条。

(10)『康富記』宝徳二年二月二十三日条。

(11)『蔭凉軒日録』文正元年四月四日条。

(12)『言国卿記』文明八年三月六日条。

(13)『康富記』宝徳二年二月二十三日条。

(14)この「小犬事件」については、守屋毅「芸能史における『近世』の萌芽―芸能の商品化と芸能市場をめぐって」(日本史研究会史料研究部会編『中世の権力と民衆』創元社、一九七〇年、後に『近世藝能興行史の研究』弘文堂、一九八五年、に再収)に詳しい。

(15)『実隆公記』同日条・『言国卿記』同日条。

(16)川嶋將生「室町期の声聞師に関する二、三の問題点」(『中世京都文化の周縁』思文閣出版、一九九二年)

(17)『言国卿記』文明八年三月一日条。

一、飛鳥井番代ニ下スカタニテ祇候也、御階花サカリノ間、コイヌゐ中ヨリ上間、■《メ》サレウタハせラルヘキ由アル間、装束着参内了、先十度ノミアリ、予モ御人数参了、男衆、源大納言・元長・予計、十度ノミノ御人数其外伏見殿・女中衆也、御ヒクニ御前ニモ御参アリ、予コイヌニ扇ヲ遣也、御室御下スカタニテ御参アリ、御扇是モ被下、御カツシキ御酒《所》モ被下也、三人アリ、若宮御方御服ヲ被下也、軈而キテマイ了、

(18)『看聞日記』永享六年正月六日条。

(19)『看聞日記』永享三年正月十三日・同四年正月五日・同六年正月十一日・同年正月十九日・同月二十日・同七年正月十一日・同八年正月五日条。

(20)『看聞日記』永享九年正月四日・同十年正月六日・嘉吉三年正月五日条。

(21)『看聞日記』永享十年六月四日条。

(22)『看聞日記』永享十年六月十一日条。
(23)『看聞日記』嘉吉三年二月四日条。
(24)永享八年正月五日に千秋万歳のため伏見御所を訪れたのを最後に「さるらふ」は史料上より姿を消すが、代わって伏見御所へ千秋万歳のために登場したのが市である。
(25)須磨千頴『賀茂別雷神社境内諸郷の復元的研究』(法政大学出版局、二〇〇一年)所収の「賀茂別雷神社境内諸郷検地帳の翻刻」に依拠した。賀茂六郷については本著作は精緻をきわめており画期的業績といえる。
(26)須磨同右書。
(27)「宝徳三年小山郷地からみ帳記載田地復元図」(註25前掲書付図)。

新在家声聞師

河内将芳

一、新在家の位置

子刻、近所新在家声聞師家に火付之、八間(軒)之内南方二間(軒)焼了、

子の刻（午後十一時ごろ）に「近所」の新在家《しんざいけ》にあった声聞師の家に火がつけられ、八軒あった家のうち南にあたる二軒が焼けてしまった。右の記事は、新在家声聞師の消息を伝える唯一の史料、戦国時代の公家、山科言継の日記『言継卿記』[1]永禄十年（一五六七）十二月二十四日条である。

声聞師研究の先達である盛田嘉徳氏[2]は、この記事をもって、声聞師大黒党と新在家声聞師を同一のものとみなし、その所在地を新在家と推測されるとともに、ここにみえる新在家が「今日では、京都市電の今出川新町からすぐ北にあたる元新在家町の付近」という比定を示された。

ところが、この盛田氏による推測については、その後、川嶋将生氏[3]によって修正され、現在では大黒党と新在家声聞師とが別のものであると理解されるにいたっている。もっとも、新在家の位置そのものについては、川嶋氏も盛田氏の説をそのまま継承しており、氏が作成した「中世京都の声聞師分布」図には、元新在家町（現上京

区）付近を新在家声聞師の所在地としてしるしがつけられている。

　この新在家の位置について、近年、疑義を示されたのが山路興造氏[4]である。氏によれば、新在家声聞師の新在家は、元新在家町ではなく、烏丸正親町と土御門の間に所在したという。この山路氏の見解は、烏丸正親町の北方に戦国時代に成立した町組「六町《ろくちょう》」の成立と構造を詳細に跡づけられた高橋康夫氏[5]の研究に依拠したものだが、その高橋氏の研究成果を参照としつつ、冒頭にかかげた記事をもう少しくわしく読み解くと次のようになろう。

　まず、新在家を「近所」と日記のなかで呼ぶ山科言継自身の屋敷はどこにあったのか、つまり、『言継卿記』

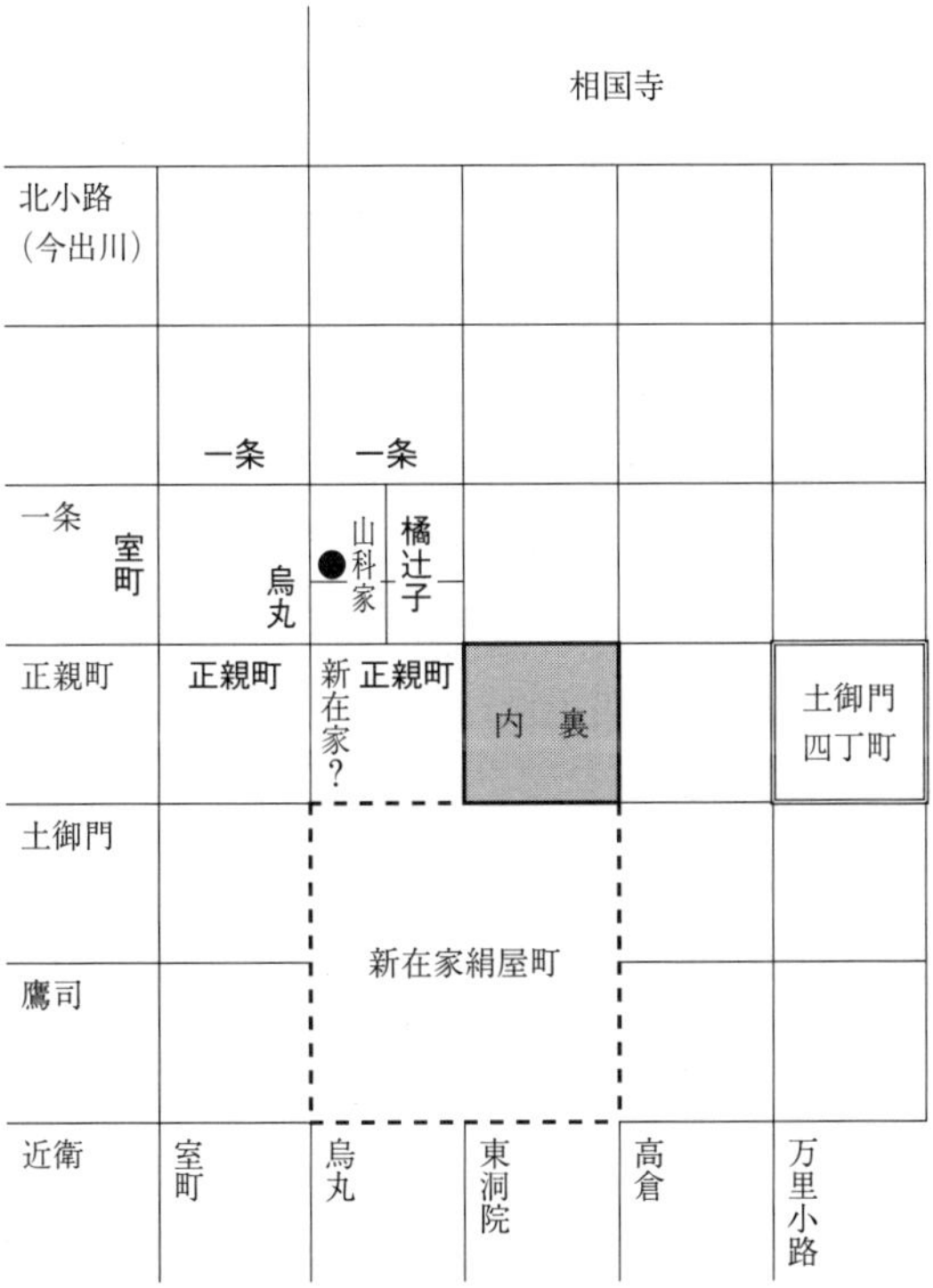

図6　山科家屋敷とその周辺　　注：太字は町名を意味する

という史料の定点を考えてみると、それは当時、「烏丸」と呼ばれた街区の東頰《つら》に所在したとされている。烏丸一条と正親町の間の東側にあたる場所である（図6参照）。山科家は、この地に言綱・言継・言経三代が住みつづけたが、確認される範囲では、それは永正五年（一五〇八）四月二十七日から天正十三年（一五八五）六月十九日のおよそ八十年間にわたるものであったから、ここがまず史料の定点ということになろう。

　その「烏丸」に居住する言継が日記

のなかで「近所」と呼んだ範囲は、「烏丸」も所属する町組「六町」（一条二町、正親町二町、烏丸、橘辻子によって構成）内か、もしくは室町などであるとされているので、およそ一町分（約一二〇メートルほど）の距離を限度としたものとなる。したがって、新在家もこの範囲内にあったとみるのが妥当と思われるが、その「近所」新在家にあった声聞師の家八軒のうち焼けたのが「南方」二軒であったということから、声聞師の家が竪小路にならんでいたことが読みとれる。そして、言継が「近所」と認識する竪小路は烏丸通をおいてほかにないと考えて、新在家を「烏丸」の南方、烏丸正親町と土御門の間と理解するにいたったものと思われる。

もっとも、この烏丸正親町と土御門の間のことを当時、実際に新在家と呼んでいたのかという点については高橋氏も史料を示されていないので、判断に迷うところである。しかし、この後、元亀四年（一五七三）に「六町」の南方に織田信長によって焼き討ちされた上京復興の一環として、「新在家絹屋町」（土御門以南、近衛以北、高倉以西、烏丸以東）という新しい町組が建設された事実などもおそらく考慮に入っているものと思われる。

ちなみに、この「新在家絹屋町」が仮に新在家を含みこむかたちで建設されたのだとすれば、永禄十年、史料にそのすがたをかろうじて垣間みせた新在家声聞師の存在の下限は、おのずと元亀四年ごろということになろう。また、その「新在家絹屋町」に新在家声聞師の居住が許されたのかどうかについては、残念ながらつまびらかにすることはできない。

二、新在家声聞師と大黒党

ところで、新在家声聞師のように、言継が「近所」という文言と声聞師を結びつけて記した記事としては、冒頭にかかげたもの以外では、管見の限りで以下のようなものを見いだすことができる。

①禁裏千秋万歳に参、御近所之声聞師也、五人有之、（天文二十三年〈一五五四〉正月四日条）

②禁裏千秋万歳参之間祗候、御近所声聞師五人、復旧儀、於議定所御庭申、種々一興申了、（永禄二年〈一五五九〉正月四日条）

③近所声聞師千秋万歳各被参云々、暮々退出了、（永禄九年〈一五六六〉正月四日条）

④近所声聞師大黒参五人有之、於議定所御庭申之、如例、種々曲其舞等也、（永禄十三年〈一五七〇〉正月四日条）

一見してわかるように、①から④の史料はすべて正月四日の内裏での千秋万歳《せんずまんざい》にかかわるもので、そこへ「御近所」「近所」の声聞師が参ったということが記されている。このうち、「御近所」というのは、内裏の「近所」という意味であるが、①②④では、声聞師の員数が同じであること、また議定所御庭という場所の共通性などから、ここにみえる声聞師が④に記される「大黒」＝大黒党であると一応は読みとることができる。

ところが、川嶋氏が指摘されているように、大黒党の所在地は、現在のところ、近世でいうところの「塔之壇今出川寺町」と理解されているが、内裏や山科家屋敷からの距離を考えると、そこを「御近所」「近所」と記すことには、やや違和感を感じざるをえない。実際、この「塔之壇今出川寺町」近くに所在していたと考えられている北畠声聞師・桜町声聞師に対しては、『言継卿記』は「近所」という文言を付した形跡がみられないからである。

したがって、仮に北畠・桜町の位置が現在の理解であやまりないとするならば、大黒党の所在地は、それらとくらべた場合、より内裏や山科家屋敷に近かったと考える方が妥当と思われる。また、川嶋氏が大黒党所在地の史料的根拠とされる『後水尾院当時年中行事』という史料自体、寛文四年（一六六四）成立の近世の史料であるから、それがそのままこの時期にもあてはまるとする点にも注意が必要であろう。

すでに盛田氏があきらかにされているように、大黒党が正月四日に内裏へ千秋万歳に参るようになったのは、文明十年（一四七八）にまでさかのぼる。しかも、文明年間から慶長年間にいたるまで、だいたい、正月四日は大黒党、五日は北畠党というかたちが定まっていたとも考えられているので、その意味でも、①から④の史料にみえる声聞師はすべて大黒党とするのが自然であろう。事実、①については、『御湯殿上日記』[6]同日条に「千秋万さゐ《(歳)》、大こく《(黒)》まいる」と記されているからである。

しかし、そうなれば、ますます大黒党の所在地が問題となってくる。そこで気にかかるのが、盛田・川嶋両氏もとりあげられている、天文十九年（一五五〇）閏五月に起こった伏見宮家の被官と声聞師との喧嘩にかかわって、「於禁裏南堀外」いて、「声聞師之内大黒と云物令生害」られたという事実の存在である。実は、この事実を伝える史料もまた『言継卿記』なのであるが、注目すべきは、声聞師が殺された場所が「於禁裏南堀外」、つまり内裏の南側に掘られた堀の外であるという点である。

この時期の内裏の四周に堀が掘られていること、また、言継の居住する「烏丸」を含む「六町」という町組がこの堀普請および警固を契機として天文三年（一五三四）に成立したことなどについては、すでに高橋氏があきらかにされている。また、この堀の南側に元亀四年（一五七三）に建設されたのが、先にも触れた「新在家絹屋町」という町組であったが、これらのことを考え合わせてみると、殺害された「声聞師之内大黒と云物」の所在地が新在家に近い場所であったという可能性が浮上してくるのである。

もちろん、殺害の現場が「声聞師之内大黒と云物」の所在地とイコールの関係であるとはかならずしもいえない。ただその一方で、従来の見解のように、大黒党の所在地を「塔之壇今出川寺町」と考えると、殺害の現場としてはやや唐突の感がいなめないのもまた事実なのである。その点からしても、『言継卿記』が大黒党には「御近所」「近所」という文言を結びつけて記していること、つまり、実際にその所在地が内裏や「六町」などと至近距離にあり、それがため交流が密であったと考えた方がやはり自然なのではないだろうか。

このことを示唆するように、「声聞師之内大黒と云物」の殺害の報に接した言継は、「不便之至也、理不尽之様之沙汰」という感想をつけ加えているが、それは、新在家声聞師の家に火がつけられたことに関して「不便不便、

図7　内裏での左義長
内裏紫宸殿南庭では、左義長（三毬打）が行われている。まさに貴賤群集のようすが描かれている。（歴博乙本「洛中洛外図」）

悪行之儀沙汰之限」とのべたこととも相似形をなしており、新在家声聞師との交流もまた大黒党に準じるものであったことがうかがえよう。

このような点から、ここでは、ひとまず、新在家声聞師が大黒党となんらかの接点をもつ存在であったという仮説を示しておきたいと思う。もちろん、盛田氏のように大黒党の所在地が新在家（もっとも、盛田氏の場合の新在家は元新在家町であるが）であるというような推測も不可能ではないであろうが、それについては、史料の問題上、慎重を期すとして、少なくとも『言継卿記』という史料からみれば、新在家声聞師と大黒党の存在が近しいものとして映っていたという事実だけは動かないものと思われる。

三、内裏周辺の景観

以上、ここでは、『言継卿記』を中心に新在家声聞師について検討を加えてきたが、最初にも触れたように冒頭にかかげた史料が現在のところ唯一の関係史料と考えられること、またそれにともない作業が『言継卿記』という限定された史料の分析に終始せざるをえなかったことなど、残された課題もまた大きかったことを率直に認めなければならない。いずれ、新たな史料の発見を待って検証をすすめてゆく必要があると考えるが、最後に、新在家声聞師を検討したことを通して、あらためて留意すべき点としては、内裏や「六町」から「御近所」「近所」と認識されているからといって、その声聞師の所在地がかならずしも市街地化していたと即断するわけにはゆかないということがあげられよう。

たとえば、著名な記事だが、連歌師宗長《そうちょう》による『宗長手記』(7)（大永六年＝一五二六）には、「上下の家、むかしの十が一もなし、只民屋の耕作業の躰、大裏(内)は五月の麦のなか」とみえるし、またその内裏の真東に所在した土御門四丁町(8)も、声聞師が作職をめぐって相論に巻きこまれたように市街地というよりもむしろ耕地の色彩の方が濃かったことが知られているからである。それは同時に、戦国時代の京都という都市の市街地のありようの裏返しともいえようが、いずれにしてもこの時期の声聞師の所在地を検討する際には忘れてはならないポイントとして記しておきたいと思う。

（1）続群書類従完成会刊本。
（2）盛田嘉徳「千秋萬歳の研究」（『大阪学芸大学紀要　A　人文科学』一三・一四号、一九六五・一九六六年、後に『中世賤民と雑芸能の研究』雄山閣出版、一九七四年、に再収）。
（3）川嶋将生「室町期の声聞師に関する二、三の問題点」（『中世京都文化の周縁』思文閣出版、一九九二年）。
（4）山路興造「京都の声聞師再考―室町期の声聞師に関する二、三の疑問点」（世界人権問題研究センター研究第2部前近代班研究会報告、二〇〇二年四月十七日）ほか。
（5）高橋康夫「町組『六町』の成立と構造」（『京都中世都市史研究』思文閣出版、一九八三年）。
（6）続群書類従・補遺三。
（7）島津忠夫校注『宗長日記』（岩波文庫、一九七五年）。
（8）難波田徹「中世後期声聞師の一形態―大徳寺如意庵領洛中土御門四丁町の場合」（『風俗』第六巻四号、一九六七年）。

岩神散所

村上紀夫

一、岩神散所の景観

岩神散所は二条大宮に所在する散所で、散所の付近には神泉苑や岩神神社が存在する。この岩神散所についての先行研究は殆ど皆無であると言える状況である。僅かに『京都の部落史』で存在が言及される程度で、その実態は全く明らかにされていない。

研究がなされていないのは岩神散所について伝える史料が殆ど残されていないためである。岩神散所について記す史料は、散所の焼亡を伝える『教言卿記』応永十二年（一四〇五）十一月十六条の「二条大宮岩神ノ散所物家焼亡」という記事と、伏見宮での左義長を囃しに岩神散所が訪れたことを伝える「伏見宮三毬打、岩上散所鼓舞云々」という『建内記』文安四年（一四四七）正月十八日条の記事のみである。先述の『京都の部落史』では『康富記』享徳三年（一四五四）八月二十四日条にある「申剋、大炊御門大宮冷泉間東頬巷所并唱門師家等焼亡云々」という記事と「大炊御門大宮冷泉間」が二条大宮に近いことから、この「唱門師」と岩神散所との関連を示唆している。

また、脇田晴子氏は[1]『祇園執行日記』観応元年（一三五〇）三月二十九日条に病の祇園社執行が「今夜岩神山伏神子等、於坊門加持了」と岩神から山伏と神子を呼び寄せて加持を行わせている記事を「岩神散所」のものであるとしている。しかし、この史料からは岩神散所が岩神神社にいる神子と山伏か判然としない。

いずれにせよ、上記の史料が管見の限り、岩神散所に関係のありそうなすべての史料であり、ここから明らかにしうることといえば、岩神散所が二条大宮に所在した散所であり、声聞師がいて、芸能として千秋万歳を行っていたらしいこと、といった程度である。

それでは、この二条大宮とは中世には如何なるところであったのであろうか。同所は、高橋康夫氏[2]の研究によれば応仁の乱以前には京の西の境界にあたり、乱後といえば完全に構の外にあたる。なお、大宮通りといえば、『後慈眼院殿御記』明応三年十月十三日条には法華の寺院について「彼寺造作等之事、大宮之少路以東尓不可出之由被定了」とあり、京の人々にとっては境界として認識されていた場所である。

『明徳記』によれば、岩神神社の周辺は「岩神ノ清水ノ少シ西。小塚ノ有ヲ懸越トテ」とあり、岩神神社の他に清水、小塚があったことが知られる。しかしながら、周囲が岩神神社以外は完全な荒れ地であったかといえばそうでもなさそうで、先の『康富記』からは近隣に巷所があったことが知られるが、他にも「酒屋交名」（『北野天満宮文書』）から、二条大宮に酒屋が存在していたこともわかる。

なお、当該地域は近世になると二条城に取り込まれてしまい、当然それ以降は二条大宮に散所の痕跡は見えなくなってしまう。恐らく『義演准后日記』慶長六年（一六〇一）五月九日条に「伝聞、京都ニ内府屋形立云々、町屋四五千間モノクト云々」とあり、二条城築城にあたり近隣の町屋は移転を余儀なくされているので、その際に岩神散所も移転をすることになったのであろう。実際、岩神神社もこのときに移転をしている。

二、岩神神社

ここまで岩神散所についてみてきたが、その名称からも明らかなように当該散所について検討する上で、散所の近くにあって恐らくその名称の由来ともなったであろう岩神神社の存在を無視することはできない。そこで、ここからは岩神神社についてみていくことにしよう。岩神神社は冷泉院の鎮守社であったとされ、『百錬抄』にも記事が見られるなど非常に古くから存在していた神社であることは疑いない(3)。実際、平安期の平安京の様子を描いたとされる『平安古図』などを見ると、二条大宮の地に既に「石神社」が記載されている。次に問題になってくるのは、その祭神であろうが、岩神という名称からすぐさま想起されるのは柳田国男の『石神問答』であろう。ここでは、「岩神」（石神）が境界を守護する神であるという指摘がされているが、そこでこの岩神神社を見てみるとその祀られている場所は平安京における辻にあたる。それゆえ、岩神神社は二条大宮という辻に祀られた境界神であった可能性も否定できないのではないだろうか。そして、その神社の古さから考えても岩神散所が岩神神社の掃除散所として成立した可能性がある。

この岩神神社も先に述べたように二条城の築城に伴い六角通りと西陣に移転をする(4)。『京師巡覧集』巻之二には「二条大宮岩神中山大明神居三井北院、新羅大明神皆一所焉、中山此号岩神、元在冷泉院、（中略）二条城築時遷茲」とあり、二条城築城の際の移転を伝える。なお、移転に伴っては「妖怪やまで禿童と化して夜行す」（『京羽二重』巻三）。『莵藝泥赴』第二）などの怪異があったという。同社の移転後は、社僧の明王院が管理していたという（『京羽二重』巻三）。

最後に、二条大宮という場所について検討しておきたい。先に二条大宮を辻といったが、二条大宮とはただの辻ではない。平安時代には内裏の南東角にあたり、冷泉院などがあった。また、祇園会においても、大宮通りを北上した行列はこの二条大宮で曲がり二条通りを東進する。『今昔物語』などにも、「打返テ西ノ大宮ヲ下リニ二

図8　岩神神社
慶長七年二条城造築の際、二条大宮より現在地六角通りに移転した。

条マデ行テ、二条ヨリ東様ニ行テ、東ノ大宮ヨリ土御門マデ行ニケリ」（巻二十七「高陽院狐変女乗馬尻語第四十一」）とか、「円融院ノ天皇、位去セ給テ後、御子ノ日ノ逍遥ノ為ニ、船岳ト云フ所ニ出サセ給ケルニ、堀川ノ院ヨリ出サセ給テ、二条ヨリ西へ大宮マデ、大宮ヨリ上ニ御マシケルニ」（巻二十八「円融院御子日参曽根吉忠語第三」）と見えて、どこかへ行くにあたっては、しばしば二条大宮を曲がって移動していたことが知られる。

また、この二条大宮を曲がって平安京を闊歩したのは人間だけではなかったのである。田中貴子氏によれば、二条大宮の辻は神泉苑の艮《うしとら》すなわち鬼門にあたり、しばしば百鬼夜行の出発点とされたという。(5) 即ち、ここは「あはゝの辻」と呼ばれて、鬼や式神の如き異形の者と邂逅する場所でもあったのである。田中氏が紹介している史料として、例えば『大鏡』『今昔物語』などが挙げられている。

先に見たように、後の岩神神社でも移転にあたって怪異があった旨が伝えられるが、その背景にかかる場所の持つ特異性があったかもしれない。いずれにせよ、このような二条大宮という場に対する眼差しが、同所で活動する散所に対する視線と無縁であったとは考え難いのではないだろうか。

また、隣接する神泉苑も弘法大師の祈雨の伝承を待つまでもなく、非常に境界的な場所であった。中世後期の神泉苑は、弘法大師の伝承を梃子に東寺が支配しており、後には西大寺系の律宗寺院長福寺が支配に乗り出すが、(6)『太平記』巻十二「神泉苑事」によれば、「承久の乱の後、故武州禅門潜に悲此事、高築垣堅門、被止雑穢。其後涼燠数改て、門墻漸不全、不浄汚穢之男女出入無制止、牛馬水草を求る往来無憚」とある如く、中世には荒廃し、「不浄汚穢之男女出入無制止、牛馬水草を求る往来無憚」という状態であった。あるいは、掃除散所の編成にあたって、かかる神泉苑の状況と関係があったのかもしれない。想像を逞しくすれば神泉苑の祈雨伝承に民間呪術者としての陰陽師の姿を重ねることはできないだろうか。

（1）脇田晴子「中世祇園社の『神子』について」（『京都市歴史資料館紀要』一〇号、一九九二年）。
（2）高橋康夫『洛中洛外』（平凡社、一九八八年）。
（3）入唐した円珍が帰国する際、新羅明神が影向し一時寄留した鴻臚館が後の岩神であり、中山大明神とも称したという（山本ひろ子『異神―中世日本の秘教的世界』上、ちくま学芸文庫、二〇〇三年）。
（4）岩神神社については黒川道祐の『神泉苑略記』（『近畿歴覧記』、『新修京都叢書』第十二巻、臨川書店）を、西陣の岩神については、田中貴子『あやかし考』（平凡社、二〇〇四年）を参照。
（5）田中貴子『百鬼夜行の見える都市』（新曜社、一九九四年）。
（6）東島誠『公共圏の歴史的創造』（東京大学出版会、二〇〇〇年）。

声聞師村

下坂　守

京都の万里小路土御門あたりに所在したと推定される声聞師の集落。散所村とも呼ばれた。

当村の所在地は、『親長卿記』文明十七年（一四八五）五月十七日条の「及晩、禁裏東方有火事、顚倒衣装参内、万里小路通昌（唱）聞士村也」という一文によれば、土御門内裏の「東方」でかつ万里小路に面したところであったことになる。それは、次のような『御湯殿上日記』天文二年（一五三三）四月、『後奈良院宸記』天文四年四月の記事からもまず間違いない。

しやうもんし（声聞師）村にふつそう（物騒）なる事ありて、あなたこなたより御ちか〳〵とて人ともまいる、しやうれん（青蓮）院殿などなる、日蓮しゆとものわろき事をしたる事ともなり、（『御湯殿上日記』天文二年四月七日条）

東方有火シヤウモンシ村也、（『後奈良院宸記』天文四年四月二十一日条）

『御湯殿上日記』の記載は、天文法華の乱の時に声聞師村が法華一揆によって放火されたことを伝えるものである。なお、この時、声聞師村の住人は団結して法華一揆と対決する姿勢を見せており、『尚通公記』は同じ日の出来事を「東方声聞一揆、令同意之条、為法花衆令放火、少々打取云々」と伝えている。声聞師村が近衛尚通の屋敷よりやはり「東方」に所在したこととともに、その住人が法華一揆の攻撃に「一揆」をもって対峙しようと

図９　声聞師村
万里小路を隔てた内裏の南東に描かれた声聞師村。声聞師村の前には刈り入中の麦畠の風景が描かれており、声聞師村やその周辺の様子を伝える貴重な図像である。（上杉本「洛中洛外図」）

していたことを伝える点でも興味深い記事といえる。

さて、そこで再びその集落の所在地であるが、数少ない文献史料の記載を補って余りあるのが、十五世紀半ばの京都の有り様を描いた上杉本「洛中洛外図」である。そこには下京隻の第五扇に、土御門内裏の南東に塀に囲まれた「しやうもし村」の姿が鮮やかに描かれている。同図ではその集落への入り口の門は西面しているが、とすれば、その前を南北に走る道は万里小路ということになろうか。もちろん、その位置や方向が現代の地図のように正確でないことはいうまでもない。しかし、万里小路を隔てた内裏の南東という図中の声聞師村の位置は、それなりの精度をもって配された図像と理解してよかろう。

この地に声聞師が集まり住みついた時期に関しては正確にはわからない。ただ、永正六年（一五〇九）正月付の「如意庵領所々地子納帳」（『大徳寺文書』一五三〇号）には、「唱門士村分」として、「大郎次郎」初め合わせて八人の名前が見えており、遅くともこれ以前には「唱門師村」と呼ばれる集落ができ上がっていたものと考えられる。同帳は如意庵領であった土御門四丁町の地子銭納入責任者を記録したものであり、その場所からしても、ここに記されている「唱聞師村」が当該の声聞師村を指すとみてまず間違いない。

ちなみに『応仁記』上巻によれば、応仁の乱が勃発してまもなく「上御霊社鳥居脇」の「唱聞師村」が戦火にあったという。しかし、この「唱聞師村」は、上御霊神社の鳥居脇というその所在地からして、相国寺門前の散所を指すものと思われる。また、永正十八年（一五二一）七月十二日、公家の鷲尾隆康が将軍足利義稙の「三条ノ御所」を見物した帰路に訪ねたという「聖聞師村池」（『二水記』）も、万里小路通近くに池があったとは考えられず、やはり相国寺門前の散所内にあったものと理解するほうがよいように思われる。

声聞師村の住人数については、大永七年（一五二七）八月の近衛家領の人々と田地をめぐる争いを伝える『言国卿記』の記事（二日条）が、その概要を伝えて貴重である。それによれば、この時押しかけてきた二千余人の「近衛」方に対して、声聞師村では数千人がこれを迎え撃とうとしたという。多少の誇張はあるにしても、かなりの数の住人がいたことが知られよう。

彼らの多くは、もちろん声聞師をもって生業としていたものと推定されるが、その具体的な姿を伝える史料は、今のところ確認できない。わずかに彼らの活動として知ることができるのは、集落に隣接した土御門四丁町での農耕に関してである。

古くは土御門家が所在した土御門四丁町の地がいくたの変遷を経て、大徳寺の如意庵の領有に帰したのは、応仁の乱後のことであった。畠地となっていたこの地の占有者のなかに、永正頃、声聞師村の住人の姿を見い出せることは、先に「如意庵領所々地子納帳」をもって見た通りである。如意庵がこの土御門四丁町に加えて、新たに同所の「巷所分」の土地を領有したのは天文八年（一五三九）閏六月のことであった。(1) 土御門家からの寄進を受けての「巷所分」の寺領化であったが、作人は地子銭を容易に納入せず、如意庵はその対応に頭を悩ますこととなる。

そのようななか天文十年、如意庵では作人の改易を断行するに至るが[2]、それに先立ってはわざわざ幕府から作人の改易を認可する旨の奉書を獲得している[3]。「先作人」の抵抗の激しさを暗示するものといえる。そして彼ら「先作人」のなかでもとりわけ頑強な抵抗を示したのが他ならぬ「唱門士」たちであった[4]。声聞師村の住人であった彼らは、早くから「巷所分」の耕作にもたずさわっていたのであろう。その抵抗は長く天文十五年頃まで継続している[5]。

ちなみに天文十年以降、如意庵から作職を止めることを求められていたのは、次の九人の「唱門士」であった[6]。

唱門士交名

又五郎　柳大夫　与三兵衛　九郎左衛門

式部　有助　杉原　大前四郎兵衛

与五郎

彼ら九人がこれほどまでその作人としての権利を主張し続けることができたのには、大きな理由があった。それは時の権力者細川晴元の代官茨木長隆を後ろ盾としていたことである。長隆は、当時、京都およびその近郊を実質的に支配していた実力者であったが、その長隆と彼ら「唱門士」は太い絆で結ばれていたのである。

長隆は如意庵の大功宗椿宛の書状で、「唱門士」との結びつきを次のように述べている[7]。

抑如意庵巷所分事、為本所御免許段ハ、証文旨勿論候へ共、於代官職者、子細候者、当方代々為給恩被申付事候条、本所方代官差別在之儀候へ共、自東堂堅蒙仰候条、閣是非候き、雖然此方へ召仕候唱門士ニ扶持仕候分事者、少分儀候条、可被相除与厳重申合、其後無別儀候処、（後略）

長隆がかつて「巷所分」の代官を「給恩」として保持していたこと、その時に「召仕候唱門士」に「扶持」として与えたのがこの「巷所分」の「作職」であったことなどが、右の一文によって知られよう。「少分」のことでもあり、一度は了解してくれたことでもあり、なんとか彼らの「作職」を許してもらえないかという長隆の言い分からは、「唱門士」たちとのきわめて密接な結びつきが浮かび上がってくる。なお、長隆は彼ら「唱門士」を他の書状では「此方へ召仕候大夫」とも表現しているが、(8)「大夫」という呼称は、如意庵領の作人の交名帳(9)にも次のように見えている。

さん所村

やなき大夫
しきふ大夫
六郎大夫
与五郎大夫
すきはら大夫
又五郎大夫
四郎兵衛大夫
ありすけ大夫

先に見た上杉本「洛中洛外図」には、声聞師村の前(西)に刈り入れ中の麦畠が描かれている。(10)土御門四丁町とその「巷所分」の畠地もさこそと思わせる風景であり、声聞師村およびその周辺の有り様を今に伝える貴重な図像といえる。

(1)「土御門四丁町巷所分文書」(『大徳寺文書』一五六二号)。

（2）天文十年四月二十四日付「茨木長隆奉書案」（『大徳寺文書』二六五七号のうち）は、その状況を次のように記す。

土御門万里少路東北頬四町々地事、任　綸旨・御判・御下知旨、去天文八年二月廿五日被成　公方奉書訖、仍於巻（巷）所分者、被　勅免段　綸旨在之、然処、百姓等相語強縁、地子銭以下令無沙汰之、剰被隠田云々、太無謂、所詮、至作職者改易之、可被全寺納旨、今度重被成　公方御下知上者、弥領知不可有相違由候也、仍執達如件、

天文十
四月廿四日　　長隆（茨木）判

如意庵雑掌

（3）天文十年三月二十八日付「室町幕府奉行人連署奉書」（『大徳寺文書』一五六五号）

土御門万里少路東北頬四丁町田地作職事、或百姓等恣令売買之、或相語強縁、地子銭以下無沙汰之、剰被隠田云々、言語道断次第也、所詮、於作職者改易之、可被全寺納之旨、所被仰下也、仍執達如件、

天文十年三月廿八日　　前丹後守（松田晴秀）（花押）
前河内守（治部貞兼）（花押）

如意庵雑掌

「巷所分」のことは記されていないが、これを奉じて発せられた天文十年四月二十四日付「茨木長隆奉書」（註2参照）のなかには、「巷所分」の文言が見えており、土御門四丁町全域に及ぶ「作職」改易を認可した文書と理解してよい。

（4）天文十年以降の作職改易が現実には「唱門士」を対象としたものであったことは、天文十二年四月十三日付の次のような「如意庵宗冑等連署書状案」（『大徳寺文書』二六五七号のうち）からもあきらかである。

一、如意庵領土御門四町々并巷所分事、帯綸旨・御奉書等無相違之処、先作人之内唱門士四郎兵衛相語強縁、尚以違背御下知、不随寺命、狼藉之趣、始末委細御申之間、存知之条、以御思案急度被仰付候由、寺家可祝着之旨、去年九月七日、以連署雖令申、于今無一途候、然間、彼唱門士等各押妨当作人、恣令耕作、至于去年冬四季分不及地子銭之沙汰、背度々御下知之間、被成御成敗、令全寺務者、一衆可為大慶之由、宜預御披露候、尚使僧可申候、恐々謹言、

天文十二　　当住

四月十三日　　宗胃
　　　　　　　宗歓
　　　　　　　宗九
　　　　　　　宗舟

波々伯部左衛門尉殿
　御宿所

ここにいう「強縁」が茨木長隆であることは、後述の通りである。

（5）天文十五年六月三日付「石原長松書状案」に「如意庵領万里小路畠之儀、鋸屋百姓事、御寺之得御意候て申付候処、唱門士作仕候由承候」と見えるほか、同日付の「野洲井宗助書状案」（ともに『大徳寺文書』二六五七号のうち）にも「万里小路畠之儀、（中略）唱門士作仕候事一定之由承候」の文言がある。

（6）年月日未詳「唱門士交名案」（『大徳寺文書』二六五七号のうち）。

（7）年未詳九月一日付「茨木長隆書状案」（『大徳寺文書』二一七七号）。天文十年もしくは天文十一年のものと推定される。

（8）年未詳四月七日付「茨木長隆書状案」（『大徳寺文書』二一七六号）。

尚々此旨東堂様へ可有御申候、

如意庵分巷所事、先年承候間、指置申候き、雖然此方へ召仕候大夫拘事者、自最前扶持仕候条、可被相除旨申合候処、当毛之点札被差候由申候、無御心元存候、何篇□先当毛事者、被苅候て可給候、恐々謹言、

卯月七日　　長隆《茨伊》（花押）

椿首座（大功宗椿）
　床下

（9）年月日未詳「土御門四丁町作人注文」（『大徳寺文書』一九三九号）。

（10）小泉義博「洛中洛外屏風の農作業風景」（『日本史研究』三三七、一九九〇年）

東寺散所

宇那木隆司

はじめに

散所は権門領主などと人格的依存関係にあって、自身の保護を求めて御恩なく召し使われる人のことであるが、その中で公家政権や室町幕府から課役を免除される散所が存在する。(1) 中世の東寺（教王護国寺）に存在した散所は、東寺の散所になることによって掃除役・警固役・築地役・諸夫役などを勤仕しているが、彼らの中には東寺の掃除料として公家政権のち室町幕府から課役免除を認められた散所が存在していた。

平安時代の後半から衰退し鎌倉時代に宣陽門院や後宇多院の東寺興隆事業などを背景に、西院御影堂を中心とする弘法大師信仰で賑わうようになったといわれる東寺において、恒常的な掃除や警固などの所役編成が必要となることは当然であろう。また所領所職の維持やそれをめぐる紛争に人格的依存関係にある散所の果たす役割に注目する必要もあろう。しかし鎌倉末・南北朝・室町にあって、東寺が散所という人格的依存関係を維持することが困難であったことは想像に難くない。自身の保護を求めて御恩なく召し使われる散所が東寺だけでなく「所々権門」に属していて東寺に所役を勤めないこともあるのであり、東寺散所の初見が、正和二年（一三一三）

後宇多院が東寺に寄進した八条院町十三カ所の内において、文保元年（一三一七）に八条烏丸地散所法師の掃除役対捍としてみられるのも自然に理解できる。翌文保二年に後宇多院が「教王護国寺掃除料」として「彼寺近辺散所法師拾五人」を寺家に付したのは、東寺散所のうち十五人という員数限定ではあるがこのことを背景に理解する必要がある。

東寺散所の課役免除は後宇多院政下で十五人という員数限定の免除で始まったが、後醍醐親政下では員数無限定で東寺散所の課役免除を認め、親政が「異他」とする課役は賦課した。北朝光厳院政は員数無限定の課役免除を認め幕府も追認するが、応永期の足利義満政権にいたると、在所を限定して東寺散所の課役免除を認めた上に「公方役」を賦課するようになり、そのつどの課役賦課・免除の交渉を要するものとなる。課役免除が鎌倉末から室町において東寺が散所の所役編成を行う上で大きな役割を果たしたことは否定できないが、課役免除にかかわらない散所も存在するのであり、東寺が散所という人格的依存関係を維持するために、課役免除の実現は無論のこと、散所への百姓職や作人職の宛行い、地子未進分の所役への充当、地子免除地の付与や地子減免などを行っていることにも注意する必要がある。それはつまるところ多元的な人格的依存関係からより排他的な人格的依存関係の形成ということであり、林屋辰三郎氏が注目した隷属の側面と網野善彦氏が注目した課役免除・給免田など特権的な側面をあわせ持つことなのである。また所役のあり方から散所という人格的依存関係を結ぶ身分階層の問題として「非人」の編成をみる必要もある。以下は、東寺散所のうち、彼らの在所に即していくばくかの考察を行うものである。(3)

一、院町散所

院町散所の初見は文保元年（一三一七）であり、「八条院々町散所」(4)「八条院々町内八条烏丸地散状（所カ）法師」(5)とある

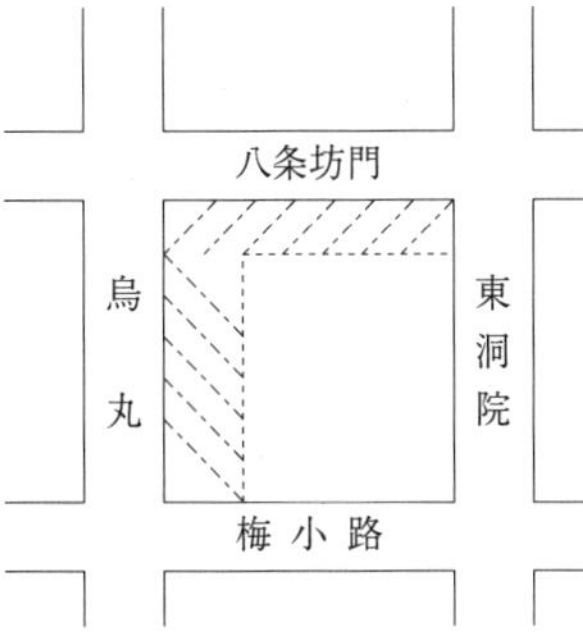

図11　院町散所の在所

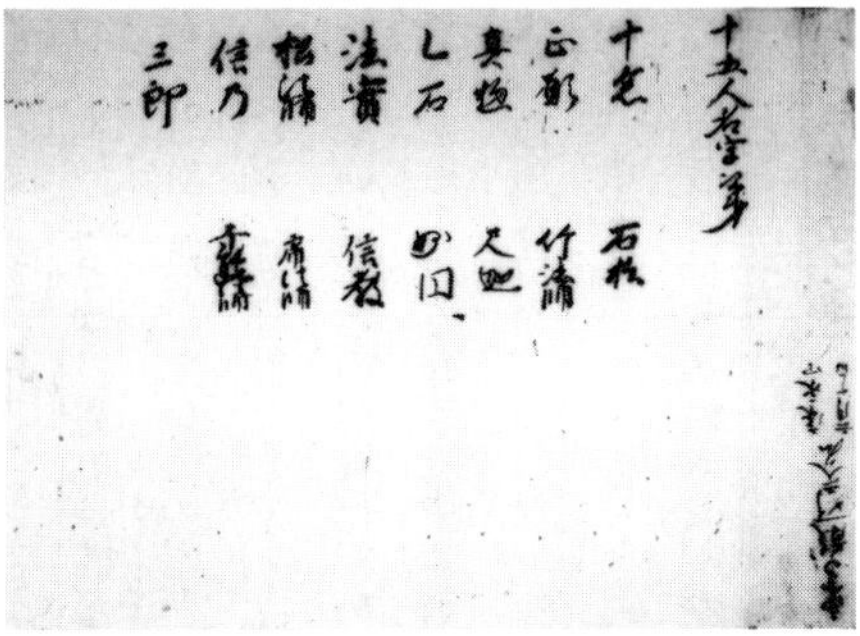

図10　東寺散所法師交名
東寺散所法師、「松法師」ら十五人の名を確認することができる。（東寺百合文書）

のを初見とする。これは東寺散所の初見でもある。

後宇多上皇が八条院町十三カ所を東寺に寄進したのは正和二年（一三一三）[6]であり、この地の住人で東寺の散所になったもの、東寺の散所でこの地に居住したものが院町散所である。

「元応元年（一三一九）八条院町年貢帳」[7]に烏丸と東洞院の間、八条坊門面南頬の地が「此町ハ散所物共也」とあり、「千手、右衛門次郎、竹法師、イカメ法師、徳石、民部法師、右近次郎、蓮宥法師、刑部大郎、左近五郎、大進法師」の十一人が「次第不同注之」として記されている。そのうち竹法師は康永四年（一三四五）の「東寺散所法師交名」[8]（図10）に「十五人名字次第」としてその名が見えるので根本散所十五人の一人であろう。また八条坊門と梅小路の間、烏丸面東頬の地で「百九十文」の地子を負担している「号法師三郎　三郎」は散所の記載がないが、康永四年の交名にみえる根本散所の三郎と思われ、文保元年に八条烏丸散所法師といわれた彼らの在所が、八条坊門烏丸以東八条坊門面南頬と同以南烏丸面東頬であることが確認でき（図11）、課役免除の根本散所竹法師・三郎と課役免除に関わらない千手以下少なくとも十人の散所という構成である。

所領としての院町が流動的であり不安定なものであったことは川嶋将生氏が指摘しているところであり[9]、住人も同様であるが、「建武元年（一三三四）八条院町年貢散用状」[10]では「散所物共」の町といわれた烏丸東洞院以西八条坊門面南頬の地は「コシキ町」（未進分）「コシキカ町」（苞分）とあり、「コシキ町」にこの地の未進分一貫八百八十四文のうち最大の未進二百五十文として根本散所の「竹（竹法師）」、その他「千手アト」「右衛門二郎」「刑部入道」が記されており、院町散所が「コシキ（乞食）」に出自をもつことを示している。しかし康安元年（一三六一）の地子未進に端を発する院町内八条坊門東洞院の又二郎《（次）》と与力人彦太郎の悪行に関わって住宅を検封された事件をみると「院町検付《（符カ）》百姓八人中四人ハ散所也」(11)とあり、東寺にとって地子負担者が「百姓」に他ないこと(12)も事実であり、後宇多上皇の院町寄進後に東寺は散所になった乞食に院町内の八条坊門烏丸以東八条坊門面南頬と同以南烏丸面東頬の地に百姓職を宛行っていたことを想定できる。

さて、建武元年（一三三四）段階で根本散所の竹法師が未進者、同じく三郎は「三郎アト」として現れることは、嘉暦二年（一三二七）の法勝寺池堀役に端を発する一連の争論の影響を考える必要があろう。後醍醐親政が東寺の根本散所と課役免除に関わらない散所に一律で課役賦課を行ったことから、根本散所が散所長者の命に従わず使庁裁許を受けているのだが(13)、東寺散所を一律に課役免除とした上で「一同沙汰」からはずし「法勝寺池堀役」を他に異なる課役として「寺家沙汰」とした裁定(14)は、課役免除を認定された根本散所にとっては課役免除にかかわらない散所との同質化であり認めることのできないものであったろう。建武元年東寺塔供養に際する寺中所々掃除をめぐっても散所法師が長者法師に従わないことが問題になっており(15)、散所長者—根本散所—散所という東寺の散所編成が機能しなくなっていたことを推測させるのである。散所長者亀菊が後醍醐親政期にのみその名を残し、康永四年（一三四五）段階での根本散所十五人の交名にその名をみることができないのは、親政が惹起させた東寺散所長者と根本散所の対立の結果であろう。

「暦応四年《（一三四一）》八条院々町年貢散用状」(16)をみると、八条坊門烏丸以西八条坊門面南頬の地は「八条坊門烏丸南ツラ」と記され、地子納入は「四十文　レン阿ミアト　十文　千手アト」でわずか五十文である。一方未進分は竹法師をはじめ計十四筆十三人（「イヨ法師」のみ畠分と家分）で「二貫十六文（十四筆の合計は二貫百四十八文）」にのぼる。ところでこの「八条坊門烏丸南ツラ」未進分の記載の前には、烏丸西ツラ四貫四百五十一文」、「同東ツラ一貫六百五十文」の未進分を記した後、「以上両方二六貫百文内　四貫七百五十二文者　コツ食町南ツラクキヌキニモ立用訖　ノコル未進一貫三百四十七文」と記され、八条坊門烏丸以南烏丸面東西頬の未進分の一部が、「コツ食町（乞食町）」南頬の「クキヌキ（釘貫）」設置に立用として免除されているのである。未進分の一部が釘貫の設置に充当された八条坊門烏丸以南烏丸面東頬はかつて根本散所三郎のいた地であり、「延文二年《一三五七》院町下地検知注進状[17]」には「散所」として二筆、年未詳だが延文二年注進状に前後する「院町分帳[18]」には「散所」として畠分一筆の地子負担を確認できる。さらに乞食町の南頬に設置された釘貫[19]の警固役が乞食町の竹法師以下の散所の所役とされたであろうことは推測に難くない。

さて、暦応二年（一三三九）に北朝光厳上皇の院宣[20]で東寺散所の他役免除が認められたが、康永二年（一三四三）に足利直義の院宣施行[21]を得るに及び、翌三年に学衆方は「院町検注事、可遂其沙汰、於散所地者直遂検注、於御免者直可有其沙汰[22]」と評定し、初めて散所への地子免除の措置が打ち出された。しかしこの評定は地子免除による得分減少の避けられない院町給主の抵抗があったであろうし、本来課役免除を受けていた根本散所と課役免除に関わらない散所を同列に扱うことから根本散所の抵抗を招いたであろう。評定の翌康永四年（一三四五）に図10の「東寺散所法師交名」が作成され、改めて根本散所十五人を確認しているのはこの間の事情を物語るものであろう。さらに動乱による院町の「百姓住屋、或被壊渡于陣中、或被焼払、逢追捕等[23]」が地子免除の実現を阻む背景にあることはむろんのことだが、院町散所の地子免除措置が打ち出された十三年後の「延文二年《一三五七》院町下地検知注進状[24]」、十八年後の「貞治元年《一三六二》八条院町地子并荒不作注進状[25]」でも散所の地子免除を確認することはできず、あまつさえ前者の延文二年注進状を最後にこの地の根本散所竹法師が姿を消すにいたったことは、東寺の院町散所の編成に大きな転換があったことを推測させる。

　地子免除の措置が打ち出されてからおよそ五十年の後、応永四年（一三九七）「八条院町地子銭散用状」[26]に、「除」分として「一貫百十三文　八条坊門面東洞院以西　南頬　散所町　丈数五丈四尺内在家中程并堂敷等」とあり、「コツ食町（乞食町）」といわれた八条坊門面東洞院以西南頬の地に、ようやく五丈四尺分の散所町の地子一貫三百文が免除されている。これは「当時地子押領処々」としてみえる「百二十　八条坊門烏丸南頬　堂敷」[27]を中心にその隣辺の散所の「在家」の地子を免除したものであろう。

　康暦二年（一三八〇）までに課役免除権を掌握した幕府は、限定した在所の住人への課役免除を認めるようになる[28]が、院町内の在所を限定した住人への課役免除はついに徴証がない。院町散所は課役免除に関わらない散所として、地子未進分を地子免除地に転換され、東寺の設置した釘貫の警固役などの所役を負担したと考えることができよう。

二、巷所の散所

　巷所は本来の街路が耕地化・宅地化されたものであり[29]、東寺領巷所には右京職を本所とする右京の巷所と左京職の本所権を排除し「八条以南、九条以北、堀川以西、朱雀以東」と四至を限る左京の巷所があるという[30]。東寺領巷所の散所の初見は暦応二年（一三三九）十一月二十日付け「東寺巷所稲送進状」[31]であり、「送進上東寺かう（巷）所いねの事　合弐百五十束」として「一　平五郎未進事并さん（散）所のほうしのを□にたひて候分、同式部房の御め□にのせ給候へく候、送進上如件」と記す。いささか文意不明であるが、文和二年（一三五三）の「東寺巷所年貢注進状」[32]に巷所十八所二十貫文のうち「一所　一貫九百文　平五郎入道（花押）」、「一所　一貫七百文　さん所」があり、「御年貢者七月十日以前十貫文進上、又九月晦日かきり十貫文進上、若此面不法懈怠候者、作人職めし上られ候へく候」とあることから、地点は不明であるが散所に巷所の「作人職」を宛行っていることを確認できるものである。

散所に宛行われた作人職などの地点が判明するのは応安三年（一三七〇）の「東寺領巷所検注取帳案」(33)であり、左京巷所を地点ごとに詳細に記載しており、四地点（図12の㋑〜㊁）に散所を確認できる。

㋑「信濃小路猪熊ト堀川間南頬」には、「散所孫五郎」の「南北一丈五尺、東西一七丈八尺、畠、分銭四二七文」、「散所源五」の「南北二丈六尺、東西一九丈七尺、畠、分銭八二〇文」、「散所暁阿弥」の「南北七尺二寸、東西一一丈、畠、定不作」、「散所帥」の「南北五尺、東西三丈一尺、畠、定不作」、「散所」の「南北九尺、東西二丈七尺八寸、（畠脱カ）、定不作」がみえ、いずれも畠地で五筆を記す。

㋺「唐橋ト信乃小路間猪熊面西頬」には、昆布屋の「東西四尺五寸　南北一二丈四尺　屋敷」のみを記し、「此外散所屋敷御免歟」とある。

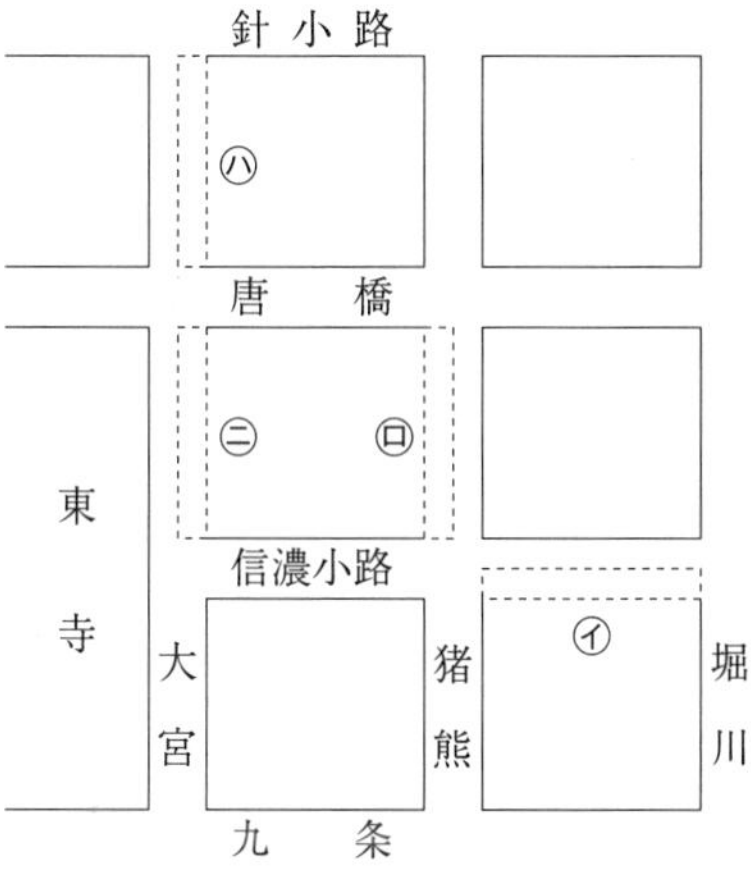

図12　左京巷所と散所

㋩「唐橋以北大宮面」には、帥散所の「東西二尺五寸　南北五丈五尺五寸　畠　分銭二二文」を記す。

㊁「唐橋ト信乃小路間大宮面」には、散所御免として「東西三丈五尺　南北十丈二尺　井田」が記されている。

以上から孫五郎・源五・暁阿弥・帥といった個別の散所に畠地の作人職が宛行われているのは、㋑と㋩の二箇所計五筆であり、散所集団には㋑に畠地一筆が宛行われているが、㋺に散所屋敷地の地子免除と㊁に井田の地子免除が行われており、これは東寺散所の地子免除の初見例である。散所屋敷地の「御免歟」という不確定な記載は、免除地付与が応安の巷所検注の頃に行われたことを示すものであろう。

前節でみたように康永二年（一三四三）足利直義院宣施行により翌年、東寺学衆方は院町散所の地子免除を打ち出したが、応永四年（一三九七）まで実現しなかった。巷所においては、暦応二年（一三三九）四月[34]に北朝光厳上皇院宣で東寺散所の他役免除が認められ、同年十一月には散所への巷所作人職が宛行われ[35]、応安三年（一三七〇）にいたるまでに東寺近辺の巷所において「屋敷地」と「井田」の地子免除地が付与されているのである。「井田」の免除は巷所の散所が東寺の井替[36]を所役としているものであろう。

なお、この応安三年検注取帳案で「八条猪熊ト堀川間南頬」に「東西二丈八尺　南北二丈　屋敷」が「聲聞司御免」

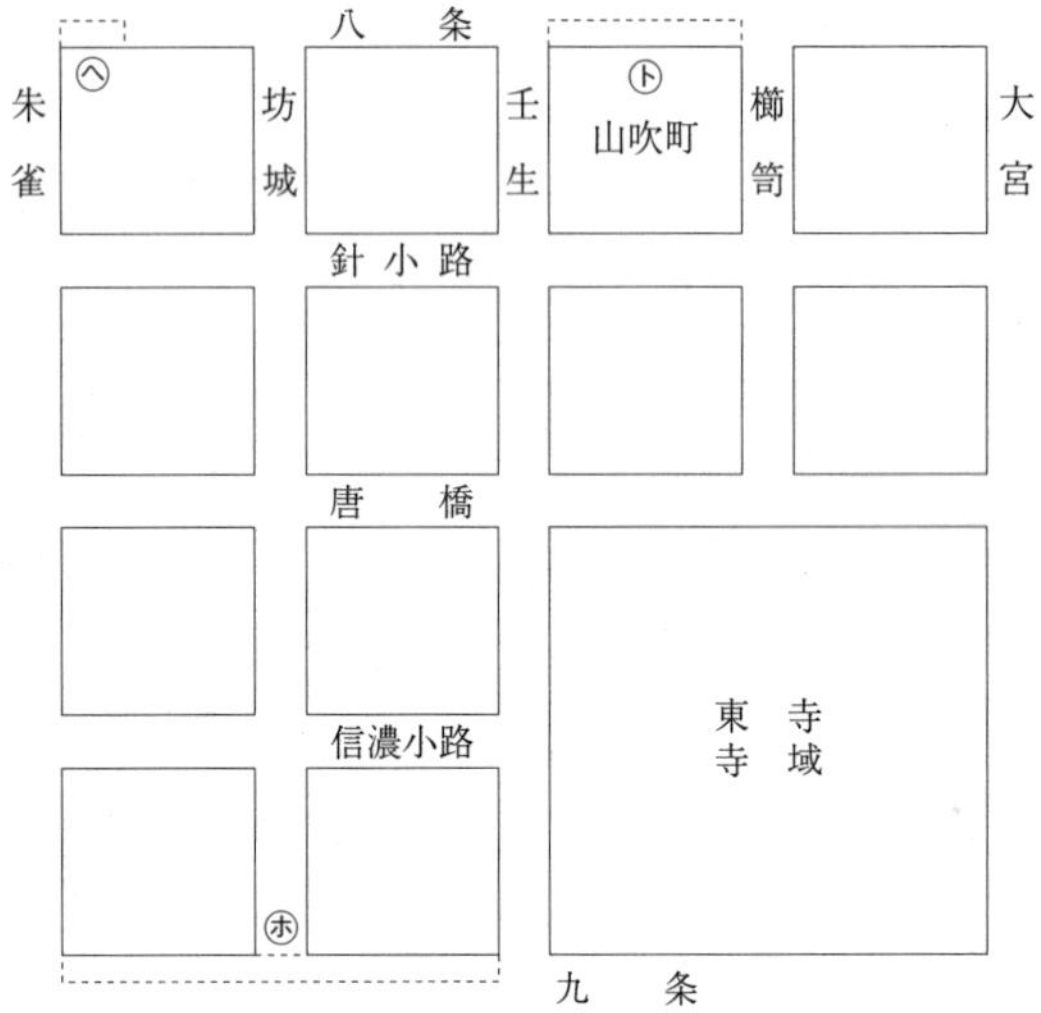

図13　東寺境内巷所と散所

とあり、散所の屋敷地免除とは別に声聞師の屋敷地免除が確認されることは、少なくとも東寺においては散所と声聞師に明確な区別があるということである。

このほか散所に巷所の作人職が宛行われているのは、応安六年（一三七三）の「九条本・新巷所丈数・坪取注進状[37]」に「壬生朱雀間北頬」の九条本巷所（図13の㋭）があり、「八坪八尺　分銭百四十四文　散所石松」とある。この地は東寺寺域を含む平安以来の東寺境内「大宮以西　朱雀以東　八条以南　九条以北」（図13）とされる地の南辺であり、中世を通じて東寺直轄領としての性格を強めた地域とされる。[38]作人職を宛行われている石松は、康永四年（一三四五）の「東寺散所法師交名」にその名がみえる根本散所である。

散所への東寺領巷所作人職の宛行いに対して、散所が東寺に巷所所職を寄進している事例がある。東寺における三月二十一日の西院御影供の料所の一つとして本家右京職管領の「八条朱雀西南角巷所一段」名主職[39]があり、文明十五年（一四八三）に年預宗承が記した「法会集草案」[40]には、「八条以南　針小路以北　朱雀以西　坊城以東北縄本」の地に「松法師寄進田地之料足成　本所右京職」二貫文が記されている。この地はいわゆる東寺境内とされる地の西北角にあたる（図13の㋬）。寄進状が管見に入らないが、すでに康暦二年（一三八〇）の後夜御影供料足として二貫文の「松法師寄進分」がみえ[41]、八条巷所名主職が東寺に寄進されていることがわかり、散所の寄進による巷所の東寺領化である。「松法師」は康永四年（一三四五）の「東寺散所法師交名」にその名がみえる根本散所であり、散所定使でもある[42]。東寺散所は三月二十一日の西院御影供で諸門警固役を果たしており、足利将軍が初めて散所の課役免除を認めた康暦二年に根本散所の筆頭というべき松法師による西院御影供の料所寄進は興味ふかい。

また時代が下るが康正二年（一四五六）の「東寺領洛中散在敷地注文案」[43]には「寺家境内地口屋地之分之事」に山吹町（款冬町）巷所があり、根本散所の「松法師」と「三郎」の名を見いだすことができる。いずれも「八尺八十文」の屋地子である。山吹町は八条以南、針小路以北、櫛笥以東、壬生以西の地で巷所は八条面にあったものであろう（図13の㋣）。東寺境内の北辺にあたる巷所に根本散所の屋敷地が確認できるのである。

三、金頂寺散所

東寺寺域南辺は紀伊郡境であり、大副里・鳥羽手里・角神田里・佐井佐里の北辺各坪は平安京南域・九条大路と重複する[44]。紀伊郡一帯は東寺拝師庄はもとより九条家・久我家などの散在庄園が林立する地域[45]であり、春日社

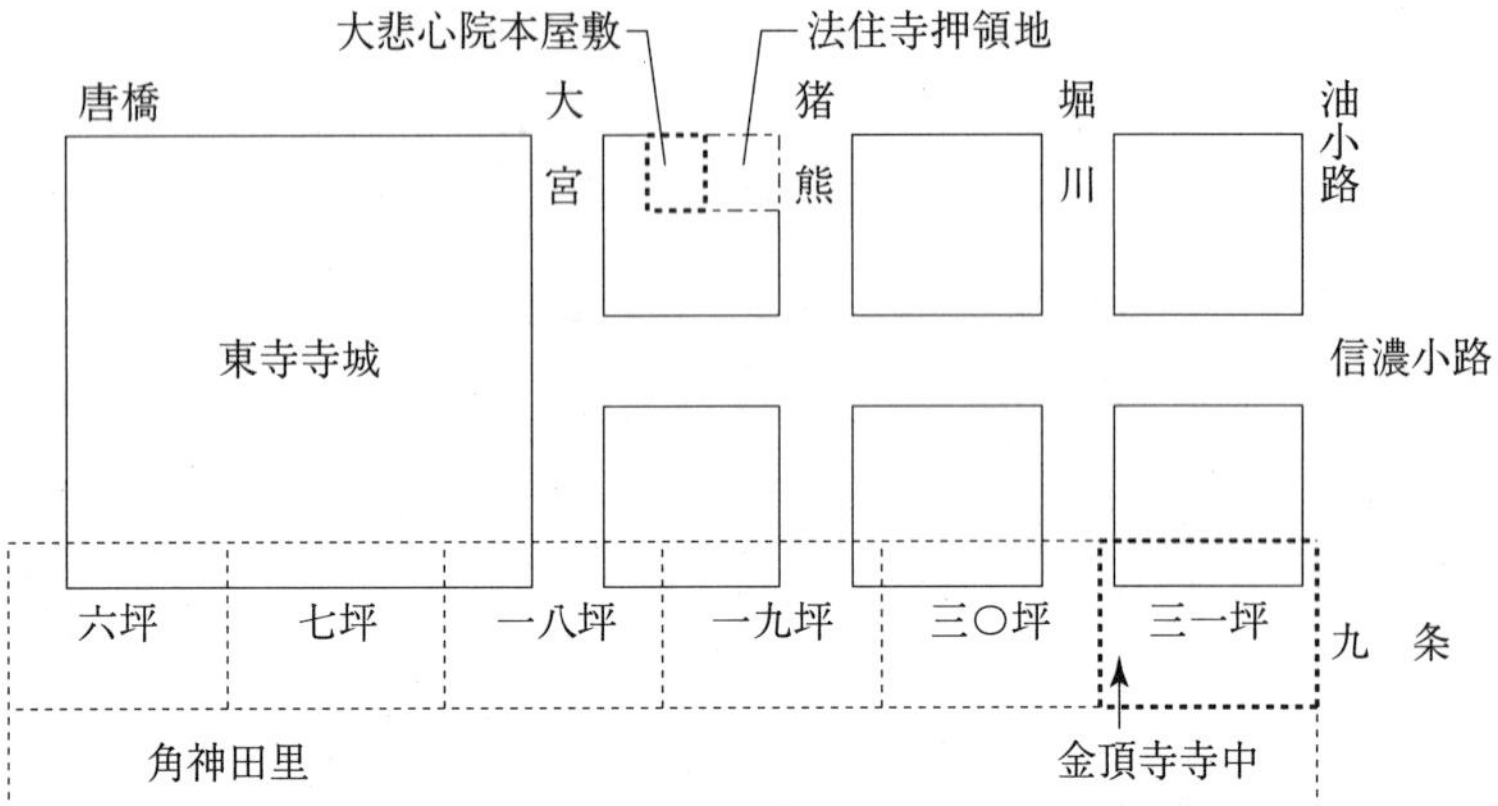

図14 金頂寺中の散所とその移転

領金頂寺散在田[46]も鳥羽手里・角神田里・憧里・河副里など各所に点在していた[47]。

この金頂寺散在田をめぐって暦応二年（一三三九）に東寺と春日社で相論があり、論人側東寺の住侶や平五郎等から訴人側春日社の神人に対して刃傷狼藉があったため、検非違使庁管轄の検断沙汰となった[48]。平五郎は東西九条女御田定使[49]や大悲心院定使[50]として現れる人物である。

貞和五年（一三四九）八月付「金頂寺鳥羽九条散在田雑掌定経申状并具書案」[51]によると「東寺雑掌弁阿闍梨并松法師等神木犯穢、苅田狼藉等、重畳悪行難遁其科」（傍線筆者）とされており、根本散所の「松法師」[52]も春日社との相論にあたって東寺住侶や定使平五郎らと実力行使に及んでいることを知る。同年十月付「東寺領山城国拝師庄雑掌光信庭中申状」によると「放入松石男并紀六已下輩於寺領、譴責民屋、押妨下地、重科難遁」とあり、春日社側も金頂寺雑掌定経によって中間松石や紀六が東寺領拝師庄への実力行使に及んでいるのである。

さて春日社領の金頂寺の寺域は角神田里三一坪の方一町の地にあって[53]、北辺は九条堀川と九条油小路間南頬と重なる地域になる[54]（図14）。「廿一口方評定引付」明徳五年二月二十二日条[55]に散所の申し分を記し「近年少々請於金頂寺内住之、就其煩等有之、不能記之」とあり、明徳年間に春日社領金頂寺寺中を東寺散所が屋敷地に請けており、供僧はその「煩」を伝えないが春日社側との紛争からであろうか、次節で述べるように明徳五年に東寺東門前の寺領である大悲心院敷地を屋敷地に望んで許されている。しかしちょうどその頃、法住寺の妙見寺・大悲心院敷地への押領が始まり、散所が当初望んだ東寺領敷地ではなく、その東側の地で法住寺の押領地に面して大悲心院本屋敷を形成することになるのである。

四、南小路散所

東寺の東門前、唐橋以南・信濃小路以北・猪熊以西・大宮以東の方一町の地内で形成された散所の在所を南小路散所という。永徳元年（一三八一）に信濃小路に面した東寺領敷地を地子免除地として散所に付与し、そこに形成された散所在所を中核にして形成されるもので、応永十八年（一四一一）までに「南小路散所」と呼ばれている。(56)この地に関する絵図は数点あり、そのうち「廿一口年預記」応永十一年（一四〇四）正月十七日条の指図を図15、(57)永享七年（一四三五）八月の「妙見寺指図」を図16、(58)年未詳の「妙見寺指図」(59)を図17とし、これらをもとに図18とする。

南小路散所の形成をみると、地子免除地である永徳元年拝領敷地に形成された散所屋敷は「西在家」と呼ばれ（図18の㋑）、応安五年（一三七二）には「西在家」の北側の「堀」（図18の㋺）を散所として一貫文の地子で請けており、「応安五年大悲心院納帳定」とあることから、この堀がもともと大悲心院敷地であったことがわかる。(60)さらに拝領敷地が狭小であるとの理由で明徳五年（一三九四）以前に、西隣の妙見寺敷地を地子負担の屋敷地に請けて「中在家」（図18の㋩）を形成していた。(61)妙見寺敷地は南北十丈、東西十四丈八尺の妙見寺仏閣跡（図18の㊁）を除いて元亨二年（一三二二）に伏見上皇から東寺に寄進され、文和元年（一三五二）幕府祈禱奉行代官方と相論があり、(62)応永年間から仏閣跡北側の妙見寺敷地（図18の㋭）への法住寺の押領があり相論が惹起される地である。

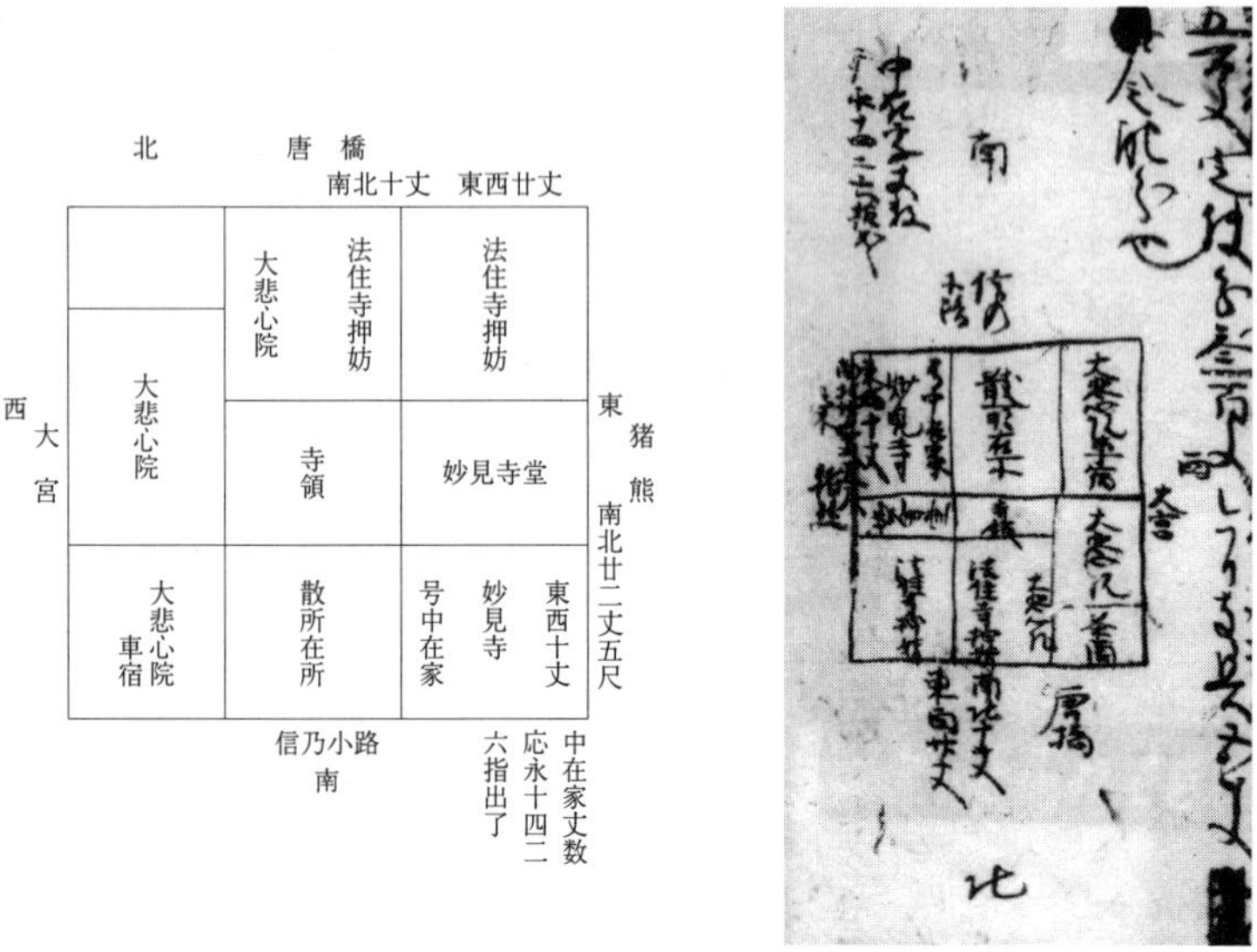

図15　応永十一年廿一口年預記指図

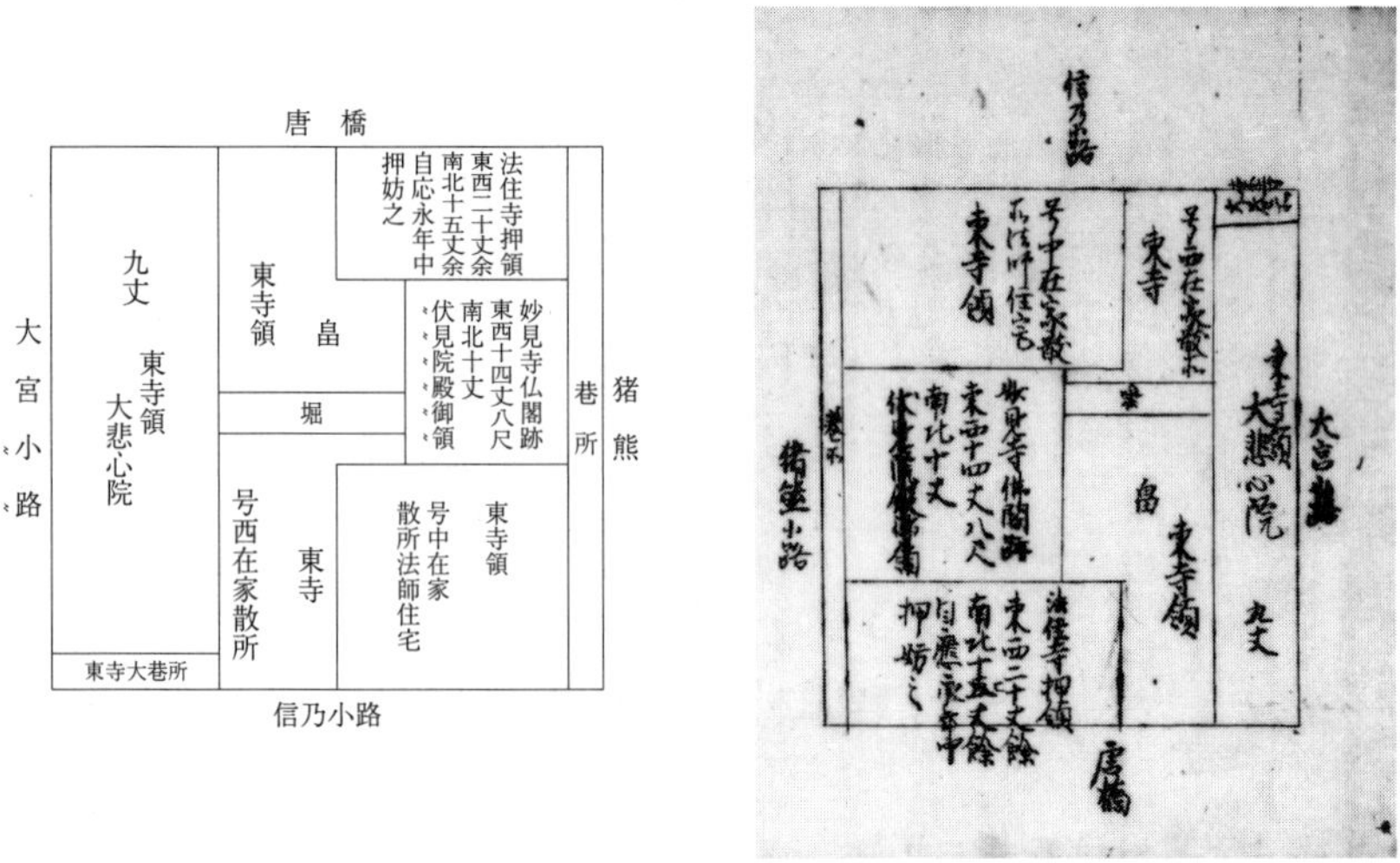

図16　永享七年妙見寺指図

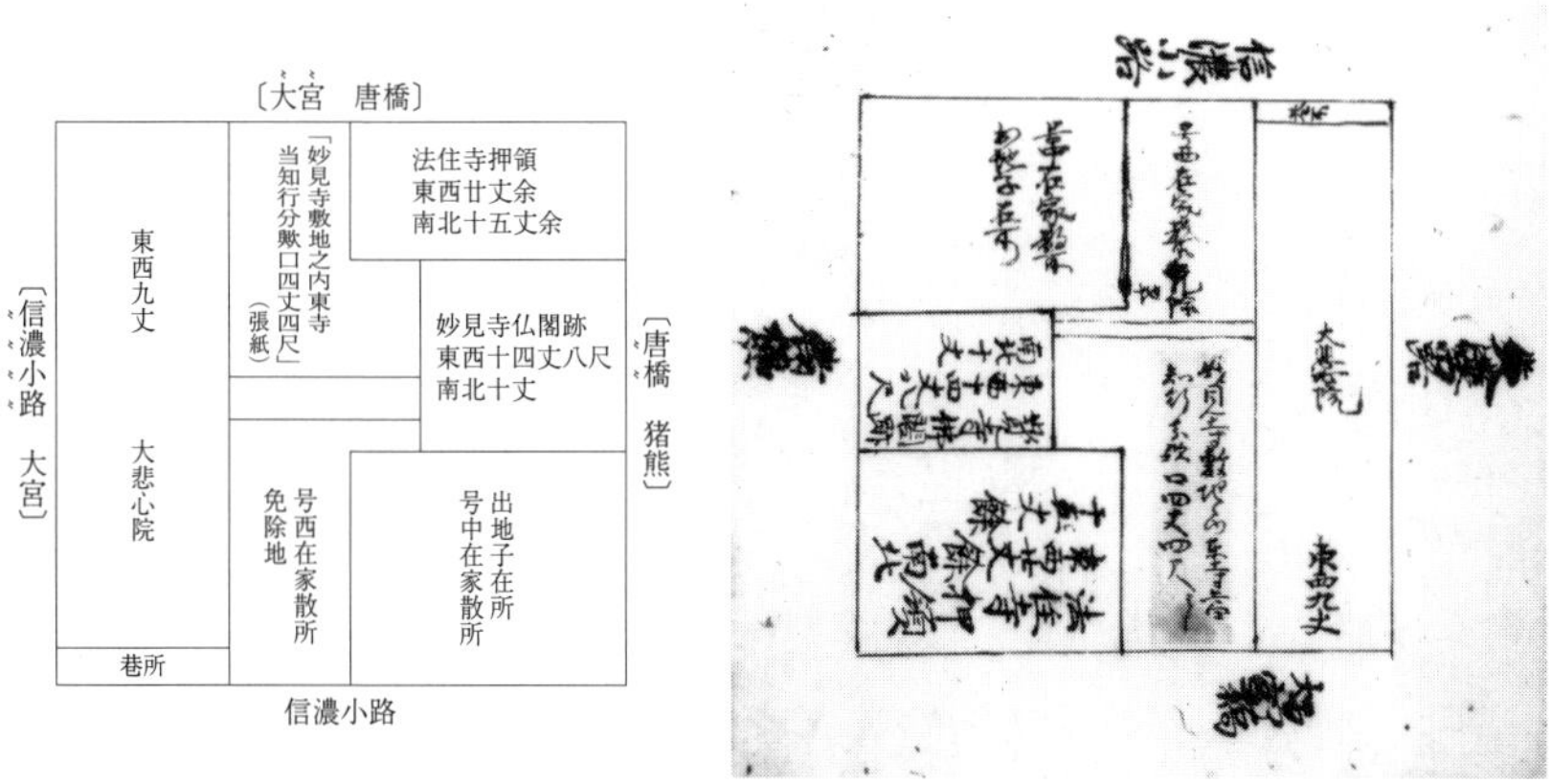

図17　年未詳妙見寺指図

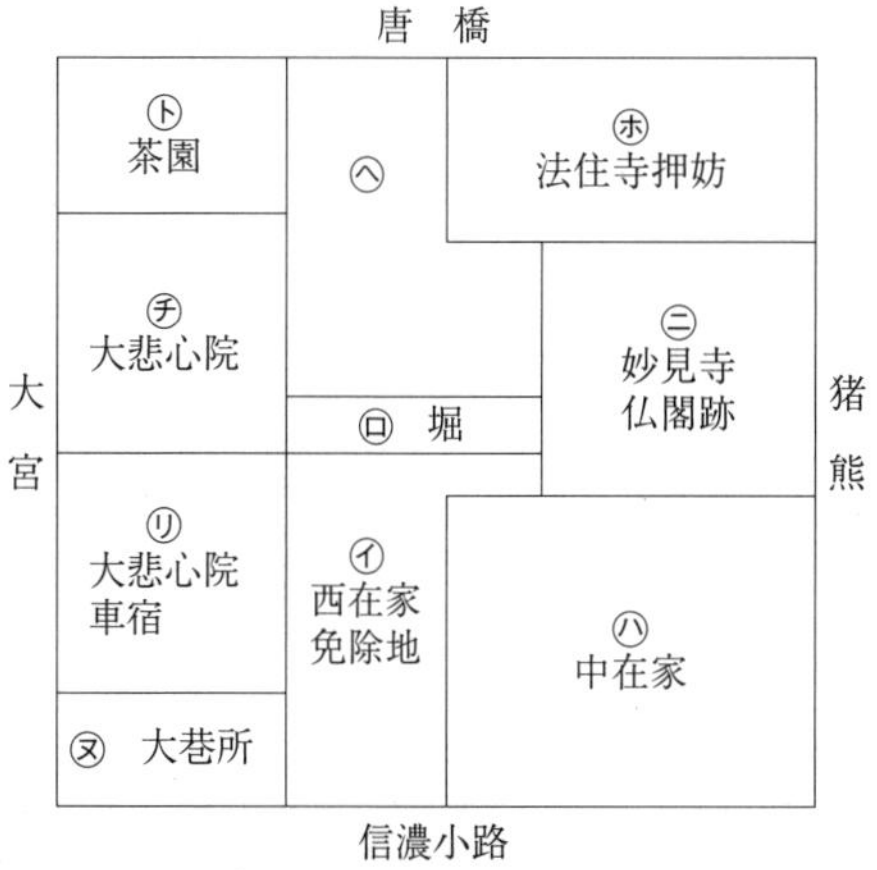

図18　南小路散所の形成

明徳五年（一三九四）に大悲心院跡敷地を散所の善真・真宗・宗阿弥・観阿弥・妙一連署で敷地分一貫八百文・堀分三百文で屋敷地に請けているが[63]、「大宮東唐橋南角　茶木原之南并堀分」の地点表示からは図18の㋠と堀分は㋣の南辺の菖蒲池となるが[64]、実はこのとき屋敷地に請けられたのは図18の㋬の部分で「大悲心院本屋敷」となり、五年後の応永五年（一三九八）に屋敷地に請けられて「大悲心院新屋敷」となるのが図18の㋠である[65]。

この明徳五年の散所の大悲心院本屋敷（図18の㋬）の形成は、妙見寺敷地（図18の㋭）が「法住寺」によって「自応永年中押妨之」とあることに対するものであり、さらに応永五年（一四〇一）段階に大悲心院本屋敷（図18の㋬）が「法住院（寺カ）ウチ」[66]と記されるにいたる事態に散所の大悲心院新屋敷が図18の㋠に形成されるのであり、東寺門前の地に対する法住寺の押領に対し東寺が「当知行」を実現する上でまさに散所の果たす役割は必要不可欠であったことを知る。しかし応永五年九月に大悲心院新屋敷の「家立」を始めた教願ムコ・彦五郎・兵衛三郎・馬四郎[67]のうち、応永八年十月三十日付「妙見寺并大悲心院地子銭散用状」[68]の「除」額から応永五年中もしくは翌年には早速、馬四郎・彦五郎の「チクテン（逐電）」がみられるのであり、かかる散所の在所形成の過酷な側面を示すものであろう。

このの後宝徳四年（一四五二）に南小路散所はかつて執行管領下にあった「茶園」に相当する「大悲心院敷之内西北角野畠分」（図18の㋣）を屋敷地に請けるが[69]、寛正五年（一四六四）にいたり、この間畠地と化していた大悲心院新屋敷地（図18の㋠）と旧茶園地（図18の㋣）を屋敷地に請け、同年末には散所四人の家造りが行われた[70]。散所の屋敷地請けの際に作成された寛正五年六月二日付「大悲心院敷地指図」[71]には図18の㋣と㋠の部分が口（東西）九丈・奥（南北）十八丈の「現地散所法師請申分」であり、改めて旧茶園地も含めて大悲心院新屋敷地が形成されることになった。また図18の㋬の部分は「在家口四丈四尺」「奥南北ヱ十八丈」とあり大悲心院本屋敷は存在していることがわかる。

この寛正五年の大悲心院新屋敷形成にあたっては、供僧方の提示した条件は屋敷請地子一貫八百八十文と両季分三百五十文あわせて二貫二百三十文の倍額四貫四百六十文であった。当初、供僧方は散所からの一貫文の地子減免要望を認めなかったが、散所与五郎からの四貫文を越える地子には応じられないという要望に対して、供僧方は大巷所の地子興業との抱き合わせを考え、大巷所の地子を加えて五貫六十文とし「人夫ニ可被召仕」という理由で一貫六十文の地子減免を認めて四貫文としている。かように南小路散所は地子銭免除地の付与のほか地子銭負担地であっても、散所の所役に対する地子銭減免措置が講じられていることがわかる。

なお大悲心院車宿（図18の㋷）は散所の屋敷地は確認できず、後年になるが明応六年（一四九七）の「大悲心院指図」[72]をみると、北より乗円・職掌・中綱・正覚院殿とあり東寺の寺官層の屋敷地になっているが、文明十五年（一四八三）の「巷所田指図」[73]では「南小路散所村」に包括されている。また大巷所（図18の㋦）には屋敷地の形成は確認されず、享徳二年（一四五三）に南小路散所の左近が九条小四郎を請人として三貫五百文の地子を請けており、享徳四年二月十五日付「大巷所未進徴符」[74]をみると、他にも作人職をもつものが存在する。中でも散所大郎五郎分は「此ハ下地乗観作之」とあり、散所の作職分を東寺の中綱層で北面衆と呼ばれた僧名乗観・仮名祐成[75]が下作を行っていることは興味ふかい。

さて東寺東門前にかかる南小路散所の屋敷地が形成され、散所の地域集団が形成されることは、散所の課役免除のあり方に大きな変化をもたらすことになった。室町幕府の散所の課役免除は康永二年（一三四三）の足利直義の院宣施行を嚆矢として北朝の東寺散所の一律課役免除を継承し、康暦二年（一三八〇）以来は幕府が課役免除を認めていたが、応永九年（一四〇二）七月に東寺散所の課役免除・催促停止を認めた幕府[76]は、同年十二月にいたり改めて「掃除散所　信濃小路猪熊西頬壱町」と在所を表示した上で課役免除を認めたのである。[77]地点表示による散所の課役免除の初見例である。この頃南小路散所の屋敷地は唐橋以南・信濃小路以北・猪熊以西・大宮以東の方一町の地内に広がっており（図18の㋑㋺㋩㋬㋠）、「信濃小路猪熊西頬壱町」という地点表示はこの地を指すものと考えてよい。本来員数を限定した散所の課役免除が後醍醐親政以来員数限定がなくなり無限定となっていた[78]が、在所を限定した散所の課役免除への転換という画期である。この後は単に「掃除散所」の課役免除とされていても実際には「南小路」などの在所を限定したものであることはすでに明らかである。[79]

東寺散所においては南小路のほかは嘉吉三年（一四四三）に九条（九条猪熊）[80]、長禄四年（一四六〇）に境内の散所[81]が室町幕府から課役免除を得るが、かかる応永期の足利義満政権による在所を限定した散所の課役免除への転換はそれ以後、属地主義による課役免除となり、課役を免除されない在所の散所と、課役を免除される在所の散所という新たな散所の格差を生み出すことになった。

康正三年（一四五七）二月の「廿一口方評定引付」は「院御領散所」と「東九条散所」との対立を伝える[82]。これは東九条散所方が院御領散所に発向し放火したことで「依類火、寺領南小路在家東頬一通令炎上」とあるので、炎上した「南小路在家東頬」は南小路散所の中在家（図18の㈧）に相当する。したがって「院御領散所」は中在家に近接する地であり、文明十五年（一四八三）「巷所指図」に「南小路散所村」の南側に「一町女院御領」とあることから、東寺門前の大宮以東・猪熊以西・信濃小路以南・九条以北の「院御領」に屋敷地を形成していた東寺散所であり、この「院御領散所」は嘉吉三年（一四四三）に幕府から課役免除を得た九条（九条猪熊）散所[83]とみてよい。対立の原因は伝わらないが寺領地ではない女院御領に屋敷地を形成してその在所を課役免除地として認められた散所と、課役免除を得ていない東九条散所との対立であったことを背景に考える必要があるものである[84]。

応永期の在所を限定した散所の課役免除への転換において根本散所の系譜をひくものたちはどうなったのであろうか。南小路散所という地域集団はやがて「老」や「年より」と呼ばれる老衆と「ワかき者」と呼ばれる若衆の組織を形成するが[85]、ここに根本散所を構成員に確認することはできない[86]。根本散所の松法師が散所定使として東寺の所役賦課等の連絡の任に当たっていることから[87]、彼ら根本散所は寺院組織の末端に組み込まれ散所編成の任に当たっているとみてよい。松法師の屋敷地は第二節で述べたように康正二年（一四五六）段階で「寺家境内地口屋地之分」として記載される「山吹町巷所」であり、同じく根本散所の三郎も「山吹町巷所」、「壬生朱雀間北頬」の「九条本巷所」に作人職を宛行われていた根本散所石松の屋敷地は境内の「田中」[88]にあり、東寺境内を守護するように配置されているのだが、彼ら「境内散所」が幕府から課役を免除されるのは長禄四年（一四六〇）を待たねばならないのである。

（1）拙稿「中世後期の東寺散所について」（『世界人権問題研究センター研究紀要』三、一九九八年）において、特定の権門が権門に対する散所の所役を公家政権や室町幕府から認定され、その散所への公家政権や室町幕府の課役が免除される場合があり、これを仮に「当職散所」とし、課役免除にかかわらない散所を仮に「非職散所」として区別する必要性があることを述べた。

（2）東寺散所については森末義彰「散所」（『中世の社寺と芸術』第一部第四篇、畝傍書房、一九四一年）、山本尚友「中世末近世初頭の洛南における賤民集落の地理的研究・下」（『世界人権問題研究センター研究紀要』三、一九九八年、後に『被差別部落史の研究』岩田書院、一九九九年、に再収）等の研究がある。

（3）以下、史料引用に際して京都府立総合資料館蔵「東寺百合文書」は「百合」、『教王護国寺文書』は『教王』とのみ記す。

（4）「百合」よ函一九九「散所方支証目録」に「一通院宣案　文保元八五　八条院々町散所事」とある。

（5）「百合」ホ函一二。

八条院々町内八条烏丸地散状（所カ）法師等、不従寺家所勘、不致掃除役由事、申入候之処、所存之企不可然、此上猶不従催促者、厳密可被誡御沙汰之由、被仰下候由也、仍執達如件、

「文保元」（百合付箋、白河朱書）　「経宣」（百合付箋、白河なし）

八月五日　前越前守（草名）（白河　参議経宣）

謹上　大納法印御房（百合「言」脱、白河「言」あり）

院町内八条烏丸地の散所法師が東寺に従わず掃除役を勤めないことに関するもの。「百合」ホ函一二と「白河本」四では異同がある。奉者が前者は「前越前守」で「経宣」の付箋、後者は「参議経宣」とする。宛所は「大納言法印御房」だが、前者に「言」脱あり。

奉者が中御門経宣であれば、八月五日付で「前越前守」と署し得るのは嘉元二年（一三〇四）をおいて他にない。「参

議」と署し得るのは元応二年（一三二〇）と元亨元年（一三二一）である。この文書名は「中御門経宣奉書」または「後宇多上皇院宣」とされるが、前註目録の文保元年八月五日付「院宣案」に該当する文書と考えられる。

（6）「後宇多法皇宸筆庄園敷地施行状」（「東寺文書」御宸翰、『東寺文書聚英』二）。

（7）「百合」編函二一。

（8）「百合」カ函三八。

東寺散所法師交名　康永四　六月十日

十五人名字次第

十念　石松　正願　竹法師　真惣　尺迦　乙石　妙円　法実　信教　松法師　虎法師　信乃　千熊法師　三郎

（9）「東寺領八条院町の構造と生活」（『中世の権力と民衆』大阪創元社、一九七〇年、後に『中世京都文化の周縁』思文閣出版、一九九二年、に再収）。

（10）「百合」編函二九「延元元年四月八日付八条院町年貢散用状」。

（11）「百合」ム函三八「学衆方評定引付」。

（12）網野善彦「中世都市論」（『岩波講座日本歴史7中世3』、一九七六年、後に『日本中世都市の世界』筑摩書房、一九九六年、に再収）。

（13）関連する史料は「三月七日付官人中原章房挙状」（「百合」ヒ函二四一）、「三月十日付東寺長者教寛御教書」（「百合」ヌ函三〇六）、「三月廿一日付後醍醐天皇綸旨」（『東寺文書聚英』二五〇）、「五月四日付官人中原章房挙状」（「百合」せ函武家御教書并達九二）、「五月六日付検非違使別当宣」（「百合」こ函一一三）、「五月六日付東寺長者教寛御教書」（『東寺文書聚英』五〇三）である。

（14）「東寺文書」書五（『東寺文書聚英』二五〇）。

（15）「東寺塔供養記」（『群書類従』二四）。

（16）「百合」ま函三ノ一「康永元年八月十一日付八条院々町年貢散用状」。

（17）「百合」ケ函四八。

（18）「百合」ケ函三三四。

(19) 今谷明『戦国期の室町幕府』第三章第四節（角川書店、一九七五年）は、釘貫の設置や管理が東寺など庄園領主にあり、町屋支配の有力な手段であったとする。
(20) 原本は管見に入らないが、「院宣封紙」が「百合」て函一ノ一三にある。
(21)「東寺文書」御三（『東寺文書聚英』一八九）。
(22)「百合」天地函一「学衆方評定引付」康永三年七月五日条。
(23)「百合」ム函二九「学衆方評定引付」文和四年四月二日条。
(24)「百合」ケ函四八。
(25)「百合」編函六七。
(26)『教王』八二四「応永十年九月日付八条院町年貢散用状」。
(27)「百合」編函二二四「八条院町公用足下地注文」、年未詳だが文和四年（一三五五）以後のもの。
(28) 註(1)拙稿。
(29) 林屋辰三郎「散所　その発生と展開」（『史林』三七ノ六、一九五四年、後に『変革の道程　日本史論聚三』岩波書店、一九八八年、に再収）、仲村研「中世京都における巷所について—東寺領巷所を中心に」（『同志社大学人文科学研究所社会科学』一〇、一九六八年、後に『京都「町」の研究』法政大学出版局、一九七五年、に再収）、馬田綾子「東寺領巷所—荘園領主による都市支配の一考察」（『日本史研究』一五九、一九七五年）。
(30) 註(29)馬田綾子氏論稿。
(31)「百合」そ函七、東寺巷所下司が一紙に暦応二年九月二十七日付地子銭送進状の次に記す。
(32)「百合」つ函一ノ五、但し巷所十八カ所の年貢合計は十九貫九百三十文。
(33)「百合」ひ函一七ノ一。
(34) 註(19)及び暦応二年四月十三日付「院宣封紙」。
(35) 註(31)。
(36) 井替を散所が行っている明確な記載はないが、管見に入る限りの「五方散用状」を繙くと文安元年（一四四四）分『教王』一三七八）から天文十七年（一五四八）分（「百合」チ函二〇八）まで灌頂院・西院・湯屋の井替がみえ、いずれも五十文の下行がある。

(37) 『教王』五一八。

(38) 上島有『東寺・東寺文書の研究』第一部第三章（思文閣出版、一九九八年）。

(39) 「百合」ト函二一九「東寺雑掌申状案」、ト函二二三「八条巷所内田地本所役注文」。

(40) 「百合」ヲ函一〇一、なお橋本初子『中世東寺と弘法大師信仰』第五章第二・三節（思文閣出版、一九九〇年）。

(41) 『教王』五七六「款冬町地子銭注進状」、永徳三年の「後夜御影供用途注進」とほぼ同内容である。仲村研「東寺境内款冬町の支配」（『京都社会史研究』一九七一年、後に『京都「町」の研究』法政大学出版局、一九七五年、に再収）。

(42) 註(1)拙稿。

(43) 「百合」タ函一三八。

(44) 「山城国紀伊郡里々坪付注進状」（『九条家文書』八二五）、金田章裕「一三・一四世紀における京郊の村落景観」（『歴史地理研究と都市研究(上)』大明堂、一九七八年）。

(45) 『史料京都の歴史』第一三巻・南区（平凡社、一九九二年）。

(46) 註(40)橋本初子氏論稿。

(47) 嘉禄二年十月十三日付「山城国紀伊郡散在田畠坪付注進状」（「百合」ま函一ノ二）、年未詳「山城国紀伊郡里々検注取帳」（『九条家文書』八二五）。

(48) 橋本初子「中世の検非違使庁関係文書について」（『古文書研究』一六、一九八一年）。

(49) 康暦二年二月付「山城国東西九条并八条町巷所年貢米散用状」（「百合」キ函一ノ二）では東西九条定使給として二石。

(50) 「大悲心院地子帳」（『教王』七五二）では大悲心院定使給半季百五十文で計三百文、康応元年分地子帳では未進分を定使平五郎の定使給分で弁償すべきとされた。のち宝徳四年（一四五〇）に同名を世襲する根本散所の「松法師」が「散所定使御恩無之」により大悲心院定使を望み宛行われている（「百合」天地函二九）。

(51) 「百合」ミ函二六。

(52) 註(1)拙稿。

(53) 註(47)。

(54) 註(44)金田章裕氏論稿。
(55)「百合」ち函一。
(56) 永徳元年四月二十五日付「東寺散所法師所役請文案」（「百合」し函四八）、応永十八年五月十三日付「東寺散所法師所役請文案」（「百合」の函三三・さ函九八）及び註(1)拙稿。
(57)「百合」追加三（原図は南を上にするが北を上にして図示する）。
(58)『教王』絵図一一（原図は南を上にするが北を上にして図示する）。
(59)「百合」ニ函一〇一ノ三（原図は南を上にするが北を上にして図示する）。
(60)「大悲心院地子帳」（『教王』七五二）。
(61)「廿一口方評定引付」明徳五年二月二十二日条（「百合」ち函一）。
(62) 註(40)橋本初子氏論稿。
(63) 註(55)。
(64) 茶園（茶木原）の南辺の堀は「しやうフ池」ともいう。「百合」ニ函一〇一ノ四。
(65) 応永五年九月二十二日付「大悲心院新屋敷注文」（「百合」ニ函一〇一ノ四）に「本屋敷西　大宮新在家分」とあり「教願ムコ、彦五郎、兵衛三郎、馬四郎、アキ地ヌシ有」で「地子銭四貫百四十三文」である。
応永八年十月三十日付「妙見寺并大悲心院地子銭散用状」（「百合」レ函八七）に大悲心院本屋敷は「法住院《（寺カ）》ウチ」とあり、「廿一口年預記」で（図18の㋬）にも「法住寺押妨」とあることに符合するし、応永五・六・七年の各「一貫八百六十文」の地子銭額も明徳五年の大悲心院敷地請文案の地子銭額にほぼ符合する。また大悲心院新屋敷は「応永五年九月二二日後之方ヨリ立之」とあり、「請料地子半分定」として「二貫六十九文」、応永五年の地子は三月分「一貫三十五文」、応永六・七年は各「四貫百四十一文」が記され、応永五年の大悲心院新屋敷注文の地子銭額にほぼ符合する。したがって図18の㋬は妙見寺とも大悲心院とも記されるが大悲心院敷地である。
(66) 応永八年十月三十日付「妙見寺并大悲心院地子銭散用状」（「百合」レ函八七）。
(67) 応永五年九月二十二日付「大悲心院新屋敷注文」（「百合」ニ函一〇一ノ四）。
(68)「百合」レ函八七。

(69) 「廿一口方評定引付」宝徳四年七月十八日条（「百合」く函二〇）。
(70) 「廿一口方評定引付」寛正五年五月二十一日条・同年五月晦日条・同年一二月六日条・同年一二月二十日条（「百合」ち函一八）、寛正五年六月二日付「大悲心院敷地指図」（『教王』絵図四）。
(71) 『教王』絵図四。
(72) 「百合」ニ函一〇一ノ二。
(73) 『教王』絵図一八。
(74) 『教王』一五五一。
(75) 富田正弘「中世東寺の寺官組織について」（『京都府立総合資料館紀要』一三、一九八五年）、中綱のなかでも北面衆は上位という意識が形成されるという。註(1)拙稿でもみたが、中綱北面衆は供僧方のもと散所に指示する立場にある。
(76) 応永九年七月四日付「管領畠山徳元基国奉書」（「百合」せ函武家六八）、同年七月二十日付「侍所頭人土岐常保頼益遵行状」（「百合」い函一六）、同年七月二十三日付「侍所所司代富嶋浄晋遵行状」（「百合」つ函二ノ二）。
(77) 応永九年十二月十五日付「侍所頭人土岐常保頼益遵行状」（「百合」ト函七八ノ一）、同年十二月十七日付「侍所所司代富嶋浄晋遵行状」（「百合」ト函七八ノ二）。
(78) 嘉暦二年三月二十一日付「後醍醐天皇綸旨」（「東寺文書」書五）。
(79) 「廿一口方評定引付」永享七年三月十五日条及び註(1)拙稿第四節。
(80) 「廿一口方評定引付」嘉吉三年七月五日条（「百合」ち函一四）。
(81) 長禄四年十一月二十一日付「侍所所司代多賀昌宗遵行状」（東京大学史料編纂所影写本「前田家所蔵実相院及東寺宝菩提院文書」）。
(82) 「廿一口方評定引付」康正三年二月十三日条（「百合」く函二一）。
(83) 註(80)。
(84) 康正三年だけをみても、幕府から相次いで清和院築地役・光慶院築地役・公方築地役が東寺散所に賦課されており（註1拙稿第三・四節）、かかる課役の免除を得る在所の散所と免除されない在所の散所の格差は大きい。
(85) 永享十一年閏正月二十五日付「南小路散所年寄連署起請文」（国立歴史民俗博物館所蔵）、「若衆方評定引付」宝徳二年四月六日条（「百合」け函六）、「東寺執行日記」寛正六年四月十三日条（東京大学資料編纂所影写本）。

(86) 明徳五年二月二十一日付「散所法師請文案」（「百合」ち函一「廿一口方評定引付」明徳五年二月二十二日条）、永享十一年閏正月二十五日付「南小路散所年寄連署起請文」（国立歴史民俗博物館所蔵）、後年になるが明応八年推定の「実相寺南堀人夫入足注文」に書き上げられている三十人の「南小路衆」など、いずれも根本散所の系譜をひくものを確認することはできない。

(87) 「廿一口方評定引付」宝徳二年七月八日条（「百合」天地函二九）、「廿一口方評定引付」寛正五年十二月二十五日条（「百合」ち函一八）。

(88) 註(37)、なお東寺境内の「田中」は「山吹町」の西側でほぼ坊城以東・壬生以西・八条以南・針小路以北の地にあたる（註38上島有氏論稿）。

第二章　山城国の散所

葛野郡

常盤散所

村上紀夫

一、天文期の常盤散所

常盤散所のあった山城国葛野郡常盤（現京都市右京区）は、北は宇多野、南は太秦、東は花園に接する地域で、南を洛中から嵯峨へと結ぶ嵯峨街道が通り、『梁塵秘抄』にも「何れか法輪へ参る道、内野通りの西の京、それ過ぎて、やや常盤林の彼方なる、あいく行流れ来る大堰川」と見えるような交通の要所であった。また、平安の頃より貴族の別荘地として知られ、常盤の森、常盤の里などは歌枕としても著名であった。応仁・文明の乱後は一時仁和寺が寺基を移したこともあったという。伝承では源義経の母、常盤御前の墓がある所ともいわれており、京都六地蔵詣での一つ、源光寺のある所としても知られている。

常盤は、貴族たちの別業が廃絶してのちは耕地化が進み、中世には一部仁和寺の所領となっていたと考えられる(1)。近世には「常盤村」とよばれ、仁和寺の朱印地となった(2)。『元禄郷帳』に記された常盤村の石高は六十六石五斗である(3)。明治初年段階での戸数は十五戸で、村としてはさほど大きい方ではなかった様である。

このような常盤の地に最初に散所の名が見えるのは天文五年（一五三六）閏十月のことである。「松尾社奉加

帳」の中に、

弐貫文　常盤産所惣中(4)

とあり、松尾社造営の勧進の際に常盤産所は（散）「嶋惣中」「中山惣中」「山内惣中」等とともに二貫文の寄進をしたことがわかる。

つぎに史料上に常盤散所の名が現れるのは、十年後の天文十五年（一六四六）の『銭主賦引付』の玉芳軒申状(5)である。

一　（松田藤弘）松丹州　玉芳軒申状　天文十五年　十二　十六　菊千世

右子細者、対方々借遣料足廿五貫九百文、米四十六石二斗余、雑穀少、目録交名別紙在之、任徳政法旨、分一進納申上者、本利共不可有改動由、被成下御下知者、可忝存候、仍言上如件、

天文十五年十二月十日

玉芳軒目録　上嵯峨

（中略）

常盤

九斗六升二合　堀与三　三斗三合　堀与三是ハ参宮一分、

八升四合　堀与三　孫左衛門　三石七斗二升　算所忩借三个度内也

大麦四斗　算所兵衛二郎　三郎二郎

（中略）

此目録外、常盤・太秦七里分雖在之、先度被成御下知之由候間、其分者先除候、其段者此方申分在之条、

追而可被遂御糺明者也、

また、翌天文十六年『賦引付并徳政方』の嵯峨常喜庵慶音同圓性申状(6)の中にも常盤散所の注記を持つ者の名前がみえる。

一　飯肥(飯尾為時)　嵯峨常喜庵慶音同圓性申状　天文十六　十二　十

右子細者、方々借遣銭七貫文、米三石六斗五升、目録在別紙事、今度徳政任御法、可致十分一進納之上者、不可有改動、被成下御下知者、忝可存者也、仍

天文十六年十二月　日

常喜庵慶音在判

目録

（中略）

壱貫文　銭主圓性　源五郎《ときはさん所》

以上

これらの史料は周知の通り、天文十五年の徳政一揆により、徳政令がだされたために債権者の玉芳軒・常喜庵圓生等が貸銭の十分一を室町幕府に納入し、債権の安堵を願い出たものである。ごく断片的な史料であるため、詳細を明らかにすることができないが、少なくとも天文期の常盤に散所があったことと、彼等が玉芳軒・常喜庵圓生等の高利貸し資本から米銭を借り受けていたことは確認できるであろう。また、『銭主賦引付』には「常盤」として名を記された者の中に、算（散）所の注記をもつ兵衛二郎・三郎二郎と、散所と記されない堀与三・孫左衛門の二通りの者がいることから、常盤という地域内には、必ずしも散所の者ばかりが居住していたわけではなく、「散所」とされる者とそうでない者がいたことは推測できそうである。

ここで特に注意を喚起しておきたいのは、「松尾社奉加帳」で二貫文を寄進しているのが、常盤散所「惣中」であることと、『銭主賦引付』に債務者として「算所兵衛二郎」等の個人名とともに「算所総《(惣)》借」とあることである。すなわち、常盤散所は「惣中」として寺社に銭の寄進をしたり、あるいは高利貸から「惣」としての借米をするなどの経済活動が行い得たという事である。このことから、遅くとも天文五年段階には、常盤の散所は「惣」「惣中」と称しうるような地縁的共同体を形成し、惣として独自に運用しうる共有財産をもっていたことがうかがえるであろう[7]。

また、『銭主賦引付』の玉芳軒申状後書には「此目録外、常盤・太秦七里分雖在之、先度被成御下知之由候間、其分者先除候」とあるが、これについては『徳政賦引付』[8]に「城州常盤太秦七里地下人等申状」として、

一　松対（松田盛秀）　城州常盤太秦七里地下人等申状

右対鹿王院玉芳軒借用米銭、目録別紙在之、次対龍安寺借米借銭、目録別紙在之事、或号祠堂銭、或雖遣預リ状、請人以下加利平証拠無紛、所詮、任徳政御法十分一進納之条、被成下棄破御下知者、忝可存、若偽申者、被任御法、可預御成敗者也、仍言上如件、

天文十五年十一月　日　　借主交名目録在之、

とあり、常盤太秦七里地下人は玉芳軒・龍安寺に対して、借銭借米の目録を作成し、一括して分一銭を納入した上で、すべての債務の破棄を申請している。この申請は次の『徳政御下知頭人加判引付』[9]所収史料から、天文十五年十二月に受理されたことがわかる。

一対鹿王院同玉芳軒并龍安寺借米借銭別目紙録在事、号祠堂銭雖好執弐文子借書、加高利之段取次之族借用之砌出状以下証拠分明之条、任徳政法十分一進納之上者、被棄破候訖、常盤太秦七里地下人中可存知之由、

所被仰下也、仍下知如件、
天文十五年十二月二日
対馬守平朝臣
前丹後守平朝臣
伊　〻――

このことから、一括破棄申請受理の後も、いまだ『銭主賦引付』の玉芳軒申状に債務を残す「算所総（惣）」は、かかる地下人中の一括債務破棄申請から漏れたものであることがわかる。洛外・京周辺では、惣を中心とした共同体が一括して「……郷地下人申状」として共同体内全体の債務破棄を申請しており、「城州常盤太秦七里地下人等申状」も同様のものであろう[10]。そこに常盤散所の債務が含まれていないということは、地縁的共同体「常盤太秦七里地下人中」が常盤の散所の者を彼等の組織とは全く別の存在であると認識していたためと考えられる。

散所以外で玉芳軒申状に債権が残っている常盤太秦の住人は、太秦の大工宗左衛門、常盤の孫左衛門を除けば森・加藤・原・堀の名字を持つ人物である。太秦の「加藤」は『賦引付并徳政方』の天文十七年「常盤太秦地下人等申状[11]」に「玉芳軒ニ加藤一味仕」とあり、むしろ高利貸し資本と結び付いた、常盤太秦七里地下人中とは利害を異にする立場にあったと考えられる。また、常盤の孫左衛門は、永禄頃の請酒屋役引付[12]に「仁和寺トキハ孫左衛門尉」とあり、もし同一人物であるとするならば、孫左衛門は常盤で請酒屋を営む京都の高利貸し資本の関係者と考えられ、同様に常盤太秦七里地下人とは利害を異にする立場にあったと思われる[13]。

事情は違うものの、常盤散所はこの様な人々と同じく地下人中の組織から異質な、利害を異にする存在と見られていたのであろう。そして常盤散所の人々は、かかる地域の共同体とは別個の、散所者による独自の共同体、「散所惣中」を形成していたと思われる。

このように、散所が「物中」を名乗るのは、時代はやや下がるが、『隔蓂記』に北山の散所が惣中として正月に祝儀を鳳林承章にとどけていることなどの例があり、(14) 常盤散所のみにとどまらない。

ところで、常盤散所の本所についてであるが、常盤が仁和寺に極めて近接していることから、確証はないものの仁和寺である可能性が考えられる。仁和寺が独自に使役することのできる散所をもっていたことは同寺の『寺院細々引付』応安二年(一三六九)十一月三日条に「依九条殿仰上洛、張輿、力者十二人、此内三人恪懃、三人参所、三人水門へ申之、三人賃力者(15)」とあることや、『仁和寺永助法親王記』応永八年(一四〇一)十月十七日条に「駈仕恪懃法師虎若乙石、散所千松虎石等也(16)」とあることから明らかである。あるいは、これらの「散所」と常盤散所が何等かの関係があった可能性も考えられるのではないだろうか。

二、近世の常盤

前節で中世の常盤に散所があったことは一応明らかになったと思われるが、近世に成立した「常盤村」について、その後の散所の様子を知る手がかりとなるような史料は残念ながら現段階では見いだせていない。わずかに『時慶卿記』文禄二年十二月十二日条に「唱門常盤」と記されるのが、恐らく散所の消息を伝える最後の史料であろう。しかし、近世前期の常盤村には次のような興味深い風俗があったことが、貞享三年(一六八六)の刊記をもつ地誌『雍州府志』巻七「土産門」の記載からわかる。

洛西常盤里婦人、戴布嚢於頭上徘徊市中、問落有否、若有蓄蔵脱落之髪、則買之清水洗　浄数遍、而後大小長短択之聚之、随婦人之所求而造髪添、(17)

すなわち、近世には常盤に住んでいる女性が、頭上に袋を頂き京中を巡り抜け落ちた髪を買い求め、それを洗浄して添髪にして売っていたというのである。

このことは近世前期には比較的に良く知られていたことのようで『菟藝泥赴』巻六「常磐山」の項にもまた、「此里に六地蔵の堂有、此里の女京中の町に出て女のかもじをうりかふ」[18]と記されている。元禄期にもなれば、かもじを売買する常盤の女性の姿は京ではしばしば目にすることのできる光景となっていたようで、彼女達は落髪を求めて歩く際の「おちやないか」という呼び声から、「おちやない」と呼ばれるようになっていた[19]。

また、寛文・延宝期成立の俳書『大坂独吟集』には、

菖蒲かる野ゝ末のはつけ木
池波のよる〳〵来るやおちひねり
ときはの里にばけものゝさた[20]

という句が見えている。「おちひねり」に「ときはの里」とつけていることから、これが常盤の「おちやない」のことであることは疑いない。ここで注意したいのは「おちひねり」が夜毎に、「はつけ木」すなわち磔木の下へ受刑者の落髪をもとめて来る、と詠まれていることである。また、すぐ後に「ばけものゝさた」としていることに、当時の人々の常盤のおちやないについての認識が知られよう。このように、彼女達は添髪をつくるに際して、落ち髪のみならず、死者の毛髪をも材料としていたと考えられるのである。

図19　おちやない
『人倫訓蒙図彙』(元禄三年刊)には、「女のかしらに袋をいただき、髪の落をかい、かもじにして売買、世渡るわざとす」とある。

「おちひねり」といえば、随筆『嬉遊笑覧』[21]にも「おちやない」を「是古へのかづら捻りと同じ」としているように、中世の『三十二番職人歌合』に「鬘捻」として登場する女性職人がすぐさま想起される。五番の歌に「花鬘おち髪ならはひろいをき

図20　鬘捻
室町時代の『三十二番職人歌合』では、鬘捻と桂女が対になっている。

ひねりつきてもうらまし物を」[22]とあるようにこの「鬘捻」もまた、落ち髪を材料に毛髪を捻りつないで添髪を作り商いをしていたようである。その仕事については二十一番の歌の判詞にも「かつら捻といへば。賤きやうなれど」とあるように、他人の落髪を拾い集めて売買するその仕事は、あまり良くも見られていなかったのであろう。近世には髪結が伏見では牢番を、大坂では非人番を勤めていたことが知られており、[23]同様に髪を扱い、時に死者の毛髪をも添髪の材料とする常盤の「おちやない」が中世の鬘捻のように賤視をうけていなかったとは考えにくい。

中世に賤視をうけた散所の存在と、近世前期の常盤の独特の風俗「おちやない」との関連を、直接に示す史料を見いだせていない現段階において両者を安易に結び付けることは慎むべきではあるが、ここで注目しておきたいのは正保年中に成立した俳書『毛吹草』巻四に山城・畿内の名物として「常盤平野落髪細工」[24]とあることである。ここから、常盤とともに平野も「落髪細工」でしられていたことがうかがえる。平野村は小北山村と組合村とされた村であるが、この小北山村こそが中世の北山散所の系譜をひく村であることが岡佳子氏[25]によって指摘されているのである。このように、常盤・平野ともに中世の散所に関わりのある地で、近世に落髪の細工を行っていたことが確認できた容易に看過できない点であると思われる。このことから、中世の職人「鬘捻」が常盤の散所者の妻女の生業であった可能性は十分考えられるであろう。[26]

いずれにせよ、『三十二番職人歌合』に桂の女性職人であり呪能者である桂女と対とされる職人である「鬘捻」は、人の毛髪といういわば呪力の宿るものを扱うことのできる呪能を持ち、落髪を集め洗浄し新しく添髪という製品にするという呪力を持つ職人の一種ということができるであろう。

もっとも、この「おちやない」も近世後期になると『嬉遊笑覧』に「今はかつらやはあれど落買と云ふものなし」[27]、『守貞謾稿』に「昔のおちやなひは、落髪はないかの略語なり、今世、この業なし」[28]とあるように過去のものになっていたようである。

三、結びにかえて

常盤散所が史料上に姿を現わす天文五年の京都といえば、天文法華の乱の直後である。当然、声聞師村もそのような京中の混乱とは無縁ではありえず、天文二年（一五三三）には、京都の土御門万里小路東北の土御門四丁町の声聞師村が日蓮宗徒に焼き討ちされている。[29]『上杉本洛中洛外図』に描かれた「しやうもし村」の堅固な石垣や土塀もそのような情勢と決して無関係ではないであろう。ところで、この焼き討ちについて、『後法成寺関白記』には「東方声聞一揆令同意条為法花衆令放火少々打取云々」とある。[30]このころの声聞師は、かなりの武力を持ち、その連合によって相当の人数を動員することが可能であったともいわれている。[31]それならば、このように声聞師が結集する際の核となったのは、あるいは個々の散所・声聞師の結合体「惣中」ではないだろうか。

先に見たように、常盤散所は、常盤をも含む「常盤太秦七里地下人中」の活動から除外されている。かかる混乱の時代において、おそらく他の被差別民の集団もそれぞれの地域において、何等かの共同体を形成したのではないかと思われる。

こうして、散所は周囲の地域共同体からも区別されたのであろう。脇田晴子氏は、天文十五年徳政一揆の債務関係から、都市と農村の対立を論じられたが、このように散所は同じように都市の高利貸資本の侵蝕を受けながらも、周囲の農村による共同体からは一線を画す存在と見なされており、「農村」内部にも矛盾が内包されていたことがうかがえる。[32]

常盤散所のように中世には周囲の地域共同体とは別個の「惣中」を形成しており、「惣村」内の分業とは無関係な集団は、近世には周辺村落の中でどのように位置付けられるのであろうか。必ずしも「散所惣中」が、そのまま独立村とならないことは、近世の「西梅津村」の一部にかつての「梅津散所」があったと思われることからも明白である。同様に常盤散所も近世村落となった常盤村に吸収されることになったのであろう。

(1)「仁和寺文書」(京都市歴史資料館架蔵写真による)のうちに長享元年の「山城国常繁村年貢算用帳」があり、遅くともこの時期には常盤村に仁和寺の所領があったことが窺える。但し、本文書は後欠のため当該期の常盤村について詳細は明らかにし得なかった。

(2)『寛文朱印留』、『史料京都の歴史』第十四巻・右京区(平凡社、一九九四年)、『京都市の地名』(平凡社、一九七九年)「常盤村」。

(3)『内閣文庫所蔵史籍叢刊』第五十六巻「天保郷帳(二)附元禄郷帳」(汲古書院、一九八四年)。

(4)『松尾大社史料』文書篇三・一〇九〇「松尾社奉加帳」。

(5)『銭主賦引付』(桑山浩然『室町幕府引付史料集成』下、近藤出版、一九八六年)。

(6)『賦引付并徳政方』(同右所収)。

(7)被差別民による結合といえば清水坂非人による坂惣衆(馬田綾子「中世京都における寺院と民衆」『日本史研究』二三五、一九八二年)、近江甲賀郡の郡中惣皮多(三浦圭一「惣村の起源とその役割」『中世民衆生活史の研究』思文閣出版、一九八一年)が著名である。

(8)『徳政賦引付』。

(9)『徳政御下知頭人加判引付』。

(10)脇田晴子『日本中世都市論』第五章「都市と農村との対立」(東京大学出版会、一九八一年)。なお、「太秦七里」は、天文四年の「国富宛行状」(『大覚寺文書』)に「城州太秦七保」としてみえるほか、やや時代は下がるが、黒川道祐による延宝九年の紀行文「太秦村行記」にも「太秦ノ内七里アリ、二王門、新在家、勢多カ辻、中里、市川、安養寺、南常盤以上二千石也」とあり、太秦内にある七つの集落のことをさすものと考えられる。脇田氏が同書で「常盤太秦七里」を「常盤・太秦・七里」と「七里」を固有の地名の如くされているのは誤りであろう。

(11) 前掲註(6)。

(12) 『小西家所蔵文書』(小西康夫編『小西家所蔵文書図録』私家版、一九九七年)。

(13) 「堀与三」については明らかにすることができなかったが、常盤で堀姓を名乗る人物として、永正十七年(一五二〇)に木守職を補任された「堀藤次郎」がいる(『壬生家文書』四四六「常盤木守職請文案」)。この人物と「堀与三」との関係は不明であるが、周辺の人物であるとすれば、「堀与三」は木守職を補任されるような堀藤次郎と近しい人物ということになり、常盤の中では特異な位置を占める人物であったと考えられるであろう。

(14) 『隔蓂記』寛文五年正月七日条・寛文六年正月七日条、なお、北山散所については岡佳子「北山散所について」(『こぺる』第三十四号、一九九六年)、本書第二章「北山散所」を参照されたい。

(15) 『部落史に関する綜合的研究』史料編。

(16) 『歴代残闕日記』。

(17) 『新修京都叢書』第一〇巻。

(18) 『新修京都叢書』第一二巻。

(19) 『人倫訓蒙図彙』(朝倉治彦校注、東洋文庫、平凡社、一九九〇年)。また、延宝九年刊の軽口本『当世手打笑』巻四の「小さき子井の本へ落つる事」(『元禄期軽口本集』岩波文庫)には、子どもが井戸に落ちたので医者を呼びに行った者が、「おちやないか」と言って歩いている「おばば」を連れて来てしまったという笑話がある。

(20) 森川昭・加藤定彦・乾裕幸校注『新古典文学大系　初期俳諧集』(岩波書店、一九九一年)。

(21) 『日本随筆大成』別巻。

(22) 『群書類従』第二十八輯・雑部。

(23) 『京都の部落史』第四巻・史料近世1、小西愛之助「摂津・河内・和泉の『非人』」(「大阪の部落史」編纂委員会編『新修大阪の部落史』上巻、一九九五年)。

(24)『初印本毛吹草　影印本』(ゆまに書房、一九八八年)。
(25)註(14)岡前掲論文。
(26)岡佳子氏は註(14)前掲論文で北山散所では寛文期の『隔蓂記』の記事以降「散所」とする史料は見られなくなるが、当該地域に神子町が成立していたことを指摘されている。また、柳原散所のあったとされる東福寺の北側にも『日次紀事』によれば、近世でも陰陽師とともに神子がいたという(田良島哲「中世後期の宿と散所」『京都部落史研究所紀要』九、一九八九年)。このように、散所には男性の陰陽師だけではなく、同時に巫女のような女性の宗教者もいた蓋然性が高い。そうすれば、常盤にも中世から女性の呪能者(おちやない)がいて、近世になり男性の陰陽師が「百姓」として主に農業を営むようになり、その呪能者としての側面を放棄した際にも、女性は行商人的色彩が濃厚になっていたものの、依然として呪的側面を持ち続け、髪を扱う職人であり続けたとも考えられる。
(27)註(21)前掲書。
(28)『守貞謾稿』巻之十「女扮　上」(宇佐美英機校訂『近世風俗史』第二巻、岩波文庫、一九九七年)九八頁。
(29)『祇園執行日記』。
(30)天文二年四月七日条。
(31)川嶋將生「室町期の声聞師に関する二、三の問題点」(『中世京都文化の周縁』思文閣出版、一九九二年)、同「声聞師」(『中世の民衆と芸能』阿吽社、一九八六年)。
(32)註(10)脇田前掲書第五章。

葛野郡

梅津散所

村上紀夫

梅津散所に関する史料上の記載は極めて少なく詳細は明らかでない。(1) 恐らく文安元年（一四四四）の上桂庄散在田未進に関わる注文に次のように記載されているのが最初であろう。

二石八斗嘉吉三年分　梅津散所三郎五郎 四郎三郎
一斗五升　但　同散所　四郎三郎
両人申子細訖状在之
二斗七升　同散所　三郎五郎(2)

この後も宝徳元年（一四四九）の史料にも「梅津散所三郎五郎」の名前が見えているが、(3) その後、暫くの間は史料に梅津散所の記載を見いだすことはできない。そして、慶長三年（一五九八）に前田玄以の判物に、

吉田栄可借遣米銭事、先年雖折帋、于今無沙汰之由曲事候、急度可令返弁、猶以於難渋者譴責候也、
慶長三
極月廿日　玄以（花押）
谷山田社家神方、梅津西東算所、太秦、ときハ、中野、川はた、河嶋
借主中(4)

と、宛所として記載されるのが最後の史料である。その他に、梅津散所に関する史料はないといっていいであろう。

しかしながら、散所は芸能として千秋万歳などを行っていたことが知られているが、梅津の散所については万歳を通してもう少し追いかけることができる。梅津千秋万歳についての史料は以下のようものである。

①『言国卿記』天正四年（一五七六）正月八日条

一、従梅津千秋万歳、昨日依雨儀今日来、十七八人有之、就知行如此、京之町所到舞・松之舞等申之、餅肥《(葩)》にて酒令飲之、薄所へ行云々、

②『言経卿記』天正四年正月八日条

一、梅津ヨリ千秋万歳十八九人来了、即令舞了、

③『言経卿記』天正七年（一五七九）正月七日条

一、梅津ヨリ千秋万歳七人来了、如例年舞之、モチ、酒令飲了、

梅津千秋万歳に関する記載も断片的であるといわざるを得ないが、ここからは山科家には通常正月七日に訪れて、「京之町所到舞・松之舞」等の万歳を演じていることが知られる。①の史料には薄とあるが、これは言経の弟で弘治二年（一五五六）に薄家の猶子となった薄以継（天正六年に諸光と改名する）のことであろう。『言国卿記』『言経卿記』ともに天正四年から七年までの正月の記載を欠くため、その間の状況は明らかにできないものの、③には「如例年舞之」とあり、恒例のこととなっていたことは疑いあるまい。

それでは、この時期になって梅津千秋万歳が『言国卿記』と『言経卿記』に記載されたのは何故であろうか。その手がかりとなるのが①の「就知行如此」という記述である。

実は、山科家が梅津を「知行」したのは、先の史料に先立つこと二カ月前の天正三年十一月のことだったので

ある。それを示すのが次の知行宛行状である。

山城国西梅津内弐拾石事、為新地宛行訖、全可有直納之状如件、

天正参
十一月六日　　信長（朱印）

山科左衛門督殿[5]

ここで、「為新地宛行訖」とあるように、織田信長の新地給与にともなって山科家に新たに知行として与えられたのが梅津だったのである。[6]それゆえ、山科家と梅津の千秋万歳とが関係を持つようになり、参勤が始まるようになったのはこの時以降であると考えて大過ないであろう。当日、通常の千秋万歳の参勤した数に比べ、「十七八人」あるいは「十八九人」と記されるように異例といえる程に人数が多いのも初参のためであるとすれば首肯できるであろう。

なお、この信長から与えられた西梅津村は信長が本能寺の変で落命して五カ月後の天正十年（一五八二）十月二十六日には信長直轄領であったとされ、禁裏下代の押領をうけ、所司代前田玄以へ回復を求める訴状を出さざるを得ないような状況となる。さらに天正十三年六月には西梅津領の回復も実現しないうちに、山科言経は正親町天皇の勅勘をうけて京都を離れることになる。こうして、遅くとも天正十三年（早ければ十年ということになろうか）には、山科家は梅津に対する影響力を喪失する。以降、山科家を梅津から千秋万歳が訪れることはなくなったのである。天正十九年、山科言経は言継十三回忌の法事などのため上洛、本願寺寺内滞在を経て、文禄二年（一五九三）に堀川に屋敷を移し京都へ戻るが、知行関係の切れた梅津からはもはや千秋万歳は山科家を訪れなくなるのである。このあたりは長期、あるいは数代にわたって山科家と関係を持ち続けた河原者の岩鶴とは異なり聊か淡泊であるといえるであろう。[7]あるいは、個人的な関係ではなく支配関係を媒介としたあり方こそが散所の

図21　上杉本「洛中洛外図」に描かれた千秋万歳
主に権門を廻っていた千秋万歳も、室町時代後期になると、庶民の家々を祝福して廻る門付けとなったようである。

特徴であるといえるであろうか。

その後、梅津の千秋万歳に関する史料も見えなくなる。次に史料に登場するのは大きく下り、近世の後期である。『以文會筆記』(8)という文化年間から嘉永まで京都の文人によって語られた談話を書き留めたものに「山所」として書かれている。やや長文にわたるが次に引用しておこう。

諸国に陰陽師の住する村あり或いはいんやうととなへ転じていんない又はいんなんなどと云ひ、印内印南の字を用ふ、前に弁ずる散所の類にて雑戸なり、本郷良民よりの交はり或は異なることなきあり、又甚貶して所謂餌取のごとくするあり、或は尋常には同席の飲会して婚姻のみ絶えて通ぜざるあり、各地の風習に依る、葛野郡西梅津村の内は一溝を隔てて西又南の方に居るもの五六家唱門師と呼ぶ、飲席集会本郷と分別なし、但婚礼に集会する事を許さず、近来は追々居を京師に移すよしにて存するところ纔かに一家となる、一時本郷と出自を論じて終に官裁を請ふ、本郷よりは彼れは本山所と称して餌取にも近きもの、よし言す、(下略)

また、同書の別のところには、

(上略)西梅津のさんじょなどは又しよもじ共呼ぶを以て之を見れば是はもと唱門師なるべし

とある。ここから、近世後期まで梅津には五、六家から一軒に減少してはいるものの、散所と呼ばれる人々がおり、地域住民からは「唱門師」(声聞師)とも呼ばれていたことが知られる。また、通常は「飲席集会本郷と分別な」く普通に付き合っているが、婚姻に関しては参列が許されていないなどの区別が厳然としてあったことがわかる。さらに、背景は明らかではないが「出自」を巡って訴訟となるや、本郷は「餌取にも近きもの」という主張をするのである。また、その景観として「本郷」とは溝で区画されていたことも明らかにできる。梅津散所は近世にあっても、西梅津村という一個の村落内にありながら、本村の西梅津村とは一定の距離を持つ独自の集団であったと言えるであろう。

それでは、次に本所との関係を見ておこう。先に見たように梅津の散所に関する史料は極めて少なく、本所との関係を直接示す史料は皆無といっていいであろう。そこで、今度は梅津の様子に目を転じて見ることで手がかりを探すことにしよう。梅津は近世には西梅津と東梅津に分かれる。東梅津には長福寺という禅宗寺院、西梅津には梅宮大社がある。先に見た『以文會筆記』には「西梅津」とあり、梅津散所と梅宮大社との関係が想像されるところである。そこで、梅宮大社について見てみると、谷重遠の紀行文『東遊草』宝永元年（一七〇四）五月十日条から同社には次のような伝承があることが知られる。

梅宮楼門有、階七、此御神四座酒解神大山祇也大若子神伊勢遭会遠祖加夫良居の命也、小若子神大若子の弟、酒解子神木花開邪姫也、右孝謙天皇天平字年中勅鎮祭也。その後、嵯峨天皇の皇后橘氏嘉智子は橘清友の女也、美にして子なし。酒解の二神にいのりて仁明帝をうみ給う、その時、当宮の白砂を御座の下に敷給う、誕生の地当宮の西に有、土人御産所と云、（下略）(9)

すなわち、梅宮社には橘嘉智子が子授けを祈った祭の伝承と関わって、在地の人々が「産所」と伝える地名があることがわかるのである。「散所」が「産所」と訛伝されることは『近江輿地志略』にも見えており珍しいことではない。このことから、梅津散所が梅宮社と深い関わりがあることは想像に難くないであろう。あるいは、梅津散所は本来は梅宮社に付された掃除散所であったと考えられなくもないのではないだろうか。

（1）梅津散所についての先行研究として拙稿「梅津千秋万歳考」（『藝能史研究』一三七号、一九九七年）がある。

（2）「上桂庄散在田未進徴符并先未進免除人数注文」（上島有『上桂庄史料』四四七号）。なお、本史料をはじめとした上桂関係の史料は源城政好氏のご教示による。

（3）「上桂庄年貢未進河成等注文并未進徴符」（上島有『上桂庄史料』四八九号）。

（4）「田中光治氏所蔵文書」。

（5）「京都染織会館所蔵文書」（奥野高廣校訂『増訂　織田信長文書の研究』「補遺・索引」補遺一七二号、吉川弘文館、一九八八年）。

（6）信長の新地給与については今谷明『言継卿記―公家社会と町衆文化の接点』（そしえて、一九八〇年）、下村信博『戦国・織豊期の徳政』（吉川弘文館、一九九六年）の第三章を参照。

（7）川嶋將生「山科家をめぐる散所と河原者」（『「洛中洛外」の社会史』思文閣出版、一九九九年）。

（8）三宅米吉『以文會筆記抄』（雄山閣、一九二九年）。

（9）『史料京都見聞記』第一巻所収。

葛野郡

北山散所

岡　佳子

はじめに

中世の京都の散所には、名称が確認できるだけで、その所在や支配などが明確にならないものが多い。北山散所もまたそのひとつで、『京都の部落史』(1)に若干の史料が掲載された程度で、これまで、ほとんど注目されることがなかった。

後述するが、北山散所に関わる中世の史料は、管見に二例しかみとめられない。だが近世にいたっても、北山散所は「三所」「山所」「算所」などの名称で諸史料に登場し、そこに居住する人々の営みを描き出すことができる。また江戸時代後期までのこの地域の変遷を史料に追うことも可能である。

中世の京都の散所が近世にどのように展開したかについて、田良島哲・村上紀夫などの諸氏による優れた研究がある。(2)しかし、その実態が充分に解明されたとは言いがたいようだ。その点について北山散所を題材に考察を加えたい。尚、本稿は『こぺる』三十六号(3)に掲載した「北山散所について」を改稿したものである。

一、「北山さん所」から「山所村」へ

「北山」は京都の北西、衣笠山の東麓の平野部をさす広域名称である。その呼称は、鎌倉時代初頭、藤原公経が造営した広大な別荘「北山殿」に始まる。北山殿は公経の末裔の西園寺家へと伝領されたが、室町幕府三代将軍の足利義満がこれを譲り受けて、応永四年（一三九七）から、豪壮な殿舎や持仏堂（金閣）などを造営し、「北山山荘」を営んだ。義満死後、山荘は彼の菩提所となり、北山鹿苑寺として寺院化した。

室町中期になると、鹿苑寺門前を中心に村落が発展していった。『蔭凉軒日録』延徳二年（一四九二）閏八月十四日条には北山での土一揆が蜂起したとあり、また『北野社家日記』明応二年（一四九三）一月二日条には、北野社の承仕成孝が、高橋付近で悪党に襲われて刃傷沙汰を起こしたことから、北野村と北山村との間に激しい争論が勃発したとある[4]。

加えて、ここには散所も展開した。『北野天満宮史料[5]』所収の「目代慶世日記」永禄二年（一五五九）七月二日条には、

一、二日、神明脇畠北山さん所ニ与四郎と申者ニ六百五十文ニ売申候、然共此畠ニ違候ハ、本銭にて返候いつるとて、与四郎おや八郎左衛門返、状取候也、此帳ゆい付申也、売けん（券）あん（案）文もゆい付をく也、

と、北野社の目代が「北山さん所」の与四郎に新明脇の畠を売却したが、それが誤りであったので、与四郎の親の八郎左衛門に銭と売券を返却したとある。「神明」とは、北野社の北に祀られた高橋神明社のことで、ここから北西に一町先に紙屋川にかかる高橋があり、その橋を渡り北行すると北山鹿苑寺にいたる。

さらに、これに十年ほど先立つ時期、「北山唱門士」の呼称が史料に認められる。それは、『大徳寺文書[6]』所収の天文十八年（一五四九）九月二十八日の年紀を持つ「見性寺年貢公事覚書[7]」の以下の異筆の部分である。

四十文暦卅二文、藁二丸代也、百姓北山唱門士三郎兵衛、十二月納之

書き込みのために、内容は判然としないが、暦と藁の代、四十文を「北山唱門士三郎兵衛」が十二月に納めたと解することができよう。

「唱門士」は、南北朝から記録に現れる声聞師のことである。その元来の職能は金口打ちではあったが、室町後期には民間陰陽師として祈禱や占い、暦の配布などを生業とした。『建内記』正長元年（一四二八）六月十日条に「被召散所者声聞師事也」とあるところから、中世の声聞師は散所と同義であったとみられる。したがって「北山唱門士三郎兵衛」が「北山さん所」に居住していた可能性が高く、北山散所もまた、中世の諸散所に共通するように、声聞師の集住する場所であったと思われる。

近世初頭、天正期にいたると北山散所の人々の姿が『大徳寺文書』所収の検地帳や田畑目録に登場するようになる。天正十三年（一五八二）十一月二十一日、豊臣秀吉は大徳寺に知行千百四十石余を寄進し(8)、翌年十一月二十三日に朱印状を発給した(9)。この折り大宮・西賀茂などとともに、北山の二百十二石が寄進された(10)。すでに中世から大宮や西賀茂には大徳寺領があり、ここは寄進とはいっても旧知行の安堵であろう。だが、『大徳寺文書』には中世の北山の所領関係文書は認められず、北山領は秀吉によって新規に設定されたと考えられる。

天正十四年八月二十九日付「龍翔寺田畠目録」(11)には、大徳寺塔頭龍翔寺の知行六十三石の田畑明細が記されている。龍翔寺領は、大宮・西賀茂・北山に散在した。表1は、そのうち北山領の一筆ごとの耕地の場所、石高、名請人などをまとめたものである。ここから、「三所」の肩書をもつ弥三左衛門・弥三郎・与三郎・弥四郎・藤五郎・源三郎の六名が、主に平野田・八丁柳の上畠を耕作していたことが明確になる。「三所」以外の百姓の肩書きは「平野」や「松原」などであり、これらは近世の村名称と同じである。ここから「三所」の肩書も、彼らが居住する場所をさすものとみてよいだろう。

表1　北山龍翔寺領田畑耕作者明細

場　所	耕地の種　類	面　　積	石　　高	肩書	耕作者
八丁柳	上田	1畝10歩	3斗5升	平野	又三郎
八丁柳	上田	7畝15歩	1石2斗	松原	与八郎
宮　西	上田	8畝	1石1斗2升5合		宗　林
八丁柳	中田	1反	1石5斗	松原	弥二郎
八丁柳	中田	1反　10歩	2斗	松原	藤衛門
八丁柳	下田	3畝	3斗		次郎左衛門
平野田	下田	5畝	5斗5升	三所	与二郎
八丁柳	上畠	4畝15歩	4斗9升4合	松原	与　助
八丁柳	上畠	2畝	1斗2升		四郎二郎
八丁柳	上畠	1畝15歩	9升	平野	与五郎
平野田	上畠	6畝10歩	6斗9升7合	三所	弥三左衛門
平野田	上畠	1畝13歩	1斗5升5合	三所	弥三郎
平野田	上畠	1畝5歩	1斗2升5合	三所	与三郎
平野田	上畠	1畝2歩	1斗6合	三所	弥四郎
平野田	上畠	1畝	1斗	三所	藤五郎
平野田	上畠	7畝5歩	7斗8升5合	三所	源五郎
平野田	下畠	5畝20歩	7斗4升4合	平野	三郎左衛門

散所民が名を連ねるのは龍翔寺領のみではなかった。大徳寺本坊の田畠目録や年貢渡状にも散所の肩書を持つ人々の名が認められる。たとえば、天正十四年頃の「大徳寺方丈田畠目録[12]」には、肩書が「三所」の五郎左衛門・次郎左衛門・甚九郎と、「算所」の孫次郎が見え、同十七年十二月二十三日付「北山大徳寺相渡帳[13]」には「さん所」の甚三郎名が認められる。したがって、天正年間には北山に設定された大徳寺やその塔頭領を、少なくても九名の散所民が耕作していたことが明らかになる。

加えて、天正十七年十二月二十三日付「山城国北山内大徳寺領田畑帳[14]」にも、平野田や八丁柳の田畑の名請人に弥三郎・与二郎・与三郎など、上記の文書と同名の人々があがっている。もっとも本文書には肩書は明記されていないが、おそらく彼らもまた散所民であろう。ちなみに同一と推定した散所民の耕地をまとめて表2に一覧化してみた。総計すれば数反の土地を耕作する者もおり、ここから、天正後半までに、彼らが積極的に農地を集積したことが明らかになる。

表2　散所民北山耕地一覧

耕作者	肩書	場所	種類	面積	石　　高	掲載文書
与二郎	三　所	平野田	下田	5畝	5斗5升	龍翔寺田畠目録
与二郎	あたま	平野田	畠	6畝10歩	1石　7升7合	山城国北山内大徳寺領田畑帳
与二郎		八丁柳	田	7畝24歩	1石1斗4升	同上
与二郎		平野田	田	1畝28歩	1斗5升	同上
与二郎		平の田	畠	4畝8歩	7斗2升6合	同上
与二郎		平の田	田	1反	1石7斗	同上
与二郎		八丁柳	田	1反4畝	2石2斗4升	同上
弥三郎	三　所	平野田	上畠	1畝13歩	1斗5升5合	龍翔寺田畠目録
弥三郎		平の田	畠	1畝6歩	2斗	山城国北山内大徳寺領田畑帳
弥三郎		八丁柳	田	9畝28歩	1石5斗3升	同上
弥三郎		八丁柳	田	2畝12歩	3斗8升	同上
弥三郎		八丁柳	田	1反20歩	1石7斗	同上
甚三郎	さん所	宮の西	上田	7畝20歩	1石2斗2升2合	北山大徳寺相渡帳
甚三郎	さん所	平野田		4畝10歩	6斗5升	同上
与三郎	三　所	平野田	上畠	1畝5歩	1斗2升5升	龍翔寺田畠目録
与三郎				1反10歩	1石5斗5升	山城国北山内大徳寺領田畑帳
弥四郎	三　所	平野田	上畠	1畝2歩	1斗6合	龍翔寺田畠目録
弥四郎		平の田	田	1畝6歩	2斗	山城国北山内大徳寺領田畑帳
弥三左衛門	三　所	平野田	上畠	6畝10歩	6斗9升7合	龍翔寺田畠目録
藤五郎	三　所	平野田	上畠	1畝	1斗	龍翔寺田畠目録
源五郎	三　所	平野田		7畝5歩	7斗8升5合	龍翔寺田畠目録
五郎左衛門	三　所	平野田	上畠	1畝15歩	1斗4升8合	大徳寺方丈田畠目録
二郎左衛門	三　所	平野田	中田	23歩	7升5合	大徳寺方丈田畠目録
甚九郎	三　所	平野田	上田	1反2畝	1石8斗	大徳寺方丈田畠目録
孫次郎	算　所	八丁柳		2畝20歩	4斗	大徳寺方丈田畠目録

ちょうどこの時期、『北野社家日記』天正十七年六月条の築地普請の記事に「山所村」の記述が認められる。築地普請は、この前年に豊臣秀吉の母である大政所の病気平癒を願って、北野社に寄進した一万石を費用に実施された。その折り、近郷の各村衆が参加した。具体的には、

北山・山所村・等寺（持）院・松原・大将車（軍）・西京、此村之衆参、ふ（普）請仕候、

とある。北山村・等持院村・松原村・大将軍村・西京村は北山郷やその近辺の村々だが、それとともに山所村（散所村）も現れる。この件りは「北山山所村」と、一続きとして読むべきかもしれないが、もしそうだとしても、当時、散所が近郷の村落と同様な営みをなしていたことは間違いないことだろう。

北山散所の人々は、中世末期にいたると農業に進出し、八町柳や平野田の農地集積に励み、天正十年代の豊臣秀吉による検地の折りにも、検地帳に名請人として登録されていったのだろう。そして、北山散所は、近郷の村落同様に農業を基盤とする村落である「山所村」へと展開したのであった。

二、北山郷の村々

天正年間に現れる山所村は、じつは江戸時代には正式な村名称とはならなかった。現在残る幕府の正式な郷帳は『元禄郷帳』と『天保郷帳』[15]だが、いずれも、山城国内の北山周辺に「山所村」の名称は認められない。両郷帳に先立ち幕府が編纂した「正保郷帳」は現在残っていない。しかし鹿苑寺所蔵の正保二年（一六四五）十月朔日付「山城国葛野郡北山郷四方境覚」[16]（以下「四方境覚」と略す）は、北山郷に属する大北山村・小北山村・平野村・松原村の庄屋たちが奉行所に提出した文書の写しで、おそらく「正保郷帳」と国絵図作成のための全国調査の折りに作成したものと推測される。

ちなみに、この時期、北山鹿苑寺の住職を務めた鳳林承章の日記『隔蓂記』[17]正保二年九月晦日条にも、

表3　北山郷諸村明細

村名	石高(石)	領主・高(石)	人数・家数	庄屋・年寄
大北山村	(田) 373.87336 (畑) 47.1648	鹿苑寺 291.9296 金地院 90.487 平野社 43.79	北山鹿苑寺門前 342人(男160・女182) 76軒 金地院百姓大北山内 101人(男72・女69) 30軒	鹿苑寺領庄屋　次郎右衛門 鹿苑寺領年寄　三丞 金地院領庄屋　彦左衛門 金地院領庄屋　又左衛門 平野社領庄屋　市兵衛
小北山 平野村	(田) 268.877 (畑) 150	大徳寺 137.09 天龍寺 60 平野社 46.826 川鰭家 43.45 小倉家 43.45 花園家 43.45 宮内卿 32.545 代官蔵入地 11.411	小北山村 224人(男135・女99) 39軒 平野村 88人 (男47・女41) 17軒	小北山村庄屋　三右衛門 大徳寺領庄屋　新左衛門 小北山村年寄　市右衛門
松原村	(田) 155.567 (畑) 82.553	代官蔵入地 65.5955 実相院 171.44 川鰭家 65.955 小倉家 65.955 花園家 65.955 平野社 9.465 かんせい	112人 95軒	金地院領庄屋　市丞 実相院領庄屋　兵庫

郡廻之奉行両人今日北山村江来也。板倉周防守殿之者両人、関屋市郎右衛門・梅戸八郎右衛門云者両人也。在々所々、日本国中之田畠方境・人数・家数書立指上也。小北山村・松原村・平野村亦、大北山庄之内之村也。依然、大北山之帳同紙書入也、其故、小北山村・松原村・平野村之庄屋書物、於予手前、而請取、置也。

と、京都所司代の配下が立ち会うなか、村々の庄屋が集まって、大北山村の帳面に家数や人数を書き入れたとある。その帳面の写しが「四方境覚」と思われ、本文書の史料的価値は高い。

ここにも「山所村」の記載は見えず、北山郷内のいずれかの村落に中世の北山散所が吸収されたと見なければならない。その推測は後述するとして、まず「四方境覚」から正保年間の北山郷内の村々の様相をうかがってみよう。

表3は、「四方境覚」をもとに北山郷内の村落の石高・領主・庄屋などを一覧表にしたものである。北山郷の最北に位置するのが大北山村で、村域内には鹿苑寺を抱える。鹿苑寺のほか金地院・平野社の三領主の支配を受け、それぞれの年貢収納を行う領主庄屋がいた。鹿苑寺門前には七十六軒、金地院領内には三十軒、総計百余軒が居住しており、ここは北山郷最大の村落である。

大北山村の南に位置するのが小北山村と平野村である。「四方境覚」では、小北山村三十九軒、平野村十七軒というように家数と人数は別個に記載されているが、村高や領主は二村あわせたかたちで記載される。村内は大徳寺領・平野社領・天龍寺領や諸公家領などに細分化され、小北山村庄屋と大徳寺領庄屋がいた。

江戸時代の名所記や絵図などによると、平野社の南に平野村があり、平野社の北西に小北山村があった。二村は明らかに別集落であった[18]。おそらく中世末期には、平野村と小北山村はそれぞれに独立した村落であったが、江戸時代初期の村方編成の折りに、一村として村高や領主が設定されたのであろう。ちなみに『元禄郷帳』では、「一、高四百弐拾石七斗弐升三合　平野村」と平野村が正式な村名となっている。

松原村は大徳寺の田畠帳や『北野社家日記』にも、その名が記されていた村落で、小北山村の南に位置しており、多くの寺院や諸公家領が設定され、実相院と金地院の領主庄屋がいた。

三、記憶のなかの「算所村」

正保二年（一六四五）の段階で、「四方境覚」という公式文書には、散所村は記されていない。しかし、先に触れた鳳林承章の日記『隔蓂記』には「算所村」という呼称で、いくつかの記事が認められるのである。

その初見は、『隔蓂記』寛永十七年（一六四〇）五月十八日の以下の条である。

等持院領之山ヲ算所村・松原村之百性盗、剰及喧嘩故、成公事。今日対決、於板倉周防守殿、有穿鑿。算所村之百姓三人・松原之者二人籠舎仕也。

ここには、等持院領に算所村と松原村の百姓が、山盗みに入って喧嘩沙汰を引き起こし、京都所司代の牢舎に繋がれたと記されている。

以後二十年、算所村の記事は『隔蓂記』にみえない。だが寛文年間になると再度算所村の記述が登場する。寛文二年（一六六二）十二月二日には、

自小北山算所村、草山手納、如例年、庄屋黄柑一折捧之也。

と「小北山」を冠した「算所村」が年末に草山の年貢を納め、庄屋が蜜柑を進上したとあり、さらに寛文五年一月七日条には、

小北山村之庄屋久左衛門為礼、来、扇子二本捧之。自算所村惣中、如例年、指樽一荷・豆腐五丁・昆布一把捧之也。

と、そして寛文六年一月七日条にも、

小北山算所村之庄屋久左衛門為年頭之礼、来、扇子二本捧之。算所村惣中如例年、指樽一荷・大根一把・豆腐捧之也。

との記事がみとめられ、いずれも年賀に算所村惣中から酒肴が届けられたと記載されている。ここで注目すべきは、鳳林が年賀に訪れた久左衛門を「小北山村之庄屋」および「小北山算所村之庄屋」と称することで、ここから、鳳林が久左衛門＝小北山村庄屋＝小北山散所村庄屋とみなしていたことが明らかになる。

この二つの記事には、算所村惣中が酒肴を届けるのが「如例年」とある。しかし、寛永十二年（一六三五）の『隔蓂記』起筆当初から毎年正月に酒肴を届けていたのは小北山村であった。その理由は、「四方境覚」に、

草山手　鹿苑寺領之分、物成合四石者小北山村・松原村三ケ所より山被請申候也。

とあるように、鹿苑寺領の草山を大北山村のほかに、松原村と小北山村が山請けしていたためで、小北山村庄屋は毎年末に草山手を納め、翌年の正月には年頭の礼に鹿苑寺を訪れて惣中よりの祝儀を持参するのを例年の習わしとしていたのである。したがって、寛文二年十二月二日に「小北山算所村」が例年のように「草山手納」をしたとの記述もまた、鳳林承章が小北山村と算所村を同一視していた証左になる。

『隔蓂記』には寛文までに数人の小北山村の庄屋が登場する。その初見は、寛永十六年八月二十九日の「小北山庄屋三四郎」で、この庄屋三四郎は翌寛永十七年一月九日には鹿苑寺に年頭の拝賀におとずれている。さらに同年六月二十日条には、

今日、小北山之庄屋久左衛門死也。年来之悪人、有誰相愁哉。子孫之者亦心底可喜也。呵々々。

と、鳳林承章は小北山庄屋久左衛門の死去を記し、あまつさえ「年来之悪人」と罵倒している。この後、小北山村庄屋として『隔蓂記』に登場するのが「四方境覚」にもその名がみえる三右衛門なる人物で、同時に三四郎の名が消えるところから、三四郎が三右衛門と改名したと思われ、また久左衛門は先代の小北山村庄屋であったと考えられる。

三右衛門は、寛永十九年から明暦二年（一六五六）まで庄屋を勤め、その跡を先代の庄屋久左衛門の孫がつぎ、祖父同様に久左衛門と名のることになった[19]。この久左衛門が寛文五年の正月の記事で、小北山散所村庄屋と呼ばれるのである。

寛文六年（一六六四）九月、久左衛門が大北山領の開田地を押領したことから、大北山鹿苑寺門前村のあいだで激しい争論が勃発した。九月四日条に鳳林は以下のように記している。

当寺領境内、算所村庄屋久左衛門押領仕、開田地。自当寺領百性、於奉行所、為捧訴状、先日裏判出。今日対決、今日公事也。依然、庄屋彦左衛門并三郎兵衛・弥左衛門出対決。吉権右衛門者御朱印并写・当山之画

図等致持参、玄関迄詰也。御朱印箱持故、閑蔵主遣也。坂口半兵衛亦吉権供遣也。雖然、今日者無対決也。裏判出先次第、被聞公事之由。此方之裏判者依為近日、今日不被聞之由、皆々帰也。

ここには、久左衛門の横領を鹿苑寺領の門前村の百姓が奉行所に訴え出たとあり、門前村庄屋が対決のために、奉行所に出向いた。この日の公事は中止されたが、十日後の九月十四日、雨宮正種のもとで、算所村と大北山村庄屋が対決した。その結果は「当寺理運、相済也。自先年之開之田地之事、亦重而可有穿鑿之旨、奉行被申也」と、大北山村の勝訴となった。

だが開墾田については、重ねて奉行所の詮索を受けることになり、十一月十七日に鹿苑寺の代官である吉田権右衛門が「大工共召連、赴高橋河原、図開之田地也」と開墾地に出向き、十二月十二日に「当所高橋之上境内絵図」を雨宮正種のもとに持参している。ここから問題の開墾地が高橋の北方、紙屋川の河原であったと知れる。高橋は洛中に赴くための交通の要所で、洪水で流出するたび、鹿苑寺門前村の百姓たちが修復に赴いている。その位置からして大北山村域に含まれる地点だが、そこをなぜ算所村が横領したかは定かでない。もっとも中世後期、高橋神明社脇の地を散所民が買得していたことからみると、古くはこの地域における散所の占有権があったのかもしれず、そこが河原であることも興味深い。

この一件後、関係が悪化したのか『隔蓂記』からは、小北山村、および算所村の記述が消える。『隔蓂記』では、寛永十七年の等持院領への山盗事件の折りに「算所村」の呼称が唐突に現れ、二十年後の寛文年間に、再度「小北山算所村」「算所村惣中」などの記事が出現する。だが「四方境覚」という公式記録には散所村の記載はない。してみると『隔蓂記』の「算所村」は鳳林承章の記憶のうちにある散所とみることができるだろう。

たとえ記憶のなかの散所とはいえ、中世の北山散所が小北山村域に存在したことは明白となろう。天正年間に散所民が耕作する大徳寺領の田畑の場所は、主に平野田や八丁柳などであった。前者は平野社の東南、後者はその西方に位置しており、いずれも小北山村域内にある。

鳳林承章は、勧修寺晴豊の第六子に生まれ、慶長五年（一六〇〇）に八歳で西笑承兌のもとに弟子入りし、承兌死没の慶長十二年、十五歳で鹿苑寺住職となった。『隔蓂記』を起筆した寛永十二年は四十五歳であった。したがって、彼が住持に就任した頃には、ここは散所村とよばれており、それ以後、おそらく元和・寛永初年頃に、小北山村が成立したとみることができまいか。

公家や寺僧の日記がそうであるように、『隔蓂記』もまた後世に読まれることを意識した記録である。近世村落としての平安な営みをつづけているはずの小北山村が、山盗みや開墾地の横領などの過激な動きをなすときに、鳳林承章の脳裏には、瞬時、過去の記憶が蘇り、ある種の侮蔑をこめ、思わず「算所村」と『隔蓂記』に記したのであろう。

四、北山散所の実相

近世において、散所、もしくは産所などと呼称された地域の存在形態が近年の研究で明確になっている。なかでも村上紀夫氏は、梅津や常盤・久世郡中村などの近世の散所をとりあげられた(20)。

たとえば、氏は『以文會筆記』をもとに、江戸時代後期の梅津散所が、西梅津村内の西または南に、本村と一溝を隔てた場所にあり、四、五軒が声聞師を業としていたことを明確にされた。常盤散所の場合は、天文年間に常盤の散所民が独自の共同体である惣中を形成し、それが近世の常盤村に吸収されたのではないかと推測された。中村の場合も、寛文年間に本村のなかに声聞師村が存在したと指摘されている。

かかる例から、北山散所に近接する場所に小北山の集落があり、近世には小北山村のうちに散所が吸収されていったとみることもできる。

しかし、天龍寺所蔵の「享保四年亥四月北山検分記」[21]（図22）には、小北山村の村落内が図示されており、そこには小北山村庄屋の屋敷を中心に各家が立ち並ぶさまが描かれ、梅津散所のように、溝を隔てて別集落が存在しているようにはみえない。

加えて、『隔蓂記』で、鳳林は同一の村落を「小北山村」と呼び「算所村」とも呼んだ。鹿苑寺との関係が悪化した開墾田の横領の折りには明確に「算所村」と記し、あまつさえ横領の当事者を「算所村庄屋」と呼称している。一村を束ねる村庄屋が「算所村庄屋」であるならば、小北山村そのものが中世の北山散所にそのまま重なるとみることがより自然だろう。

もっとも、「四方境覚」によれば、正保二年（一六四五）の段階で小北山村の戸数は三十九軒、人数は二百二十四人で、もし小北山村が、かつての北山散所ならば、ここは中世の京都の散所のなかでは、他に類のない大規模な散所ということになる。だが、この点も、中世には北山散所は他と同様の小規模な散所であったが、近世村落に展開する過程で、農地の集積によって人口増加を果たしたとみることもできるだろう。

ところで、先述したように、「四方境覚」には、小北山村とともに平野村が併記されており、両村は組合村のような記述がされている。しかし『元禄郷帳』での正式な村名は「平野村」である。平野村の戸数十七軒、人数八十八人で、小北山村の半分の規模にしかすぎない。その村名が幕府が編纂した正式の郷帳に採用された事実は、行政上では平野村が本村の地位を与えられたとみることもできるだろう。その理由は、まさに小北山村がかつて散所村であったためとみることもできまいか。

第一節の冒頭に述べたように、北山の地名は藤原公経の北山殿に由来し、北山殿は足利義満の北山山荘となり、その後に北山鹿苑寺となった。そして、鹿苑寺門前には集落が成立し、それが近世には「大北山村」となる。し

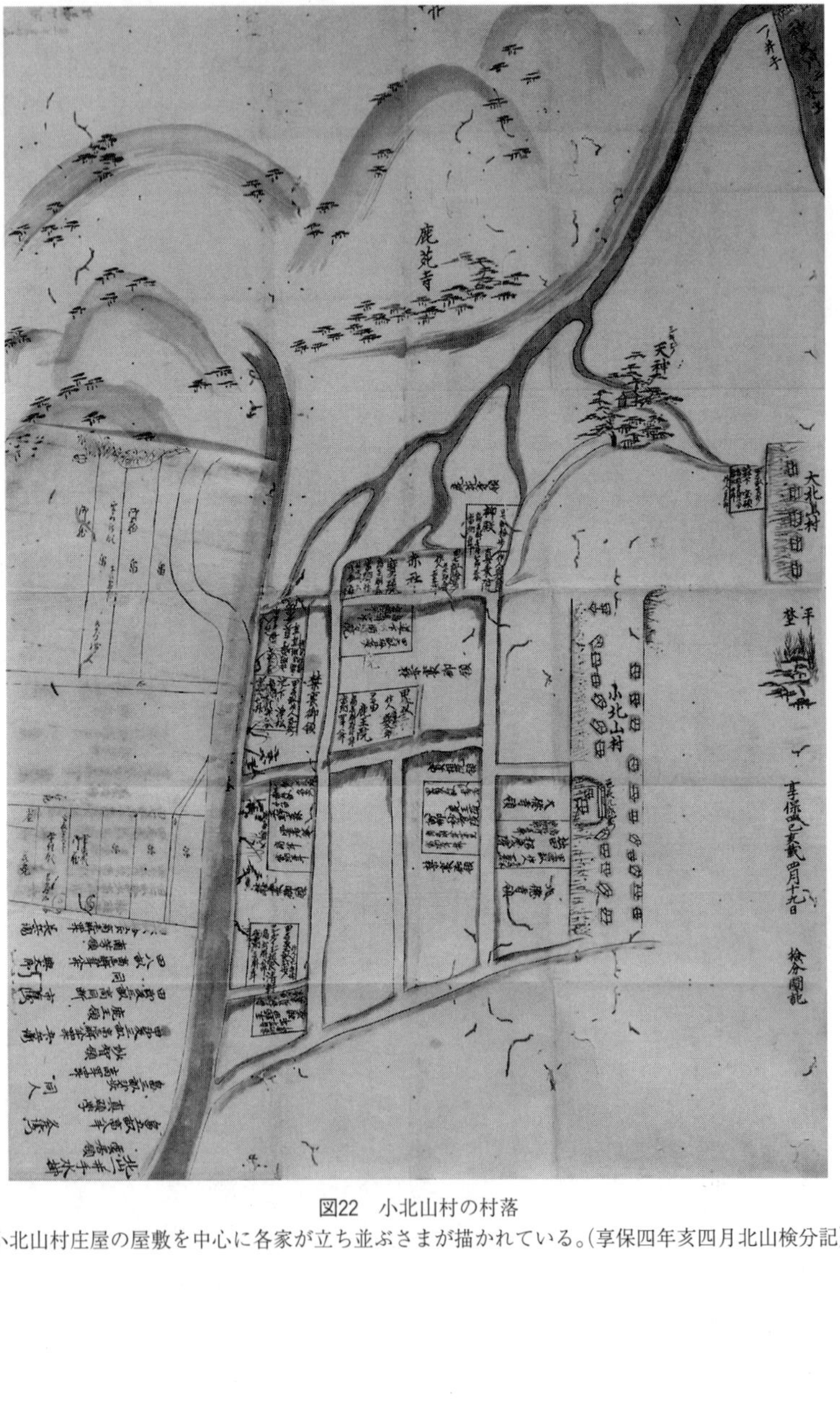

図22　小北山村の村落
小北山村庄屋の屋敷を中心に各家が立ち並ぶさまが描かれている。(享保四年亥四月北山検分記)

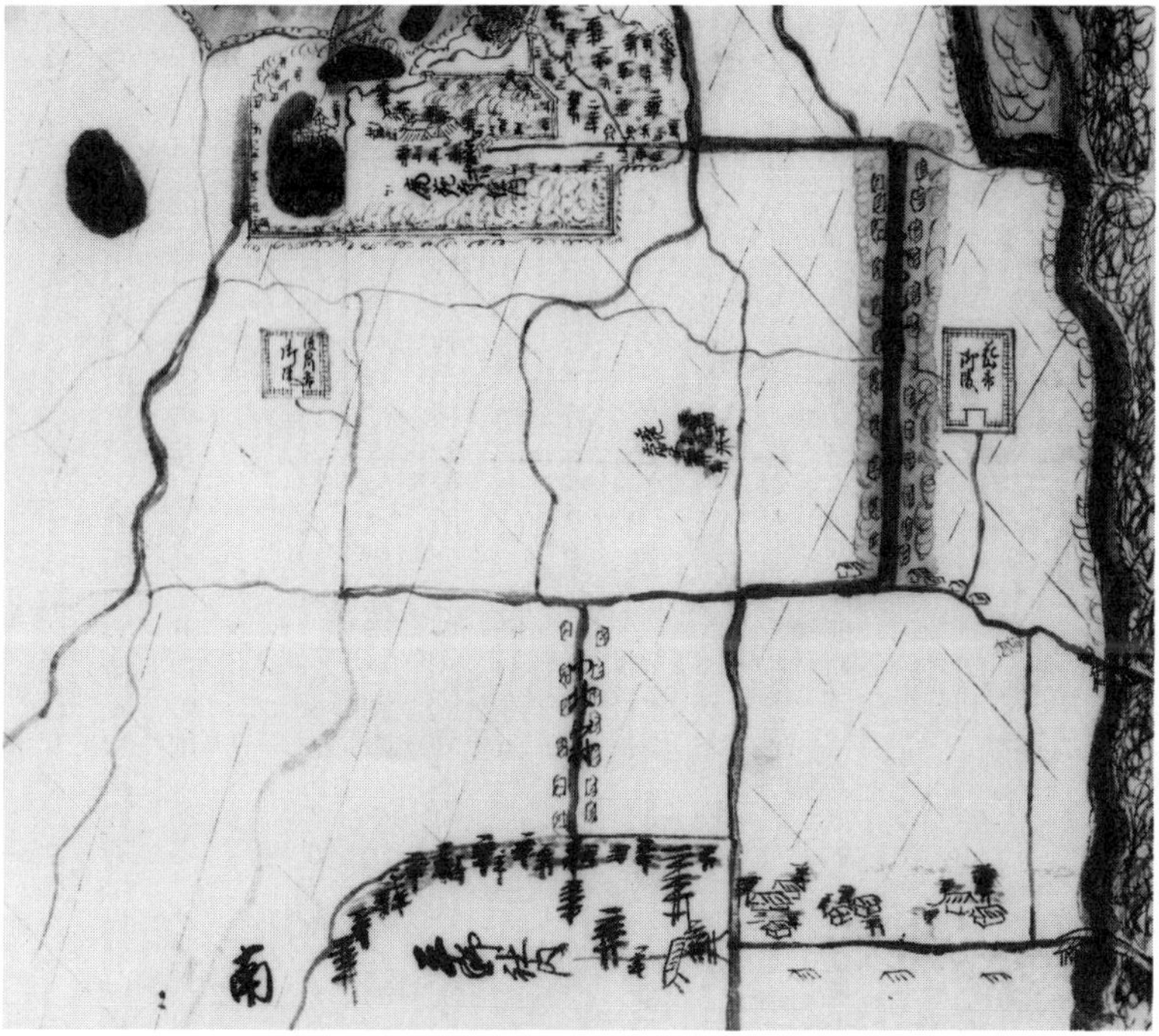

図23　大北山村と小北山村
紙屋川に架かる高橋を渡って衣笠山の麓にいたる道にそって、北側に大北山村、南側に小北山村が広がっている。（城州葛野郡大北山鹿苑寺領余地山林絵図）

かし、この呼称はさほど古いものはなく、中世には大北山村は、「北山門前村」とか「北山村」と呼称されていた。慶長十四年（一六〇九）八月十二日付、豊光寺宛板倉勝重黒印状[22]には「北山村」の呼称がいまだ使用されている。

　してみると、中世には鹿苑寺の門前集落として北山村と北山散所があり、それがそれぞれ大北山村、小北山村へと呼称を変えたのではあるまいか。さらに両村は、極めて近接した場所にあった。たとえば鹿苑寺蔵の「城州葛野郡大北山鹿苑寺領余地山林絵図」[23]（図23）によれば、洛中から紙屋川に架かる高橋を渡って衣笠山の麓までいたる道にそって、北側に大北山村、続いて南側に小北山村が広がっており、両村は地理的にも緊密な一体関係にある。

　先に述べたが、ここに大徳寺領が設

定されたのは、天正年間、豊臣政権下においてである。それ以前、北山散所は北山村とともに鹿苑寺の支配をうける、すなわち鹿苑寺を本所とする散所ではなかったのだろうか。

鹿苑寺は義満の菩提所で、その西の等持院や真如寺は足利歴代将軍の葬送を司った寺院である。北山は鹿苑寺を中心に展開する足利家の菩提の地・葬送の地である。ここに散所があり、キヨメを職能とする散所民がいても、決して不自然ではないだろう。

足利家とかかわりが深い寺院の散所には、相国寺が支配した柳原散所・北畠散所などがある。[24] この地は幕府から諸役免除される代わりに寺内の掃除役を勤め、やがて多くの声聞師たちが居住する散所となった。ことに柳原散所の場合、足利義政が掃除散所として相国寺に寄進した事実が『蔭凉軒日録』長禄二年（一四五八）九月二十八日条に明記されている。相国寺は、義満が春屋妙葩の進言で建立した臨済禅院で、以後、足利氏の厚い保護をうけた。足利氏が相国寺に散所を寄進したならば、同様の行為が足利氏と関係の深い北山鹿苑寺においてなされるのも自然のことだろう。しかし、誰が、いつ頃、北山散所を鹿苑寺に寄進したか、その辺りは明確にならない。

してみると、中世からの北山散所の変遷がおぼろげではあるが推定できる。すなわち、北山散所は中世後期に成立した柳原散所と同様の幕府寄進の鹿苑寺掃除散所として始まった。戦国期には、声聞師が集住するとともに、農地の集積に積極的に乗り出した。近世初頭、天正十年代に秀吉によってここに大徳寺領が設定されると、北山散所は鹿苑寺の支配を離れて諸領主が相給支配する山所村となった。そして、おそらく元和・寛永頃に、行政的には平野村を本村とする小北山村へと展開した、という筋道が浮かぶのではないだろうか。

五、神子町への展開

江戸時代前期、中世の北山散所は、農耕を基盤とする小北山村へと展開したとみたが、ここが散所であった残照は、江戸後期まで残った。この地域には神子町が形成されたのである。

『月堂見開集』[25]宝永六年（一七〇九）三月二十五日条には、

二十五日夜、平野の神子町三十余在之候処、不残焼失す、一軒残る、

と、平野の神子町の焼亡が記されている。その規模は三十軒、正保期の小北山村の軒数三十九軒、平野村は十七軒であったから、その場所は平野村というより、小北山村の可能性が高い。

ちょうどこの頃、宝永年中の北山の神子の挿話が『本阿弥行状記』[26]下巻二百六十段に記載されている。この折り、発端は幕府の御出頭荒井筑後守君美が内命により御政道調べのため上京したことに始まる。

北山の神子甚だあやしき物なりとの疑ひにて、則神子共を町奉行より被仰渡にて、筑後守殿御吟味有之候所、一統に申上候趣、これは先祖代々伝来の秘法にて、只今まで相勤候事にて、別にあやしき事も無之候由、御請之処、それにても相済申がたし。左候はゞ、年代隔り候仏呼出し可申。若右の仏の事申合はゞ、是迄の通、若また合不申候時は、右業体の儀、制禁可被仰付よしなり。

と、新井は北山神子の吟味を行い、古仏を呼び出すことを命じ、もしそれができなければ神子業を禁止すると告げた。神子方は、「年久しき仏是迄呼び出し不申、譬へ呼出し候ても合不申、此段は御用捨可被下候」と、これまでに年代の隔てた仏を呼び出した例がないからと拒否したが、荒井がそれを許さず、神子側は以下の手段をとった。

北山にても名人の神子相勤、何百年已前死去、何歳の男を呼出し可申由にて、段々神下しも相済、仏神子に乗移り、筑後守殿へ向ひ居たけ高に成て、我は源九郎義経なり、其方と同席のものにあらず、次へ相退可申由なり。

と、名人の神子が神降ろしを行い、源義経の霊を呼び出したというのである。その結果「さしもの筑後守にも不

思議に被存、事故なく相済候よし。不思議の事なり」と、神子業の禁止を免れたのであった。

『本阿弥行状記』は、江戸時代前期の芸術家光悦を始祖とする本阿弥次郎左衛門家に伝来した家記である。上・中・下の三巻よりなるが、その成立について、正木篤三氏は、上巻は光悦の息子光瑳と孫光甫がまとめたもので、光甫の孫の次郎左衛門玄春が中・下巻を補って、三巻本に編纂したと指摘された(27)。上記の北山の神子の話は下巻に含まれており、玄春の執筆部分である。

玄春は寛延二年（一七四九）に将軍家の刀脇差御用掛を命ぜられて江戸に下り、宝暦八年（一七五八）に死没した。玄春は幼年期を洛北の鷹峰村光悦町で過ごしたと思われ、洛北一帯に流布していた北山神子町の挿話を『本阿弥行状記』に加えたのであろう。

この話が真実であったかは定かではないが、江戸中期には神子町に多くの神子たちが居住し「先祖代々伝来の秘法」によって、口寄せの神降ろしを行っていたことが明らかになる。その力は名人といわれる神子が、源義経の霊を呼び出せるほどのものであった。さらに、幕府の御出頭が詮議に乗り出したとの件りから、当時、北山の神子たちの業が繁栄し、それが治安を動揺させるものとして制禁の対象となったとみることもできよう。

だが、その後も、神子町は存続している。寛政十一年（一七九九）刊行の『奇遊談』(28)の「高橋神明」の項目には、

さて此（高橋）近き小北山といふに、今も巫といふものありて、かゝるわざをなす事は、ふかく此わたりにあることぞと思いやられぬ、

と、小北山の神子が業を行ったことが記載されている。

中世後期、民間の陰陽師として祈禱や占いを生業とする声聞師たちが北山散所に居住していたことが、江戸時代の神子町の形成に深くかかわったことはいうまでもないだろう。田良島哲氏は天和二年（一六八二）刊行の『日次紀事』に「今に至りて此の辺り、唱門師・神子多く居住す。是れ（安倍）清明の余流か」とあることから、東

福寺の北側のかつての柳原散所の場所に、陰陽師と神子が居住したと指摘されている。(29) 中世の声聞師の散所が神子の居所へと変化するのは小北山村のみではなかった。

もっとも、東福寺北側の神子町が江戸後期まで継続したのかは定かではない。だが北山の神子町は、江戸時代を通じて継続した。その理由のひとつに、この地域が純粋の農村地帯として推移したのではなく、平野社の門前町として町場化したことがあげられるだろう。

応仁の乱後に著しく荒廃した平野社は、慶長五年（一六〇〇）、西洞院時慶の手で再興された。(30) その東門前には、参詣客を相手に、水茶屋などが立ち並んだ。宝永元年（一七〇四）には、北野社や平野社門前町の水茶屋が平野新道の河原での水茶屋興行を平野社に願い出ている。(31) 平野新道は、洛中北野社の裏手から紙屋川に渡る新道で、高橋から北山郷にいたる道の南に位置している。

さらに、明暦二年（一六五六）四月には大坂の座元が平野社境内で勧進能の興行を願い出たが、実際は「かぶき」興行であったために公儀より法度をうけたという。(32) また、『月堂見聞集』によれば、享保年間には平野社境内では盛んに歌舞伎興行が行われたとある。(33) 平野社の東門前、現在の平野鳥居町周辺には、北野社から平野社へ続く遊興空間が形成されたのであった。

その平野社の裏手の西北に位置するのが、小北山村、すなわち神子町である。ここから北へ行けば、先に記したように、大北山村を経て鹿苑寺にいたる。鹿苑寺もまた金閣を有する寺院参詣のメッカであった。洛北の社寺参詣の道筋に当たることが、おそらく江戸時代の神子町の存続を支えたのであろう。

先に記したように、梅津散所、久世郡中村には陰陽師たちが集住していた。綴喜郡高木村の北に位置する枝村北谷村は戸数二十数件の本村と同規模の村落で、その大半は陰陽師を業としており、土御門家による陰陽師支配に組み込まれていたという。(34) 小北山村に陰陽師がいたとの形跡はいまだ認められない。むしろ、ここは表面上、農民身分の百姓たちが居住する村落でありながら、実際は口寄せ神子が集住する場所であった。

　土御門家を通じた幕府の統制の圏外で存続した神子町、小北山村のあり方が、特異な例であったのか、その検討は、将来の課題に残したい。しかし、幕府の詮議役を前に、源義経の霊を呼び出して対抗したという北山の名人神子の姿に、支配と統制の狭間で、したたかに生き抜く民衆像を重ねることもできるのである。

（1）京都部落史研究所編、第三巻・史料中世、四三〇頁／第十巻、年表七三頁。
（2）田良島哲「中世後期の宿と散所」（『京都部落史研究所紀要』九号、一九八九年）、村上紀夫「梅津千秋万歳考」（『藝能史研究』一三七号、一九九七年）、「常盤散所小考」（『藝能史研究』一四一号、一九九八年）。
（3）阿吽社、一九九六年。
（4）中世の北山については、『史料　京都の歴史』第六巻・北区（平凡社、一九九三年）の「大北山村」項目に詳しい。
（5）北野天満宮史料刊行会編、北野天満宮。
（6）『大日本古文書』家わけ十七。
（7）『大徳寺文書』十一巻、二七四〇号。
（8）『大徳寺文書』一巻、一〇一号「羽柴秀吉判物」。
（9）『大徳寺文書』一巻、一〇二号「羽柴秀吉朱印状」。
（10）『大徳寺文書』二巻、七六五号「一柳勘右衛門書状」。
（11）『大徳寺文書』八巻、二五五八号。
（12）『大徳寺文書』八巻、二五五二号。
（13）『大徳寺文書』五巻、二〇〇〇号。
（14）『大徳寺文書』八巻、二五五七号。
（15）内閣文庫蔵（『内閣文庫所蔵史籍叢書』五十五・五十六巻）。
（16）「鹿苑寺文書」（京都市歴史資料館所蔵写真資料、受入番号三六八）。なお、前掲註（3）『史料　京都の歴史』第六巻・北

区、三二三・三五三・三七一頁に翻刻文が掲載されている。
(17) 赤松俊秀編、鹿苑寺（思文閣出版、一九九七年復刻）。
(18) 宝暦四年の『山城名跡巡行志』巻四には、「平野邑　在森南」「小北山村　在平野乾」と別村として、その所在を記している。
(19) 三右衛門は寛永十九年一月七日に庄屋として年頭に鹿苑寺を訪れてから明暦二年一月七日の年頭の拝賀にいたるまで『隔蓂記』に頻出する。次代の久左衛門の初見は、同年十二月二十一日条、ここに先代の孫と記されている。
(20) 前掲註(2)「梅津千秋万歳考」「常盤散所小考」。
(21) 「天龍寺文書」（京都府立総合資料館所蔵写真資料）。
(22) 「鹿苑寺文書」（京都市歴史資料館所蔵写真資料、受入番号一三二六）、なお『史料　京都の歴史』第六巻・北区、三二〇頁に翻刻。
(23) 「鹿苑寺文書」（京都市歴史資料館所蔵写真資料、受入番号七四九）。
(24) 部落問題研究所編『京都の部落史一・前近代』（阿吽社、一九九五年）一二三〜六頁。
(25) 『続日本随筆大成』別巻。
(26) 正木篤三著『本阿弥行状記と光悦』（中央公論美術出版、一九八一年）収載。
(27) 同右、解説。
(28) 『日本随筆大成』二十三巻。
(29) 前掲註(2)「中世後期の宿と散所」。
(30) 『平野神社史』（平野神社、一九九三年）。
(31) 前掲註(3)『北野天満宮史料』所収「北野社諸所覚帳」。
(32) 同右「目代諸事留書」。
(33) 享保十三年一月二十日条・十一月二十五日条、同十八年二月十日条。
(34) 前掲註(24)『京都の部落史一・前近代』。

葛野郡

西京散所

山本尚友

はじめに

北野社に付属した西京散所については早くから知られており、森末義彰氏は『中世の社寺と芸術』(1)の神社所属の散所に関する記述のなかで、「比較的神社に対する雑役奉仕の状態が明らか」なものとして紹介していた。それによれば、西京散所は北野社領西京にあり、北野社から課せられた池浚や社頭の清掃に従っていた。森末氏は社頭の清掃は臨時的なものとみており、また千部経、萬部経でにぎわう北野社の経堂（経王堂）前の興行権を散所が有して、自身も操りなどの芸能に従っていたと指摘している。

また、中世後期から近世初期の北野社周辺での芸能興行について述べた、徳田和夫氏の「北野社頭の芸能—中世後期・近世初期」(2)は、散所民が操り等の芸能に従う背景として、散所民が経王堂の維持管理と萬部経会の設営に関っていたことをあげ、芸能興行のための仮屋を経王堂の周囲に建てると同時に、放浪の芸能者を社家に斡旋することなども行っていたとした。さらに、下坂守氏は『京都庶民生活史』(3)の中で、延徳二年に北野社に立て籠った一揆衆が幕府軍に責めたてられた時、倒れた一揆衆のなかに西京散所の新三郎もおり、その死骸を河原者が取りかたづけたことに触れている。

そして、最近では細川涼一氏の「西京散所と北野社」[4]が、西京散所の所役について整理され、（一）経王堂を中心とする社辺の堂舎の掃除と経王堂の夜番、（二）幕府の所役として壬生官務堀の掘削、（三）北野社で七夕におこなう御手水神事に使う井戸の水替、（四）室町将軍の北野社御成に際し社頭の掃除・道路の普請、であるとまとめられた。また、細川氏は京都橘女子大学が入手した『北野社沙汰承仕家記録』の中にある「沙汰承仕能勝日記」の寛正五、六年の記事中に、御手水神事の井替に西京散所が従っている記述があることを紹介された。

このように、中世期の西京散所については、すでに種々の側面から紹介されているが、西京散所の成立の事情と北野社との関係という、重要な点についてはまだ充分に解明されているとは言い難い。また、西京散所の正確な位置や、近世期における状況などについては、拙稿[5]の中で、簡単にふれた程度で、この方面の追求も必要といえる。本稿は、西京散所の成立事情と北野社との関係、そしてその位置などの解明を目指すものであるが、西京散所に直接ふれた史料は、すでに森末氏等が紹介されている『北野社家日記』および『北野目代日記』に所収のものに限られており、本稿もその域をでるものではないが、関連史料と対照するなかで、さらに理解を深めることができれば幸いである。

一、北野社の組織

本論にはいる前に、西京散所の北野社での位置を知るために、北野社の組織について概略を述べておきたい。北野社の組織については竹内秀雄『天満宮』[6]が全体の概略を尽くしているが、本稿がおもに問題とする室町期の北野社の組織については鍋田英水子「中世後期『北野社』神社組織における『一社』[7]」が、詳しく分析しているのでおもにこの研究をもとに略述したい。

菅原道真が左遷先の太宰府で憤死したのは延喜三年（九〇三）のことだが、道真を讒訴した藤原時平が若死したのをはじめ、藤原氏一族に不慮の死にあうものが続き、また天変地異が相次いだことを道真の祟りとする噂が広まり、朝廷は延喜二十三年（九二三）四月、道真を右大臣に復し正二位を贈った。そして、天慶五年（九四二）右京二坊十三町に住んでいた奇子が、天神（道真）の託宣により邸内に仮の社を祀っていたのを、多治比文子と近江国比良宮神官の神良種、そして北野朝日寺の僧最鎮が協力して、天暦元年（九四七）六月に現在の北野の地に移したのが北野社の始まりである。(8)

天徳三年（九五九）には藤原師輔が神殿を増築、神宝を献上するなどの中で社殿も整備され、永延元年（九八七）には「北野聖廟祭祀」が始めて官祭として行われた。(9) また、寛弘元年（一〇〇四）頃には叡山西塔東尾坊の是算が菅原氏の縁由により、北野社別当職に任じられたと『北野誌』にはある。(10) しかし、『京都市の地名』(11)の「曼殊院」の項は、「観応元年四月十八日付慈厳僧正譲状」（『曼殊院文書』）に「北野社別当職事　忠尋座主以来師跡相談《ママ》毎度賜官符下者也」とあるのを引いて、天仁年間（一一〇八～一〇）東尾坊を曼殊院と改めた忠尋の代に始めて、北野社別当職に補されたとみている。両説の当否は定めがたいが、いずれにせよ忠尋代より曼殊院を称するようになり、永久年間（一一一三～一八）には叡山の房舎とは別に葛野郡北山に院地を開いた。北山の院地は義満の北山山荘造営にともない禁裏の近辺に移り、文明年中（一四六九～八七）に伏見宮貞常親王の皇子慈運法親王が入寺し門跡寺院となり、北野社別当職は歴代の曼殊院門跡が相伝することとなった。(12)

北野社は曼殊院門跡を中心とした別当―政所という上部組織と、北野社の現地に住した祠官の集団によって構成された社家とそれに仕える宮仕という、大きく二つの組織より構成されていた。

別当の下には政所があって、公武より北野社に祈禱の命があった時や北野社の祠官の補任・闕官の際に別当より出された御教書を、社家に伝達する役目をもっていた。政所に任じられたものの身分は、正確には分からないが「政所補任次第[13]」にみえる名をみると、「明尋大南坊」「勝春一郎房寺主」など初期の人物には房号が付されており、また僧位も「法印」を極官としていることから、門跡の坊官[14]が任命された可能性が高いと思われる。ただ、延徳元年（一四八九）から数年、祠官家のひとつである松梅院の禅能が[15]、また天正十三年（一五八五）にも松梅院禅興が政所に補任されており[16]、最も有力な祠官家であった松梅院が任命される場合もあった。

別当・政所の命令を社家に実際に取次いでいたのは目代で、代々荒木田氏（春林坊）が世襲し、住居も北野社近辺にあった。

一方、北野社の祠官家はおよそ二十三家を数え[17]、いずれも院号をもって屋敷を北野社周辺に構えていた。祠官は別に社僧とも呼ばれ、北野社での宗教行事の執行に当たったが、北野社は中世では北野宮寺の名がもっぱら用いられているように、宗教行事の中核は仏式により構成されていた。

祠官の中で、この時期最も力を持っていたのは松梅院であった。松梅院の初見は建武三年（一三三六）の光明天皇の践祚にさいし、足利尊氏・直義より毎日祈禱料として丹波国船井荘地頭職が贈られたときのもので、直義の施入状には「守慶禪陽依為重代祈禱之師職、令仰付之上者、令停止別当并政所之綺、永代全知行、為両人之計、一社平均可令充行之者也、」とある[18]。守慶は祠官家のひとつである光園院守慶、禪陽は松梅院禪陽であった。この時、両者は室町将軍の「重代祈禱之師職」（後には御師職と称することが多い）についており、その権限によって「別当并政所之綺」を排除するよう命じられていることが注目される。すなわち、将軍御師職に任じられることによって、曼殊院の力を一定相対化しうる地位を手にいれたのである。

そして、守慶は直義、禪陽は尊氏の後押しをうけており、直義と尊氏の対立が尊氏の勝利で決着がつくと、守慶は退けられてこの後、将軍御師職は松梅院がほとんど独占することとなる[19]。また、松梅院は北野社の職掌のうち、公文所と神事奉行そして御殿職を歴代が占めて、幕府に「諸祠官言上状」を提出する際にも松梅院はそこには名を連ねず、「副状」をだすという祠官の中でも特別の地位をもっていた。北野社での祠官の職掌としてはこの他に「造営奉行」があり、また祠官の中から「執行」が選ばれて、その代表者の役割を担っていた。

さらに北野社では、祠官の下に宮仕（承仕）がいて曼殊院および祠官の命をうけて種々の雑務を行っていた。宮仕はいずれも坊号をもち、法体で僧位は法橋・法眼に任じられたが、任命は永宣旨といって曼殊院がおこない、祠官のように官に執奏して正式に任じられるものではなかった。

このように北野社では曼殊院が別当として、北野の現地にいて宗教行事を執り行う社僧（祠官）を指揮していたが、南北朝期より祠官家のひとつである松梅院が将軍御師職に就くことによって、他の祠官家を圧する力を持つようになっていた。

二、西京散所成立の契機

表4は、中世から近世初頭にかけての西京散所に関する事項を年表としたものである。[20] 中世北野社の中核史料といえる松梅院の日記『北野社家日記』は、宝徳元年（一四四九）以降のものしか現存していないため、それ以前の史料は限られている。西京散所の初見は、応永四年（一三九七）八月四日の例祭・臨時祭に足利義満が北野社を訪れるのに先立って、掃除が「西京散在法師」に命じられた時のもので、その記録には「仍先々在所平松下きり芝御掃除、以西京散在法師沙汰之、毎事如先々、」とある。

「先々」とあるように、散在法師が将軍の御成に際して掃除するのは、これ以前よりおこなわれていたと推測される。それがいつからのことかが問題となるのだが、義満が北野社との関係を深めるのは、明徳の乱で北野社の南、内野が決戦場となり、壮絶な戦闘の末に山名氏清が戦死したことが機縁となった。義満は氏清の霊だけでなく、敵味方の戦死者の霊をなぐさめるために、乱の一周忌として明徳三年（一三九二）十二月、内野において萬部

表4　西京散所関係年表

年　月　日	西暦	事　　　　項	典　拠　文　献
応永4.8.3	1397	義満の北野社祭礼見物準備のために、芝掃除等の役に西京散在法師を充てる。	北野宮三年一請会引付
康正3.2.25	1457	義政の社参始めの準備に、西京散所者に馬場より経王堂までの掃除を命じる。	御社参記録
長禄2.10.3	1458	義政、経王堂で経を聴聞、社辺・経王堂の掃除が西京散所者に命じられる。	社家日記
寛正2.10.10	1461	義政、経王堂で経を聴聞の帰りに散所者アヤツリ物を見物する。	北野社引付
寛正5.7.6	1464	閼伽井の井替は西京散所者の役で、桶縄は松梅院、酒手百文は目代が沙汰する。	沙汰承仕能勝日記
寛正6.7.6	1465	閼伽井と八島屋之井の井替は散所者の役という。	沙汰承仕能勝日記
長享2.7.6	1488	曼殊院、井替の料足十疋を西京散所に下行する。	目代日記
長享2.10.5	1488	経王堂萬部経、13日には三度の抜刀事件が起り、散所新三郎が目撃して注進。	社家日記
長享2.10.15	1488	北野社経堂夜番ならびに掃除等は、西京散所の役と社家日記が記す。	社家日記
長享2.12.8	1488	西京散所者、壬生官庫の堀掘りの労役をしぶり、幕府（飯尾為規）が督促する。	社家日記
長享3.2.24	1489	北野社の能椿、西京散所者に壬生官庫の堀を掘るよう沙汰する。	社家日記
長享3.7.6	1489	八嶋井の井替を預法師が行う。	社家日記
延徳2.3.17	1490	北野社の西京散所新三郎を含む土一揆、徳政令を要求して北野社にたてこもる。	社家日記、目代日記
延徳2.3.25	1490	西京散所新三郎の家が闕所処分となる。	目代日記
延徳2.7.3	1490	西京散所新三郎の闕所家の代価1貫200文が曼殊院より配分される。	社家、目代、目代紙背
延徳2.7.6	1490	曼殊院、井替の料足十疋を西京散所に下行する。	目代、目代紙背
延徳2.閏8.19	1490	新三郎闕所家を再度安富が検所するのは迷惑として、散所より曼殊院へ願出。	目代日記紙背
延徳2.閏8.27	1490	西京散所新三郎闕所家の検封が解かれる旨、松梅院より目代に注進される。	目代日記紙背
延徳2.12.25	1490	八嶋井に鼠が落ちて死に、井の清めが能椿より散所に命じられる。	目代日記
延徳3.7.6	1491	西京散所者、閼伽井を毎年の役として替え、料足十疋を目代より請取る。	杜家、目代、目代紙背
延徳3.7.14	1491	昨年、闕所となった西京散所新三郎は細川玄蕃頭元治の被官という。	目代日記
延徳3.10.13	1491	夜、経堂にて経衆が集会、散所者と異論に及ぶという。	社家日記

明応元.9.17	1492	仮屋と称して在家を取り壊した西京散所者を、松梅院が成敗を加える。	社家日記
明応8.7.6	1499	御手水の井替の料足を、目代が役として散所方に十疋出す。	目代日記
明応9.7.6	1500	井替の料足を目代が出すが、御手水退転のため下行されない。	目代日記
永正2.7.4	1505	御手水井替を散所が役として行う。松梅院は続松・縄等を出す。	社家日記
永正3.10.5	1506	経王堂萬部経、去年同様に勧進により執行される。同日、散所者の訴訟がある。	社家日記
大永6.2.5	1526	義晴の社参準備に、散所物等が道路の整備・架橋・穢物の清掃を命じられる。	将軍社参ニ付諸役一件
大永6.2.17	1526	今日、義春社参、西京散所者を召し、経堂前までの道掃除をさせる。	将軍社参ニ付諸役一件
天文9.7.6	1540	八嶋井を目代が散所に替えさせ、十疋を与える。井替は目代の役という。	目代日記
永禄元.7.6	1558	目代、曼殊院より下行の井替料足を西京声聞師に与え、井を替えさせる。	目代日記
永禄2.7.6	1559	目代、井替料足百文を西京散所に支給し、井替を申し付ける。	目代日記
永禄3.7.5	1560	目代、西京散所の井替料足が足らず、代って門跡の被官人に替えさせる。	目代日記
永禄6.7.6	1563	目代、井替料足十疋、御手拭布上下二つと日記に記す。	目代日記
元亀元.7.6	1570	曼殊院から下行された井替の料足が、西京声聞師に遣わされる。	北野社執行職之帳
天正12.7.4	1584	曼殊院、井替料足として能運の地子未進分一斗を与える。	目代日記

経会を営んだのである[21]。これに先立つ、明徳三年閏十月には南朝との講和が成立しており、この間の内乱で生じた犠牲者を弔う意味もあったのであろう。

そしてこれ以降、義満は度々北野社に参籠することになる。判明しているものをあげると、明徳四年八月十六～二十一日、明徳五年正月十八～二十四日、応永三年五月七～十一日、同五年八月二十二～二十八日および十二月八～十四日、同六年は八月二十八日～九月五日、同八年五月二十一～二十七日、同九年二月九～十五日、同十年二月九～十五日および十二月八～十五日、応永十一年は北山殿の大塔立柱や明との交易開始の年に当っていたためであろうか参籠はなかったが、応永十二年から十四年

図24　北野経王堂
毎年十月七日から十日間、経王堂において将軍家が施主となり萬部経会が開かれた。（上杉本「洛中洛外図」）

までは年二回、没した応永十五年も二月に参籠し五月に死去しているのである。[22] 参籠の期間も一部を除いてほとんどが七日間と長期にわたっており、山科教言は義満の北野社への信仰は「凡此宮寺異他御信仰、」と、他とは異なるものだったと述べている。[23]

ところで、萬部経会は明徳四年と応永元年には開かれなかったが、応永二年（一三九五）九月二十二日から十日間、もと「山法師」を願主として一千人の僧を集めて行われ、それが結願した翌十月二日からは義満が願主となってさらに十日間の萬部経会がおこなわれた。[24] 義満はおそらく民心の動きを敏感に察知したのであろう、『大報恩寺縁起』によれば応永五年より萬部経会の開催が恒例化し、[25] 応永八年には萬部経会を修行する施設として、北野社鳥居の南に経王堂が建設された。[26]

これ以後、毎年十月七日から十日間、[27] 経王堂において将軍家が施主となり萬部経会が開かれることになった。応永十年の萬部経会の模様を記した『吉田家日次記』[28] はその規模を、僧侶千百人が毎日人別一部八巻の経をよみ、その食料として六万六千疋が下行され、さらに法華経千百部が摺写され、結願の日に参加した僧に下され、これ以外に布施として人別百疋と小袖等が渡されたという。そして、これを見物しようと都鄙の男女が群集した。

以上のように義満の北野社参籠と経王堂の萬部経会の様子を追った

のは、細川氏がまとめられた西京散所の所役の内、壬生官庫の堀掘りは幕命による臨時のものであり、御手水の井替を除けば、散所の所役は経王堂の管理と将軍社参のさいの掃除役にほぼ限定されているとみられるからである。御手水の井替は所役といっても下行銭あってのもので、永禄三年には下行銭がないため散所はその役を拒否しており、一種の請負仕事のようなものであった。すなわち、西京散所が北野社に負った所役は、経王堂の管理と将軍社参時の掃除の二種であったのである。

いずれも、室町幕府に関係したものという特色が認められる。寺社に寄進された散所に通常賦課されている伽藍の掃除役は、西京散所は勤めていないという特色をもっていた。これまでの研究では、掃除役を勤める非人法師を散所として寄進する主体は天皇・院そして藤原氏の氏長者、さらには室町将軍の例が知られているが、西京散所の場合は所役の内容からいって、室町将軍の寄進によるものであることは疑いないであろう。そして寄進の時期は、義満が北野社に参籠し始めるのが明徳四年八月以降、そして応永四年にはすでに将軍社参の際の掃除が散所の所役として固まっていたことを考えると、この間のいずれかというのも動かぬところであろう。

すなわち、西京散所は明徳四年（一三九三）から応永三年（一三九六）の間に、北野社に将軍が御成する際の掃除役を勤める散所として、室町将軍より北野社に寄進されたとみることができる。そして、萬部経会が定例化した応永五年以降は萬部経会の際の掃除役が付加され、さらに経王堂が建てられた応永八年以降は経王堂の管理がそれに加わったとみてよいであろう。

三、西京散所と松梅院

中世の寺社が、単層的な組織ではなく復層的な構成体であったことはすでに多くの研究が明らかにしているが[29]、北野社の場合も曼殊院門跡を中心とした別当・政所という統括機関と、松梅院を筆頭とする祠官家によって構成される社家、そしてこの両者の下で実際の社務にあたった宮仕という構成をもっていたことはすでに述べたところである。となると、北野社に付された西京散所は、具体的にはどの機関の命令を受けて動いていたのか、ということが問題となろう。

例えば、同じく北野社に属していたとされ、延徳二年に北野社に籠った土一揆の死骸の処理を命じられた千本赤という河原者は、松梅院より「当坊へ来河原者」と呼ばれており、造営奉行の寶成院が別の河原者を呼び寄せて死骸を片づけたのを怒って、沙汰承仕所に抗議している。つまり千本赤は北野社出入りといっても、具体的には松梅院に出入りしていたのである。

表4の西京散所関係年表をみて気づくのは、先に散所の所役として限定した二つの所役、すなわち将軍社参の際の掃除役と経王堂の管理に関係するものはいずれも『社家日記』あるいは社家が記録したと思われる記録類にのみみえ、これに対し『目代日記』にはこの二つの所役に関する記録はなく、散所関係の記事の大半は七夕の御手水の井替に関るものだということである。

松梅院が尊氏より将軍御師職に任じられて、それをもとに力を延ばして、祠官家筆頭の地位にのぼっただけでなく、一時期は政所にも任じられるほどであったことは先に述べたとおりで、松梅院と将軍との間には特別のものがあったようで、将軍の参籠や萬部経会の聴聞そして祭礼見物等の記事をみても、曼殊院がこれに介在した形跡は見当たらない。例えば応永四年の例祭を義満が見物したさいには、「如先々為御見物、御車於可被立哉否事、以参上伺申入之處」と松梅院より直接幕府に問い合わせて、返事を聞いてからその準備に取りかかっている。(30)

そして、康正三年（一四五七）二月に義政が初めて北野社に社参したときの準備の様子をみると、(31)神前の掃除は宮仕、廊下は主典・鎰取が担当し、社中（境内地）は西京神人に松梅院より申し付け、普請奉行を松梅院より派遣している。そして、西京散所には松梅院より奉行が出て、馬場より経王堂までの御成道の掃除が命じられ、別に

「坊中河原者廿人」には経堂の南木戸口から一条西までの御成道の掃除が同じく松梅院より命じられている。こうしてみると、将軍御成の準備作業はすべて松梅院が中心となっておこなっており、散所への命令も松梅院から直接出されていることが分かる。[32]

また、経王堂の管理についても同様に松梅院が基本的に差配していた。しかし、経王堂は北野社の社域に建てられたといっても独立性は高く、その住持等の任命権を松梅院あるいは曼殊院が持っていたという兆候は今のところみえない。例えば、応永十九年三月から経王堂住侶の覚蔵坊増範が願主となって一切経の書写が企てられ、翌二十年に完成し一切経を収めるために転輪蔵が建てられた。[33]そして、応永十九年八月十八日に北野一切経供養がおこなわれたのを始めに[34]、その後も一切経会が開かれているが、これに松梅院が関与した形跡は見当らない。

そして、萬部経会そのものに対しても、松梅院の関与は薄く、最初に『社家日記』に萬部経会が記録された宝徳元年（一四四九）十月五日条に、「伊勢寶珠庵ヨリ経衆ニ□事、□□壱貫弐百文被送之、懐帋可給之由申也、」とあって、経衆へのおそらく布施を取次いでいると思われる記事があり、また明応元年（一四九二）の萬部経会の前日に経衆に入りたいという人の申し出を、幕府に取次いでいる記事が眼につくくらいで、他の年は萬部経会の開催と終了を簡潔に記すのみであった。

松梅院と萬部経会の関係を象徴的に示すのが、三度の抜刀事件が起こった長享二年（一四八八）の萬部経会で、三度の内の一つに「玄蕃頭被官」が関係していたため、事が大きくなる恐れがあったが、『社家日記』は「散所新三郎ト云者、事お具見之由両沙汰人注進仕者也、於社家不存知次第也、」と述べている。[35]両沙汰人は幕府より萬部経会に派遣された者と思われ、萬部経会の管理責任は幕府にあり、社家は関知しないことを強調しているのである。また、延徳二年（一四九〇）の萬部経会から、施物の不足に経衆が抗議して、経会が途中で中断することが繁くなるが、この時も『社家日記』は「今日御経依御施物未下停止、但至戌剋一巻読之云々、希代次第也、」と記すのみで、あくまで他人事であった。[36]

このような松梅院と萬部経会の関係を押さえたうえで、経王堂に関る西京散所の史料を見直すと、松梅院が経王堂に関して西京散所に関与していたのは、萬部経会に将軍が参列するさいの御成道の掃除のみであったと思われる。長禄二年（一五四八）の萬部経会で義政が経を聴聞したさいには、「社辺其外経王堂如先々御掃除掃除以下之事」が松梅院より西京散所に命じられていて、経王堂の掃除そのものも松梅院が差配しているようにみえる。しかし、長享二年（一四八八）の萬部経会の結願の日にあたると思われる十月十五日の『社家日記』には、「経堂夜番事、西京散所者役也、同掃除以下彼等沙汰也、」と、経王堂の夜番と掃除には松梅院が直接関与していないことを伺わせる筆致で記されているのである。

そして、延徳三年（一四九一）の萬部経会で経堂で経衆が集会して散所者と異論に及ぼうとしたときにも、「希代次第也」と記すのみであったことを参照すると、[37]おそらく、経王堂そして萬部経会の執行に松梅院は直接関与しておらず、将軍の御成道の掃除のみを散所に命じていたものと思われる。経王堂の管理と萬部経会の執行に関しては、経王堂の住僧と幕府が差配していたのであろう。

四、西京散所と曼殊院

一方、曼殊院の西京散所への関与は、毎年七夕に行われる北野社の御手水神事に先立って、西京散所がおこなった井替の料足を下行することに限られていた。御手水というのは、七夕の晩に御手水を神前に献じて祈禱をおこなったのち、同じ井戸より汲んだ水を公武・寺社の有力者に贈るものであった。神事そのものは松梅院が執行し、その行法は他の祠官家には秘せられていた。[38]

『目代日記』の西京散所関係の記事の大半が井替関係の記事でしめられており、曼殊院と散所との関係はこれが主要なものであったことを示している。御手水には閼伽井と八嶋井（八嶋屋の井戸）の両方が用いられておりこの井替に散所が従っていたが、なぜか長享三年（一四八九）に八嶋井が用いられた時には「預法師」が井替をおこなっていた。

「預」は宮仕の筆頭者の職名で、この年になぜ預が井替をおこなったのかは不明だが、それまで松梅院が桶と綱を出していたのが、この年は八嶋屋を支配する八嶋職が桶を出していて、この事態を松梅院は「先例未聞、但昔者社頭阿（ママ）閼井別在之、近年用八嶋御供井之間、不能是非也、為後証注之、殊預法師井替之由、注進在之」と述べており、井の変更にあたって何らかの紛争が生じ、その結果散所が井替をおこなわないという事態に陥ったものと思われる。

ただこの後、延徳三年（一四九一）にはまた閼伽井が用いられており、その後の五十年間はどの井戸が用いられたか不明だが、天文九年（一五四〇）には八嶋井が用いられているのが分かる。井替に西京散所が関っていることが確認できるのは元亀元年（一五七〇）までで、その後に散所が関った形跡はなく、慶長五年（一六〇〇）の井替の時には用いる品々等の詳しい書上げがあり、そこに「一、いかへ料・つるべハ一松取、」とあって鎰取の一松が井替にあたっていることが分かる。(39)

散所に井替をおこなわせることは、曼殊院の分掌事項であったようで、明応八年の井替を記録した『目代日記』には「料足目代保（役）にて十疋毎年出候」と書かれていた。ここに目代とあるが、料足を出すのは曼殊院であり、目代はそれを取次いでいるにすぎない。また、永禄三年に井替の料足が不足したために、散所が井替を拒否したときには、「御門跡様御ひくん（被官人）」が井替をおこなっている。

この他に曼殊院が西京散所と関ったことが確認できるのは、延徳二年三月に北野社に立てこもった土一揆のなかに西京散所の新三郎がいたという事件である。同月二十五日に新三郎家が闕所となったが、そのことを『目代日記』は「西京ノ参所新三郎闕所仕候、」と記しており、七月三日にその家が一貫二百文で売却された時には、曼殊院が六百文づつを目代と松梅院に分配していて、闕所処分を命じた主体が曼殊院であったことが分かる。

しかし、これは北野社領全体に対する曼殊院の権限が発動されたもので、閏八月十九日に「やすのミ」という人物が新三郎家を再度検所しようとしているとの連絡が、散所から松梅院を通じて曼殊院にあったとき、曼殊院はこれに答えて「けん所の事ハ先度此方ヨリけんたん仕候を、又たけヨリけんたん候事さら〳〵かくこなく候、北野并西京のけんたん先きヨリたけからせいは（い）する事なく候」と伝えている。北野および西京の検断権は曼殊院にあることを明瞭に述べており、新三郎家に対する闕所もこれにもとづくもので、特殊散所に対する曼殊院の支配権によるものではなかった。

散所そのものへの支配権は松梅院の方がより明瞭に認められ、長享二年（一四八八）十二月に幕府より西京散所に壬生官庫の堀を掘らせるよう催促した奉書の宛所は「松梅院」となっており、翌長享三年二月二十四日に散所に堀掘りを命じたのは松梅院が差配する沙汰承仕の能椿であった。すなわち、幕府より命じられた壬生官庫の堀掘りについては、松梅院より西京散所に命じられており、曼殊院が関与した形跡はない(40)。

また、明応元年（一四九二）九月十七日には西京散所が経王堂前に打置いた仮家が風に破損したとして取り壊したのを、後に調べたところ在家であったことが判明したので、松梅院が「一段為向後可加成敗者也、」と成敗を命じている。このように、散所の実質的な支配権をにぎっていたのは松梅院であったようで、曼殊院の散所への関りは北野社領一般への支配をでるものではなかったと思われる。この他に、経王堂の住僧も散所への関りをもっていたと推定されるが、それがどのような性格のものかは現在のところ判明しない。

五、西京散所の位置

元亀元年の散所への井替料下付の記事を最後に、『社家日記』あるいは『目代日記』から西京散所関係の記載はなくなる。室町幕府の崩壊にともなって散所への課役の根拠を失ったものであろう。しかし、西京散所の系譜を引く地域そのものは、西京に存在しつづけ、北野社とも一定の関係をもっていたようである。

ところで、中世における西京散所の位置を知る手がかりはなく、その位置は不明なのだが、近世期の史料に手がかりとなるものがみいだせる。『京都御役所向大概覚書』にのせられた、正徳五年（一七一五）に土御門家が支配する洛中洛外の陰陽師を調べたもの中に、「北野右近馬場通下立売上ル七軒町　吉田平九郎」の記載があるのである。七軒町の名は中井家が調整した『元禄十四年実測大絵図』[41]に、北野社の鳥居前の道、すなわち右近馬場通を南に下り、現在の仁和寺街道と妙心寺道の真中より少し南、右近馬場通の西に位置する町として描かれている。

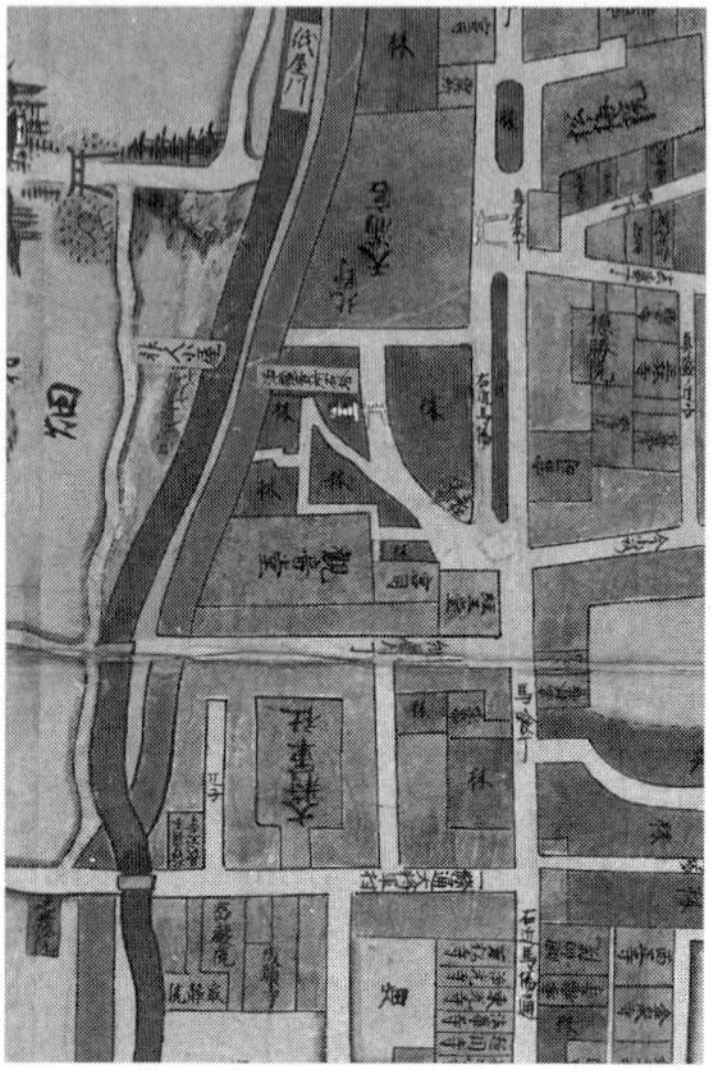

図25　北野社の境内
「元禄十四年実測大絵図」に記載された北野社の境内とその近辺の様子。

これより以前に同じく中井家によって調整された『寛永十四年洛中絵図』[42]には、「町屋」とあり、七軒町の名はみえないが、七軒町の場所は、すでに市街地が形成されていたことが分かる。この場所は中世そして近世においても西京とされていた地域であった。そして、町内に陰陽師がいることからみて、七軒町を散所の後身の地域とみて間違いないであろう。

西京の町々は、文禄元年（一五九三）に京都町並の扱いとなって住宅の地子銭が免除されていたが[43]、御江戸御年頭役や御土居人足掛などが町に賦課されていた。享保十年（一七二五）に西京の各町が上・下・東の三組に編成されたとき、役負担を再確認する帳面がつくられたが[44]、それによれば七軒町の役家は五軒と定められ、役負担の内容は他の町と同様であった。しかし、元文五年（一七四〇）に再度格式を改めさいの覚書によると[45]、享保十年以前の七軒町の役儀は他の町とは異なっていた。

七軒町

町役仕来候家数六軒内、表役引、

一、惣掛家数五軒

方内年頭勤方・川普請・捨子掛物一切、一同惣掛りの分

一、御年頭御土居掛　五軒勤之

右、七軒町は、享保九辰年迄ハ、先規従北野鳥居石塔之前掃除等被勤候役掛りニ候處、掃除役不被勤候、依之、西京御（土）居掛共ニ被勤候、尤、年行事役は、除之候事、

すなわち、七軒町は享保九年までは「従北野鳥居石塔之前」までの掃除を勤めていて、「御年頭御土居掛」等の一般の町役は勤めていなかったが、掃除役を勤めなくなったので、これらを勤めるようになったというのである。「掃除役不被勤候」というのが、どのような経緯によるものかは分からないが、とりあえず享保九年までは北野社の鳥居の前の道（右近馬場通）の掃除役を勤めていたのである。この掃除場所は、康正三年の義政社参の際に散所に命じられた場所と同じ所であった。明らかに北野社に対する役負担であり、中世の散所の役を引継ぐものとみて間違いないであろう。

近世の七軒町については、さらに興味をひかれる史料がある[46]。

乍恐口上書

一、北野下之森私所持之日小屋ニ而、噺、物まね、小坊主、万歳、正月元旦より日数三十日之間、興業仕度、奉願上候、依之、右地之口代、毎日百文ツヽ、可奉差上候、以上、

寛政三年

亥正月

願主 下七けん 近江屋九兵衛（印）

年行事 下之森 八幡屋源次郎（印）

北野

御目代様

中世の西京散所と芸能のかかわりについては、寛正二年十月十日に義政が経王堂での経の聴聞の帰り、「散所者アヤツリ物」を見物するという史料によって知られ、また明応元年の経王堂前の仮屋取壊しの一件から、彼らが興行のための仮屋を持っていたことが判明する。おそらく、この流れをくんで近世の七軒町においても芸能興行に関る人がいたと思われる。「下七けん」とあるのは、北野社の東に遊里として上七軒町が開かれたために、下七軒の名が生じたものである。

以上、述べてきたように、応永初年頃に義満より北野社に寄進されたと推定される西京散所は、将軍の北野社社参にさいし社参道の掃除に当たらせるために設置されたものであるが、応永八年に萬部経会のために経王堂が建てられると、萬部経会の間の経王堂の掃除と夜番も役儀に付加えられた。散所の役儀はこの二つに限られていたようで、他の散所のように本堂の伽藍掃除には携わらないという、特異な性格をもっていた。

しかし、そこに居住した住民は陰陽道と芸能という、他の散所と共通の職能に従っており、住人の職能の特異な性格は近世期まで引継がれた模様である。

（1）森末義彰『中世の社寺と芸術』（畝傍書房、一九四一年十一月）。
（2）徳田和夫「北野社頭の芸能―中世後期・近世初期」（『芸能文化史』四号、一九八一年十二月）。
（3）CDI編『京都庶民生活史』（京都信用金庫刊、一九七三年九月）。また、この事件については横井清「河原者又四郎と赤」（『中世民衆の生活文化』東京大学出版会、一九七五年四月）もふれている。
（4）細川涼一「西京散所と北野社」（奈良人権・部落解放研究所編『日本歴史の中の被差別民』新人物往来社、二〇〇一年二月）。
（5）拙稿「民間陰陽師の発生とその展開」（『陰陽道叢書』3近世、名著出版、一九九二年八月、後に『被差別部落史の研究』岩田書院、一九九九年十二月、に再収）。
（6）竹内秀雄『天満宮』（吉川弘文館、一九六八年三月）。
（7）鍋田英水子「中世後期『北野社』神社組織における『一社』」（『武蔵大学人文学会雑誌』二十九巻一・二号、一九九七年十一月）。
（8）『北野天満自在天神宮創建山城国葛野郡上林郷縁起』、『北野寺僧最鎮記文』、『天満宮託宣記』。
（9）『菅家御伝記』。
（10）『曼殊院文書』一の観応元年（一三五〇）北野社別当職補任の太政官符には「彼是算法橋在当社草創之始、令録由緣、定伝領之旨」とあり、『北野誌』（首巻天、北野神社社務所、明治四十二年）は、曼殊院歴代の是算の項に「寛弘元年十月二十一日法橋ニ叙ス」とあることから、寛弘元年十月二十一日に一条天皇が北野社に行幸したさいに、北野別当職に補任されたとの推定が成立つ。
（11）『京都市の地名』（日本歴史地名大系二七、平凡社、一九七九年九月）。
（12）但、延文二年（一三五七）の「目安」（『曼殊院文書』一）によれば、文安二年（一三五三）頃に梶井宮門跡が一時、北野社別当に付されることがあったが、すぐに元に復したという。
（13）『華頂要略』第八十七『華頂要略附録』第四十三に「祇園社別当次第」として収められている。また、これとほぼ同文のものが「北野宮寺政所補任次第」と題して竹内秀雄『天満宮』に収められており、「田中楳太郎蔵本」と註記されている。

(14) 下坂守「中世門跡寺院の組織と運営」(村井康彦編『公家と武家』思文閣出版、一九九五年三月、後に『中世寺院社会の研究』思文閣出版、二〇〇一年十二月、に再収)によれば、坊官は延暦寺の門跡寺院に所属したもので、門跡領の支配や人事の統制など実務を担当し、妻帯し坊号をもっていた。そして、青蓮院門跡の坊官の場合、青蓮院が支配する寺院の「執行職」も兼ねていたという。北野社祠官のひとりである妙蔵院禪乗が権寺主職に補任された際の、「北野宮寺政所補任状」(『北野天満宮史料』七八)には曼殊院門跡の「別当大僧正法印大和尚位」につづいて、「執行上座法印大和尚位」の書判があり、青蓮院とほぼ同様の組織がつくられていたと推定される。

(15) 『北野社家日記』(「史料纂集」続群書類従完成会、一九七二年七月～二〇〇一年九月)延徳元年十月十四日条、延徳四年正月二日条(なお本稿では以下『社家日記』と略す)。

(16) 『目代日記』天正十三年正月四日条(『北野天満宮史料』目代日記、一九七五年一月)。

(17) 『社家日記』および『目代日記』に名のみえるものを合計した数。但、この中には「侍従公」「卿上座御坊」という院号を持たないものも二名含まれている。

(18) 『北野文書』(黒板勝美氏所蔵、『大日本史料』六―三)。

(19) 松梅院が北野社での地位を確保していった過程については、小泉恵子「松梅院禪能の失脚と北野社御師職」(『遥かなる中世』八号、一九八七年九月)を参照のこと。

(20) 典拠文献の内、『社家日記』は「史料纂集」、『沙汰承仕能勝日記』は「北野社沙汰承仕家記録」、それ以外は『北野天満宮史料』に所収のもの。

(21) 『明徳記』、『後太平記』。

(22) 明徳四年は康富記所収『良賢眞人記』、同五年は『兼宣公記』、応永三年は『東院毎日雑々記』(『大日本史料』七―二)、同五・六年は『迎陽記』、同八年は『兼宣公記』、同九年は『吉田家日次記』、同十年は『同記』および『兼宣公記』。但、明徳四年は二十一日には北野社に参籠していることが確認できるだけで、いつ参籠を終えたかは不明。

(23) 『教言卿記』応永十五年五月十八日条。

(24) 『荒暦』応永二年九月二十二日条、十月一日条。なお、『東寺王代記』(『大日本史料』七―二)は願主を「江州百済寺僧」としている。

(25) 応永七年の萬部経会を記録した『枝葉鈔』(『大日本史料』七―四)は、「如近年」経会が開催されたと記しており、『縁起』の内容を裏づけている。

(26) 『吉田家日次記』応永十年十月七日条は萬部経会が開催された場所を「右近馬場新御堂」と記し、それに註して「為此経被新造、及両三年了、」と記しており、『縁起』の記述と符合しており、経王堂が応永八年に建立されたことは確かといえる。

(27) 応永十四年までは七日よりの開催が確認できる(「教言卿記」)が、応永十五〜十八年までの式日は不明で、応永十九年には五日から開催され(『兼宣公記』は十月十四日を萬部経会の結願と記している)、それ以後は五日より十日間の開催が通例となった。
　また、開催期間の方は、応永二十七年に十二日間開催されているのが確認され(『康富記』)、正長元年(一四二八)には十五日間の開催(『建内記』正長元年十月十九日条)、寛徳元年(一四四九)には十五日間開催した(『社家日記』)ことが分かる。延徳元年(一四八九)は十三日間開催されており(『社家日記』)、長さは不定ながら、応永末年以降は十日を越えて開催される傾向にあった。延長の理由を『建内記』正長元年十月十九日条は「此間人々相続法延張行云々、」と述べており、経会に参加した不特定の人びとが志を出しあうことで延長されたようである。

(28) 註(26)に同。

(29) 最近では下坂守氏が『中世寺院社会の研究』を著され、中世の延暦寺が大衆によって構成される惣寺と、門跡寺院、そして寺家と呼ばれる執行機関からなる複合体であることを明らかにされた。北野社の場合は、各構成体の独立性は延暦寺ほど明瞭ではないが、ほぼ同様の複合的組織が認められる。

(30) 「三年一請会引付」(『北野天満宮史料』古記録、一九八〇年一月)。

(31) 「御社参記録」(『北野天満宮史料』古記録)。

(32) 但、将軍御成に曼殊院がまったく関与しなかったわけではなく、少し時代は降るが大永六年(一五二六)二月に義晴の社参があった際に、社頭の御床と御例所の畳を替えるかどうか、松梅院より曼殊院に問い合わせており、曼殊院は御床の畳については了解するが御例所については関知しないと回答し、御例所の畳については松梅院が畳替を命じている。曼殊院はこの時「諸事の儀者御沙汰あるまじく候」、すなわちいちいち細かい事は聞いてくるなと申し添えており、将軍の社参にともなう雑事に関与するのを厭うふうが見える。
(33)『大報恩寺縁起』。
(34)『山科家礼記』応永十九年八月十八日条。
(35)『社家日記』長享二年十月十三日条。
(36)『社家日記』延徳二年十月十二日条。なお、施物不足による経会の中断は、延徳三年、明応元年とつづき、明応二年には途中で経衆が悉く退散する事態に至り、さらに永正二年よりは勧進により経会が執行されるようになり（『社家日記』永正三年十月五日条）、次第に衰退していく様がうかがえる。
(37)『社家日記』延徳三年十月十三日条。
(38)永享年間に松梅院禅能が将軍義教の怒りをかって失脚した時には、以前に一度禅能の代官を勤めた寶寿院実佑に命じて、禅能に代って将軍御師職に就いた香園院某に秘伝を伝えさせ御手水を執行している（「御手水次第」『早稲田大学所蔵荻野研究室収集文書』二三四号、「社家条々抜書」『東京大学史料編纂所所蔵北野神社文書』）。また、近世の史料であるが『日次紀事』は「松梅院、若幼年或有故障、則無此儀、」と述べている。
(39)『社家日記』慶長五年七月六日条。
(40)長享二年は目代盛増日記（『北野天満宮史料』目代日記）が残されているが、そこにこの事件の記録はない。
(41)『元禄十四年実測大絵図』慶応義塾大学図書館蔵（大塚隆編『慶長昭和京都地図集成』柏書房、一九九四年六月）。
(42)『寛永十四年洛中絵図』宮内庁書陵部蔵（同右）。
(43)「前田玄以判物」（『北野天満宮文書』古文書、一九七八年四月）。
(44)「西京格式改帳」（『西上之町文書』京都市歴史資料館写真版蔵）。
(45)「町別役掛覚」（『西上之町文書』）。
(46)「近江屋九兵衛口上書写」（『北野天満宮文書』古文書）。

愛宕郡

今小路散所

村上紀夫

今小路散所について最初に言及したのは、恐らく森末義彰氏[1]であろう。森末氏は関連史料を引用しながら今小路散所を祇園社所属の散所として紹介している。なお、その所在地について森末氏は言及していないが、川嶋將生氏[2]・山本尚友氏[3]、『京都の部落史』[4]が今小路散所を祇園社西門前に比定しており、所属については両者ともに森末説を踏襲し、その所在地から祇園社としている。

ここでは、まず森末義彰氏が紹介した今小路散所についての史料を見ていくことにしよう。今小路散所についての最初の史料は康永二年（一三四三）に書かれた注進状のなかの以下のような記述である。

一、同年（建長二）五月十日、今少路散所熊石法師、依人勾引咎、撿封之、[5]

すなわち、今小路散所の熊石法師が人を勾引した罪で検封をうけたというのである。なお、この史料に関して注意を喚起しておきたいのは、同じ史料の別の箇条を見ると今小路には「散所法師」の他にも「仏師」（同嘉元四年条）などが見え、必ずしも散所の注記を伴わない人物も居住していたと思われることである。あるいは散所の者が今小路の一部分に居住していたのか、近隣の都市化が進み混住が進んだのかについては明らかにしえない。

この他に森末氏は算用状を引用し、「今小路散所者」の心成・心上が「錦小路北頬」の地子四百文を納入していることを指摘している。あるいは心成・心上はともにシンジョウと読み同一人物かもしれない。これらの史料から今小路散所についてわかることは、今小路散所の者が錦小路という今小路以外の場所に土地を所有していたということである。

また、森末氏は『祇園執行日記』康永二年十月二十九日条の「散所長寿法師菊一本昨日持来、今日又来植之」とある散所も今小路散所の可能性があるとしている。

しかしながら、これらの先行研究では今小路散所を祇園社の散所であろうとしているが、『祇園執行日記』等の祇園社関係の史料には、今小路散所が祇園社に何らかの奉仕を行ったと思われる記載はさきの長寿法師が菊を植えたという記事以外に見えない。また、ここでは宣司桝で「一斗」の「八木」が下行されており、散所の所役としての行為ではないと思われることも注目される。境内の掃除などについては、むしろ犬神人が行っており、掃除散所としての姿は見えない。

あるいは、「感神院新宮」と書いた鉾が出ていたといわれ、祇園社との関係も浅からぬものがある天王社(6)（現粟田神社）との関わりも想定されよう。後述するように今小路町は移転をしている可能性があるが、天王社は現在の今小路町はもとより知恩院古門前まで氏子圏に含んでいる(7)。それ故、今小路散所の所属については、あるいはもう少し慎重に検討する必要があるかもしれない。

さて、ここで改めて今小路散所の所在について検討しよう。山本氏は『百錬抄』仁治四年（一二四一）正月四日条の祇園社西門門前の焼亡を伝える記事に「今小路」が見えることや、『京都坊目誌』では現在三条通り東にある今小路町の起源についての「昔時知恩院創建の時、其地の住民を此地に移す所なり」とする記事から「今小路」という地名が祇園社西門付近にあったことを推定している。この他にも『華頂要略』では今小路町を「知恩院の保徳院の辺にありし在家」としており(8)、確かに祇園社西門付近と考えて問題ないであろう。大谷廟拡張に関する売券では「祇園林艮方」の地点表記として「今小路」が記載されるが、[9]これも先程比定した場所と同じ場所を指していると考えてよいであろう。なお、正徳四年（一七一四）の今小路町住民は二十二軒とあるが、[10]先に見たように中世に既に仏師など散所者以外のものが今小路に居住していた可能性があり、これらの住人すべてが散所の系譜を引くとはいいきれないと考えられる。

ところで、慶長二年（一五九七）以降、知恩院の拡張工事によって今小路町が現在の三条通り東に移転したことは先に見たとおりであるが、ここで聊か気にかかるのが粟田口神明である。すでに瀬田勝哉氏が指摘しているように同社は境の神として声聞師によって祀られていたと考えられている。[11]同社を祀る「声聞師」について瀬田氏は一切言及していないが、今小路散所である可能性も考えられるのではないだろうか。

（1）森末義彰「散所」（『中世の社寺と芸術』畝傍書房、一九四一年）。
（2）川嶋將生「室町期の声聞師に関する二、三の問題点」（『中世京都文化の周縁』思文閣出版、一九九二年）。
（3）山本尚友「散所の生成・解体と声聞師」（『被差別部落史の研究』岩田書院、一九九九年）。所在については五三四頁の註（3）に「祇園社西門のすぐ近傍にあったと思われる」とある。
（4）『京都の部落史』第一巻。
（5）『八坂神社文書』一二七四号。
（6）『山州名跡志』巻四。
（7）『京都御役所向大概覚書』。
（8）『華頂要略』附録一六（『史料京都の歴史』第十巻・東山区、平凡社、一九八七年、九二頁）。
（9）「本願寺文書」（同右、一五三頁）。
（10）前掲註（8）『史料京都の歴史』九八頁。
（11）瀬田勝哉「伊勢の神をめぐる病と信仰」（『洛中洛外の群像』平凡社、一九九四年）。

愛宕郡

柳原散所

宇那木隆司

柳原散所[1]は東寺領最勝光院敷地の柳原に在所を形成した散所で柳原西在家散所[2]という。

最勝光院は承安二年（一一七二）に建春門院が建立[3]し、正中二年（一三二五）に後醍醐天皇が六カ条立願をたて庄園二十三庄を有する最勝光院執務職を東寺に寄進した[4]。これにより東寺は最勝光院方供僧と呼ばれる講堂供僧六口と護摩供僧三口をたて、講堂供僧輪番の年預と供僧に宛行われる給主のもと公文・代官・定使がおかれて執務職を執行した。

最勝光院は室町時代前期までは東堂の建立[5]なども行われており、まがりなりにもその偉容が維持されていたと推測されるが、永徳元年（一三八一）にいたるまでに堂舎の多くが崩壊しており、東寺は「建春門院御所跡[6]」は当知行を維持しているが、「最勝光院御堂跡者当時寺家不致知行」という状況にあり、あまつさえ同年十二月の大風で残っていた大炊殿などの建物も破損し[7]、ここに最勝光院は完全に廃絶したものであろう。

柳原は最勝光院敷地柳原と呼ばれるが、官家正文によると「最勝光院南浦西浦」を柳原と称するとされ、永徳二年十二月の最勝光院大風破損注進に「西浦柳八本已顚倒　南浦同」とあって[8]、その名称の由来を示している。さて、東寺領最勝光院敷地は応永三十年（一四二三）にいたって屋地興行が図られ、同年十二月十一日付「最勝光院敷土（地カ）内屋地興行注文[9]」には「一橋方」として十四筆十九丈五寸分、屋地子三貫六百一文、「柳原方」として十五筆三十二丈六尺五寸分、屋地子四貫六百十二文、「落橋方」として十四筆十九丈一尺五寸分、屋地子一貫五百八十五文が書き上げられ、「一橋方」、「柳原方」、「落橋方」からなる最勝光院敷地柳原が形成され[10]、柳原惣庄と呼ばれた。しかし応永三十三年（一四二六）には妙法院庁雑掌が検断や夫役と号して柳原の在家に責め入り[11]、翌三十四年には東福寺が唐橋通りにあった東寺領と東福寺領の境界の釘貫を一ノ橋爪に移設し、一ノ橋から南を門前法性寺八町と称して検断に及んだという[12]。東寺領最勝光院敷地がかかる南北からの圧迫を受けるという緊迫した状況下に、応永三十四年（一四二七）六月、柳原散所が成立するのである。

「最勝光院方評定引付」では「柳原内針小路通一所」、「柳原散所請文」では「東寺御領最勝光院之内法性寺唐橋口北頬壱所」の地を、もと東福寺領内法性寺内にいたという散所法師が「居屋敷」として申請し、散所の妙仁・妙道・善満・善空・兵衛・衛門三郎の連署請文（柳原散所請文・図26）で東西十四丈・南北二十一丈の「散所方居屋敷」が形成された[13]。散所屋敷は「惣庄」として地子負担され、個別の散所で請けた屋敷地とあわせて最勝光院敷地柳原＝柳原惣庄を構成する「西在家」を形成するのである[14]。長禄二年（一四五八）の「柳原百姓連署請文[15]」（図27）では「柳原」の道金・五郎・正賢、「一橋」の次郎・孫三郎、「落橋」の六郎三郎・孫二郎、「散所」の律師が連署しており、西在家散所を代表する人物は「律師」という僧官を名乗っているのである。そしてこの散所は応仁二年（一四六八）に西在家の右衛門三郎が「九条河原物」との水論から打擲されたとき、「柳原西在家散所百姓等烈参[16]」とあるように柳原西在家散所の百姓と記されており、東寺に地子を負担する「百姓」なのである。

柳原散所において注意すべきことは、散所屋敷の地子銭二貫五百文、収納酒下行二百文があったので二貫三百文[17]は、荒不作の場合も「惣と仕請取申上」とされ、草地夫役以下公事等も「惣庄任諸役旨、無異儀可致沙汰」とされたことである。東寺の寺域や境内またはその近辺における東寺散所は課役免除や地子免除が確認されるが、ここ河東の最勝光院敷地柳原においては、南北から妙法院と東福寺の挟撃を受ける状況に柳原・一橋・落橋方からなる柳原惣庄が散所屋敷の形成に関わり、散所屋敷を中心に形成された西在家も柳原・一橋・落橋方とともに柳原の惣庄を構成することである。惣庄を構成する四方の正確な位置を図示することは困難だが概略図を図示する（図28参照）。

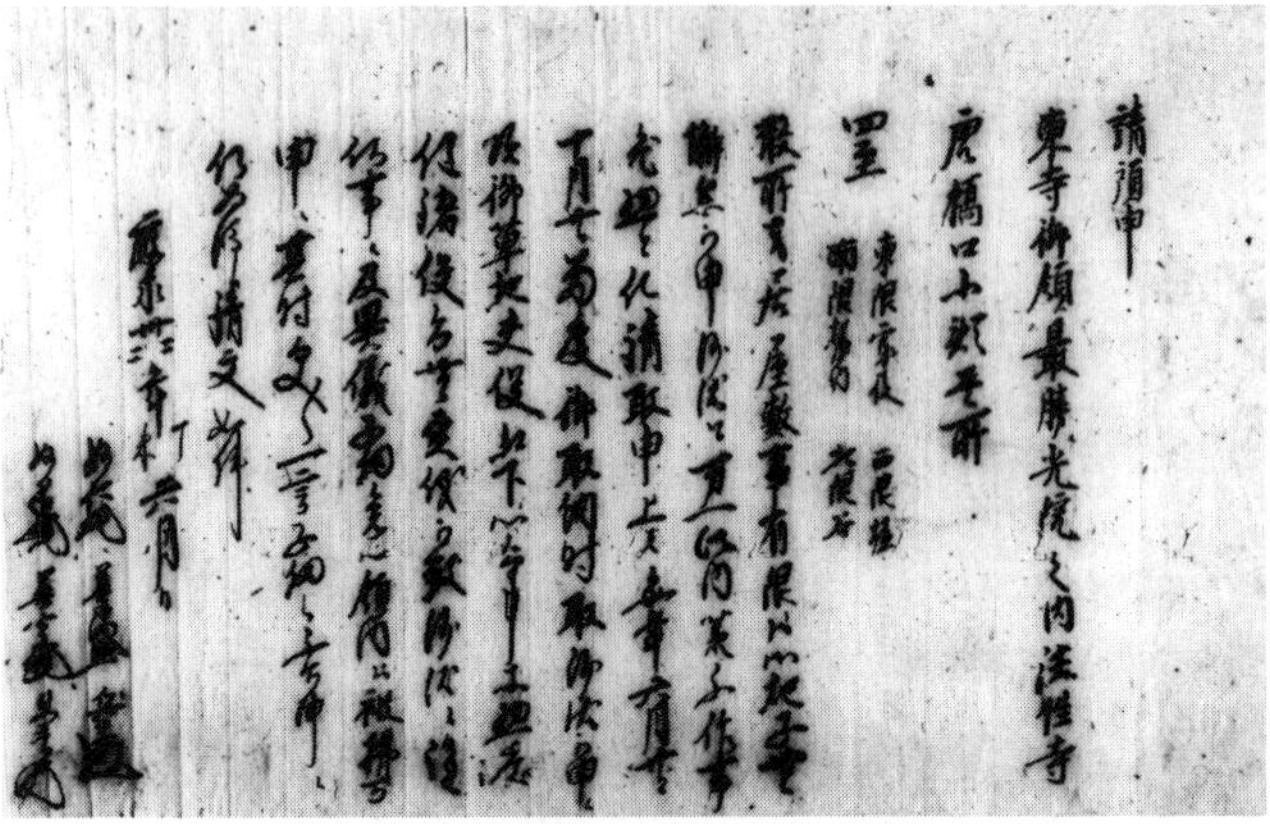

図26　散所法師連署請文

散所の妙仁・妙道・善満・善空・兵衛・衛門三郎の連署請文で、最勝光院敷地に東西十四丈・南北二十一丈の散所方居屋敷が形成されたことがわかる。(東寺百合文書)

図27　柳原百姓連署請文

柳原地子の納入請負について「柳原」の道金・五郎・正賢、「一橋」の次郎・孫三郎、「落橋」の六郎三郎・孫二郎、「散所」の律師が連署しているもの。(東寺百合文書)

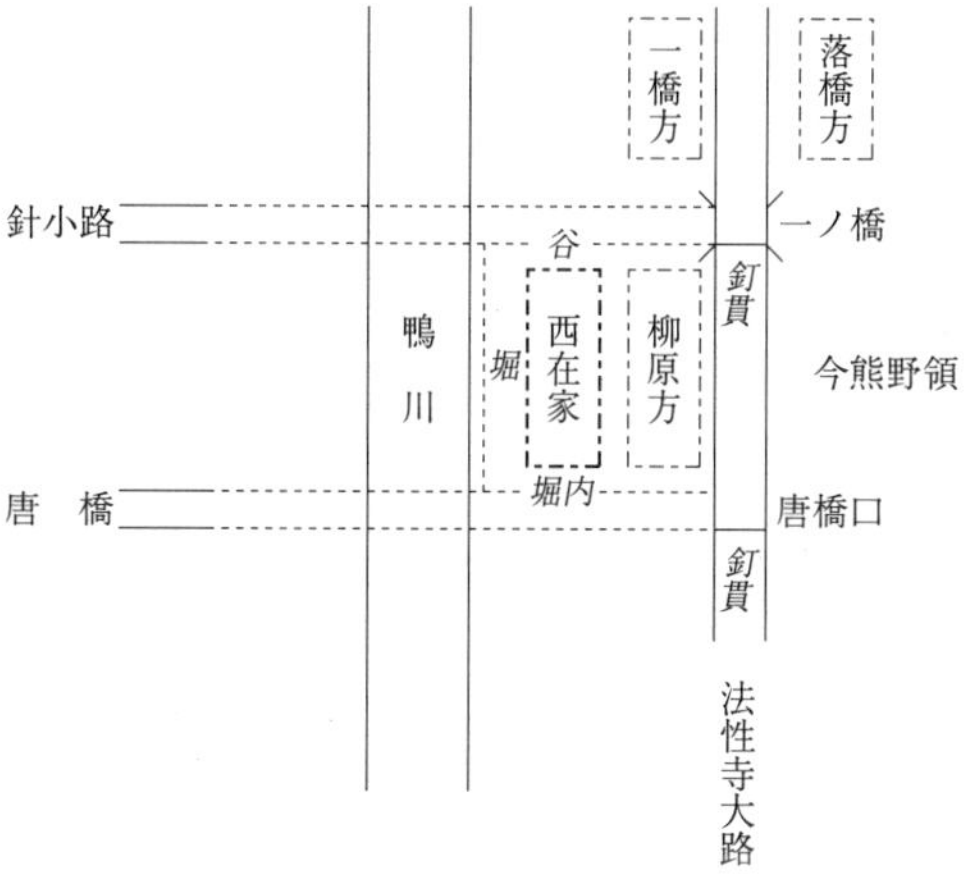

図28　柳原惣庄概略図

柳原散所には課役免除も地子免除地も確認されないが、一橋方に置かれた「政所屋敷」は長禄二年（一四五八）七月五日付「柳原夏地子散用状[18]」に「政所屋敷者代官免之由申間、先以免之」とあり、同年十一月に至り最勝光院方評定で「政所屋敷地子之事、一向可被免之由衆議治定」され柳原代官の免除を追認するかたちで地子免除地になったのである[19]。文明十五年（一四八三）「柳原地子銭納帳[20]」は政所定免として石松の名を伝えるが、前年には東福寺との相論が激化しており[21]、柳原代官のもと現地政所として、散所は無論のこと惣庄の統轄にもあたるものとして、彼が根本散所の系譜をひく石松とみることは妥当であろう。

また康正二年（一四五六）の「柳原地口日記[22]」に、「西頬」と記される西在家散所方のなかで二丈の「大日堂」と一丈七尺五寸の「阿弥（陀脱カ）堂」、「東頬」と記される柳原方のなかで一丈七尺の「十王堂」は、二年後の長禄二年（一四五八）の「柳原地口丈数并地口銭注文案[23]」で、「二丈免大日堂、一丈七尺五寸免阿弥陀堂、二丈七尺（免脱カ）十王堂」とあり、西在家の散所の地子免除はみられないが、散所を含む柳原の惣庄に三カ所の堂敷地の地子銭が免除されていることは興味ふかい。

（1）　柳原散所については山本尚友「散所の生成・解体と声聞師」（『被差別部落史の研究』岩田書院、一九九九年）、田良島哲「中世後期の宿と散所」（『京都部落史研究所紀要』九、一九八九年）、川嶋将生「福神と招福」（『民衆生活の日本史金』思文閣出版、一九九七年、後に『洛中洛外の社会史』思文閣出版、一九九九年、に再収）がある。
（2）「最勝光院方評定引付」応仁二年七月二十四日条（「東寺百合文書」け函二一、以下「百合」と略記）に「柳原西在家百姓等」として「西在家」に「散所」と肩付がある。
（3）『百錬抄』承安二年二月三日条、『玉葉』承安二年十月十六日条。
（4）『東宝記』、『東寺文書聚英』二一三、上島有『東寺・東寺文書の研究』（思文閣出版、一九九八年）。
（5）「最勝光院東堂造営注文」（『教王護国寺文書』一〇〇二、以下『教王』と略記）。
（6）建春門院御所は最勝光院南町に建立されていた（『玉葉』承安五年七月十一日条）。
（7）「最勝光院方評定引付」永徳元年七月二十五日条（「百合」る函七）。
（8）註(7)。
（9）『教王』一〇九二。
（10）応永三十年十二月十日付「最勝光院敷地内屋地注進状」（『教王』一〇九二）。
（11）応永三十三年六月付「東寺雑掌申状」（「百合」イ函七二）。
（12）寛正六年三月付「東寺雑掌申状案」（「百合」え函四〇）、文明十四年九月付「東寺雑掌申状案」（「百合」え函五四）、文明十四年十月付「東寺雑掌申状案」（「百合」え函五六・五七）。
（13）応永三十四年六月付「散所法師連署請文」（「百合」ク函三五）、「最勝光院方評定引付」応永三十四年十二月二十日・二十四日条（「百合」る函三六）。
（14）文明十五年六月付「柳原地子銭納帳」（『教王』一八八三）、「柳原方」の「東頬」に対し「西頬」と記載される場合もある。康正二年八月二十八日付「柳原地口日記」（「百合」サ函六六）。
（15）「百合」ゆ函一七、なお「律師」は註(17)にも見える。
（16）「最勝光院方評定引付」応仁二年七月二十四日条（「百合」け函二一）。
（17）文安四年二月二十一日付「最勝光院敷地柳原百姓名寄并地子注進状」（『教王』一三九三）。
（18）「百合」オ函六九。
（19）「最勝光院方評定引付」長禄二年十一月二十四日条（「百合」け函二一）。

(20) 文明十五年六月付「柳原地子銭納帳」（『教王』一八八三）、文明十六年「柳原一橋屋地子注文」（『教王』一八九四）にも政所石松が見える。
(21) 文明十四年九月付「東寺雑掌申状案」（「百合」え函五四）、文明十四年十月付「東寺雑掌申状案」（「百合」え函五六・五七）、文明十四年十月付「東福寺雑掌支状案」（「百合」え函五五）。
(22) 康正二年八月二十八日付「柳原地口日記」（「百合」サ函六六）。
(23) 長禄二年八月九日付「柳原地口丈数并地口銭注文案」（「百合」オ函一六六）。

乙訓郡

久我庄東西散所

山本尚友

久我庄は鴨川と桂川の合流地点、桂川の西に展開した荘園で、久我家の名字地荘園であった。久我家は村上天皇の皇子具平親王より出た村上源氏で、中院流諸家のひとつ、中院家の祖通方は久我通親より出ており中院流の正統であった。久我家は源雅実を祖とあおぐが、雅実は父顕房以来、久我の地に別荘久我水閣を営んでおり、『中右記』応徳四年（一〇八七）二月十日条には白河上皇がここを訪れた記事が載っている。『為房卿記』寛治元年（一〇八七）六月二十九日条は、久我水閣を「古賀領所」と記しており、久我家と久我庄との関係がすでにこの頃より成立していたようであり、文治二年（一一八六）頃までの成立で雅実の所領を書きあげたものと思われる「中院流家領目録草案[1]」には、「山城国　久我久世」の記載がありこの推定を裏付けている。

しかし、久我庄が久我家領であることが史料上明確に確認できるのは、『明月記』正治元年（一一九九）十二月三日条の「内府甚入興云々、是被奉久我庄之故也、」という記事であり、この時、久我庄の一部が内大臣久我通親の所領となっていることが判明する。

久我庄には、鳥羽離宮から久我の渡しを経て、桂川西岸を山崎に至る久我畷が通っていたが、これは西国から京へ通じる街道として重要なものであった。『徒然草』一九五段には久我畷に彷徨いでた「久我内大臣」の姿が描かれ、また『太平記』には元弘三年（一三三三）の名越高家と赤松円心・千種忠顕の久我畷での戦いが描かれていて、京に通じる街道として軍事的にも重要であったことが分かる。

建武三年（一三三六）、足利尊氏より久我長通に宛て久我庄への乱暴狼藉の禁制がだされ、また、文明九年（一四七七）には畠山義就の被官人が押領していた久我新庄が、義就の没落によって久我家領として安堵されているように(2)、中世を通じて久我庄に対する久我家の領有は継続されている。

一、久我家領の構成

中世において久我家が領有した久我庄のほぼ全容は、『久我家文書』にある応永三年（一三九六）の「久我本荘検注帳」および「久我荘検注帳案」、そして応永六年の「久我本荘成次分坪付」(3)によって判明する。この三帳によれば、中世の久我家領は久我本庄（下久我）と久我新庄（上久我）そして本来は成次名として本庄の一部をなしていたものが、何らかの理由で別扱いとなった「成次分」の三つから構成されていた。この検注帳については杉山博、渡辺澄夫両氏により詳細な検討がなされているが(4)、それによれば本庄は五十町一反三百一歩、新庄は百四町三百五十七歩、成次名は十二町七反八十一歩の田畠および屋敷からなっていた。

しかし、「久我荘検注帳案」には末尾に「作分田畠陸拾丁捌反大十一歩、不作共　惣都合七拾六丁一反四十六歩」との記載があり、久我家が実効支配していたのは七十六町歩余であった。実際に検注帳を見ると、例えば鏡里の六・十一・十七・二十二坪は「院御領」、十・十三・二十一・二十八坪は「嵯峨（田）」となっているが、そこには作人は記されていない。また末尾の「給人方」「不作并敷地」の書上げにも、「院御領・嵯峨（田）」の記載はなく、これらは久我家の支配するところではなかったことが分かる。ただ、「院御領」「嵯峨」を合わせても七町二反の広さしかなく、支配外と思われる二十八町には遠く及ばないので、実態は不明というしかない。

応永三年と六年の久我家領の検注帳は条里制の里と坪で地点表示がなされていて、久我家文書に含まれている乙訓郡の条里図を用いて、[5]領地の広がりを空間的に確認することができる。図29～31は三帳に登載された土地を坪毎に表示したものだが、一町全てが久我家領であるものを黒色、一町未満～五反を濃鼠色、五反未満を薄鼠色に塗り分けている。乙訓郡の条里は、すでに多くの研究によっておおよその復元がなされており[6]、それをもとに以下の叙述をおこなう。図29は久我本庄の土地の分布を示しているが、本庄の中核地は椋下里と阿刀里すなわち下久我にあったが、上久我地域にあたる村田里・久我里にも田畠があり、さらに北は室町里・蝦手里から南は津田里までの広い地域までを含んでいた。畿内庄園の常として、久我本荘は久我庄を中心としながらも、広域に散在した有り様を示していた。

一方、図30は久我新庄の土地の分布を示しているが、新庄は鏡里・高橋里・久我里・木備田里に土地の大半が集中しているが、室町里・村田里も含めてここは上久我地域であった。下久我の椋下里・阿刀里にも若干の土地はあるものの、久我新庄はほぼ上久我にその土地は集中していたといえる。図31は成次名の土地の分布を示しているが、成次名は室町里・村田里という上久我地域にその中心があり、下久我には椋下里に少しまとまった田畠があるのみで、本庄の散在性が成次名でも認められる。

ところで、「久我本荘検注帳」および「久我荘検注帳案」には「散所」あるいは「サンショ」と肩書された人の所持地が載せられている。まず、「久我本荘検注帳」の散所分の記載を抽出すると次のようになる。

久我本御庄　　応永三年十月日検注張（帳）

（中略）

阿刀里

（中略）

図29　応永三年久我本荘検注帳(142号)登載の土地の分布

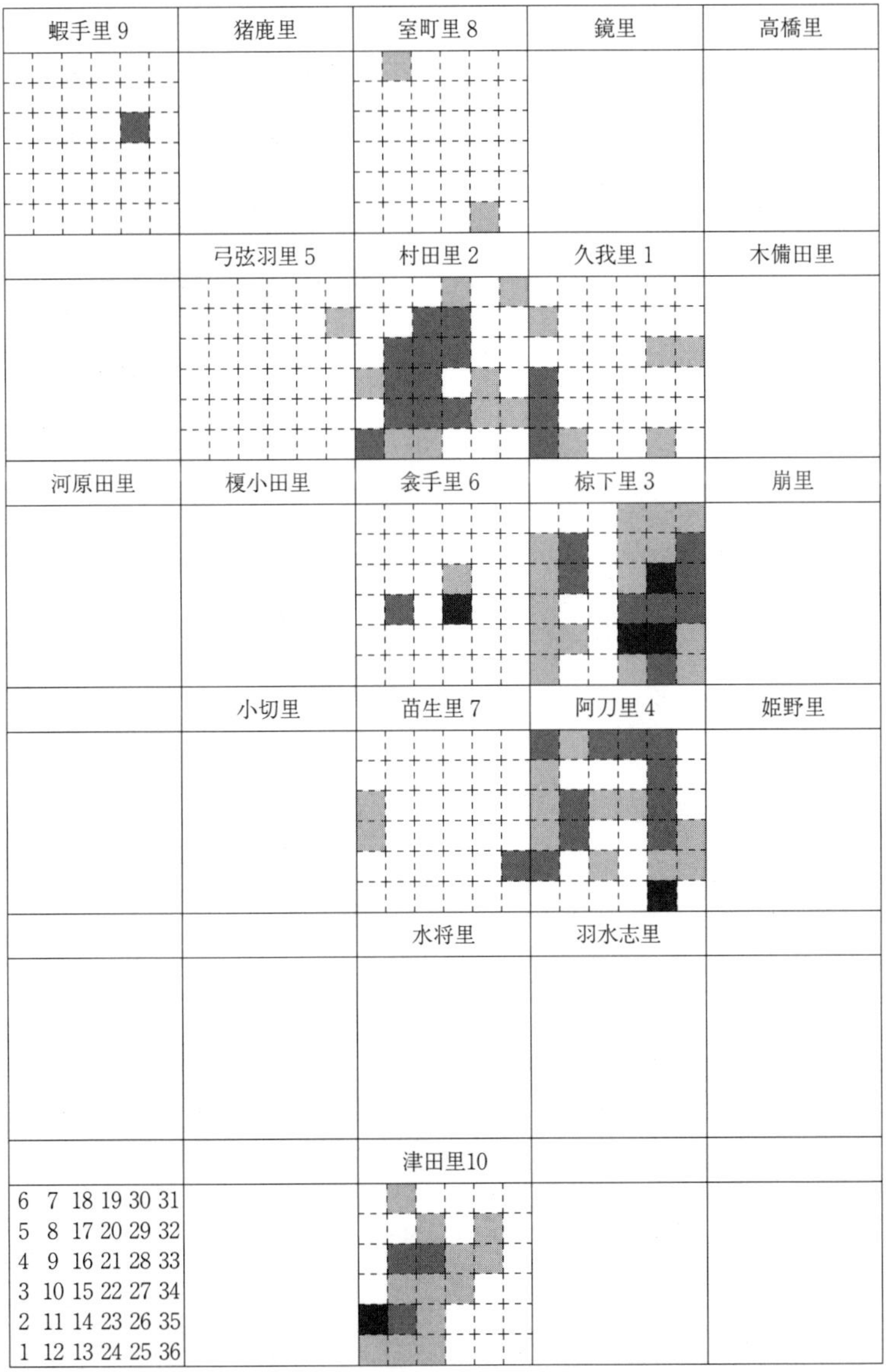

■1町　■1町未満から5反　■5反未満

図30　応永三年久我荘検注帳案(143号)登載の土地の分布

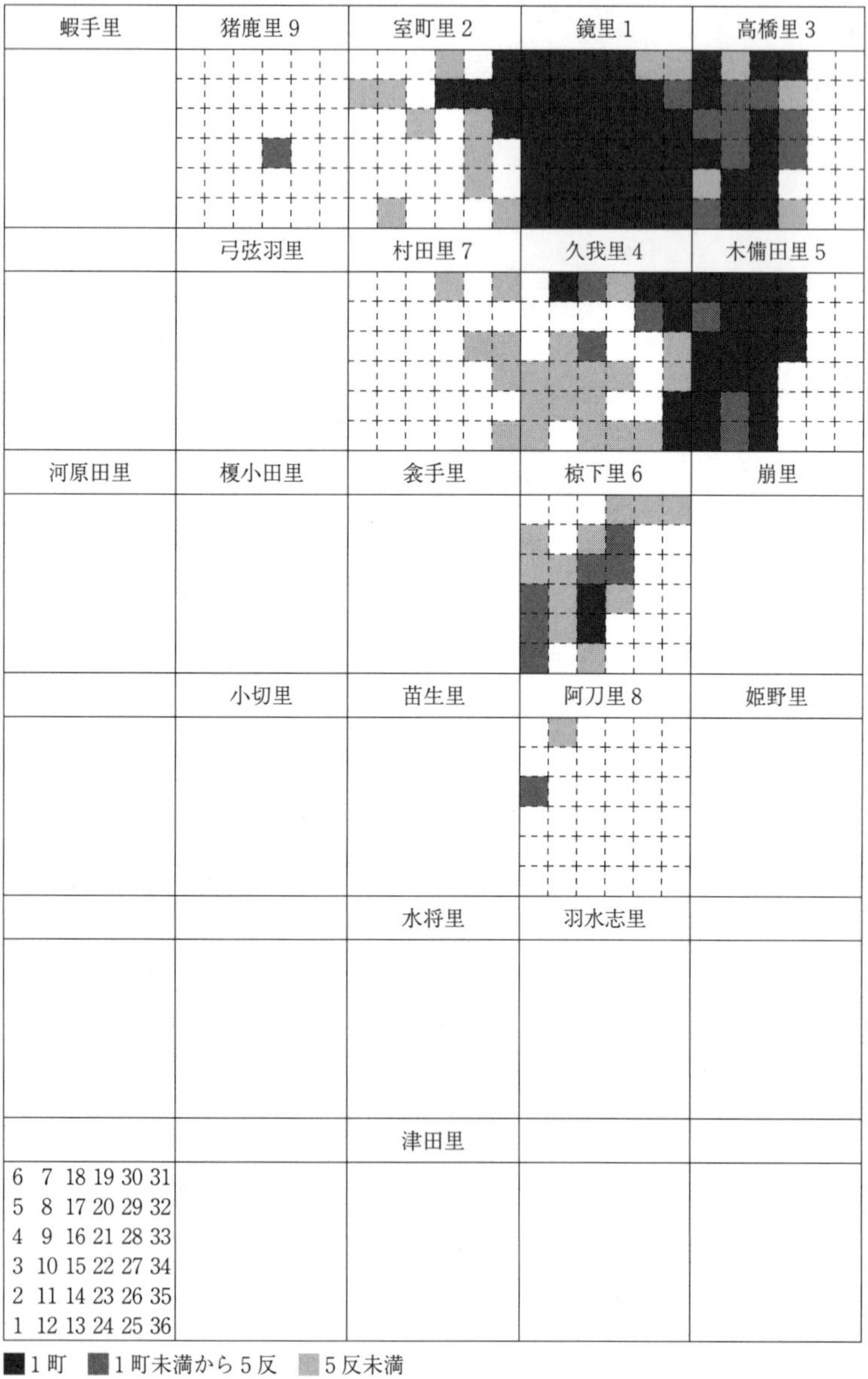

図31　応永六年久我本荘成次分坪付(148号)登載の土地の分布

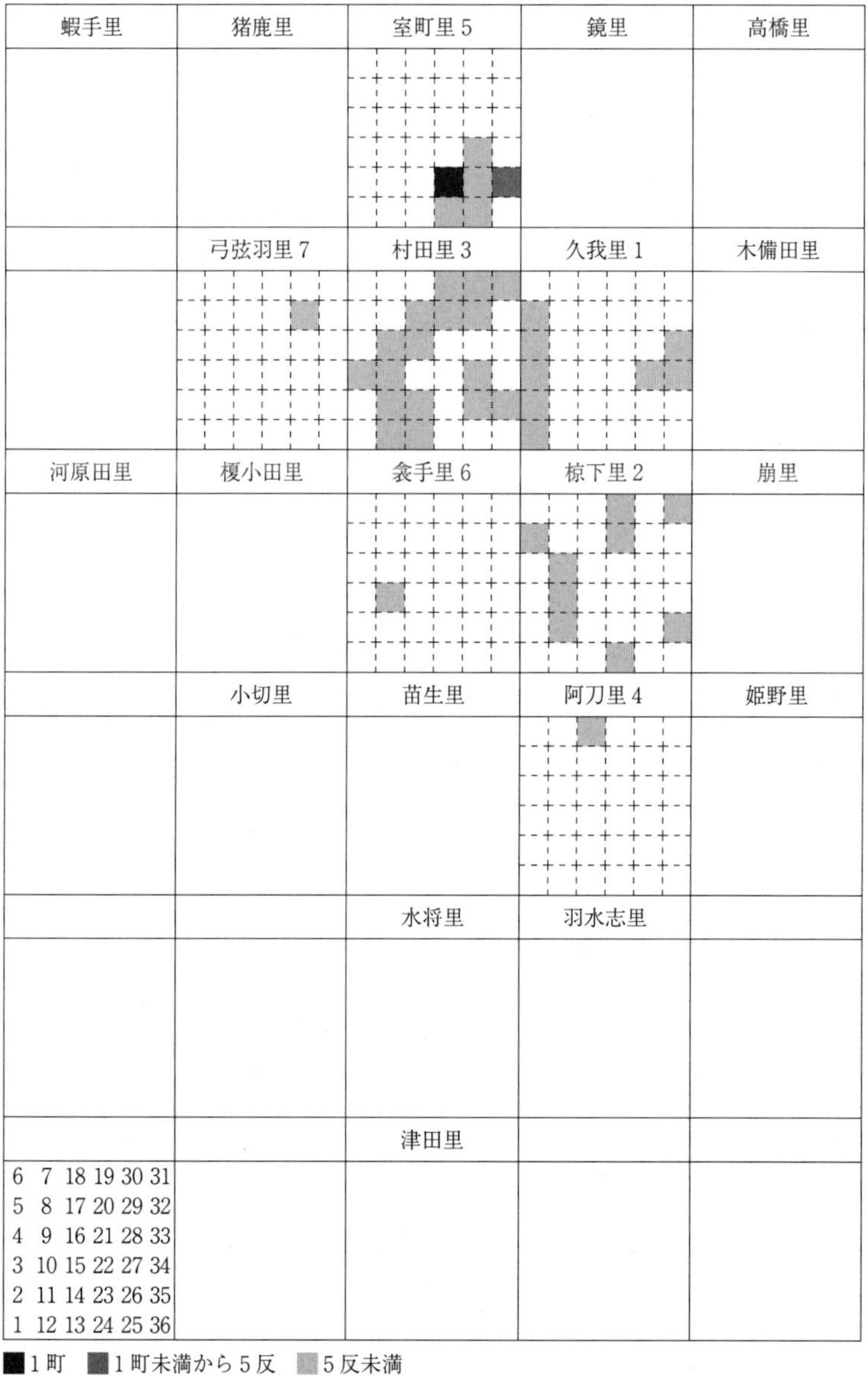

廿八坪　小卅八歩　　此内廿一坪卅歩在、　角藤次名
南一
南二一段四十歩　　此内廿一坪七十歩在、　半名分　与次
南三半十六歩　　此内廿一坪卅歩在、　四郎検校名
二段八十六歩　　宮司太郎名
大四十六歩　　四郎検校名
小卅四歩　　貞正名　五郎四郎　散所
大　　同　明連

阿刀里二十八坪に七筆の久我家領地があるが、その内の貞正名に結ばれている「小卅四歩」の広さの土地に「五郎四郎」という散所者が作人として登載されているのである。名は荘園制下にあって徴税のために一定の広さの土地を名に結び、任じられた名主に徴税の責任を負わせたもので、平安期に始まり中世を通じて存続した制度であった。久我庄では名が中世を通じて比較的安定的に維持されており、この時期の本庄では、預所名・三角五郎名以下十六の名が確認され、名田の広さは二町四反から一町六反とほぼ均等な広さを示していた。阿刀里二十八坪では半名分と貞正名にのみ作人が記され、角藤次以下三名には作人名がないが、これは名主自身が耕作していたものと思われる。

「久我荘検注帳案」の散所分の記載を抽出すると次のようになる。

久我御庄　応永三年　検注帳

（中略）

久我里

一坪　一反小　西ノ一　本庄西　散所　孫四郎
　　　一反　　西ノ二　〃〃　　円仏
二〃　一反小　西ヨリ　〃〃　　散所孫四郎
（中略）
掠（椋カ）下里
（中略）
廿一〃（坪）　小十六歩上　〃〃（八講）　刑部次郎
　　　小十五歩上　〃〃　彦太郎
　　　小十五歩上　〃〃　孫《サンショ》四郎
　　　半　中　〃〃　右近三郎
　　　小廿二歩上　〃〃　弥四郎
　　　一反半廿歩　中　〃〃　兵衛三郎
　　　七十歩　〃〃　弥四郎
廿二〃　半廿五歩　上　〃〃　源四郎
　　　八十歩　上　〃〃　右近四郎
卅〃　一反　清（日カ）月屋敷御免
　　　小四十歩　上　八講　華台寺
（中略）
村田里

（中略）
廿八〃（坪）　一反　本庄西　念照
　一反　〃〃〃　孫四郎《サンショ》
（中略）
阿刀里
（中略）
七〃（坪）　一反　（本庄西）〃〃〃　名蓮《清水》
　二反　〃〃〃　孫四郎《サンショ》
　一反　与次《清水》

新庄では「散所　孫四郎」という人物が、久我里をはじめ四つの里に散在する合計六反十五歩の田畠を持っていた。(7) 上下合わせた久我庄全体では、五郎四郎と孫四郎という二人の散所者が六反百六十九歩の田畠を所持していたのである。

二、久我殿御庭ハキ

実はこれとほぼ同時期に、久我家と散所の関係を示す史料が別に存在する。

鹿苑院殿様　御判
京都三条大宮長福寺洛中散在并諸国寺領目録
合
一所　長福寺敷地四丁町

一所　四条油小路屋地
一所　四条壬生付巷所
一所　錦小路町号染物座
一所　六条壬生大光明寺敷地并寺領
一所　三条櫛笥四丁町三方入結長福寺円福寺　久我殿御庭ハキ三人知行
一所　神泉苑　巷所
一所　寂楽寺別当職事
一所　尾張国海西郡真下庄領家職事　粟田口大納言家寄進
一所　上野国玉村御厨内神人村半分事　荒木田定延寄進
一所　下総国大戸庄領家職事　同粟田口大納言家寄進
一所　近江国田根庄内上野郷岩垣名事

「足利義満袖判長福寺領目録」[8]と題されたこの史料によれば、三条大宮にあった長福寺の寺領のひとつであった三条櫛笥四丁町は、長福寺と円福寺そして「久我殿御庭ハキ」の三者の入結びの知行地となっていた。この史料は年欠であるが、足利義満の証判がすえられているため、応永十五年以前に成立したものであることが分かる。

そして、これに関連してこれも年欠の「永尊書状」[9]から、長福寺と久我家との関係が判明する

　三条櫛笥御敷地之儀、四丁町之事ハ三方入結候、長福寺・円福寺・久我殿御庭ハキ、此三人知行仕候、
　　此分可被成御心得候、
長福寺領三条櫛笥御敷地之儀、為御祈祷、自往古御奇進之由候、然間彼御奇進之下地、沽却仕之由承候間、

住持方へ注進候処、懇被申子細候、支証之儀懸御目申度候へ共、今時分路地之儀六借折節にて候間、幸歳暮・年始御出京之事候へハ、其時寺家支証之儀可懸御目之由、住持被申上候、定而歳暮御出京可被召候者、承候て必〃持参可申候、万一御奇進之下地買得仕、知行之由申仁候ハヽ、何時も蒙仰、其明可申候、大方目録安文しるし進之候、以此旨可然様預御披露候ハヽ、可為祝着候、恐惶謹言、

十二月十六日　　　　永尊（花押）

久我殿参

御奉行所

書状の内容は、三条櫛笥四丁町の敷地は久我家が長福寺に対し、祈禱料として寄進したものであったが、久我家は長福寺がこれを売却したとの噂を聞きつけ、問い合わせたところ、その事実はなく、近々住職が出京の折に「寺家支証」を持参するとのことで、とりあえず目録の案文を書き添えて送るというものである。書状に住職が持参するとある「寺家支証」は、書状に添えられた目録案文のことで、その目録が先に掲出した「足利義満袖判長福寺領目録」にあたるという関係であろう。寺領目録の「三条櫛笥四丁町三方入結」との記載が、長福寺が三条櫛笥四丁町の地を自己の判断だけでは売却できないものと認識している証拠とみてよいであろう。

長福寺は目録にあるように三条大宮にあった寺院で、『山城名勝志』巻四が引く「宣秀卿御教書」[10]よれば長福寺住職は西大寺が任命するものとなっており、長福寺は西大寺末の律宗寺院であったことが知れる。永和三年（一三七七）二月二十八日には山名時氏の七回忌が長福寺長老信皎の誂えにより同寺で修行され[11]、また永享四年（一四三二）六月十五日の宮中真言院事始には、「三条大宮長福寺長老大勧進曉上人」が参列していた[12]。また、長福寺は東寺より神泉苑の管理を任されていたが、苑池修復のための大勧進職をもっていた長福寺の僧永尊が、境石と築垣をどけて田を開き、境内に溝を通して苑池の水を他領に流し、その料金を徴収したとして、東寺より永尊の追

放が願出られていた[13]。

円福寺についてはその所在等が不明のため、どのような寺院かは不明だが、「久我殿御庭ハキ」はその名が示す通り、久我家の庭掃として久我家より知行地を与えられたものであることは間違ない。そして、三条櫛笥の地は、応安五年（一三七二）の後光厳上皇の院宣で久我・久世庄とあわせて土御門高倉等の京中の領地のひとつとして安堵されており[14]、円福寺も久我家から領地を寄進されたものとみてよいであろう。すなわち、三条櫛笥四丁町の地は長福寺・円福寺・久我殿御庭ハキの三者が久我家より寄進されて、入結で知行していたということになる[15]。

室町初期というこの時期に「御庭ハキ」として知行地を与えられる存在は、皮革製造にたずさわる一方、禁裏や公家邸に庭掃として出入りしていた穢多（清目・河原者）か、寺社の伽藍掃除に携わっていた散所者とが想定される。久我家の場合はこの両者とも久我家と関係をもっており、前者の穢多は先に掲出した「久我荘検注帳案」の椋下里三十坪に「一反　清月《目》屋敷御免」とあるものがこれにあたり、おそらく久我庄内で発生する死牛馬の遺骸を処理する仕事の給分として屋敷地を与えられていたものと思われる[16]。

ところが、散所の場合は「久我本荘検注帳」にも「久我荘検注帳案」にも、散所の屋敷地は給分としてはもちろん、年貢地としても一切記載されていない。しかし、次に述べるように応永段階に久我庄に散所の屋敷地が存在したことはほぼ確実と思われる。「久我殿御庭ハキ」が、久我家に対しどのような奉仕を行っていたのかは不明であるが、何らかの奉仕を行う給分として三条櫛笥の地の知行を認められていたものであろう。三条櫛笥の地は知行地であって、そこに「御庭ハキ」が居住していたわけではないので、久我庄に田畠をもつ散所者が「久我殿御庭ハキ」であった可能性はかなり高いものと思われる。

三、散所村

散所者が久我庄に居住していたことは、八十年ほど後の文明八年（一四七六）の「久我家領并諸散在田数指出帳案」(17)に、散所村として一項を立て散所者の所持地が記載されていることで確認できる。その記載内容は次の通りである。

一、散所村

ハイハラ 一反　九斗　西衛門
一反　五斗　亀嶋分　同人
カナムラ 大　成次　七斗　同人
アカイケ 大　一石　孫四郎
ハイハラ 一反　八斗　同人
イカ田 二反　一石四斗　同人
ハイハラ 一反　四斗内五舛引、不 残三斗五舛　三郎五郎
貞正 一反　四斗　同人
カナムラ 一反　六斗　同人
貞正 一反内六十歩不　八斗内二斗六舛六合六勺不米、残五斗三舛三合三勺　太郎三郎
四反田 一反　又六十歩不　七斗　文明八　左近
イカ田 一反　六斗　同人
四反田 一反　七斗　二郎四郎

ヒラクロ 一反　六斗　同人
畠田 一二反　二石二斗　東衛門
堂田 一反 貞正　五斗　一斗五升四勺　出分　同人
経田 一反 同人　四斗　二郎九郎
池ノシリ 一反小内　六十歩不 一石六斗内 二斗引、不 残一石四斗　済藤アト 五郎太郎
貞正 一反　五斗　同人
イカ田 一反　七斗内 一斗引、不 残六斗　左近二郎
南コイリ 大　八斗　弥三郎
一反　五斗　亀嶋分　衛門二郎
アカ池 一反　三斗　元モリ彦六 大郎二郎
イシ田 一反　六斗　同人

（中略）

一、長尾方
タイコ田 一二反　四斗八升　カイテ 九郎二郎
サワ 一反　五斗　本庄 兵部
同所 大　三斗三升三合三勺　モリ 彦衛門
カウソリ田 一反 本出田　八斗三升三合三勺　散所 衛門
仏供田 大　三斗三升三合三勺　同所 大郎二郎

（中略）

散所　孫四郎

同所（アナ田）　一反　同（成次）五斗

散所村に西衛門以下、十二人の名請人の合計二十四筆の所持地が、さらに長尾方にも三筆の散所の所持地が記載されており、所持地の合計は二町八反におよんでいる。八十年ほどの間に、所持地をもつ散所者が十名増加し、所持地の大きさも二町一反余増えている。ところが、ここでも屋敷地の記載はまったくない。おそらく、田畠として登録されている所に、屋敷を構えていたものであろう[18]。

ところで、この帳の記載順序は次のようになっていた。各行頭の数字は、グループ分けするために、便宜的に付したものである。

①本庄分、三角五郎名、宝蔵院分、貞宗名、因幡太郎名、長安名、源藤次名、宮仕太郎名、本庄散在

②散所村、森分、長尾方、賀茂田、願王寺分

③上久我分、吉方名、則元半名、国行半名、国行名、重定名、為重名、上久我散在

④石倉・築山分、樋爪分、水垂分、鴨河分、東土河分、鶏冠井分、上野分、菱川分、志水・古河分、本久世分

①は二項目の「宝蔵院分」を除いて、三角五郎名から宮仕太郎までは久我本庄の各名が書き上げられている。応永三年には十六あった名が六つに減少しており、広さも大半の名は二～五割減少しているが、長安名のように応永三年の一町六反から二町一反と増加した名もある。そして、名田の後に本庄散在が書き上げられているのだが、この帳の特徴は散在分は一筆毎の記載があるのに対し、名田は名田全体の広さとその年貢および人夫役の人数が記載されるのみで、名請人が記載されていないことである。

実は「宝蔵院分」の記載も、筆毎の記載はあるものの、各筆の名請人は記載されておらず、名田と同様の記載となっている。宝蔵院がどのような寺院であるかは不明だが、宝蔵院に関わる田畠が名田と同様に一括して年貢

納入の責任を負う者によって管理される体制になっていたため、名田の中に「宝蔵院分」が排列されたものであろう。名田につづいて書き上げられた散在は、久我家の直支配が貫徹しているものの、名田についてはほぼ完全に請負制となっていたものであろう。とすると、名田の中に散所者の名請地がある可能性は大いにあり、その中に散所屋敷地が含まれていた可能性も残されている。

②は後に検討するとして、③にも上久我庄の吉方名以下の六名がまず書き上げられている。上久我庄は応永三年には九つの名があり、名の減少は本庄よりも少なく、広さも吉方名が三町から七反と大幅に減少したのを除けば、ほぼ応永三年の規模を維持しており、名体制は本庄よりも維持されていたといえる。[19] 上久我庄でも本庄と同様に、名田の後に散在分が一筆毎に書き上げられていた。

④は久我庄以外の周辺の庄園に点在した久我家の領地が書き上げられていて、久我庄からみて、石倉・簗山は北、樋爪・水垂は南、鴨川は東、東土河・鶏冠井・上野は西、菱川・志水・古河は南、本久世は北に位置していた。

検討を後回しにした②は、「散所村、森分、長尾方、賀茂田、願王寺分」からなっている。森分とあるものは二つのものが想定される。ひとつは、文明十三年（一四八一）の「室町幕府奉行人連署奉書」[20]に「森跡」とあるものである。

上様(足利義尚)御料所城州久我森跡陽宣院□内田地五段事、混長谷川跡被及違乱云々、太無謂、所詮、不日止其綺、可被返渡森坊代官之由、被仰出候也、仍執達如件、

文明十三

十一月十六日

英基(布施)（花押）

貞康(松田)（花押）

久我家雑掌

足利将軍領となっていた「陽宣院□内」森坊の田地が「長谷川跡」と混在して違乱となったので、今後は「森坊代官」に返すよう幕府奉行人より久我家雑掌に命じられている。久我庄内に、おそらく寺院と推定される森坊の領地五反が存在していたのである。

もうひとつは、延徳三年（一四九一）の「室町幕府奉行人連署奉書」[21]に「森伊予守跡」とあるもので、これも足利将軍領に一時なっていたが、寛正三年に久我家に返付されたものである。

山城国久我庄内森伊予守跡田畠加地子等事、為上様《足利義材》御料所一旦雖被借召、依旧領異于他、任去寛正参年四月廿五日御判之旨、被返付訖、早如元可令全領知給之由、所被仰下也、仍執達如件、

延徳参年十二月廿七日　　　　筑後守《清元定》在判

　　　　　　　　　　　　　　沙　弥同

久我大納言《豊通》家雑掌

森伊予守の実名は森長富で、おそらく久我家の代官職を勤めていた人物であったと思われる。[22]この森分については、永正五年（一五〇八）には競望の族を退けて久我家の領知が認められ、永禄三年（一五六〇）には「森分指出状」が作成され、元亀三年（一五七二）の「松井康之契状」には、「樋爪郷一職并森分一職」とあることから、久我家の領知が継続していたことが明瞭である。[23]

「長尾方」は醍醐寺の鎮守社であった長尾宮のことと推定され、「賀茂田」「願王寺分」は詳細は不明だが、いずれも寺社に関わることと見てよいであろう。とすると、森分が森坊であれば、②には寺社関係のものがまとめられているということになる。しかし、森坊に関わる史料は文明以降に見あたらないことから、森分は森伊予守跡分と見ざるをえないであろう。となると②は、上下久我庄にも属さず、また周辺の散在領でもない一群が書き上

げられたものということになる。そして、上下久我庄の間に排列されているところからみて、関係する土地の所在は上下久我庄内かその近傍の可能性が高いであろう。「散所村」がこのグループに入っているということは、散所村が上下久我庄には属さない存在と見なされていたことを意味していると思われる。

四、散所村の位置

最後に、散所村の所在地について検討してみたい。図32は応永三年の本・新久我庄の検注帳に記載された、屋敷地を三角、寺社および久我家の別荘である御所の敷地を四角、散所の所持地を丸で記載したものである。新庄分は白抜き、本庄分は墨塗りで示している。

図を見ると、新庄分には屋敷地・敷地とも多く載せられているのに対し、本庄分には、津田里にしか屋敷地と敷地の記載がないことが分かる。江戸時代に上久我村が展開したのは高橋里の南部から木備田里の北部にかけてであったが、この図でもほぼ同じ場所に屋敷地・敷地が濃密に展開しており、江戸時代とほぼ同じ位置に在所が形成されていたことが分かる。一方、本庄分の屋敷地・敷地が記載されている津田里は、樋爪の集落が展開した場所に当たっていた。江戸時代の下久我村は椋下里の東部から崩里の西部にかけて展開しており、ここには新庄分の屋敷と敷地が載せられており、応永段階にもおそらく江戸時代とほぼ同様の場所に下久我村があったことが分かる。ただし、ここにある屋敷地は先に触れた「清月屋敷」(目)である。

検注帳には散所の屋敷地の記載が無いことから、所持地のいずれかを核にして散所村が形成されたと思われるが、散所の所持地があったのは、村田里・久我里・椋下里・阿刀里の四里であった。散所の位置を考える上で興味深いのは、永正十一年頃の作成と推定される「久我荘名田・散田等帳并文書案」(24)に「一段　五斗代　本庄散所ノ道永」とあり、またほぼ同時期と推定される「久我荘田数・分米帳」(25)に「西散所　道泉」という記載があるこ

図32　久我荘の屋敷地・敷地と散所の所持地

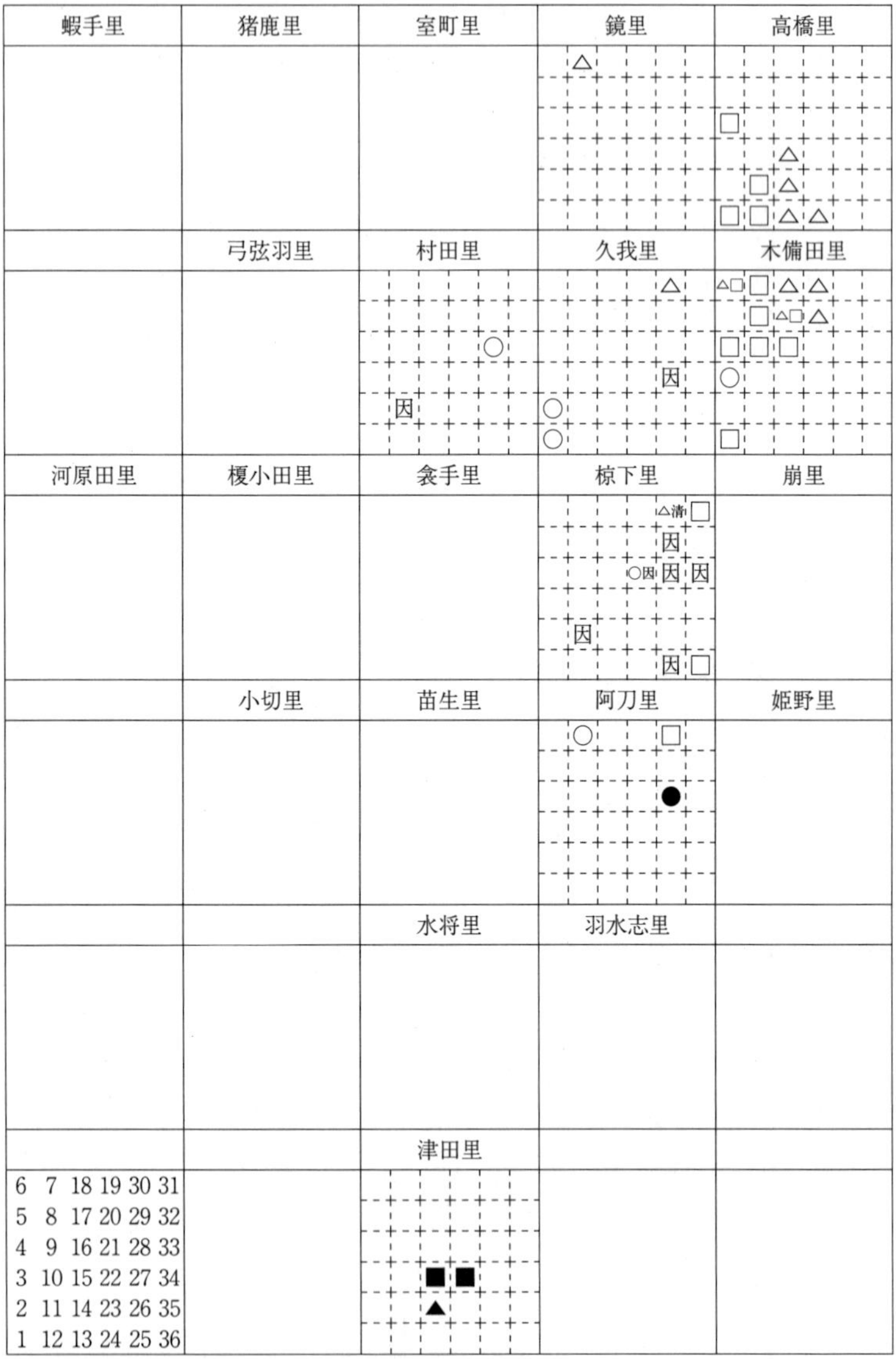

久我荘検注帳案　△ 屋敷地　□ 敷地　○ 散所
久我本荘検注帳　▲ 屋敷地　■ 敷地　● 散所　因 因幡太郎名

とである。すなわち、本庄分に把握されている「散所ノ道永」という人物がおり、彼の居住地が西散所と呼ばれていたことが、ここから判明する。

道永が「本庄散所」と肩書されていたからといって、新庄分の検注帳に本庄の屋敷地が記載されるという、中世には決して珍しくない支配の錯綜性からみて、決して本庄あるいはその近傍の住人であることを意味しないが、その可能性は少なからずあるであろう。そして、ここで始めて「西散所」という名称が登場するが、天文三年（一五三四）の「久我上下荘地子方帳案[26]」の次の記述から、久我庄内に東西二つの散所があったことが分かる。

下久我庄分

（中略）

因幡太郎名
弐貫文　東散所居屋敷ナリ、根本は弐反ナリ、但、此内大弼殿へ堀ニ半分減スル、六百文不作、又東ノ方ニハ香川殿入部之時、堀ニ減ス、此子細者御代新御所様へ御礼申、　散所ノ角ノ衛門

この史料から、東散所が因幡太郎名に結ばれた土地にあり、広さはもともとは弐反で角ノ衛門の名で名請されていたことが分かる。図32には応永三年段階に因幡太郎名に結ばれた土地の所在を「因」という字で図示しているが、因幡太郎名は本庄分の名であり、その所在地も椋下里に集中していることが分かる。ここから、東散所が椋下里あったと即断することはできないが、その可能性は決して小さくないといえよう。西散所の位置も同様に本庄近傍と推定されることから、久我庄内の東西散所はともに本庄の近傍に位置していた可能性が高いものと思われる。

文明八年（一四七六）には少なくとも十二軒を数えた散所であるが、慶長二年（一五九七）の「下久我荘家数書上[27]」になると、関連する記述は一つだけになる。

与八《さんしょう》　久兵へいへの北の方に、よきいへ持申候、

織豊政権期には久我家の遠国の所領は没収となり、久我庄および本久世・東久世庄が残されたが、太閤検地をうけた天正十三年（一五八五）の秀吉判物(28)によって「上下庄千弐百参拾石」が久我家領として確定した。ここから、久我家は久我庄をほぼ全域的に支配するようになったわけで、慶長二年の家数書上には久我庄内のすべての家が載せられているものと思われる。

ここにある「さんしょう」を『久我家文書』の編者は「散所カ」と注している。「さんしょう」を「散所」と読めるかについてははなはだ疑問といわざるをえない。久我家文書の他の史料では散所を仮名書するときは「さんしよ」で一貫しており、また同時期の史料でもこの事情は同様であるからである。これは「さんしょう与八」であって、「散所与八」ではないとみるのが妥当であろう。

また、上久我庄についてはこれに近接した時期に作成されたと思われる、「上久我荘家数覚書(29)」が残っており、これには散所に関係した記載はみあたらない。以上の検討から久我庄の散所は、慶長期に理由は不明ながら消滅したと見ることができるであろう。ただし、文明八年（一四七六）の「久我家領并諸散在田数指出帳案」に「散所村」が上下両庄とは別項で記載されたように、上下庄とは別に散所の「家数覚書」が作成され、それが久我家文書として伝来しなかった可能性も残されており、近世期の散所の動向については正確には不明とせざるをえない。

以上みてきたように、久我庄内には久我家に知行地を与えられたと思われる散所者が居住し、田畠の耕作にしたがっていたと思われる。このように公家に扶持される散所については、これまでの研究では交通の要衝に位置する百姓を組織して、交通の力役等に当たらせたものと理解されてきており、久我庄内散所のように賤視の対象となって独自に散所村を形成するような存在は想定されてこなかった。久我庄内の散所は、この意味で特異な存在形態を示しているといえるが、賤視された散所と一般の百姓が組織された散所の関係がいまだ充分には解明さ

れていない現在では、その存在を的確に位置づけることは困難といわざるをえない。

（1）『久我家文書』三号。『久我家文書』は國學院大學久我家文書編纂委員会の編纂で一九八二年十一月～一九八七年十一月に続群書類従完成会より翻刻本が刊行されており、本稿に記した文書番号はこの刊本に付せられたものである。
（2）『久我家文書』一一一号、二七二～二七六号、二八〇号。
（3）『久我家文書』一四二号、一四三号、一四八号。
（4）杉山博『庄園解体過程の研究』（東京大学出版会、一九五九年九月）、渡辺澄夫『畿内荘園の基礎構造』（吉川弘文館、一九六九年十月）。
（5）「山城国乙訓郡条里指図案」（『久我家文書』六一四号―四一）。
（6）吉田敬市「山城乙訓郡の条里」（京都帝国大学文学部『紀元二千六百年記念史学論文集』一九四〇年）、杉山博「乙訓郡の条里について」（前掲書）、上島有「上久世庄の歴史地理的考察」（『京郊庄園村落の研究』塙書房、一九七〇年八月）。
（7）木備田里三坪にも名請人を「声聞」とした小五十歩の筆がある。「声聞」が声聞師の略であれば、散所と関連するものとなるが、そう断定する材料に欠けているため、ここでは散所分としては取りあげなかった。
（8）『久我家文書』一五二号。
（9）『久我家文書』一五三号。
（10）宣秀は藤原北家勧修寺流の一家である中御門宣秀、宣秀が蔵人頭在任中に奉じた綸旨・口宣案を記録した『宣秀卿御教書案』は文明十六年から明応八年までのものが収録されている。
（11）「山名右京大夫入道七廻諷誦文」（『迎陽記』巻九、『南北朝遺文』中国四国編第五巻、東京堂出版、一九九三年九月、所収）。
（12）「東寺長者補任」巻五（『続々群書類従』二、続群書類従完成会、一九六九年十二月）。
（13）明応五年六月「東寺雑掌言上案」（『燈心文庫』）。
（14）『久我家文書』一四六号―三。
（15）「目録」の割注に「三人知行」とあるのは、「御庭ハキ」が三人いるとも解釈できるし、長福寺・円福寺・御庭ハキの三者を「三人」と呼んだとも読めるが、「目録」が長福寺・円福寺・御庭ハキを分かち書きした左横に「三人知行」と記し、「永尊書状」が「長福寺・円福寺・久我殿御庭ハキ、此三人知行」と記していることからみて、後者の解釈が妥当であろう。

(16) この清目屋敷は、現在のところ「久我荘検注帳案」にのみ見えるもので、近世および近代の史料にはこの清目屋敷の後身が判明する史料は見つかっていない。

(17) 『久我家文書』六一四号—三九。

(18) 永正九年（一五一二）の「地子方帳案」（『久我家文書』六一四号—一四）には次に示すように「散所屋敷」という文言があり、散所が集落を形成していたことはほぼ確実である。

法久寺地子　両季近年沙汰分

（中略）

二百六十文　百卅ハ神事方へ、秋被遣候、冬ハ一円参、散所屋敷

(19) 但し、則元名、国行名は半名として二分割されている。

(20) 『久我家文書』二九二号。

(21) 『久我家文書』三一四号。

(22) 『久我家文書』三八一号の標題に「久我荘内森長富跡等代官職補任状草案」とある。

(23) 『久我家文書』三八七号、六六六・六六七号、六七九号。

(24) 『久我家文書』四三八号。

(25) 『久我家文書』四三九号

(26) 『久我家文書』六一四号—一〇。

(27) 『久我家文書』七七一号。

(28) 『久我家文書』七一二号。

(29) 『久我家文書』七七二号。

乙訓郡

鶏冠井村内散所

山本尚友

鶏冠井《かいで》庄には当初石清水八幡宮の荘園があり、延久四年（一〇七二）の荘園停止令によって停止すべき荘園の中にあげられていた。平安末期から徳大寺家の別業として鶏冠井殿が営まれて以降は、徳大寺家の荘園として主に推移し、その一部が安貞二年（一二二八）に徳大寺家より三鈷寺に寄進されている。[1] もとより、畿内の荘園であったことから、徳大寺家の一円知行の地ではなく、九条道家が設定した小塩庄の荘田もこの地にあり、大永二年（一五二二）の『小塩荘帳[2]』には「かいて村」として九筆一町余が載せられている。

また、鶏冠井庄の東に位置した久我庄を中心とした久我家領のなかにも、鶏冠井の名は散見される。鶏冠井庄に散所があったと推測される中世史料は、久我家文書の中の年未詳の「久我荘法久寺一色百姓方田数・年貢帳」である。[3]

一、散田方

（中略）

二反　西庄内　二石　カイテ コウヤ

一反　北野田　一石三斗文明十三年ヨリ、石見小野押領、　同 三郎四郎

一反　フロ田　九斗　子細同前　同サン所二郎五郎

（下略）

この帳は久我庄内にある法久寺方の散在する田畠を書き上げたものだが、その中に鶏冠井の住人が名請している田があり、そのひとつが「同サン所《（カイテ）》　二郎五郎」のものであった。久我庄と鶏冠井庄は隣接しており、鶏冠井庄から久我庄に出作するものがあることは、きわめて自然なことであった。「同サン所」の記載から二郎五郎が鶏冠井庄内にあった散所の住人であることは、ほぼ間違いないと思われるが、久我家文書はもちろん『向日市史』史料編所載の中世史料にも散所の記載は見えず、詳細はまったくうかがい知れない。

鶏冠井庄は近世には石高千三石の鶏冠井村となるが、村の西には近世には在郷町であった向日町があった。向日町には中央を西国街道が通っており、街道の東側は鶏冠井村領となっていたが、向日町に属する地域に対し、鶏冠井村では町場として特別の扱いをしていた。京都大学大学院文学研究科図書館が所蔵する『山城国乙訓郡鶏冠井村記録』と題された史料には、近世の鶏冠井村の散所について興味深い記述が見られる。

定

一、二条御城御運上竹　　四十束
　但シ壱束四十本結也、
　右、霜月中ニ上納皆済取、
一、鴨所嶽・新谷山、二ケ所之御運上柴五拾三荷壱束、但シ代銀五拾三匁弐分五厘、上柴壱荷ニ付一匁替、
　右者、二条御代官所江霜月中ニ上納皆済取事、但シ束数二百拾三束也、
一、惣高　　合千三石
　　内此高を喜介高共云、

三百石者院内ニ有之、是者依ふ浄穢多並ニ御省被成候、其故御役高七百石従古来之定故、御方内江之御礼物百石ニ百文宛之定リ也、

鳥目七百文　松村様江

同　二百文　長田太佐右衛門殿江

同　二百文　小嶋甚左衛門殿江

右之通、毎年勤来候、扨又七夕之御礼者、

鳥目三百文　御頭江

同　弐百文ツ、　両御下役江

（中略）

一、向日町当村領之所、海道之御役并町役共ニ、従往古町嗳ニ定来候故、村ニ者少茂構無之候得共、役人年替リ之時六ケ年ニ一度つゝ、宗門手形屋別ニ、其宗旨之寺之名判、時之庄屋・年寄之名あてに認させ取置候事、

一、産所之儀者、随ひ証文壱通并寺請状安養寺之名判ニ而、町之為面者印形させ、六ケ年ニ一度宛取置候事、

一、寺方両真経寺者御本山嗳、又興隆寺・石塔寺二ケ寺者御方内嗳、村ニ者少茂構無之候事、

（下略）

この記録は鶏冠井村の村役人が、村の定事を記したもので、冒頭に寛保三年（一七四三）から翌年にかけての彗星についての書留があり、また「定」の後半に延享の改元の記事があることから、「定」の作成は寛保三年頃と推測される。二条城の竹運上と入会山の柴運上のことを記した後に、村高千三石のうち三百石は「院内」分の高として村高からは除かれていることが記されている。

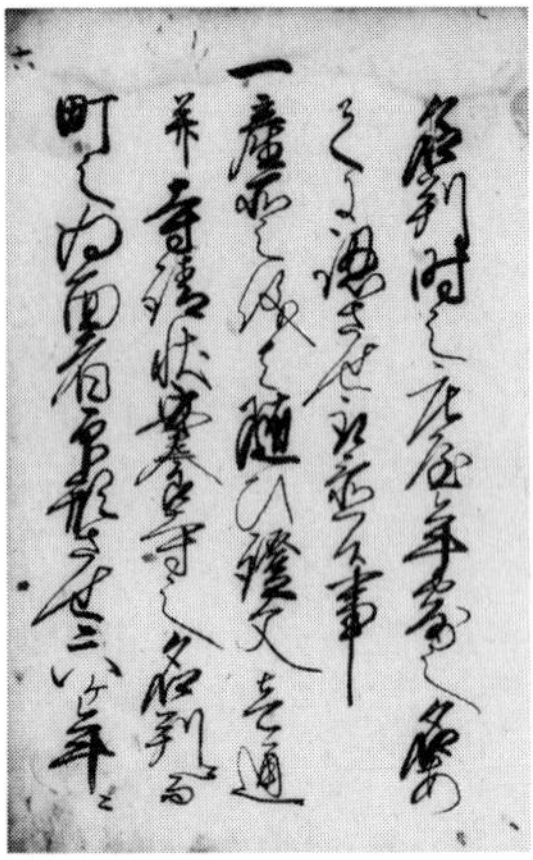

図33　山城国乙訓郡鶏冠井村記録
鶏冠井村の村役人が村の定事を記録したもの。寛保三年頃の作成と推測される。三百石におよぶ除地をもっていたようだが、屋敷地免としては多すぎるため、内容については留保しておく必要もあろう。

「院内」は近世期に散所の後身の集落を指す呼称として用いられたもので、また「産所」も散所の宛字として頻用されたものである。鶏冠井村の散所は三百石におよぶ除地をもっていたことが分かる。山城国の清目村の場合、中世期に荘園領主より宛てがわれた免地を、近世期にも除地として認められるのが通例と考えられるので[4]、鶏冠井村の散所分の除高は中世期の免地の残存と推定してよいであろう。ただ、この三百石は屋敷地免としては多すぎるものなので、その内容については留保しておく必要があるだろう。おそらく、農地もこの中には含まれていたと思われる。

そして、この散所は鶏冠井村に対して「随ひ証文」を提出すると同時に、向日町と同様に六年に一度寺請状を村に差し出すことになっていた。初めに述べたように、向日町は山崎街道に沿った東側が鶏冠井村領内に属していたが、海道役ならびに町役も勤めていた関係で、日常生活のうえでは向日町の一部として扱われていたもので、散所がそれと同様の関係を鶏冠井村ともっていたことは、鶏冠井村も正式には村の一員とは考えられていなかったことを示している。

向日市文化資料館は鶏冠井村関係の近世史料として鶏冠井区有文書・五十棲家文書・片山家文書・生嶋家文書などを蒐集しているが、これらの文書は近世初頭から近代初頭までの時代をカバーしているにもかかわらず、散所に関する記載が見えるようになるのは、江戸末期の文化十一年（一八一四）まで待たなければならない[5]。

「(表紙)文化十壱年

六条様御年貢米取帳
戌十二月　　庄屋
亥十二月□□　　安右衛門」
（中略）
一、高弐斗九升六合七勺　斗弐斗三升四勺 壱石八斗八升入済　四文　さんの弥左衛門
（中略）
一、高三斗八升　斗壱斗三升済　さん文七

鶏冠井村の領主はそれぞれ五十石程度の持高で十四人の領主がいたが、この帳面はその一人である六条家分の年貢米取帳で、そこに「さん」と肩書された二人の名前がみえる。「さん」が散所を指すものであるかどうかは、この史料だけでは確定できないが、慶応四年（一八六八）の「六条殿御高百拾五石名取帳」(6)と題された名寄帳には次のような記載がある。

一、〃(高)弐斗四升弐合　産所五兵衛
一、〃(高)壱斗九升　産所菊三郎

二つの帳の間には五十年を越える時が過ぎているため名前も変わっているが、「さん」を「産所」の略記とみて間違いあるまい。そして、この散所の作人が鶏冠井村に居住していたことは、明治四年（一八七一）の「正親町三条様四方掛附御水帳」(7)の次の記載により確かめることができる。

一、屋しき 弐畝　并南坊城様 北園様 高弐斗四升六合　さん弥左衛門

散所の弥左衛門が二畝歩の屋敷地を鶏冠井村内の正親町家領に所持していたことが分かる。また、「高弐斗四升六合」の右にある「南坊城様　北園様」の注記は、弥左衛門の屋敷地の南には坊城家領が、北には園家領があったことを示している。

以上にみてきたことまとめると、鶏冠井村内の散所（産所）は、三百石の徐地を持ち、その中には屋敷地とともに農地も含まれていた。そして、散所の持高が鶏冠井村高にふくまれていたように、行政的には鶏冠井村の一部として扱われながらも、その持高は「ふ浄穢多並ニ御省被成候」とあるように、穢多なみの「不浄」のものと意識され、おそらくそれ故であろう、鶏冠井村内にあった向日町の町場同様に、一種特別の扱いを受けていたのである。

ところで、鶏冠井村に陰陽師が居たことは、近世の陰陽道の統括者であった土御門家の家司若杉家文書（京都府立総合資料館所蔵）中の諸国陰陽師の書き上げの中に、鶏冠井村の名が散見されることから、すでに著名な事実であった。中世の散所の住人が猿楽・舞々などの芸能とともに陰陽師として卜占や呪術に携わっていたことは周知のことであり、鶏冠井散所の住人は近世に入っても陰陽師の職掌を続けていたものである。

最後に鶏冠井散所の位置について触れておくと、『向日市史』の別添地図「明治六年鶏冠井村古地図」によれば、鶏冠井村の集落は大きく北と南に分れて形成されているが、南鶏冠井の最南端に散所は位置していた。村の最南端にあるものの、他の多くの賤民集落のように本村と離れた位置ではなく、家続きの場所であった。ただ、鶏冠井村本村と散所の位置が始めから接近していたものか、あるいは元は離れた位置にあったものが村域の膨張等によって接近するようになったものか、今のところ不明である。

（1）『三鈷寺文書』。

（2）『九条家文書』。
（3）國學院大學久我家文書編纂委員会編『久我家文書』第一巻（続群書類従完成会、一九八二年十一月）四四〇号。
（4）拙著『被差別部落史の研究』（岩田書院、一九九九年十二月）二章二節「清目」を参照のこと。
（5）『生嶋家文書』（向日市文化資料館所蔵）。
（6）『五十棲家文書』（向日市文化資料館所蔵）。なお同文書の明治四年「元正親町三条殿領　免割帳」には「さん　栄蔵」の記述がある。
（7）『鶏冠井区有文書』（向日市文化資料館所蔵）二一一号。

紀伊郡

竹田村内散所

山本尚友

紀伊郡竹田村は鴨川東南に形成された集落で、伏見町の北西に位置して、北は鴨川をはさんで上鳥羽村に、東は稲荷・深草村、南は伏見町・下鳥羽村、西は中島村に接していた。この地は、院政期に白河法皇や鳥羽法皇によって営まれた鳥羽離宮の一部にあたり、竹田村域には白河法皇自ら嘉承三年（一一〇八）に墓所として塔を建て、死後に御堂を建立した成菩提院や、鳥羽上皇の発願で鳥羽離宮北殿の地に保延二年（一一三六）に建立した勝光明院、同じく鳥羽上皇の発願で鳥羽東殿の地に同三年に建立された安楽寿院などがあった。

安楽寿院は鳥羽法皇の終焉の地となり、中宮美福門院得子の墓所として新御塔も建てられたが、美福門院は葬られず代わってその子近衛天皇の遺骨が納められ、鳥羽離宮の中でも重要な位置を占めていた。安楽寿院には康治二年（一一四三）鳥羽上皇より十三カ所の荘園と末寺社が施入されたのを初めに多くの荘園が寄進され、嘉元四年（一三〇六）の「昭慶門院御領目録」（竹内文平氏所蔵文書）には三十一国・六十三カ所の荘園が記されていたが、鳥羽上皇と美福門院との間に生まれた八条院暲子に譲られ、これが大覚寺統の亀山院に引き継がれて、後に後醍醐天皇による建武新政のよりどころとなる八条院領の中核荘園となった。

中世の竹田地域には東寺領竹田庄があり、かなり広い地域が東寺領となっていたようだが、この他にも東寺領

図34　安楽寿院
安楽寿院は、保延三年、鳥羽上皇の発願で鳥羽東殿の地に建てられ、上皇はここで没した。

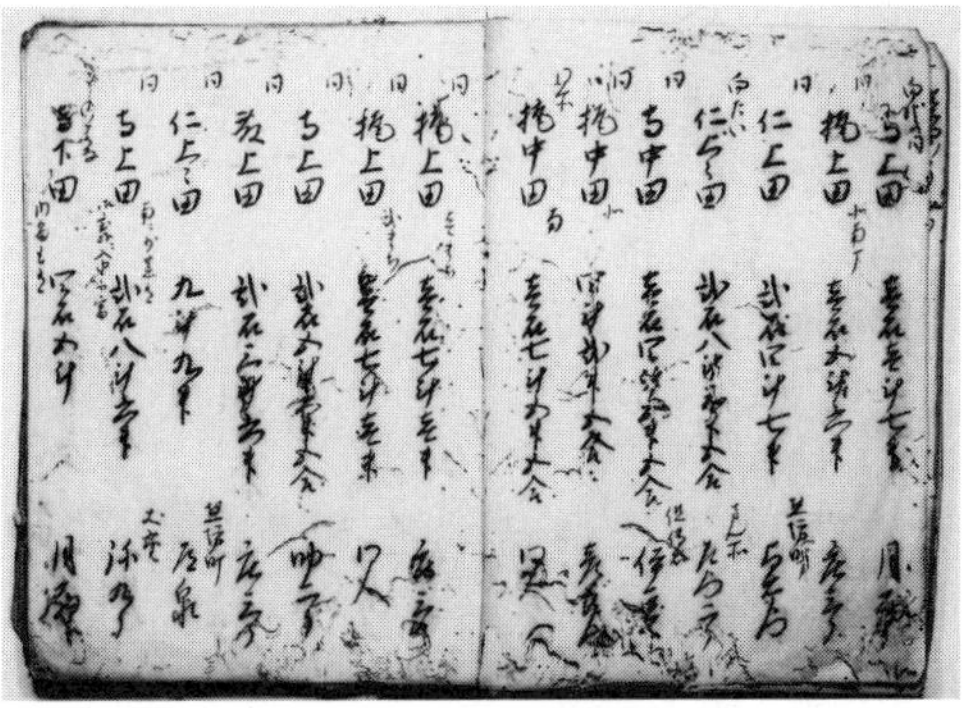

図35　慶長十二年の竹田村検地帳
三冊の竪帳からなっており、表紙には「竹田村地綴」とある。この検地は慶長十二年九月三日から十月中旬にかけて実施されたものであろう。

の東西女御田そして拝師庄があった。また、安楽寿院領の真幡木庄があったことも知られているが、これらの関係文書には散所をふくめ中世の賤民に関する記載は見られない。竹田村内に散所があったことが判明するのは、慶長十二年（一六〇七）の『城南宮文書』に収められた竹田村検地帳[1]である。奥書によれば、安楽寿院の代官を勤めた竹田村郷士長谷川忠兵衛が延宝四年（一六七六）に書写したものであった。本来なら長谷川家か関連する家に伝来すべきものだが、何らかの理由で他の竹田村関係の文書とともに城南宮の所蔵となったものである。

　この検地帳は三冊の竪帳からなっていて、簿冊番号は付されていないが、簿冊の中に検地を行った日付が記されていて、それにより作成された順番が判明する。第一冊は「慶長拾弐年　竹田村地綴参帳之内　九月吉日」とあり、簿冊の冒頭に「九月三日」と記した後、「九月七日」「九月八日」「九月十一日」と日を追って記録されている。全ての簿冊の巻末に、書写者の長谷川忠兵衛が各々の丁数を記しているが、第一冊の丁数は五十七であった。第二冊の表紙は第一冊と同文で、簿冊の冒頭に二頁にわたり「だん河原」以下五十七の小字名を記した後、三十丁目に「十六日」、五十五丁目に「十月六日」とあるもので、丁数は六十七であった。第三冊は表紙に「慶長拾弐年　竹田村地緘参帳之内　拾月吉日」とあり、本文中に日付は記されていない。丁数は六十四であった。

すなわち、この検地は慶長十二年の九月三日から少なくとも十月六日、おそらくは十月中旬にかけて実施されたものであった。検地帳の記載内容を例示すると次のようである。

九月三日

むかい川原　寺中畠　四斗三升弐合　物坊町　周清
同所　藤中畠　右之北ニ井□あり　壱斗六升五合　西ノ町　浄徳
（中略）
向代日　寺上田　壱石壱斗七升　月西
同　梶上田　北南丁　壱石五斗六升　彦三郎
同　仁上田　弐石四斗七升　物坊町　与右衛門
向たい　仁上田　弐石八斗三升五合　さん所　左衛門二郎

各筆冒頭にある寺・藤・梶・仁は領主の略号で、それぞれ安楽寿院領・高倉家領・梶井門跡領・仁和寺領であることを現わしている。検地帳に記された小字を大正五年の「竹田村縮写図」[2]記載の小字名と照合すると、おおよそ一冊目は向代から七瀬川までの北部から中部にかけて、二冊目は段川原から田中殿までの中部を中心に、三冊目は内畑から松林にかけての南部を中心に収録されていることが分かる。そして、三冊目の最後には屋敷地がまとめて記載されていた。

まず、この検地帳の名請人に「さん所」と肩書されているものを集計すると、次のようになる。

左衛門二郎	二七筆	一三石二斗二升三合
孫太郎	二一筆	一一石五斗四升二合
五郎左衛門	一三筆	六石六斗五升二合
二郎太郎	一二筆	四石三斗四升七合
二郎九郎	八筆	二石九斗八升三合
左衛門九郎	二筆	三斗七升九合
そう堂	二筆	八升二合
不明	一筆	五升二合
合　計	八六筆	三九石二斗六升

最後に不明とあるのは、帳面の端にあるために名前が読みとれないもので、左衛門二郎から左衛門九郎までの六人のうちのいずれかの名前が書かれていた可能性が高い。おそらく、「さん所」として名請人となっていたのは六名で、「そう堂」も含めた総持高は三十九石二斗六升、一人平均の持高は六・五石であった。竹田村の総高は千九百十三石で、近世期の人口は不明だが、明治初頭の農業戸数百九十四戸(3)であり、近世から近代初頭にかけて農業人口は大きく変動が無い場合が多いので、これを参考にすると、竹田村の一戸当たりの持高は九・八石であった。散所の所持地が少ないことが分かる。

そして、この散所が竹田村内に所在していたことは、次の事実から明らかであろう。まず「さん所」という地字は第三冊目の末尾の屋敷地がまとめられている所にまとまっており、全部で十九筆あった「さん所」字地の内、

1	水とおり	仁中田	1.91	二郎九郎	本帳ニハ内八斗道
2	かきノ内組東之口	仁中田	0.21	二郎九郎	
2	七瀬川	仁上畠	0.144	二郎九郎	
2	御たひ所	仁上畠	0.13	二郎九郎	
2	大殿ノはか	仁中畠	0.18	二郎九郎	
3	さん所	寺上畠	0.043	二郎九郎	
3	さん所	藤上畠	0.082	二郎九郎	
			2.983		
1	はいおり	藤上々田	0.138	二郎太郎	
1	はいおり	藤上々畠	0.19	二郎太郎	
2	山王うしろ	寺上田	1.247	二郎太郎	
2	七瀬川	仁上畠	0.175	二郎太郎	
2	七瀬川	仁上畠	0.33	二郎太郎	
2	七瀬川	仁上畠	0.15	二郎太郎	
2	御たひ所	藤上畠	0.107	二郎太郎	
2	大殿ノはか	仁上畠	0.14	二郎太郎	
2	大殿ノはか	仁中畠	0.35	二郎太郎	
3	ふとうノうしろ	北上田	1.4	二郎太郎	
3	さん所	仁上畠	0.051	二郎太郎	
3	さん所	寺上畠	0.069	二郎太郎	
			4.347		
3	さん所	藤上畠	0.056	そう堂	
3	さん所	藤上畠	0.026	そう堂	
			0.082		
3	さん所	寺上畠	0.052	不明	家有之
			0.052		
1	くな	寺中田	1.19	孫太郎	
1	くな	御こや向上々田	0.04	孫太郎	
1	大きのノ下	寺中畠	0.288	孫太郎	
1	大きのノ下	寺中畠	0.198	孫太郎	
1	大きのノ下	御こや向中畠	0.34	孫太郎	肩書き無し
1	大きのノ下	御こや向中畠	0.17	孫太郎	肩書き無し
1	むかり	御こや向中畠	0.27	孫太郎	まわり田有之
1	はいおり	寺上田	1.86	孫太郎	
1	はいおり	御こや向上田	0.22	孫太郎	元畠
1	はいおり	梶下畠	0.18	孫太郎	
1	よしのミそ	御こや向下田	1.21	孫太郎	
1	よしのミそ	御こや向中畠	0.08	孫太郎	
1	よしのミそ	御こや向中田	0.04	孫太郎	
1	よしのミそ	仁上田	0.116	孫太郎	
2	山王うしろ	御こや向上田	0.09	孫太郎	
2	おけ井	御こや向中田	4.16	孫太郎	北南ハ丁通
2	御たひ所	松上畠	0.41	孫太郎	
2	大殿ノはか	寺上畠	0.207	孫太郎	
3	さん所	寺上畠	0.273	孫太郎	
3	さん所	御こや向上畠	0.043	孫太郎	
3	さん所	御こや向上畠	0.157	孫太郎	
			11.542		

表5　竹田村検地帳の「さん所」の肩書き集計（名請人毎）

冊数	字　名	地　目	石高	名請人	備　考
1	大きのノ下	藤中畠	0.036	五郎左衛門	
1	柳田	藤上田	1.5	五郎左衛門	
1	たん川原	藤中田	0.619	五郎左衛門	
1	たん川原	藤中畠	0.135	五郎左衛門	
1	たん川原	藤中畠	0.192	五郎左衛門	
1	たん川原	藤中田	0.064	五郎左衛門	
2	八きのうち	藤上田	1.455	五郎左衛門	
2	ちや屋ノ前	寺上々田	0.901	五郎左衛門	
2	ちや屋ノ前	藤上田	0.91	五郎左衛門	
2	七瀬川	藤上々畠	0.177	五郎左衛門	
2	御たひ所	藤中畠	0.363	五郎左衛門	
3	田中やしき	御こや向上畠	0.24	五郎左衛門	
3	さん所	藤上畠	0.06	五郎左衛門	
			6.652		
1	くな	藤中田	0.233	左衛門九郎	
1	くな	仁上田	0.146	左衛門九郎	
			0.379		
1	向たい	仁上々田	2.835	左衛門二郎	
1	ひしミそ	仁下田	1.12	左衛門二郎	
1	かうべつか	仁下田	0.152	左衛門二郎	
1	くな	寺下田	0.429	左衛門二郎	
1	中河原	仁上田	0.45	左衛門二郎	
1	大きのノ下	藤上畠	0.03	左衛門二郎	肩書き無し
1	大きのノ下	仁畠	0.234	左衛門二郎	肩書き無し
1	東川原	藤中畠	0.033	左衛門二郎	
1	山ノ上	仁中畠	0.093	左衛門二郎	
1	山ノ上	寺上畠	0.494	左衛門二郎	
1	山ノ上	寺中畠	0.037	左衛門二郎	
1	山ノ上	寺下田	0.14	左衛門二郎	
1	東川原	仁中畠	0.144	左衛門二郎	
1	さん所ノ後	仁上々田	1.575	左衛門二郎	
1	川原	仁中畠	0.16	左衛門二郎	
2	おけ井	藤上田	1.65	左衛門二郎	
2	宮ノうしろ	寺上田	0.575	左衛門二郎	
2	宮ノうしろ	藤上々田	1.315	左衛門二郎	
2	水通	藤上田	0.519	左衛門二郎	
2	かきノ内	仁上田	0.78	左衛門二郎	
3	さん所	仁上畠	0.077	左衛門二郎	
3	さん所	藤上畠	0.095	左衛門二郎	
3	さん所	仁上畠	0.035	左衛門二郎	こや有
3	さん所	寺上畠	0.079	左衛門二郎	家有之
3	さん所	寺上畠	0.116	左衛門二郎	
3	さん所	仁上畠	0.017	左衛門二郎	
3	さん所	寺上畠	0.039	左衛門二郎	この後に「さん所ノくち」「さん所ノ前」
			13.223		
	北河原	寺上田	0.284	二郎九郎	

一筆を「川原町　甚右衛門」が所持している他は、すべて「さん所」の肩書を持つ人が所持していて、散所の地字の大半が屋敷地であった可能性が高い。また、「さん所」の地字の中に「家有之」の注記があるものが二筆、「こや有」の注記が一筆あって、字さん所に家が建てられていたことが確認できる。さらに、第一冊の検地帳に「さん所ノ後」、第二冊に「さん所ノ前」、第三冊に「さん所ノくち」「さん所ノ前」の地字があって、字「さん所」が一定の面的な広がりをもっていたことが推測されることなどである。ここから、字さん所に散所村が形成されていたと断定して間違いないであろう。

その位置については、検地帳の記載順序が参考となる。まず第一冊は「さん所ノ後」三筆、「山王ノ後」二筆、「さん所ノうしろ」二筆、「宮ノうしろ」四筆の順で並んでいた。第二冊は「かきノ内組東ノ口」二筆、「さん所ノ前」二筆、「東ノ口」三筆と並んでいた。第三冊は「さん所」十九筆、「山王」八筆、「さん所ノくち」一筆、「さん所ノ前」二筆と並んでいた。ここから、字「さん所」が字「山王」と並んで所在していたことが推定できる。山王は竹田の地に古くから祀られていた山王大権現と思われるが、『拾遺都名所図会』巻四が「山王大宮　安楽寿院のひがし民居の北籔（藪）の中にあり。十禅師社　大宮の東廿間ばかりにあり。両社共に保延年中鳥羽上皇城南宮にまします時、勧請ありし也」と記す神社であった。明治十三年（一八八〇）に廃され、その跡地に建てられたのが現在の竹田小学校という。

すなわち、散所は竹田村のほぼ中央にあった竹田村の居住地域の北端あたりに位置していたと思われる。

ところで、興味深いのは散所の推定地が、鳥羽離宮東殿からさほど離れていない近傍にあったことである。この鳥羽殿に庭掃がいたことは『為房卿記』康和五年（一一〇三）八月十二日条の次の記事によって確かめることができる。

今日、高陽院被始御装束、以西対可為東宮御所者、夜御殿内、召掃部寮令鋪取筵、国々所課、院司権大納言、藤大

納言、左衛門督被参仕、余奉行行事、（中略）此日参上賀陽院之次、令注人々見参、
院司十人公卿三人、四位已下七人、　蔵人所衆十余人
武者所十余人　諸司官人百卌三人
鳥羽殿侍百人北殿七十五人、南殿十七人、泉殿八人、
同殿庭掃百二人北殿八十二人、南殿廿人　法勝寺庭掃卌二人
尊勝寺庭掃卅人　京召次二百六十四人
田舎召次六百卅五人近末方三百七十三人、国頼方二百六十二人、
夫二百人命賀五十人、福地五十人、摂津国百人、
工五百七十人　壁六十三人
檜皮葺卅八人
右略二千三百余人歟

高陽院御所の装束始に見参したもののなかに、鳥羽殿侍百人と並んで同殿庭掃百二人が見えるのである。この時は他寺の庭掃も見参していて、白河法皇の御願寺であった法勝寺と堀河天皇の御願寺であった尊勝寺の庭掃、それぞれ四十二人と三十人であった。この庭掃が「散所掃除法師」であることを最初に指摘したのは丹生谷哲一氏であった。丹生谷氏は『中右記』元永元年（一一一九）四月三十日条に見える、醍醐寺の散所であった山階散所が「白河新御所庭払」として寄進されたという事実に着目され[4]、装束始に見参した庭掃は「キヨメ」を職掌とし、その住所が散所と称された人びとであるとされたのである。

鳥羽離宮の庭掃は北殿八十二人・南殿二十人の計百二人であり、法勝寺・尊勝寺に比べて人数が多いことはその規模からみて当然と思われる。ただ、この時点では造営が始まったばかりの泉殿と後に作られる田中殿には当

然ながら庭掃は配されていなかった。竹田村内散所の推定地に近いのはむしろ泉殿と田中殿であるが、後にこの両殿にも掃除散所が配されたものか否かは不明である。

鳥羽殿は鎌倉時代までは離宮としての使用がつづいたが、南北朝時代に入ると急速に退転していった。しかし、鳥羽殿に付属して建てられた安楽寿院は、他の殿舎や社寺が退転するなかで、ひとりその命脈を保ち、天正十三年（一五八五）豊臣秀吉より五百石の領地の寄進をうけた。竹田村の散所は、鳥羽離宮のどの殿舎の散所かは不明であるものの、鳥羽殿が退転してからは安楽寿院の掃除散所として、この地にあったと推定しても良いのではないだろうか。しかし、裏づけ史料に欠ける現在は、可能性を指摘するに留めておきたい。

竹田村内散所についての史料は他に、慶長十九年九月十四日「船入名寄帳之写」（『城南宮文書』）があり、「さん所孫太郎」「さん所村左衛門二郎」「さん所村二郎九郎」「山所村左衛門二郎」の所持地が記されている。この帳面は、この年に角倉了以が竹田村内に高瀬川を開削するにあたって、その予定地に当たる田畠の大きさや石高を調べたもので、同種のものが『奥田家文書』に「舟入了以江上申帳之留」と題してある。(5)

京都市歴史資料館には竹田村関係の文書として、『城南宮文書』『奥田家文書』の他に『竹田村関係文書』『北向不動院文書』があるが、これらの文書には竹田村内の散所に関する記載は見られない。竹田村は近世を通じて十人近い領主の相給地として推移しているため、慶長検地の後は村全体を通観しうる史料に欠けており、残存史料から結論を出すことはできず、散所が近世期に竹田村の中でどのような状態にあったか全く不明といわざるをえない。

（1） この検地帳を紹介されたのは山路興造「野田村の成立と展開」（『京都市歴史資料館紀要』七号、一九九〇年）で、この中で山路氏は、竹田村検地帳に記載された散所および宿・かわたについて詳しく検討されており、本稿の記述の多くはこれに依っている。なお、同検地帳の写真版は京都市歴史資料館が所蔵している。
（2）『竹田村誌』（竹田尋常小学校、大正五年二月）。
（3）『京都府地誌』（京都府立総合資料館所蔵）。
（4）丹生谷哲一「検非違使とキヨメ」（『ヒストリア』八七号、一九八〇年六月）、および同「中世前期における非人」（『部落問題研究』七九号、一九八四年七月）、共に『検非違使―中世のけがれと権力』（平凡社、一九八六年十二月）に再収。
（5）『城南―鳥羽離宮址を中心にする―』（城南文化研究会、一九六七年六月）。

紀伊郡

横大路村内散所

山本尚友

横大路村は、北は下鳥羽村、東は下三栖村、南は向島村に接し、西は桂川を隔てて鴨川・志水・古川および富森の各村に接していた。南東には宇治川、北西には桂川という洛南の主要河川に挟まれる位置にあった横大路村は、瀬戸内海水運の北端に位置し、ここで陸揚げされた荷を京に運ぶ陸運の担い手として発展してきた村であった。「横大路」の名は、すぐ北の鳥羽の地に営まれた鳥羽離宮の横大路からきたものと伝えられるが、[1]この地に集落が開かれていることが確認できるのは『看聞御記』嘉吉三年（一四四三）五月六日条の「抑昨日於鳥羽有印地、横大路者被打殺、仍鳥羽へ寄、小家聊焼」の記事で、鳥羽で行われた印地打ちで横大路の者が殺されたために、横大路から鳥羽へ押し寄せている。

横大路村は近世には東福寺領となったが、天正十三年（一五八五）の「東福寺領山城横大路検地帳写」[2]には、次のような記載がみえる。

「（表紙）
天正十三年十二月朔日
山城国横大路御検地帳写
一柳勘左衛門尉　」

北ノ口

田三畝廿歩　　上々　　五斗壱升七合代　　源左衛門尉

同

田六畝廿七歩　　上々　　九斗六升四合代　　六郎後家

（中略）

同（カラウト）

田七畝廿歩　　上々　　壱石弐斗弐升七合代　　サン所 新二郎

（中略）

同（天王ノ後）

田九畝　　上々　　壱石四斗四升代　　サン所 新二郎

（中略）

同（ツナクロ）

田弐畝四歩　　中　　三斗三升四合代　　サン所 又次郎

以下の記載は略したが、この時の横大路村の東福寺領の高は千百六十八石、筆数は千六十筆あった。この内、「サン所」の肩書を付された人は四人で、彼らの所持地の総筆数は十三筆であった。その内訳を示すと、次のようである。

新二郎	四筆	八石	六合
又次郎	四筆	六石三斗五升八合	
玄　三	四筆	一石六斗三升三合	
又四郎	一筆	一石五斗	七合

このうち玄三については、サン所と肩書されているのは一筆のみであるが、残りの三筆は字「サン所口」の土地であり、字「サン所口」の全六筆（内一筆は「サン所ノ口」とある）のうち半分を玄三名のものが所持していることから、この分も「サン所玄三」にふくめた。四人の人間が、最大で八石六合の所持地という、きわめて小規模

な耕地を所持していたことが分かる。

この検地帳には百数十筆にのぼる屋敷地が載せられているが、サン所の肩書を持つ者はいない。しかし、地字にサン所口とあるのが、散所の集落の存在を予想させているといえる。

正保四年（一六四七）の「横大路村給人指出切帳」[3]は、五冊の帳面で台紙に一筆ごとの切紙を貼り込んだもので、地字ごとに排列されて、字「サン所」は一冊目の四番目に載せられている。そして三冊目の大部分が屋敷地の記載となっているが、そこには次のようにサン所の肩書を持つ者の屋敷地が載せられていた。

（表紙）
「五冊之内

正保四丁亥歳六月十三日

横大路村従諸給人指出之切帳

但此村失地等就有之、正保四丁亥歳、五味備前守殿エ以（御）断地改之時、
諸給人検地帳面ヲ以テ被書出之分、切目之印小円者東福、大円者泉涌ノ押手也、」

屋敷
古川嶋
川端
下浜
中嶋
嶋畠
堤ノ外
川ハタ
八畝五歩　意庵　八斗八升五合　太郎右衛門

屋敷

北ノ口
屋敷壱畝　「泉涌」壱斗弐升　忠三郎

（中略）

屋敷拾歩　「寿命」四升七合代　サン所　源三　今ハ源大夫

（中略）

屋敷廿四歩　「寿命」壱斗壱升三合代　サン所　小四郎　今ハ小四郎

屋敷廿八歩　「寿命」壱斗壱升代　サン所　新二郎　今ハ新二郎

（中略）

意庵
屋敷廿壱歩　九升七合「意庵」　さん所　彦二郎　小四郎

それぞれに「泉涌」「寿命」「意庵」とあるのは領主名で、天正の検地帳が東福寺領のもののみであったのに対し、給人指出切帳は横大路村の他領主の分も書き上げられており、散所の屋敷地は東福寺領ではなかったため、天正検地帳には載らなかったものと思われる。正保段階では「サン所」の肩書で屋敷地をもつものが、源三・小四郎・新二郎・彦二郎の合計四名いたことが分かる。

屋敷地を持つものの存在、そして「サン所」「サン所口」という地字の存在から、横大路村内に散所の集落が存在していたのは間違いないところであろう。この散所の位置については大日本古文書『東福寺文書』の別添地図「横大路村絵図東福寺領」が示唆を与えてくれる。この絵図は、寛文六年（一六六六）に永井尚往が淀藩主時代に家臣に命じて作らせたものの写しであるが、絵図のほぼ中央に描かれた弁財天の社の東に、「サンセウ口」と書かれた二筆の土地が見える。弁財天は横大路村の南半郷の氏神である澒嶋弁財天社のことで、絵図には散所の屋敷地そのものは描かれていないが、この絵図は東福寺領のみを描き他領は白く残されていることから、サン所口の

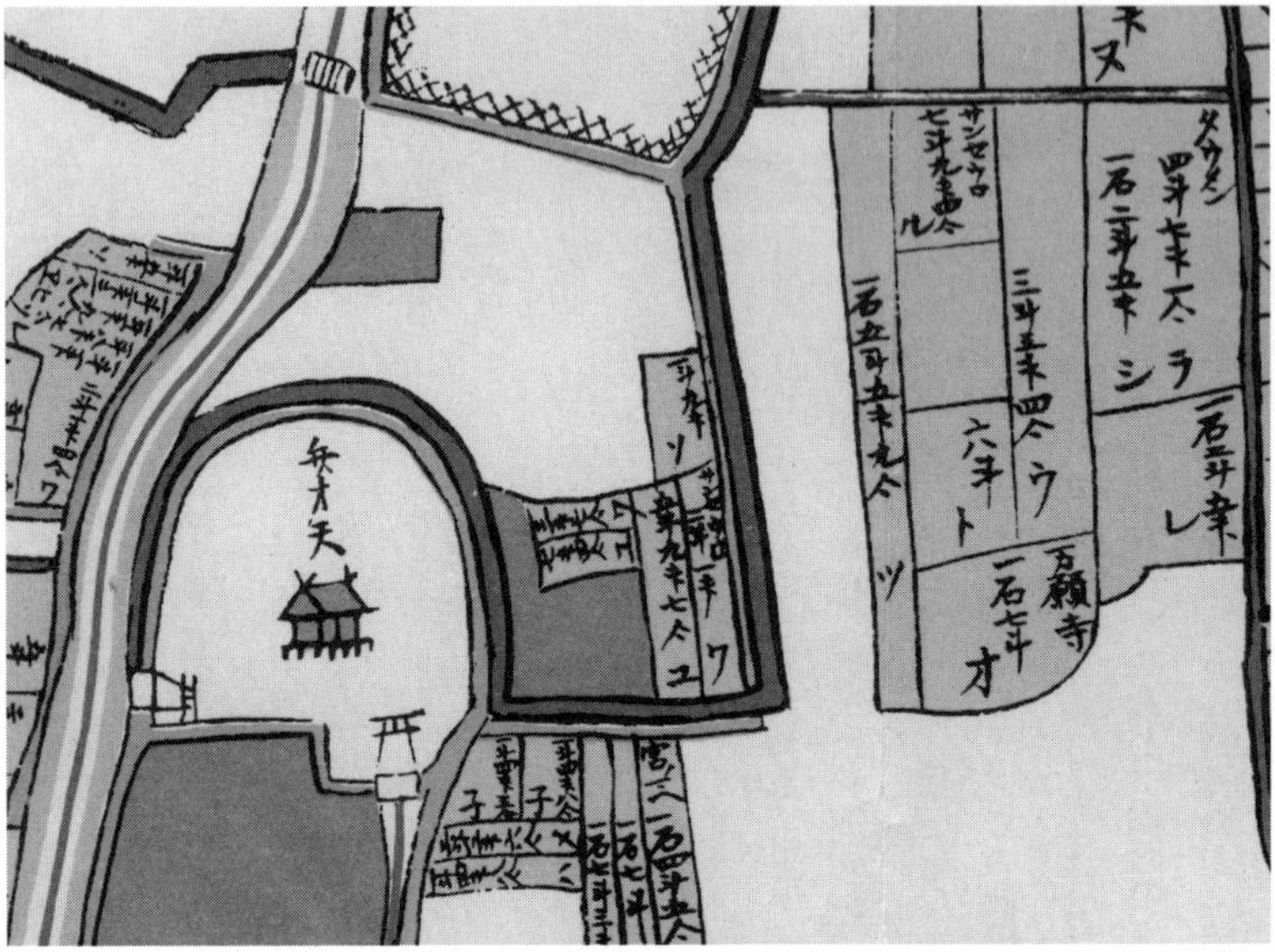

図36　横大路村内の散所の集落
絵図のほぼ中央に描かれた弁財天の社（瀉嶋弁財天社）の東に、「サンセウロ」と書かれた二筆の土地を確認することができる。「東福寺領山城横大路村絵図」は、寛文六年、永井尚往が淀藩主時代に家臣に命じて作らせたものの写し。

近辺に散所の屋敷地があったと見てよいであろう。

東福寺文書にはこの他に、寛永十一年と十二年の「横大路村年貢方損免帳」(4)に「サン所　新二郎」「サン所　又次郎」の記載があり、年未詳の「東福寺領地押田畠野付帳」(5)に「サン所　新二郎」「サン所　又二郎」「サン所　玄三」の記載が見えるが、この史料を下限に東福寺文書、さらには横大路村の地方文書からも散所の記載は見えなくなり、近世の散所の動向については不明である。

（1）『出来斎京土産』。
（2）『東福寺文書』五六三号。なお、東福寺文書の文書番号は大日本古文書『東福寺文書』の文書番号を用いた。
（3）『東福寺文書』五七七号。
（4）『東福寺文書』五七三、五七四号。
（5）『東福寺文書』五九四号。

宇治郡

醍醐寺散所

山路興造

一、醍醐寺

山城国宇治郡醍醐（現京都市伏見区醍醐）の地にある醍醐寺には、付属の散所があったことが、早くから知られている。

醍醐寺は山科盆地の南方、笠取山の山上から山下にいたる広大な寺域を有する醍醐天皇勅願の寺院で、奈良街道に面して総門がある。創建は諸山で修行を積んだ真言僧聖宝が貞観十六年（八七四）に、笠取山山頂に観音を安置し、草庵を建てたことに始まるとされるが（醍醐寺縁起）、諸説がある。しかし、延喜七年（九〇七）には醍醐天皇の勅願で、五大堂・薬師堂などが建てられ、以後飛躍的に発展する。当初は笠取山山上（上醍醐）を中心に諸堂が整備されたが、延喜十九年には山下（下醍醐）に宿院の造営が始まった。その地は奈良時代に、奈良の都から近江を経て東国に赴く東海道（のちの奈良街道）に面した交通の要衝であった。

延長八年（九三〇）醍醐天皇が没すると、天皇の山陵は醍醐寺の北に築かれるが、その子朱雀天皇も多くの荘園を施入するなどし、同じく醍醐の地に葬られている。以後も多くの諸堂の建立や荘園の施入が行われるが、この稿で問題となる荘園近江国柏原庄は、白河天皇中宮賢子の御願によって、応徳二年（一〇八五）に上醍醐に建立された円光院に施入された荘園である。

二、山科散所十人

醍醐寺散所については、これまで多くの人が論じており、(1) ここで詳述するのは屋上屋を重ねるきらいがあるが、散所とキヨメの関係を明らかにするためには、これまでの解釈では解決できない問題も多いので、改めてここで検討を加えておきたい。

醍醐寺に散所が付せられたのは、承暦元年（一〇七七）以前であったらしい。平安時代末期に成立した『醍醐雑事記』巻五の「大和国大南庄事」には、

或記云、宇治殿之北政所之兄弟ニ桂御房ト申人御ス、其時ノ座主宮僧正、其御時木幡境被定之事有ト見ユ、桂御房ハ後中書王御子也、左大臣殿伯也、東院菩提并山階散所十人石田等者、桂御房奉付属法務御房了云々、

とある。この文書によれば、宇治関白藤原頼通の北政所源隆姫の兄弟で、左大臣藤原師実の伯父に桂御房（源師房）という人がいたが、彼は醍醐寺十二代座主宮僧正覚源の時、桂御房の住居のあった醍醐寺南境の木幡との間に境を定めるなど、醍醐寺と大いに関係のあった人物である。また桂御房は、醍醐寺十三代座主定賢（法務御房）に、東院・菩提・石田などとともに、「山階散所十人」を付属したというのである。

この桂御房源師房は、承暦元年（一〇七七）に没しているから、散所十人の付属はそれ以前ということになる。なおこの寄進は、桂御房師房の孫勝覚が醍醐寺十四代座主になっていることと関係があるのかも知れない。

この醍醐寺十三代座主定賢に付せられた山階散所は、元永二年（一一一九）には定賢の甥で白河院近臣の源能俊（治部卿）によって、白河新御所の「庭払」として寄進されている。

『中右記』元永二年四月三十日条に、

治部卿被入来家中、彼山階散所根元被談、是可申入殿下之由所被示也、近日被成院白河新御所庭払之間、喧嘩出来也、答承之由也、

とあり、さらにその十数日後の五月十二日条には、

巳時許、参殿下、被仰云、年来所知山科之散所、治部卿被寄進院、事子細、可奏院也、（中略）則参院、召御前委以奏覧、仰云、然者件散所従殿下可被進也、（中略）午後帰参殿下、申院御返事、退出了、

ともある。

四月三十日には、『中右記』の筆者中御門宗忠のところに治部卿能俊が来入し、山階（山科）散所の根元のことについて面談したというのである。根元のこととは、この散所が前述のように、桂御房による定賢へ寄進された経緯であるに違いない。(2)というのは定賢の甥能俊は、自分が年来所知していた山科散所を、白河上皇が岡崎に前年の元永元年に新造した白河院（白河北殿）に庭掃きとして寄進しており（五月十二日条）、それに関してなんらかの紛争が生じたので、関白忠実に仕える宗忠に相談に来たのである。

結局、山科散所は関白家より上皇に寄進するという形態をとることで決着したようであるが、この紛争は当時の寄進系散所の存在形態と関係があると思われる。

以上の史料から幾つかのことがうかがえる。

一つは桂御房源師房による山科散所の付属が、醍醐寺そのものではないことである。なぜ桂御房が山科散所に対する権益を持っていたのかはわからないが、桂御房は孫（子息俊房の子で十四代座主勝覚）の醍醐寺座主就任のこともあって、十三代醍醐寺座主定賢に付属したに違いない。それ故にこの散所人を、定賢の甥能俊が所知できたのであろう。

二つ目は、名称が醍醐散所ではなく「山階（山科）散所」である点で、今日でもそうであるが、醍醐寺付近は確かに山科盆地の南端ではあるが、その付近を山科とはいわない。「或書云」の書き方では、既存の山科散所から十人を付したと取るのが自然である。なお定賢に付された十人が、山科散所のすべてであったかどうかも不明である。

このことを前提にすれば、建長五年（一二五三）十月二十一日付「近衛家所領目録」に、「散所　山科行時」とあるのが気にかかる。文書の時代は下がるが、山科には摂関家の山科散所が存在するのである。(3)

これまでの研究によれば、この山科散所は山科盆地の北を通る東海道の荷役と関係して成立したともいわれる。(4)もしこの摂関家領山科散所が早くから存在しているとするなら、桂御房はそのうちの十人を醍醐寺座主定賢に奉じた可能性もある。なお付されたのは座主定賢であったとしても、実際の仕事は醍醐寺の所用（おそらくは掃除）に従事したことはいうまでもない。

第三は、この散所人は白河新御所と醍醐寺とを兼務した可能性である。散所十人を付すという実態がどのようなものであったかはわからないが、定賢に付されてから四十余年、なおその権益が定賢の一族である能俊にあったことは確かである。同時に醍醐寺にもあったが故に、白河新御所に寄進しようとして紛争したとすれば、その解決策として、関白家からの寄進という形態を取ったにせよ、そう簡単な問題ではなかったに違いない。どちらに重点を置くかは別にして、当時の「庭掃き」という実態は、兼務が可能なものであったのかもしれない。

三、西惣門并河林寺散所

醍醐寺の文献にはもう一つ散所が登場する。醍醐寺八十代座主義演（一五五八〜一六二六）が編纂した『醍醐寺新要録』の長尾宮編年中行事に、(5)

図37　長尾天満宮
醍醐寺の鎮守社のひとつであり、
この地域一帯の産土神である。

　一、千秋万歳事　西惣門并河林等散所者参申、於社頭前祝言申
　　之也、修正以後事了、酒一提給畢、

とある散所である。

　しかしこの表記には若干問題がある。義演はこの記事を、寺蔵の延徳年間（一四八九～九二）の年中行事記から引いており、「西惣門并河林等散所」としている。しかしこれはどうも誤記であったらしい。

　森末義彰氏は『中世の社寺と芸術』所載の「散所」のなかで、醍醐寺三宝院蔵の「下醍醐年中行事上」[6]の正月六日長尾宮修正会条「千秋万歳事」を引き、「西惣門并河林寺散所者悉参申」と記している。

　丹生谷哲一氏も『検非違使』所載の「散所非人について」において、内閣文庫蔵の「醍醐年中行事　上」を参照して「一、千秋万歳事　西惣門并河林寺散所者」としている。すなわち「西惣門并河林寺散所」が正しいようなのである。

　西惣門散所はその名称から考えて、下醍醐寺の西側にあった惣門、すなわち奈良街道に開いた門の近くに所在していたに違いない。しかしもう一方の河林寺散所の位置はわからない。両散所を併記しているところからすれば、両所に分散して居住していたはずである。

　この千秋万歳を演じた散所と、前述した山科散所とどのような関係があるのであろうか。山科散所の所在地が醍醐寺の近くでなく、岡崎の白河新御所にも寄進された経緯を考えれば、別物と考えるのが普通であろう。ただし次のことは考えられる。

①座主定賢に山科散所十人が付せられる以前から、醍醐寺の散所として別に存在していた可能性。

②山科散所十人のうちの一部が、醍醐寺近くに居を構えて西惣門并河林寺散所となった可能性。

である。以下この千秋万歳を演じた散所について考察することとしたい。

(1)醍醐寺と千秋万歳

醍醐寺において、正月に千秋万歳が演じられた歴史は古い。[7]『醍醐雑事記』巻十一「座主坊雑事日記」久安五年（一一四九）の条に、

柏原庄餅廿桶内柏原方十三　大野木七　飴桶一納

同庄円光院料餅廿桶柏原十三　大野木七　各以庄夫上之

（中略）

柏原桶餅支配

上薬師同修正料八桶　三宝院修正料四桶

残者千秋万歳料歟可有用意

とあって、すでに平安時代末期には、近江国柏原庄（現滋賀県山東町）の柏原から修正会料に納められた桶餅のうち一桶が、千秋万歳料に宛てられており、この頃、千秋万歳が演じられていたことがわかる。

近江国柏原庄は、前述したように白河天皇中宮賢子の遺骨を納めた円光院に、応徳二年（一〇八五）に寄進された荘園であるが、のちには座主坊領として推移している。

この時、千秋万歳を演じたのが、西惣門并河林寺散所の者であったかどうかはわからない。しかし他所の例か

ら考えて、千秋万歳は散所の者が演じたことは確かなのであるが、この頃の醍醐寺は、山科散所が白河新御所に寄進された後である。前述したように山科散所の者が兼務していたのか、もしくは一部が醍醐寺に残っていたのかであろうか。座主に付せられた山科散所十人の一部が醍醐寺に残り、西惣門付近及び河林寺に居住地を与えられ、それが西惣門并河林寺散所を形成したと考えるのが、今のところ自然であるのかもしれない。(8)

以後、千秋万歳は間断なく史料に登場する。『三宝院旧記一六』（東大史料編纂所蔵）所収の「後七日雑記」弘長三年（一二六三）正月九日条には、三宝院に伺候して祝言を申す千秋万歳の記事があるし、建武四年（一三三七）正月十二日にも、醍醐寺座主坊に千秋万歳が来ている（『醍醐寺文書』所収「建武四年後七日御修法記」）。

⑵西惣門散所

西惣門散所の名が確実に文献に登場する最初は、『賢俊僧正日記』貞和二年（一三四六）三月九日条である。そこには「西惣門法師原十六人来、泉石立直之」とあり、西散所の法師原の者十六人が、三宝院の庭石を造作したというのである。ただしここには河林寺散所の記載はない。

次が『醍醐寺新要録』が引く延徳年間（一四八九～九二）の年中行事記ということになるのだが、醍醐寺の年中行事を記した史料は、種々存在し年号不明のものが多いのだが、室町期に編纂された年中行事記は、いずれも千秋万歳として「西惣門并河林寺（等）散所」の名を記しているようである。

しかし併記される河林寺散所については年中行事記が記すのみで、実際に活躍が確認できるのは西惣門散所のみである。たとえば『醍醐寺文書』所収「卅講米并御影供田算用状」永禄三年（一五六〇）分には、

三斗二舛六合　百六十三文ノ代米御引替ニ引、十月二日西坂掃治ノ時、百五十文惣門ニ御下行、利平十三文、合百六十三文也、

とあって、掃除料が惣門の者に支払われているし、同じく永禄六年（一五六三）正月の奥書がある「卅講米并御影供田算用状」（『醍醐寺文書』所収）永禄五年分にも、「三斗四舛五合　去年八月西坂掃治ノ時、惣門衆ニ被下之酒ノ代百十五文ノ代米也、但此内十五文ハ八月ヨリノ利平也」とあって、西惣門の者が「惣門衆」として、西坂の掃除に携わったことが記される。

千秋万歳を演じる西惣門衆の姿は、『義演准后日記』文禄五年（一五九六）正月六日条に、「今日惣門の千秋万歳一曲之を申す、去々年より唱門師太閤御聞□の為如何、今日不参」と記され、本来義演のいる三宝院には正月六日に来るのが通例であったこと、しかし例の豊臣秀吉による京都の声聞師がすべて尾張に移住させられた一件により不参したことがわかる。

同じく慶長三年（一五九八）正月一日条には「毘沙門経来る、惣門の者也、佳例少し下行有り」、慶長四年正月六日条には「千秋万歳来る、此の五六ケ年天下御□禁制ニ付来らず」、慶長五年正月六日条には「佳例の千秋万歳来りて祝言申す、餅酒を下さる、此外の下行少し納戸よりこれを渡す」、慶長六年正月六日条には「千秋万歳来りて祝言を申す、惣門の者也、少し下行在り、当座に酒餅を庭上に於て下さる」、元和六年正月六日条には「醍醐寺へ長尾より千秋万歳が来る」などとあって、慶長二年には尾張から帰京していたらしく、三年正月は一日に毘沙門経を申した記事しかないが、四年以降は先例通り千秋万歳を演じて旧に復している。

四、醍醐寺のキヨメ

以上が醍醐寺における散所の動向であるが、醍醐寺にはそれとは別にキヨメが存在した。これまで散所とキヨメを同一して、同じ線上で考えることが多かったが、後述するように散所とキヨメは、職掌において重なる部分もあるが、本来別である。そのことを前提に醍醐寺のキヨメの歴史を考察しておきたい。

源師房によって、山科散所十人が座主定賢に付属されたのとほぼ同じ頃、醍醐寺には別に検非違使庁より「餌取二人」が付せられている。『醍醐雑事記』巻十四「文書目録」に「検非違使庁下文一通二枚　餌取付寺家事　承暦四年六月十四日」とあるのがそれである。実際の文書こそ残されていないが、『醍醐雑事記』の編纂された平安時代末期には、餌取を付すという承暦四年（一〇八〇）六月十四日付の「検非違使庁下文」が存在していたのである。

丹生谷氏は『日本中世の身分と社会』所収の「中世における他者認識の構造」(9)のなかで、元来鷹を飼うことは親王以下特定の人にのみ許されており、その際三位以上の者には二名、四位以下の者には一名の餌取が付せられたと記している（検非違使式）。醍醐寺に付せられた餌取も、この規定に準拠したものとされる。『塵袋』の「キヨメヲエタト云フハ（中略）、根本ハ餌取」をあげるまでもなく、この餌取は後々まで醍醐寺所属のキヨメとして存続した。

文治二年（一一八五）頃に、醍醐寺僧慶延によって書かれた「執行職雑事」（『醍醐雑事記』巻九）には「清目の職能」が、

清目進障泥事執行一代一懸出之、清目二名片懸出之云々、又掃治七月十五日九月九日歳末為之、各食下之、長尾御輿路為彼役本為之、近来者不為之、又裏无時々召之歟、行延執行之時障泥不進之云々、

と記されている。これによれば醍醐寺のキヨメには、

㈠障泥という皮製の装飾用馬具を、執行一代に一度、二人が片懸ずつ作って上納する。
㈡毎年、七月十五日・九月九日・歳末の三度、食料を下行されて大掃除に従う。
㈢醍醐寺の鎮守長尾天神社の御輿の行路を修造する。
㈣裏無という草履を召しに応じて上納する。

などの職掌が課せられていたことになる。すなわち餌取・皮革・掃除・神輿道の修造・履物の上納などである。
これらは後の河原者の職掌とも一致する。(10)

キヨメと散所の職掌の違い

座主に付せられた山科散所十人が、掃除役を職掌としており、西惣門散所の者が河林寺散所も含めて、祝福芸能の千秋万歳や作庭・掃除などに携わったわけであるが、検非違使庁から醍醐寺に付せられた餌取（キヨメ）は、皮革製品の製造・年三度の大掃除・神輿道の修造・草履の制作というのが職掌であった。その点で明らかに散所とキヨメは異なる集団であったわけである。

一般に京都における散所は掃除を職掌とするが、そのほかにも早くから祝福芸能である千秋万歳を演じ、貴族たちの代参として寺院の鰐口を打ってまわる金口打ち、時々に毘沙門経などを唱ずるなど、種々の呪能を必要とする職能に携わっており、民間陰陽師としても活躍した。それゆえに声聞師とも呼ばれ、鎌倉時代後期以降には、千秋万歳の余興として演じた猿楽や曲舞を演じ、室町期以降には曲舞を自己の芸能とするのである。

掃除は別として、これらの職能はキヨメと重なることはなかったが、菊作りや植物の移植、庭石の移動などの作庭に関することなどの幾つかは、キヨメの職掌と重なる部分もあった。ただし斃牛馬の処理や、皮革品の加工に関しては、散所が携わることはなかった。

五、散所の衰退とキヨメの動静

京都では江戸時代にはいると、散所はほぼ衰退するのが原則である。ただし醍醐寺においては、西惣門の者が千秋万歳を演じる姿がしばらくは史料に見える。京都の散所は豊臣秀吉の命令により、文禄二年（一五九三）の暮れ、尾張の開拓に送り出されたことが知られている。醍醐寺散所の者もその例外ではなかったようである。ただし醍醐寺三宝院主の『義演准后日記』の文禄五年正月二日条には、「今日惣門千秋万歳一典申之、従去々年唱門師為太閤御□如何、今日不参」とあり、正式には不参であったが、残っていた惣門の者がそれに代わるものを演じたようである。

慶長三年（一五九八）に秀吉が没すると帰京が許されたらしく、『義演准后日記』慶長四年（一五九九）正月六日条には「千秋万歳来、此五六ヶ年天下御□禁制ニ付不来」と、やっと復活した千秋万歳の来訪を記している。

この千秋万歳がいつ頃まで存続したのか、それを知る史料はない。義演の日記も慶長六年までしか記載がない。今後、三宝院の江戸時代の日次記でも公になれば、もう少しはっきりするかもしれない。

一方、醍醐寺のキヨメの方は、連綿と近代まで存続した。今日「辰巳地区」と呼ばれるところで、江戸時代には醍醐日野口村と称されていた。この地区に関する史料はそう多くはないが、元文三年（一七三八）に醍醐日野口村の者が、宇治郡六地蔵町の斃牛馬処理権をめぐって、伏見野田村（現改新地区）と相論に及んだ文書が、北松尾家文書に残されている。

乍恐奉願口上書

一、六地蔵町落牛馬之儀、古来より私共取来候所、此度野田村より支配仕度由御願申上候ニ付、御領分も違候所之儀ニも候間、和談仕少々宛運上差出候様ニ被仰付候段、御尤至極ニ奉存候、併何国ニも御領分入込落物取候儀数多御座候儀ニ而、御領分違申候故運上差出申候儀、私共願ニは法式ニ無御座候、尤御公儀様御用相勤申候儀故、落物取申候作法無御座候、右之通運上差出候而ハ私共法式立不申候間、雌儀ハ得心難仕候、乍恐何分ニも御用捨成可被下候、何とそ御慈悲之上、古来之通ニ被為仰付被下候様ニ御願被下候ハ、、難有可奉存候、以上、

元文三年午十月

醍醐日野口村
新　兵　衛（印）
市郎兵衛（印）
木幡河原村
吉　兵　衛（印）
市左衛門（印）
七　兵　衛（印）
長　兵　衛（印）
久　兵　衛（印）
吉左衛門（印）

醍醐村大年寄
中村幸助様
木幡村三方
御庄屋中様裏無時々召之歟

ちなみに江戸時代の醍醐村には、天正十七年「山城国宇治郡醍醐村検地帳」（『醍醐寺文書』）や、慶長十三年「山城国宇治郡醍醐村田畠之事」（同前）などが残されているようであるが、そのいずれにも西惣門・河林寺の記載はないようである。

（1）森末義彰『中世の社寺と芸術』（畝傍書房、一九四一年）所収「散所」をはじめ、近年では丹生谷哲一『検非違使』（平凡社、一九八六年）所収「散所非人について」、同『日本中世の身分と社会』（塙書房、一九九三年）所収「中世における他者認識の構造」、山本尚友『京都の部落史1　前近代』（阿吽社、一九九八年）所収「第二章　中世社会と賤民」、同『被差別部落史の研究』（岩田書院、一九九九年）所収「散所の生成・解体と声聞師」など。

（2）ただし後述するように摂関家領として存在した山科散所そのものの根元である可能性もある。

（3）能俊所伝のものが白河新御所の掃除役に寄進されたとき、その権利が摂関家に移り、以後、山科散所が近衛家領として伝領された可能性も考えられる。但しその場合は、山科散所は能俊所伝のものがすべてということになる。

（4）西岡虎之助「荘園制に於ける倉庫の経営と港湾の発達との関係」（『史学雑誌』四四―四、後に『荘園史の研究　上』岩波書店、一九五三年、に再収）。

（5）長尾宮（現長尾天満宮）は下醍醐寺金堂の東北丘陵に鎮座する神社で、醍醐一帯の産土神とされる。

（6）おそらくは永継執行法橋が明応元年（一四九二）十一月に記した「下醍醐寺年中行事」を参照しているものと思われる。

（7）拙著『翁の座』（平凡社、一九九〇年）所収「被差別民芸能の変遷」などに論究する。

（8）拙著『翁の座』所収の「萬歳の成立」に、平安時代末期成立の知恩院本「和漢朗詠集註上」の記事などを使って詳しく論じたことがある。

（9）前掲註(1)丹生谷前掲書。

宇治郡

山科散所

川嶋将生

山科散所については、『醍醐雑事記』巻五に承暦元年（一〇七七）以前のこととして、桂御房源師房が東院・菩提ならびに山階（科）散所十人・石田等を醍醐寺に付したとあるのがその初見である。次いで『中右記』元永二年（一一一九）四月三十日条に「治部卿被入来家中、彼山階散所根元被談、是可申入殿下之由、所被示也、近日被成院白河新御所庭払之間、喧嘩出来也、答承之由也」として現れ、さらに同記同年五月十二日条にも「巳時許、参殿下、被仰云、年来所知山科之散所、治部卿被寄進院、事子細可奏院也、又尾張重任事、可取御気色者、委事不記留也、則参院、召御前委以奏覧、仰云、然者件散所従殿下可被進也」と記載される。

『醍醐雑事記』の記事からは、山科散所の性格を読みとるのは難しいが、ただ、散所十人という、人数でもって醍醐寺に付されていることは、後年の文保二年（一三一八）、後宇多法皇から散所法師十五人が東寺に寄進されたことと共通することから、留意しておきたい。そして『中右記』の二つの記事からは平安時代末期における山科散所の性格が、朧気ながらも浮かび上がってくる(1)。

まず最初に、山科散所は、治部卿、つまりは源能俊が関白藤原忠実の命をうけて、年来、領地してきたものであったが、藤原忠実より白河院に寄進されたものであったこと、二つ目は、その山科散所は白河新御所の庭払に従事していること、である。白河上皇の白河御所は、白河南殿と北殿からなり、このうち北殿は南殿よりも遅れて元永元年（一一一八）に造営されているから、ここにいう「新御所」とは、白河北殿を指す可能性が高い。また庭払の払は、掃もハラウと訓むこと、さらには『為房卿記』康和五年（一一〇三）八月十二日条に、鳥羽殿庭掃・法勝寺庭掃などとみえることから、おそらく庭掃と同意義と考えて間違いないところであろう。したがって白河院に寄進された散所は、院御所としての白河北殿の掃除を目的に寄進された、掃除系のものであったことがわかる。ただ散所の所在地については、五月十二日条に「山科之散所」とあるから、山科に所在したことは確実であるがそれ以上の詳細は不明である。ならば、醍醐寺に付された山科散所と白河院に寄進された散所の関係をどのように理解すべきなのか。このことを明らかにする史料は管見のなかにはないが、両者の間には約四十年しか時間的隔たりがないことからすれば、別の存在と考えるのが妥当なのではあるまいか。

次いで建長五年（一二五三）の『近衛家文書』「近衛家所領目録」（『鎌倉遺文』七六三一号）中の「散所」の項に、「山科行時」とみえているから、鎌倉時代中期には近衛家領の散所が山城国の山科に存在していたことは確実だが、その後の近衛家所領関係史料中にはこの散所に関連するものは出ない。したがって前代の山科散所との関係は不明であるし、なんといっても散所の性格そのものが明確ではない。林屋辰三郎氏はこの史料から、「山科の長者が行時であり、淀は左方が能武、右方は武茂が支配するところであり、其他は政所の直務であったことを物語るものであろう」と述べたあと、「この散所長者はこれらの隷属民のなかから現れる場合もあるが、却って領主側の監察機関と化し、そのために散所民は、二重にも隷属を余儀なくされたのである」として、[2]掃除系の散所であることを前提に、「行時」は、領主側が設置した散所の長者であるとの見方を示している。

その後、しばらく山科散所についての記事を文献上にみることはないが、中世後期にいたり、山科家に関連する散所が、別の姿で再登場する。つまり『山科家礼記』文明四年（一四七二）正月二十五日条に、「掃部助此方へ下向候也、さん所のもの竹公事四百文持□也、将監方今日下向候也」と記されて、竹公事を納める散所が登場し、以後、文明十三年十二月三十日条まで、関連すると考えられる記事を含めて六例が同記に登場するのがそれである。[3] 文明四年正月二十五日条では、散所が竹公事として四百文を持参したというのだが、同年二月二十三日条には、「掃部方竹うりさん所之者、公事銭二百文出候也、百文ハ此方、百文掃部方とられ候」と「掃部方」と記されているところをみると、この竹売り散所は、掃部助、つまり山科家家礼大沢一族の大沢重有の差配をうけていたのであろう。『家礼記』に登場する「竹売散所」の記事の多くは、掃部の記事とともに記されているのが、その推測をさらに強くする。

ただしこの「竹売り散所」はどこに所在していたのかは不明である。同記文明十二年十一月三日条には、「京の竹うり二人二十疋持来候、さん所もの、事わひ候、又公事銭事申之」とあって、京都の竹売りに対しては、わざわざ「京の竹うり」と記しているところをみると、同記に登場する他の竹売りは、京以外、つまりは山科に所在した散所であった可能性が強い。まして山科が三毬打竹を禁裏に献上していたことを考慮すれば、なおさらである。もしそうであれば、この記事からは今ひとつの問題を導き出すことができる。つまり、「京の竹うり」が「散所のもののことについて詫びに来た」というのだから、地域を越えて竹売りに携わる者の間での連携が保たれていたことが考えられる。

山科家に関連する散所としては、この他、散所法師「熊」がある。「熊」は『教言卿記』応永十二年（一四〇五）六月十一日条に登場するのが初見で、以後、明応元年（一四九二）八月二十二日の『山科家礼記』まで、約九十年間にわたってみることができる。つまりこのことは、散所法師「熊」と名乗ってはいても、それは一人の人物が九十年もの長い期間、名乗っていたとは考えられないから、この「熊」は散所のグループ名か、もしくはグループのリーダー名としておそらくは継承された名であったのだろう。ただ散所「熊」が山科家で行った仕事は、築地や建物の上葺、筧直し、井水替えといった工事関係、あるいは火祭り・毘沙門経・阿弥陀経・仁王経といった宗教関係であり、それ以外の、例えば正月や八朔時に、草履や箒を山科家に献上するといった、他の権門と被差別民との間でみられるような、日常的な関係を両者にみることができない。このことは、散所法師「熊」は、山科家の差配をうけていた散所ではなく、ときどきの必要に応じて山科家の仕事を請け負う、そうした関係のものであったことを間接的に物語っているのではないか。(4)

なおこの散所法師「熊」についても、その所在地は不明である。しかし山科家の邸宅が京都にあったこと、また先のような両者の関係を考えると、これは推測の域を出るものではないが、山科に所在した散所である可能性は低いのではないか。したがって「竹売り散所」とは別の散所であろう、いまはそのように考えておきたい。

（1）　これらの点については、山本尚友『被差別部落史の研究』第一章第二節に言及がある（岩田書院、一九九九年）。
（2）　林屋辰三郎「散所　その発生と展開」（一九五四年初出、『古代国家の解体』東京大学出版会、一九五五年）。
（3）　もっとも散所とは書かれないが、竹公事銭の文字がみられるのは、『山科家礼記』寛正四年七月七日条が早い。
（4）　拙稿「山科家をめぐる散所と河原者」（一九九六年初出、『「洛中洛外」の社会史』思文閣出版、一九九九年）。

久世郡

中村内声聞師村

村上紀夫

山城国久世郡中村は幕末期の村高は三百六十石余、近世には幕領と後藤四郎兵衛知行地、本阿弥弥三郎知行地からなっていた。この中村内に声聞師村があった。しかしながら、この声聞師村については僅かに寛文十三年（一六七三）の史料に見えるのみであり、中世はもとより寛文以降の様子についても一切窺うことはできない。そこで、ここでは寛文十三年の史料から明らかにできることについてみていくことにしよう。まず、やや長文にわたるが中村内声聞師村に関する史料を引用しておくことにしよう。

乍恐口上書

一、当年大火てりニ付、三ケ村して龍玉様へ雨乞ノくわんをかけ雨十分ニ被下忝存候ハ、能仕、右之くわん相済候、

一、龍玉様へくわんヲかけ、則先年ゟおとり仕候事も御座候、又ハ能仕候事も御座候、此義ハ御みくじ次第ニて御座候、然所当村ニをいてしやうもし村御座候、かの物共をとり仕候時ハをとり子出させ不申、をとりはノけいご并ニのミ水ノ約申付、又ハ能仕候時者、当村は龍玉ノたひ所ニて候へハ、則当所ノうぢ神ノ御前おいて能興行仕候、然ハ当村ノ物共者屋城ノそうし、かくやノふしん、さるかくノ送向、万事人足大

分之義ニて御座候へとも仕候事、
一、しやうもんし村ノ物共義ハ能仕候日、橋かゝり之けいご并ニけんくわヲさへなと仕候事ニて御座候、然ル所ヲ先年ゟ礼なき事と申、今度ハ致不申何共めいわく仕候、かの物共召被出、急度被為仰付被下候へハ難有奉存候、
一、しやうもんし村ノ物共庄や年寄申付之義も不承、殿様へもことわりなくつち御門様へも又ハ本阿弥様へ参、くわんしうし中納様之百姓となのり無礼なす事御座候、
一、しやうもんし村ノ物共拾壱間御座候、同四人ハ本阿弥様百姓ニて御座候、残七人ハ殿様ノ百姓ニて御座候、則本何弥様ニハ御吟味被先年ノ通約仕れと仰被付候御事御座候、
一、弐拾五年以前又ハ十七年以前能仕候、并ニ六年以前又四年以前ニもをとり仕候時ハしやうもんし村ノ物共けいごのミ水やく仕候事、我等ニも覚来り候へとも、今度ノたひ者得不仕候義ニて御座候、
一、しやうもんし村ノ物共ヲあいてニ仕候義ハ如何存候へとも、雨乞とまり五穀成就不仕候ハ、御納所ノさわりニ罷成可申と存候へてめいわくニ存御訴所申上候、右之物共召被出急度為仰付候へハ難有奉存候、以上、

庄屋
与兵衛
（中略）

勧修寺中納言様(1)

これは日照りにより中村・市辺・奈島の三カ村が共同で市辺村にある竜王社に雨乞い祈願し、降雨を得たために竜王社に感謝して能を行った際の文書である。この竜王社は現在も市辺村の天満神社境内に祈雨社という名称で祀られており、寛文以降も再三にわたって雨乞い祈願をうけている。

まず、この史料から「当村ニをいてしやうもし村御座候」とあることから、声聞師村が中村のなかにあることが知られるであろう。同史料によれば、この声聞師村は十一軒存在し、内七軒が勧修寺家に属し、四軒が本阿弥家の百姓であったことがわかる。しかしながら、わざわざ「しょうもし村」という名称をもって記される以上、中村とは別個の集団を形成していたことが窺える。実際、また、雨乞い踊りにあたっては中村は踊り子を出し、能興行の際は竜王社の旅所であるため社や楽屋の用意、猿楽の送迎などを行うが、声聞師村では踊り子を出すことはなく、「けいご并ニのミ水ノ約」、即ち「橋かゝり」の警固や「けんくわヲさへ」などの警固役と接待の際に飲み水を汲んで渡す「水飲み」の役のみを専らとしていたことが窺えるのである。

しかしながら、かかる扱いについて既に声聞師村は一定の抵抗を試みていたようで、「礼《（例）》なき事」と称し、こうした役を勤めることを拒否していたと見られる。これに対して中村が雨乞いの執行に差し支えがあるため、前例の通りに参勤するよう命じるように領主の勧修寺家に求めたのが上記の史料である。

興味深いのが、末尾の「しやうもんし村ノ物共ヲあいてニ仕候義ハ如何存候へとも」という文言で、ここからも中村が声聞師村にたいして本来なら相手にする程でもないという意識を持っていたであろうことを窺うことができる。なお、ここで注意しておきたいのは「殿様へもことわりなくつち御門様へも又ハ本阿弥様へ参」という一文である。ここから、中村の声聞師が京都の土御門家と関係を持っていたことが知られ、在地で「陰陽師」としての活動を行っていた可能性も想定できるであろう。

なお、その後の史料では中村の声聞師村について言及したものはなく、詳細について明らかにすることはできない。雨乞いにあたっての警固も声聞師村は既に行わなくなっていたようで、約半世紀後の享保十二年（一七二七）には市辺村の又左衛門ら四名が「先年ゟ警固役相勤来候」として行っていたが、「得心不仕我侭申」したため、「村中御立腹」したとあり、この頃には既に中村の声聞師村の手から警固役は離れていたことが知られるのである。[2]

では、この中村の声聞師村はどこにあったのであろうか。後の史料に見えないことから考え、早い時期に声聞師村そのものが解体していた可能性もある。もし仮りに後世まで集落が解体せずに存続していたとすれば、「村」と称していることから、中村内にありながら一定の独立性を持った集落を形成していたと考えていいであろう。そうして中村の景観を見た時、この集落が山裾に接した「中の郷」と称する集落と、そこからやや西に離れた「出垣内」という二つの集落からなることに気付く(3)。

決め手となる充分な史料もないままに安易に結論を出すことは慎まねばならないが、「村」という表現から見る限り「出垣内」を声聞師村と何らかの関係があると考えることも可能性ではあろう。近世における中村の宮座の格式をめぐる争論では「後座」と呼ばれた本郷の座が自分たちを「本郷座」とし、左座を「出垣内座」と呼ぶよう主張したことがあるなど、出垣内をめぐる中村の視線は本村と同じものではないようである。

しかしながらこの争論の結果、享保十五年（一七三〇）には左座と後座は一つになり、神社の社守役も籤によって決められ、席次も年齢順とすることとなる(4)。もし仮りに出垣内が何らかのかたちで声聞師村の系譜をひく集落であったとしても、おそらくこの争論を経て以降は本村と差をつけることは認められなくなると考えられよう。いずれにせよ、冒頭に述べたように十八世紀以降は中村の史料に声聞師村に関する記述は見られず、中村内の声聞師村は声聞師としての活動は停止し、周囲の百姓と変わらぬ姿となっていったものと考えてよいであろう。

（1）「中自治会文書」（『城陽市史』第四巻、七三五～六頁）。
（2）「市辺自治会文書」（同右、七三七～八頁）。
（3）城陽市歴史民俗資料館編『城陽市民俗調査報告書』第一集（城陽市歴史民俗資料館、一九九五年）。
（4）『城陽市史』第一巻（二〇〇二年）、七五六頁。

綴喜郡

北谷村

梅田千尋

一、地域社会の中の陰陽師村

(1)高木村と北谷

摂津・河内を中心に、近世以来「歴代組」と呼ばれた陰陽師の村々が散在する。北谷は、南山城に所在した、その一集落である。

北谷は、生駒山地に流れを発する普賢寺川が、木津川に注ぐ地点近くに位置する。北谷を含め、普賢寺川沿いに点在する村々は、普賢寺郷を構成し、中世には普賢寺庄、あるいは朱智庄として、郷内に一大伽藍を誇った興福寺別院普賢教法寺の支配を受けた。しかし、この時代の普賢寺郷に関する史料は乏しく、『大乗院寺社雑事記』などにも殆ど記載はない。「北谷」という地名の初見は、寛永七年（一六三〇）であり[1]、近世段階での北谷は高木村の枝郷となっている。文明十四年（一四八二）作成と記された「朱智庄佐賀庄両惣図」（図38）には北谷にあたる箇所に「北高木」の集落が描かれるが、この絵図は実際には近世中期以降の状況を反映したものと考えられる[2]。

このように、北谷の付近に中世の散所の存在を示す記録は見られず、散所との関連を指摘しうる根拠は乏しい。

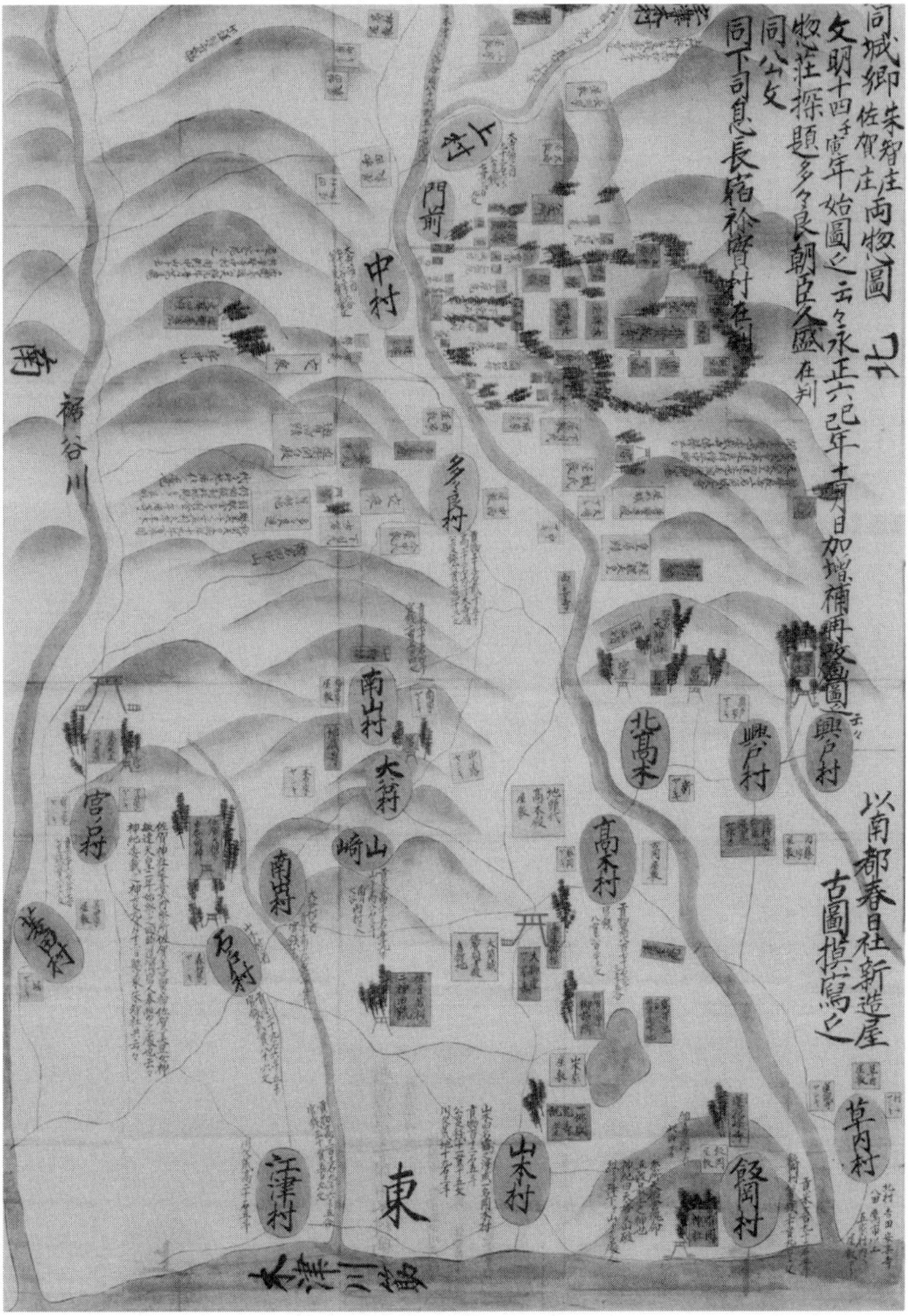

図38　北谷村とその周辺
北谷は普賢寺川が木津川に注ぐ地点近くに位置する。この絵図には、文明十四年作成とあるが、実際には、近世中期以降の状況を反映して作成されたものであろう。(朱智庄佐賀庄両惣図)

それゆえ、本稿では散所との系譜的関連については留保しつつ、職能的な類縁性を持つ近世陰陽師村の事例として紹介していきたい。

まず、北谷の集落と、本村高木村との関係について整理する。北谷の集落は、本村高木村とは普賢寺川を隔てた北側にある。文政十三〜弘化三年（一八三〇〜四六）の宗旨人別帳によれば、戸数は二十一〜二十三軒、人口は百人前後で増加傾向にあった(3)。天保十三年（一八四二）の五人組帳の連印は、高木村本村が二十三名、北谷は二十三名であり、数の上では本村とほぼ同規模であった(4)。

村政の参加については、寛延三年（一七五〇）、半重郎が入札の上で北谷村年寄に就任しており(5)、天明三年（一七八三）には、北谷村儀兵衛が庄屋に任じられている。その庄屋申渡書によれば、

> 右者北谷村人数多分有之、末々村方治り之為ニ格別之思召ヲ以、今度其元事庄屋役被仰付候、以来御用向等不及申、不依何事高木村庄屋申談、諸事取計御為第一奉存、御年貢納方等取扱之事、無油断及心之候程出情《(ママ)》相勤仕、惣躰村方治り方之事別而第一心附、猥之事無之様大切ニ相勤可申事、（以下略）
>
> 卯《(天明三年)》十二月二十三日
>
> 蜷川相模守内　古沢又右衛門
>
> 赤沢小左衛門
>
> 神田条右衛門
>
> 北谷村庄屋儀兵衛殿(6)

とあり、独自に村役人を立て、村を運営していたと考えられる。しかし北谷村側の文書には年貢免割や村明細等、帳面類は殆ど残っておらず、村算用等は本村庄屋の権限下に属していたと考えられる。この枝郷庄屋設置という動きは、北谷村役人層の一定度の地位上昇と自立をもたらした。

例えば、相給支配の多いこの地域では、行政単位である村とは別に、「御料株」と「蜷川株」という、領主ご

との年貢納入を目的とした単位も存在していた。株方での議定に関する史料では、枝郷庄屋も、「蜷川株」庄屋の一人として、本村と平等な立場にあったことがわかる。「株方」という単位は、本村・枝郷の関係を越えて成立していたといえる。

とはいえ、本村・枝郷間の格式・序列をめぐる厳しい対立は、潜在的に続いていた。弘化元年（一八四四）、北谷に蜷川株の郷蔵・高札場が設置された際には、高木本村や周辺の村の反対にあっている。(7)

表6　高木村・北谷の持高分布

石　高（石）	高木村（軒）	北　谷（軒）
30～	1	1＊
25～30	0	0
20～25	0	0
15～20	1	0
10～15	3	1
5～10	5	1
0～5	9	10
	19	13

＊は西尾家の石高

次に、土地所有の状況から、本村との関係を検討したい。元禄十三年（一七〇〇）の山城国郷帳によれば、高木村の村高は、枝郷も含み六五二・二八石、うち旗本料五〇〇石（蜷川氏）、禁裏御料一五二石であった。(8)

高木村に残されている検地帳としては、延宝七年（一六七九）の禁裏料のものが古い。(9)ここには北谷と本村との間に別帳、肩書き付等の差異は見られず、双方の耕地所有比率を特定することはできない。

村内の持高分布について、安政五年（一八五八）の高木村・北谷それぞれの蜷川株百姓の所持高を別に集計したものが表6である。(10)北谷の百姓は、殆どが蜷川株であったとされるが、高木本村の場合、蜷川株と御料株百姓の構成比は不明である。この地域は、特に出作や他村からの入作も多く、普賢寺郷の他村や隣郷の山本村からの入作は、ほぼ村高の半分に上る。こうしたことから、高木村の耕地所有の全容を把握することは難しいが、北谷の村年寄・庄屋を勤めた西尾家の持高は、さしあたり本村も含めた中で最高値を示しており、耕地の所在も、高木村のほぼ全ての字にまたがって分布している。

ここから、北谷全体の傾向として、西尾家による圧倒的な土地集積と、それ以外の一石以下の小前層との極端な分化の様《さま》が見てとれ、北谷の住民の多くが、西尾家のもとで小作化していたと推測される。また二十余軒の戸数のうち、蜷川株の高持ちは十三軒のみ。無高の者を含め、単純計算して、平均石高四石強という数値からは、北谷村民の収入のかなりの部分を農業以外で賄っていたことが推測される。[11] しかし、それが、陰陽師としての宗教的活動による収入であったことを示す史料はない。

(2)朱智神社宮座・雨乞いと北谷

普賢寺郷は、上流から順に、高船村・打田村・天王村・水取村・上村・多々羅村・高木村・南山村・出垣戸村・宮の口村という村々からなる。このうち出垣内・南山はもともと高木から分かれたともいわれており、下流の三村は比較的新しく形成された村と考えられる。普賢寺郷十カ村は、天王村の朱智神社を郷氏神として、祭祀をともに行い、宮座を構成していた。宮座は、地侍層を中心とし、祭事の際は、拝殿に着座できる拝殿方（庄屋方）と、藁葺の仮屋に着座する座方の二座に分かれ、近世を通してしばしば対立を繰り返していた。正徳元年（一七一一）に、従来の祭式を記録するべく編まれた「普賢寺郷氏神牛頭天王氏子中記録」でも、各家の座への所属は厳格に定められている。[12] そして、この記録は、宮座の成員になりえず、祭祀では夫役を勤めた者達についても、次のように定めていた（傍線筆者）。

正一位牛頭天王氏子祭礼式法

一、恒例八月十八日御神事能
右之節者郷中侍中壱ケ村より壱人宛拝殿江出仕可致候、尤大谷村・山崎村両村ゟ舞台橋掛ケ相渡申候、従北谷村茂壱人宛相詰可申候、其外式法恒例ニ者略之、

一、御造営上遷宮能

一、雨乞立願能
右両用之節、氏子着之次第者、壱番仮屋右座、弐番同左座相済候而、何茂侍中拝殿江出仕可致事、（略）
一、右之時舞台之前に道具立辻固出仕之時、拝殿両座之道筋を分、尤違乱之者謐可申候、又者舞台掃除仕候、右役儀従大谷村勤可申候、舞台橋掛り者山崎村と立合掛申候、此節従侍中五升樽壱、両座より鳥目五百文、為樽代遣申候、右之能料拾分一銀当日下行遣、此外猿楽より大谷村江取候、拾分一銀両様共ニ従郷中大谷村江相渡可申候、

（略）

一、右之時郷中為道具弐張立弓を持、舞台左之脇辻固、従北谷村勤可申候、此節従郷中五升樽壱遣申候、弓立者高木村より相渡申候、尤能料拾分一銀当日之下行遣、従郷中北谷村江相渡可申候、

雨乞立願踊式法

（略）

一、右之時大太鼓大谷村より踊之場所荷申候、尤警固相勤申候、右之太鼓、打木村《ママ》従慶正寺出申候、但太鼓打従上村出る、
一、右之時、城・中川・下司笠鉾持ニ参候事、是者従北谷村相勤申候、尤警固仕候、
一、右之時天王石段之脇にて村々踊、遂込候節、従山崎村警固相勤申候、

このように、朱智神社の宮座を中心に行われる祭礼・神事能・雨乞に際して、高木村付北谷・南山村付大谷・出垣戸村付山崎の三カ所の枝郷の者は、舞台・橋掛りの設置・警固等を行っていた。[13] この三カ村が、郷内の「キヨメ」的な役割を果たしていたと考えられる。

役の内容を見る限り、陰陽師村の北谷と、他の枝郷集落との間に質的差異は存在せず、陰陽師のもつ呪術性が、

こうした郷社の神事に活かされ、積極的な役割を果たした様子はない。

二、近世陰陽道組織と北谷陰陽師

(1)陰陽師組織と北谷

北谷と陰陽道本所土御門家との関わりを示す最古の史料は、享保六年（一七二一）十二月のものである。

一札之事

一、城州綴喜郡北谷村之儀、往古ゟ御本所様御家来末葉のものニ紛無御座候処ニ、近年中絶仕罷有候、然共此度私共筋目能御存被成候ニ付、御本所様江筋目之儀御請合印形被成被下、被差上ヶ被下首尾能相済忝存候、此以後ハ、弥筋目悪敷もの并梓之者共と縁組之義者不及申、平生付合等茂其段仕間敷候、為後日村中連判仍而如件、

享保六年丑十二月　日　　北谷村　治兵衛（以下十二名連印略）

河州藤田村　孫兵衛殿へ

摂州鳥養村　源兵衛殿へ[14]

史料では、北谷村が往古より本所・土御門家の配下であったことが確認され、その配下陰陽師としての「筋目」の正統性が土御門に保証されている。なお、この五年後の享保十一年には、土御門家からの掟書が下されており、陰陽師組織に加入していたことも確認できる[15]。

史料の宛先は、いずれものちに「歴代組」と呼ばれる村であり、すでに仲間村としての繋がりを持っていた。藤田村・鳥飼村は、これらの仲間村を束ねる立場にあり、うち、藤田村の滝井氏は、天和三年（一六八三）十一月三日に河内国触頭に任命された、全国的にも最も早く土御門家に属した陰陽師の一人である[16]。こうした仲間村は、

互いに婚姻関係を結び、一般の百姓からは婚姻を忌避されていたと伝えられる。また、幕末期にも、仲間村のうちの一村において、梓神子との婚姻を理由に在地で忌避を受け、筋目をめぐる争論に発展するという事件が起こった。その際、北谷でも、

村中連印之事

一、城州綴喜郡北高木村之儀者、往古ゟ土御門殿御家来末葉之者ニ御座候処、今般河州交野郡額田村之儀、本郷額田村与筋目及争論ニ御本所表江罷被出候、然処、今度摂河ゟ山城高木村儀者、前年ゟ梓神子与縁組者被致不申候得共、万事取扱平生交り等被致候趣相聞候ニ付、以来万事取扱等急度被相止メ候ハ、宜、左も無之候ハヽ、摂河一統親戚縁組取遣り一切相断申候段申来り候、(以下略)

嘉永三年(一八五〇)七月十四日

城州――(ママ)

京都土御門殿御配下陰陽師

西尾織之祐(17)

(以下二十一名連印略)

と、「摂河一統親戚」全体の問題として、梓神子との婚姻や交際禁止が定められている。

「歴代組」陰陽師の特徴的な職掌として、土御門家が行う宮廷陰陽道への参仕があげられる。天曹地府祭等の大祭毎に畿内を中心とする各地から、土御門家に由緒を持つとされる陰陽師が参集し、神事・祭儀に参列して、祭場で警固、洒水汲み等の雑役(具官役)を勤めたものである。但し、「歴代組」でも限られた村の触頭層が参加したのみで、全ての村人が参加したのではない。また、「歴代組」の村々以外にも、この祭祀に参加した近江・京都などの陰陽師もいて、しばしば用いられる「歴代組」＝土御門家の神役百姓という説明は、彼等を定義するに十分ではない。その存在形態の特徴は、仲間村としての筋目や系譜意識の共有にあり、土御門家における神役に

重きを置く由緒や、明確な範囲をともなう「歴代組」の名称は幕末期に定着したものだといえる。(18)

ところで、北谷の住人は、全てが陰陽師であったといえるのだろうか。明和二年（一七六五）八月、土御門家に提出された「北谷村陰陽師名符」には、

山城綴喜郡
高木村北谷
陰陽師
治兵衛
半右衛門
太十郎
作兵衛
平　八
定　七
善兵衛
伝兵衛
喜兵衛
徳兵衛
〆拾軒
明和二年(一七六五)乙酉八月

右之通親類人別改〆

御本所様江書付差上申候、以上

と十名の陰陽師名が記されている。[19] いずれも、一般的な百姓名を名乗り、陰陽師としての職名ではない。降って前述の嘉永三年（一八五〇）の額田村への「連印一札」には、二十二名の陰陽師連印（一般の百姓名を名乗る）が見られるが、同七年、土御門家から関東寺社奉行所に提出された陰陽師人数の調べでは、北谷の陰陽師は十五軒となっており異同がある。[20] 一方、「村惣中一同」「北谷村中一統」などといった文言からは、「陰陽師村」として一体性を持っていたことがうかがえる。

つまり、明和二年の名符や嘉永七年の寺社奉行に提出された方の人数書では、土御門から職札を受けた陰陽師の数が記され、嘉永三年の「歴代組」触頭の額田村へ出された連印は、身分・血縁的に「陰陽師一統」と認識された家数と考えられよう。戸数二十数軒の殆どが、一統の者として強い繋りを持ちながらも、しかし、全てが土御門家から陰陽師としての許状を得ていたわけではない。

陰陽道組織の拡張に伴って、組頭として北谷村の陰陽師を束ねた西尾氏は、広域的な陰陽師組織の役職を与えられるようになった。

延享二年（一七四五）、西尾久右衛門は、「五畿内並近国巡検惣目付役」に就任し、土御門家から御用荷札・帯刀を許された。[21]

其方儀数年之旧功有之候間、御前江取成申上候ニ付、五畿内并近国　御支配下巡見惣目附役儀被　仰付候条依之

高張提灯

御用同断

綴喜郡

帯刀

荷札

右之通御許容被　仰付候、依之折紙如件、

延享二乙酉年　三月十三日　　土御門正三位殿

御内　佐野織部（印）

伊藤数馬（印）

南山城　綴喜郡北高木村

西尾久右衛門殿

この役職は、周辺陰陽師の取締まりを行う目付役として、地方陰陽師と土御門家を繋ぐものである。例えば、天保七年（一八三六）、西尾織之助は山城鳥井阿弥陀寺の弘琳坊が、無許可で占考の秘伝書を扱っているのではないかという詮議を、横目付の名において行った。[22] 同年三月には、和束郡撰原村の陰陽師のもとに、土御門家の名を騙る偽飛脚が現われ、西尾氏のもとで詮索を行った結果、北谷の陰陽師中尾対馬こと新田清兵衛の仕業と判明したという事件も起こっている。[23]

土御門の編成を受けた陰陽師には、職札・呼名などを受ける替わりに、貢納金を支払う義務があった。北谷の西尾氏の場合、貢納料の他に、延享二年（一七四五）以降は冥加金・扇子料として年白銀一両宛を差出したとの記録がある。[24]

西尾家に残された請取書などをもとに、貢納料の変化を、表7にまとめた。[25] ここから、寛政期を境に上納先が変化したことがわかる。寛政六年（一七九四）以前は、例年の貢納料が九匁、扇子料が四匁三分で、宇治の触頭小泉氏が徴収している。[26] その他にも臨時の祝金を割り当てられる例は多くみられた。一方、寛政九年（一七九七）以

表７　西尾家より土御門家への貢納銀

年　月　日	額　面	宛　　先	名　目　な　ど
安永７.１.－	９匁	小泉右門	貢納料
安永７.１.－	４匁３分	小泉右門	扇子料
安永10.１.－	９匁		貢納料
天明２.２.－	10匁３分		貢納
天明４.７.25	５匁	宇治桜町小泉右門	御本所様薨去ニ付、組下より徴収
寛政６.２.６	５匁	小泉右門	御本所様任官祝割当
寛政９.２.23	６匁		貢納料
寛政10.２.20	６目		貢納料
文化元.２.27	６匁		貢納料
文化３.１.24	６匁		貢納料
文化７.１.10	12匁		貢納料
文化13.４.８	６匁		貢納料
文政３.４.13	12匁	月番家司	卯辰年分貢納料
文政４.１.２	白銀１両		
文政４.１.４	６匁	月番家司	貢納料
文政６.３.６	６匁	月番家司	貢納料
文政７.４.13	６匁		貢納料
文政８.２.18	６匁		貢納料
文政10.閏6.26	６匁	月番家司	貢納料
天保２.１.９	６匁		貢納料
天保12.11.15	６匁	家司	貢納料

降になると、貢納料年六匁、扇子料白銀一両は土御門家月番家司が受け取っている。寛政期は、陰陽道組織の拡張にともなって、本所を中心とした中間的な役職が整備された時期である。この間、西尾家に起こった、組織内での地位上昇も、そうした組織全体の変動を背景として生じた動きであった[27]。

寛政期以前の北谷の陰陽師は、宇治小泉右門の組下として、鶏冠井村・八幡平田町・山崎上寺といった洛外の陰陽師村とともに組織されていた。しかし、寛政以降の史料には、小泉右門との繋りを示すものは見られない。代わって仲間村である摂州触頭鳥飼村が、文書の宛先として頻繁に登場するようになり、北谷の組織上の帰属は、小泉氏組下から仲間村に移っていったものと思われる。陰陽師集団は、単純に地域ごとに区分された編成から、職掌・加入の時期毎に区分された組編成へ移っていったのである。それは、それまで、仲間村として類縁性をもっていた「歴代組」の村々が、組織系統のうえでも峻別され始めた契機であった。

陰陽道組織の拡大以降、北谷をはじめ、摂津鳥飼・河内藤田等の仲間村から、触頭等の役職に就く者が続出した。かつて「歴代組」陰陽師について書かれた民俗誌等には、彼等が、「一般百姓よりは裕福である」といったような描写がなされているが[28]、こうした富裕化は触頭層としての、本所土御門家との関係の深さによるものであったと考えられる。

この時期以降、北谷の西尾家は、二度にわたって天曹地府祭に具官として参加した他に、福寿講に属して陰陽師組織の秘法修養会に参加したほか、安倍清明生誕の地に参詣し、祭壇を祀る等、土御門家が唱導した天社神道の祭儀を、忠実に実践していた[29]。

(2)幕末の雨乞い・帯刀争論

最後に、陰陽道組織において地位の向上を遂げた北谷の陰陽師を、地域社会の側がどのように受け止めたのか考えてみたい。安政二年(一八五五)六月、例年同様、普賢寺川沿いの西ノ河原にて、雨乞祈願の火振りが行われた。北谷は、古来よりの慣例では、小屋建て・傘鉾持ち等の役を負っていたが、この頃には、末座ながら本村同様祈禱への参加を許されている。ところがこの日、北谷の者が「順序を違え」、つまり席次を乱したことから、高木村庄屋との間で諍いが生じた。一旦は、北谷より詫び証文を出したが収まらず、この事件は争論に発展した[30]。

この争論に際して、本村側が主要な問題としたのは、北谷の陰陽師西尾織之助の帯刀という問題であった。西尾家は、陰陽道組織上「三郡巡検惣目付」という肩書きを持ち、土御門家より名字・帯刀・高張提灯の使用を認められていた。しかし本村側は、織之助が土御門との由緒を誇り、みだりに帯刀することが村法を乱すとのかどで、京都町奉行所に、彼の帯刀廃止を訴えたのである。つまり、雨乞祈願での席次問題は、それ以前よりの潜在的な問題が露呈したものだといえる。

八月二十八日、遂に高木村・山本村庄屋ら三名が、京都町奉行所に出訴した(31)。その訴状には、北谷は本来枝郷であり、「郷用相勤候程之者共」である故、郷内各村から毎年役料三十石が遣されているのだが、近来は神能の節に出勤せず、本郷道普請の際もやって来ない。その上、雨乞の時、本郷を差し置いて規式を狂わせたりする始末である。さらに、北谷庄屋織之助が本来の身分も弁《わきま》えず、本村は勿論、御公儀様へも沙汰無く帯刀したり、官家（土御門家）の御絵付提灯等を飾ったり、「村法先規仕来」を取崩し、郷用村用等も勤めず、御料の日光寺の木を御料株に相談せず勝手に伐採したりしている始末である。このままでは、「我儘仕勝」のようになってしまい「惣崩れ之基」である。是非、庄屋織之助の帯刀を止めて頂きたい、というものである。

本村側にとって、北谷はあくまで枝郷であり、土御門家の権威を梃に、村内での地位上昇をもくろむことは認められなかった。彼等は、本村付郷村という秩序を回復し、西尾家の帯刀を阻止しようとしたのである。

これに対し西尾側は、土御門家・蜷川家を介して、この争論を公儀ではなく蜷川役所にて処理するよう申し立てた。そして、翌日には京都土御門家へ出向き、さらに蜷川家と大津代官所の篠田慎作へ帯刀願いを提出している。

翌年一月、大津代官所にて取調べが始まった。本村側の訴えに対し、西尾家側は、以下のように反論している。帯刀は土御門神用のためであり祭事にしか用いない。幢も普段は飾っていない。こうしたことは、以前より領主蜷川氏の承認を得ているはずである。また神事祭礼能の夫役や雨乞立願の参加の不可などは古い例であり、現在は行われていない。提灯の使用・日光寺除地雑木伐採問題・郷蔵の設立は、両者間で和談済みである(32)。

争論は、五月十六日に決着した。その際、西尾家は次のような請書を提出している。

織之助儀、土御門家ニ由緒有之候由ニ而、神役之節帯刀為致度旨、御同家ゟ御懸合相成候得共、右者全神役之節ニ限候儀ニ而、自然是迄心得違之儀有之候共、以来之儀急度相慎、全右神役之節其日限帯刀いたし候儀者格別、右ニ事寄京地往帰其外自用往来之節者勿論、都而他所ニおゐて帯刀いたし候儀者堅不致、自然土御門家用向相達候儀等有之候共、右御構内并其合壁之場所ゟ外ニ而帯刀者決而致間敷、万一無拠次第有之候共、其訳前以本郷村役人共江申談、差支無之儀者其節之心得方相伺候様可仕候、縦令右体神役之節帯刀いたし候儀有之候迚、於村内先規仕来相崩、自侭不法之儀不致、村法急度相守候様可致、且亦、先年陰陽道取締役土御門家ゟ申付相成候節、荷札提灯渡方相成候処、平常鎊立候儀者無之、仕廻置候趣申立候得共、右体之品柄百姓之身分ニ而預り置候儀者不相成候間、品々差返自然此上絵符・提灯等渡方相成候儀有之候ハヽ、前以心得方相伺候様可仕旨被仰渡候、(略)

安政三辰年五月十六日(一八五八)

御地頭所　御役場(33)

神事の際、しかも祭場という場に限られることを条件を付して帯刀は許された。但し、同時に従来西尾家に認められた絵符・提灯などの返上が求められている。その他の条項については代官所としての判断は保留され、村法を守り村の秩序を壊してはならぬという「村内先規」を重視した結果となっており、陰陽師の日常的な帯刀に対する地域社会の拒絶を表明するものといえよう。

(1)『田辺町近世近代資料集』(田辺町近代誌編纂委員会、一九八七年、以下『資料集』と略す)二一「北谷喜介借米証文」(南平和家文書)。

(2)「朱智庄佐賀庄両惣図」(京都府立総合資料館蔵行政文書「延喜式内並国史見在神社考証」綴喜郡の部所収)。

(3)西尾家文書四~七、文政八年・天保十三年・弘化二年・弘化三年「北谷村宗旨人別帳」。文政十三年には二十一軒九十九人、天保十三年には二十三軒百七人、弘化三年には家数二十三軒百十五人であった。

なお、本稿の主な使用史料である西尾家文書は計三九七件五四六点、近世文書は三四〇点。一九八四年より、田辺町

（現在は京田辺市）による調査が行われ、一部は『資料集』にも収められており、同書掲載の史料についてはその史料番号を記す。以下引用に際しては、町作成の目録に基づく文書番号を用いる。

（4）『資料集』一三五、天保十三年「高木村五人組改帳」（中村邦治家文書）、および西尾家文書六、天保十三年「北谷村宗旨人別改帳」により確認。

（5）西尾家文書三二九―一（『資料集』六一）、寛延三年「北谷村半重郎年寄役請書」。

（6）西尾家文書三二九―六（『資料集』八四）、天明三年「儀兵衛庄屋仰付之事」。

（7）『資料集』一五〇、嘉永四年五月「北谷村、高札・郷蔵・城ケ谷林ニ付株方取極書」（村上泰昭家文書）。

（8）享保十四年には、幕府領五十五石、淀藩領六十石が加わっている。明治元年の調べでは　旧禁裏料一五二・二八石、私領五二三・七六石の、計六七五・五六石。

（9）『資料集』一七、延宝七年「高木村検地帳」（中村邦治家文書）。

（10）安政五年「蜷川株名寄帳」（中村邦治家文書）より作成。高木村の蜷川領五〇〇石（実際には五〇一・八四四石）の内訳は、高木百姓十九軒計一四四・二九六石・北谷百姓一三軒一〇〇・〇三三石・他村出作分計九九・〇四五石・山本村支配分計一五八・八四四石となっている。なお、本文中に指摘した西尾家の石高は表中の＊にあたる。なお、この年の西尾家の持高は六二・四四四石。

（11）北谷において禁裏領（御料株）百姓は少数であったとされ、また、史料上御料株分の持高を算出することはできないため、御料株部分は割愛している。

（12）『資料集』三九、正徳元年「普賢寺郷氏神牛頭天王氏子中記録」（田宮寛家文書）。なお、ここでは、北谷の者三十一名も連印している。

（13）このうち大谷は皮多村とされ、山崎は、山城夙由来書の十四カ村連署（福井楪吉家文書「家系之来由」明和三年二月――『京都の部落史』史料近世2、史料九五）に名前が見える夙村である。なお、大永元年成立とされる「朱智大宝天皇宝賢流記目録の事」では奉賀目録として郷内及び傍示村等七カ村からの酒・餅代の目録とともに「一、猿楽　春楽頭山繁太夫・秋楽頭当荘長命太夫　禄物　米七石」との記載があるが（京都府教育会綴喜郡会編『山城国綴喜郡誌』、一九〇八年、一七四頁）、この猿楽とキヨメ三カ村との関連は不明である。

(14) 西尾家文書三二一、享保六年十二月「一札之事」。
(15) 西尾家文書三九五、享保十一年「掟」。
(16) 陰陽道額田歴代組編史委員会編『陰陽道と額田歴代組』(非売品、一九五七年)。
(17) 西尾家文書一七七、嘉永三年七月十四日「額田筋目争論ニ付連印」。
(18) 山上伊豆母「陰陽道の伝流と土御門家『歴代組』の一考察」(『風俗』一の四、一九五一年、のち「土御門家と『歴代組』の考察―近世陰陽道の実態―」(『古代祭祀伝承の研究』雄山閣、一九七三年)として改められ、さらに『陰陽道叢書3近世』所収、名著出版、一九九二年)。瀧川政次郎「一代一度の天曹地府祭」(『神道史研究』一四の一～四、一九六五年、のち『律令と大嘗祭』(国書刊行会、一九八八年)、さらに同右『叢書』所収)。
なお、幕末期における「歴代組」の由緒形成については、拙稿「陰陽道本所土御門家の組織展開―近世本所支配の諸相」(『日本史研究』四八七、二〇〇三年)参照。
(19) 西尾家文書二八一(『資料集』六八)、明和二年「高木村陰陽師名符」。
(20) 註(17)西尾家文書一七七参照。西尾家文書二七六、安政二年六月写「関東寺社従御奉行書御尋御書付御本所御答御申立御書付」。
(21) 西尾家文書三二七(『資料集』六〇)、延享二年三月十三日「北高木村西尾久右衛門陰陽師惣目付役折紙」。
(22) 西尾家文書二一七、天保七年二月「周易取扱ニ付一札」。
(23) 西尾家文書一九五、天保七年三月「乍恐御注進奉申上候」。
(24) 西尾家文書二六―一、文政十三年九月十四日「乍恐口上」。
(25) 西尾家文書二三八・二四九・二五四・三五三・二二九・二六三・二八六・二五三・三五四・二四三・二四〇・二五一・二四六・四四・二一六・二一一・二〇・一四六・九四・二五〇・二五五・二五六・二六四・二九九より作成(年代順)。
(26) 小泉氏(小泉大和)は宝暦十年の天曹地府祭に具官として名を連ねる宇治の陰陽師である。天曹地府祭については、遠藤克己『近世陰陽道史の研究』(新人物往来社、一九九四年)第二篇「江戸期における陰陽道の動向」第六篇「陰陽道の祭祀」参照。

(27) 天明～寛政期の陰陽道組織の動向については、註(18)前掲拙稿参照。
(28) 註(18)山上前掲論文など。
(29) 西尾家文書二八四、嘉永六年三月「御神忌御宝録」。
(30) 西尾家文書一七、安政二年六月「雨乞一件ニ付差入一札」。西尾家文書一九、卯（安政二年）七月「御詫一札之事」。
(31) 安政二年八月二十八日「乍恐奉歎願口上書」（中村邦治家文書）。
なお、この争論はもともと、高木村蜷川株の庄屋と、同領の西尾家との間の問題であり、領主蜷川氏のもとで裁かれるべきものである。しかし、蜷川氏と西尾家との関わりの深さを不利と見た本村側が、山本村の御料庄屋と連名とすることで、奉行所に持ち込んだと思われる。
(32) 西尾家文書一六六—三、安政三年二月三日「乍恐御糺ニ付奉申上候口上」。西尾家文書一六六—一、安政三年二月十四日「乍恐御糺ニ付奉申上候口上」。西尾家一六六—二、安政三年二月二十日「乍恐御糺ニ付奉申上候口上」。
(33) 西尾家文書三四（『資料集』一五九）、安政三年五月十六日「高木村織之助神役に限り帯刀の請証文控」。

〔付記〕　本稿は平成十六年度科学研究費補助金（日本学術振興会特別研究員奨励費）による研究成果の一部である

第三章　近江国の散所

滋賀郡

穴太散所

川嶋将生

穴太は琵琶湖の南西に位置する（現大津市）。平安時代から琵琶湖西岸を北上する北陸道の最初の駅で、五足の駅馬を備えていた。穴太は平安時代に摂関家領穴太御園となっていたことが『康平記』康平五年（一〇六二）正月十三日条によって知ることができるが、庄園としての初見は正治二年（一二〇〇）のことで[1]、さらに建長五年（一二五三）の『近衛家所領目録』に「穴太武茂」とその名が記されている。この「武茂」とは随身下毛野武茂のことであり、下毛野氏に関わる文書群『調子家文書』の応永十七年（一四一〇）「調子武遠譲状」に[2]、

譲与　山城国乙訓郡調子庄
　　并江州左散所
　　丹波国石田庄
　　河内国右散所但是者不知行、便宜以御機嫌可歎申也
　　江州穴尾庄但不知行、便宜以御機嫌可歎申者也
　右彼所者、下毛野武遠相伝所無相違者也、（以下略）

とあって、下毛野氏が相伝してきた所領であったことがわかる。しかしこの「所領としての相伝」とは、本所が

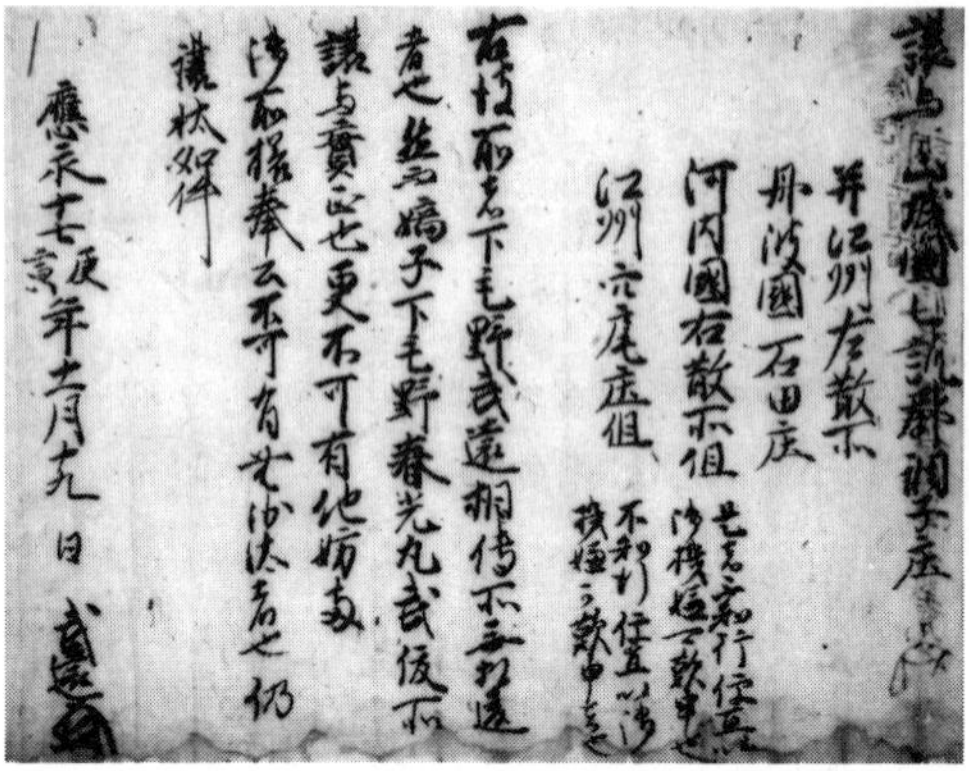

図39　調子武遠譲状
調子武遠が嫡子武俊に五カ所の所領を相伝する旨が記されている。下毛野氏(調子氏)が伝領した所領は、調子庄を除いて、いずれも散所ということになる。(調子家文書)

近衛家で、下毛野氏はその代官職を相伝してきたものであることは、他の所領の内容から勘案される（三上散所の項を参照）。しかしその代官職相伝も、本文書の応永十七年段階ではすでに不知行となっていたことが知られるが、しかしその不知行となってしまった穴太庄に、散所が含まれていたのか否かは文書中には記載がない。

穴太に散所が存在したことは、『門葉記』「冥道供」三の、貞和四年（一三四八）正月、足利直義四十二歳に際して行われた法会の記事中、「仏供支配事」に「開白夜分穴太散所賜之」とあるのや（『大蔵経』図像第十一巻）、『続正法論』に、(3)

応安元年八月廿五日政所集会議曰、
重可被相触寺室事、
来廿八日神輿入洛事、三塔既令一同之間、更不有予議之処、西坂路次険麁無極条、穴太散所法師原存奸曲
故也、

とあって確認することができる。後者の史料は禅宗の興隆に対抗して、延暦寺衆徒が神輿を奉じて入洛しようとした時のものだが、その際、穴太散所に対して延暦寺政所が西坂（雲母坂）の修理を命じたものである。「散所法師原」と記されており、当該散所は掃除系の散所であったことは明らかだが、逆にいえば穴太散所と明確に記された史料はこの二点のみであって、したがって穴太散所はどの権門の支配下にあったのかなど、詳細は不明である。(4)

時代は降って『山科家礼記』長享二年（一四八八）正月二十九日条に、

一、東山殿石蔵御用雑木弐十本事、伐之可被渡穴太之由、被仰候也、仍執達如件、

長享二

正月廿五日　　　　　　　　　　季秀判

山科七郷沙汰人中

との記事をみることができる。足利義政の東山山荘造営に関連して、山科七郷に対し石蔵御用の雑木二十本を穴太に渡すことを命じている。石蔵、つまり石垣普請であることを考慮すると、のちの石工集団穴太衆との関連が想定される早期の史料となる。また中世の被差別民がこうした作業に従事する技術を保持していたことを考慮すれば、穴太散所と穴太石工集団との結びつきも考えられるところだが、可能性は排除できないものの、そのように推断するための確証は、残念ながらない。

穴太庄の散所に関する新たな史料の発掘が待たれるところであり、したがって、穴太散所が、散所としての命脈をいつまで保っていたのかも、不明である。

（1）『鎌倉遺文』一〇九八号。「春日祭雑事定文」中に、屯食八具の内「穴太御庄三具」とある。

（2）『長岡京市史』資料編（一九九二年）。

（3）『大日本史料』第六編三〇による。

（4）権門として当然、延暦寺が考えられようが、延暦寺のなかのどの勢力、例えば横川か東塔か、といったところまでは不明である。ただし室町時代には、穴太庄の知行を山門使節である護正院と円明坊、なかでも護正院が強く主張して室町幕府からも安堵されているから（『大津市史』第二巻・第四章二節、一九七九年）、護正院、あるいは円明坊と考えるのが自然であろう。掃除と散所に関連しては、応永元年（一三九四）の『日吉社室町殿御社参記』に「散所法師毎日十

人宛、「掃除之間仕之」とあるが、穴太散所とは断定できない。なお蛇足ながら、『大津市史』には穴太散所に関する記述はない。

滋賀郡

本堅田村内陰陽村

源城政好

堅田は、琵琶湖が北湖と南湖に分かれるもっとも狭くなる所の西側に位置しており、中世以来湖上交通の要衝として栄えた都市的集落であった。しかし、北ノ切・東ノ切・西ノ切・今堅田をもって堅田四方と称された堅田も、近世にはいって村切りを余儀なくされ、今堅田・本堅田・衣川の三村に分かれた。元禄十四年（一七〇一）に幕府に提出された元禄国絵図を約四分の一に縮写した「縮写元禄近江国絵図」(1)（図40）には、本堅田村の西方に陰陽村が描かれている。

本堅田村における陰陽村の成立についてはさだかではないが、明応四年（一四九五）七月「祥瑞庵領年貢米納下帳(2)」に、

一石五斗
壱段　　定得　　唱門士孫衛門

とあり、さらに明応四年七月十六日から翌五年七月十六日までの「祥瑞庵銭納下帳(3)」の収納酒入目小日記に、

（十月）
同廿七日
廿二文　　深田唱門士孫衛門

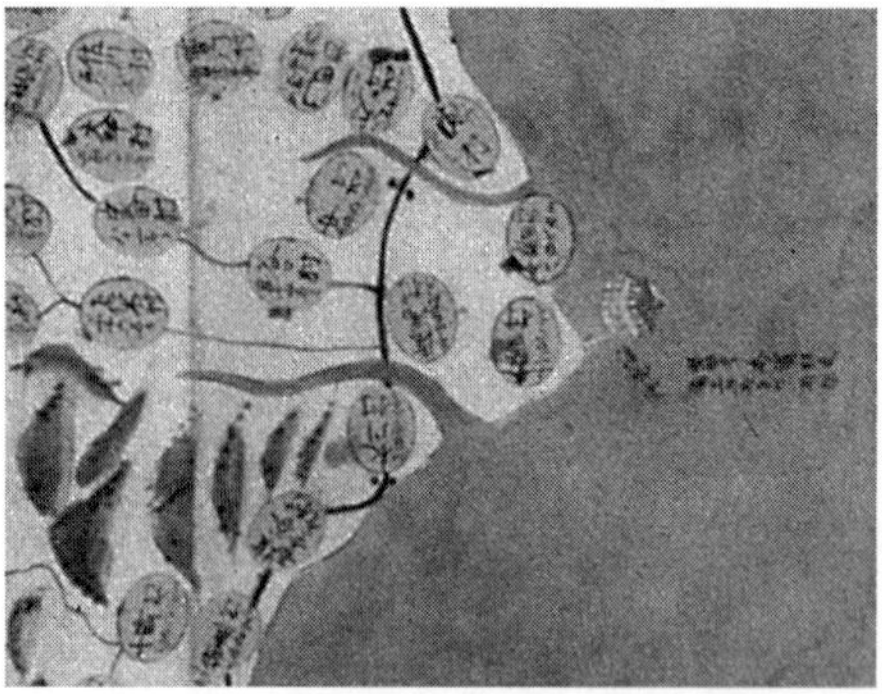

図40　陰陽村

元禄十四年幕府に提出した元禄国絵図を約四分の一に縮写した「縮写元禄近江国絵図」には、本堅田村の西方に陰陽村が描かれている。

とある。

以上のことから、堅田の祥瑞庵領には、作人あるいは年貢負担者として、声聞師の孫衛門なる者が登場しており、深田に居住していることが知られる。深田は延宝七年（一六七九）の「近江国滋賀郡本堅田村検地帳(4)」の記載内容と一致する「検地絵図(5)」によれば、祥瑞庵（現祥瑞寺）の東北に「深田」という字地が存在しているので、声聞師の孫衛門は、おそらくそこに居住していたと思われる。「陰陽村」という字地はその少し南に位置する。

中世以来、堅田庄において刀禰党・小月党とともに地侍として勢力を張っていた殿原衆の居初《いそめ》党の氏神的存在であった伊豆神社（居初社）の「永正九年四月吉日下物之帳之事(6)」という冊子に、

二日（正月）　千万歳ろくハすミの銭にて出候、又酒一升ツヽ、ふなのすし□□さかなそへ出候、□両神主よりにて候、

とあり、同日の頭注に「宮ニテ同二日千万歳ろく二百文下司殿より出候」との記載もあることから、例年正月に訪れている声聞師は、「祥瑞庵年貢米納帳」に登場する深田の声聞師の可能性が高い。

また、堅田にあって真宗教団の湖西における拠点として知られた本福寺にのこる『本福寺跡書』に「宮切ト東切ト千万歳ヲ争テ、合戦ハ馬場面ニハ法住法西兄弟シテカ、ヘラルヽ」といった記載があるが、この「千万歳」と正月の千万歳の関係は不明である。

また十日の「大けち朝」には、「いん内おんはう」へも「はちのいヽ」という下物がされている。「いん内（院）」は声聞師あるいは陰陽師職に携わる人びとの集住地を現す言葉であり、また「おんはう」は葬送を専業とする集団

を指す言葉であり、この時期、堅田には声聞師と隠亡の集団がおり、堅田に対してなんらかの奉仕を行っていたことがわかる。

「院内」について、『大津市史』(7)には、「院内道　堅田小学校の東門から東西にのびる細い道がある。現在は小学校で分断されているが、かつては本堅田のまちと西近江をむすぶ主要な東西路の一つで、院内道（本堅田三丁目）と呼ばれていた。これは『院内さん』（天皇のお后）が流されてすんでいたことからついた地名と伝えられる。后妃を、『院内』と呼ぶ例はないが、院（貴人の御所）の内に住む方ということで、土地独特の呼び名となったのだろう」と記されている。

これは堅田学区老人クラブ連合会提供の伝承を参考にして記述されたものであるが、「延宝期本堅田村検地絵図」によれば、「陰陽村」という字名をもつ地が当該地域近くに記載されていることや、近世期に散所の後身の集落を指す呼称として「院内」が用いられることから、「祥瑞庵銭納下帳」に登場する「深田唱門士孫衛門」の後裔の居住を示唆している。『本福寺跡書』に記される「文徳天皇ノ染殿ノ后、堅田へナガサレタマヒ」という伝承が加わり、貴人の御所としての「院内」に転訛していったものと考えられる。

慶長七年（一六〇二）九月六日付の『江州滋賀郡堅田村御検地帳』によれば、本堅田・今堅田・衣川の三か村は一つにまとまった惣村として扱われており、惣筆数四千四百筆余（内屋敷筆数六百六十余）・石高合計三百三十六石余を数える。

慶長二十年（一六一五）八月付の『本堅田村田畑之取遣帳』(8)には本堅田村を構成する町別に、慶長十九年から元和七年（一六二一）まで年をおって石高が記載されている。たとえば、「本堅田卯ノ才究高町々の覚」は以下のとおりである。

本堅田卯ノ才究高町々の覚

一、弐百八拾七石弐斗九升四合五勺　大道
　内　拾弐石四升弐合　かち大工ノ高
一、弐百六拾六石七斗壱升八合　中村
　内　拾八石弐斗四升六合　かち大工ノ高
一、百五拾八石八合　東切
　内　四石五升七合　かち大工ノ高
一、弐百三拾三石九斗六升三合　宮切
一、三百九拾八石弐斗弐升五勺　野之内
一、百四拾四石六斗壱合　外輪
　内　四石七斗三升七合　かち大工ノ高
一、拾九石七斗六升壱合　西切
一、拾五石六斗弐升七合　今堅田
一、五拾九石五斗三升五合　衣川
一、拾弐石弐斗六升　院内
一、六石三升　ひし里
一、壱石五斗七合　谷口
　合　千六百三石五斗弐升五合
卯
慶長弐拾年
八月十九日　本堅田惣代（黒印）

「卯ノ才究高町々の覚」に「ひし里」とあるものが、「未歳町々究高」では「ひぢり」となっているが、院内・

ひし里の石高はいずれの年も変化はない。

延宝七年（一六七九）三月七日付の「近江国滋賀郡本堅田村検地帳」[9]がのこされている。慶長七年の検地帳で本堅田・今堅田・衣川の三か村は惣村として扱われていたが、延宝検地帳では本堅田村のみの検地帳となっており、四四〇〇筆余もあった惣筆数も当然のことながら二五〇〇筆余に減少している。

この検地帳には、「陰陽村」という脇付のある屋敷及び畑地がまとめて記載されており、それをまとめたのが表8である。総筆数は二十七筆で、内訳は、屋敷地が十五筆、畑地はすべて上畑で十二筆である。[10]

慶長七年における検地高であろう古検高も脇付されているが、延宝検地は、従来一間が六尺三寸であったものを、一間を六尺、一反を三〇〇歩として丈量しており、古検高と延宝の検地高を単純に比較はできないが、表8には検地帳に記載された通り表記しておいた。

屋敷地の合計は十五畝六歩、畑地の合計は六畝二十八歩である。古検における石高は不明ながら、延宝七年では、屋敷地は一石五斗八升四合、畑地は六斗九升四合で合計二石二斗七升八合である。

名請人は、十四人記載されているが、屋敷地のみの名請人は勘右衛門・三卜・弥次右衛門・三清・与左衛門の五名、畑地のみの名請人は寿仙だけである。半兵衛と伊右衛門、弥次右衛門と三清はそれぞれ屋敷地一筆を共有しており、父子もしくは同族関係にあると考えられる。[11]いずれにしても延宝七年において陰陽村は十四軒の戸数であった。

元禄十一年（一六九八）三月、堀田正高が滋賀・高島に一万石を与えられて入封し、大津代官小野半之助支配の天領であった堅田に陣屋を置いた。

同年八月付「江州滋賀郡本堅田村明細帳[12]」によれば、本堅田村は、大道町・西の切・中村町・東の切・野々内町・宮の切・外輪町・釣漁師と称する町々と陰陽村で構成されており、村高は一七〇二石三斗八升五合を数える。

陰陽村は独自村名は冠しているが、明細帳に、

一高千七百弐石三斗八升五合

外七石八斗九升四合　去ル丑年寺社御除地

此枝郷陰陽村古来より枝郷ニ候得共高ニかかり不申候

との記述があることから、陰陽村は本堅田村の枝郷の扱いであり、同時にその居住地が除地となっていたことが知られる。

また、陰陽村について明細帳には以下のように記載される。

枝村

一、陰陽師七人　滋賀郡陰陽師小頭

山岡六之進

外四壁藪裏		
面　　積	脇	除分
10間×３尺		５歩
８間×１尺５寸		２歩
６間×１尺		１歩
10間×１尺５寸		２歩
８間×１尺		１歩
12間×１尺５寸		３歩
４間３尺×１尺５寸		１歩
４間１尺×１尺５寸		１歩
10間×１尺５寸	４間３尺×３尺	５歩

表8　延宝7年の陰陽村の検地内容

	古検高	種別	面積		名請人	分米(合)	斗代
1	2畝22歩	屋敷	3間3尺×16間	3畝26歩	三清	224	1石2斗
2	4歩	屋敷	4間×2間3尺	10歩	勘右衛門	40	1石2斗
3	22歩	屋敷	8間×3間3尺	28歩	与左衛門	112	1石2斗
4	26歩	屋敷	6間×4間3尺	27歩	弥左衛門	108	1石2斗
5	25歩	屋敷	10間×3間3尺	1畝5歩	吉兵衛	140	1石2斗
6	10歩	屋敷	3間3尺×3間5尺	13歩	伊右衛門	52	1石2斗
7	10歩	上畑	2間3尺×3間3尺	8歩	寿仙	27	1石2斗
8	12歩	屋敷	4間3尺×3間3尺	15歩	小吉	60	1石2斗
9	26歩	屋敷	3間3尺×8間	28歩	半兵衛・伊右衛門	112	1石2斗
10	12歩	上畑	4間×3間4尺2寸	14歩	半兵衛	47	1石
11	12歩	上畑	4間1尺×3間4尺2寸	15歩	小吉	50	1石
12	8歩	上畑	4間×4間	16歩	吉兵衛	53	1石
13	21歩	上畑	3間5尺×5間	19歩	伊右衛門	63	1石
14	22歩	上畑	4間×5間	20歩	寿仙	67	1石
15	21歩	上畑	4間×5間	20歩	五郎兵衛	67	1石
16	24歩	上畑	4間1尺×3間3尺	22歩	九兵衛	73	1石
17	25歩	上畑	5間×4間	20歩	弥左衛門	67	1石
18	24歩	上畑	4間×4間3尺	18歩	吉兵衛	60	1石
19	1畝4歩	屋敷	7間×5間	1畝5歩	弥次右衛門・三清	140	1石2斗
20	13歩	屋敷	4間3尺×4間	18歩	市左衛門	72	1石2斗
21	13歩	上畑	4間×4間3尺	18歩	寿仙	60	1石
22	13歩	上畑	4間×4間3尺	18歩	市左衛門	60	1石
23	17歩	屋敷	3間3尺×4間3尺	15歩	五郎兵衛	60	1石2斗
24	17歩	屋敷	4間1尺×4間3尺	18歩	半兵衛	72	1石2斗
25	18歩	屋敷	4間3尺×3間4尺2寸	16歩	九兵衛	64	1石2斗
26	1畝8歩	屋敷	7間2尺4寸×4間3尺	1畝3歩	弥次右衛門	132	1石2斗
27	1畝4歩	屋敷	12間×4間3尺	1畝19歩	三卜	196	1石2斗

注：延宝7年3月7日「近江国滋賀郡本堅田村検地帳」より

滋賀郡

年寄
久保長盛
石神市左衛門
鵜川助之進
吉田喜兵衛
伊藤彦之進
六之進親
山岡三清
助之進親
甚兵衛
彦之進親医師
寿仙

「陰陽師七人」という記載にもかかわらず九人の名前が列記されているが、おそらく姓の記載されていない「助之進親甚兵衛」と「彦之進親医師寿仙」の二人は陰陽師ではなく、陰陽師七人で、陰陽村の家数は九軒であったことを、この記載は意味しているものと思われる。

枝村の記載部分に、次のような付箋が貼付されている。

只今陰陽師四人
山岡源之進
石神市太夫
伊藤善弥
吉田喜兵衛

この付箋については、この「明細帳」冊子の最後部に、

新楽理右衛門様
伊藤彦左衛門様
右先年帳面差上候通此度写相認差上申候、以上
宝暦二年申八月　本堅田大庄屋
河村五兵衛　印
居初平兵衛　印
木村伊右衛門　印
木村源右衛門　印
辻八左衛門殿

と記載された付箋が貼付されていることから、宝暦二年（一七五二）八月に写しが作成された折りのものであることが知られる[13]。

延宝七年に十四軒を数えた陰陽村は、十九年後の元禄十一年では七軒になり、宝暦二年（一七五二）には四人に減少していることになる。

なお、本「明細帳」には、

一、壱人　是ハ京都悲田院与次郎下ニ而御座候、以前より当村ニ罷有、与次郎勤させ申候、

との記載もあって、悲田院の支配下にあった非人身分の者一人の存在が知られる。

（1）　栗東歴史民俗博物館（里内文庫）蔵。

（2）『大徳寺文書』一六六五号。同年同月付の「祥瑞庵年貢米納帳」（『大徳寺文書』一二五三号）には「孫衛門」が「孫海心」となっている。この相違については不明だが、おそらく誤記ではないだろうか。
（3）『大徳寺文書』一二五六号。
（4）本堅田共有文書。
（5）伊豆神社蔵。この検地帳の分析については、伊藤祐久「中世『町場』の形成と展開」（『建築史論叢』中央公論美術出版、一九八八年）に詳しい。
（6）居初寅夫家文書。
（7）『大津市史』第七巻・北部地域。
（8）本堅田共有文書。本冊子の記載内容は次の通り。

①カノ才究高　但卯ノ才取遣□之
一、拾弐石弐斗六升　院内
一、六石三升　ひし里
一、壱石五斗七合　谷口
②本堅田卯ノ才究高町々の覚（本文記載のため省略）
③本堅田辰才極高町々之覚（院内・ひし里の記載なし）
④本堅田辰才極高目録
（中略）
一、拾弐石弐斗六升　院　内
一、六石三升　ひし里
一、壱石五斗七合　谷　口
合千六百三石五斗弐升八合
辰七月十九日（黒印）
⑤本堅田巳才取遣覚（院内・ひし里の記載なし）

⑥本堅田巳才究高町之覚（院内・ひし里の記載なし）
⑦本堅田午ノ拾壱月四日町々取遣之覚（院内・ひし里の記載なし）
⑧　午ノ歳本堅田町々高究之覚
一、拾弐石弐斗六升　院　内
一、六石三升　ひし里
一、壱石五斗七合　谷　口
⑨本堅田村未才取遣之覚（院内・ひし里の記載なし）
⑩未歳町々究高
一、拾石弐斗壱升　院　内
一、拾五石六斗四升四合　今堅田
一、四拾九石九斗九升五合　衣　川
一、六石三升　ひぢり
一、壱石五斗七合　谷　口
⑪本堅田町々（院内・ひし里の記載なし）
元和七酉ノ年究高申ノ極月廿一日取遣仕候

(9)　本堅田共有文書。
(10)　陰陽村という脇付のある屋敷及び畑地の記載は以下の通りである。

陰陽村
古検壱畝弐拾歩
一、屋敷三間三尺 拾六間　三畝弐拾六歩　三清
此分米弐斗弐升四合　但壱石弐斗代
外四壁藪裏長拾間 幅三尺　此歩五歩　除之

同所
古検四歩
一、屋敷四間弐間三尺　拾歩　勘右衛門
此分米四升　但壱石二斗代

同所
古検弐拾壱歩
一、屋敷八間三間三尺　弐拾八歩　与左衛門
此分米壱斗壱升弐合　但壱石弐斗代
外四壁藪裏長八間幅壱尺五寸　此歩弐歩　除之

同所
古検弐拾六歩
一、屋敷六間四間三尺　弐拾七歩　弥左衛門
此分米壱斗八合　但壱石弐斗代
外四壁藪裏長六間幅壱尺　此歩壱歩　除之

同所
古検弐拾五歩
一、屋敷拾間三間三尺　壱畝五歩　吉兵衛
此分米壱斗四升　但壱石弐斗代
外壁藪裏長拾間幅壱尺五寸　此歩弐歩　除之

同所
古検拾歩
一、屋敷三間三尺三間五尺　拾三歩　伊右衛門
此分米五升弐合　但壱石弐斗代

陰陽村
古検拾歩

一、上畑 弐間三尺 三間三尺 八歩 寿仙
　此分米弐升七合　但壱石代
同所
古検拾弐歩
一、屋敷 四間三尺 三間三尺 拾五歩 小吉
　此分米六升　但壱石弐斗代
同所
古検弐拾六歩
一、屋敷 三間三尺 八間 弐拾八歩 半兵衛 伊右衛門
　此分米壱斗壱升弐合　但壱石弐斗代
　外壁藪裏 長八間 幅壱尺 此歩壱歩　除之
同所
古検拾弐歩
一、上畑 四間 三間四尺弐寸 拾四歩 半兵衛
　此分米四升七合　但壱石代
同所
古検拾弐歩
一、上畑 四間壱尺 三間四尺弐寸 拾五歩 小吉
　此分米五升　但壱石代
同所
古検八歩
一、上畑 四間 四間 拾六歩 吉兵衛
　此分米五升三合　但壱石代

陰陽村
古検弐拾壱歩
一、上畑三間五尺
五間　拾九歩　伊右衛門
此分米六升三合　但壱石代

同所
古検弐拾弐歩
一、上畑四間
五間　弐拾歩　寿仙
此分米六升七合　但壱石代

同所
古検弐拾壱歩
一、上畑四間
五間　弐拾歩　五郎兵衛
此分米六升七合　但壱石代

同所
古検弐拾四歩
一、上畑四間壱尺
五間三尺　弐拾弐歩　九兵衛
此分米七升三合　但壱石代

同所
古検弐拾五歩
一、上畑五間
四間　弐拾歩　弥左衛門
此分米六升七合　但壱石代

同所
古検弐拾四歩
一、上畑四間
四間三尺　拾八歩　吉兵衛
此分米六升　但壱石代

陰陽村
古検壱畝四歩
一、屋敷七間五間　　壱畝五歩　　弥次右衛門
　　　　　　　　　　　　　　　　三清
　此分米壱斗四升　但壱石弐斗代
　外四壁藪裏脇共長拾弐間幅壱尺五寸　　此歩三歩　除之

同所
古検拾三歩
一、屋敷四間三尺四間　　拾八歩　　市左衛門
　此分米七升弐合　但壱石弐斗代
　外壁藪裏長四間三尺幅壱尺五寸　　此歩壱歩　除之

同所
古検拾三歩
一、上畑四間四間三尺　　拾八歩　　寿仙
　此分米六升　但壱石代

同所
古検拾三歩
一、上畑四間四間三尺　　拾八歩　　市左衛門
　此分米六升　但壱石代

同所
古検拾七歩
一、屋敷三間三尺四間三尺　　拾五歩　　五郎兵衛
　此分米六升　但壱石弐斗代

同所
古検拾七歩

一、屋敷四間壱尺
　　　　四間三尺　　　　拾八歩　　　　　　　　半兵衛
　　此分米七升弐合　　但壱石弐斗代
　　外四壁藪裏長四間壱尺
　　　　　　　幅壱尺五寸　　　　此歩壱歩　除之
陰陽村
古検八歩
一、屋敷四間三尺
　　　　三間四尺弐寸　　　拾六歩　　　　九兵衛
　　此分米六升四合　　但壱石弐斗代
同所
古検壱畝八歩
一、屋敷七間弐尺四寸
　　　　四間三尺　　　　壱畝三歩　　　　弥次右衛門
　　此分米壱斗三升弐合　　但壱石弐斗代
同所
古検壱畝四歩
一、屋敷拾壱間
　　　　四間三尺　　　　壱畝拾九歩　　　　三ト
　　此分米壱斗九升六合　　但壱石弐斗代
　　外壁藪裏長拾間
　　　　　　　幅壱尺五寸　　脇長四間三尺
　　　　　　　　　　　　　　　幅三尺　　此歩五歩　除之

（11）延宝の検地帳の名請人のなかに、元禄十一年（一六九八）八月付の「江州滋賀郡本堅田村明細帳」に記載される人物が登場する。三清は、陰陽師小頭山岡六之進の親の山岡三清であり、寿仙は伊藤彦之進の親であり医師である。また、市左衛門とは石神市左衛門のことであろうか。

（12）居初寅夫家文書。

（13）新楽理右衛門・伊藤彦左衛門は、本堅田の民政をとり仕切っていた堀田氏の代官である。

滋賀郡

大津新町

亀岡哲也

大津の市街地には新町と呼ばれ、一種独特の雰囲気をもった地域が存在した。近江の近世の代表的地誌である『近江輿地誌略』（享保年間、膳所藩士寒川辰清により撰述されたもの）には次のように記述されている。

唱門師　是を新町といひ、或は神子町といふ。寺内の中なり。本唱門師といふは、家々の門に立ち妙憧本誓を誦して金鼓を打つ故にしかいへり。是後一條院御宇に寛印供奉の作る頌文なり。夫は唱門師、婦は梓巫といふは人頼めば金銀を貪りて死たる者の霊を梓の弓にて呼出し、種々に生前滅後の事をいふ。愚俗此に惑へる者多し。嘆息すべし。西土にもかゝる流あつて邪妄の説をなす。正士大夫の前には此術を施すといへども悉く違へり。土人彼種類と縁を結ぶ事をいむ也。

さらに地名の一覧に付された解説をみると、

寺内　五町あり大津支配に非ず。河内国顕証寺の支配、寺内光現寺正福寺の二ケ寺之を支配す。
新町　寺内の西にあり所謂梓匠居住の地なり。

とある。このような町のあり方は岡佳子氏が小北山村で分析された散所村（『こぺる』再刊三十五号、一九九六年二月）に重なるものである。

図41　関寺の門前
平安時代より厚い信仰を集めた関寺は、山城と近江を結ぶ逢坂越えの大津側の麓に位置する。大津は京都の外港として栄え、関寺が宿的な場として賑わった。乞食らしき者たちが集住している様子がうかがえる。（一遍聖絵・巻七）

近世以前のこの地域について、『滋賀県の地名』（平凡社）は以下のように説明している。

関寺門前は「世喜寺在地」とよばれ、園城寺南院の別所近松寺相伝の所領であり、応永二三年（一四一六）同所に北院・中院が夫役・伝馬役を課したため、南院は不当として訴えている（南院物想集会引付）。（中略）なお「関寺在地」は南院の散所であったとされ、近世に唱文師村とあるのも当地とみられ、芸能民の存在が想定されている。（中略）こうした関寺の世界は「一遍上人絵伝」巻七が描くように、武家・僧侶・女・子供らが参集する聖地であるが、門の向かって右手には納骨所が置かれ（貧しい男が骨を差出している）、俗的な世界との接点でもあったようだ。

創建は明確でないが、平安時代からあつい信仰をうけた関寺は、山城と近江を結ぶ逢坂越えの大津側の麓にあり、逢坂関に隣接したところから寺名が生じたとされている。京都の外港として栄えた大津を背景に、関寺が宿的な場として賑わったことは『一遍聖絵』巻七にも描かれている。その図像には、この聖絵にみられる、他の多くの繁華な地と同じように、乞食らしき者たちが集住している様子がうかがえる。

関寺は、やがて大津の西部を実質的に支配するようになった園城寺に近く、その影響下にあったようで、応永二十三年（一四一六）には、門前一帯が園城寺南院別所の近松寺に相伝される所領となっていた。なお、戦国期には関寺が衰退し、著名な牛塔も埋没の憂き目にあうが、元禄期に掘り起こされたのだと伝えられている。現在、再建されたという牛塔がある長安寺が、かつての関寺が所在した地であるのは、地理的には妥当なところであろう。

『滋賀県の地名』は、この世喜寺在地を散所とし、近世の郷帳類に園城寺領である五別所村の一部としてみえる唱文師村に引き継がれ、芸能民の存在が想定されるとしている。

史料的には、世喜寺在地＝散所＝唱文師村とする明証はえられないが、この地域が近世において注目されるべき理由は確かに存在する。

滋賀郡

前　田　村

山本尚友

一、今宿村の概要

近江国滋賀郡前田村は、同郡今宿村の村域の内、それもほぼ中心部に位置した集落であったが、独自村名を冠して呼ばれているように、今宿村からは別村として扱われ、前田村年寄も別に置かれるような、今宿村の枝郷とでもいうべき存在であった。

前田村については、すでに『志賀町史』の今宿村の記述に、「さらに付村として前田村があった。前田村は天皇神社の祭礼の際、神輿渡御を先導する『太鼓持』の神役を勤めていた。寛文七年（一六六七）には前田村がこの『太鼓持』を拒否し、和邇六か村が奉行所に訴え出ている。このほか前田村は、かまど祓いを行っていたことが知られ（中井利夫家文書）、特殊な職能を持つ人々が居住していたと推定されるが、その実態は不明である」[1]と、特異な職能者によって形成された村として紹介されている。

和邇地区は現在は滋賀県滋賀郡志賀町の南端に位置しているが、古代には『和名抄』に見える真野郷の一部であった。「和邇荘」の名が史料上に確認できるのは、白川寺喜多院に平惟仲が自らの所領を施入した、長保三年

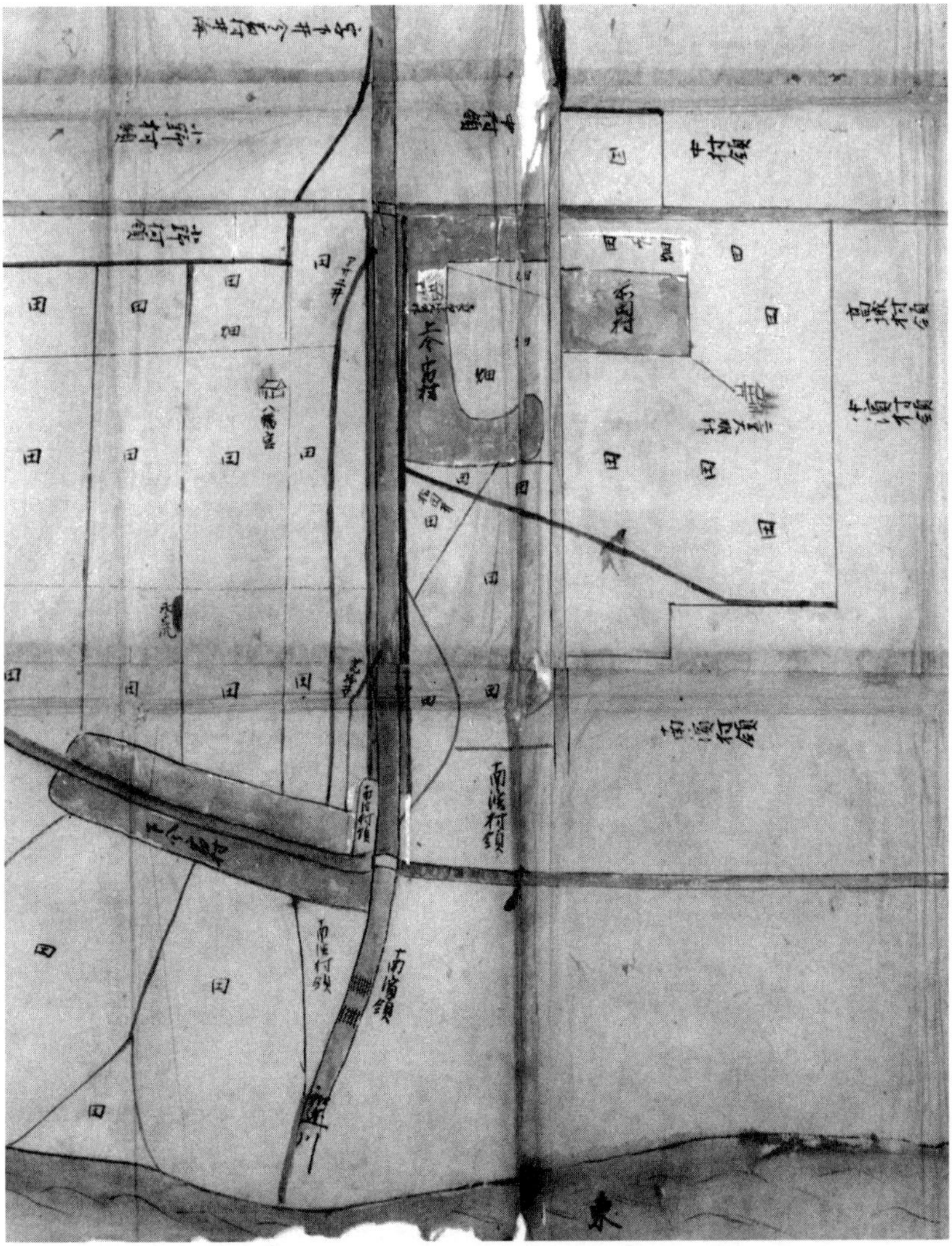

図42　今宿村絵図に描かれた今宿村と前田村
今宿村は東に琵琶湖を望み、村の西端は北国海道の上海道と接し、村の中央から少し東に下海道が南北に通っていた。今宿村は和邇駅の旧地にも比定されている。前田村は、今宿村の村域の中、北国海道から南にすこし入った場所にあり、北国海道から琵琶湖に向って土地が低く傾斜しはじめる所にある。この絵図では前田村は方形となっているが、他の絵図にはいずれもＬ字形に描かれている。

（一〇〇一）の施入状[2]からで、平安末期にはこの地域に荘園が作られていたことが分かる。近世期に入ると和邇荘は、小野村・今宿村・中村（現在の和邇中）・高城村・南浜村・中浜村・北浜村の七カ村、あるいはこれに栗原村と南船路村の二カ村を加えた九カ村から成るとみなされるようになった[3]。

天皇神社は和邇七カ村の内、小野神社のある小野村と南浜村を除いた五カ村の氏神であったが、四月初中日が例日であった同社の祭礼には南浜村も参加しており、実質上は六カ村の氏神として機能していたようである。この祭礼において前田村は「太鼓持」という役目を勤めると同時に、「かまど祓」等を日常的な生業とする村であった。

澤井英樹氏の「近世庄鎮守社共同祭礼の一形態[4]」は前田村について、「『かまど清め』と『太鼓持』という呪術と芸能を専門とする職能民の集団が和邇の一角に居住し、『和邇祭』において極めて個性的かつ重要な役割を独占的に担っていたことは銘記されてよい」と述べ、これに註して堀一郎『我が国民間信仰史の研究』に「神楽・万歳・竈清め・祓・卜筮・祈禱を職能とする民が居住していた『院内』についての報告」があり、また「幸若舞等の芸能を担った『舞々』が居住していた土地が舞々・舞台・舞の森・舞戸等と称されていた」として、「和邇・今宿村の中の『前田村』とそこに居住した人々の存在形態は、これら『院内』や『舞々』との類縁性を示す点からも極めて注目される」と、前田村の特異な性格を指摘している。

今宿村は東に琵琶湖を望み、北に南浜・中浜・高城村、南に小野村。西に中村と界する集落で、村の西端は北国海道の上海道と接し、村の中央から少し東に下海道が南北に通っていた。また、京都今出川から途中峠を経由して、龍華村から和邇船瀬に至る古代からの間道である龍華道も、ここで北国海道と交わっていた。北国海道は今宿村の付近では古代の北陸道とほぼ同じ所を通っていたと思われ[5]、古代北陸道の和邇駅は龍華道と北陸道の合流地点にあったと推定されることから、今宿村は和邇駅の旧地にも比定されるのである。

今宿村のほぼ中央を東西に和邇川が流れていたが、和邇川の北に上海道に沿って形成された集落を「上宿村」、和邇川の南に下海道の両側に作られた集落を「下宿村」、さらに村の南東の湖岸に「嶋村」と呼ばれる小集落があった。前田村は龍華道と北国海道の交差点の北東、今宿村内を通る龍華道から少し北に入った所にあった。

今宿村は慶長七年（一六〇二）の検地においては高八百七十二石余であったが、延宝七年（一六七九）の検地では荒地高が消えて高七百七十九石となった[6]。今宿村の領主は慶長十三年に徳川家康の異父弟である松平貞勝の領有するところとなるが、常陸国・下野国に一万石の所領があった三上藩が、元禄十一年に近江国滋賀・甲賀・野洲・栗太四郡に領地替になった際に三上藩領となり、天保五年に三上藩が和泉国および近江国甲賀郡に領地替となると幕領となり幕末に至っている。

表9　今宿村の人口推移

	家数	人数	備　　考
元禄11(1698)	82	355	「覚(戸数の)」E 4
享保 9 (1724)	80		
寛延 4 (1751)	75	379	「家数人数覚」E 5
天保 5 (1834)	76	364	「宗門御改帳」E 16

備考の文書名に付した記号は『今宿区有文書』の番号

今宿村の人口は、元禄十一年には八十二軒・三百五十五人であるが、その後の今宿村の人口の推移を表9に示した。軒数は近世を通じて微減であるが、天保にはわずかながら増加している。人数は享保の人数が不明なので、推移は掴みがたいが、寛延にすでに増加傾向を示しているといえるか。全体としては、近世期を通じて大きな人口変動はないと見てよいであろう。

産業の中心は農業であり、延宝検地帳[7]の村高を軒数で割った一軒当りの平均持高は五石五斗であった。農地のうち九割が田地であり、安定した農業が営める村様であったといえる。農業以外の生業としては医者が二名いることと、和邇川に仕掛けられた簗漁があげられる。同じ和邇荘内の南浜村と北浜村が三十三艘余の船で行っていた簗漁に対し、五石の年貢が課せられていたことからみて、二石五斗の年貢の今宿村の簗漁もかなりの規模のものであったと思われるが、完全な農間の余業であったのか、あるいはこれを専業とする者がいたのかどうかは分からない。『今宿区有文書』中に「譲り魚簗之事」と題する請文[8]があることから、漁の権利が株化され売買されていたことが分かる。

またこれとは別に、今宿村には南浜村・中村・北浜村とともに和邇宿の宿役が課されていた。このため、四カ村は共同して馬二匹を飼育させて、その飼料を六十匁宛負担していた[9]。

今宿村には寺院はなく、小野村の天台律宗西教寺末上品寺と南浜村の西本願寺末慶専寺の檀那であった[10]。一方、村内には貴布禰大明神・二重大明神・八幡宮の三社があり、また天皇神社の本社を中村と共に氏神としていたが、このことは後に詳しく述べたい。

今宿村は、古代北陸道の和邇駅の地に比定されると共に、琵琶湖岸には和邇船瀬もあって交通の要衝の地を占め、また今宿の名が中世期にすでに見られるように、中世には宿的な機能を備えた地域であったと思われるが、近世期にはほぼ純農村の様相を呈していたといえる。

二、前田村の概要と人口

前田村の位置が今宿村の村域の中にあったことはすでに述べたが、近世期の絵図[11]によれば北国海道から南にすこし入った場所にあり、この絵図では前田村は方形となっているが、他の絵図にはいずれもL字形に描かれていて、村の敷地がほぼL字形をした小集落であった。慶長の検地帳には字前田として六十二筆が登録されており、地目はすべて「荒畑」となっていた。前田村の位置は北国海道から琵琶湖に向って土地が低く傾斜しはじめる所にあり、その下に田が広がっていることから、字前田はその位置から名づけられた地名で、字前田に前田村があったとみて間違いないだろう。

今宿村の慶長検地帳[12]から、名請人の名に「まへた」と肩書された人の所持地を一覧表としたのが表10である。

前田村では源四郎以下、二十一人が二十五筆の土地を所持していたことがわかる。九番目の「さいの神」は人名とは考えづらく、おそらく前田村にあった祠の敷地が検地帳に登載されたものと思われるので、所持人数は二十人であろう。この内、二筆以上の土地を持っているのは小三郎・甚十郎・与介の三名のみで、他は一筆のみの所持であり、一筆の広さも一石を越えるのは十一筆しかなく、石高の合計も二十二石余と、全体として極めて零細な所持地といえる。そして、これらの所持地に屋敷地は一筆もなく、さらに「字前田」の土地も一筆も含まれていないのである。

しかし、慶長検地帳には「まへた」という肩書は欠くものの、前田村の村民と同一名の記載が他にも認められる。それらも含めて一覧表にすると表11のようになる。「さいの神」を除くと、二十人の名請人の計八十五筆、五十四石九斗六合の所持地となり、その中には屋敷地も六筆含まれている。ただし、ここでも「字前田」の地は、「源四郎こけ」と「しんせん」の所持地に一筆づつ認められるだけである。

表10　慶長検地帳前田分

名請人	分米(石)	等級	小字	肩書
源四郎	0.086	上々畑	もり	まへた
源七郎	0.138	上々畑	もり	まへた
源六郎	1.570	上田	むろ	まへた
小一	1.550	上田	むろ	まへた
小三郎	0.946	上々田	ヲドロ	まへた
小三郎	0.103	上田	ヲドロ	まへた
小三郎	0.053	下畑	ヲドロ	まへた
さいしやう	1.386	上々田	戸苗田	まへた
さいの神	2.464	荒畑	高岡	まへ田
二郎四郎	1.760	上々田	戸苗田	まへた
新右衛門	0.527	下田	もりノ下	まへた
新衛門	1.735	上田	むろ	まへた
甚十郎	0.290	中田	もりノ下	まへた
甚十郎	0.144	荒田	もりノ下	まへた
しんせん	1.870	上々田	かとた	まへた
新兵へ	0.640	上田	むろ	まへた
助四郎	0.396	上々田	かとた	まへた
伝次	1.270	上々田	戸苗田	まへた
兵後	0.198	上々田	かとた	まへた
又右衛門	0.138	上々畑	もり	まへた
めうさん	1.240	上田	むろ	まへた
与一	1.600	荒畑	ヲドロ	まへた
与介	1.518	上田	むろ	まへた
与介	0.064	永荒	むろ	まへた
与二郎	0.726	上々田	もり	まへた
合計	22.412			

表11としたものの中に、今宿村の人間が含まれている可能性は否定できないが、表10では屋敷地をまったく欠く点など総合的に判断して、表11が前田村の土地所持の

実勢に近いものと考える。屋敷地は字名を欠くことから断定はできないが、前田村の人びとの屋敷地は「字前田」にあったものと見てよいであろう。また、「字前田」の三筆の荒畑も実際は屋敷地であった可能性もある。すなわち、前田村の人びとは、「字前田」に六筆ないしは九筆の屋敷地を持っていた。慶長検地帳に字前田の地は合計六十二筆登載されているが、等級はいずれも「荒畑」となっている。戦国の混乱で荒畑となった地に、前田村の人びとが住み着いて村を形成したという想定も可能な地勢であった。

しんせん	1.254		上々田	もり	
しんせん	0.627		上々田	もり	
しんせん	1.540		上々田	よしの本	
しんせん	0.096	5.776	荒畑	前田	
新兵へ	0.640	0.640	上田	むろ	まへた
助四郎	0.396	0.396	上々田	かとた	まへた
伝次	1.270	1.270	上々田	戸苗田	まへた
兵後	0.198	0.198	上々田	かとた	まへた
又右衛門	0.138	0.138	上々畑	もり	まへた
めうさん	1.240	1.240	上田	むろ	まへた
与一	0.958		上田	むろ	
与一	1.600	2.558	荒畑	ヲドロ	まへた
与二郎	0.726		上々田	もり	まへた
与二郎	0.043		下畑	高岡	
与二郎	0.104		荒畑	高岡	
与二郎	0.840		荒畑	金クソ	
与二郎	1.694		上々田	こうのかみ	
与二郎	2.148		上田	つきた	
与二郎	0.330		上々田	笛森	
与二郎	0.240		上畑	笛森	
与二郎	0.110		中田	笛森	
与二郎	0.073		中畑	二ツ屋	
与二郎	0.083		上々田	二ツ屋	
与二郎	0.058		中田	ヲドロ	
与二郎	0.396		上々田	ヲドロ	
与二郎	0.073		中畑	ヲドロ	
与二郎	1.199		中田	浅後	
与二郎	0.144		上畑	浅後	
与二郎	0.609		中田	浅後	
与二郎	1.395		上田	浅後	
与二郎	0.903		荒畑	浅後	
与二郎	0.600		荒畑	浅後	
与二郎	0.416		荒田	南浅後	
与二郎	0.330		上田	浅後	
与二郎	0.648		下田	浅後	
与二郎	0.572		上々田	浅後	
与二郎	1.683		上々田	浅後	
与二郎	0.072		下田	浅後	
与二郎	0.162	15.651	屋敷	浅後	
与介	1.518		上田	むろ	まへた
与介	0.064		永荒	むろ	まへた
与介	0.144		屋敷		
与介	0.979	2.705	上々田	ヲドロ	
合計	54.906				

前田村の人びとは、この他にも田畠を所持していたが、その規模は小さく、五石以上所持するものはわずか三名、五石未満一石以上が十名、一石未満が七名となっている。五石以上の三名はとりあえず、農業経営のみで生活が可能と思われるが、その他の人びとは小作ないしは他の生業なしには生活は困難とみてよいであろう。

次に前田村の人口推移を見てみたい。表12に掲げたものの内、慶長七年と寛政四年のものは正確な意味で人口を表示するものではない。慶長七年のものは検地帳に見える名請人の数で、実際の戸数はこれよりも多かったもの

表11　慶長検地帳前田関連分

名請人	分米(石)	持高計(石)	等級	小　字	肩書
源四郎	0.086		上々畑	も　り	まへた
源四郎こけ	0.113		屋　敷		
源四郎こけ	0.016	0.215	荒　畑	前　田	
源七郎	0.138		上々畑	も　り	まへた
源七郎	0.090	0.228	屋　敷		
源六郎	1.570	1.570	上　田	む　ろ	まへた
小　一	1.550		上　田	む　ろ	まへた
小　一	0.252		下々畑	寅間谷	
小　一	0.451	2.253	屋　敷		
小三郎	0.360		下　畑	金クソ	
小三郎	0.090		屋　敷		
小三郎	0.946		上々田	ヲドロ	まへた
小三郎	0.103		上　田	ヲドロ	まへた
小三郎	0.053	1.552	下　畑	ヲドロ	まへた
さいしやう	1.386		上々田	戸苗田	まへた
さいしやう	0.264		上々田	も　り	
さいしやう	1.359	3.009	上々田	も　り	
さいの神	2.464	2.464	荒　畑	高　岡	まへ田
二郎四郎	1.760	1.760	上々田	戸苗田	まへた
新右衛門	0.527		下　田	もりノ下	まへた
新右衛門	0.048		荒　田	もりノ下	
新右衛門	0.229		上　畑	もりノ下	
新右衛門	0.606		上　畑	もりノ下	
新右衛門	0.040		上　畑	みのかき	
新右衛門	0.096		上　畑	みのかき	
新右衛門	0.288		上　田	みのかき	
新右衛門	0.396		上々田	出雲海道	
新右衛門	0.132		中　畑	高　岡	
新右衛門	0.400		下　畑	金クソ	
新右衛門	0.800		荒　畑	金クソ	
新右衛門	0.116		下　畑	金クソ	
新右衛門	1.694		上々田	こうのかみ	
新右衛門	1.766		上　田	ふなき	
新右衛門	1.266		中　田	つきた	
新右衛門	0.710	9.114	中　田	くらかけ	
新衛門	1.735	1.735	上　田	む　ろ	まへた
甚十郎	0.290		中　田	もりノ下	まへた
甚十郎	0.144	0.434	荒　田	もりノ下	まへた
しんせん	1.870		上々田	かとた	まへた
しんせん	0.164		上々畑	も　り	
しんせん	0.036		中　畑	も　り	
しんせん	0.103		上々畑	も　り	
しんせん	0.086		上々畑	も　り	

表12　前田村の人口推移

	家数	人数	備考
慶長7(1602)	20		慶長検地帳の名請人数
寛延4(1751)	28	121	「家数人数覚」E5
宝暦5(1755)	28	113	「亥年家数人数覚」E21
寛政4(1792)	12		「上品寺祠堂銀目録」J13

備考の文書名に付した記号は『今宿区有文書』の番号

と思われる。寛政四年のものは、前田村の檀那寺である上品寺から本寺である坂本の西教寺に仏供米を上納することが決まった際に調べた檀家数であり、前田村の全員が上品寺の檀那であったかどうかは不明であるので、これも人口史料としては不完全なものである。

このため、現在のところ分かっているのは、江戸中期の前田村の人口が二十八軒、百二十人前後であったということのみである。しかし、後に詳しく述べることになるが、江戸末期になると前田村の人口が減少していく徴候が散見され、その参考史料として寛政のものをあげておいた。一方、江戸初期の人口は不明だが、農業村ではないという前田村の性格を考えると、村民のなかに所持地を持たないものがいた可能性は大であり、おそらく江戸初期と中期の人口はさほど変らなかったものと推定しておきたい。

三、前田村と牛頭天王社

冒頭にふれたように、前田村は和邇庄六カ村の鎮守社である天皇神社の祭礼の太鼓持をしていた。天皇神社は明治に改称される以前は牛頭天王社といったが、牛頭天王社と氏子村との関係をよく示す史料をつぎに掲げよう。(13)

御蔵入并市橋三四郎様知行入組村
江州志賀郡和邇之内中村社改覚

一、天王大明神社壱社
　但新検御帳ニハ大明神御一斗有之、此社之事也

神主廻番当職　中村
　　　　　　　今宿村　今宿村　宇兵衛
　　　　　　　中浜村
　　　　　　　北浜村
　　　　　　　高城村

当村并中浜村・北浜村・今宿村・高城村以上五ヶ村氏神也、
本社ハ中村・今宿之氏神ニ而御座候、
境内除地六反歩　平地　但当村新検地帳有之
内弐拾壱歩　宮守屋敷
（中闕）
神輿部屋　壱ヶ所
宮守家　壱軒
鳥居　壱ヶ所　但石
勧請造立　四百拾三年以前弘安三庚辰年造立之　願主不知
右造立之儀ハ今年ヨリ弐百拾弐年以前、文明拾三辛丑年末社共ニ修復造栄有之時、三之宮棟札之
文言ニ書載有之、此外天文三午年・明暦二申年・延宝六午年段々修復加修理仕来候棟札有之、
（中略）
元禄五壬申年六月　江州志賀郡和邇之内中村
庄屋勘助

牛頭天王社の本社社殿は鎌倉時代後期の建築と推定されている。[14]この「覚」では創建年を弘安三年（一二八〇）としているが、正中元年（一三二四）と伝える史料もある。[15]牛頭天王社は中村・中浜村・北浜村・今宿村・高城村の氏神であり、中浜・北浜・高城村はそれぞれの境内社を牛頭天王社にもっていた。天王社が所在した中村と隣村の今宿村だけは本社を氏神としていた。

各村は牛頭天王社の境内に境内社をもつと同時に、村内にも一つないしは複数の社をもっていた。その関係を示すと表13のようになる。[16]祭に使われる神輿も天王社の境内社に収められていた。南浜村は氏子でなかったため、境内社はなかったが、祭礼には参加しており、神輿は自村にある木之元社から動座した。

牛頭天王社の祭礼は四月午申日が祭日であったが、ここで祭礼の次第を簡単に記しておく。[17]まず祭礼の前日に

表13　氏子各村の牛頭天皇社境内社と村内社

村名	境内社	村内社
中　村	本社	龍王社
今宿村	本社	貴船社・八幡宮・二重社
中浜村	十禅師（樹下社）	大将軍社
北浜村	三之宮社	住吉社
高城村	若宮之社	―
南浜村	―	木之元社

境内社に御神酒が献上され、神輿が各村の氏子によって清祓され、飾りつけが行われた後、神職によって御霊が神輿に遷され、神輿の仮屋に四基の神輿が納められる。同じ日、南浜村では木之元社で神輿の飾りつけが行われ、御霊が遷された後、神輿は南浜村内をまわり、木之元社で一夜を明かす。

祭礼の当日になると、南浜の木之元社から神輿が天王社に早朝に到着し、神輿仮屋に裏から入れられる。続いて中浜村から御供が到着、鳥居前で南浜村からの御供の到着を待つ。少し遅れて南浜村の御供が到着、これが鳥居を入ると続いて中浜村の御供も境内に入る。両御供の到着を待って、御供の献上式を五基の神輿の前（神輿仮屋前）で執り行い、これで午前の行事が終了する。

午後になると、神職と巫女が神輿迎えのため天王社を出発、天王社の東二百メートルほど南にある龍華道と北国海道の上海道が交差する榎辻で、六カ村の氏子が集結するのを待つ。氏子が集結すると、ダイ（魔竹）振りを先頭に、大宮と若宮の四本のサッサ（指竿竹）が横一列に並んでゆっくりと進む。天王社の手前の藤の森で一行は一旦止まり、高城村の長老が指図して、「七度半の使い」が行われ、それがすむと一行は早足に天王社に入り、神輿渡御の準備にかかる。飾りつけをとり、サッサをつけた神輿は、大宮・樹下・木之元・三宮・若宮の順に天王社を出発、御旅所である南浜唐崎の「コメダバチ」に向う。

御旅所に着くと神輿は湖に正面を向けて、左から三宮・木之元・樹下・大宮・若宮の順に並べられ、御旅所での神事が始まる。ここでの神事は御供の献上と祝詞奏上は本社の神事と同様だが、その後に日吉佐兵衛と名乗る猿楽師による翁舞と巫女の神楽が奉納された[18]。神事が終わると、南浜村の神輿は直接に木之元社へ還り、他の四基の神輿は天王社に戻り、神職により御霊が本社に遷された後、各々の境内社に納められて祭礼は終わりとなった。

牛頭天王社の祭礼はこのような内容であったが、前田村と祭礼との関わりを示す史料を次に示したい。

一、五社の太鼓ハ前田村ゟ神事之日□□持来ル神役之事、（「牛頭天王御神叓格式記」[19]）

一、太鼓持人足之儀者、往古ゟ前田村ゟ五ヶ村江出し来り候處、難渋申立候而、去ル天保八酉年ゟ中絶致し、両村（中村・今宿村）ゟ毎年両人出し壱人宛々雇人致し、壱ケ村ゟ弐百文宛出し申候事、（「（中村）村記録」）

これによれば、前田村が勤めた太鼓持は神役と位置づけられ、前田村より二人が出てこれを勤めていた。[20]「五社の太鼓」とあることから、神輿巡幸と還幸の際に祭礼行列に付き従ったものと思われる。この太鼓持を前田村が拒否するという事件が、寛文七年（一六六七）に起っていた。その発端は、次のようなものであった。[21]

乍恐申上候

一、和邇六ヶ村氏神祭礼之義、例年前田村ゟ太鼔を持来候、然ニ大祭之義ニ候へハ、自然大雨之年ハ翌日祭礼仕候義も御座候、又ハ十日計も相延祭礼仕候事も御座候、ケ様ニ相延候而も祭礼之時分ニハ、如先年前田村より太鼔を持、祭礼わたし来候御事、

一、当年御祭礼之義今月十日ニ相究候處ニ、和邇村ニ少々出入御座候ニ付相延申候、然共事済同十中日ニ御祭わたし申ニ付、六ヶ村之もの共時分之耕作其外野山之かせきをもやめ、かへちやニ罷遣候處ニ、前田村兵部・長左衛門両人之もの共新法ヲ企、先年より持来候太鼔ヲ持不申、祭礼おさへ申ニ付、五六百人之かへちやのもの共迷惑仕、其ノ日前田村へ押返しいたし申遣候處、承引不仕候ニ付、今宿村八兵衛方へ申遣候へハ、則八兵衛ゟ前田村へ被申候ハ、何とて先例をやふりいたつらを申候哉、急罷出太鼔を持祭礼わたし候へと、五六度も申被遣候へ共、此義をも承引不仕、前田村より申候ハ、十日之神事ニ太鼔ヲ持可申所

ニ相延申候、此上ハ御公儀様より御指紙被付候へ、左なく候ハ、御祭極月迄相延し候ても、太鼓持申事不罷成候と申切候而、今ニ至て祭礼おさへ置、時分之耕作をもケ様ニ妨申段、何共迷惑仕候御事、

一、件ノ兵部・長左衛門両人之もの共、棟梁を仕大分之御祭ヲおさへ、結句わかま丶を申、六ヶ村之下知ニ而ハ太鼓持申間敷候、たとい御公儀様御意ニ而御座候と、御断可申なと丶いたつらを申一図取相不申、何共迷惑仕候ニ付、乍怖御訴訟申上候御事、

右之通御慈悲ニ被為聞召上、前田村兵部・長左衛門被下遣先例をやふり、御祭ヲおさへ其外時分之耕作迄もケ様ニ妨申段、御詮議之上被為仰付被下候ハ丶、有難可奉存候、以上、

寛文七年
未卯月十八日

中　村　百姓中（印）
今宿村　百姓中（印）
南浜村　百姓中（印）
中浜村　百姓中（印）
北浜村　百姓中（印）
高城村　百姓中（印）

進上
御奉行様

寛文七年の牛頭天王社祭礼は、四月十日に予定されていたが、和邇村で紛争があったため十日の中日に延期したところ、前田村の兵部と長左衛門が先頭になって、太鼓持を出さないと言いだしたために祭礼が行えなくなった。このため今宿村の八兵衛に連絡して、前田村に対し再三太鼓持を出すよう督促したが承知せず、前田村からは祭礼が延期されたために拒否しているもので、どうしてもというのなら公儀からの命令書でも持ってこいという返答であった。このままでは、祭礼が行えずひいては耕作にも差し支えるので、前田村に太鼓持を命じて欲し

いと六カ村の百姓中が奉行所に願い出たのである。

この時期、六カ村は中村が旗本市橋家領であった他はすべて幕領であり、大津代官の支配下にあった。しかし、五畿内は同時に京都町奉行の管轄下にあり、重要案件は京都町奉行所の裁許が必要とされるため、京都町奉行所に願出たものであった。しかし、実際にこの事件の処理に当たったのは、大津代官であったようである。

覚

一筆令啓上候、然者今度六ヶ村神事之刻、前田村より太皷持出し申間敷と申、神事相延申候ニ付、何茂ニ罷上其断被申ニ付、詮義之上前田村之もの共ニ太皷持申様被申付候処、違背申ニ付、籠舎可申付と預ケ置候処ニ、御蔵町吉兵衛同宿之吉兵衛罷出、詫言申ニ付、太皷之儀違背仕間敷旨手形申付、前田村之ものとも指下し申候間、神事御捌可在之、為以来公儀へ指上ケ候手形も忝指渡候間、御請取可在之、委細今宿八兵衛へ申入候、恐惶謹言、

平井十兵衛（花押）

卯月廿日

和邇六ヶ村

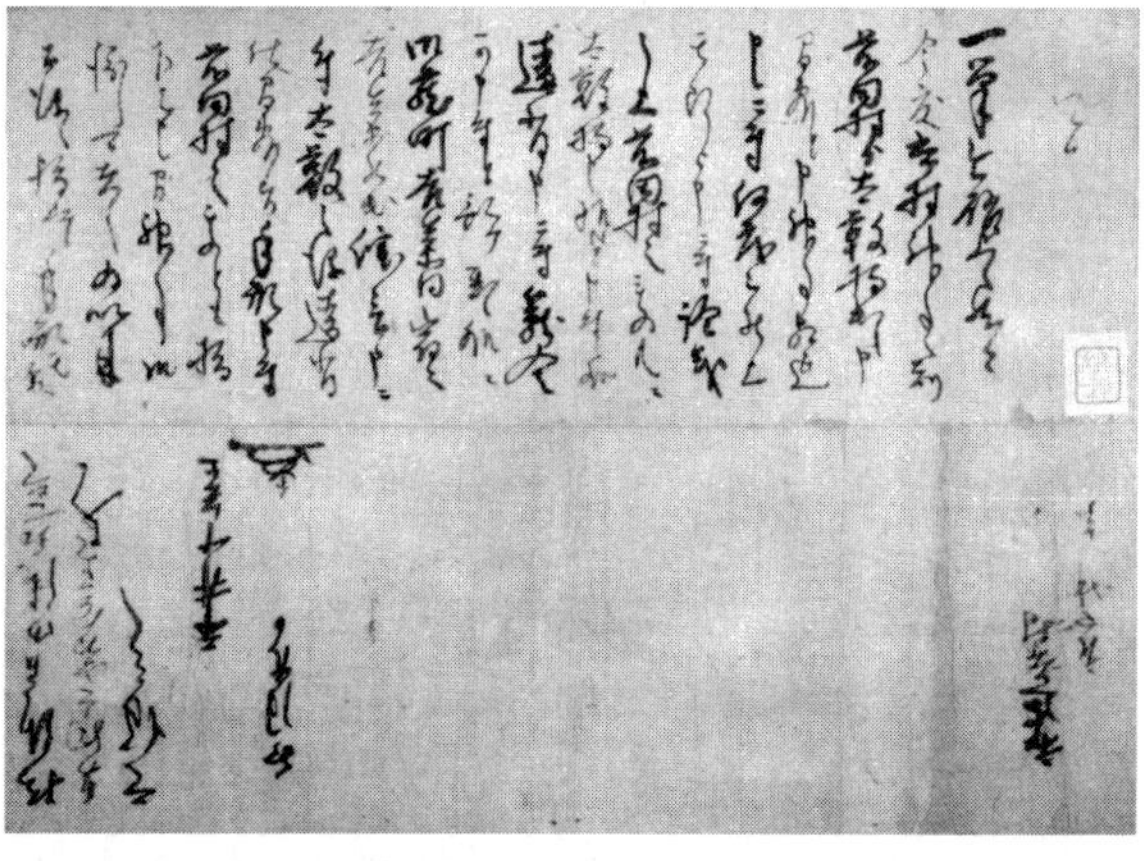

図43　前田村が太皷持を拒否したことについて大津代官からの書状
前田村は、和邇庄六カ村の鎮守社である牛頭天王社の祭礼の太鼓持をしていた。寛文七年の祭礼の時、前田村の兵部と長左衛門らが、太鼓持を出さないと言いだしたために祭礼が行えなくなった。しかし、大津代官より、前田村に太鼓持をするよう命じられ、命令に従う旨の手形を提出し、落着した。（今宿区有文書）

庄屋中　参

願書提出の二日後に、「和邇六ヶ村庄屋中」に宛て書状[22]が送られ、事件は決着を見ている。差出人の平井十兵衛は、寛文三年の「南比良庄屋百姓中」に宛てた物成請文[23]に、大津代官手代の横山甚兵衛と連署しており、おそらく平井も大津代官の手代であったものと思われる。これによれば、文中に「何茂ニ罷上其断被申ニ付」とあるように、「何茂」の意味は不明ながら、前田村からも大津代官の元に赴いて自己の主張を開陳していたようである。しかし、大津代官の結論は前田村に太鼓持をするようにというもので、籠舎まで命じようとしていたが、命令に従う旨の手形を前田村が提出したこともあって、帰村を許された。奉行に宛てたこの手形は、平井から六カ村に渡されたが、『今宿区有文書』中に今も残っている。[24]

一札之事

一、天王六ヶ村之神事当日ハ十日ニて御座候所、わに村ニ出入出来十四日迄相延、十四日ニ神事わたし可被申候所ニ、前田村ゟたいこ持ヲ出シ不申、神事おさへ申候段沙汰之限ニ思食、籠舎をも可被仰付所、金蔵町吉兵衛同宿之吉兵衛ヲ以御わひ言申上、其段御宥免被成忝奉存候、後日之神事何時成共、無異儀たいこ持ヲ出シ可申候、若違背仕候者、曲事ニ可被仰付候、為其一札如件、

寛文七年

未ノ夘月廿日

前田村（印）

長左衛門（印）

内　進（印）

宇右衛門（花押）

権左衛門（印）

兵　部（花押）

御奉行様

源左衛門（略押）

前田村の長左衛門以下六名が押印あるいは花押をすえた請文であるが、連署冒頭の前田村にも押印されているのが眼にひく。内容は平井の書状にあったとおりの内容で、「後日之神事何時成共、無異儀たいこ持ヲ出シ可申」と今後は太鼓持を拒否しないことを誓っている。こうして、前田村の抵抗は、わずか六日にしてついえたわけだが、なぜ前田村は太鼓持の拒否という行動にでたのであろうか。

祭礼における太鼓持という職掌が、社会的にどのような位置にあったのか、ここでその全体を明らかにすることはできないが、狂言の一曲である「太鼓負」（「祇園」ともいう）の内容がこの問題に示唆を与えてくれる。[25]この狂言は、祇園会に他の人が笛や鼓の役を与えられるなかで太鼓持の役を与えられた男を、なぜもっと良い役を貰わぬかと妻が非難するが、祇園会の行列の中で汗を流して苦労する夫をみて、惚れ直すというものである。この中で太鼓持は、「何共迷惑」で「外聞悪い役をして、みな人の笑いものであろふ」ものと語られている。[26]

狂言には「子供のやふに太鼓持役する」という文言があるが、この太鼓はかなり重いものと設定されている。『舟木本洛中洛外図』左隻二扇のほろ武者の横に祇園会の太鼓が描かれているが、経三尺は越えようという大きなもので、子どもではとうてい担えないであろうことから、ここでいう「子供」とは身分の低いことの謂いと解することができる。太鼓持は身分の低い人の役という意識があったことが、ここから窺われるのである。

また、「（中村）村記録」の嘉永五年には次のような記載があり、前田村は太鼓持以外に役がなかったことに不満をもっていたことが分かる。

一、太皷持人足之儀者、往古ゟ前田村ゟ五ヶ村江出し候處、家数減り候而難渋申立候故、去ル天保八酉年ゟ中絶致し、両村より毎年壱人宛出し申候而、人足料壱人分弐百文宛出し候事、右前田村太皷人足之儀者、往古より出し来り候而外ニ神役無之故神役ニ而候得共、難渋を申立中絶致し申候得共、其替り竈払差留メ

置候事、

後に詳しくふれるが、前田村は幕末にも太鼓持拒否の姿勢を見せ、天保八年（一八三七）からは太鼓持を出さなくなるが、その時の理由のひとつに太鼓持の「外ニ神役無之」ことがあげられている。太鼓持という外聞をはばかるような役を押しつけられ、それ以外に役を与えられなかったことが、前田村の太鼓持拒否事件の背景にあったと見てよいであろう。

ただ、他の神役が無い点については検討を要することがある。澤井英樹氏の論稿に、「南浜では祭礼の卯の御供を天皇神社に調進に行く際に途中の〝前田のハナ〟というところで現在は今宿の小頭にヘギ膳を渡すのであるが、このヘギ膳はその直後今宿の産土神である貴船神社に献上されている。ところが以前は、前田村の人に渡され、彼らによって二重神社という社に供えられていた事実がみえる」として、「へい壱本ニへぎ御膳一膳二重大明神供是者今宿村下之四十人之内前田之はなニて相渡シ[27]」という史料を註記している。

前田のハナは、龍華道が北国海道の上海道を越えて琵琶湖に下るすぐの所で、そこは前田村の入口に当っていたものと思われる。先にあげた絵図によれば、前田村から北東方向に道がついていて、そこに二重神社があった。つまり、前田村を通ることなしには二重神社には行けなかったのである。しかし、元禄十一年の「今宿村萬書上ケ帳留扣」に「一、二重太明神　社内御除地」とあるように、二重神社は今宿村の産土神であり、前田村には慶長検地帳にみるように「さいの神」という産土神があった。しかも、史料は明確に神供を「今宿村下之四十人」に渡すと記しているのである。やはり、前田村には太鼓持以外の役は渡されなかったようである。

寛文という時期に、前田村の人びとが祭礼の場において屈辱的な扱いに甘んじざるをえなかったという事実は、中世末期には前田村が成立していて、祭礼への参加もその時期から始っていたことを示唆していると思われる。前田村が和邇荘という地域において、このような地位に置かれた原因は、近世においても彼らが引続き携わっていた陰陽師という職掌と、その職にあることによって定まる彼らの社会的位置にあった。

四、前田村と陰陽師

前田村の人びとが、陰陽師の仕事に携わっていたことを示す確かな史料は実のところなく、いくつかの傍証的な史料を提示するしかない現状にある。最も有力な史料は、すでに掲出した「(中村)村記録」の嘉永五年の記載に、太鼓持を拒否した前田村が「其替り竈払差留メ置候事」とあるものである。近世の陰陽師が竈払を行っていたことはすでによく知られた事実であるが、竈祓をしたのは陰陽師だけでなく、巫女や修験者あるいは神職の中にもこれをするものがいたので、これだけで前田村の性格を決めることはできない。

彼らが陰陽師であることを補足するのは、前田村の村民の中に官途名を名乗るものが少なからず居ることである。寛文の騒動の時、詫請文に名を連ねた七人の中に「内進・兵部」という名があったことはすでに見たとおりであるが、次の史料は、紙質・筆跡など史料の形態、または家数から江戸中期の史料と推定されるものである。(28)

前田村判鏡

年寄 民部

同断 主計(印)

善兵衛(印)　与五郎(印)

新兵衛(印)　幸之進(印)

嘉　内(印)　庄五郎(印)

庄太夫(印)　半太夫(印)

政右衛門(印)　木母院(印)

金　蔵（印）	主殿院（印）
刑　部（印）	甚太夫（印）
右衛門（印）	織部正（印）
縫　殿（印）	主　計（印）
勘太夫（印）	主　馬（印）
酒之丞（印）	半兵衛（印）
五郎太夫（印）	隼　人（印）
九郎右衛門（印）	杢兵衛（印）
斎宮允（印）	家数合弐拾九軒

これは折紙に前田村の家持二十九軒の名を書き、それぞれの判を押したものだが、折紙の表を上段、裏を下段に掲出した。二十九人の内、官途名と思われる名は年寄の「民部・主計」を始め、合計十一名にのぼっている。

宮廷陰陽道家であった土御門家は、中世末頃から民間陰陽師の支配に乗りだし、その手段として許状を発行して呼び名と装束を配下陰陽師に許可していた[29]。近世初頭は、中世期に自由に官途名を名乗っていた状況を継いで、職人などに許可を受けずに官途名を名乗る者がいたが、幕府は明和三年（一七六六）無許可の官途名を禁止する触を出して、この規制に乗りだしていた。この史料では「年寄」の職にある二名がいずれも官途名を用いており、村鏡のような正式な書類にこれを記すということは、いずれかより正式に許可されたものと見てよいであろう。

さらに、同じく年代不明の次のような史料がある[30]。

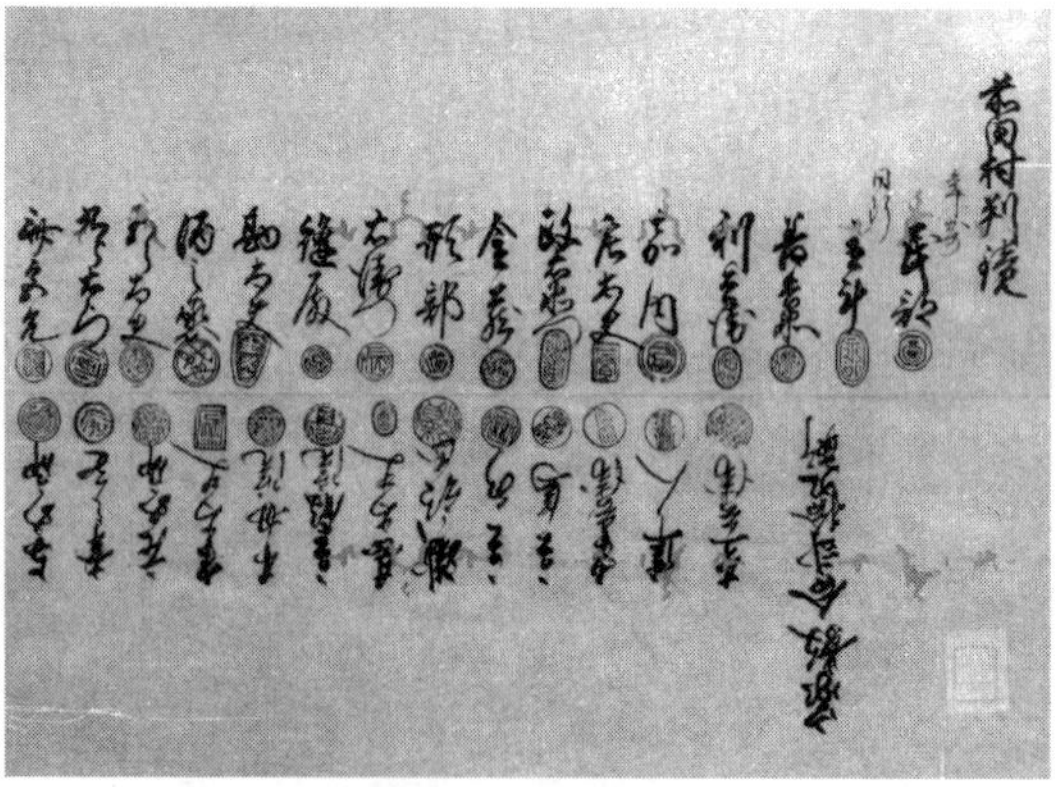

図44　前田村判鏡

前田村の家持二十九人の内、官途名と思われる名は年寄の「民部・主計」を始め、合計十一名にのぼっている。村鏡のような正式な書類にこれを記すということは、いずれかより正式に許可されたものであろう。前田村の人々が陰陽師の仕事に携わっていたことをうかがわせる史料のひとつ。(今宿区有文書)

差上申口書之事

一、当月九日四ツ時分ニ私方江参候而、少々心持悪敷御座候程、御慈悲与思召御ふう頂戴仕度与、段々願被申候ニ付、私家行ニ而候得者、何之存寄茂無御座、願之通御ふう壱包遣申候、帰宿仕候而御礼申度程ニ、其元様御名御書付被成被下候与被申候ニ付、私名山口貞之進と書付仕遣申候、以上、

前田村　貞之進
年　寄　酒之丞

申十二月十二日

今宿村庄屋源　八　殿
同　与右衛門殿

十二月九日午前十時頃、前田村の山口貞之進のもとを見知らぬ人が訪れ、少し気分が悪く「護符」を貰いたいというので、私の家業なので怪しむことなく、それを与えたが、その時、帰ったらお礼をしたいので名前の書付が欲しいというので、書いて与えました、という内容の口書である。おそらくこの人が後に何か事件に巻き込まれ、その身辺から書付が見つかったために、このような口書を求められたものと思われるが、図らずもここから前田村の人が病気の際のまじない札を与える仕事をしていたことが分かる。これも、また伝統的な陰陽師の仕事であった。

以上のような諸史料を勘案すると、前田村の人びとが陰陽師の仕事に携わっていたことは、ほぼ間違いのない事実であろう。そして、先に推測したように前田村の成立が中世期に遡りうるものだとすると、前田村は中世期には村としては散所村と呼ばれ、そこに住む住人は声聞師と称されて、有力寺社等の掃除役を勤めるかたわら、陰陽師の仕事やそれから派生した千秋万歳などの芸能を職としていた集団ということになる。

散所の声聞師たちは中世の身分意識の内では、「非人」と呼ばれて賤視と疎外を受けた人びとの一員であり、そ

の意識が村落的な地域秩序の中に持ち込まれると、祭礼の太鼓持を課すという扱いになっていくのである。

前田村は慶長検地帳に多く見積もっても、五十石余の持高しか登載されておらず、農業を中核としうる家も三軒しかなかった。おそらく前田村の仕事の中心は、陰陽師であったものと思われる。その他には、これを仕事と見なしうるかどうかは分からないが、前田村の村民が金貸をしていたことを示す史料がある。(31)

差上申添状之事

前田村式部・大津町木屋孫兵衛方より栗原村五兵衛・同庄屋・年寄・組頭を相手ニいたし、五兵衛跡式配分出入ニ付、式部・孫兵衛方より銘々訴状差上候所、栗原村之者共罷召出御僉議之上、栗原村へ御裁許書を以被仰渡、右書面之通を以拝借方之もの共得心仕、相残ル田畑・山林・家屋敷・酒株・雑具等致割賦、何も無申分埒明落着仕候、然上者五兵衛跡式之儀ニ付、以来何之申分茂無御座候、為後日一紙済證文差上申處如件、

享保弐年酉十一月三日

前田式部代　小兵衛
同断　源次郎
同断　勘　助
大津木屋　孫兵衛
大津柴屋　嘉兵衛
北船路村　三郎兵衛（印）
普門村　庄兵衛
今宿村　半右衛門（印）
栗原村　孫三郎
（栗原村の十三人を略す）

伊賀立村　三　助（印）
同　　　　久四郎

角倉与一様

前田村の式部というから陰陽師を本職とする人と、大津町の木屋孫兵衛の両人が、栗原村の五兵衛という人に金を貸していたのであろう、五兵衛が死亡したか身代を潰したのかいずれかは分からないが、五兵衛の財産の配分について訴訟におよび、関係者が和解したことを約したのがこの史料である。関係者が二十名を越えることを考えると、かなりの大金が貸し出されたものと思われる。

五、前田村の社会的位置

前田村が牛頭天王社の祭礼において、屈辱的な役に甘んじねばならぬ地位にあったことはこれまで述べたとおりだが、前田村が和邇荘ないしは今宿村との関係においてどの様な位置にあったのかを、さらに見ていきたい。冒頭に紹介した今宿村が三上藩への領地替に際して提出した村明細に、一切前田村については記さず、人口も前田村分は含まれていないことは、今宿村が前田村を別村として扱っていたことを示すものと思われるが、まずその点を検討したい。

今宿村から藩への人口等の報告は次のように行われていた。(32)

覚

一、家数合七拾五軒増減無御座候　今宿村
一、人数合三百七拾九人内六人増申候　同　村
一、家数合弐拾八軒増減無御座候　前田村

一、人数合百弐拾壱人内七人減申候　同　村

右之通相違無御座候、以上、

寛延四年

未三月日　　今宿村庄屋

与右衛門

右同断　源　八

年　寄　善兵衛

右同断　作右衛門

右同断　佐兵衛

今江㐂　三　八殿

渡部代右衛門殿

久松重左衛門殿

今江格　之　允殿

すなわち、今宿村から藩への家数・人数の報告には、両村は全く別の村として記載されていた。また、宗門改帳も今宿村、前田村のものが、別々に調製されていた[33]。しかし、前田村の人口も今宿村が報告しているように、別村とはいいながら、前田村は今宿村に包摂される存在であった。そのことをよく示す史料を次にあげる[34]。

覚

一、去ル己年御巡見衆差遣候節、於村々古免状御僉議候処、庄屋代替り又ハ火事ニ逢令焼失之由ニ而、不出村有之候、向後免状不紛失様ニ念を入、所持可仕候、且又毎年出之候免状、本郷之百姓ハ不及申、出作百姓迄不残為見之、免割依怙仕間敷事、

（中略）

右者去ル己年御巡見衆差遣候上、今度被仰出候御条目之趣を以如此ニ候、堅此旨相守可申候、且又銘々申触候郷法度之旨、弥相改度々小百姓ニ茂為読聞、無油断相守可申者也、

延宝七己未年十一月
三月十四日ニ中村より請取写之、
三右衛門　平兵衛　武右衛門
（以下十八名略）
中村出作
勘四郎　吉兵衛　吉十郎
（以下二十五名略）
前田村
源左衛門　権十郎　弥左衛門
半左衛門　清右衛門　安兵衛
権左衛門　二郎左衛門　弥兵衛
甚二郎　源六
右御書付之通、一々奉得其意候、自今以後急度相守可申候、銘々被仰触候御条目之旨をも弥相守可申候、為其庄屋百姓不残致判形差上ケ申候、以上、
延宝七己未年十一月
村々
庄屋

延宝七年三月、三上藩は検地を行ったが、その時、出作百姓等に免状類を見せていなかったことが問題となったのであろう、今後は出作百姓にも免状類を見せて依怙贔屓ないように免割することを、今宿村の百姓と中村の出作百姓そして前田村の百姓が連署して取り決めた覚である。文中に「三月十四日ニ中村より請取写之」とある

ことから、これは中村から徴収したもので、他村の出作百姓とも同様の覚を交していたものであろう。人数からみて今宿村は組頭、中村は出作百姓全員、前田村も組頭が署名していると思われるが、注目されるのは署名の順序が今宿村・中村・前田村となっていることである。ここでは、前田村は今宿村とは別村であるものの、出作百姓としては扱われておらず、しかも順位は出作百姓の後という微妙な位置に置かれていた。

通常、前田村のこのような位置は「枝郷」という言葉で表現されるが、『今宿区有文書』や周辺の村の文書に、この文言は見当たらない。近世末のものであるが唯一、前田村が今宿村を「本郷」と呼んだ史料[35]がある。

預申米代銀之叓

一、米壱石三斗

代銀

右之米、村中植附飯米奉願上借用申候処実正ニ御座候、然ル処右米代銀直シ来ル十一月限急度返納可仕候、尤小前一統高下なく割合仕候、本郷村方米直段定之通、急度皆済可申候、為後日之預證文依而如件、

前田惣中代

新五郎（印）

右 暗（印）

天保八酉年四月

本郷

庄屋長右衛門殿

同 源左衛門殿

この史料は、「前田惣中」が「村中植附飯米」として米一石三斗を借りた際、本郷今宿村に宛てた請文である。宛先は本郷となっているが、この前年には天保四年から始まった凶作が、全国的な大凶作となり、天保八年には彦根藩が領内米の他所売りを禁止するなど、近江にも深刻な影響与えていた。『今宿区有文書』にはこの年のも

のと推定される、大津役所からの下金五両を前田惣代が請取った覚[36]が残され、宛所は「庄屋長右衛門」となっていることから、この飯米も大津役所から下されたという可能性がある。

いずれにせよ、ここで今宿村は前田村から本郷と呼ばれているが、この文言とそれが示す事実認識がどのあたりの時代まで遡ることができるのかは不明であるが、この請取に前田村を「前田惣中代」と記しているように、天保頃から史料上に「前田」とのみ書かれる例が多くなる。今宿村を「本郷」と記す意識と、「村」の字を略す意識は互いに照応するものと思われる。とすると、本郷―枝郷意識は、近世末期に至って明瞭になってきたのではないかと思われる。

明瞭に枝郷としても扱わないという、今宿村と前田村の関係は、牛頭天王社との関係にも反映したものと思われる。「永代烏帽子連名記[37]」と題された簿冊は、今宿村のものが牛頭天王社の氏子となった際の年々の記録と思われるが、享保十一年（一七二六）から文久二年（一八六二）の百三十七年間に、前田村の人の記載は次にあげる年のもののみであった。

（宝暦）同八寅年
物振舞桂野ニ而相勤ル
一、百　目　権　蔵
一、八拾匁　彦兵衛
一、五拾匁　宇右衛門
一、七拾目　源兵衛
一、拾　匁　前田 四郎兵衛
一、七拾目　七衛門
一、六拾目　藤右衛門

一、六拾目　　　武兵衛
一、三拾目　　　嘉右衛門
一、五拾五匁　　壱番甚右衛門
〆拾人

すなわち、宝暦八年（一七五八）に前田村の四郎兵衛が氏子となっている。ここから、前田村が牛頭天王社の氏子としてまったく排除されていたわけではないことが分かる。しかし、百三十七年間でただの一例、しかも烏帽子成の納銭も十匁と極めて少額であるのも気にかかるところである。これは、全くの推測であるが、何らかの理由で前田村の有力者の息子が、特例として烏帽子成を認められたのがこの記載で、他の前田村の村民は牛頭天王社の氏子には正式にはなれなかったのではないだろうか。そうであれば、太鼓持のみが役であった状況も説明がつく。

次の史料[38]も、同様の状況を示しているといえる。

京大津在方氏子中寄進銀銘々預リ之覚
　　　甚兵衛
一、金弐歩　　京四ろ金や三郎兵衛
（中略）
一、同壱歩　　京前田氏子和助
（中略）
一、銀四拾三匁　京井上
　　　与右衛門預リ分

（中略）

一、同壱歩　　前田惣中

（中略）

当村掛り
一、三貫弐百拾八匁四厘

（中略）

高四百拾八石六斗弐舛三合七勺　上組持高

一、弐貫四拾五匁九分五厘掛り

高三百弐拾七石四斗壱合五勺　浜組持高

一、壱貫六百目壱分弐厘掛り

この記録は、文政十一年（一八二八）に牛頭天王社の神輿を新調したときのもので、今宿村が分担する三貫二百十八匁を上組が二貫四百十五匁、下組が一貫六百匁負担している。しかし、前田村からは京都に出た和助と前田惣中からそれぞれ一歩つづが出銭されたのみであった。神輿を担がせてもらえなかったことの当然の結果といえるが、中村・今宿村両村の神輿は、前田村とは何の関係もなかったことがはっきりする。

しかし、弘化四年（一八四七）に、天王社境内に北野天満宮の五輪石塔を立てた時、前田村の負担は決して少ないものではなかった(39)。

宮境内ニ天満宮様五輪石塔候訳ケ

一、此度始而五拾ケ年目ニ付、京都北野天満宮様ニ二月朔日より廿五日迄萬燈明上り候ニ付、在々氏神又ハ末社ニ至迄少々宛ニ而も燈明上り候故、当時宮将監殿燈明上ケ申度由被申候ニ付、村々寄進ニ而上り神事宵宮ゟ上り申候、燈明寄進之訳ケ、

一、油弐舛　中村ゟ稀ニ御座候而上ケ申候、
一、同壱舛　今宿村ゟ上り申候、
一、銭弐百文　中浜村ゟ、
一、銀凡三匁　北浜村ゟ、
一、銭三百文　南浜村ゟ、
一、同三百文　高城村ゟ、
外ニ弐百文　前田村ゟ、

この石塔は、文政七年（一八二四）より牛頭天王社の宮守を勤めた大野将監の肝煎で建立されたもので、大野の父は京大宮通御旅町の大野洞春、将監が宮入した時の引請人は滋賀郡大野村の吉田齋宮であったが、牛頭天王社は北野天満宮の末社ではなく、大野が北野天満宮と関係があったものか、北野天満宮の二月の萬燈明に合せて、天王社でも燈明をあげるために立てられたものである。この時、前田村は他村とほぼ同額の二百文を志納しているが、他村の後に「外ニ」と添書して記されており、他村と同列には扱われていなかった。

次に、前田村の檀那寺であった上品寺との関係を見てみよう。(40)

寛政四子年、従御本山仏帰米之儀御頼ニ付、御請申候節書上ケ写、

御届申上覚

一、此度仏帰米家前其米壱舛宛、毎年捧納可仕被仰出、旦那無一統難承納得仕候而、毎年無怠懈差上可申候、右ニ付此度旦那数村々ニ而相改メ、左書物之通相違無御座候、為其村々役人印形仕御届申上候、其時々増減御座候半、其節者又々御届可申上候、以上、

一、小野村　六十六軒

一、今宿村　五十九軒
一、今宿村之内 前田　十弐軒
一、中村　廿六軒
一、高城村　九軒
一、南浜村　五軒
都合　百七十七軒
以上
小野村庄屋　伝右衛門　判
今宿村庄屋　進一郎　判
右同村之内年寄　十兵衛　判
中村庄屋　勘左衛門　判
高城村庄屋　嘉右衛門　判
南浜村旦那惣代　庄兵衛　判
上品寺　判
惣本山
御役所

これは、寛政四年（一七九二）に上品寺から本寺である西教寺に「仏帰米」を年々納めることになり、そのために村毎の檀那数を調べたものであるが、前田村は今宿村の次に「今宿村之内前田」と記され、末尾の各村役人が連署している所では、今宿村庄屋の次に「右同村之内年寄十兵衛」と記載されている。牛頭天王社や上品寺との関係において前田村は、実質的には枝郷ながらも独立村としても扱われる、前田村と今宿村の関係をほぼひきついでいるとみてよいであろう。ただし、牛頭天王社では前田村は正式の氏子として扱われていないが、上品寺においては記載の上では差別的扱いは無いという違いが認められる。

六、前田村の退転

ところで、先に引いた「(中村)村記録」の、天保八年から前田村が太鼓持を出さなくなったことを述べた記事には、太鼓持拒否の理由のひとつに、「家数減り候」ことがあげられていた。表12で前田村の人口推移を示した時に触れたように、宝暦五年に二十八軒・百十三人の人口であったことは分かるが、それ以降の正確な人口史料は欠けている。そのため、関連史料から人口の変化を推測する必要がある。

前田　良助

北かや中田　壱反七歩　壱石五斗三舛五合

今宿村之内前田　佐仲

屋舗　弐畝壱歩　弐斗七舛四合

森り上々畑　弐拾三歩　壱斗

同断上々畑　六歩　弐舛六合

屋舗　弐拾六歩　壱斗壱舛七合

森中田　拾歩　三舛七合

屋舗　壱畝拾壱歩　壱斗八舛四合

屋舗　壱畝六歩　壱斗六舛弐合

屋舗　壱畝拾壱歩　壱斗八舛四合

屋舗　壱畝弐拾壱歩　弐斗三舛

屋舗　壱畝四歩　壱斗五舛三合

〆壱石四斗六舛七合　　前田惣村持

屋舗	拾五歩	六舛八合
屋舗	拾六歩	七舛弐合
屋舗	弐拾八歩	壱斗弐舛六合
屋舗	壱畝弐拾五歩	弐斗四舛七合
屋舗	壱畝六歩	壱斗六舛弐合
屋舗	三畝拾弐歩	四斗五舛九合
屋舗	弐拾壱歩	九舛五合
屋舗	弐畝歩	弐斗七舛
門田 中田	壱畝拾歩	弐斗
屋舗	壱畝弐拾壱歩	弐斗三舛
屋舗	壱畝弐拾六歩	弐斗五舛弐合
加登田 中田	壱畝弐拾六歩	弐斗五舛弐合
屋舗	壱畝六歩	壱斗六舛弐合
屋舗	弐拾弐歩	九舛九合

〆弐石六斗九舛四合

これは、天保六年の今宿村の「小前帳(41)」から、前田村関係の部分を抜いたものだが、この時点で前田村で土地を所持している人は良助と佐仲の二人だけとなっている。しかも、良助は中田を一筆所持するのみ、佐仲も片々たる耕地しか無く、農業を中核とする家が無くなっていることが分る。そのかわり「前田惣村持」の土地が十四筆もある。惣村持とは、持主が離村などして所有者が居なくなった土地を、村持の土地にして村がその年貢を負担するというものであるが、前田惣村持の土地の大部分が屋敷地であることが眼につく。これらの屋敷地にはすでに人は住んでいないわけである。

一方、佐仲の所持地には七筆の屋敷地がある。ここには人が住んでいると見てよいであろう。屋敷地の広さを見ると、惣村持は十七畝二十四歩、佐仲持は八畝二十一歩である。全体の三分の二の屋敷地が無住になったということになり、これを宝暦五年の人口をもとに単純計算すると、天保期の前田村の人口は九軒・三十八名ほどではなかったかという推定が可能となる。実際、『今宿区有文書』の同時期の史料から前田村の村人として七人の名前が認められ、少なくと天保期には最低でも七軒が前田村にあったことは確実であろう。

しかし、人口の減少を思わせる次のような史料が、この後つづくのである。

戻シ申畑之事

一、字森 上々畑八歩　高三舛四合六勺　二百九十三之内

右之畑金子弐歩慥ニ請取、戻シ申所実正明白也、然ル上者此畑ニ付他之妨少茂無御座候、為後日之戻シ手形仍而如件、

天保十一年

庚子二月日　戻シ主 前田源左衛門（印）

今宿村

卯之助殿

この史料(42)は、天保十一年に前田村の源左衛門がおそらく小作地として借りていた土地を、今宿村の夘之助に返したというものだが、源左衛門が貰った金が二歩という極めて少額であることから、源左衛門から土地の返納を申し出たのではないかと思われる。源左衛門は同じ年の六月に前田惣代として、大津役所からの下金の受領書に押印しており、返納が即離村となったものではないが、前田村が農業から離れていく様子が窺える。

預リ申銭子之事

合銭百弐拾七匁九分壱厘　但利足月壱歩極

右之銭子慥ニ預リ申候処実正明白也、尤返済之儀者、来ル極月廿五日迄に返済仕候、但シ此銭子繁二郎相続積金ニ有之候故、何時ニ而も御入用次第急度返済仕候、為其預リ證文仍而如件、

預リ主
前田年寄

天保十五甲辰三月　日　　　　　優造（印）

今宿村
　御役人

この史料(43)は、天保十五年に前田年寄の優造が今宿村から銀百二十七匁余を借りた際の請文であるが、優造個人のではなく前田村としての借金であることは、文面から明瞭である。実はこの時期、前田村の困窮を示す史料が他にもある。

天保九戌正月改
未進
一、三拾三匁　　　　良助

天保十亥正月改
未進
三拾三匁　　　　前田良助

米代銀ふ足
百壱拾三匁六歩弐厘　　同惣中

天保十一子正月改

未進
四拾弐匁三歩四厘　　良助

米代銀ふ足
百壱拾三匁八厘　　前田惣中

（中略）

弘化四年未正月改

未進
三拾四匁　　前田 良助

三百拾九匁九歩八厘　　同 源左衛門

役銀引受
□□□匁弐歩六厘　　同 惣中

四拾七匁五歩四厘　　同 良助

この史料(44)は、今宿村の天保九年より明治九年までの村入用勘定帳だが、その中から前田村関係の記事の一部を抽出したものである。一筆しか耕地がなかった良助が年々年貢の未進をつづけ、弘化四年からは源左衛門もそれに加わっている。良助と源左衛門の未進記載は弘化五年まで続き、嘉永二〜四年分は欠帳となっているため不明だが、嘉永五年には両者の記載が見えるが、嘉永六年からは消えてしまう。一方、惣中分の未進記載は、弘化五年までであるが、それ以降は全く無くなっている。

良助がかなり困窮している様子がここから窺えるが、弘化四年からはその良助が「役銀」を引受けるようになっている。これは元来は前田惣中として弁済しなければならないもので、前田惣中が当事者能力を失った結果であろう。そして、嘉永六年以降、前田関係の記載が全て無くなっているのは、前田村に少なくとも耕作を行うなど年貢を負担する家が無くなり、もし家が残っていたとしても、前田惣中分を負担しうるような規模ではなかったことの反映であると思われる。

このようにして、時期をはっきり確定することはできないが、江戸末期あるいは近代初頭に前田村は消滅していった。

陰陽師の村が近世期に人口を減少していく例は、蒲生郡武佐宿に接した進宮村が近世初頭は三十戸ほどの人口であったものが、江戸末期には数戸に減少したことが知られている[45]。他にも陰陽師村で近代には消滅した例が多いことから、近世期における陰陽師村の衰退は、ひとつの共通した方向性として認められるが、現在のところその理由を解明した研究は管見の限りでは無いようである。

前田村において、衰退の理由を直接示す史料には恵まれないが、近世初頭より農業との関係が薄かったことが一因として考えられる。土地への定着度がいきおい弱くならざるを得ないからである。またもうひとつは、陰陽道に対する需要が近世期を通じて低下していったと推測されることである。近世期に民間陰陽師を配下においた土御門家は、寛政三年（一七九一）に幕府より陰陽師支配を認める触をえて、それ以降全国の組織化が進んだといわれる。新たに土御門配下となったものの内には、従来よりの陰陽師とは別に占考・売卜者が多く含まれていて[46]、これらの人びとは占いをするのみで、祈禱や呪術には携わらなかった。

また、近世期は暦が民間に広く普及すると同時に、当時の百科事典ともいえる大雑書が流布して、それらには種々の日取や方角の占い方が書かれていた。大雑書の読者は陰陽師を雇えなかった人びとが当初は対象とされたであろうが、いつしかそれ以外の人びともこれらに頼って行事の日取を行うようになり、陰陽師を呼ばなくなっていったと思われるのである。このような陰陽道職の不振が、当初より土地との結びつきの弱かった陰陽師村を容易に衰退させていったと推測されるのである。

(1) 米山高広「村勢と村の運営」(『志賀町史』第二巻、志賀町、平成十一年三月)。
(2) 長保三年六月二十六日「平惟仲施入状案」(『高野山文書』)。
(3) 七カ村とするのは『近江輿地志略』、天正十一年の『杉原家次台所入所々目録』は九カ村とする(次註論文による)。
(4) 澤井英樹「近世庄鎮守社共同祭礼の一形態―滋賀県滋賀郡志賀町和邇中鎮座天皇神社祭礼報告」(『神語り研究』二号、昭和六十二年十一月)。
(5) 『志賀町史』第一巻(志賀町、平成八年一月)三四二頁。
(6) 今宿村の概況についての記述は主に「今宿村萬書上ヶ帳留扣」(『今宿区有文書』D4)に依った。なお、今宿区有文書の史料番号は志賀町史編さん室の整理番号。
(7) 延宝七年三月七日「近江国志賀郡今宿村検地帳」(『今宿区有文書』B2)。
(8) 年代不明「譲り魚簗之事」(『今宿区有文書』M66)。
(9) 『志賀町史』二巻、三三〇頁は「和邇宿の中心は、今宿村であったとみられ」と記しているが、明和七年(一七七〇)に北浜村庄屋治兵衛他三名が「和邇宿入札之儀ニ付一札之事」と「宿役入馬請負銀入札之儀」について各の一札を提出しており(明和七年正月十八日「和邇宿入札之儀ニ付一札之事」『今宿区有文書』K2、明和七年正月十八日「宿役入馬請負銀入札之儀ニ付一札之事」『今宿区有文書』K3)、また『北浜区有文書』に文化三年(一八〇六)の問屋安兵衛の「馬駅問屋」就任の一札があることから考えて、必ずしも今宿村が宿の中心であったとする必要はないであろう。問屋安兵衛への一年間の給金は百四十匁であり、おそらくこの時は二人の人が「馬駅問屋」に任じられたとみてよいであろう。馬駅問屋を希望するものが、入札により選定されたものと思われる。
(10) 天保五年「宗門御改帳」(『今宿区有文書』E16)。
(11) 年代不明「今宿村絵図」(『今宿区有文書』Z28)。
(12) 慶長七年九月六日「江州志賀郡和邇庄内河原村御検地帳」(『今宿区有文書』B1)。
(13) 元禄五年六月「江州志賀郡和邇之内中村社改覚」(『今宿区有文書』J3)。
(14) 『重要文化財天皇神社・小野篁神社・道風神社修理工事調査報告書』滋賀県教育委員会、昭和三〇年。
(15) 前註『報告書』所引の「小野神社職務歴代記」にこうあるもの。

(16)　境内社は享保十五年「天王社之儀ニ付願書」(『和邇中区有文書』)、村内社は註(4)論文に拠った。

(17)　近世期の祭礼を完全に復元しうる史料は残されていないので、註(4)論文に記された一九六〇年代の祭礼の次第を参考に、以下の記述を行う。

(18)　日吉佐兵衛が翁を舞ったことは、「(中村)村記録」(『中井利夫家文書』)の記載から確認できるが、その場所が本社境内か御旅所かについては確証がない。ただ、一九六〇年代でも神楽の奉納は御旅所で行われていること。また、「(中村)村記録」に万延二年のこととして、「摂州伊丹日吉佐兵衛殿往古より神役ニ而被参候ニ付、当年者宵宮ニ茂不参候而、四月二日当日ニも不参候而、五ヶ村江二日五ツ時ニ兼廻文差出し置申候処、漸々祭礼剋限ニ相成候而、無拠通度場所江参り候内ニ、途中越歟旅懸ニ而被参候而、早々身拵江被致候而、祭礼順々ニ致し申候、」という記載があり、祭礼に遅参した佐兵衛が「通度場所」で追いつき、その場所で早々に着替えるという記述の流れから、「通度場所」を御旅所と推定した。なお、「(中村)村記録」は埴岡真弓「志賀町大字和邇中・中井利夫家所蔵和邇・中村『村記録』」(『近江地方史研究』一二号、一九八〇年)として一部が翻刻紹介されている。

(19)　宝暦十四年「牛頭天王御神㚑格式記」(『和邇中共有文書』)。

(20)　本文に引いたのは、「(中村)村記録」の冒頭にある年中行事の書上の部分であるが、嘉永五年の記事には「人足料壱人分弐百文」とあり、太鼓持が二人であったことが分かる。

(21)　寛文七年四月十八日「牛頭天王社祭礼ニ付乍恐申上候」(『今宿区有文書』J1)。

(22)　四月二十日「書状(折紙)」(『今宿区有文書』J43)。

(23)　寛文三年「卯年南比良村御物成之事」(『南比良区有文書』)。この史料は米山氏の御教示により知ることができた。

(24)　寛文七年四月二十日「天王社太皷持ニ付一札之事」(『今宿区有文書』J2)。

(25)　狂言「太鼓負」については、山路興造氏に御教示いただいた。

(26)　ここで引いたのは、「狂言記拾遺」巻二・五「祇園」(新日本古典文学大系五八『狂言記』岩波書店、一九九六年)の詞章。

(27)　「御神㚑勤方仕用目録帳」(『南浜共有文書』)。

(28)　年代不明「前田村判鏡」(『今宿区有文書』D116)。

(29) 土御門家の民間陰陽師支配については、遠藤克己『近世陰陽道史の研究』(未来工房、一九八五年)、木場明志「近世土御門家の陰陽師支配と配下陰陽師」(『大谷学報』六二巻三号、一九八二年)、後に『陰陽道叢書』3近世(名著出版、一九九二年)に再収、を参照のこと。

(30) 申十二月十二日「差上申口書之事」(『今宿区有文書』D79)。なお、史料中の「御ふう」を「護符」と読むことについては、下坂守氏にご教示いただいた。

(31) 享保二年十一月三日「差上申添状之事」(『畑(友)家文書』)。

(32) 寛延四年三月「家数人数覚」(『今宿区有文書』E5)。

(33) 今宿区有文書には、前田村の宗門改帳は残されていないが、一冊だけ残されている天保五年の今宿村の宗門改帳(『今宿区有文書』E16)には、今宿村の村民のみが登載されている。

(34) 延宝八年三月十四日「御法度御条目ノ写」(『今宿区有文書』A1)。中略とした部分は、五人組帳前書に相当する文言が書き込まれている。

(35) 天保八年四月「預申米代銀之事」(『今宿区有文書』M42)。

同様に前田村が今宿村の実質的な枝郷であることを示す史料をここで示しておく。この史料では、前田村は川普請の扶持米を今宿村から請取っており、周辺の村々の共同作業であった和邇川の修築に前田村も参加していたことが知れる。元禄十一年十二月十六日「請取申川普請御夫持方事」(『今宿区有文書』I2)。

請取申川普請御夫持方事

一、米弐斗　　前田惣村四拾人　但シ五日之分
一、米六舛　　　　　　拾弐人分
　内　壱舛五合　孫十郎
　　　弐舛　　　新兵衛
　　　弐舛五合　七兵衛
〆弐斗六舛
右之通慥ニ請取申候、以上、

元禄拾壱年
寅十二月十六日　　前田村
年寄七郎左衛門（印）
同断源左衛門　（印）
今宿村庄屋
作左衛門殿

（36）六月十六日「下金受取覚」（『今宿区有文書』D103）。長右衛門は、他の史料（『今宿区有文書』M42・43）から、天保八年に庄屋を勤めていたことが確認できる。

覚
金　五両也
右者大津御役所ヨリ御下金、慥ニ受取申候、夫ニ刻符仕候書付、跡ヨリ持参仕可申上候、以上、
前田惣代
新　吾　郎（印）
六月十六日
源左衛門（印）
今宿村
庄屋
長右衛門様

（37）明和元年十二月「永代烏帽子連名記」（『今宿区有文書』J7―1）。甚右衛門に「壱番」と頭注されているのは、他の記載を見ると、「二番利八」には「右者株貰イ同前ニ而在之候故、前後相考へ相談之上如此ニ候、」とあり、「三番治郎兵衛」には「右者清兵衛次男ニ而候得共、身分少々不具ニ在之候故、三男文吉ニ跡式相譲り後見同前ニ而三番ニ相立テ申候、」と註記されていることからみて、同一親族の氏子がいた場合、親族のなかでの順位を記したものと思われる。

（38）文政十一年五月十三日「御神輿入用勘定帳」（『今宿区有文書』J24）。

（39）「（中村）村記録」（『中井利夫家文書』）。

（40）寛政六年四月二十日「仏帰米上納ニ付御届」（『今宿区有文書』J13）。

(41) 天保六年正月「小前帳」(『今宿区有文書』B10)。
(42) 天保十一年二月「戻シ申畑之事」(『今宿区有文書』M46)。
(43) 天保十五年三月「預リ申銭子之事」(『今宿区有文書』M50)。なお、史料文言には「銭子」とあるが、村借用としては銭百二十七文では少額すぎるので、「銀子」の誤記と判断し、本文の記述となった。
(44) 天保十年正月「歳々尻勘定帳」(『今宿区有文書』D65—1)。
(45) 本書「進宮」の項を参照。
(46) 高埜利彦「近世陰陽道の編成と組織」(『日本史近世史論叢』下、吉川弘文館、一九八四年)、後に『陰陽道叢書』3近世(名著出版、一九九二年)に再収。

高島郡

産所村

木下光生

はじめに

近江国高島郡産所村（現滋賀県高島郡安曇川町）については、一九一七年（大正六）段階の聞き取り調査をもとにした浅見安三氏の研究[1]以外、その実態を追究した研究は皆無に近い。しかしながらこのたび、田中神社（安曇川町大字田中）所蔵文書[2]のなかに、産所村に関する史料がいくつか存在していることが判明した。そこで本稿では、それらの史料を紹介しながら、近世～近代の産所村の実態を考察していくこととしたい。

一、近世産所村の人口・村高

近世産所村の人口については、村の明細帳や宗門改帳がいまのところ確認できないため、はっきりしたことはわからない。

そうしたなか、唯一その人口を推定できるのが、文政四年（一八二一）の「神輿再建帳[3]」である。この文書は、

表14　慶長７年(1602)産所村樹太夫持ち高一覧

等級	反別	分米
上田	1町　2畝29歩	14石5斗2升9合
中田	4反6畝25歩	6石　9升8合
下田	1反6畝21歩	1石8斗5升
上畠	1反3畝15歩	1石5斗9升9合
中畠	2反2畝9歩	1石5斗6升3合
屋敷	2畝3歩	2斗3升1合
計	2町　4畝12歩	25石8斗7升

産所村も含まれる田中郷十カ村、および三重生《みえお》郷のうち五番領村、計十一カ村[4]の氏神社であった、若林牛頭天王社（現田中神社）の神輿が大破したことにともない、その再建費用を氏子村々に割賦したものである。そこでは、氏子村々十一カ村の軒数が、計三百四軒とされ、一軒につき銀十匁が割り当てられている。そしてそのなかで、産所村は、五軒分、計五十匁を負担していたのであった。

つまり、文政四年段階の産所村は、軒数五軒、人数でいえば二十～三十人前後の村であったと考えられるのである。近世前中期の数値はまったく不明であるが、おそらく近世を通じて数軒規模、多くて十軒程度の人口で推移した小村であったと推定される[5]。

次に、産所村の村高を確認してみると、『正保郷帳』『元禄郷帳』『天保郷帳』いずれでも、六十六石八斗五升七合で登録されており[6]、『旧高旧領取調帳』でも同じ石高で記録されている[7]。村高全体としては、小規模の石高であるが、さきに述べた人口規模から考えれば、決して少なくない石高であり、仮に人口を五軒とするならば、一軒あたり十三石ほどの持ち高となる。村内の階層差が不明なので、単純な割り算は危険であるが、少なくとも産所村民が、基本的には農耕で生計をたてていたことは確かであろう。

その階層差について、若干の考察材料となるのが、小堀新介作成の慶長七年（一六〇二）検地帳[8]である。この検地帳は、田中郷十カ村全体のものと考えられ、田畠合二百五十六町八反六畝十歩・分米合三千二百三十石が登録されている。そしてそのなかに、「さん所」という肩書きをもつ、樹太夫なる者の所持地が、計四十筆書き上げられているのである。

樹太夫に「さん所」の肩書きがついているのは一筆分しかないが、残り三十九筆分も同一人物のものだとすると、彼は表14にあるように、計二町四畝十二歩・二十五石八斗七升もの土地を所持していたことになる。この検地帳では、産所村の石高が全体でどれほどあったのか不明であるが、仮に当時の産所村高が六十六石ぐらいであったとするならば、樹太夫一人で産所村高の四割近くを所持していたわけである。慶長検地当時、産所村の土地を何人で所持していたのかわからないので、なお検討を要するが、少なくとも樹太夫家が、中近世移行期の産所村における中心的な家であったことは間違いないであろう。彼の所持地の半分以上が、地味のよい上田であることも、産所村における樹太夫の地位を物語っているといえる。

しかし、樹太夫家に土地が集中していたからといって、ほかの家が零細であったわけではなかろう。仮に、慶長期の産所村の軒数を五軒程度、石高を六十六石ほどだとするならば、樹太夫家以外の四軒で四十石ほど所持していたわけであり、単純計算すれば、一軒につき十石ほどの土地があった可能性がある。推測の域をでないが、特定の家に土地が集中する傾向をもちつつも、産所村全体としては、比較的安定した農業をおこない得ていたと考えられよう。

また慶長検地段階で、すでに「さん所」の肩書きをもつ者が存在していることからすれば、少なくとも中世末期には、産所村として集落の体裁をなしていたことがわかる。樹太夫の所持地のなかに、「さん所前」という小字表記がみられることも、そうしたことの傍証となるであろう。

このほか、次の宝永二年（一七〇五）の史料からは、産所村民が、隣村の馬場村（田中郷構成村の一つ）に出作地をもっていたことも確認できる。

〔史料1〕

預り申米之事

合米拾表（俵）也　但シ四斗壱升入

右者、私同村源五持分馬場村出作之田地弐ヶ所、当酉ノ暮ゟ永代譲を請申候為代物、請取申所実正明白也。然上者、来戌十月壱ヶ年ニ弐割ノ利足相添へ、元利急度可致返弁候。若於致遅ニハ、弐ヶ所之田地其許ゟ永代御支配可被成候。其時一言之儀申入間敷候。為其、右之譲り証文、則遣シ置候。為後日手形如件。

宝永二年酉ノ十二月五日

産所村庄屋 仁右衛門（印）
同村肝煎 又十郎（印）
同村預り主 長兵衛（印）

薬師川
作右衛門殿⑼

ここでは、産所村の源五が所持していた馬場村出作地を、産所村の長兵衛が源五から買い取るための米十俵を、長兵衛が薬師川村（田中郷構成村の一つ仁和寺《にわじ》村の枝郷）の作右衛門から借りている。同じ産所村民同士での出作地売買の背景はわからないが、この史料からも、自村の土地だけでなく、出作地ももちながら農耕で生計をたてようとする産所村民の姿を垣間見ることができよう。

二、近世産所村の政治的・社会的位置

次に、近世の産所村が、自村が存在する地域において、いかなる政治的・社会的位置をしめていたかを検討していきたい。

⑴独立村としての産所村

史料1の文書差出人からもわかるように、近世の産所村には、庄屋・肝煎という村役人がおかれており、次の

史料2から、庄屋の存在は、慶安四年（一六五一）にはすでに確認できる。

〔史料2〕

乍恐書附を以て御願上事

一、往古田中郷宗（惣）氏神若林天王宮は、宮寺奥院坊中之在（ママ）候祭事相勤め来り候処、近年世上粃弊致シ候ニ付、追々零落仕り、奥院を始め坊中ニ至る迄、住僧等離散して歎義に及候間、例年の正・五・九月本社の恒例之御祭も罷り勤め兼候様之有様にて、誠ニ神罰之程恐れ入候と、郷中一同者恐入り奉り候ニ付、郷中寄合相談仕り候処、可然善知識之御方を相頼ミ申上候事に相定まり候ニ付、近村之禅知院之円珠尼様ハ、近頃御聞宜き善知識様ニ附、御招待申シ奉りて、以来諸用相勤め申上る様相願候間、禅知院様ハ御門跡にて之（ママ）在候、不敬之事ありてハ申訳之無（ママ）、元より田中郷は、御領・私領之入組郷に之在（ママ）候、御差支相成り候節ハ恐入り候間、来ル五月朔日の御祭礼ニ御招待申上度候ニ付、乍恐御頼上候義御免下され度候ハ（ママ）、、郷民一同難有仕合に存シ奉り候。仍而ハ、往古の仕来之祭礼ニ相違せる如き恐れ毫頭之無（ママ）候。尚御警護之向も充分気附申上候、手落之無（ママ）様致し候間、何卒御願之趣き御聞届け下され度候。書附を以て乍恐御願上候。

以上

慶安四辛卯四月六日

田中郷拾郷
庄屋
三田村 助九郎（印）
南市村 甚左衛門（印）
馬場村 山崎善助（印）
下城村 九良左衛門（印）
上寺村 弥兵衛（印）

仁和寺村 治良右衛門（印）
鍛治(冶)屋村 源右衛門（印）
産所村 清右衛門（印）
請所村 政右衛門（印）
佐賀村 六兵衛（印）

本多下総守様⑽
御奉行様

つまり、近世の産所村は、村高六十六石余・人口五軒程度の小村でありながら、枝郷ではなく、庄屋をおけるような一つの独立の行政村として、近世初頭から幕藩権力に把握されていたわけである。正保・元禄・天保郷帳で、六十六石余という産所村独自の村高が登録されていくのも、産所村のそうした政治的位置をしめしているといえよう。

図45 三尾神社旧跡ともたれ石
継体天皇出生の地とされる三尾には、天皇の母振媛が、お産の際にもたれたという「もたれ石」が伝えられている。三尾神社（三重生社）は大正四年に田中神社境内に遷座した。

⑵ 若林牛頭天王社氏子としての産所村

若林牛頭天王社の復興をめざした史料2の文書差出人として、産所村庄屋清右衛門が登場していることからもわかるように、産所村は、近世のはやい段階から、若林牛頭天王社を支える氏子村々の一つであった。若林牛頭天王社の氏子は、田中郷の十カ村（三田《みた》・南市《みなみいち》・馬場・下城《しものしろ》・上寺《うえでら》・仁和寺・鍛冶屋・産所・請所《うけじょ》〔沖田《おきだ》〕・佐賀）、および三重生郷の五番領村によって構成されており、近世前期にはこの十一カ村で氏神社を支えるありかたが確立していたようである（後掲史料5参照）。

また、明暦三年（一六五七）に氏神社神主の伊藤宮内が作成した、若林牛頭天王社の由緒書（史料3）によれば、氏子村十一カ村のうち六カ村には氏神社の末社があり、そのなかには、産所村の三重生社も含まれていた。

〔史料3〕

（表紙）
「当社来由書」

若林天王社縁起略

夫当田中郷村拾一ケ邑惣産社《ウブスナ》と奉ル崇敬《アガメ》

若林牛頭天王祭神者、掛巻母畏《カシコ》支建速素戔《タケハヤソサ》ノ雄ノ命其妹奇《ソノイモクシ》稲田姫ノ命、并ニ八岐大蛇《ヤマタオロチ》の霊魂《ミタマ》を奉ル斎《イツキ》、其ノ来由を奉ル探索《タツネ》といへども、御鎮座の年記曾《カツ》て所見《ミルトコロ》なし。石《イソ》のかミ古記むかしより土人《トコロノヒト》の口実《クチ》に伝ふる所者、人皇五十六代　清和天皇、貞観《デウグハン》年ン中皇　城《クハウジヤウ》の地に疫病流行《ヤクビヤウリウコウ》せしかば、祇園社牛頭天王を祭祀《マツリ》て病災《ヤマイ》治《オサマ》りたりし。其ノ後此土地《コノトコロ》にも疫疾大に流行せしに、依之彼ノ御神等を勧請祭《シヅメマツ》りて病難を払ひ、郷中平穏《オダヤカ》に成しと朧《オボロ》に伝ふ。是等の趣、凡《スベ》て諦成《タシカナル》社伝記等の不ル見ヘ事、いかなる由縁《ユヘ》ぞと委曲《クハシ》く是を考ふれば、抑応仁《オフニン》・文明《ブンメイ》の時代《コロ》、天ン下一統大キニ乱れ、諸国に軍戦絶間《イクサノタヘマ》なく、勝敗交々《シヤウハイコモコモ》なる故に、其ノ敗軍《ハイグン》の残党《ザンタウ》・落武者の類、盗賊と成て、民家ハ勿論、神社仏閣迄に押シ入リ、財宝重器《キンギンタカラモノ》を不論奪《イハズウバ》ひ取て逃去《ニゲサル》事数《カズ》知れず。其ノ節当社造替《ツクリカヘ》の折柄にて、神体《シンタイ》者中も更《サラ》なり、伝来の諸宝物・諸記録等迄、悉《コトゴト》く仮殿《カリドノ》に納め在し其韓櫃《ソノハコ》をいつの間にかハ盗取《ヌスミト》られて、甚ダ残ン念ン成ル事にて有けると云而已《イフノミ》。遺《ノコリ》て聊《イサヽカ》の旧記《フルキカキモノ》も不ル見ヘなり。かゝれど、社《シン》職《ショク》の徒《モノ》も時代《トキヨ》に誘《ツレ》て、朝暮野《アケクレノ》に出、山に入て家稼《カセギ》を専《ムネ》とし、吾《ワガ》神職に疎《ウト》く、文盲《モンマウ》無筆に只《タヾ》素朴《スナオ》正直にして、旧証《カキモノ》の糺《タダ》し日並書《ヒナミガキ》をも打捨て、一チ向《ムキ》に在来を堅《カタ》く守り、奉崇敬他《マツルアガメホカ》なく、五穀成就豊饒《ブニウ》を奉ル祈リ所《トコロ》、産地の輩《モノ》追々信仰弥益《イヤマシ》に月々日々の供神物、亦ハ御灯の光り遠く見霽《ミハルカ》し給ひ、諸人ン信ン心ン渇仰《カツゴウ》せしむるに依リて、神ン威《ヰ》益々広く赫々《カクカク》と高く暉《カヾヤ》き、神ン感殊《カンコト》に灼焉《イチシルク》。追テ年ヲ繁昌《サカヘ》まして、応《ヤガ》て高嶋郡ン中ゥ無双の霊社尊ン神ンと奉リ仰ギ、猶更《ナヲサラ》五月朔日恒例大祭の当日《ソノヒ》者、郡ン中一ッ般《ハン》にさとき神ミ又ハ称《トナ》へて、遠近《オチコチ》となく老若男女歩行《アユミ》をはこび、境内尺地の明処《アキド》もなく群集《ムレツド》ひて、応護《オフゴ》の志願を祈りけるは、実《ゲ》に有リ難き神ン徳におはしますなり。

一、御境内山林東西百弐拾間余・南北凡弐百間余、御神地と相定め、後来領主地頭数度交代有といへども、世々不相替被除置《レノケオカ》て、万ン代ィ不易《フエキ》守護不入《フニウ》之神領なり。

一、本社地に鎮座の末社七座但し御社ハ六社なり

御番御前石壇の下ニ鎮座あり　天満宮　若宮

二ノ宮　三ノ宮　外二社相殿なり神号不分明なり

右末社の分、是又勧請の年記不知、追々後の鎮座なるべし。

一、産子村々に鎮座の末社　天満宮五番領村

惣社明神南市村　三重生社産所村

愛宕社三田村　同社沖田村　佐田社馬場村

西宮社馬場村

其余、彼是小祠《ホコラ》もあれども、何レの神とも不分明なれば略シ之爰に不記《ズシルサ》。これ皆当社の属社《マッシャ》なれば、建替或者葺替《フキカエ》等遷宮之節者、本社神主出役して可相勤古例なり。

一、五月朔日恒例祭祀の事、其ノ発端《ハジメ》者、右ニ所謂旧記《キロク》者なけれども、往昔《ムカシ》より相応規式《サウオフギシキ》に仕来りし後に、文

亀・永正之頃、佐々木家繁栄之時節、格別に信仰有之、如ク今ノ神輿渡御《ワタリ》ハ更なり、鏑流馬《ヤブサメ》・競馬等を興行し、賑々敷修行して、武運永昌、産地の豊饒を祈る祭式を被ル催。此ノ競馬に因《ヨリ》て、馬場村の号起れり古名田中村を遺して田中村といふ、佐々木家の興起に依て、馬の具ニ佐々木四つ目結の紋、不絶今に是を付て着馬。此神事一件後世出役之訳書、別記あり、爰に略之。

一、翁《オキナ》奏祈禱の事、寛永九壬申年若狭国より始て来り、天の岩戸の古例を以て、神楽代と成て、これを修行し、神慮をいさめ奉る。其後不絶恒例と成なり。

一、大鳥居建立者、承応四年乙未二月廿八日、如今に石ニて成。

右者、当社伝来之旧説、其最初を失ふによりて、今般前代亦者後世を思ひ、新に改めて中興の社伝を摘取《ツミトリ》、且ハ村老野夫等の口実をも探索《サグリ》て如斯記録し、永世無窮の社記となすもの也。後裔《シソン》必ズ是を忽《ユルカセ》に想《オモ》ふべからす。

于時明暦三年丁酉九月吉日

神主　伊藤宮内誌（花押）[11]

そして、史料3に「五月朔日恒例祭祀の事」という箇条がみられるように、若林牛頭天王社で毎年五月一日におこなわれる祭礼（現在の田中神社の例大祭）も、産所村を含むこの氏子村々十一カ村が、協同して執行していたのであった。その祭礼運営に関し、宝暦十一年（一七六一）には、次のような定書が十一カ村の間で取り決められている。

〔史料4〕

（表紙）「辛宝暦十一年

氏子誠意祭祀格式

巳卯月日　　郷中十一ケ村
立会」

祭祀御制法之事

一、可修理神社専祭祀事

右神者、依人之敬、増威、人者、依神之徳、添運。然ハ、則恒例之祭祀不致凌(陵)夷、如在之礼奠莫令怠慢。

ここに　当社祭祀之事

一、惣而古来より有来之通倹約を不忘、正心誠意にして奢ケ間敷義有之間鋪事也。尤当時ハ神道則人道之如くして、古例と少異なるといへとも、其義一なり。御神慮を重し奉る上ハ、名聞ニ新規之法を取建申なと等(ママ)、奢之沙汰決而有之間敷事

一、毎年五月朔日神事祭祀臨番之事

右郷中を七ツにして、村々和順ニ相勤可申義、流鏑馬を始め、役之競馬、其外競馬順々之列相定とするに、各鬮を取てひらけば六番之　まつりのじゅん

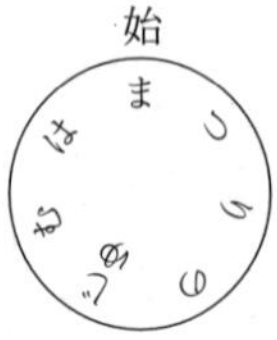

(ま) 馬場村　下城村　産所村　(つ) 三田村

(り) 仁和寺村　請所村　(の) 南市村　鍛冶屋村　五番領村

(じゅ) 鍛冶屋村　五番領村　南市村　(む) 上寺村　(は) 佐賀村

終に至てハ、始にかへりて、永く年歴て久しかるへし。

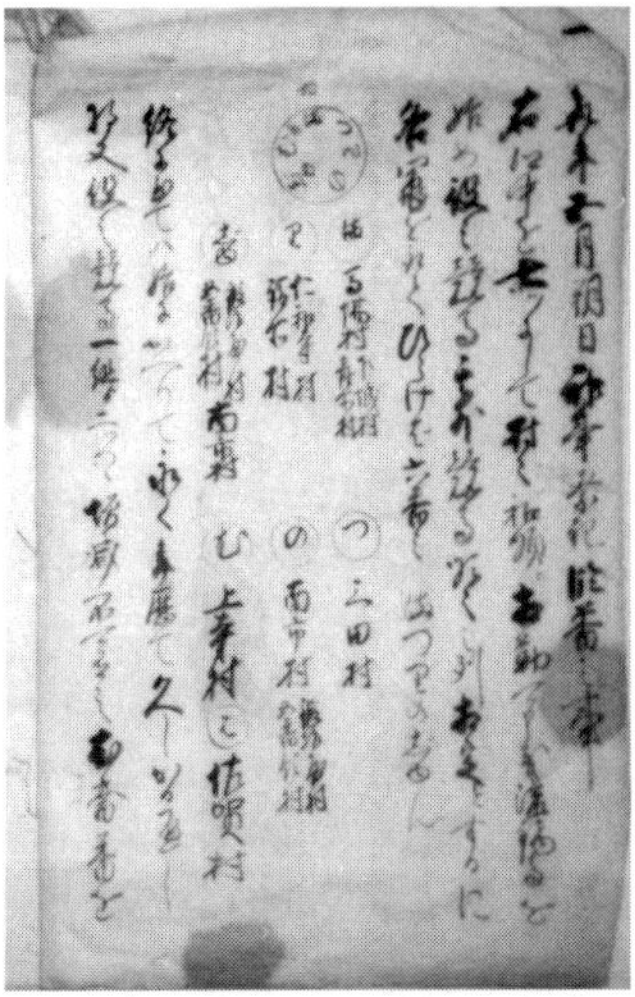

図46　祭礼運営についての定書
宝暦十一年以降、氏子村々十一カ村で当番制をしき、産所村も、七年に一回、馬場村・下城村とともに当番をつとめた。祭礼の中核を担うような機会が、産所村にもめぐってきたものと想定できる。

猶又役之競馬一組ゟ二ツつゝ、増減不可有之。尤当番を先として、順々其外之競馬従之。
一、笠鉾当番を先として、順ニ巡り可申事
右笠ニ建る金幣并やふさめ之装束等ハ、祭祀相済候而、其まゝ古来ゟ之通、馬場村へ預ケ置、卯月廿八日・廿九日に又請取相勤可申事
一、神輿を渡し奉る事
右当番之村々ゟ渡し奉るものなり。勿論　神輿ハ、則神移りまします故ニ、恐れ敬ひ謹而渡し奉る上ハ、卒尓之義有間敷事也。猶又祭祀之宵　神輿飾り奉る事ハ、馬場村へ御頼申、始終御取斗ひ可被下事
附り、神輿飾之義、当番之村方ゟも頼可申筈也。於　神輿渡し奉る時、無作法・理不尽之義有間敷事也。
尤馬場并惣而神事道之義、古来ゟ定式も有之、見苦敷所ハ、少も無憚相対ニ申談し、宵日ニ役人立会相改可申事
格式
一、祭祀使者之事ハ、小村之時ハ難義之筋も有之候ニ付、其当番ゟ田中之鐘をつき候而、致合図ト可申事、
尤二番鐘ニそろふ。
一、朝競馬之事ハ、元来　沙汰大明神之競馬なれは、尤重し、流鏑馬を始、役之競馬をとをし可申事

一、昼競馬之事ハ　牛頭天王之競馬也。流鏑馬を始、役之競馬を先として、六番順々相立可申事
一、笠鉾右之通順々たるへし。勿論当番之笠ハ、時分を見合て余り急ク事なく、其次之笠ハ、急キ出て前後を見合差ひかえ、其下々を引連て上る筈也。然るニ、二番以下之笠、若格別ニ遅キ村方もあらハ、久しく待可申にあらす。且又二之笠ニ而も、格別ニ遅キときハ、三之笠を二ニそなへ、二ハ下ニ巡るへし。雖然、明年之当番ハ、相違有間敷者也。二以下皆准之祭祀を執行する心得ハ、よろこぶましきを不喜、怒るましきを不怒、哀むましきを不哀、楽むへきを楽しミ、可懼をおそれ、可愛を愛之、悪むましきを不悪之、欲すましき(を脱カ)欲せさるときハ、心志意一ツにして、治まらすといふことなし。人まことゝするときハ、凡神慮に付背くへからす。
一、神輿渡し奉る事右之如し。尤祭祀之宵、神輿を守り奉ること、当番之村々ゟ四五人はかり通夜相勤可申。猶又渡し人数之義者、最寄〳〵相互ニ頼合可申事
一、やふさめ馬乗潔斎之事
右ハ、一七ケ日別宅・別火ニして不浄を忌、毎日朝・昼・夕三度垢離をつとめ、尤其人之志しニより、随分清浄ニ勤ること、かきりハ有へからす。
一、翁太夫之事ハ、南市村ニ一飯有之、其外ハ神主兵庫殿へ御頼申、一人一飯ニ付壱匁五分つゝ并的張一飯等、当番之村方より雑作相賄可申事
一、右祭祀之時、馬場にて争論等出来之節ハ、往古ゟ之通りニ、馬場村ゟ御取斗可有之事、祭祀を大切ニ柔和成へし。
右郷中十一ケ村ハ、於祭祀も正心信志誠意喜怒哀楽懼愛悪欲也。当番之村ハ、其年之祭祀之主也。二ハ分金卦之如くなり。故流鏑馬を先とする。正直正路を心として、おもてを勤るものなり。三ハ分土之卦之如

く、信仰にして神慮にかなひ奉らん事を志し治むるもの也。四ハ風之如く、誠之意を心として、祭祀を勤め奉る一類ニ先たつもの也。五ハ水の如く、六ハ木の如く、七ハ火之如く、一ツも闕てハ神祭と丶のひ難く、人家之竈之はなへも同し道理至極ニして、心ある人之知ル所、近在無双之祭祀、鑑と成ことも観知し、尚クハ謹而不怠、正心誠意志し一にして能治まり、泰平ならすといふことなく、神道則人道也、神事則人事ニして、神人合徳、千秋万々歳、祭祀之か丶ミ、聖人ハ知麒麟とかや、誠意ハ知神慮へきもの也。

宝暦十一辛巳年四癸巳月廿四日癸巳日ニ定

十一ケ村

馬場村（印）
下城村（印）
産所村（印）
三田村（印）
仁和寺村（印）
請所村（印）
南市村（印）
鍛冶屋村（印）
五番領村（印）
同　断（印）
上寺村（印）
佐賀村（印）

三重生郷ニ而御座候間、品ニより除之

古来より之古例格式之事、末世ニ至り候而も相尋度義有間敷事ニあらす。依之今般祭祀格式書之簡端ニ留置ものなり。左の如し

抑当社神事之事ハ、往古佐々木殿之時代より以来執行し来る祭祀なり。其格大略

一、やふさめハ、往古より馬場村ニ有之、是宮本之しるしにて、神主住居する三田村ハ母親之如し。

一、第一宮本馬場村、第二同三田村、第三南市村、次ニ上寺村・下城村・佐賀村、尤役之競馬員数ハ、馬場二疋、三田二疋、南市二疋、上寺壱疋、下城壱疋、佐賀壱疋、馬之格式如斯。其外願之馬又如此。

一、笠鉾馬場村ニ渡し番之年はかり壱本有之、三田村ニ毎年壱本有之、南市村ニ同壱本、仁和寺村ニ同壱本、佐賀村ニ同壱本、右ハ笠鉾之格式如斯。皆順列也。

右之通ニ而年歴久しく勤め来といへとも、今般宝暦十一辛巳年ニ至て、村々ニ彼是差問有之、決而難勤り、依之宮本馬場村ゟ祭祀一切之事を郷中へ御出し有之、村々立会対談之上、兎角申分無之、郷中和順ニ可相勤事を願ふ所ニ、巳ノ年巳ノ月巳之日に当て、自然と臨番之格式定まる規矩を拵建候へ者、是又人力之及ふ所ニあらす、御神成へし。古格を尋るためニ記し置者也。(12)

ここから、五月一日の祭礼では、流鏑馬・競馬・笠鉾巡行・神輿渡御の諸行事がおこなわれ、少なくとも宝暦十一年以降は、氏子村々十一カ村で当番制をしき、祭礼の実施にあたっていたことがわかる。その当番制とは、十一カ村を、「ま」組＝馬場・下城・産所、「つ」組＝三田、「り」組＝仁和寺・請所、「の」組＝南市・鍛治屋・五番領、「じゆ」組＝鍛治屋・五番領・南市、「む」組＝上寺、「は」組＝佐賀の七組にわけ、七組が順番にその年の当番＝「祭祀之主」をつとめる、というものであった。そして当番にあたった村々は、祭礼の合図の鐘をついたり、神輿渡御をおこなうほか、競馬や笠鉾巡行では先頭にたつ役割をはたしていたわけである。

「第一宮本馬場村、第二同三田村、第三南市村、次ニ上寺村・下城村・佐賀村」という記述がみられるように、宝暦十一年以前は、祭礼をおこなう十一カ村の間に上下関係があったらしい。ところが、そうした上下関係に対する不満がでてきたのか、「村々ニ彼是差問」がうまれてきたため、宝暦十一年にいたって、一定度平等な当番制

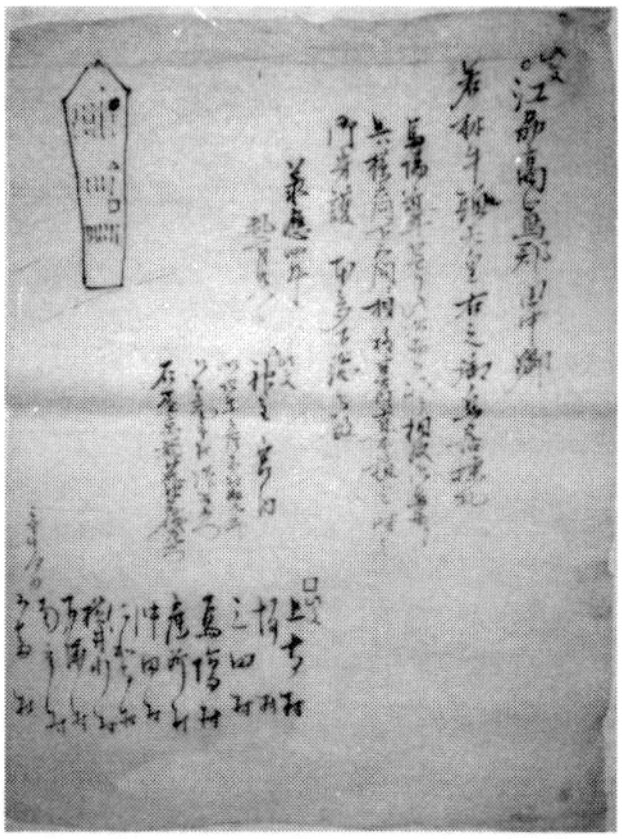

図47　若林牛頭天王社大鳥居を建立した際の棟札の写し
承応四年に石製の大鳥居を建立した際、地鎮祭を産所村の助九郎がおこなった。

をしくようになったようである。

産所村が、宝暦十一年以前において、どのようにこの五月一日の祭礼にかかわっていたのかは不明である。しかし、少なくとも宝暦十一年以降は、七年に一回、馬場村・下城村とともに当番をつとめ、祭礼の中核を担うような機会が、産所村にもめぐってきていたことはたしかであろう。

産所村はこのほかに、若林牛頭天王社にかかる諸費用も、他の氏子村々とともに負担していた。先述した、文政四年の神輿再建費用を産所村も負担していた事実のほかにも、天和二年（一六八二）には「石階」普請のために、十二名の産所村民が計銀十八匁七分・銭三百文を寄付し[13]、元禄十一年（一六九八）に神輿を再建した際にも、同じく十二名の産所村民が計銀二十匁三分を奉加[14]、そして文化十二年（一八一五）には、流鏑馬装束の新調費用として、産所村から金五十疋が寄進されている[15]。

このように産所村は、祭礼の運営にたずさわったり、氏神社にかかる諸費用を負担したりするなど、他の氏子村々と同様の役割をはたしていた一方、産所村独自の役割をはたす場面もあった。そのことをしめすのが、次の史料である。

〔史料5〕（図47）

江州高嶋郡田中郷
若林牛頭天皇右之御鳥居棟札
馬場近年セてり、此次而ヲ以テ相改、御鳥居より

上ハ横六間・下五間ニ相極、其内ニ直木植之。時之
御守護　本多下総守殿
承応四年
乙未二月廿八日　神主宮内
御地祭産所村助九郎
御大工南市村次郎右衛門
石屋京都荒神前儀左衛門

上寺村
坂(佐賀)村
三田村
馬場村
産所村
沖田村
仁和寺村
横井川村
下城村
南市村
三重生郷ノ内五番(領脱カ)村[16]

史料3に「大鳥居建立者、承応四年乙未二月廿八日、如今に石ニて成」とあるように、史料5は、承応四年（一六五五）に石製の若林牛頭天王社大鳥居を建立した際の棟札の写しである。ここから、この大鳥居をつくったのが京都の石屋であり、実際に建てたのが南市村の大工であったことがわかるとともに、「御地祭」＝地鎮祭を産所村の助九郎がおこなっていたことが判明する。先述したように、産所村の人々は、基本的には農耕で生計をたてていたものと考えられるが、その一方で、産所（散所）という存在全体にみられるような呪術的な職能も、当該地

域のなかで発揮していたわけである。

なお若林牛頭天王社の神主は、史料3の由緒書を作成したのが神主伊藤宮内であったように、近世を通じて伊藤家（三田村に居住——史料4）によって世襲されていた。若林牛頭天王社は、享保七年（一七二二）に吉田家から「正一位牛頭天王」を授けられているので、[17]神主伊藤家も吉田家に組織化されていたと考えられるが、一方で次のような文書も残されている。

〔史料6〕

神文之事

一、今度陰陽行儀数ヶ条御相伝被成下、冥加至極難有奉存候。此御相伝之儀者、于一身何某相限者也。仮令雖為親子、曽以而相伝仕間敷候。若於令違背者、可蒙天神地祇殊には牛頭天王之御罰者也。仍而如件。

文化十二年
亥十一月五日

江州高嶋郡田中馬場村
若林牛頭天王社
伊藤兵庫
藤原氏範（花押）

御本所様
御役人中様[18]

ここでは、文化十二年（一八一五）に神主伊藤氏範が、一代限りで「御本所様」から「陰陽行儀」を相伝されていたことがわかる。「陰陽行儀」の関係であるので、ここでいう「御本所様」とは土御門家のことであろう。つまり、一代限りとはいえ、若林牛頭天王社の神主伊藤家は、一時的に吉田家と土御門家という二つの本所を仰いでいたことになるわけである。そうしたことにいたる背景などは不明であるが、神主の実態を複眼的にみなければならないことを、この事例は物語っているといえよう。

(3)用水・山林管理と産所村

産所村は、氏神社を支える存在であったほかにも、用水や山林を管理する主体ともなっていた。たとえば用水の場合、産所村は、安曇川から用水をひく田中井組十三カ村の一つに含まれており、他の井組との水論にも参加している。(19)

また次の史料7にあるように、寛保三年(一七四三)には、田中郷の他の村々とともに、川堤の御普請所の管理方法を取り決めている。

〔史料7〕

覚

一、今度寺川・八田川御普請所、郷中村々場所わけに可致と相談之上、見斗ニ而相対之上、場所相極メ候上者、向後随分銘々之場所相守可申候。尤年番庄屋ゟ見立候而、あやうき所有之候ハヽ、催促可致事

一、仁和寺畔ハ郷中惣普請之筈

一、惣体川通堤切之節ハ、是迄之通、定人足差出可申候。繕普請、百姓農業之間、勝手次第相勤可申ためニ而候。其外之事ハ是迄之通と可致事

一、御普請所諸事御入用等、両組寄会、古来之通四分・六分之事

一、御普請所之竹木、別紙帳面之木者、庄屋相談之上ニて、入用之節ハ切株可申事、帳面之外ハ、村々支配場所、其村支配之事

一、右ニ付、差支候事出来候ハヽ、是迄之通ニ可致事、無謂やぶり候事致間敷事

右之通郷中得心之上ニ而相極メ申也。少も申分無御座候。為後証一札連判如件。

寛保三癸亥年四月三日

上寺村庄屋 宗　助(印)

三田村庄屋　惣兵衛（印）
佐賀村庄屋　三左衛門（印）
馬場村庄屋　与平次（印）
　　　　　　源右衛門（印）
仁和寺村庄屋　九兵衛（印）
請所村　伝六（印）
産所村庄屋　久太夫（印）
鍛冶屋村庄屋　小兵衛（印）
下城村庄屋　善治郎（印）
南市村庄屋　五助（印）[20]

さらに、慶応二年（一八六六）に、柴草山の利用をめぐって、産所村が高島郡庄境《しょうさかい》村と争った際の文書（史料8）からは、産所村領内の「字山崎山」が領主の「御林」であって、その管理を産所村が担っていたことがわかる。

〔史料8〕

乍恐以書付御言奉申上候

当　御支配所江州高嶋郡産所村役人共奉申上候。今般分部若狭守様御領分同郡庄境村役人共ゟ、同村領郷内ニ有之候字安堂川と申大川普請手入方、且致出水之節、水揚等ニ竹木無之候てハ手支候間、同村領世々口と申場所、立林ニいたし、右用木を以普請いたし来り、既寛政度堤切之節、右立木用木不残伐持《（採カ）》普請いたし、其後右村方勝手ニ付、柴苅山ニいたし居候へ共、何分右様之大川相抱候村方ニ付、用木無之候てハ、忽差支候所ニて、去嘉永五年ゟ先規之通り立林ニいたし置候処、去丑年八月四日、田中郷私共村方并ニ膳所領南市村外四ケ村、酒井飛騨守様御領分三田村外四ケ村、都合拾壱ケ村者共、多人数罷出、理不尽ニ右庄境村立林江立入、立木不残伐採、剰鐘を撞、鯨波声を上ケ、不法乱妨いたし候ニ付而ハ、右田中郷拾壱ケ村江段々懸合、則庄境村与隣村古賀村と先年山論、既京都御奉行ゟ御出役相成、論所御改之節、田中郷罷出立会之上、夫々境目相訳り、絵図面等茂有之候儀ニ付、右を以夫々地頭御領主御役場江願出御改之上、全庄境村絵図面通り相違無之と申、明白ニ相訳り候事済仕候処、私共壱ケ村強情申之候所を以、今般御利解之儀被願上候ニ付、御召出相成御糺ニ付、乍恐此段左ニ奉申上候。

右者、願人庄堺村役人共申立全相違ニて、元来田中郷村々ゟ立入候場所之儀者、御料・私領田中郷一体之柴草苅場、庄境村江押領いたし、立林ニ可致所存ニて、庄境村、古賀村と山論之節、田中郷も立会取調、絵図面境目相改、発連（ママ）と相訳候抔と品能申立候へ共、田中郷村々ゟ立会候儀ニ候て、譬外村山論ニても、絵図面江立会印形等も可仕筈無異儀、素ゟ右両村山論ニ付、田中郷ゟ立会候聞伝も無之、尤両村山論□場所違を品能文面取拵り、私共私領方村々相手取、夫々御役場江願出、絵図面通り相成事済仕候趣、右ハ村々会得仕候儀無之、御役場之儀者元来之始末御存無之、一般ニ種々取押、御利解無余儀恐入候得共、内実村々承知仕儀ニ毛頭無、勿論外村ニハ承知仕候共、私共壱ヶ村としても難致承知儀ハ、則当村領字山崎山と申御林山続之柴草山、長三拾丁・巾十五丁斗□有之候場所ニ付、柴草生茂り候節ニハ、何れゟ共なく野火事有之、夙恐ろ鋪打節ハ、右御林山立木等ニも火相移り候様罷成候間、防方ニ種々心配仕候間、御林山為仮道、御林山近辺右草山、凡巾弐丁斗筋焼いたし来り候へ共、近頃筋焼等閑ニ罷成候ニ就而者、追々生茂り候処不存寄、当村御林山近辺右柴草野江、此所立林之内皆□□と申棒杭、庄境村ゟ勝手間々相立候ニ付、右場所立林等ニ罷成候てハ、野火事之節、当村御林山防方難相成、既郷中之柴草野江、不沙汰ニ庄境村ゟ右様之棒杭相立候謂無之、早々郷中江承合候処、いつれも当惑仕、右者全庄堺村ゟ押領可致所存ニ付、早々柴草苅取候儀ニて、鐘をつき、鯨波声を上ケ候抔と申儀者無之、柴苅之者共高声に咄し合候儀を、無跡形大造ニ申之、全庄境村領ニ無之場所押領可致手立ニ相違無之、勿論右村方ニ絵図面有之、境目相改候段申立候儀ハ、何共不審至極、右者全先先年庄境村、古賀村と地論有之、右絵図面之内、右柴草野之場所も書入可有之哉、然ルを証拠ニ申立、押領可致所目論見、何共人外至極、殊更御林近辺立林等ニ相成候てハ、非常之手当等も難成、勿論先年禁裏御所御造営之節、御公役様方当村御林山御見分相成候節、御林山近辺柴草野山御立林ニ可致儀被　仰聞候へ共、前顕之次第柄申上候処、御尤ニ　被思召、立枯ニ茂不被　仰付候程之訳柄、然ルニ庄堺村地内ニ無之場所、勝手侭ニ棒杭相立押領いたし、立林ニ可致抔と、以之外不当横道之致方、私共ゟ御願可申処、御時節柄奉恐入、差扣罷在候儀を、却而逆訴仕候儀ニ付、何卒前段深御仁察被成下、庄堺村厳重御糺之上、已来右様不当之儀不仕様急度被　仰渡、早々願下ケ可仕様厳重御利解被　仰付被下置度、此段奉願上候。乍恐右言之趣御許容被成下候難有奉存候。以上

慶応弐年
　寅四月十日

江州高嶋郡産所村
百姓代　与三郎
年寄　弥惣右衛門
庄屋　利三郎

大津
御役所(21)

このように近世の産所村は、政治的には独立村として存在していたとともに、社会的には、氏神社を支える氏子村々の一角を担い、用水・山林管理の主体ともなるような位置をしめていたのである。

三、近代の産所村

近代以降の産所村については、以下三点の史料にその姿を垣間見ることができる。史料9・11は、それぞれ一八八一年（明治十四）、および一八九五年（明治二十八）に、田中神社の五月一日祭礼にかかわる諸事項を氏子村々で取り決めたもの、史料10は、一八九四年（明治二十七）に、氏子惣代・村惣代が集会した際の協議事項を、三田村惣代が氏子村々に通知したものである。

〔史料9〕

「（表紙）
明治拾四年辛巳四月廿八日

祭祀定約書

高島郡田中村
五番領村立会」

祭祀定約書

一、可修理神社専祭祀之事

右神者、依人之敬、増威、人者、依神之徳、添運。然則恒例之祭祀不致凌（陵）夷、如在之礼奠莫令怠慢といへり。古語ニ碁（基）き、先人制法ヲ立置レシハ、宝暦拾壱年辛巳ノ歳ナリ。然ルニ当社御神輿ヲ再調シ奉リ、御神徳ヲ四方ニ赫輝シ奉リ、国家安穏・氏子之繁栄ヲ永遠ニ仰き奉ラント、依之今亦村内熟議シ、誠心恐謹シテ、御渡御為シ奉ラント再定約ヲナシ、左之如候也。

一、御渡御御順路之義者、従前之通リタルへき事
御神輿御渡御之義ハ、恐多クモ
御神霊ノ乗移リマシマスナレハ、静粛誠意ヲ旨トシ、肩コスリ為シ、又ハ大道ニ卸ス等ノ義不相成、勿論
恐ミ敬ヒ謹テ猥リヶ間敷不行作ノ義不相成事
一、御渡御御順路中、若心得違之者有之候節ハ、警衛人ヨリ取鎮メ方、急度取斗可申候事
附、警衛人ハ四人ト定へき事、弐人者当番村ヨリ、二人ハ翌年ニ当番ニ巡ル村方ヨリ相勤可申候事
一、五月二日旧村役人立会、
御神輿之諸餝ヲ荘飾シ、入念調査シ、御仮家エ可蔵候事
一、前書之通、契約相定候上者、諸餝リ之破壊者無之筈ニ候得とも、若者万一損シ在之候はゝ、当番村、且
者助村ヨリ、損シタル箇所直し方之義願出、旧村役人立会、見分之上、修繕ニ可及候事
右之通相定候ニ就而、旧村々連署シ、永ク違背致ス間敷候。万一約ヲ相背ク者者、神罰ヲ蒙リヘキ（ママ）候、依
而定約書如件。

明治拾四年四月廿八日

高島郡田中村之内
旧三田村総代　志村伝之丞（印）
旧仁和寺村総代　山本平四郎（印）
旧沖田村総代　早藤徳治郎（印）
旧南市村総代　福井常松（印）
旧鍛治（冶）屋村総代　平井長左衛門（印）

五番領村戸長　中村徳治郎（印）
旧上寺村総代　横井彦兵衛（印）
旧佐賀村総代　清水清治郎（印）
旧馬場村総代　岸田与八（印）
旧下城村総代　横井佐四郎
旧産所村総代　赤井与三郎（印）

右之通村々総代連署仕候也。

奉書

田中神社

御宝殿エ[22]

〔史料10〕

昨日氏子総代及旧村各惣代集会之砌、御咄シ之義ハ、来（去）ル明治廿五年六月、本県内務部ヨリ神事取調書可差出之命ニ応シ、伊藤祠掌調製シテ、各氏子総代調印之上、差出シ候処、該取調書不都合之廉有之、迚モ実行難出来ニ付、昨三十日集会之上ニテ、右取止メ之協議相整、猶右取調書、本県へ差出シタル書面之訂正方ハ、伊藤範保殿ニ頼置タル事、右決談ト承知致シ候間、御同意ト御認メ相成候ハヽ、後日間違出来サル様、互ニ押印致シ置タル方宜敷哉ト相考候ニ付、御承知之上ハ、御名前之下ニ押印被下度候也。昨三十日協議之件、渡シ番村ヨリ馬場村へ使ヲ廃シ、渡シ番村方ヨリ神輿錺リヲ出頼スル事

右之通り協議相整、此段御通知申上候也。

三田村惣代兼氏子惣代
早藤惣太夫（印）

明治廿七年五月一日

馬場村惣代　山崎鶴吉殿
氏子惣代　岸田与七郎殿
産所村惣代　杉井辰之助殿
下ノ城村惣代　横井長造殿
鍛次（治）屋村惣代　平井仁兵衛殿
南市村惣代　安原善蔵殿
氏子惣代　安原仁右衛門殿
五番領村惣代　中村為治郎殿
仁和寺村惣代　岸田宗太郎殿
氏子惣代　山本菊治郎殿
佐賀村惣代　森　松太郎殿
氏子惣代　鈴木重右衛門殿
上寺村惣代　横井彦兵衛殿
氏子惣代　小川長左衛門殿
沖田村惣代　勝田森治郎殿

次第不同真平御免被下[23]。

〔史料11〕

明治廿八年未四月廿一日定

一、宵宮砂持ハ、氏子中戸毎ニ、社前及馬場へ持来ル事
但シ馬場村ヲ除ク
一、神輿鎊リ、毎年四月一日ヨリ同月十六日迄ニ馬場村へ頼ミ出ル事
一、神祭ノ事ハ、万事馬場村ニ注意ヲ頼ム事
尚又三田及当番ヨリモ、馬場村ノ行届サル際注意スル事
一、馬場村ノ傘鉾及太鼓鐘ノ役者、鳥居前ニ揃イ、渡シ番ヲ始メ、順序ノ傘鉾及太鼓鐘ノ役者、横橋ニ揃イ、
三番鐘ヲツキ、直ニ出合フ事
一、神輿カキ使ヲ止ル事
一、古来ヨリノ仕来ニヨリ、客来ノ神輿カキハ禁ル事
右条々向後堅ク相守へキ者也。

田中村総代　山崎鶴吉
馬場村総代　早藤吉右衛門
同村氏子総代　岸田与七良
三田村総代　清水元治郎
同村氏子総代　清水元治郎
仁和寺総代　山本菊治郎
同村氏子総代　山本平四郎
南市村総代　安原善助
同村氏子総代　安原半右衛門

上寺村総代　伊藤治兵衛
同村氏子総代　伊藤治兵衛
沖田村総代　奥谷繁八
佐賀村総代　古原鐘治郎
同村氏子総代　鈴木孫吉
下ノ城村総代　横井留吉
産所村総代　赤井辰之助[24]

これらの史料から、近代以降も集落としての産所村は存続し、近世から引き続き、田中神社の氏子村々の一構成員となっていることを確認できよう。

ただし、近代以降も氏子村々の一つとして、氏神社祭礼の運営などに参画していたとはいえ、産所村民は、他の村人とまったく同列視されていたわけではなかったようである。

たとえば、一九一七年（大正六）段階での浅見氏の聞き取り調査では、「拙村（太田村）の人々は産所は巫女筋なりと称し婚姻を厭うて居る」「この産所村より南方一里半の大溝町の故老の話に、以前は『産所のまひ〳〵』と称して此村から下女子守の来る者を卑下し、同様結婚を忌んだと云ふことである」「又同じ村（産所村――引用者注）から東方一里強の地に住む老人などは産所は山伏筋で血統よろしからず、維新前までは山伏の姿で朽木谷の地方へ祈禱に廻つて居る姿を見たやうに言伝へて居る」[25]ということが報告されており、浅見氏の調査当時、産所村民との婚姻は、一般的に忌避されるような状況にあったことが知られる。

こうした産所村民に対する賤視が、当該地域でいつからみられるようになるのかは不明だが、おそらく近世段階ですでに、産所村民との婚姻を忌避するような認識は一般化していたと考えられる。氏子村の一つとして、ともに氏神社を支え、祭礼を協同で運営することと、産所村民との婚姻を忌避するような賤視は、併存し得るものであったわけである。

おわりに

以上、近世～近代における近江国高島郡産所村の実態を概観してきた。最後に、本稿で明らかにした点をまとめておきたい。

①産所村は、少なくとも中世末期には集落の体裁をなしていたと考えられること
②近世では、庄屋をおくような独立村として幕藩権力に認められていたこと
③村高は六十六石余と小規模であるが、人口五軒程度の村であったことからすれば、基本的には農耕で生計をたてていたと考えられること、また一部の家に土地が集積される傾向が近世初期からみられること
④基本的には農業で生活していた一方、「御地祭」＝地鎮祭をおこなうなど、産所（散所）一般にみられるような呪術的な職能も発揮していたこと
⑤若林牛頭天王社を支える氏子村々十一カ村の一角を担い、祭礼運営にもたずさわっていたこと、また村内には氏神社の末社も存在していたこと
⑥用水や山林管理の主体ともなっていたこと
⑦近代以降も集落としての産所村は存続し、引き続き、氏神社田中神社の氏子村ともなっていたこと
⑧近代以降も氏子であり続けるような社会的位置をしめながらも、同時に、産所村民との婚姻を忌避するような賤視が一般化している社会のなかで生きなければならなかったこと

本稿では、田中神社文書のなかからみえる産所村の姿を紹介するにとどまったが、今後、田中郷はもとより、

周辺諸地域の文書調査をおこなうことで、産所村のより豊かな歴史像を追究していく必要性があろう。

（1）浅見安三「近江高島郡の産所村」（郷土研究社『郷土研究』四―一〇、一九一七年）。このほか、柳田国男「山荘太夫考」（同前三―二、一九一六年）でも、高島郡産所村について若干の記述がある。
（2）田中神社文書については、『産土神の記』（田中神社社務所、一九九九年）に文書目録が掲載されている。
（3）田中神社文書五〇。数字は、註（2）前掲書所収文書目録の文書番号（以下、田中五〇と略）。
（4）若林牛頭天王社は、田中郷十カ村のほか、三重生郷のうち五番領村の氏神社でもあったため、後掲史料4にあるように、この計十一カ村を「郷中十一ケ村」と称する場合もあった。
（5）註（1）前掲浅見論文でも、「現時は戸数僅かに三戸、古来五戸より多くなつたことは無いと聞いた」と報告されている。
（6）『日本歴史地名大系二五巻　滋賀県の地名』（平凡社、一九九一年）所収「行政区画変遷・石高一覧」（一一七九頁）。
（7）『旧高旧領取調帳　近畿編』（東京堂出版、一九九五年）三一九頁。
（8）田中二。
（9）田中一三二。
（10）田中五。
（11）田中八。
（12）田中二八。
（13）田中一五。
（14）田中一五。
（15）田中四六。
（16）田中七。
（17）註（2）前掲書四～五頁。
（18）田中四七。

(19)『安曇川町史』(一九八四年)六一三頁。
(20)田中一一四。
(21)田中六九。
(22)田中八七。
(23)田中九三。
(24)田中九五。
(25)註(1)前掲浅見論文。

栗太郡

大萱散所

川嶋將生

大萱散所は瀬田川の東岸にあって、近江国栗太郡勢多郷に所在した散所である（現大津市）。大萱散所のことが史料上に確認されるのは、『調子家文書』二二号[1]の明徳元年（一三九〇）「管領斯波義将奉書案」である。その全文は以下の通りである。

左近将監武音申、近江□□（国勢カ）多郷、大萱内左散所入免□□并代官給等事、申状具書□□、早止押妨人、可被全武音□（之）状、依仰執達如件、

明徳元年十一月廿二日　左衛門佐（斯波義将）［　］

佐々木大夫判官（六角満高）殿

ここには大萱内左散所とみえるが、近江国にはいまひとつ左散所と称される散所があり、それは別項で述べる三上散所のことである。大萱散所関係史料が収められる『調子家文書』には、二カ所の左散所が登場してややこしいが、単に「左散所」とのみ記された場合は、三上散所のことをさす。

大萱は本来、勢多御厨のひとつであったが、南北朝期になると拡大した粟津供御人の居住地に含まれていくことが、『新修大津市史』第二巻・中世において述べられている[2]。右引用文書の冒頭にみえる左近将監武音とは、随

図48　管領斯波義将奉書案
幕府が近江守護に勢多郷大萱内左散所への押妨を停止するよう命じている。左近将監武音とは、随身下毛野武音のこと。(調子家文書)

身下毛野武音のことだが、[3]下毛野氏が大萱散所になんらかの権益をもつようになった契機とその時期については不明である。しかし下毛野氏の所領が、「陽明御恩之地」[4]として近衛家から宛行われていることから、大萱散所もその一環であったと推測することは許されよう。

下毛野氏が鷹飼であったことに関連し、三上散所項において、近江国と鷹飼との関係について少し触れるところがあった。『平安遺文』一六五二号文書、長治三年（一一〇六）三月八日の「打聞紙背文書」に、「本社勤仕人」として、「貢御　御鷹飼伊香郡住人文助則」と「栗太郡御鷹飼紀勾当大夫」との二つの記述がみられるのである。伊香郡はこの際措くとして、栗太郡に鷹飼が存在していたことはこれによって明らかであるが、この鷹飼と下毛野氏との関係は不明であり、また栗太郡のどこに所在していたのかも、これ以上の記載はない。したがって鷹飼下毛野氏と大萱散所との関係も不明とするほかないのである。『調子家文書』には、右の史料を含めて四点の大萱散所史料がある。同家文書二三号、明徳三年「管領細川頼元奉書案」は、

左近将監武音申、近江国野洲郡内左散所并勢多郷太萱(ママ)内散所代官領等事、申状具書如此、一円当知行無相違之処、号半済給人太河原孫三郎・高橋次郎等、毎度被催促云々、太不可然、不日退彼輩、沙汰付一円下地於武音、可知執達請取之状、依仰執達如件、

明徳三年閏十月九日　　右京大夫(細川頼元)
在判

佐々木備中守殿

とあり、三二号文書、応永三年の「管領斯波義将奉書」には、

伯耆入道覚音申、近江国栗太郡内勢多郷左散所并代官給事、重訴状具書如此、度々被仰之処、不事行云々、不日止半済等押妨、可被沙汰付覚音代、更不可有緩怠之由、所被仰下也、仍執達如件、

応永三年八月廿二日　沙弥（斯波義将）（花押）

佐々木備中守殿

とある。これらによって、大萱散所における下毛野氏の権益は、代官給であったこと、そしてその権益が、近江守護による半済の実施によって十四世紀後半には押妨され続けられていたことが知られる。右三点の史料は、いずれも、幕府が近江守護あるいは守護代に、その半済の押妨を止めること、代官領・代官給を下毛野氏に引き渡すことを命じたものである。『調子家文書』には、三上散所に対する半済の押妨停止を命令する幕府発給文書が収められているので、大萱散所もまた三上散所と同様に、下毛野氏にとってこの頃には、きわめて不安定な権益となっていたことが知られよう。

なお同文書四三号、応永十七年（一四一〇）の「調子武遠譲状」には、調子武遠が嫡子武俊に三上散所をはじめとする五カ所の所領を相伝する旨を記しているが、そこには大萱散所の名前はみられない。

大萱散所のことが次にみられるのは、後欠文書であるため年未詳となっているが、永享末年（一四三〇年代後半）か、と推定されている(5)「調子武春重申状案」で、最初の一つ書き部分に「同国穴太寺執行借物之事、早出之条、更以不得其意、於彼借物者、以江州勢多郷内大萱左散所年貢、為替地令落居」と、大萱散所の年貢が借物の替地として出されていることを知る。これは幕府による半済停止命令が一定の効果をもたらし、それが下毛野氏に返付されたものなのか、あるいは幕府からの命令も効果なく、半済された残り分によってこのことが行われたのか明らかではない。しかしいずれにしても下毛野氏の、散所の権益に対する実質的な放棄とみてよかろう。そして

これ以後、大萱散所についての史料は姿を消してしまうのである。

（1）『長岡京市史』資料編二・家わけ史料『調子家文書』所収の文書番号（一九九二年）。以下、特に断らない場合はこの文書番号をさす。
（2）『新修大津市史』第二巻・中世、第三章第三節、三二九頁（一九七九年）。
（3）随身下毛野氏については三上散所項において略述したので、ここでは再説しない。
（4）「陽明御恩之地」あるいは「御恩之地」の表現は、『調子家文書』の三三・五〇・五五・五六号文書など応永年間に入っての文書にみられる。
（5）註(1)前掲書の註記による。

甲賀郡

水口城下声聞師

山路興造

江戸時代、水口城下には声聞師を名乗る山名家が存在した。この家は現在でもその子孫が存続し、千秋万歳を演じるときにかぶる被り物や、算置の道具一式、安政七年（一八六〇）正月八日付で土御門家家司から山名織江（織衛）へ出された誓約書などの文書を所蔵する。その誓約書には、

掟

一、陰陽家行事之外不可修異法事
一、不可與他争事
一、雖為相続之子代替於　本所改可豫　免許事
　右之條々堅可相守者也
　　土御門殿
安政七年正月八日　家司奉之
　　江州甲賀郡水口
　　　山名織江とのへ

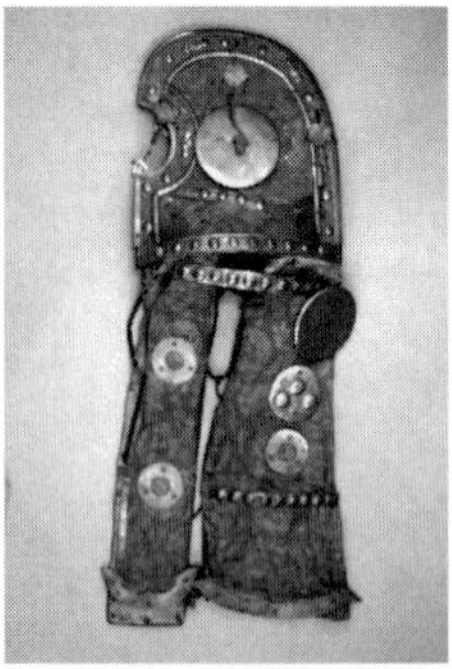

図49　被り物

図50　算置の道具一式

土御門家の支配を受ける陰陽師を家職とした山名家には、中世の千秋万歳が用いた金属製の特殊な被り物や、算置の道具一式が伝来する。

とある、これにより山名家は江戸時代後期には、土御門家の支配を受ける陰陽師を家職とする家であったことを知るのであるが、別に法印職に補任された文書なども蔵している。

この家の先祖は地元では「ショモジサン」と呼ばれていたとも言い、その所蔵品から千秋万歳や算置などを行っていた声聞師であったものと考えられるが、具体的活動を記す資料はない。ただ、水口町の水口神社が所蔵する延享四年（一七四七）六月二十六日付けの文書には、

一、正月十八日大岡寺にて五穀成就之おこなひの事、先正月十一日、北座・北中座・南中座・南座右四座に年寄五人つつ在り、神殿宅にて初会合、其時北内貴神殿に十八日被参候様に申遣事、（中略）十八日、大宮神殿先として、廿人年寄之内五七人も裳に幕折居所江、北内貴村之年寄弐三人参り、酒三献相済候上にて、山名主税罷出、今日は目出度候と年寄中に一礼して、其上にておこなひ始る、

とあり、山名主税が大岡寺でおこなわれた「おこない」に参上して寿詞を述べた記事が残る。この地区の民俗行事などにも顔を出して祝言を述べていたことを知るのである。

なおこの山名家については、昭和三十六年頃に、福田晃氏が調査しており、その報告（『伝承文学研究』三号所載「甲賀の唱門師」）によれば、山名家の庭内片隅には小社があり、丈約二尺の不動尊像、丈約九寸の毘沙門天像、お

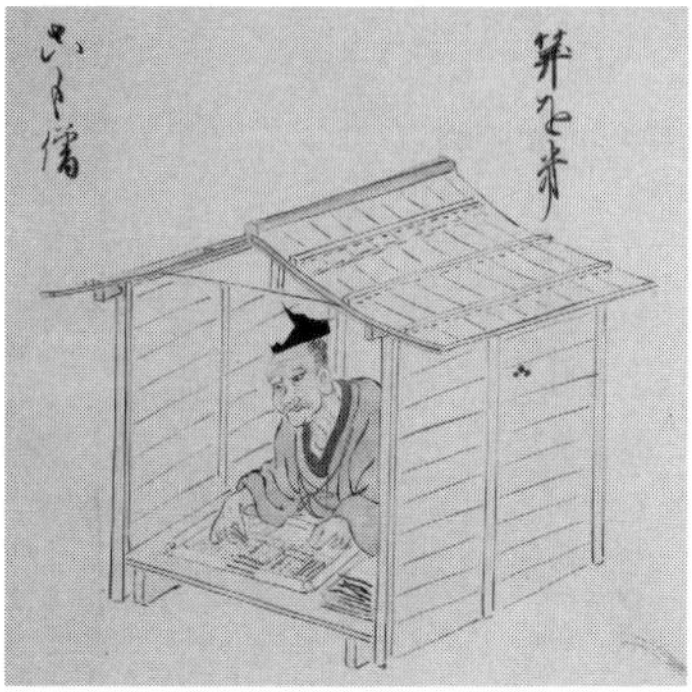

図51　算置
室町時代の作とされる『三十二番職人歌合』に描かれた算置

よび厨子に入った丈約一尺五寸の弁財天女像が祀られていたという。また先祖には山名掃部または長門と称する人がおり、当主の曽祖父山名林元は、天保年間に江戸みのぶ庵で修業したことを聞きだしている。法印職の補任状はこの林元に対するもので、法印名を東光院林元と称している。

　山名家の出自については不明であるが、中世期の千秋万歳が用いた金属製の特殊な鳥甲が伝来しており、その存在は決して近世的なものとは思われない。水口は江戸時代には東海道の宿駅として発展した町で、水口城主加藤氏の入部は天和二年（一六八二）と遅い。しかしそれ以前には伊勢大路の参宮道であり、鈴鹿峠を越える東海道の宿駅として古代から交通の要衝とされていた。また城も豊臣秀吉の命により中村氏が築いた水口岡城があり、さらには式内社である水口神社、その神宮寺として大きな勢力のあった大岡寺が存在し、付近の村々は中世的惣村の発達した地域で、それを基盤に近江の豪族六角氏の勢力下にあった地であることは確かである。

〔**参考文献**〕

福田晃「甲賀の唱門師―『神道集巻八釜神事の背景』補説」（『伝承文学研究』三号、一九六二年）
古川与志継「小南の芸能座について」（『野洲町立歴史民俗資料館研究紀要』七号、二〇〇〇年）
山路興造「舞々考―地方の舞々を中心に」（『藝能史研究』一四一号、一九九八年）

甲賀郡

岩根村内散所

木下光生

近江国甲賀郡岩根村（現滋賀県甲賀郡甲西町）の散所については、史料的な制限もあって、これまでほとんど研究が蓄積されていない。わずかに、一九六〇年代初頭での聞き取り調査を中心とした福田晃氏の研究[1]、および、岩根村善水寺配下の散所に対する正和二年（一三一三）の狼藉事件を紹介した地名辞典の記述[2]があるにすぎない。

本稿についても、筆者の力量不足により、こうした研究史的限界をほとんど克服できていない。よってここでは、前述の正和二年の事件、および福田氏の聞き取り調査の成果を整理するかたちで、岩根村内散所の実態を概観していきたい。

正和二年におきた、岩根村善水寺配下の散所に対する狼藉事件については、以下二点の関係史料がある。

〔史料1〕

（端裏書）「守護書下案　正和二　十月八日

到来使者兵衛二郎」

山門根本中堂末寺近江国善水寺寺僧等申、同国檜物庄内常楽院□寺僧大輔阿闍梨・常陸阿闍梨以下輩、打入

散所法師住宅、捜取資材、致放火狼藉由事、今年八月十一日御教書副訴状具書如此、為糺明不日召給彼寺僧等可相
尋候、恐々謹言、
正和二年九月十六日　　源冬綱（青地三郎太郎）在判
謹上　檜物庄預所殿(3)

〔史料2〕
近江国善水寺与同国常楽院相論散所法師問（間）事、両方不備進支證、令任久（文）殿勘状、相互可傞陁其役之由、可有
御下知之旨、院宣所候也、以此旨令申入聖護院宮候、仍執達如件、
五月十九日　　少納言仲定
師法印□□(4)

図52　善水寺本堂
善水寺は甲賀郡甲西町岩根山中腹に位置する。

史料1は、檜物庄常楽院（常楽寺、現滋賀県甲賀郡石部町）の僧が、善水寺配下の散所法師の住宅に押し入り、略奪・放火におよんだ狼藉事件に関し、近江国守護佐々木氏の支族青地冬綱(5)が、檜物庄預所に対し、事件をおこした常楽寺僧から事情徴収をおこなうよう命じた文書である。

同文書の端裏書には、「守護書下案」とあるが、書止め文言からすれば、むしろ書状というべきであり、『新修石部町史』史料篇でも「書状案」としている(6)。しかし、書状とするならば、「正和二年」という年付が加わっているのが問題となる。

このように史料1は、様式面からみて検討を要する文書であるが、少なくとも十四世紀初頭には、善水寺が散所法師をかかえ、同寺付近に散所法師が

家屋を建て生活していたであろうことは、事実とみてよかろう。

史料2は、同じく善水寺配下の散所法師をめぐって、善水寺と常楽院との間でおこった相論に関し、檜物庄領家聖護院宮の執事に対して出された院宣である。(7) ここでは、善水寺・常楽院双方が、証拠をととのえないまま争っていることについて、院文殿の勘状にしたがい、支証をきちんとそろえて相論すべきことが命じられている。史料1との関連が注目されるが、年欠であるため、史料2でいうところの相論が、史料1の打擲事件と関係するものなのかどうかは不明である。

善水寺配下の散所については、現在のところ、右二点の史料しか確認されていない。それゆえ、この散所の存在形態を追うことは文献史料的には困難な状況にあるといえるが、その空白を埋め合わせる可能性をもっているのが、岩根村における福田氏の聞き取り調査である。一九六〇年代初頭にこの地を調査した福田氏は、次のような事柄を報告している。

甲西町花園の一角には、唱門師の末裔と伝えられる、吉田伊一家・松村昇家・吉田辰二郎家（伊一家より三代前に分家）・吉田長蔵家・吉田某家（調査時には大阪へ転居しており詳細不明）があった。調査時には、吉田伊一家のみが神職に従事しており、村人からは「ショモジさん」と呼ばれて、祈禱師として近郷村々の祭祀を司っていた。松村昇家も、一九四三年（昭和十八）に亡くなった先代までは神職・祈禱師職にたずさわっていたが、その先代以降は廃業した。

右の吉田伊一氏が、先代の吉田正作氏から聞いた話によれば、この地はもと「内田村」(8) と呼ばれ、唱門師業に従事する人びとが三十軒ほどあったが、次第にその数が減り、花園の集落に包含されるにいたったという。そのなかにあって、聞き取り調査時に確認された前述の五軒は、「内田五軒」とも呼ばれ、同族的な結合をみせていた。

五軒は、折々の節会の行事などを共にし、五軒の氏神として白鳥大明神をいただき、居住地の東北側にある岡の中腹に、五軒の墓所を有していたという。

吉田伊一氏の唱門師としての主な職掌は、正月・五月・九月の三度、家々の祓いのために村々をまわることであった。まず正月には、根曳きの小松——唱門師松としてどの家でも大事にされている——と、「御歳大神祝詞太麻」と記された神札をもって、各家々をおとずれる。各家々では、盆の上に米をおいて神棚の下に供え、ショモジさんはこの米の上に、根曳きの小松と神札をおき、神棚にむかって祓いをする。竈にむかって祓いをするところは、調査時では石部町の某家一軒のみであったが、甲西町三雲方面の古老たちの話によると、「伊勢の代《太》神楽が来るまでは、ショモジさんがねびきの小松を持って竈祓いをしてくれた」という。ここから、吉田伊一氏による正月の祓いには、初春のことほぎに根曳きの小松をもって家々をまわることと、新春をむかえるための竈祓いにまわることとが併存していたと考えられる。

五月の祓いは、早苗をくくる蒿の祓いと言われ、盆に盛られた米の上に、竹のしでを立てた苗をおき、御歳神をこうじん《降神》して祓いをする。九月は、ただ盆に盛られた米のみで祓いをしたという。

この三度の祓いに対する報酬は、神棚の下に供えられた盆上の米であった。吉田伊一氏の先代の頃には、その米が五十俵にも達したという。

村々をめぐる期日も、以前はどの地区は何日と決まっていたらしいが、調査時にはそうした慣行はなくなっていた。ただ水口町泉だけ代々頭屋が決まっていて、ここには必ず元旦におとずれ、ショモジさんは正座にむかえられて、頭屋の家内一同と雑煮を祝うことになっていたという。

また、祓いにめぐる地域・家も昔から決まっていて、吉田伊一氏の場合、甲西町下田・菩提寺、石部町東寺・西寺、水口町泉（およそ三十軒）、竜王町山の上など、計百軒あまりであった。これなどは、過去の檀那場的組織の残存と考えられる。

聞き取りなので、そこで得られた発言のもつ背景や歴史性については、十分注意が必要である。しかし、現在ではもはや聞くことのできない近江甲賀声聞師の実態を、崩壊寸前で聞き出した貴重な報告であることは間違いない。この聞き取り調査からは、①善水寺配下の散所法師の後身にあたるであろう人々が、その後、独自の集落を形成するにいたり、②世襲によって職掌をうけつぐようになり、③ある一定の段階で、近隣諸地域の散所・声聞師とともに、檀那場制をしくにいたったことなど、当該地域の散所が、中近世においてどのような歴史をあゆんできたのか、その一端を垣間見ることができよう。

（1）福田晃「甲賀の唱門師―『神道集巻八釜神事の背景』補説」（むつひ会『伝承文学研究』三号、一九六二年）。
（2）『日本歴史地名大系二五巻　滋賀県の地名』（平凡社、一九九一年）のうち「常楽寺」「善水寺」の項（三四四・三五〇頁）。
（3）『新修石部町史』史料篇（一九九〇年）三三一頁。
（4）同右。
（5）青地氏については、『滋賀県史』第二巻・上代―中世（一九二八年）三八八頁、および佐藤進一『増訂鎌倉幕府守護制度の研究―諸国守護沿革考証編』（東京大学出版会、一九七一年）七九頁参照。
（6）註(3)参照。
（7）『新修石部町史』史料篇では、史料2を「書状写」としているが、「院宣所候也」という文言からすれば、院宣とすべきであろう。
（8）享保十九年（一七三四）完成の『近江輿地志略』（弘文堂書店、一九七六年）のうち、「岩根村」の項には「岩根の中にも四箇村あり。所謂東村・西村・内田村・花園村也」（六〇六頁）とある。

野洲郡

三上散所

川嶋將生

はじめに

三上散所は近江国野洲郡（現野洲市）に所在した随身下毛野氏の所領であり、左散所とも称された。下毛野氏については、古くには森末義彰氏が「院・摂関家・諸家の散所」で言及されたが、[1]近年では丹生谷哲一・中原俊章氏らによって研究が深められてきている。[2]三上散所についての史料のほとんどは『調子家文書』だが、幸い、一九九二年、『長岡京市史』資料編二で、『調子家文書』が翻刻され、それまで『近江栗太郡志』所収の「調子家文書」に頼らなければならなかった時代と比べて、その研究環境は、格段に整えられたといえる。

中世の散所に関する研究のほとんどは、有力寺社、あるいは有力公家の家に蔵されてきた史料に頼らねばならない現状に変わりはないが、そうしたなかで三上散所は、権門以外の支配に属してきた数少ない散所史料であるといえる。ちなみに調子家の本姓は下毛野氏で、苗字である調子氏は南北朝時代から史料上に登場するといわれる。[3]

一、下毛野氏について

下毛野氏については、上述の研究をはじめ、『長岡京市史』本文編一においても高橋昌明氏によって詳述されているが、それらの研究に学びながら、以下に略述しておきたい。

下毛野氏は、十世紀以降に近衛府の下級官人の職を世襲するようになり、さらに院の随身、鷹飼に従事し、およそ六位の位階をうけていた。鷹飼としては、河内交野の禁野、山城国宇多野の管理に従事していたが、どちらかといえば宇多野に重きがおかれていたようである。十二世紀後半以降、院の随身が秦氏によって独占されるようになると、下毛野氏の勢力は後退し、藤原師通・頼長のころからは、摂関家の随身となる下毛野氏が現れるようになり、このころから摂関家との関係を強めていく。十四世紀のものであるが、『愚管記』応安二年（一三六九）二月二十五日条に、近衛道嗣が木幡・宇治を巡覧した際、それに随伴した下毛野武音の装束は、「続装束、上青、下白、皆練貫也、裏二倍、施画図、右袖宇治橋橋上有袖左袖水車等也、皆以薄画之付結花、上桜、下藤花也」という、いかにも当時の時代風潮を体現したような、バサラ的装いであった。つまりこの段階における下毛野氏と摂関家との関係は、摂関家の行粧をさらに華麗に演出する役割を担うものであった。

さて下毛野氏の所領については、応永十七年十一月十九日付「調子武遠譲状」（四三号）(4)に、

譲与　山城国乙訓郡調子庄
　　并江州左散所
　　丹波国石田庄
　　河内国右散所是者不知行便宜以御機嫌可歎申也
　　江州穴尾庄但不知行便宜以御機嫌可歎申者也

右彼所者、下毛野武遠相伝所無相違者也、然而嫡子下毛野春光丸武俊所譲与実正也、両御所様奉公不可有無沙汰者也、仍譲状如件、

応永十七庚寅十一月十九日　　武遠（花押）

とある。丹波国石田庄は、『中右記』永久二年（一一一四）三月二十七日条に「有良来将来庁下部、是忠盛所進者、依打右田散所下人給左獄了」とみえる石田散所に森末氏以来比定されており（現亀岡市）、穴尾庄は、「滋賀郡穴太散所」に述べるように『続正法論』のなかで散所非人の存在が指摘されている（二四八頁参照）。そうすると、下毛野氏が伝領した所領は、調子庄を除いては、いずれも散所ということになる。

下毛野氏がこれらの所領を伝領するようになった経緯については、必ずしも明確ではないが、『野洲町史』は、「同所（三上左散所——引用者注）はもと近衛家領であったが、南北朝期に瀬田大萱の左散所ともども下毛野氏に宛行われた。（中略）左散所は近衛家の雑事を奉仕する雑色たちであり、下毛野氏の管轄であった。その後、左散所は所領化して下毛野氏の家領となった」（六三八頁）とする。しかし建長五年（一二五三）の「近衛家所領目録」（『鎌倉遺文』七六三一）や正応三年（一二九〇）の「宝帳布所進諸荘目録」（『鎌倉遺文』一七五一三）には、三上庄や同左散所はみえず、「殿下渡領目録」にもみえない。つまりこれらの所領については、鎌倉時代から近衛家領であったとする明確な史料はないのである。とはいえ、明徳三年（一三九二）閏十月九日付「管領細川頼元奉書案」（一三号）には、「左近将監武音申、近江国野洲郡内左散所并勢多郷太萱内散所代官領等事」とあり、これ以前から下毛野氏が左散所の代官職を相伝していたことは明らかである。「調子家系図」（『長岡京市史』所収）をみると、そうした所領地への関わり方は、いずれも預所あるいは下司などであり、そして、応永三年（一三九六）八月の「近衛家代官申状案」（三三号）には、左散所について「右彼所者、被准御恩、一円拝領之処」とあるから、本所は近衛家であったことが知られる。

二、守護代による三上散所への違乱

さて『調子家文書』に残された約百点の中世文書のうち、散所関係は十七点で、その大半は三上散所に関するもの、あと栗太郡勢多郷大萱散所関係が数点あるが、三上散所に関する史料の大部分は、守護代による三上散所に対する違乱に関係するもので、散所支配あるいは人的支配に関する文書などは含まれていない。したがって以下で、守護代による違乱について述べる。

応永三十年（一四二三）八月の「調子武俊申状案」（五五号）によれば、下毛野氏による三上散所などの拝領は、「陽明御恩」「奉公忠節」によるものであるが、その三上散所に対しては、南北朝時代より守護代の押妨が続いており、また他の武士による違乱もあって、応永ころには、半分ほどが押領されていたというのが実態であったようである。たとえば永徳三年（一三八三）十月十一日付の「管領斯波義将奉書案」（十七号）によると、官人武音が申すには、近江国左散所に対して馬淵孫三郎道綱の濫妨が未だ止まずと言い、そのため早くその妨げを止めるようにとあり、その結果、応永三十年には、「爰左散所者為一円拝領之地、仍於半分者、領知無相違者也、雖然残半分者、平井・山口等依為守護被官、雖被成下度々御教書、不能遵行、于今押領之条、歎存者哉」（五五号）と、守護被官による押領によって、その半分が実質を失っていたことが、訴えられている。さらに応永三十三年から三十五年にかけての文書には、借銭の返済に散所年貢二十貫文を宛てるとあって、おそらくこの頃には、下毛野氏は年貢収取権の実際的な引き渡しを行っていたのではないかと考えられる。そのおよその経過は、以下の通りである。

片岡からの借銭が返済できず、借銭にみあった土地を手放すことが前提としてあり、調子武俊が片岡宝寿丸に調子庄内私領六段を五十二貫六百文で売却、その後、売却を中止し、土地を借銭の抵当とし、利息を支払う方法に切り替える。その利息には六段の年貢七石五斗一升を当てること、しかし利息が滞り、滞納した利息分を支払うために三上散所の年貢の内から、毎年二十貫文を支払う。つまり片岡方に年貢収取権の引き渡しを行ったのである。そして応永三十五年には、三上散所から二十貫文を七年間直納すること、それにより応永三十二・三十三年分の未納利息三十八貫文と、もともとの借銭五十二貫六百文、合計九十一貫五百文の借銭を返済するとの契約をかわすのである（「調子武俊未納年貢清算契約状案」六六号）。はたしてこの契約が、正確に履行されたのかどうか、その後に続く史料はなく『調子家文書』のなかの三上散所史料も、この応永三十五年「調子武俊未納年貢清算契約状案」を最後として、以後の文書のなかには現れてこない。

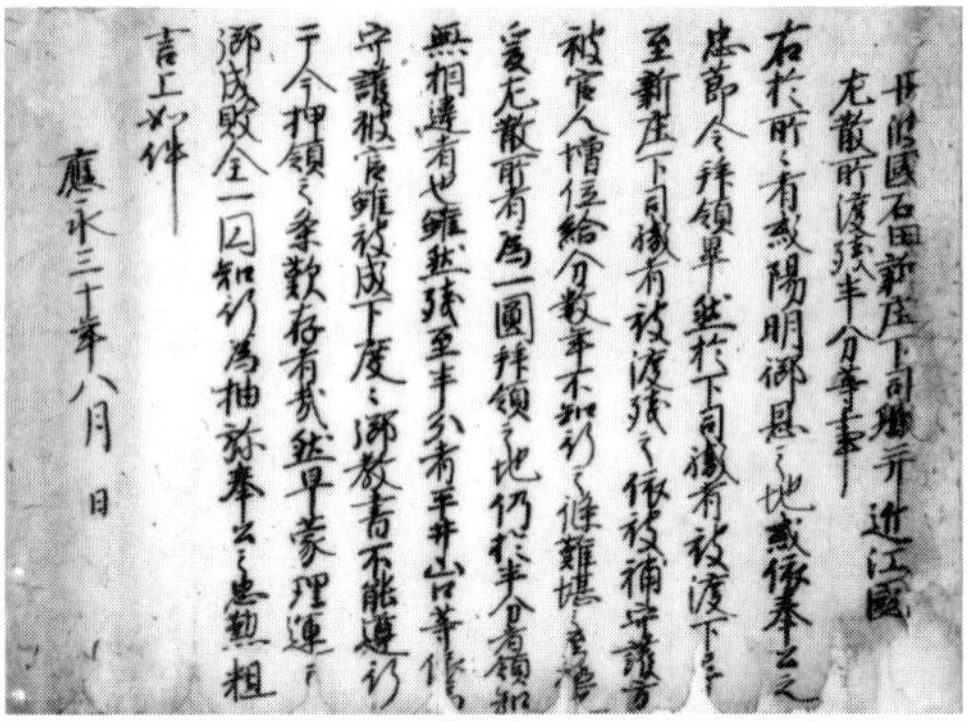

図53　調子武俊申状案
下毛野氏による三上散所などの拝領は、「陽明御恩」「奉公忠節」によるものであるが、守護代の押妨や、他の武士による違乱もあって、応永ころには、半分ほどが押領されていたことがうかがえる。『調子家文書』に残された約百点の中世文書のうち、散所関係は十七点あり、その大半は三上散所に関するものである。（調子家文書）

したがってこれ以後、三上散所がどのような歴史的経過をたどるのか、詳細は不明だが、『後法興院記』長享元年（一四八七）八月二十一日条に、「御家恩三上庄内左散所事、依注加御領御目録中者可畏入之由申間、昨日已被遣奉行所雖然可注進、可被入目録之由仰含了」とあって、近衛家所領目録に加えられたとあるが、近衛家の家産史料である陽明文庫蔵『雑事要録』には、その名をみることができない。とすると、『後法興院記』の記事は、同年九月、足利義尚による近江出兵があったその影響による、ごく一時的な所領回復を示すものであるのかもしれない。また同年十一月には、三上庄公文から三斗五升が散所に支払ったとの記事が、『御上神社文書』の「本所大機院分算用帳」にあることが、『野洲町史』一に紹介されている。

さらに三上散所の名称のみについていえば、『野洲郡史』上（一六一頁）に三上神社所蔵両界曼陀羅のうち金剛界の裏書に、

于時天文五年〈丙申〉二月廿八日江州野洲郡三上庄内
曼陀羅供御本尊也、奉修覆開眼供養阿闍梨
福林寺宝城坊法印俊慶、東光寺一和尚法印光明院
三上左散所

とあることが紹介されているが、[5] はたしてこの三上散所は、その当時どのような実態であったのかについては、もはや史料は残されていない。

三、鷹飼と散所

ところで、随身であり鷹飼でもあった下毛野氏が、調子庄を除いてなぜこれほどに散所との関わりをもつようになったのか、その要因については史料の限界もあって、いまひとつ明確ではない。

これまでの研究のなかでは、随身である下毛野氏が、散所との関係を深めていく経緯について、土谷恵氏は、大童子の長が散所非人を統括する役となる可能性と、その大童子に近い存在としての随身を指摘されているし、また丹生谷氏も、「このような随身が実は、いわゆる「散所」管理経営のことにあたっていたのではなかったか。（中略）いわゆる散所の内部構造として、散所随身が散所雑色或いは散所衛士の管理駆使のことを掌るという関係が推測されてくる」とする。さらに中原俊章氏も「十一世紀以来散所を管理した随身が散所雑色のみでなく散所非人と関わったかどうか、未だ明らかでない点も多い。しかし、随身が非人の居住する散所を所領として預かっ

ていることはやはり偶然とは考え難い」として、随身が散所との関係を深めていく可能性を主張し、いずれも随身としての身分と掃除系散所との関連について言及している。(6) ではいまひとつの性格である鷹飼との関係においてはどうなのか。

鷹飼や鷹狩の問題については、近年ずいぶんと議論が盛んになってきているが、しかしその議論の多くは古代・近世が中心であり、中世についての議論はほとんど行われていないのが実情である。(7) また古代・近世においても、狩猟が王権にとってどのような意味をもったのか、といった王権や将軍権力の問題と関連させた議論がほとんどで、鷹の飼育やその担い手の問題ともなると、網野善彦氏以外、ほとんど言及されたものはないのではないか。その網野氏も「中世の鷹飼の一般的なあり方については、それと密接な関係をもつ犬飼・餌取、そして鳥供御人なども関連させて」考えねばならず、「餌取などを従えたと思われる鷹飼が散所と関連」するが、「餌取などはどうなのか。私はこの人々が鎌倉時代、一般的に卑賤視されたとする見かたには否定的であ」り、「六角町の生魚供御人と同様の特権をあたえられた鳥供御人の集団こそその後身、と私は考える」とするも、(8) 史料的限界から具体的な分析はない。

ここで問題となるのは、三上散所と鷹飼としての下毛野氏が関係するのかどうか、また散所とはいえこの三上散所は、掃除系の散所であるのか否か、仮に掃除系の散所であったとすれば、それはどのような性格をもつ散所であったのか、たとえば運送業なども含んだ広義の散所なのかそれとも掃除を専らとする狭義の散所なのか、といった、いわば三上散所の基本に関わる性格付けであることはいうまでもなかろう。

まず近江における鷹飼については、『西宮記』巻十裏書に「鷹飼進自ム月至ム月、近江国御鷹、始自八月一日至五月五日、毎日進一翼、他御鷹飼新嘗会并臨時進之」とあるほか、『平安遺文』一六五二号長治三年（一一〇六）三月八日の「打聞集紙背文書」に、「本社勤仕人」として、「貢御　御鷹飼伊香郡住人文助則」と「栗太　鷹飼紀勾当当大夫」とあるが、これ以上の実態となると、もはや不明である。ちなみに三上散所は野洲郡に所在するから、右記の鷹飼とは直接関わらないが、栗太郡については、近江における下毛野氏の今ひとつの散所である大萱散所は、栗太郡であるから、このほうの散所との関係の可能性は依然として残る。もっとも大萱散所と鷹飼との関係となると、これ以上のことは不明である。しかし三上散所が掃除系散所であったとする確実な史料は残されていないが、先述のような随身と掃除系散所との指摘を考慮すれば、また三上散所はそうした性格のものであった可能性が強いのではないか。三上神社関係史料中に三上散所の記事が出ることが、三上散所と三上神社との関係を示唆しているようにも考えられる。

この点に関しても網野氏は、鎌倉時代における下毛野氏と散所との関係、とりわけ散所の性格について、下毛野氏は近衛府の下級武官であり、摂関家の随身であって卑賤視されていないこと、またそれらの散所には田畠が開かれ百姓名も成立していることなどから、同氏の支配下にある散所は、本所に対する散所であることを述べられている。(9) 網野氏のこの指摘は、たしかに一部の散所には該当するものであっても、下毛野氏支配下の全ての散所に、普遍化することはできない。また下毛野氏は卑賤視される存在ではないことは明らかであるが、しかしそのことと散所の性格とは自ずと別の問題となる。卑賤視される存在ではない下毛野氏が卑賤視されている散所を支配することは、十分にありえることだからである。したがってこの問題は、個別の散所をそれぞれに分析していくことが必要であろう。

四、鷹飼と千秋万歳

ところで、ここで鷹飼と千秋万歳との衣装、とりわけ被り物が酷似していたことについては、これまでにも指摘されていることではあるが、ここで一括して関係史料を提示し、改めてそのことについて整理しておきたい。

まず建保七年（一二一九）の成立とされている『続古事談』第五「諸道」に、次のような逸話が収められている。

大饗ノ大鷹ハ中門ヲトヲリテ幔門ノ本ニテタカハスウルナリ、ソレニ東三条ハ中門ヨリ幔門ノモトマデハルカニトヲシ、下毛野公久トイフタカガヒ、西ノ門ヨリタカモスヘデアユミ入タリケルヲ上達部ノ座ヨリアラハニミエケルニ、錦ノボウシキタルモノ手ヲムナシクシテアユミキケレバ、人々千秋万歳ノイルハ何事ゾトワラヒケリ、ソノノチ中門ノトニテタカヲスエテイル也、

鷹を手に据えずに西門から入ってきた下毛野公久を、錦の帽子が千秋万歳のそれと酷似していたために、遠目には鷹飼と千秋万歳の区別ができなかった、それ故、列席者は場違いな所に千秋万歳がやってきたと冷笑したというのである。鷹飼が錦の帽子を被っていたことは『今昔物語集』巻十九「西京仕鷹者、見夢出家語」にもみえており、また千秋万歳の錦の帽子についても、仁和寺菩提院大僧正行遍（一一八一～一二六四）の口伝秘説を輯録した『参語集』二にも、「千秋万歳始事」として「ぶんふうぜいと云ふ物、しはじめたる也、綿（錦）の帽子をきたりけり、始は代を祝ひ、次に君の御所を祝ひ、次に君の徳を祝ひ、次に天下を可二守護一将軍を祝ふ也」などとみえている。(10)

しかし酷似はしていても細部に若干の相違があったようで、それについては文永・弘安ころ成立の『塵袋』巻七(11)に、

千秋万歳ノ法師カ頭ニカツク物ヲトリカフト、云フ、何ナル義ソ、コレ極タル僻事也、甲ニ鳥ノ頭ノ出タルヲコソ、トリカフトトハ云ヘケレ、（中略）千秋万歳ノ甲ニイタリテハ、マタク鳥ノ頭ナシ、何故ニカハトリカフト、云ハン、就中ニ是ハカフトニ非ス、帽子也、仙人ノボウシカツキタルマネヲシテ、年始ニ祝コトニスル也、サレハヲナシニサカリタルモノアル也、カフトニハウシロニモノサカラス、大様ハ鷹カヒノ帽子ニタカハス、ボウシハナヘ〳〵トシテ頭ニ引入スル物也、其レヲ結構ノアマリ金銅ノ伏輪カナモノ等ヲクハフル故ニ、コハクテ思カ如ク頭ニモイラネハ、カフトノ様ニイタ、キナカラ、サスカボウシノ躰ハウセスシテ、

図54 『年中行事絵巻』に描かれた鷹飼
平安時代における鷹飼の帽子は、革製であるかのような斑ら状の表現技法がほどこされている。帽子の下部からは、肩にまでかかる覆いのようなものが付けられている。

ウシロヘハサカル也、サレハウルハシクハ千秋万歳ノボウシト云ヘキ也、タカカヒノボウシハ、カハボウシ也、ミヽノ上ヘニ風ノアタリテサムケレハニヤ、両方ニモノヲサケタリ、ヒタヒウシノツヨリニイロカハヲキリテアテ、又スチカヒニカハヲアテタリ、千秋万歳ノハ、是ヲマネヒテ厳重ナランタメニ、地ハ錦ノボウシニテ金銅ヲカサレルナルヘシ、（傍線は引用者）

と、鷹飼のそれは、錦ではなく革製のもので、耳の上に風よけのための覆いがあり、千秋万歳のそれには金銅がついていたという。

平安時代における鷹飼の帽子については、『年中行事絵巻』中の大臣家大饗の場面や鷹狩り行列の場面などによって視覚的にも捉えることができる。とりわけ大臣家大饗場面での鷹飼の帽子は、いかにも革製であるかのように生地に斑ら状の表現技法がほどこされ、また帽子の部分の下部からは、肩にまでかかる覆いのようなものが付けられている。これが風除けのために付けられた覆いであろう。このように鷹飼の帽子については、錦と皮革の二種を確認することができる。

対して、鷹飼の帽子と酷似すると評された千秋万歳の被り物と衣装については、黒田彰氏によって文治二年（一一八六）以前の写しと考証され紹介された知恩院本『和漢朗詠注上』[12]に、

サテ、此ノ子日ト卯日トノ、正月七日内ニ出来レル時、千秋万歳ト云物ハスルナリ、二カ中ニ一モアレハス、二日乍ヲモ有レハ二度スルナリ、装束ハ、錦ノ帽子ニ、ヲリモノ、キウタイ、綾ノサシヌキ、花節ノワラフ

カクツハイテ、左手ニソテマクヒニ、ウツヱカ子日ノ松カマトヒテ、右手ニヒアフキヲ二間許開テ、口チヲオイ、二人ノ事トリ、三人ノフクロ持チシテスルナリ、此ハ乞食法師ノスル事也、と、平安時代末期の千秋万歳の装束と小道具を克明に伝えている。「錦の帽子」が仙人装束の一部であったことはまちがいなく、したがって祝言を述べる千秋万歳がその衣装を模倣することは首肯できるが、絵画資料などによって視覚的にその様子を把握することはむずかしい。『年中行事絵巻』巻十六に、いずれかの家の門をいままさに入らんとする四、五人の集団のなかで、ふとこちらを振り向いた人物が被っている帽子が、それらしくみうけられるが、これを除くと、千秋万歳の姿を視覚的に捉えることができるようになるのは、時代がぐっと下って十五世紀最末期の『三十二番職人歌合』である。

『三十二番職人歌合』の千秋万歳は、舞楽の甲を被っており、甲の下部からは鷹飼と同じように肩までかかる覆い状のものが垂れている。しかしこれは「金銅ヲカサルナルヘシ」はともかく、「地ハ錦ノボウシニテ」と表現され

図55 『年中行事絵巻』に描かれた千秋万歳
平安時代末期に描かれた千秋万歳。門を入りかけて振り返っているのが千秋万歳である。

図56 『三十二番職人歌合』に描かれた千秋万歳
室町時代の作とされる『三十二番職人歌合』に描かれた千秋万歳。ひとりが鼓を打ち、もうひとりが舞楽の鳥甲のような被り物をかぶり、扇(中啓)を手にし祝言を囃している。

たものにはみえない。鷹飼の帽子と酷似するというからには、皮革と錦という材質上の相違はともかく、外見上の形は酷似していたに違いないから、この形態となるまでには、幾つかの変遷があったことを思わせるのである。(13)

おわりに

以上、史料の残存状況もあって十分に三上散所の実態について明らかにすることができなかったが、近衛家の史料が伝蔵されている陽明文庫の膨大な文書群のなかに関連史料が含まれている可能性が強いことから、今後、同史料の調査がさらに進められることを期待したい。

(1)『中世の社寺と芸術』第一部「社寺と芸能関係の座」（目黒書店、一九五〇年）。
(2) 丹生谷哲一「散所発生の歴史的意義」（『日本中世の身分と社会』塙書房、一九九三年）、中原俊章『中世公家と地下官人』一九九頁（吉川弘文館、一九八七年）。
(3)『長岡京市史』本文編一。第六章第三節「下毛野（調子）の展開」（高橋昌明氏執筆）。
(4)『長岡京市史』資料編二・家わけ史料「調子家文書」所収の文書番号。以下、特に断らない場合はこの文書番号をさす。
(5) 一九九八年の臨川書店復刻版一六一頁による。元版は一九二五年。なお字配りも『野洲郡史』によるが、二行割りとなっているものは〈　〉で表した。
(6) 土谷恵「中世寺院の童と児」（『史学雑誌』一〇一―一二、一九九二年、後に『中世寺院の社会と芸能』吉川弘文館、二〇〇一年、に再収）。丹生谷・中原両氏については註(2)の前掲書。
(7) この十年ほどの管見の範囲内での主要なものをあげれば、榎村寛之「野行幸の成立―古代の王権儀礼としての狩猟の変質」（『ヒストリア』一四一、一九九三年）、村戸弥生「放鷹楽をめぐる一考察」（『古代文化』四六―七、一九九四年、後に『遊戯から芸道へ―日本中世における芸能の変容』玉川大学出版部、二〇〇二年、に再収）、盛本昌弘「戦国期の鷹献上の構造と贈答儀礼」（『歴史学研究』六六二、一九九四年、後に『日本中世の贈与と負担』校倉書房、一九九七年、に再収）、秋吉正博「越中守大伴家持の鷹狩」（『年報日本史叢』一九九六）、同「私養鷹禁断令の史的意義」（『延喜式研究』一五、一九九八年、後に『日本古代養鷹の研究』思文閣出版、二〇〇四年、に再収）、森公章「二条大路木簡中の鼠進上木簡考」（『日本歴史』六二五、一九九九年）、中澤克昭「鷹書の世界―鷹狩と諏訪信仰」（『芸能の中世』吉川弘文館、二〇〇〇年）など。なお谷口研語『犬の日本史』（PHP選書、二〇〇〇年）にも言及するところがあり、また山本兼一の小説『戦国秘録白鷹伝』（祥伝社、二〇〇二年）もきわめて興味深い。

（8）「中世前期の『散所』と給免田―召次・雑色・駕輿丁を中心に」（『日本中世の非農業民と天皇』岩波書店、一九八四年）。

（9）同氏著『蒙古襲来』（小学館、一九七四年）一〇四頁。

（10）『参語集』については、『国文東方仏教叢書』第一輯第四巻（名著普及会、一九九二年復刻）による。

（11）日本古典全集刊行会『塵袋』下による（一九三五年）。

（12）「『泰山府君』と千秋万歳―桜町中納言譚をめぐって」（『藝能史研究』九四号、一九八六年）。

（13）このことに関連して、古川与志継氏は「小南の芸能座について」（『野洲町立歴史民俗資料館研究紀要』第七号、二〇〇〇年）のなかで、当地の舞々関係史料を紹介するとともに、個人の家に伝えられてきた被り物を併せて写真紹介し、『三十二番職人歌合』中の千秋万歳法師のものに近似していることを指摘されている（図57参照）。

野洲郡

小南舞々村

山路興造

近江国神崎郡木流には散所が存在し、木流散所とも、また太夫村とも称された。ここの居住者は、中世後期には舞々として諸国を回国していたことが知られているが、同じ近江国野洲郡小南（現野洲市小南）にも舞々の一座が存在し、小南太夫を称して戦国期に活躍した。但しこの村を散所と称した文献は今のところ見つかってはいない。

小南の南方、日野川対岸に鎮座する野村神社（現近江八幡市野村）の所蔵文書に、天文四年（一五三五）八月二十八日付の「鳥居建立算用状」があるが、そのなかに、

二百文　小南大夫方へ出
二百文　猿楽与太郎大夫方へ遣
二百文　小道具大夫方へ遣
百文　うねき大夫方へ遣
卌文　川原物遣（後略）

などとあり、「小南大夫」の名がみられる。

小南太夫については、現在の小南地区のなかに中村四家を称する人々が存在し、その持ち回り文書に、延徳四年（一四九二）三月五日付の、地区の人が「綸旨」と呼ぶ文書がある。そのなかに、

（花押）

近江国野洲郡
小南郷舞一丸
座中、諸公事
免除所也
延徳四年三月五日

とある。また別の一通には、

大納言藤原朝臣
舞一丸
江州野洲郡小南郷住舞一丸

ともあって、大切に保存されている。文書の信憑性は別にしても、野洲郡小南郷のなかに、舞一丸座という舞（舞々）の座が存在し、その太夫が小南太夫であったことは確かである。

また写しではあるが永正十三年（一五一六）十月十六日付で、当地の土豪伊庭貞隆が与えた諸公事免除の安堵状も残る。その文書には、

野洲郡之内小南太夫村事、従先々諸公事等免除上者、向後不可有相違者也、仍状如件、

とあって、この地が小南太夫村として一つのまとまりを持った村であったらしいことが読みとれる。

近世にも引き続きこの村は、陰陽村・博士村中・中村など呼ばれて、祈禱など陰陽師に関する職能を伝えてい

たようである。

延宝五年（一六七七）の検地に際しては、八月十日付で次の文書を役人方に提出している。

陰陽村口上書之覚

一、御綸旨頂戴仕候趣、其時節陰陽之博士清明之流たるを以、禁中御祈念御用承候
一、博士之中ニ舞之上手御座候を聞召、被為及舞御感ニ奉入、如此御綸旨頂戴仕候御事
一、昔年并當御代々御検地被為成候御時分、御綸旨之旨言上仕候虚ニ、諸公事免除ニ被為仰付被難有恭奉存候

以上

巳ノ　博士
八月十日　村中

一、元勝寺浄土寺之由書付上ル
一、御夷并八幡両社くわんしやう、村中御祈禱仕候事
一、天子并天下御安全之旨、御祈念申上候旨書上ル
右ハ戸田左門様承ニ付而、御検地衆へ如此ニ書付上候覚
延宝五年巳ノ八月十日

（以下裏書）
御綸旨
一、延宝五年巳ノ三月廿日ニ観音寺様へ持参仕、御目ニ懸ル
巳ノ才

一、検地御奉行様方へ同
御綸旨八月十一日ニ御目ニ懸ル
戸田左門様御家来
戸田権兵衛様右奉行之御頭也

これによれば、伝来の綸旨は清明流の陰陽師として禁中に参勤したおり、所望により舞（舞々）を披露して御感を得て頂戴したものであることや、以後この綸旨があることによって諸公事が免除されてきたことを述べて、今回の検地においても除地となることを願い出ている。

この願いは認められたらしく、延宝七年三月七日付の「近江国野洲郡小南村検地帳」（小南共有文書）には、除地のなかに、

一、七反八畝拾三歩　五拾弐間壱尺七寸　四拾五間　陰陽師屋舗境内
内
壱反八畝拾歩　八幡宮
但　宮建境内有之

の記載がある。

なおこの検地に関しては別に数通の文書が残るが、その内の延宝五年十二月二日付の「御検地節ノ覚」の署名から、当時の陰陽師村（中村）には寿仙六兵衛・徳雲源七・金左衛門里右衛門・伊兵衛左門の四家が存在していたことが知れる。

図57　被り物
『三十二番職人歌合』の千秋万歳がかぶる被り物に近似している。中村四家には、関係文書百数点、「千秋万歳」と書かれた中啓、五本骨の扇、尉面などが伝えられている。

現在でもこの中村四家を受け継ぐ家では、前述した延徳の「綸旨」をはじめとする関係文書百数点、千秋万歳がかぶった被り物や、「千秋万歳」の文字が書かれた中啓、五本骨の扇をはじめ、能の尉面などを伝えている。

またこの四家では、検地帳にもある通り「八幡宮」を祭祀しており、現在は小南地区の神社である国主神社境内に遷座しているとはいえ、中村四家の神社として伝承している。

中世末期に「舞丸一座」を称したこの地の舞々（声聞師）の、詳しい動静は分からないが、現在も猿楽能面を所持していることや、文書中に「猿楽与太郎大夫」の名がみえることから考えて、舞々以外にも猿楽能を演じた時期があったに違いない。

なお小南の地は、近世に朝鮮人街道と呼ばれる往還の、日野川渡河地に位置しており、交通の要衝といえる。敢えていうなら、古代の鏡の宿にもさして遠くない地である。

〔参考文献〕

野洲町編『野洲町史』第一巻・通史編1（一九八四年）
小南愛郷史編纂委員会編『小南愛郷史』（一九九五年）
古川与志継「小南の芸能座について」（『野洲町立歴史民俗資料館研究紀要』七号、二〇〇〇年）
山路興造「舞々考―地方の舞々を中心に」（『藝能史研究』一四一号、一九九八年）

蒲生郡

小谷村

河内将芳

一、『近江輿地志略』にみる小谷村

信長・秀吉の時代、近江国を代表する武将として活躍した蒲生賢秀《がもうかたひで》・氏郷《うじさと》父子を生んだ蒲生氏は、所伝によれば、平将門の乱を鎮圧したことで知られる藤原秀郷《ふじわらのひでさと》のながれをくみ、東北の陸奥国から近江国蒲生郡に移ったその子孫、蒲生惟賢《これかた》（あるいは惟俊《これとし》）を始祖とするという。

その蒲生氏が、応仁・文明の乱前後に音羽城（日野町音羽）に移るまでながく本城として城をおいていたのがここ小谷の地であるが、天正十二年（一五八四）の小牧・長久手の戦いを経て、氏郷が伊勢国松ケ島（松坂、現三重県松阪市）に移った後は、江戸幕府の旗本、有馬氏の領地となった。村の石高は、江戸時代をとおして二九六石余りであったと伝えられている。

この小谷村が、中世、あるいは近世においてどのような村であったのかについては、残念ながら史料にとぼしくあきらかでない部分が多い。

ただ、そのようなかで、江戸時代の中ごろ、享保十九年（一七三四）に近江膳所藩の命によって藩の儒学者、寒川辰清が編纂した地誌『近江輿地志略《おうみよちしりやく》』巻之六十四（蒲生郡第十一）には、次のような興味深い記事を見いだすことができる。

○小谷村　石原村の南に在、爰に陰陽師及山伏等寄集り居て、札を配り、礼物を受る、佐々木定頼の時、諸国治乱盛衰安危をきかん為に、此山伏を分遣す、彼山伏には、国中の郡庄を分、夫より是迄は彼、此界より此界までは夫と、分置、札を配り、布施物を取事を命ず、其頃は山伏千余人も居集る、民俗是を小谷売僧といふ、今は小谷一所に限らず、所々に多く居住也、

編纂物としての地誌という史料上の性格やこれ以外に関連する古文書など確実な文献史料が今のところ見いだせていないという問題も残されるので、右の記事をそのまま信用してもよいのかという点については、とりあえずは留保しておかなければならないと考える。が、そのことを一応ふまえたうえで、ここに書かれてあることをみてゆくと次のようなことを読みとることができる。

二、陰陽師と山伏

まず、右の記事によれば、江戸時代の中ごろ、小谷村には、陰陽師や山伏が寄り集まり居住していたという。陰陽師というのは、一般には陰陽道に通じた呪術師のことをさすが、ここにみえるような民間の陰陽師は声聞師と呼ばれることが多い。したがって、ここでいう陰陽師もまた声聞師のことを意味するものと考えられる。

一方、山伏は、修験道の行者のことをさし、紀伊国熊野や吉野をはじめとした各地の霊山に組織があったとされている。近江国でも伊吹山（伊富貴山観音寺・大原観音寺）が修験道の霊山として知られているので、ここにみえる山伏もまた伊吹山と何らかの関係があったのかもしれない。

江戸時代中ごろの彼らは、守り「札」などを配ることで、「礼物」＝金品を得ていたが、さかのぼって「佐々

木定頼」の時代、つまり戦国時代には、あいつぐ戦乱で混乱した諸勢力の情報を手に入れるために、その六角（佐々木）定頼よって、近江国の郡単位・庄園単位に分けられて派遣されたという。

よく知られているように、中世の近江国では、守護の六角氏による支配というのが全体にゆきとどくことはほとんどありえず、比叡山延暦寺はもとより京極氏や浅井氏など実にさまざまな諸勢力が拮抗しつつ支配権を分けあっていた。その状況は、戦国時代になるとさらに混迷を深めることになったが、小谷村の山伏は、近江守護六角氏の、いわば諜報部員として近江国各地に派遣されていたというのである。

近江国ではあまり知られていないが、他の地域では、山伏などの組織が、特定の区域内における信徒に対して配札や祈禱、あるいは霊山参詣への先達をおこなう独占権をもっており、それを霞場《かすみば》（霞）と呼んでいる。右の記事では、六角定頼が山伏を近江国内の郡単位・庄園単位に山伏を派遣して、そこで札を配り、布施（礼物）を取らせたということになっているが、おそらく実態としては逆で、従来、山伏たちがもっていた霞場のようなものを利用したということなのだろう。

もっとも、これは右の記事が事実を伝えているということを前提とした話であるので、その点、慎重を期さなければならないが、それでも、近江国の山伏にも霞場のような存在があったことがうかがえるという意味では貴重な史料と考えられる。

しかも、そのころ、小谷村には千余人におよぶ山伏が集まっており、彼らのことを小谷売僧《まいす》と呼んだと記されているから、中世の小谷村が近江国における山伏の一大拠点であった可能性は高いであろう。

図58　山伏
室町時代の『七十一番職人歌合』に描かれた山伏。戦国時代、小谷村の山伏は、諜報部員として近江国各地に派遣されていたのであろうか。

ただし、それも江戸時代中ごろには、小谷村一カ所にかたまらず、各地に分かれて居住するようになったとされているので、右のようなすがたも中世に限られたものであったのかもしれない。

ところで、右の記事では、小谷村と山伏との関係については多少なりともうかがうことができるが、本書の主題からいえば、むしろ陰陽師・声聞師との関係をうかがう必要がある。

しかしながら、右の記事の大半が山伏にかかわるものであることからしても、そのことをうかがうことは非常にむずかしい。もっとも、民間の陰陽師のなかには、僧侶で陰陽師をおこなう山伏などもふくまれるとされているから、小谷村においても陰陽師と山伏とを区別すること自体が実際にはむずかしかったのかもしれない。

いずれにしても、中世、小谷村に散所あるいは散所的な集落があったのかどうかという点については、決定的な史料がみつからない以上、判断を留保せざるをえないというのが現状なのである。

蒲生郡

進宮

山本尚友

はじめに

武佐宿は中世の東海道、近世の中山道の宿駅として発達し、平安・鎌倉の諸記録にその名を残しているが、近世には武佐宿は武佐村およびその南の長光寺村に展開しており、武佐村の北を中山道が、武佐村と長光寺村の間には現在の八日市市方面へ延びる八風街道が通っていた。西生来村は武佐宿の北東に位置し、村のほぼ中央を中山道が通っていたが、中山道の北に街道と接して、武佐村との村境にあたる位置に進宮と呼ばれる陰陽師の集住する集落があった。

西生来村は、天正十九年（一五九一）に豊臣秀吉が徳川家康への在京賄料地として宛行った、野洲・甲賀・蒲生郡内百十九カ村・九万石の内に「西あらい　九百十石」と見えるのがその動向が知れる最初である。元和五年（一六一九）、旗本山中氏が伊勢から近江国蒲生郡に領地替になり、西生来村の半分を領有することになった。寛永十一年（一六三四）には残る半分が仙台藩領となり、以後幕末に至るまで山中氏と伊達氏の相給地として西生来村は推移した。

村高は八百九十九石六斗五升二合でこれを山中氏と仙台藩で四百四十九石八斗二升六合づつに半裁していた。人口は全村の人口が知れる天保十三年（一八四二）に五百三十一人・百四十二軒であった。江戸時代を通じての人口が判明する仙台藩分の人口は、元禄十一年（一六九八）に四百人・七十五軒であったものが、文久三年（一八六三）に三百二十人・八十五軒と減少傾向にあったが、天保十三年は不明ながら天保七年の仙台藩分の人口は三百六十二人・九十七軒であった。当初は西生来村の百姓を半数づつ山中氏と仙台藩に割り当てたものと思われるが、山中分の人口減少が上回ったために、仙台藩分の人口が多いという結果になったものであろう。[1]

西生来村の南には八風街道に沿って枝郷久保村があった。久保村は皮多村であり、当初より斃牛馬処理業および皮革製造業に携わっていたが、久保村は古代より著名な蒲生野の入口に位置しており、蒲生野の開発を通じて慶長七年（一六〇二）の段階で少なく見積もっても十二町七反の田畑を所有していた。久保村の人口は、元禄十一年の仙台藩分のみで七十人・十八戸であり、全体ではこれにほぼ倍した人口を擁していたとみて良いであろう。なお、久保村の仙台藩分人口は文久四年（一八六四）四百八十七人・七十四軒であり、本村とは逆に大幅な人口増をみていることが分る。[2]

進宮については、早くは中川泉三が「進宮には古来十二軒の神主群居する」[3]と述べており、次いで藤田恒春「近世の芸能民について」[4]、また久保村関係の史料を紹介した『近江国蒲生郡岩越家文書―村の成立と景観』の解説篇も進宮について触れている。進宮に関する史料は、その大半が西生来村の庄屋を勤めた岩越家に伝来した『岩越家文書』[5]である。岩越家は、一時期を除き仙台藩領の庄屋を江戸時代初頭より幕末まで勤めた家であった。西生来村では山中家領の庄屋文書がまとまった形では残存していないため、近世期の動向が知れるのは仙台藩領分のみであるという限界をもっている。

なお、「進宮」の読みについては、慶長七年の検地帳[6]に「すゝめや分大夫村」、年不明の「出作かゝり物覚」[7]に

「すすみや」とあるが、地元では現在「すめや」と読んでいる。

一、人口と景観

岩越家文書にある慶長七年の検地帳は、西生来村全体の状況を知りうる数少ない史料のひとつである。この検地は慶長五年に関ヶ原の戦に勝利した家康が、豊臣氏の重要な蔵入地である近江国に実施したもので、分米記載のない検地帳が多いという特徴を持っていた。これはおそらく、緊急に実施されて地積のみの把握を目的としたもので、実際に竿入れを行わず指出を徴収するものに近かったのではないかと推測される。西生来村の検地帳にも分米は記載されておらず、また写であるため人名記載にも疑わしいものがある。

表15　慶長検地帳にみる土地所持状況　　（単位：町）

	田地	畠地	計	人数	筆数	屋敷地	計
本　村	28.5522	18.1309	46.6901	63	73	1.3517	48.0418
進　宮	2.0019	2.2925	4.3014	32	38	0.2218	4.5302
久保村	6.9511	5.8108	12.7619	18	19	0.3724	13.1413
不　明	23.8101	22.1014	45.9115	260	0	0	45.9115
合　計	61.3223	48.3426	109.6719	371	130	1.9529	111.6318

検地帳に記載された土地の合計は百十一町六反三畝十八歩、内田地は六十二町余、畠地は四十七町余、屋敷地は一町七反余であった。筆の合計は千七百九十筆で、それを三百七十一人で分有していた。検地帳の末尾に屋敷地が本村・進宮・久保村の順で記載されていたが、田畠の部分には人名のみで肩書は記載されていなかった。屋敷地の人名を手がかりに慶長検地帳を集計したものが表15である[8]。表にあるように所属不明が二百六十人もいるが、この内、本村・進宮・久保村の者で屋敷地を持たないのが三十人ほど、「当不作」と記された土地の所持者が二九人、残る二百人は入作と推定されるので、この表は慶長七年段階の大勢を示しているとみてよいであろう。

検地帳では「屋しき」七十三筆につづいて、「すゝめや分大夫村」として三十八筆、さらにその後に「皮多屋敷」十九筆が記載されている。進宮分三十八筆の内、一人で二筆以上

表16　進宮の人口推移

	人数	軒数
元禄11(1698)		13
元禄13(1700)		13
享保3(1718)	33	
享保6(1721)	42	
享保13(1728)	35	
天明3(1783)	19	4
寛政11(1799)	12	4
享和3(1803)	11	4
享和4(1804)	10	4
文化9(1812)	9	4
弘化2(1845)	6	2
弘化3(1846)	7	2
嘉永2(1849)	9	2
安政4(1857)	8	2
文久1(1861)	7	2
文久2(1862)	6	2
文久3(1863)	7	2

の屋敷地を所持している人が四人いるため、屋敷地を所持する人は三十二名であった。ただ、これと別に大夫名をもち、田畠を所持して屋敷地がない者が少なくとも六名おり、[9]これも進宮分だとすると、慶長七年に進宮には少なくとも三十八軒の家があったことになる。久保村の場合は高持と同等かそれより少し多い無高の家があったものと思われるので、進宮と久保村は軒数ではほぼ同規模の村であったと思われる。

進宮の人口については、これ以降は仙台藩領分のみしか判明しないが、それを表16に示した。[10]進宮についても山中家分と仙台藩分に二分されていたと思われるので、江戸時代初頭の仙台藩領分の進宮を十九軒とすると、百年後の元禄期には十三軒に減少し、さらに百年後の天明期には四軒に激減、五十年後の弘化期には二軒となっている。劇的ともいいうる人口の減少であるが、この現象は山城・近江の多くの陰陽師村に見られるものである。

ところで、進宮の家々が山中方と仙台藩方に二分されていたことについては、それを証する史料がある。『森善祐家文書』に含まれる「文政十亥年当村色別略絵図」（図59）がそれである。図には中央に「進宮壱町四方」とあるが、南を走る中山道、中山道から北に東西に延びる二つの道に囲まれた区画は東西に長い長方形を示している。絵図には山中分と仙台藩分の家が色分けされているが、区画のほぼ中央を東西に通る道の南には山中分が多く、北はすべて仙台藩分となっている。当初は道の南を山中分、北を仙台藩分に分けた可能性もあるが、この図が作成されたときには、道の南にも仙台藩分の家が四軒あった。また、東西の道の外側にも家があって、東の道の外には仙台藩分が二軒、西の道の外には山中分の家が一軒建てられていた。

図中の山中分の家は和泉太夫・元勘太夫・元善太夫・源太夫・加十郎の五軒、仙台藩分は加賀大夫・元七太夫・伝次・久七・下役喜内・彦□□・五郎七・甚助の八軒であった。「元何太夫」と名乗る人が三人おり、進宮では陰陽師職に従う時には太夫名を名乗り、それを止めると俗名に戻る慣習があったことが分る。また、太夫名三名、元太夫名三名、俗名七名という比率が示すように、村の中で陰陽師職に就く人の割合は多くなかった。

また、俗名七名の中に「下役喜内」と名乗る人がいるが、「下役」とは『岩越家文書』の他の史料では「歩」とか「番人」とか記されているもので、嘉永三年（一八五〇）の「御物成穀並諸役出方覚帳[11]」に「壱斗五升　番人屋敷」とあるように、屋敷給が村から支給されていた。進宮の人が下役に雇われた可能性も否定できないが、屋敷給が支給されていることから考えて、下役に雇われた人が進宮に住まわされたと見たほうがよいであろう。

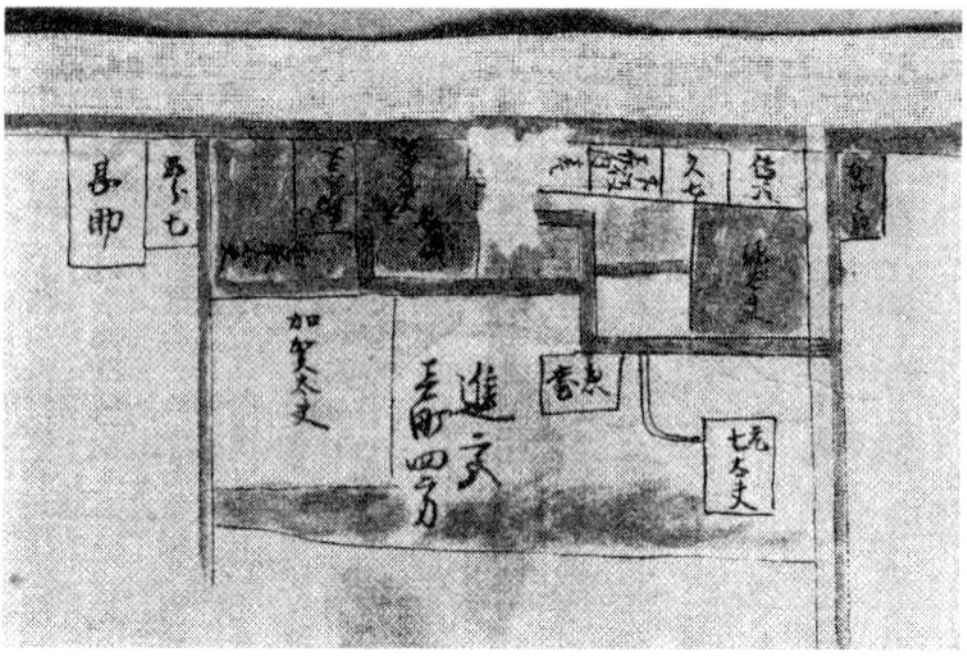

図59　進宮の家
図中央に「進宮壱町四方」とある。進宮の家は、山中方と仙台藩方に二分されており、山中分の家は和泉太夫・元勘太夫・元善太夫・源太夫・加十郎の五軒、仙台藩分は加賀大夫・元七太夫・伝次・久七・下役喜内・彦□□・五郎七・甚助の八軒である。（文政十亥年当村色別略絵図）

絵図には「文政十亥年」と年紀が記されているが、表16にあるように文政十年の仙台藩分の軒数は四軒であり、下役喜内を除いた七軒という軒数と合わない。また、文政十年前後の宗門改帳の人名とも合致していない。仙台藩分の軒数が七軒となる時期は、享保以降から天明の間で、おそらく宝暦・明和期頃と思われので、この図の作成年代は十八世紀の半ば頃と推定してよいであろう。

二、生　業

進宮の住人が陰陽道職に携わっていたことについては、嘉永三年（一八五〇）の「村小入用帳[12]」に、「一、金弐歩　是ハ当春村方出火之後、進宮太夫御祈禱被致候、其礼ニ差出申候」とあることにより判明する。この年春に西生来村で火事があり、おそらく火穢を清める行法を進宮太夫が勤めたものと思われる。ここでは、その礼に金二歩が支払われているが、進宮太夫は西生来村に対し恒常的に陰陽道職を勤めていたもようで、享保十六年（一七三一）の「村会計控[13]」に「一、米五斗　御初尾太夫様へ上ル」とあり、また寛延二年（一七四九）の「御物成諸役出方指出状」に「一、三斗五升　同（毎年）進宮太夫被下引」とあるのを最初に、連年の「御物成諸役出方指出状」に同様の記述がある[14]。すなわち、進宮太夫と称される人に西生来村より毎年、享保頃は五斗、寛延以降は三斗五升の初穂米が渡されていたのである。これに関連する興味深い史料が『森善祐家文書』の中にある。

（表紙）
「江州蒲生郡
　　西往来邑内
　　進宮《スヽミヤ》神務人別帳
　　御評議加筆可被下候
　　尚又此節御礼献上仕候義如何候哉
　　両御役人様
」

（挟紙）
「　証札之叓
測量之伝、格別之思召ニ依而、御相伝被下、難有仕合ニ奉存候、然ル上者、他人又者子孫ニ而も、猥ニ相伝仕候ハヽ、神明て当罰者也、依而如件、
　月日　　　　　　　　　　　　吉田加賀
　　　　　　　　　　　　　　　　漁庄物
皆川大和大目殿
」

江州蒲生郡
西生来村之内
元仙台領　持高無御座候
一、御初穂三斗五升頂戴仕候
神官例
吉田　加賀　四十七才
女房　かの　四十四才
倅　知三良　十三才
娘　つ　祢　八才
〆四人ノ内　男弐人
女弐人
一、此物去十二月暮ニ家出仕行方分不申候　甚三郎　廿六才
元山中領　持高無御座候
御初穂弐斗五升頂戴仕候
一、神官例
嶋之丞より代続仕候
浅田　和泉　十五才
娘　ら　く　十八才
母　宇　米　四十一才
此物去十二月二日ニ死去仕候　祖母　ちえ　六十一才

一、　　男壱人
〆三人ノ内　女弐人
持高無御座候
神官例
浅田源太夫
後家　怒伊　三十六才
娘　美王　十九才
〆弐人ノ内　弐人女

右者往古ゟ神職人ニ候、御法度之邪宗門之儀者、堅慎候事、清浄成人ニ無相違候、依而如件、
明治二年
己巳五月
大津県
御役所

これは、明治二年に大津県に提出する「神務人別帳」の案文として進宮で作成したもので、表紙の宛所に「両御役人様」とあるのは、仙台藩・山中方の村役人のことであろう。これが実際に提出されたかどうかは不明だが、末尾に「清浄成人ニ」相違ないとあるのは、近世を通じて存続した陰陽師職への偏見を取り除き、神職として正式に認められたいという願いがにじみ出たものであろう。

この帳によれば、明治二年段階で御初穂をもらっていたのは、仙台藩方は吉田加賀、山中方は浅田和泉の二人であった。先の絵図によると、加賀太夫の屋敷は進宮の中で最も大きな敷地であり、また和泉太夫も屋敷の南西

に食い込んでいる「元勘太夫」の屋敷を分家と考えれば、加賀太夫に次ぐ広さの敷地であった。おそらくこの両家が近世の当初から、西生来村の両方より初穂を貰っていたと見てよいであろう。

さらに、「神務人別帳」に添えて提出しようとしたと見られる「測量之伝」の証札は、民間陰陽師が土御門家から測量法を伝授されているという極めて興味深いものである。他の民間陰陽師にこのような例があるか否かは不明ながら、江戸時代であれば土御門家からの官途名等の許状がこのような場合は添付されるのが通例であり、明治という時代の始まりがこれまでは表に出なかったこのような証札を持ち出させたのかもしれない。

進宮太夫が西生来村に例年奉仕した職務の具体的な内容を示す史料は残念ながら無い。しかし、先に触れた嘉永三年の火事のさいには村内の神社も焼失しており、嘉永五年に仮屋普請をしたさいの文書[15]に、進宮の活動が記録されている。関係個所だけを抜書すると次のようになる。

一、金　壱歩
　　是は地祭祈祷料進宮両人江納メ、
一、金　三両
　　是は棟上ケ赤飯料として村方・進宮両人まて、壱軒前銀壱歩ツ、賦り申置事、
一、金　壱歩
　　是は新仮屋ふ浄清として当日朝、進宮弐人祈祷料、

進宮は普請の開始に先立って、地祭を行い、また仮屋が完成すると不浄を清める祈禱を行って、それぞれ金壱歩づつを貰っていた。現在では神社の神官が行っているこれらの祈禱は、近世には陰陽師が行っていたことはすでによく知られたことである。

ここに「両人」あるいは「弐人」とあるのは、年頭に初穂を貰っていた仙台藩方一人、山中方一人のそれぞれ

の陰陽師のことであろう。このような、臨時の祈禱も両陰陽師が行っていたのである[16]。

進宮のもう一つの生業は農業であったが、進宮の所持する農地が極めて狭小のものであったことは、さきにあげた表15から確認できる。人数六十三人の西生来村本村の田畠が四十六町歩であったのに対し、進宮は三十二人で四町歩しか所持していなかった。西生来村の五分一という少なさであった。また、久保村は十八人で十二町歩であり、これと比べると六分一であった。進宮における農業の不振はその後も引継がれたようで、その後の岩越家文書に散見する進宮の石高は小さいままで、明治二年には全ての家が無高となっていた。

おわりに

最後に、進宮と西生来村の関係についてふれておくと、宗門改帳・五人組帳ともに進宮は西生来村の中に記載されていた。久保村がともに別帳となっていたのとは、大きく異なっている。西生来村の檀那寺は浄土宗の西福寺と真宗の西願寺であったが、西福寺の檀家が大部分で進宮も全員西福寺の檀家であった。進宮の記載位置は西福寺檀家の末尾で、進宮の次に西願寺檀家が記載されるのが通例であった。なお、久保村は村内に真宗正明寺があり、全員そこの檀家であった。

一方、年貢関係の記録では進宮は久保村とともに、出作分として記載されていた。しかし、役米附帳では進宮は「一、四升弐合四勺　進宮定次郎」というように、人別に記載されていたが、久保は「久村役米」として一括して記載されていた[17]。一方、人別帳作成の費用は、「一、錢百文　進宮ゟ請取」「一、錢三百三十六文　穢多ゟ請取」というように、久保と同様に進宮として一括して支払っていた。

西生来村の産土社は「若宮大明神」と「大宮大明神」の二社であったが、進宮には「神名宮」と「牛頭天王社」の二社があった。先にみた「文政十亥年当村色別略絵図」の中央に「惣堂」と書かれた区画があり、そこに両社であった。

が置かれていたのではないかと思われるが、神明社は五尺と壱間、牛頭天王社は四尺と弐尺五寸といずれも小祠であった。

『近江国蒲生郡岩越家文書―村の成立と景観』解説編は、西生来村の大宮大明神の御神躰が「神明様」であり、若宮大明神の摂社に「牛頭天王社」があるところから、「これを見ると進宮が西生来村内で劃然と区別されていたとは言え、信仰対象たる〝社〟は西生来村の神社との関わりを持っていた」と見ている。

しかし、嘉永年間に消失した社の仮屋を普請したさいの記録には、西生来村の産土社と進宮との関わり示す記述はまったくない。このことから直ちに、進宮の両社と西生来村の産土社との関わりが否定されるものではないが、関わりがあったとの断定には躊躇せざるをえないのではないかと思う。今のところは、西生来村とは別の社を進宮が持っていたことに重点をおいて理解しておきたい。

さらに、岩越家が栽培していた茶園の茶摘に、「進宮おせん」が雇われている記録がある。(18) 同じ記録からは久保村の人を雇った記載はないことから、西生来村と進宮そして久保村との距離を示すものとしてあげておきたい。

以上の諸史料を勘案すると、進宮は久保村と同様に西生来村本村とは離れた場所に独自の村を形成し、また本村とは別に独自の「村年寄」を選出するという共通性があると同時に、久保村のようにまったく別の村としては扱われず、すくなくとも領主に直接提出する書類上では同一村の住人として扱われていた。しかし、村の内部で作成される記録類には、久保と同様に村外あつかいとなる例が多く、久保村ほどの強い疎外ではないにしても、ある一線がそこには引かれていたと見ることができるであろう。

（1）　以上の叙述は主に、滋賀県同和問題研究所編『近江国蒲生郡岩越家文書―村の成立と景観』（滋賀県教育委員会、一九九〇年三月）の解説編によった。

(2) 以上の叙述は、京都部落史研究所編『近江八幡の部落史』(近江八幡市、一九九五年十月)によった。
(3)『近江蒲生郡志』巻六。
(4) 藤田恒春「近世芸能民について—西生来村『進宮』を中心に」(『月刊滋賀の部落』一四三号、一九八八年一月)。
(5) この文書は現在、滋賀大学経済学附属史料館の架蔵する所であり、「岩越文書目録」(同館所蔵史料目録第8集、一九七一年三月)が作成されている。本稿に記載する岩越家文書の文書番号は本目録のものである。
(6)『岩越家文書』土地二。
(7)『岩越家文書』農業二九。
(8)『近江八幡の部落史』に掲載の「表2—1　西生来村の土地所持の状況」をもとに、一部手直しをした。なお、註(1)の解説編では慶長検地帳の内、大夫名の者と「す、めや分大夫村」と肩書のある「おきく」のみを進宮の住人として扱っているが、ここでは「おきく」以下三十八筆が進宮の住人であることは、記載形式から明らかであると考え集計している。
(9) 屋敷地を持たない者は、祢二大夫・大夫・久三大夫・二斗大夫・源四郎大夫・彦大夫・幸大夫・惣大夫・喜七郎大夫の九人だが、この内「祢二大夫」の所持地は「当不」と註記があるために、すでに現存していないと判断。また「幸大夫」は「幸松大夫」、「喜七郎大夫」は「喜七大夫」と同一人物と判断した。
(10)『岩越家文書』より作成した。なお、進宮の人口は表にあげた年次以外にも判明しているが、人口の変化がない年次は表には記載しなかった。
(11)『岩越家文書』租税一〇二。
(12)『岩越家文書』村政九九。
(13)『岩越家文書』村政一八。
(14) 寛延二年のものは『岩越家文書』租税二二三、寛延四、宝暦二、文化二〜同四、嘉永四、嘉永五年(租税二二五、二二六、二五五、二五七、二五九、三五四、一〇七、一〇八、一二〇、三五六、一一六)のものに同様の記述がある。
(15) 嘉永五年「御仮屋御普請諸入用金繰出皆済積り仕方書」(『森善祐家文書』)。なお、森善祐家は山中方の庄屋を勤めた家であった。

(16)『岩越家文書』宗教二四に次のような史料がある。

御目録

一永升、米　弐俵　　　村初尾

一同、同　壱俵　　　代参雑用

一小升、同　四升　　　参初尾

〆壱石弐斗三升弐合

代七貫弐百三拾六文　壱俵ニ付

弐貫三百五十文

一、米　五斗一升八合　　門初尾

代弐貫四百三拾文

一、銭　四百六拾文銭初尾 暦代

〆拾貫百三文

合金壱両十三歩弐朱也

銭三百六拾六文

右之通指上ケ可申候、以上、

神主

文化拾壱戌極月日　　利左衛門

福嶋興村太夫様

註(1)解説編は「銭初尾　暦代」とあるところから、宛所の「福嶋興村太夫」を進宮の陰陽師と推定している。文書作成者に「神主」とあるのは、村人が交代で勤めるもので、神主給として年々五斗が宛てられており、この神主が「代参」を依頼していた。文政十三年（一八三〇）の「御免割覚帳」（『岩越家文書』租税五七）に、「一、壱斗　伊勢大夫様宿料」とあること。また、ほぼ同文で文化十三年作成、宛所が「筋向橋中西太夫」のもの（『岩越家文書』宗教二五）があり、「筋向橋」は伊勢の地名であるところから、この大夫は伊勢の御師とみて間違いないであろう。

(17) 「文政十三寅年役米附帳」(『岩越家文書』村政六八)。
(18) 『岩越家文書』農業二。

蒲生郡

船木村内陰陽師

山路興造

滋賀県蒲生郡船木村（現近江八幡市船木町）は、琵琶湖東岸の要港である船木湊を擁する村で、湖上交通の拠点でもあった。村名も造船用の材木の集散地であったことに由来するといわれる。中世は上賀茂社領船木庄として推移したようであるが、この荘園は時代により醍醐寺三宝院、南禅寺、朝廷、三鈷寺（現京都市西京区）なども所領を有していた。

この村の陰陽師の存在は、貞享二年（一六八五）に大和郡山藩領になって以後、享保九年（一七二四）の「江州御領郷鑑」（立教大学蔵）の船木村の項に、

一、陰陽師　五拾人　内　弐拾三人　男
弐拾七人　女

と記されることにより知られる。これは船木村の総人数が千六百六十五人であるだけに、あまりにも多い。村内に陰陽師の集住する地区があったと思われるが、詳細はわからない。ただ中世段階にはこの地に船木関が存在するなど、この地が中近世を通じて、交通の要衝であったことと関係があるかもしれない。

神崎郡

木流散所

山路興造

近江国神崎郡木流《きながせ》村（現神崎郡五個荘町）に存在した散所は、舞々を演じて諸国を経巡ったことが史料で確かめられる散所である。

木流の地は、元亨三年（一三二三）八月六日付の「官宣旨案」（東京大学史料編纂所蔵「長元三年寛徳度改元勘文紙背文書」）に「木流郷」とあり、中世には木流郷として建部庄に属していた。

建部庄は大治三年（一一二八）に近江国司藤原宗兼が、それまでの散在神領に代えて神崎郡を近江国一宮に寄進することで立荘された荘園であるが、元暦年中（一一八四～八五）に一部が延暦寺の日吉社に寄進されたため、以後その領有をめぐって相論が絶えなかった。結局、元亨二年十月になって、かつて文治二年（一一八六）の院宣によって、下地中分が命じられていたということで、日吉社と建部社の間で中分することで決着が付き、建部社分が建部下庄、日吉社分が建部上庄とされた（前述の官宣旨案）。なお同文書によって、木流郷は建部下庄に属し、付近の野村郷・貞包名などとともに、建部社に対して月次日次神用料を出す地であったことが確かめられる。

一方建部庄の地は、当時の東海道（のち中山道）の地に近く、東国へ往来する要衝地とされたらしく、文治二年閏七月二十九日付「源頼朝下文」（尊経閣文庫所蔵文書）では、日吉社領建部庄に対する、往還の武士の寄宿に伴う違乱や狼藉停止が命じられている。

木流散所はこのような近江国一宮への神用料を出し、交通の要衝でもあった木流郷の北出地区北方に、枝村（近世には太夫村と称した）として所在するのであるが、この散所に関する史料自体は中世末期のものがわずかに存在するのみで、その成立や歴史的経緯についてははっきりしない。

木流散所には「国一」を通称とする舞々太夫が居住し、この地を根拠に諸国を回国して活躍をしていたらしい。『五個荘町史』所収の日本大学法学部所蔵文書に、

国一大夫事、召出候上者、於在所算所村諸公事者、如先々令免許訖、次分国中徘徊儀、聞食届候也、

天正七

十二月廿七日（信長朱印）

という文書が載る。天正四年（一五七六）に安土城に移った織田信長が、木流散所の国一太夫を召し出し、散所村への公事免許と、諸国徘徊の免許を与えたようであるが、公事免許に関しては、「如先々」安堵であったようである。

図60　曲舞

室町時代の『七十一番職人歌合』に描かれた曲舞。南北朝期までは、専業の芸能者によって演じられていた「曲舞（久世舞）」は、その衰退にともない、地方の賤民芸能者の手に渡り演じられるようになり、「舞々」と称された。

この国一太夫なる舞々は、これより早く『多聞院日記』永正二年（一五〇五）五月五日条に、

自今日吉祥堂勧進曲舞在之、国一大夫、

という記事があり、国一を通り名として、早くから諸国において活躍していたことが知れる。

信長から免許を頂戴した国一太夫は、この免許を携え

て諸国に出かけたらしく、

彼拾三人、無異儀可令勘過者也、仍如件

辰（天正八年）

加津野隠岐守

十月（武田勝頼印）　奉之

妻籠在番衆

という文書は、武田勝頼が国一太夫に妻籠関を通るために与えた許可書であり、天正十年三月には、勝頼は信長によって滅ぼされるわけであるから、当時の情勢を考えると、なかなか興味深いものがある。

さらに、

伝馬四疋、浅草迄可出之、但彼国一大夫ニ可渡之者也、仍如件、

癸未（天正十一年）

八月四日　直景（印）

江戸町人中

という文書も伝来する。直景は多分、後北条氏の家臣と思われるから、徳川家康が移封される以前、後北条氏の時代の武蔵国の江戸にも、国一太夫一行は出かけているのである。「江戸町人中」「浅草」など、当時の江戸の様子が垣間見えるとともに、舞々太夫の一行に馬を用意させているのが興味深い。

すなわち、東海道（近世の中山道）にほど近い建部散所村の住民は、舞々をもって信濃（妻籠）や武蔵（江戸）をはじめ、関東一円の武将を頼って回国していたに違いないのであるが、その一行が十三人とあるのは、回国する舞々の規模が知れて貴重な史料といえる。

次の、

当村之事、任上様朱印之旨、諸役儀不可在之候、若為下何かと違乱之族於在之者、可請御諚条、此方へ可申越候、恐々謹言、

七月三日　　　　　　　　　宮木長次（花押）

建部算所村

大夫中

という文書は年号がないが、差出人宮木長次は豊盛と称した豊臣秀吉の家臣であり、上様とは秀吉のことにほかならないから、秀吉もまたこの地の舞々太夫には朱印状を与えているのである。

この地は慶長三年（一五九八）豊臣政権の蔵入地として浅野長政に預けられた。次の文書は浅野家の家臣より出されたもので、先例に則り給人諸役が免じられている。

木流郷之内大夫村之事、任御朱印代々給人諸役免許之事、今以不可有相違候、仍如件、

浅野弾正内

慶長四年　　　　　井口忠兵衛尉

九月廿七日　　　　□□（花押）

福田善右衛門尉

直治（花押）

以後、国一太夫座の消息を確かめる文書は残されていないが、古川与志継氏の調査によれば（『野洲町立歴史民俗資料館研究紀要』七号所収「小南の芸能座について」）、除地とされた屋敷地は、合計一反四畝二十歩、高二石三斗弐合六勺であり、敷地内には十禅師の宮・地蔵堂があったという。また天正頃の戸数は十七戸であったが、元禄十五年（一七〇二）には算所村庄屋横目を含めて九戸となっていたという。

また天保三年（一八四二）正月付の「算所村跡開発田地用水等につき取替せ一札」には「当村枝郷算所村近年人絶候而、屋敷地新荒ニ相成、御年貢難相立村中致難渋候」とあり、天保の頃に廃絶したという。木流村は北出と南出の集落に大きく分かれ、北出の下手に北接して字算所の地名が残っているという。

なお、同じ建部庄内には、江戸時代日吉太夫を名乗る猿楽太夫が存在した（『近江輿地志略』）。この猿楽芸能者と、木流散所の舞々一座との関係は不明であるが、日吉太夫の名から考えると、中世に日吉社領分とされた上建部に居住していた可能性が高く、舞々の国一太夫とは関係がないのかも知れない。しかし江戸時代には、日吉村に鎮座した建部日吉神社が建部郷十七カ村の鎮守社とされていたから、国一太夫が名を替えて日吉太夫として猿楽を演じた可能性もなくはない。

〔参考文献〕

『五個荘町史』第二巻（一九九四年）
古川与志継「小南の芸能座について」（『野洲町立歴史民俗資料館研究紀要』七号、二〇〇〇年）
山路興造「舞々考—地方の舞々を中心に」（『藝能史研究』一四一号、一九九八年）

坂田郡

大原村内散所

山路興造

坂田郡には江戸時代散所村が存在した。『天保郷帳』などでは「産所村」と表記されるが、『正保郷帳』には「算所村」とある。この散所村の位置は、平安時代以降、京都法勝寺蓮華蔵院の所領であった大原庄内にあり、その市場であったと思われる近世の市場村に隣接する。

大原庄はもともと京都仁和寺領であったが、永久二年（一一一四）に白河上皇によって建立された法勝寺新阿弥陀堂に寄進され、本家を蓮華蔵院、領家を仁和寺として推移した。中世期には地頭として佐々木大原氏が勢力を持ち、その佐々木大原氏の庇護した大原観音寺に、鎌倉時代から室町時代にかけて、荘内の夫馬郷・間田郷などが寄進されている。

散所村は大原庄の中心地であったと思われる市場に隣接して立地するが、夫馬郷の出郷とされており（『淡海木間攫』）、観音寺に関係の深い散所であったと思われる。

大原観音寺は正式名称を観音護国寺と称し、長尾寺・太平寺・弥高寺（いずれも現伊吹町）とともに伊吹四護国寺（伊吹四カ寺）と称された奈良時代創建の古代寺院で、もともとは伊吹山中にあった。それが貞和三年（一三四七）に現在の山東町朝日に移転。永徳三年（一三八三）には法相宗から天台宗に転じ、延暦寺の末になったと伝える。しかし寺蔵文書によれば鎌倉時代中期には、大原庄地頭の佐々木氏の庇護を受け、盛大な寺観を整えていたらしい。

伊吹四カ寺では、鎌倉時代末期には法会で、近江猿楽に芸能を演じさせた記録、徳治三年四月十日付「伊福貴山弥高寺太平両寺衆僧和与状」(『大原観音寺文書』)がある。この地の散所に関する記録も、猿楽の興行にともなうものが多く、応永二六年(一四一九)の「本堂造作日記」(同前)には、

　次柱立　同卯月廿六

同　祝之積物米弐拾石　大工引物

(中略)

　猿楽馬一疋

同　鍛冶之祝二疋

同　檜皮大工　祝五百文

同　山作大工　二貫五古文祝

同　ヲウカ引大工五百文祝

同　散所物五百文下

同　坂物五百文下

とあって、観音寺本堂の柱立の祭事に猿楽が演じられたこと、大工や鍛冶とともに散所の者に五百文、坂の者に五百文の下行があったことが記される。

これは猿楽の興行には、舞台や桟敷など多くの設営が必要であり、それを散所の者や坂の者(都市では河原者)が行っていたからで、この散所者こそが大原庄内に居を構えていた散所の仕事であったはずである。

また表紙に文明八年（一四七六）三月吉日とある「本堂造作日記」（『大原観音寺文書』）にも、名超寺本堂の柱立の条に「二百文　猿楽」「二百文　算所者」「三百文　坂者」の記載があるし、寛正四年（一四六三）の食堂柱立の記録（『近江坂田郡志』所収「野一色記録」）にも

三百文中　大鋸引
百文中　山　作
百文中　檜皮師
二百文中　算所者下
百文中　坂者下
五貫文中　棟之祝
二貫八百文中　番匠五十六人分

とあり、散所の者と坂の者に下行がなされている。同じく「野一色記録」には永禄六年（一五六三）の「巨細帳」と題する記録もあり、それには、

一、正月七日　諸職人礼参之事

（中略）

一、算所大夫衆一座参　仕立一汁三菜酒飯給次第　御器　弐斗　禄米　壱斗也
酒ノ名ナリ

一、廿八日御行　　勤行如七日
算所衆仕立　一汁三菜　飯ハ盛切酒ハ白シ

とあって、中世最末期においてもなお、散所衆が観音寺への年始や、正月行事である「おこない」に参集してい

たことを知るのである。

〔参考文献〕

山路興造「近江猿楽再考」（『翁の座—芸能民たちの中世』、平凡社、一九九〇年）

浅井郡

院内八島

河内将芳

一、『民族と歴史』にみる院内八島

第二次世界大戦前において部落問題の歴史的な研究をリードした歴史家、喜田貞吉によって大正八年（一九一九）一月に創刊された雑誌に『民族と歴史』というのがある。その創刊の年八月に刊行された第二巻第二号に、「院内八島（唱門師）の事」と題されたひとつの記事が載せられている。その記事の一部を引用してみると、次のようなものとなる。

滋賀東浅井郡湯田村字八島の一部に古来院内八島といふあり。今は南八島と云ふ。明治維新前には二十戸已上三十戸近くもありしが、現今十戸已内に減ぜり。他部落よりは「ショモジ〳〵」と軽賤し、結婚交際も、坂田郡産所（現今三戸）伊香郡森本（現在十三戸）と通ずるのみ。当字の一隅に川を隔てゝ一郭をなし、薬師堂にて年中行事の春秋の祭礼をなし、氏神八幡宮の事には更に関係なし。維新迄は伊勢の暦はこの一団より近村に配附する慣列なりし由。又各戸の男女年初には万歳の営業に出づ。師匠寺に詣づれば南の間と限定せられありし。今日では寺のこと、宮のこと、村政上のことにも同等の扱をなし、軽賤することは無けれども、結婚区域の限定と、同じ字の一隅に一団をなすこと等、障壁の撤し難き者あり。

一見すればわかるように、これは現在でいうところの民俗的な情報であり、古文書など文献史料にもとづく情報ではない。しかしながら、文献史料がほとんど知られていない院内八島のすがたの一端をうかがうものとしては大変貴重なものと思われる。

もっとも、本文にもみえるように、「今日」＝大正八年時点では、「寺のこと、宮のこと、村政上のことにも同等の扱をなし、軽賤することは無」いとされており、また、しばしば「明治維新」「維新」が境目として記されているように、記事の内容の大半が江戸時代のころの情報である点には、まず注意しておかねばならないであろう。

このことを一応確認したうえで、記事の内容をみてゆくといくつかの注目すべきことが読みとれる。

二、ショモジと声聞師

まず最初に、かつて浅井郡八島村の一部に院内八島というところがあり、その地域は他の地域から「ショモジ〳〵」とも呼ばれていたという。この「ショモジ」とは、雑誌『民族と歴史』の編集者でもある喜田貞吉が、「編者曰」として右の記事のあとに「ショモジは唱門師、声聞師などとも書く」と記しているように、民間の陰陽師のことを意味すると考えられる。したがって、院内八島が声聞師の居住する地域であったことがうかがえる。

彼ら声聞師の家は、明治維新前には二十～三十戸近くもあったが、結婚交際については限定された地域、坂田郡産所や伊香郡森本など院内八島と同じように声聞師の居住するところに限られていたとされる。

また、その居住地域は、「川を隔て、一郭をなし、氏神八幡宮の事には更に関係なし」というように、空間的にも八島村とへだたりがみられ、しかも八島村の氏神である八幡宮の神事とも無関係であったというのである。

ところで、彼ら声聞師は、明治維新までは伊勢暦を付近の村へ配ることを慣例とし、年のはじめには万歳の営業に出たとされる。ここでいう万歳とは、千秋万歳とも呼ばれた門付芸のことで、二人あるいは三人一組で年頭に家々をまわり祝儀をのべて舞うという芸能をおこなっていたものと推察される。

以上が記事から読みとれる内容であるが、このようなことは、おそらく大正八年段階においてもすでに、ひとつの伝承としてのみ語られていたと考えられる。が、かりにこれらが中世にまでさかのぼることができるとするならば、院内八島は散所あるいは散所的な集落に該当することとなろう。

このことは、『淡海木間攫《おうみこまさらえ》』(『近江国木間攫』)という史料にも「枝郷大夫村というのは筋目宜しからざる由、唱門師の類と土俗の言である」と記されていることからも類推できるが、しかしながら、これらの記事について今のところ確実な文献史料によって補強ができない以上、その判断にはなお慎重さが必要といえる。ひとつの可能性として示しておきたいと思う。

伊香郡

森本舞々村

山路興造

森本村の舞々は、近江の舞々村として早くから知られていた。しかしこの村を「散所」と記した文献はない。森本村は現在の伊香郡高月町内であるが、なぜこの地に舞々や陰陽師を職掌とする村が存在したのかはよくわかっていいない。しかし史料ではこの地を領した戦国武将浅井氏との関係において現れる。

たとえば浅井亮政・久政・長政三代の興亡を記した『浅井三代記』によれば、長政の父久政が、天正元年（一五七三）八月の浅井家滅亡のおりに、森本村の舞々鶴松太夫なる者を供に自刃したとある。

当時の舞々は、武将の間に愛好者の多かった幸若舞を舞う芸能者として武将に仕えてもいたが、同時に、本来の陰陽師としての職能をもって、戦国武将を檀那とし、さまざまな占いや祈禱を行っていたはずある。当時の森本村の舞々と浅井氏の関係も、本来そのようなものであったはずで、鶴松太夫の場合は、武将と芸能座の若者が衆道《しゅどう》関係にあり、忠義を全うしたということにほかならない。

この森本村の舞々は、浅井氏の滅亡後長浜城に入った豊臣秀吉に出仕したらしく、森本区有文書に秀吉の書状（年未詳三月二十七日付・図61）が残る。それによれば

森本舞々大夫幷陰陽之大夫共之事、人夫等之義令免許候、若此一在所之内、或侍衆、或百姓等雖為一人相拘

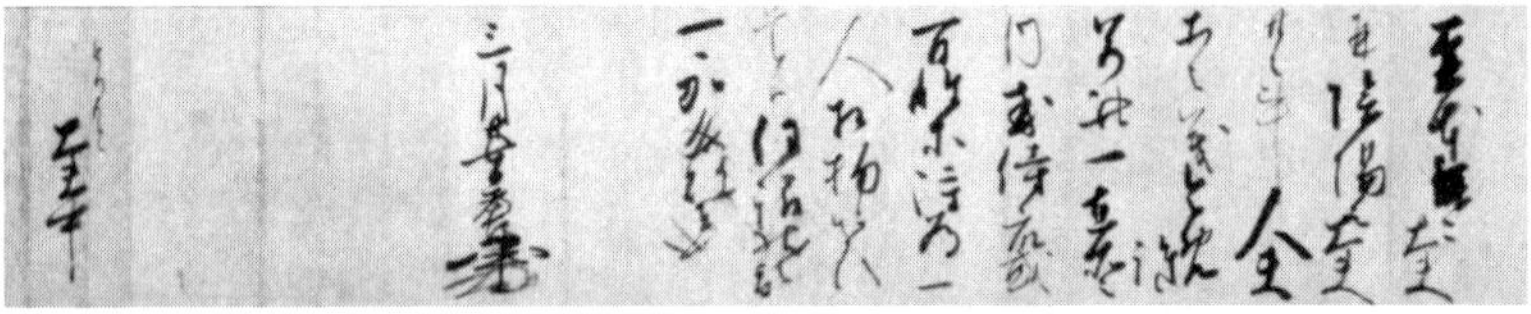

図61　豊臣秀吉と森本村の舞々
森本村の舞々は、浅井氏の滅亡後長浜城に入った豊臣秀吉に出仕したようで、この文書には、舞々大夫と陰陽師が並記され、人夫免除の特権が与えられたことがわかる。（森本区有文書）

にをいては、任請状之旨可加成敗者也、
三月廿七日　　秀吉（花押）
もりもと大夫中

とあり、その職能（舞々大夫と陰陽師）が並記され、人夫免除の特権が与えられている。

なお慶長七年（一六〇二）八月付の「森本村検地帳」によれば、森本村は、田十八町五反余で高二十九四石、畑五反余で高三石余とあり、村の規模としては相当に大きかったことが分かるが一村すべてが舞々村であったはずはない。なお同検地帳には、岩太夫・千太夫・満兵太夫・かう太夫・亀太夫・むめ太夫・田兵太夫・七郎太夫・辻太夫・高太夫・源次太夫・万兵へ太夫・幸松太夫などの名が記されるが、この全部が舞々太夫であったかどうかは分からない。

もっとも江戸時代に入ってからは、その活動も下火になったらしい。高月観音堂に、寛文四年辰九月に岩坪小徳太夫なるものが奉納した絵馬額が残るのと、東浅井郡の渡辺去何なる者が記した「手記」に、

長政落城の期まで傍にありし伊香郡森本村鶴松太夫といふもの、子孫今に在り。昔は民間にも婚礼などある時、来りて諷曲をなし、正月には福神の絵を家々に賦りて初穂を取りしと、祖母八十八歳にて宝暦中に死したるが話しき。

とあり、江戸時代前期には細々ながら、舞々として、また民間陰陽道の徒として、活動をおこなっていたことを知るのである。

〔参考文献〕

服部修一『森本の由緒と沿革史』（森本郷土誌刊行会、一九七三年）
山路興造「舞々考―地方の舞々を中心に」（『藝能史研究』一四一号、一九九八年）
古川与志継「小南の芸能座について」（『野洲町立歴史民俗資料館研究紀要』七号、二〇〇〇年）

第四章　座談会　散所とはなにか

出席者　宇那木隆司　梅田　千尋　亀岡　哲也　河内　将芳
　　　　川嶋　將生　源城　政好　村上　紀夫　山路　興造
司　会　山本　尚友

山本　世界人権問題研究センターの研究第二部「同和問題の研究」では、一九九六年より共同研究として「散所に関する総合的研究」にとりくんでまいりましたが、今回共同研究の小括として、洛中・山城・近江という三つの地域に所在している散所を個別的に検討し、地域散所の研究としてまとめる作業をこの間行ってきました。個々の論文には散所がどういうものかという概括的な説明は省いておりますので、研究をまとめるにあたって、一つの散所像のようなものを提示しなければいけないわけです。もちろん、それを一つの論稿としてまとめることも考えられますが、現在の研究状況ではそれだけの研究上の成熟がないのではないかと思われます。そこで、それに代わって執筆者の討論を通して、現在の散所研究の現状と、散所というものはこんなふうなものとして考えられるのではないかという、散所についての具体的な像を提示する、そういう意味合いの座談会をもちたいということで、今日はお集まりいただきました。残念ながら日程調整が上手くいかず、執筆者全員にはお集まりいただけませんでした。

では、最初に話のとっかかりということで、宇那木さんから「散所研究の現状」についてお話を願いたいと思います。

戦前の散所研究

宇那木　それではまず、散所研究の簡単な研究史から進めたいと思います。散所に関しましては長い研究史がありますが、とくに昭和の戦前期の研究として、柳田・喜田・森末の三氏の研究が主なものであろうかと思います。江戸時代にすでに本居内遠が散所に言及した地誌を書いておりますが、それは今回省略いたしました。

まず柳田国男さんは、いわゆる山荘太夫の「山荘《さんしょ》」はヒジリの一種で、サンショのサンは「算」で、算者・算所と書くべきもので、卜占祈禱の表芸のほか、祝言を唱え、歌舞を奏して、一部は遊芸売笑の賤しきに就かざるを得なかったため、いろいろと複雑な状況になって出自がますますわからないものになっているという説を出されました。

喜田貞吉さんは、散所というのは本来は一定の居所なく、随所居止する浮浪生活のもので、各地の村落都邑に住み着き、町はずれや村はずれの空き地に小屋住居したものを散所といい、散所は元来、産小屋で産婦の世話で生計をたてておりましたが、産小屋の風がやんでいったがため掃除人足や遊芸人になったものであろう。そして、河原者・坂者・散所者・宿者・皮屋・鉢屋、これは史料に出てくる表現ですが、これはすべて同じ流れの浮浪者の群れで、居所とか生活状態や職業により名称を異にしたもので、通じて非人法師であるとおっしゃっておられます。

戦前の研究で、とくに散所研究に関して史料を博捜してその基礎をつくったというべき人が森末義彰さんです。森末さんは、散所本来の語義は喜田説を引き継ぎまして、一定の居所なく随所に居住する浮浪生活をさすが、同類が集まって団体を形成して権門勢家や社寺の所領内に固着して雑役・諸役をつとめて安定を得るに至ったものであると概念化されています。ただ、森末さんの場合は散所二段階説で、中世前期の散所と中世後期の散所、賤視される散所と賤視されない散所という後の議論の組み立て方にも通じるものがあります。

第一段階は、散所の団体が権門の経済生活に重要な意義をもつようになって、荘園等と同様に所領として認められ、摂関家散所など随身下毛野氏といったところが散所所領の管理者として現れるというもの。散所の第二段階は、掃除料といった特殊な所役を目的として寄進行為で成立するもの。社寺に属して特定の所役に服し、所属の社寺から他役を免除されることを原則としている。時代としては第一段階が中世前期、第二段階が中世後期になろうかと思います。第二段階の散所は、実際には所領のなかで耕作権を獲得して一般農民と同様になっていく。さらには長年の雑役奉仕から土木工事の専業者になる。さらに遊芸者として登場し、近世民間遊芸の発展に重要な役割をもつと見ています。そして、散所は応仁の乱を契機に権門社寺が没落して、その庇護を失ったがために崩壊するという形で結論づけられています。

戦後の散所研究

さて戦後に部落史研究の提唱がなされまして、部落史研究の流れのなかでは散所が一九六〇年代までその中心的な研究課題として位置づけられました。部落史の提唱は林屋辰三郎先生が『歌舞伎以前』『歴史における隷属民の生活』のなかで、歴史の発展とともに推移する諸階級の最下層におかれた民衆の歴史を解明すべきだと述べておられます。戦前の歴史研究の反省のうえに立ちまして、戦後の歴史研究は地方・部落・女性の研究に向かわなければいけないという歴史論の上に立って、部落史の研究を提唱され、中世史における具体的な研究課題が散所でありました。

ここで注意しておきたいのは、部落史研究の意義づけが、林屋先生の場合は諸階級最下層の民衆の歴史を部落史といっているのに対し、私どもが一般的に部落史研究という名称でイメージするのは被差別部落の歴史ということです。ここに大きなずれがあるということをまず押さえておきたいと思います。一九九〇年代では、さらに狭義の部落史の概念規定が畑中敏之さんによって行われて、部落史研究というのは近代の部落問題の歴史であると。このように、同じ部落史という用語であっても三つの異なる意味があることをまず押さえておきたいと思います。

中世における部落史研究の基本的な課題として散所論が林屋先生によって打ち出されたわけですが、林屋散所論の特色は、古代賤民制が解体したあと、中世荘園領主に対する隷属の基本形態を散所として、地子物を収取する領所に対して、地子が免除されて諸役、つまり荘園領主直下で雑役や交通の要衝で物資輸送管理さらには狩猟漁撈等の所役をおさめるものを散所としたことです。

林屋散所論以降、部落史研究が非常に注目されました。林屋先生の場合は諸階級の最下層という位置づけから被差別民または賤民という言葉はつかわれず、隷属民という言葉を一貫して使われていました。それが研究者の誤解等もあったのでしょうか、中世賤民の中核が散所なんだという形で理解されて、一九六〇年代ぐらいまで定説として続きました。

部落史研究時代の主な研究状況は、まず原田伴彦さんが、農村の古代奴隷から農奴への進化に対して、都市では奴隷（賤民）から商工業者への進化というシェーマによって、中世賤民の中核は「河原者＝ゑた」という位置づけをされました。その後、横井清さんは初めて中世民衆の意識の問題として卑賤観念を考察され、中世の被差別民は共同体からの疎外を重視すべきだという提唱をされています。また、三浦圭一さんも、民衆における差別構造、つまり惣村といった共同体の形成とそれからの排除が未解放部落の起源になるという説を出されています。さらに、渡邊廣さんも、共同体からの疎外が未解放部落成立の決定的意義だといっておられます。このような形で、被差別民の根源を共同体脱落起源説とするものが一九六〇年代に相次いで出されます。

また、一九六〇年代に豊田武さんが、中世賤民の三類型としまして「散所」「河原者＝エタ」「宿者＝非人」に区分しております。後に黒田非人論が登場して以降、非人概念だけでは中世の多様な被差別民を理解しにくいということで、丹生谷哲一さんの非人と総称される中世の被差別民に、非人・河原者・散所の三類型をたてるというところで大方の一致をみているかと思いますが、すでに六〇年代に豊田武さんが提唱しているところであります。また、河音能平さんや永原慶二さんも、中世村落からの脱落、村落共同体からの流出民を被差別民形成の大きな要素とされ、永原さんの場合は「乞食・非人」、「散所」と「間人」の三類型をたてておられます。

こういった形で、林屋散所論が一つの大きなきっかけになりまして中世の被差別民研究が歴史の第一線の研究者の取り組むべき課題となってまいりましたが、横井清さんがおっしゃっているように、林屋散所論が部落史研究の概念、散所概念の読み違いから、中世賤民の基本形態が散所なんだという形で、散所そのものの研究がそれ以上に進まなかったのも事実であります。ただ、林屋先生が編集された『部落史に関する総合的研究』史料第一から第四の刊行は——これは室町時代、一四〇〇年代前半まで幅広く、散所だけではなくて、林屋辰三郎先生のお考えでいうところの最下層におかれた民衆の歴史を解明するための一大資料集成——研究の基礎をつくるうえで非常に大きな出来事であったかと思います。それとともに、日本的な諸芸能の形成に中世のいわゆる被差別民が深く関わっていたということが、林屋先生、盛田嘉徳さんといった研究者によって一つの著書にまとめられました。

中世身分制研究

中世賤民の中核が散所だということで、それ以上、散所の研究が進みにくいような状況があったのですが、一九七〇、七一年に丹生谷哲一さんが散所の専論研究を『日本歴史』『日本史研究』に相次いで発表されまして、被差別、賤視に関わらない散所を実証的に明らかにされました。

また中世の被差別民研究につきましては、黒田俊雄さんの非人論が出まして、中世の身分制の特質、さらには非人身分のあり方から中世社会像を提起するという、非常に壮大な研究論文を出されました。黒田非人論の概略は、中世社会の二重の差別構造、ひとつはいわゆる卑賤観念に支えられた、中世社会を生きていたほとんどの人が疑いをもたなかった差別の構造で、貴種・司・侍・百姓・下人といった種姓に基づいた区別、つまり中世の社会秩序としての差別構造、それに対して社会秩序からの脱落・排除・疎外・離脱・拒否によって社会秩序を構成しない人たち、社会秩序の外にある人たちが社会秩序の側からさらに不浄視という差別を受ける、そういう中世社会像を提起されたわけです。

社会秩序からのはずれ方としての脱落・排除・疎外・離脱・拒否に対応する形で、非人のさまざまの名称を上げられています。そのなかで一つ異なるのが、自らの意志で離脱する「聖」であります。現代社会は社会秩序からどこまでいってもはずれることはできませんし、人を殺してもどこまでいっても人なのですが、中世社会というのは、離脱できる、はずれることができる、人でなくなることができる社会であるという形での社会像の提起だったかと思います。

あまりに壮大すぎて、黒田非人論が出た後しばらくはそれに対して批判にしろ言及がなかなか無いような状態だったのですが、一九七六年になりまして、岩波講座の『日本歴史』で大山喬平さんがケガレのキヨメを職能とする中世被差別民のあり方を提起されました。

大山さんの場合は、一般規範としましての鎌倉幕府法に基づいて、中世の基幹身分は侍・百姓凡下・下人の三類型で、ケガレのキヨメを職能とする非人といわれる人たちは百姓凡下の変形に位置づけられるとされました。日本的美意識「キヨラカサ」と表裏の「ケガレ」観が十世紀に確立して、そういうケガレを排除しようとする貴族的都市的な政治構造がケガレのキヨメを職能とする被差別身分を生み出すのだという論であったと思います。

そして一九七〇年代後半から末にかけて、網野善彦さんが独自の身分制社会像を描いたわけです。中世民衆の二大身分は荘園公領制の名田制と給免田制に対応する平民身分と職人身分であって、非人というのは職能奉仕を行う職人身分の一つであり、とくに中世前期以前においては特権身分といってもいいのではないか。つまり非人も含まれる職人身分は特権身分だったのではないかという非常に画期的な説を出されました。したがいまして職人身分については、保護と賤視、特権と差別の問題を見ていくべきだということで、林屋先生が散所を地子免除の地で諸役を奉仕せざるを得ないところに隷属の側面、差別の側面を見たわけですが、網野さんは地子免除の地を給免田、それが散所であり特権なんだという位置づけで一八〇度転回のような形で林屋散所論を継承していると考えることができます。

身分制研究の主要諸説は黒田・大山・網野の三説であると思っていますが、この研究が出たあと、一九八〇年代は身分制研究の名の下に中世の被差別民研究が非常に活発に行われました。といいましても、ずいぶん昔のことになってしまいました。まだ一九九〇年代までを含めた身分制研究の流れそのものを、研究史整理しているものはなかなか現れにくいような状態です。

ここで注意しておきたいのは用語の問題でございます。研究者によっては、中世の被差別民といわれているものにつきまして、隷属民、賤民、被差別民、非人の用語が使われていまして、概念規定が少し曖昧です。もっとも明解なのは非人と隷属民の用語であろうかと思いますが、賤民と被差別民については少し曖昧な使われ方をしている場合が多いのも事実であります。研究方法としての部落史研究と、身分制研究の相違の認識が希薄なことが多いのも事実であります。

続きまして、一九七〇年以降の身分制研究時代の主な被差別民研究の諸説を見ます。脇田晴子さんの場合は、中世の被差別民はさまざまな契機で社会からはじき出されたものだと。社会的没落者としての非人と、これは脇田さん独自の説かと思いますが殺生禁断思想に基づく被差別の中核になる悪人とされる屠児・河原者・穢多の、二類型をたてておられるのが特徴かと思います。

丹生谷哲一さんの場合は、非人と総称される中世被差別民には「非人」「河原者」「散所」の三類型があり、それらを広義の「非人」と捉えられています。黒田日出男さんも絵画史料を研究分析に取り上げて、中世被差別民の中核を社会秩序からの脱落を中心にみる研究で、黒田非人論を前提としながら、もっとも差別の中核になるのは病のケガレなんだ。病のケガレを背負って体制外へ排除されたり疎外された人たちが被差別民の中核なんだという説をたてられています。

散所に関する諸説

そして三番目に、こういった部落史研究から中世の身分制研究への流れのなかで主要な散所説を見ていきたいと思います。とくに語義にかかわってはさまざまな散所論があります。漏れもあろうかと思いますし、読み違えもあろうかと思いますが、討論のなかでご訂正、ご批判をいただきながら進めていけばと思います。

まず林屋散所説からです。賤民制の解体に対して、新しく土地の時代になる中世という時代に荘園領主への隷属の基本形態が散所の発生という問題だったのだということです。散所と河原は古代における身分差別が中世に至り地域的表現になるとして、地域として位置づけられているのが特色かと思います。そういったものとして部落史の序章になるというべき主張であります。

散所の語義については、「ひまな」「用にたたぬ所」が原義であって、「拘束されない管理外の場所」から、さらに「年貢収取を予定せぬ所」、つまり地子免除地です。この意味において部落史のなかに位置づけられるのだということで、とくに散所民は商人・職人の源流をなして、散所的所領が座商業形成の前提、さらには荘園領になるというご指摘がございます。また、荘園領主が没落して隷属関係が弱まったところで、自ら遊芸をもって生活手段とするような、つまり芸能者になるという考え方であります。

ただ、林屋先生の場合は、中世における散所を隷属の新しい基本形態であるとしながらも、古代的奴隷制的隷属といった用語を使われていたところが少し誤解の要因になっているかと思います。とくに黒田俊雄さん、大山喬平さんからは、被差別民としての非人の特色は隷属にあるのではなくて、公私ともに人格的な依存関係がない、非人集団の自立性にあるんだという考え方が提示されているところです。

黒田俊雄さんは非人論を提唱しつつ、それまでの中世賤民の中核と目されていた――繰り返しますが林屋先生は中世賤民といっておられないのですが一般にそうとられていた――散所は、権門の家産支配機構において特別な機能をもつ一分枝、つまり機関という説を出されました。と同時に、散所には下人・雑色・神人・童子・召次が所属しており、そこに賤視差別される非人が所属する例がはっきりわかるのは鎌倉後期以降で、基本的に公私を問わず人格的依存関係をもたない非人が一定の有用性が体制から公認され、散所に組織されるようになって私的支配の対象になる。そこで散所法師・散所者が成立するというお考えを述べておられます。

大山喬平さんの場合は、ケガレを除去しなければいけないという都市的貴族的な政治構造が被差別民としての非人を生み出すわけですが、中世後期に至りまして、その身に不浄を背負う河原者と、不浄とはみなされない散所に分解していくという見通しを当初は立てておられました。

網野善彦さんの場合は、中世荘園公領制、土地制度として名田制下の平民身分と給免田制下の職人身分が中世の二大身分をなし、非人は職人身分の一部をなすと見なしておられます。中世前期の散所は職人身分としての雑色・召次などに保障された給免田そのものをさす。そして散所領という所領でもあるのだという位置づけをされたわけです。では、中世後期の卑賤視の響きの入る散所者とか散所法師というのはどういうことなのか。これに関しましては、中世前期までは特権身分でもあった職人身分ですが、そのなかで非人とか陰陽師など特定の職能民が卑賤視される散所者として中世後期に現れる、こういう説明であろうかと思います。

脇田晴子さんの場合は、すでに一九六〇年代に林屋散所説に対しまして、本所に対する散在所説を唱えまして散所論争を行っていたところですが、散所そのものは中世前期・後期に分ける必要はなくて、「本所に対する散在所」ないしは「正式に対する員数外の」という意味であって、初期の散所は権門貴族寺社に身分的従属関係に基づいて奉仕を行う集団として編成され、座の集団を形成して、奉仕をする代償に課役や雑公事を免除された。一方で鎌倉期以降、商品経済が発達してきますと、商人や手工業者が営業税を本所に納付して、新加の神人・寄人・供御人の身分を獲得するようになる。つまり、奉仕の座から営業の座に変化していくことによって奉仕集団としての散所というのはなくなっていく。こういう考え方であったと思います。では、中世後期の卑賤視される散所はどういうことなのか。これは散所非人、散所非人法師の略称であると。坂とか河原などの非人集団の特権化がすすみ、例えば葬送権をもつとか行刑役をもつというような特権化のなかで散所非人というのは少し遅れて定着し、それ以外の、坂や河原に対する散在所が散所である。そういったところに居住する非人のことで、したがって散所非人は何らかの特権化に遅れをとっていたということで、声聞道などの雑芸で生活せざるを得なかったのだというふうに位置づけられています。

最後に、丹生谷哲一さんの説です。丹生谷さんの説は、一九七〇年になりまして、それまで多くが散所と聞けば中世賤民と理解していたところに対しまして、散所そのものの専論を実証的に行われ、卑賤視にかかわらない散所がはっきりと論証されました。

散所というのは律令官職制を前提にして、とくに六衛府の制と関係が深く、中下級官人層の再編の問題である。

律令官職が解体する過程で、広義の舎人層である内舎人、近衛、雑色、衛士とかが律令官制に属しながら、つまりそれを本所としながら勅宣などによって院宮諸家に与えられて散直している状態が散所だというものです。

散所は院宮諸家に対する奉仕集団として賜与再編されていきますが、権門体制が展開し、本所が必ずしも律令官制としての本所を意味しなくなると、散所の語も賜与された権門自体を意味したり、本家・本所に対して別荘という意に近づいたりする。

さらに身分制研究の中で、非人と総称され理解されている中世の被差別民は、非人・河原者・散所の三類型で理解したほうがいいというお考えで、つまり職掌などのあり方から非人概念だけで理解するのはちょっと無理があるということです。中世前期から卑賤視をともなった散所が存在しており、すなわち中世後期の散所のみが卑賤視されるのではなくて、卑賤視される散所は前期から存在して、掃除・道路普請・作庭・草履づくり・芸能などに奉仕する最下級の職掌人として、公的に権門に付与された。散所非人というのは、坂非人とか宿非人とは系譜が異なって、中世後期の散所にまで直結する非人のもう一つの類型であり、非人とは異なる類型として散所を考えなければいけないということです。

卑賤視された散所

山本　ありがとうございました。今のお話を受けて、ご意見をおうかがいしたいのですが。

山路　散所研究の基本的な経緯がよくわかりました。ただ「庭はらい」は「庭掃き」と読んでいいのですよね。「払い」は「掃き」だと誰かが各論に書いていましたね。

川嶋　それは私です。宇那木さんの整理は非常によくわかったのですが、一つおうかがいしたいのは、戦後の散所研究というのは、林屋先生の散所研究が第一期とすると、林屋批判の研究が現れてくるのが第二期だと思うのです。その流れからいくと、その説に賛意を表するか批判するかは別にして、林屋批判のきっかけをつくったのは脇田晴子さんではないかと思うのです。あとのほうで脇田さんの説を紹介されていますが、林屋批判をまず展開されたのは脇田さんで、それを受ける形で丹生谷さんがああいう形の研究を次々に打ち出されたと私自身は理解をしているのですが、その点はどうでしょうか。

というのは、実はこれは自分の体験に基づいているのです。『京都の歴史』の第二巻を編集するときに脇田さんが担当して書かれたところの文章をめぐって林屋先生と脇田さんとの間でかなり議論があったのです。その第二巻の編集担当者が私だったので、両者の間を行き来しながら意見の調整をはかったという経験がありまして、その段階ですでに脇田さんは林屋批判の散所論文を構想されていたと思うのです。第二巻の発行が一九七一年の五月でしたが、それより以前、脇田さんはそのような考えを出されていたと思うのです。まずそれが林屋批判のきっかけになって、その後、戦後の散所研究の第二期が始まるのではないか、そういう理解なのですが。

宇那木　散所研究をそういう形で整理したほうがわかりやすかったと反省しています。研究の枠組みのところから始めましたので、散所研究そのものについてはそういった流れを押さえておくべきだと思います。

今ご紹介いただいたように、『京都の歴史』の編集のところでそういうことがあったわけですが、脇田さんの批判からという説明をしなかった言い訳、弁解に関しましては、脇田さんの散所説は、一九六九年の『日本中世商業発達史の研究』に発表され、その後、散所論争が起きたのですが、いわば語義論の論争というところがあって、脇田さん自身が独自の散所論を展開して、つまり中世後期の卑賤視されている散所をどう位置づけるかというのは一九七九年だったものですから、そういう意味合いで時系列的にみますとそういうところが脱落してしまったわけです。

山本　この間の研究を眺めると、初期の研究とくに林屋先生までの研究は、散所というのは差別された人々の集落なんだということが一応の前提になって議論が進んでいて、それが脇田晴子さんによって、そうでない散所があるということが主張されるという非常に大きな転回があったわけです。そして一時期は、中世前期が卑賤視されない散所、中世後期が卑賤視される散所という見取り図で決着がつきそうになったのが、丹生谷さんによって、卑賤視される散所の存在も中世前期からあるということが紹介され、卑賤視されない散所もされる散所も中世前期から存在していた、という理解に至ったわけです。脇田さんはいまだに丹生谷説を認められていませんから、それが完全に定説化したとは言い切れないと思いますが、かなり多くの研究者がそういう枠組みでみようとしていると思います。

ですから、散所研究というものを大づかみでみていくときには、卑賤視される散所と卑賤視されない散所という二つの区分けがかなり大きな意味合いをもってくるのではないか。丹生谷さんは卑賤視されない散所の制度的な淵源として、六衛府の官人が本来の官司に所属しながらも、氏長者なり院宮諸家へ賜与されて、そこで散直するものというふうに整理をされたわけですが、そういう丹生谷さんの提案をもとに、研究の初期において摂関家散所で交通の諸役にしたがったという形で森末さんが位置づけられたような散所、あるいは百姓等が形成している村に設定されている散所などをもう一度見直していかなければいけなかったのが、その作業がほとんどやられないままにここに来ていることが、今の散所研究の見通しがもうひとつたてづらいかなり大きな原因ではないかと思っています。

今回の共同研究のなかでそれがたつのかなと期待をしたのですが、個々の散所に関する史料を厳選していくと、卑賤視されない散所の史料がほとんどないということに突き当たってしまったのです。史料的制約から卑賤視されない散所について知るのはかなり困難であるという現状にあるわけです。とくに平安期の六衛府の官人の賜与という形で発生をしている散所と、京都の山崎にある摂関家領の散所の関係はいかんということが、逆に今はわかりづらくなっているのではないか。

川嶋さんには下毛野氏の検討をしていただきましたね。そこから見てどんな見通しですか。

川嶋　山本さんは賤視されない散所の存在を確認するのは難しいとおっしゃったのですが、下毛野関係の三上散所をどういうふうに考えていったらいいのかよくわからないのです。というのは、あそこには賤視する要素は逆に見つけにくいからです。これはおそらく後の議論になると思うのですが、私の見通しとしては、山路さんが醍醐のほうでお書きになっていますが、平安後期には丹生谷さんのおっしゃるような卑賤視をともなった散所の成立が認められるということは確認していいのではないかと思うのです。そして、卑賤視されない散所もずっとその後も続いていくのではないか。中世後期に至っても卑賤視される散所とそうでない散所が、数のうえではどうかわからないけれど少なくとも存在としては並立をしていくのではないかという印象をこの研究会のなかでもったのです。

山本　平安後期に掃除散所が成立するというのは、今の研究状況からいって定説化しているといえるでしょうか。

川嶋　定説化はどうかわかりませんが、宇那木さんにも出してもらった『中右記』とか、山本さんもご著書『被差別部落史の研究』のなかで紹介されている『醍醐雑事記』とか、十一世紀前半の史料をみると、それは認めていいのではないかと思います。

醍醐寺散所と餌取

山路　私は醍醐寺散所を担当しましたが、醍醐寺散所の歴史を考えることでいろいろなことがわかってきました。平安時代の醍醐寺には、一つは藤原摂関家に連なる桂御房という人により、承暦元年（一〇七七）以前に山科散所から十人の寄進があった。平安後期の掃除散所は、摂関家をはじめとする権門により寄進されるという形で成立している。正確にいうと醍醐寺への寄進ではなく、醍醐寺座主に対する寄進なのですが、この寄進の前提には、当時「山科散所」なるものが存在していたわけです。ですから「山科散所」というのは非常に重要だと思うのです。

摂関家によって成立している散所のなかから、社寺権門に掃除散所として寄進されるという形がここでまず一つ確認できる。この形式によって成立する掃除散所は醍醐寺以外にもいくつか史料がありますが、時代的には十一世紀後半頃に集中しています。

醍醐寺の場合非常に面白いのは、それとほぼ軌を一にして別の形で、承暦四年（一〇八〇）の検非違使庁下文によって「餌取」が二人付せられているのです。餌取というのは鷹匠の鷹の餌を取るというのが職掌ですが、のちにこの職掌は消えていく。しかし平安時代には貴族の間では鷹狩が盛んに行われており、餌取というのは大変重要な職能だったと思うのです。

これはすでに丹生谷哲一さんが紹介していますが、『政事要略』所載の弘仁八年（八一七）九月二十三日付宣旨に引かれた「検非違使式」によれば、三位以上に各二人、四位以下に各一人の餌取が付されることになっています。もっとも主鷹司には貞観二年（八六〇）以降官人を置かなくなったようですが鷹匠自体の職掌は続いており、検非違使庁が餌取を付すことも存続していたように思います。

醍醐寺の場合、これまでの研究者が勘違いしているのは、文治二年（一一八五）頃に、醍醐寺僧慶延によって書かれた「執行職雑事」（『醍醐雑事記』巻九）に出る皮革製品の調製、盆祭礼歳末の参道の掃除などの「清目の職能」を、散所の職掌として考えていたということです。あの史料に出るのは、餌取として付された者たちの職掌なのだと思います。当時の散所の職掌としてはっきりわかっているのは千秋万歳と掃除です。ですから餌取の職掌と散所の職掌とは違うのだということをはっきりさせなければいけない。

餌取はのちに清目になり河原者になる系譜だと思うのです。餌取、清目、河原者の系譜と散所の系譜は、職掌においても、また存在においても違うと思うのです。これをはっきり区別しないと、中世の被差別民研究はわからなくなってしまうのではないかと思うのです。

では、その職掌がどう違うかというと、散所民は祝福芸能を演じる。それと同時に呪能的な職掌がある。ここには下級陰陽師的な仕事も含まれる。この呪能的仕事のなかに、例えば悪い夢を見たときにそれを解消するための代参の仕事をする金口打ちとか、いわゆる唱文を唱えるという声聞の仕事などはっきり確定してくる。陰陽師的な仕事ももちろんありますし、掃除というのも彼らの仕事の一つです。

もう一つはっきりしているのは、散所民は皮革産業には従事しないということです。掃除に関しては散所も清目もやりますが、その種類が少し違うのではないか。例えば平安末期の清目の掃除をみていきますと、年中のことではなくて、醍醐寺の場合は盆と祭礼と歳末です。それもきちっと食事を与えられている。

さらに付け加えるなら、植物を扱う仕事。これも本来清目系の仕事であったと思われますが、のちには散所系も進出する。『建内記』正長元年（一四二八）六月十日条に記された、禁裏の作庭を河原者から散所者に代えるというあれですね。

河原の管理と権益というのも清目系の職掌ですが、散所民のほうにはそれがない。それから清目系である河原者は、芸能を演じないというのが基本です。演じることはない。そこのところをだいぶん皆さんは誤解していると思うのです。

以上のように中世においては、清目系の被差別民と散所系の被差別民をはっきり区別して考えていかなければいけない。その点これまでの研究はちょっとごっちゃにしている。

そこでもう一つ考えたいのは、権門が寄進する散所民というのはいったい何なのだろうかということです。その場合に、宇那木さんが挙げてくれたいろいろな摂関家の散所のなかの、もちろん差別されない散所は別として、摂関家によって掃除散所として寄進されることによって差別を生ずる可能性がないのかどうか。そのへんは私もよくわからないのですが、散所召次などから出てくる可能性がないのかどうか。

いずれにしても、掃除散所が現れるのは十一世紀の半ばぐらいからで、宇那木さんの挙げた史料のなかでは高陽院が早いのですが、年代的にいうと実は醍醐寺のほうが少し古い。醍醐寺よりさらに古いのが山科散所です。山科散所自体は摂関家の所領としての散所だったということですね。

山本　私が醍醐寺の散所について書いたときには、餌取の職掌が河原者のものと近すぎて、一般の散所の職能とはあまりにも違うという印象をもったので、註のなかで疑問符を呈しておいたのですが、あの段階では餌取は散所とは違うと断定するだけの材料を持ち合わせていなかったわけです。同時に私は当時、河原者の成立を鎌倉期に想定していたので、それに災いされて平安期のあの史料を読み誤ったかなと、山路さんの論文を読ませていただいて思いました。

丹生谷さんが十一世紀の段階で醍醐寺に山科散所が付されたことを紹介され、さらに高陽院の装束始に鳥羽殿等の庭掃が見参した史料を引かれて平安末期の掃除散所の成立を主張されましたが、すぐには大方の賛同を得るにはいたらなかった。しかし、黒田彰さんが『藝能史研究』九十四号で文治四年（一一八六）以前の写と推定される知恩院本『和漢朗詠注上』に「乞食法師スル事」として千秋万歳についての記述があることを紹介されるにおよんで、掃除散所の成立が平安末期ということはほぼ固まったのではないかと考えています。

いま山路さんは、寄進行為によって差別というものが発生する可能性があるのかどうかということを言われたと思うのですが。

山路　寄進行為によって発生するのではなくて、掃除という行為です。この行為は歴史的にきちっと考えておかなければと思うのです。例えば平安京の掃除は誰がやっていたのか。承和九年（八四二）の史料では、京職が悲田院に命じて料物を支給し、鴨河原の髑髏を焼かせるという記事が『続日本後紀』に出てくる。このときには平安京の掃除は京職を中心に行っていたようですが、その前には「京中諸司諸家」に道路の掃除を命じる（『類聚三代格』弘仁十年十一月五日条）というのがあって、京職が中心となって諸司諸家が平安京の掃除をやるという行為がまずある。ところが平安京成立五十年後には、悲田院の人々に命じてやらせる。ただし、このときには料物を与えています。

ところが天徳三年（九五九）になると、囚人を召して庭や池の掃除をさせている（『九暦』）。さらに正暦五年（九九四）には、屍が京中の堀にたまったので、検非違使が看督長に命じて掻き出させるという話が出てきたり、長和四年（一〇一五）には、北辺大路の汚穢を検非違使に命じて掃除させている。年表から記事を抽出しただけで実体はよくわかりませんが、京職から検非違使、看督長へと掃除の主体が移るに従い、直接には悲田院、囚人などにやらせることが徐々に成立していく。徐々に弱者に負わせていく歴史が平安時代にあると思うのです。

山本　いまのお話は、疫病等で京都中に死骸が転がっている状況下での掃除ということですか。それとも一般的な平常時の掃除のことも含めているのですか。

山路　含めてですね。

山本　それは含められないと思うのです。というのは平常時の道路の掃除は諸司諸家の責任ということが原則になっているわけですから。

山路　原則はそうですが、穢れ観が出てきたときに穢れを取り除く職掌を誰に押し付けていくかという話のなかで。

山本　これは散所と河原者の違いということにかかわってくるのですが、散所がおこなっている掃除は、今残っている史料からみる限り一般的な掃除なのです。例えば、時代はだいぶん下がりますが、北野社で犬が井戸に落ちて死んだときに、死骸の片づけを散所に命じるのですが、それは自分たちの仕事ではないと断って、やってないのです。それと関連する史料として、御所の庭の事にたずさわっている河原者が「不浄之者」という理由で追放されたときに、それに代って散所の者が呼ばれるという有名な史料があります。そういうものをつなげていくと、動物の死骸や人間の死骸という長い期間残ると考えられた穢れと、そうでない穢れを切り離して議論していかないといけないのではないでしょうか。

山路　それが先ほどいった清目の職掌と散所の職掌の違いということで、清目という行為は、死骸の片づけでも掃除でもいいですが、穢れたものを清めるのは基本的に清目の職掌で、散所の職掌ではないということはいっていいですね。散所も掃除をするし、清目も掃除をするけれど、同じ掃除でもそこのところの区別があるということ。これは一つ確定しておいて。

山本　当時の人もそれは意識していた。

山路　そういう意味では、清目、のちに河原者となっていく系列のものと、散所といわれている人たちの職掌は同じ掃除をするといいながらも、その掃除に区別がある。まず線を引いて、その流れで考えていくことが重要だと思うのですが。

もう一つは、掃除散所がどういう形で成立していくか考えなければならないのですが、権門に付される掃除散所は寄進という行為で成立していくと思うのですが、摂関家とかその周辺の人たちの寄進という形ですね。彼らが寄進できる散所を考えた場合、宇那木さんが挙げていったいろいろな散所のなかで何か区別がありますか。

川嶋　その前に、寄進という形態をとっても、醍醐の山科散所から十名寄進する。東寺の後宇多院への寄進も十五名です。そういう形の寄進なのです。そこをどういうふうに考えていったらいいのかという問題があるのかなという感じがするのです。

宇那木　基本的には課役免除の問題があるので、逆にいえば掃除散所の生成が寄進行為によって成立するというのは、朝廷・公家政権から課役免除を受ける十人分という、そういうレベルで考えたらいいと思うのです。

一般的に掃除散所は寄進だけで成立すると考えるよりも、寺院なり権門なりでは掃除は必要不可欠な問題ですからそういった職掌を果たす人を必ず編成しているはずです。ですから、そういった形で編成されている人がすでに存在して、存在しているなかで十五人分の寄進、つまり課役免除という問題ですから、掃除散所そのものの成立という点で考えますと、課役免除を公認される掃除散所と、寺院とか神社とか権門が自ら編成している掃除散所、その類型をさらに考える必要があるのではないかと思います。

山路　ただこれまでの研究では山科散所の研究が欠落していた。われわれの研究会でも最初は俎上になくて、急遽川嶋さんに書いてもらったわけですが、山科散所は史料的には古い。醍醐の散所自体が山科散所から十名分を寄進するという形で成立しているわけですから、それ以前からあったはずです。この山科散所は、後の史料では摂関家領であるということがわかっている。この場合の摂関家領山科散所の形態はどういう形を想定したらいいのでしょうか。

川嶋　わかりませんけれど、おそらく山路さんがおっしゃっているイメージとして、醍醐のほうに寄進された山科散所と、『中右記』のなかに出てくる白河院の庭掃きをする山科散所と、鎌倉期になって出てくる近衛家領所領目録の山科というのはおそらく系譜的に山路さんの頭のなかではつながっているのではないかと思うのです。

非常に難しいなと思うは、醍醐のほうに十人の散所が寄進されて、これは文章には書いていないのですがイメージとして、山科の某所に山科散所なるものが成立していて、そのうちの十人が先ほど宇那木さんがいわれたように課役免除を受ける対象として寄進される。まだ残っている人間がいて、それが白河院の庭掃きとして藤原忠実から寄進される。そういう系譜があるのかなと。ただ、それが近衛家領所領目録のなかに出てくる山科散所に伝わっていくものであるのかどうかということについては、史料的に同一のものであると考えていいのかどうかは自信がないのですけれど。

山路　掃除散所の十人は、山科醍醐寺に寄進されたのではなくて、醍醐寺の座主に寄進されたのです。個人に寄進したのです。それが西惣門という一定の場所に集住する形で後にはずっと伝わっていくと思われる。結局、後々まで千秋万歳を演じるのはこの西惣門の連中です。そういう意味では、宇那木さんのいった課役免除されていないもっと広い意味での掃除散所人がいるという形ではなくて、醍醐寺にとっては寄進された十人が核となり、彼らの重要な仕事である呪能的な千秋万歳などを演じる。その場合はせいぜい十人ぐらいで十分と思うのですが、十人ぐらいが西惣門に集住しながらずっと近世まで存在していくというイメージがあるのです。

餌取の方は醍醐寺では最初二人なのです。これはお寺に付されたはずです。その職掌はどのような形で近代まで続いていくのかもわからないのですが。

課役免除されない掃除散所というイメージが私にはよくわからない。

源城　先ほど山路さんがおっしゃったように、これは丹生谷さんもおっしゃっているのですが、餌取を三位以上の場合は二名、四位以下は一名というのは、散直させる、付すという散所の原義的なことから考えたら、これも散所なのです。

本所に対する散所というイメージからすれば、差別されない散所を考えた場合、三位以上のものに餌取を二名つけて、四位以下のものに一名つけるという事実そのものは散所なのです。それをなぜ餌取といって、散所と呼ばないかということは、これは散所と餌取の語源を考える場合に大きな問題になると思うのです。というのは、本所に対する散所という語義がもっている意味合いから考えれば、これも散所と考えて問題ないわけで、これをなぜ餌取というか。

それと、庭掃きなどに従事する人々を醍醐寺なり東寺に付すことによって散所になるのではないかと私は思っているのです。そう考えれば、差別されない散所も差別される散所も一つの統一的な理解が可能かなと思うのです。そうでないと、付されていないのに、それを散所と呼ぶかという問題が出てくる。

山本　宇那木さんが想定されているのは鎌倉以降の東寺の例ですね。東寺がどんどん勝手に散所をつくっていく時代ですね。

宇那木　後宇多院に寄進される以前にも散所が存在しています。

源城　それを散所と呼んでいるわけですか。

宇那木　呼んでいます。醍醐寺の場合、先ほど言い漏らしたんですが、当初から掃除散所がいて、そのうちの十人なら十人が課役免除を受けたと必ずしも考えなくても、摂関家が自らの散所に関して課役免除を獲得して、そのうちの十人分を醍醐寺に付したということも十分あり得ると思います。

東寺の場合は最初に掃除散所を自分たちで編成していて、ところがなかなかしてくれないものですから東寺を興隆しなければいけないということで、後宇多院が十五人分課役免除をしましょうと。これはすでに存在している散所を後から寄進している。醍醐寺の場合はすでに醍醐寺にいたと必ずしも考えなくても、課役免除を受けている摂関家散所が例えば五十人いたとして五十人分の課役免除のうちの十人分を醍醐寺に付けますよと。当時の摂関家のおかれる位置からしたら、それは十分実現できることだと思うのです。

掃除散所成立の二つの時期

山路　私は掃除散所については二期に分けて考えられると思うのです。一つは、十一世紀の中頃、醍醐寺や高陽院の史料が出てくる頃です。この時代には、平安時代の摂関家を中心にして権門や社寺に掃除散所が付せられていく。鳥羽殿の庭掃きとか、六勝寺系統の庭掃きとか、御願寺なども含めて大きな寺院に掃除散所が付せられる。これが第一期。

一方、いつも議論に出る東寺に後宇多院から付せられる掃除散所は一三一〇年頃ですから、鎌倉時代末期、南北朝期に近い頃の話ですね。そのあとに今度は足利幕府によって新しく建立される禅宗系の相国寺などの寺院に掃除散所が寄進される。これが十四世紀ですね。ですから十一世紀の掃除散所と、東寺の後宇多院も含めて十四世紀の掃除散所の寄進とは、別に考えるべきなのです。

山本　つまり後宇多院が東寺に散所をあらためて寄進しなければならないような時代状況を、平安期までさかのぼらせてはいけないというお話ですね。

山路　そうです。十一世紀後半に摂関家が寄進していく掃除散所の有り様。東寺も含めてすでにそのときに寄進された掃除散所が成立していた。それが鎌倉期という時代を通じて、醍醐寺のように機能し続けた寺院もあるし、機能しなくなったところもある。それをもう一度後宇多院を嚆矢として、十四世紀に再編成される。とくに足利家によって建立された禅宗系の寺院などに掃除散所が寄進され直す。

これは史料があるわけではありませんが、例えば足利家が相国寺に寄進した掃除散所は、十一世紀に御霊社に付属した掃除散所があって、それが再編成されたとは考えられないか。東寺の場合は、東寺にすでに平安後期に成立していた掃除散所があって、それを後宇多院が再編成し直して寄進する。そのようには考えられないのでしょうか。
われわれが研究対象としてきた史料上に残る京都の散所は、それぞれどちらの時代につながるのか。第一期に源流がある散所、例えば醍醐寺散所。第二期に源流がある散所、例えば柳原や北畠の散所。そのように分けて考えた方がいいのではないかと思いますが、いかがでしょうか。

山本　しかし、散所の基本的な有りようからすると、多くみられるのは、一定の土地を無税地として与える代わりに、月一度の伽藍掃除を奉仕するというものだと思います。そうすると、例えば東寺という領主の側からすると、公験を貰おうが貰うまいが自分の領地の一部を与えて掃除をさせることに変わりがないですね。その場合はどうなのですか。なぜ寄進行為が必要になってくるのでしょうか。

宇那木　私が考えていますのは、寄進は人間にかかってくる課役免除の問題で、地子免除地とは離して考えたほうがいいと思うのです。八条院町の散所がいい例で、地子免除地は認められたのですが、その認められ方は地子未進分を免除地に転換させるとか、ないしは散所の諸役を果たしている人たちの在家の部分を免除地に認めてやる、だけど課役免除は関係ないという事例もありますので。

後宇多院の寄進のときにも寄進の内容がずいぶん議論になったと思うのですが、基本的に山路先生がおっしゃった一期と二期に分けて考えるというのも、なるほどそういう形も理解しやすいかなと。とくに森末さんの一段階、二段階説もありますので、わかりやすいと思うのですが、基本的には寄進そのものとか付すという部分については課役免除に関係しているものが問題になっているはずなのです。ですから、それ以外にもいるかもしれないし、いないかもしれませんが、付された分で十分やっていける場合もあるでしょうし、それでは間に合わないという場合もあるでしょうから、それはケース・バイ・ケースの問題だと思います。

議論は、掃除散所の生成期のところにいっているのですけれど、類型のところに戻りまして、本来の語義からしますと、先ほど源城先生がおっしゃったのですが、餌取が三位のところに散直している。本来所属しているところから散直している。ただ、散直している状態が散所なのですが、どこでもかしこでも散所になるわけはないので、散直する三位とか四位とか、随身などが天皇の許可によって摂関家に認められて、本来の本貫を離れてそこへ散直する。どこでもかしこでもではないと思うのです。

ですから、中央官制からして特定の認められる場所、例えば摂関家なり寺なり神社というものが散所であると考えたらいいのではないかと思うのです。例えば官奴司に所属している奴婢が官奴司で仕事をしているかというと、ほとんどは縫殿寮とかへ散直して、そちらで仕事をしている。ですから、九世紀に入ると官奴司はすぐに無くなってしまう。

それなら、なぜ散所の奴婢といわないのかというと、問題が生じないからです。本来、随身なりが本貫でつとめないといけない仕事までほっぽりだして、散直している摂関家のことばかりやるものですから散所が問題になるだけのことで、ですから、先ほど源城先生がいわれたのは、おそらく散所の餌取といってもいいのだろうと思うのです。本来は三位に散直されている餌取というのは、本貫からしたら散所の餌取だろうと思うのです。ただ、それが歴史的に問題にならないだけです。

散所の発端はそういう形で本貫に対して特定の認められたところが、この特定の認められたところというのは中世の終わりまで関係すると思うのです。本来は天皇公家政権が認めるものだったのが、室町時代になると足利将軍が相国寺散所を認めるようになります。特定の認められたところが散所なのですが、ややこしいのは、課役免除になっているものと、なっていないものが共に散所と称しているわけですから、そこの混同から複雑な状況を呈していると考えられるのではないかと思うのです。

ですから、やたらと散所のなにがしと出てきますが、どこでもかしこでも散所なわけではなくて、天皇公家政権、のちには室町幕府から認められている特定の寺院が、朝廷なら朝廷、本貫なら本貫に対して散所であって、だから課役免除を認められるわけです。認められて、そこで諸役を果たしているものと。

散所は場所か人か

山本　しかし、近衛の官人が摂関家にいったときに摂関家を散所とはいっていないですよね。近衛の官人そのものが散所なのではないんですか。

宇那木　だから摂関家が散所なのです。

山本　私はこれまで散所というのは、人が散直している状況と理解していました。

宇那木　ただ、史料の表現からしますと、本貫で仕事をしないでどうしているのかということに対して、いや、私は散所の随身なんだ。散所とはどこなのか。左府及び大将だと。つまり摂関家ですね。

山本　長和二年の『小右記』の記事ですな。私はあの史料はこれまでそう読んでいませんでした。「散所と称するは何処や、左府及び大将の随身也」。なるほど、その通りですね。そうしたら、例えば百姓などが散所として編成される場合の散所というのは、今のお話からするとどういうことになりますか。

宇那木　本来は例えば律令官制が本貫・本所であり、それに対して特定の認められる摂関家、大寺院、大神社が散所であって、さらに散所として認められている課役免除の部分があるわけです。認められたところからすれば、それが事実上の所領になるわけです。課役免除で例えば五十人認められると。

山本　課役免除を認められたという結果はわかっているのですが、どういう経緯で認められたかについてはまだわかっていないのではないですか。先ほどの『小右記』の記事から想定される散所というのは、官制上は官人が本務を離れて散直しているという状態ですよね。そこから課役免除にはすぐに行かないのではないでしょうか。

宇那木　それは散所の語彙のところで、本貫に対して特定の認められたところはまず散所であると。特定の認められたところを散所として、いわゆる雑色などが編成されているわけでしょう。編成して彼らの課役免除が実際にはなかなか認められるはずもないのですが、権門の威をつのって、散所雑色だから役を務めないと。現実にはそれが事実化していって、課役免除を勝ち取る、何らかの形でそれを認めさせているのか、そこのところは想像ですけれど、現実には公家政権からかかってくる課役を対捍する。それはなぜか。それは散所の雑色だからと。この場合、散所というのは摂関家をさしているわけです。つまり朝廷から認められたところにきちっと役を務めているではないか。これ以上役をつとめると二重になりますので、だから公家政権、朝廷のは務めないのですよという理屈です。

ですから散所というのは摂関家の散所雑色で、その役を務めるうえで給免田からあがってくるものを生活の糧にして、または課役免除の分によって雑色としての役を果たすという仕組みになってきているわけです。

やがて摂関家が散所であったのが、摂関家に雑色として諸役をおさめる散所雑色の給免田とか課役がかからない部分を散所というようになる、というところは網野さんが明らかにしてきているところではないかと思います。

山本　網野さんの場合は、職人身分に給付された給免田の一種として散所の給免田を理解するということに主眼があり、散所の給免田が生成してくるメカニズムについては余り追及されていないのではないですか。だから、今日聞かせていただいたお話はまったく新しい理解だとしたほうがいいのだろうと思います。とくに摂関家が散所ですよというふうに明確に規定するような理解の仕方というのは。私はこれまで逆に考えていて、例えば掃除散所の場合ですと、検非違使が乞食法師を把握しているわけですから、その検非違使から派遣されるから散所なんだというふうに今まで理解していたのです。

散所民の役と職能

山本　差別される散所と差別されない散所の関係を軸にしながらこの間の議論を進めてきたのですが、これからは、少し話を転換させまして、差別される散所の実態という話に入っていきたいと思います。

この話に入るについては、散所の役の問題を先に片づけておいたほうがいいと思うのですけれども、散所としての所役は掃除役と理解してよろしいのでしょうか。ただ、この間のいろいろな本を読んでいると、土木工事とかも含めて役と理解する叙述もなくはないわけですが。

山路　とくに十一世紀に寄進される場合は、掃除が一つの大きな目的になっていますが、現実的には散所民は十一世紀から千秋万歳を演じている。そういう意味では、千秋万歳という呪能的な職掌が、なぜ掃除散所民にはじめからすんなりと付されていたのかがよくわからない。しかし非常に早い段階から、掃除を標榜しながらも、彼らは呪能をもっているということが前提となっている。それが事実なのです。その意味では正月の祝福芸能である千秋万歳を大きなキーワードとして、陰陽師的なもの、呪能的なものが彼らの職掌としてはじめからあったと考えていいのではないでしょうか。

山本　それは役とは別の仕事という意味ですね。

山路　彼らの役というか仕事というか、彼らの職掌の一つとしてです。

山本　正月に千秋万歳に行くという行為そのものも、役という認識でいいのでしょうか。

山路　そういう気がします。ただし、餌取系の清目とか河原者は絶対にできないはずです。

川嶋　『新猿楽記』のなかに千秋万歳という言葉が出てきますが、あれは例えばどこかの寺院に所属をしている散所が外に出てきてそういうものを演ずるという理解の仕方でいいのでしょうか。

山路　「千秋万歳之酒禱」という形で出てきますね。基本的に千秋万歳は正月にやると理解されているけれども、実は正月だけでなくていいわけです。呪術的な何かが必要なときに彼らがそれを演じていた。後には正月だけに限定されますが、正月だけではなかったと思います。

川嶋　自分が所属している権門だけに奉仕するのではなくて、外に出てそういうものを演ずるケースもありうるのですか。

山路　あったのでしょうかね。

山本　日常的に千秋万歳のような呪能に携わっていて、それが権門との関係ができた段階でその関係を再確認する行為として、正月に千秋万歳をするということを始めていったとみてもいいのではないですか。

山路　そう理解しないと、寄進されたと同時にそういうものが廃れるわけではないから、寄進される庭掃きの性格として、そういう能力をもった人たちだったということが前提だと思うのです。だから表面上は「庭掃き」と出てきますが、庭掃きだけではない。

山本　本業のほうは千秋万歳的な呪能であって、そういうものを生業としている人々が掃除散所として寄進をされたという道筋を考えていいわけですか。

山路　そのほうがわかりやすいと思います。

山本　そうすると、もともと芸能者・呪能者だったと。

山路　芸能的だけではなくて、時代が少し下がると彼らのことを声聞師というのは、唱文を唱えるとか、算置をやるとか、占いをするとか、金口という呪能的な仕事をするとか、それが掃除散所の職掌だったと思うのです。それが寄進された場合は、掃除役として寄進されるわけですが、掃除だけではなかった。そのなかにもう一つ、これは清目と職掌が重なるのですが、植物とか庭石を動かすのも呪能の一つですね。このへんはどうなのでしょうか。重なるということはいいですね。
山本　そう思います。
山路　しかし、細かいところでは区別があったかどうか。壁塗りは散所の方の職掌ですね。
川嶋　いえ、壁塗りは河原者です。
山路　そうすると壁塗りは違うと。
源城　井戸掘りも河原者ではないですか。
山路　清目系と重なる職掌がある。それがややこしくしていると思うのです。重なるものは何か、重ならないものは何かという、清目と散所の職掌の一覧をつくる必要がありますね。
源城　獣にかかわるものは清目ですね。散所はかかわらない。これは決定的です。ただ、『吉田家日次記』応安四年（一三七一）十月十五日条に、殺害された女性の遺骸を散所に取りかたづけさせている事例はあるのですが、この場合はきわめて異例なことであると理解していいかと思います。
山路　植物とか石を動かすというのは基本的には清目の仕事だと思うのです。ところが河原者はだめだということで、散所にやらせる。
山本　史料上からいくと、散所が植物と関係するのは、重陽の節句の時に植える菊ですね。その菊に綿をかぶせて、それについた露で身体をぬぐうと一年無病息災でいられるという。
山路　菊は基本的には河原者です。
山本　近世に入ると、被綿の菊植えは声聞師の大黒がやっていますね。
山路　禁裏では時代が下がると散所系の大黒の役となりますが、これは『建内記』にあるように途中で河原者から代わった。

山本　それから散所ということになるのですか。
山路　それからなるのかどうかわかりませんが、主に河原者の仕事だと思います。
川嶋　鎌倉後期から山科家の菊を担っていたのは河原者でしょう。
山路　菊にしても松の植替えにしても石の動かしにしても、基本的には河原者の職掌でしょう。
山本　逆に散所民というのは職能が限定されているのを特色としてみてもいいのではないかと思うのです。所役としての掃除、生業としての呪能、この二つに限定されているのが特徴とみていいですね。

散所の芸能

山路　そうですね。そのなかから芸能的なるものが中世後期になると出現してくるわけです。その出現の経緯は、彼らが本来演じた千秋万歳というのは祝福芸、予祝芸の一つですが、それを演じた後に、彼らは余興の芸能として当時専業の芸能者が演じていた流行芸能を演じるようになった。鎌倉期の行遍の著である『参語集』などには「なげの段」などと称して、悪魔祓いの剣を扱う芸などを演じていたとありますが、鎌倉末期には「猿楽」を演じるようになる。千秋万歳の余興として散所民と芸能がはっきり結びつくのは鎌倉時代末期かなという気がしますが、どうでしょうか。
山本　ただ、千秋万歳の余興に芸能が付加される前提には、千秋万歳そのものが芸能化していくということがありますね。
山路　それはありますね。芸能的になっていくわけです。
山本　あるいは芸能として認識される度合いが強くなってくる。それはいつ頃だとお考えですか。
山路　たしかに鎌倉期に入ると千秋万歳自体が結構芸能的要素を加味していく。

川嶋　千秋万歳そのものが芸能的になっていくのですか。その面もあるのでしょうけれども、千秋万歳を演じたときにいろいろな芸能が付随しますね。これは十四世紀頃ですけれど。

山路　ただ、千秋万歳の芸そのものにめでたい言葉があったり、平安時代にすでに鼓を持っていますから、芸能的要素は始めからもっている。でも、あくまでも主体は寿《ことほ》ぎですよね。それがだんだん芸能的になっていく。

もう一つ押さえておかねばならないのは、本来芸能を演じていたのは職業芸能者であったということです。ところがその職業芸能者の大部分が中世前期を通じて解体していく。その解体のなかで職業芸能者でない者が芸能を演じるようになる。大きくはそういう流れがあって、その萌芽が鎌倉後期に出てくる。

山本　職業芸能者というのは具体的にはどういうものですか。

山路　田楽とか傀儡、呪師、白拍子、王舞、細男などなど。古代的芸能がそのまま続くのは舞楽と猿楽くらいですよね。散所民をすぐに芸能と結びつけますが、平安とか鎌倉中期ぐらいまでの散所民は祝福が主体であって、芸能的要素は従ですよね。

山本「千秋万歳之酒禱」という形でいわれているように、千秋万歳を呪能的なものとして主に理解されていた時期から、平安・鎌倉という時期を過ぎるにしたがって、おそらく千秋万歳の中で酒禱というようなものの比重が下がっていくのだと思うのです。予祝といっても、酒禱というようにお酒がうまくつくれるということを直接的に期待するような人々の意識状況から、お酒をつくる技術が発展していって、酒禱をすることは続くにしても、そのことで酒造りが上手くいくという意識は低下する。そういう時代状況があって、千秋万歳が芸能的な側面を強くしていく。つまり呪能的な千秋万歳から呪能性が少し薄まると考えてみたいのですが。

山路　私は呪能性が薄まる千秋万歳というのはまったく想定できないのです。本芸のあとに猿楽や曲舞を演じるのだと思うのです。鎌倉時代後期の職業芸能者も含めて、自分の本芸を非常に大切にした。例えば田楽は田楽躍りが本芸でそれを大切にしたし、猿楽は翁舞を大切にした。そういう時代が続いて、鎌倉時代末期近くになって人気の出た芸能を他の芸能者が余興として演じるようになる。千秋万歳が他の芸能を取り入れて余興として演じるようになるのは、鎌倉後期あるいは末期という時代を迎えないと出てこない。だから千秋万歳そのものが面白くなったとしても、それは芸能的というよりも千秋万歳は千秋万歳だというように理解したほうがいいと思います。

本来芸能の専門家ではない散所民が、芸能を本格的に演じだすのは、やはり柳原の犬若や小犬が出てこないと。鎌倉時代中期には「放下」と呼ばれる下級宗教者が芸能を演じるようになるのですが、その系統は別にして、散所民である犬若や小犬が出現するのは南北朝後半から室町時代にかけてです。小犬はもっぱら猿楽能を演じていますが、この時代の散所民の芸能の主流は「曲舞」です。散所民が曲舞を演じるようになるのは前提がある。本来、曲舞は「道の曲舞」と呼ばれるように職業芸能者がいて彼らの芸能であった。この道の曲舞が衰退して、それを散所民が受け継ぐ。はじめは祝福芸能の余興であったはずです。このあたりから散所民が芸能者と見られるようになってくるのであって、これはあくまでも南北朝後期から室町期にかけての話ですから、古い時代の散所民を芸能者として扱うのは違うのではないかと思います。

村上　「千秋万歳之酒禱」のことですが、たしかにおっしゃるように千秋万歳そのものは呪術性、宗教性が最後まで失われないと思うのですが、『新猿楽記』の原文を見ましたら、よく千秋万歳は酒禱の部分だけかぎ括弧で抜き出されて使われているので、どういう文脈のなかでその言葉が使われているかというと、冒頭の部分に千秋万歳之酒禱が挙がって、対句の形で琵琶法師の言葉とか、骨なしの踊りとか、そういうものがいっぱい入っているのです。そのなかの一つとして含まれている以上、やっている側としては、たしかにそれはそうかもしれないけれども、見る側としては琵琶法師の言葉とか骨なし踊りに準ずるような、行ってわざわざ見てみたいというような芸能的側面があったのではないか。

ですから酒禱という意味でやっているものだけれども、それは芸能や鑑賞に十分堪えうるものであったからこそ、そのような書かれ方をしているのであって、そうだとすると、芸能的側面というのはもう少し早くに想定してもいいのではないかと思うのです。

山路 お聞きしますけれども、そのときの琵琶法師の芸能は何だと思いますか。

村上 明確な記録がないのでよく分かりませんが、河音能平さんは、たしか『天神縁起』とかそういうものを語っていたのではないかと想定されています。

山路 少なくともそれは『平家物語』でないことはたしかですね。琵琶法師には現在でも荒神琵琶が地方に存在するように経文を琵琶法師が読む。平安時代の琵琶法師は芸能というよりもその本芸は呪術的なものだったと思うのです。だから、そういう意味では琵琶法師と千秋万歳が対句になっていてもいいけれど、両方とも呪術的な要素をもっていた。ただし琵琶法師は琵琶、千秋万歳は鼓を持つわけですから、芸能としての要素ももちろんあったと思うのです。

彼らは民衆を相手にした芸能者ではなくて、どこかにきちんと所属をした人たちだということを押さえておかなければいけないと思います。琵琶法師も経文を弾じた下級宗教者だと思うのです。そこでもう一つ、先ほどちょっとふれましたが下級宗教芸能者の出現ということも考えておかねばならないわけです。古代から鎌倉前期を通じて芸能は職業芸能者によって演じられるのが基本であった。それに対して鎌倉新仏教が生まれてくるなかで、民衆への仏教布教の方便として芸能が用いられる。いわゆる「放下」と呼ばれた自然居士や、「躍り念仏」の一遍などですね。彼らは自分の身分を放下して、巷に入り交じって芸能を演じ人集めをして仏教を弘通《ぐつう》する。散所法師もある意味では下級宗教者ですから、そのような風潮のなかで彼らも芸能を演じるようになる。一つの時代的背景があったのではないかという気もしています。ただし散所法師の宗教は仏教の弘通などではない。民間陰陽道による祈禱や占いだったわけですが。いずれにしても、鎌倉後期の社会の流れのなかで、彼らが芸能を演じるようになったということではないかと思うのです。

村上　基本的に異論はないのですが、先ほど私がいいたかったのは、宗教的な側面とそれを受け止める側の意識には温度差があって、例えば『枕草子』のなかに法華八講のときの講師は顔のいい人がいいという記述があって、ああいうものは、やっている側としてはお経の講義であって、聞いている側はビジュアル的に楽しんでいるわけであって、やっている側と受け止める側に明らかに意識の乖離がある。そうだとすれば、呪的なものであっても受け止める側は必ずしもそうは受け止めていない可能性もある。そういうニーズに応えて展開していったわけです。呪術的な側面ばかりが強調されるけれども、そういうニーズが背景にあって、そういうところから芸能が展開していったという見方もできると思うのです。

山路　広義の芸能という点では、たしかに民衆の側では芸能と感じていたと思うのですが、一つ強調しておきたいのは、古代における本格的芸能は、それぞれ専業の芸能者が演じることが主であった。もちろん専業芸能者ではない人たちが、下級宗教者なども含めて、芸能的側面をもっていたということは認めてもいいのではないかと思うのです。

散所と陰陽道

山本　いずれにしても散所というのは、芸能者と呪能者の境界線上に位置する存在で、散所のことを一言で表現しずらいのは、このあたりに原因があると思います。例えば散所民が陰陽師をやっていたことは確かだとしても、その陰陽道は宮廷で展開されたような陰陽道とは一味違うもので、千秋万歳が陰陽道の中核であるような陰陽道をまずは想定したらいいのだろうと思うわけです。そういう意味では、散所民の陰陽道については、その中身がどうなのかは実はまだよくわかっておらず、おそらく芸能以上にわかっていないのではないかと思うのです。

私も今日のために、陰陽師としての散所の史料をもう一度見直してみましたが、関係する史料がほとんどないのです。宮廷陰陽道でない民間陰陽道が何なのかということがまだ究められていない状況ですから、散所の陰陽道をどういうものとして理解するのかが非常に難しいのです。とりあえず呪術的なものと括ったうえでみると、金口あるいは声聞を唱える、算置をする、火祭り、土祭りを行う、盆彼岸経、毘沙門経を唱える、このくらいなのです。それも史料としては片々たるもので、例えば散所の算置の文字史料というのは『教言卿記』ぐらいだろうと思います。山科教言が、病人が出たときに声聞師を呼んで算置をさせ、祈禱を命じるという史料があるだけです。もちろんこの史料を根拠にわれわれは陰陽道に携わっていたと見るわけですけれど。

山路 陰陽道という言葉は便利ですが、本来ならもう少し実体を吟味して使用しなければいけない。一つは宮廷陰陽道があるからそれが民間にというけれど、民間でそれを陰陽道と考えていたかどうかわからない。

村上 最近注目されていますけれども、いざなぎ流の場合は祭文を唱えて神楽を伴う。あれは呪術宗教だといわれていますが、あれは明らかに神楽なのです。そういう意味でいうと、陰陽道といわれているけれども散所とか声聞師がやっていた祈禱の類も、語りに類するような祭文を唱えて家祈禱で舞いを舞うような形で、算を置いたり筮竹《ぜいちく》をいじったり、そういうことはあまりしていなかった可能性もあるのかと思ったりするのです。

山路 だけど近世に入ると彼らはそういう道具を持っている。中世の史料ではないので何ともいえませんが、そういう点では陰陽道という言葉を使わないほうがわかりやすいかなという気もします。陰陽道的な民間呪術とかね。

山本 言葉としては中世でも使われていますから。

山路　彼らの仕事として、はっきりとですか。
山本　はっきりと、というのは難しいのですけれども。
川嶋　具体的には出てきませんが、大和の声聞師五ケ所・十座が担っていた「声聞道」に「陰陽師」という言葉が出ています。中身は何なのかわかりませんけれども。
山本　宮廷の陰陽師そのものが占いや祈禱もやれば、天文・造暦もするという、多様な職能をもっていますから、それに対応して民間の陰陽師も非常に広い職能をもっている。陰陽師という言葉が一番適当で、算置に言いかえるのも難しい。算置も陰陽道の一つの分掌であって、日取りを選ぶというような場合は算置だけですみますが、普通は算を置いてそれの発生原因を突き止めたら、それに対応した祈禱をするという呪能的行為が伴ってきますので、陰陽師という以外にないのではないでしょうか。
山路　やはり散所の諸役というか正業をきちんと確定して、なおかつ清目、河原者とどう違うかをきちんと分けたうえで考えるべきなのでしょうね。宇那木さんに報告してもらった散所研究の流れをみると、そのへんが曖昧だと思います。

地方の散所

山本　散所の全体像については、現在の研究状況を踏まえてもう一度再構成するといっても、史料的な限界がかなり大きいことが、改めて分ったのではないかとおもいます。
　それでは次に、今回の私たちの研究の中心である個別散所の検討に入りたいと思います。皆さん方が原稿執筆時に気がついたところを指摘していただくことも含めて、お話いただきたいと思います。私などは、京都という土地と散所は何か特別な関係があるのではということを強く感じましたし、また奈良には散所がないということがひっかかりました。このようなことをふくめて、まずは京都以外の地方散所から話を進めていきたいと思います。

山路　奈良には散所がないとおっしゃったけれども、たしかに史料的にはないにしても声聞師はいるわけですね。声聞師的職業を担っているのが横行ですよね。その意味では声聞師的職能をもった集団は奈良にもいるわけですね。ただ、それを散所とはいわなかった。

山本　散所といった例はないと思います。

山路　もう一つは、先ほどの論理でいくと地方の散所はどうしてできるのかな。

川嶋　播磨国の散所屋敷の絵が『大徳寺文書』のなかにありますが、あれもあんなところで何をするのですかね。あれを見ていると囲い込みをしているような感じでしょう。

村上　たしか周りに何もなくて、ポツンとそこだけある。

山路　街道の宿などのようなところに権門が散所を付した可能性はないですか。例えば石山寺などのような権門がかかわっている社寺に散所ができるということは、地方でも十分に考えられます。それも私が先ほどいったような意味での十一世紀に付されたのか、逆に鎌倉のように鎌倉幕府が鶴岡八幡宮に付すとか、権力の側が地方でも付して成立することも考えられる。

私は近江の散所を少し書きましたが、この散所はどうしてできたのだろうということを考えながら研究を進めていたわけです。地方でも大社寺が近くにあるのか、それを必要とする街道の要衝があるのか、そういうことを常に考えていたのです。そういう点では木流散所という近江の散所はやはり近江一宮の建部神社と関係するのかなと。

山本　寺社への寄進という行為が起点となって、地方の散所が成立するというのはかなり有力な説であろうと思いますが、ただ残念ながら今のところそのような史料が見つかっていない。

村上　京都でも私がやった岩神散所などは周りにそれらしい寺社がないのです。

山本　私が担当した前田村は、京都から途中越を通って、近江の北のほうへ抜けていく和邇浜というところにあります。近辺に比叡山系の大きな寺院があったという史料はあるのですけれど、それはかなり山奥で、散所の所在地とはずいぶん離れていて、すぐ近所には有力な寺社がないのです。ところが村のなかで彼らが住んでいる居住地を見ると、「く」の字型に矩形に居住地が形成されているのです。当然、周辺は農村ですから非常に曖昧に居住地ができているのに、ここだけが区画整理されたような居住地で、給免田ではないかと思われるのです。

例えば亀岡さんがおられる近江八幡の武佐宿の横にあった散所も、今では居住地は正確には復元できないのですが、ある時期はほぼ正方形に居住地ができている。武佐の場合も近辺にこれといった有力な寺社はないのですが、ここも給免田という形で与えられたのではないかという気がします。

山路　地方の場合は社寺もありますけれども、大きく街道の要衝ということが考えられないか。例えば近江の小南の場合は鏡宿と関係ないかとか、武佐宿の場合は先ほどの話で。

山本　散所の場合も穢多と同様に近世期に除地になっている例が結構多いのです。ということは多くの場合、中世における給免田の慣行が引き継がれていると想定していいと思われます。で前から気になっていたことなのですが、摂関家によって寺院に付されたような散所の場合、それが除地として引き継がれるということがありうるのでしょうか。

山路　街道の宿の場合は摂関家ではなくて、別の権力かもしれない。

山本　もう少し大きな権力を想定しておかないと、近世になって除地として認められることはないのではないかなとも考えているのですが。

山路　社寺というのももちろんあるけれども、街道の宿を調べるということも視野に入れておかないといけないのではないかという気がします。
山本　その場合には摂関家の所役を務めると考えるわけですか。
山路　摂関家なのかどうかは、ちょっと分かりませんが。
山本　他でもいいのですけれども、宿に付随する何らかの諸役を想定する。
山路　宿というのは基本的に何のためのできるかというと、貴族たちの往来のためでしょう。
山本　そういう形の宿が中世期に明瞭に存在するのでしょうか。
山路　中世期ではなくて、十一世紀の話ですよ。
山本　十一世紀はむしろ地方では宿駅的なものが解体し始める時期ではないですか。そう私は理解しているのですが。
山路　京田辺の場合、普賢寺とその上にある朱智神社、あのへんとの関係は考えられませんか。
山本　これまでは、地方の散所については多く、摂関家が旅行などのために設定をすると説明がなされてきたわけですが、それは一つの仮説にすぎなくて対応する史料を欠いているのです。最初にいわれたのは森末さんだと思いますが。
村上　貴族は寛平七年（八九五）の「畿内輒出禁止令」で山城を除く畿外へは容易に出られないのではなかったですか。旅行というのは想定できないわけです。
山本　熊野詣とかあるでしょう。
村上　でも熊野街道沿いは、王子が宿駅的な機能をもっていたので、あえて宿駅として散所を設定する必要ないはずです。

地方散所の成立条件

山本　交通説より百姓たちが権門の意をかりて、実質上の課役免除を勝ち取っていくという宇那木さんの説明のほうが合理的かと思います。でも散所研究のなかでは交通説はかなり有力ですね。根拠はないにしても皆さんがとられている。

川嶋　播磨の散所屋敷は交通の要衝でもなんでもないところにポツンとあって、むしろ清目屋敷と書かれたほうが理解しやすい感じがします。

山本　散所というのは、宿・散所・河原者という先ほどの三類型のなかでは、河原者に次いで全国的に展開した賤民集団ですから、非常に広い範囲に分布している。その理由を追及する必要がある。

源城　それは文化伝播のような形で、各地から都に仕丁とかが召集されて来るでしょう。一年か何カ月か都の各貴族の家へ行ってそれが故郷へ帰っていくでしょう。近畿各県のそういう状況が伝わっていくということはないでしょうか。もともとそういう人たちが地方にいて、それを散所だというふうに認識させるような文化の伝播があったと。

山本　初めから地方に芸能的・呪能的なことをやっている集団がいて、それが散所と呼ばれるようになるということですね。

山路　史料的には十五世紀に入って間もなく「舞々」を標榜する芸能集団が地方から次々に上洛するわけですが、この舞々も散所と同じような性格をもっていると思うのです。

山本　その場合は生業が共通ということですか。

山路　そうです。地方にそれがたくさん存在するわけですが、どういう経緯で地方にそれらの集団が成立していったのかを考えねばならないと思うのです。

山本　中央と同じように地方の有力な神社や寺院に対して、国衙《こくが》等が掃除散所を寄進したということは、想定されると思うのですが、どうでしょうか。

山路　それがいちばんはっきり出てくるのが、例の幸若舞の元祖とされる越前の幸若という舞々ですね。幸若を通り名とする舞々の本拠地は越前国丹生郡西田中村ですが、この地は史料に「院内神領」とみえており、織田信長の本貫地である織田庄内に鎮座する劔神社（現織田神社）の神領であったことがわかっています。劔神社は越前国二宮で、所蔵の奈良時代の梵鐘にその名が見えている。その神領に成立しているのが舞々村で院内の名があった。

この舞々が京都に上ったことが記録で確認できるのが『管見記』嘉吉二年（一四四二）の条ですから十五世紀中頃です。近江、摂津、美濃などの舞々から比べると上洛は少し遅い。しかしこの舞々の芸はそれまでの曲舞とは異なっていた。それまでは琵琶法師や瞽女などの手にあった義経や曾我兄弟を主人公とした語り物を、曲舞の技法で語る新しいものであったため、一世を風靡してほかの舞々もその芸態を真似るわけです。それが「幸若舞」。近世にはいると、この流の出身地が織田氏本貫の地であったこともあって織田信長が優遇し、江戸時代を通じて幕府の式楽となる。

越前の例などは地方の有力社寺の神領に成立する散所的なるものといえそうですが、こういうはっきりした例は少ない。鎌倉では鶴岡八幡宮所属の舞々が居りますし、近江では一宮の建部神社神領と思われる木流散所がありますが。

宇那木　もう一つ、奉仕するような、諸役を務めるような寺院とか神社が近辺にない場合、どこかの寺院か神社の所領地で紛争、係争がある地域に置かれている例がないでしょうか。私が見ていた事例では、何らかの人格的依存関係があって、通常の年貢だけ納入する百姓村とは違った、課役免除されて特定の諸役を奉仕するという結びつきの強い散所が係争地に近いところに結構いたりするのです。例えば春日社領で東寺側ともめているところに出て行くのです。

山本　それは、どちらかというと京都ですね。

宇那木　ですから現実的には荘園支配そのものが及ばなくなるという問題がありますから、京都近郊というところにならざるを得ないと思いますけれども、基本的にそれは前期まで遡れば、一般的に人格的依存関係のある散所が、係争地のところに配置されていくというように考えてもいいのではないかと思うのです。

源城　それは荘園の番人なんですか。

宇那木　番人といいますか、有り体にいうと経済外強制の問題だと思います。

山路　具体的にいうと、近江の木流散所の場合は建部庄という荘園にあって、近江国の一宮へ神用料を出していた地なのです。もっとも中世の東海道（中山道）に近く、往来の要衝の地でもあったことは確かです。近江の散所の場合も大社寺に付された散所という観点からもう一度洗い直してみる必要があるのではないか。

亀岡　大原観音寺なのか長浜八幡宮なのかはわかりませんが、おそらく位置的にいって他にもないので、坂田郡の後の大原市場の散所村が大規模な地方寺社に属する散所という位置づけはできると思ったのですけれども、それ以外の地域では、考えてはみたのですが今のところ明瞭にということは厳しいなと思いました。

山路　もう一方で、地方では戦国時代に戦国武将に従って活躍する舞々村がたくさんある。あれは既成の散所とか院内とかいわれていたところがあって、その人たちが新しい檀那として戦国武将に所属していくのか。そうではなくて、戦国武将の側からの必要で、そういう人たちを連れてきて抱えるのか。そのへんがちょっとわからないのです。

例えば近江伊香郡の森本散所（舞々）の場合は、小谷城の浅井氏に仕えるのですが、古くからそこに存在していたのか、浅井氏が小谷城を構えてから必要に応じて別の場所から連れてきたのか。戦国時代の武将は戦略を立てるときに、日時や方角を陰陽師に占わせるために彼らを必要としたわけですから。そのような必要性から地方に陰陽師的性格をもった舞々村ができていくのではないかと思います。

近江ではもう一つ水口町の舞々。この家には現在でも千秋万歳の道具一式と、算置の道具一式が残されています。加藤嘉明の孫で外様の加藤明友が石見国吉永から二万石で入部し水口藩が成立するのは天和二年（一六八二）で、それ以降はお城に出仕していたようですが、もともとは中世以来の水口宿に関係した散所ではないかと思うのです。もっとも秀吉の築いた水口岡山城の城主中村氏との関係も考えられますが。近くには中世近江猿楽座の酒人座もありましたし。

山本　散所というのは地方つまり農村に位置していても、余り農地をもっていないという特徴があるのではないかと思っています。かなり古くから存在しただろうと想定される散所であっても、河原者とか宿のような形での農地の集積は認められない例が多いのです。その点が非常に不思議です。それほど生業として陰陽道がしっかりしていたのでしょうか。

山路　できたのだと思いますよ。

山本　そのへんが不思議だなと思う。日本というのは、地方に出て行った場合にはどんな商売をしても農地だけは確保していくのが普通ですから、それが散所だけは農地を形成しようとしないのは特異とみていいのではないですか。

山路　後半になると少しずつはもっているでしょう。

山本　まったくないわけではない。少しずつはもっていますが、歴史的にみると清目よりは古いだろうと思われるところでも、清目より少ないことが多いのです。前田村の場合もなくはないのですけれども、少ない。

山路　基本的には木流散所の場合をみると、他地方に興行に出て行っている。芸能を獲得してからは舞々ということで諸国に出て行ったのでしょう。

村上　蒲生郡の川合大夫村でも「毎年他国江上下仕」るため、村の諸役を勤められないので、諸役を銀で納めますとした史料が、明治大学刑事博物館所蔵の川合村文書の中にありましたね。これは「普段はそこにおりません」というのが前提ですね。

亀岡　関連して、生業として他国へ出ているという史料が何通かあります。川合は地理的にいっても交通の要衝ともいえないし、周りに権門寺社といえるほどの存在があるかというのもあって、ちょっと不思議なのです。

逆に、南のほうに行くと三井寺門前の大津の声聞師村の場合は、はっきりした史料で三井寺に付くとは出ないのですが、地名辞典でも三井寺に付く散所が後に声聞師村、近世の大津のまちに隣接する芸能の町となっていくと書かれています。大津の門前の場合は地方といいながらも京都の影響が濃厚でしょうから、典型とはいいにくいのかもしれませんけれども。明確に付された散所という史料がないので、『一遍聖絵』に見られるような交通の要衝というのが強いのかもしれません。いずれにせよ、近世初頭の史料で声聞師村としてみられるという点では、近江のなかで一つはっきりした地域ではあると思います。

京都の散所

山本　逆に京都の散所あるいは京都周辺に展開した散所のなかで、今日の話に出てこなかった系譜はありますか。

山路　例えば紀伊郡竹田村の慶長検地帳のなかに何筆か散所が記されていますね。あそこは鳥羽殿まで遡っていいのかわかりませんが、少なくとも安楽寿院という寺院の散所としては想定できます。もちろん西京散所は北野天満宮ということでいいわけでしょう。

山本　あの場合は時代が限定されますね。

山路　それから梅津の場合はどうですか。

村上　梅宮大社を想定しています。

山路　東福寺はなかったのでしたか。

山本　東福寺の近辺に散所はないですね。東福寺の検地帳に出てくる散所は川向こうの横大路の散所です。

山路　そこで逆に後宇多院の東寺は別として、足利幕府が新しい権力者として入ってきた南北朝以降に、新たに彼らが建立する禅宗寺院に付される散所の問題はいかがですか。相国寺がいちばんはっきりしていて、ここには何カ所か存在するわけですが。天龍寺とか臨川寺、鹿王院などには掃除散所という形で散所が付された可能性もあると思うのですが、これらの掃除散所は新たに編成されるのではなくて、近くにあった古いものが再編成されるとは考えられませんか。例えば相国寺の北畠散所は毘沙門堂とか御霊社とかに付されたものの再編成だとは考えられませんかね。ただ史料がありませんね。

源城　天龍寺などに散所があったとすれば、嵯峨にいた散所ということになりますか。

川嶋　しかし、嵯峨方面の散所は、応永三十三年（一四二六）に作成された応永の「鈞命図」のなかには何も出てこないのです。この絵図は天龍寺や臨川寺を中心に嵯峨方面を描いたものですが。ただ、『鹿王院文書』の天正期の文書に「舞々屋敷」というのが二点だけ出てくるのです。舞々と散所の密接な関係を考えると、散所の存在も想定されるのですが……。

村上　確かに、応永鈞命図のなかに散所等の記載はありませんが、各地の民間陰陽師の集落付近でしばしば見られる晴明塚だけは「鈞命図」に出てくるのです。

川嶋　舞々屋敷は追跡しかけたことがあって途中で断念しているのですけれども、よくわからないのです。

山路　嵯峨の場合、例えば大覚寺など古代的大社寺に付された形での散所があって、そういうものが結局足利氏によって。

川嶋　史料はありません。

山本　禅宗寺院で史料上に確認できるのは、相国寺以外はないのではないですか、相国寺というのは別格ではないですか。義満との関係からみても。

川嶋　別格で、かつ足利氏というよりもむしろ義満でしょう。

山路　建仁寺だってあってもいい気がするのだけれども。

山本　史料からいえば時代的にいって他の禅宗寺院にも残っていてもいいはずなのに、これまでのところ見つかっていませんから、相国寺だけだと思うのだけれど。

山路　相国寺の場合も新たにではなくて、それに先行する存在があったのではないか。

山本　はっきりと事前に編成されたのが認められて喜んでいる史料が一つだけありましたね。柳原散所でしたか。

山路　それは義政時代にはあるのだけれど、もっと古くにあの近くにそういう場所があって。

山本　相国寺の周辺には上御霊神社もありますし、以前から散所あった可能性が高いですね。

源城　上御霊社東西散所はおそらく義満の時代に。

山路　上御霊といっても、あそこは古くは上下の御霊社が一緒です。

源城　だから、そこの散所は義満の時代に相国寺に入ってくるのは間違いないと思います。

山本　再編成とみていいと思います。

山路　北畠も再編成だと考えられませんか。

山本　北野神社に付されたのは再編成と見ないほうがいいと思うのです。付されていく過程から見ても。

源城　再編成とかそういう意味ではなくて、もともとあったものを、例えば東寺の寄進と同じように寄進したのではないですか。

山路　東寺はずっとあったからいいけれども、相国寺の場合は新しい寺院でしょう。

源城　散所はもともとあって、それを相国寺に付したわけです。

山路　そういう考え方をしたほうがいいと思うのです。その散所はどこの散所だったかは史料がないから何ともいえないけれども、何かあるのではないかと思うのです。

源城　おそらく柳原散所も御霊社の東西散所も、おそらく御霊社の散所ではないかと思っているのです。北畠は少し離れているから。

山路　北畠は離れていますから、建立が十二世紀末ではありますが、毘沙門堂など別の寺院を考えたほうがよいのではないかな。

宇那木　員数限定で課役免除をしていたのが、南北朝期の後醍醐天皇で崩れるのですが、義満期に場所限定になって、そこにいる人は課役免除になるのです。だから一般的に相国寺に認めたものはそうだと思うのです。要するに、「この場所」という場所を指定しないと無限定になってしまいますから、そういうところで場所の特定はしやすくなるけれども、それ以前にいたものについては、例えば員数限定という形にしろ課役免除は受けていないにしろ、個々の人とみればもちろん再編成もあるでしょう。ただ、室町になってくると、この地にいるものだけは例えば掃除をするから認めてやろうという形になってきてはじめて、地名を冠した何々散所という形で把握できるようになるのではないでしょうか。

山路　その点、東寺は史料があるから細かい点は結構きちっとわかるわけですね。

山本　大徳寺領土御門四丁町の散所というのはどう説明できるのですか。下坂さんは新説を発表されたのですが、大徳寺の史料を見る限りでは大徳寺に付属された散所でないことは確かですね。しかし散所村といわれている。そうすると第三の寺院に奉仕する形の散所としてあるとすると、なぜ大徳寺領なのかという疑問が出てきます。ですから山路さんがいわれたように浮いているところがあって再編成という説を考える際には、そんな存在が考えられるのかということですね。

大黒と北畠

源城　そのように理解するのだったら、北畠も同じように理解しないといけないわけです。北畠も相国寺領ではないと思います。あれは寄進されていないでしょう。柳原と御霊社ぐらいしか相国寺に付されていないから、北畠も同じ理解をするならば独自に活動している集団になる。どこかに掃除に行っている記事もないし。

山路　北畠は禁裏に参勤しているんじゃないですか。

源城　でも、どこかに所属しているはずです。それは検非違使がきちっと押さえている。

川嶋　そうすると、『上杉本洛中洛外図』に出てくる声聞師村もよくわからないですね。

山本　東寺のなかで出てくる声聞師とか散所については非常に細かく編成作業をしています。その片方で、まったくノーズロの存在があっていいのかという疑問が当然出てきますね。

宇那木　場所といいましても、東寺の所領ですね。そことは限らなくて、他の権門の所領や不法占拠のところが混じっていたり、しかし、混じっていてもこの区画と認めてもらったら、そこにいる人は課役免除になるのです。幕府のほうとしては、後醍醐親政期、光厳院政期のときに員数を限定せず散所の課役免除を認めたものですから人数無制限になるのです。そうなってくると困るので、この場所に住んでいるものは認めてやろうと。同じ東寺散所でも認めてもらっている者と認めてもらっていない者が出てくるのです。

山本　東寺領のなかでそういうことが起こっているということは、同じ京都の地の、例えば大徳寺如意庵領散所でも当然同じことが起こっているはずで、どうなっているのかという話になります。

宇那木　ですから類型のうえでその二つを区分して注意していかないといけないと思います。

山本　それこそ河内さんが担当された新在家はまったくわからないでしょう。

河内　全然わかりません。

山本　手がかりもないのですか。

山路　新在家はちょっと特殊なのでは。

山本　新在家はいろいろ話題になった散所だから、ふれておいていただきたいのです。一時、山路さんは新在家には散所がなかったといわれていたでしょう。

山路　そうはいっていない。出張所だといったのです。内裏の位置が現在の場所に確定するのは鎌倉末だから、公家町が出来ていくなかで近くにどこかの散所の出張所ができる。史料も何もないからわかりませんけれども。

山本　新在家も含めて近衛、声聞師、土御門四丁町と禁裏の周辺に結構ありますね。それこそ町の真ん中に。

源城　河内さんの論からいえば、大黒が住んでいたのではないかと思うのです。

川嶋　北畠から分派していくというのは間違いなのですか。

源城　桜町はそうでしょうけれども、新在家が分派していくことはないでしょう。

川嶋　北畠は北畠だけですか。

山路　分派かどうかわかりませんが、大黒はもともとが北畠（塔之壇）で、江戸時代にはその本貫の地に帰るのではないですか。新在家がなくなったあとに。

源城　帰るところがなくなったから北畠に行くのではないのですか。
山本　大黒は一時期違うところに住んでいたのでしょう。椹木町にいたのではないですか。
梅田　江戸時代初期の居住地は不明です。寛永期には椹木町の隣の「信濃町」に屋敷を持っていたという史料もあります。
山路　けれども結局は塔之壇に帰っていくわけでしょう。
源城　帰っていくというと問題がある。
梅田　本貫の地という意識があって帰ったのか、塔之壇付近が近世に地下官人の多いところだったから入手できたのか、どちらともいえません。
山本　北畠は近世期に散所的な系譜の人々の集住地であったという証拠は今のところ何もないわけですね。
梅田　ただ、地下官人などは比較的多い。
山本　大黒が住んでいるからといって中世的な系譜があったとみるのは危ない。
山路　少なくとも北畠、桜町という系譜があそこにはある。
山本　中世期ですか。
山路　桜町は近世初頭でもあります。
梅田　近世初期に御所の南に声聞師の住む椹木町（土御門町）という町があったことは分っていますが、どこから来たのか系譜は不明です。十八世紀初頭の宝永大火の後に、御所が南に拡張され、なくなってしまった町です。

近世への展望

山本　予定していた話題はだいたい触れることができたと思いますが、近世期の話を最後に少ししてもらいたいと思います。

山路　基本的に、散所は近世初頭にだいたい消えていきますね。

山本　集落としていくつか認められると思います。それは基本的に消えていくといえるのでしょうか。

梅田　やはり中世と近世の両史料が揃っている事例は本当にないのです。中世の記録があるところでも近世がなくて。

山本　京都という土地に限っていえば、ほとんどが消えている。

梅田　木流以外、散所と近世の声聞師村が一致するところは稀だろうと思っていたのですが、やはり少なかった。中世史料に散所として出てきて、しかも近世に陰陽師村であるという事例が少ないのです。

山路　北山はどうですか。

山本　あれは中世史料が出てきましたから珍しい例になるのではないですか。近代初頭まで史料的にはあとづけられます。

山路　そういうものも例外的にはありますね。

亀岡　先ほどふれた大津の声聞師村がそれに近いところだと思うのです。確たる園城寺の中世史料では確認できないので惜しいなと思っています。

山路　その意味では、醍醐寺も散所は消えると思います。清目が残る。

山本　今のところ醍醐寺の近世史料がきちっとみられていませんから何ともいえないところですが、とりあえず、西惣門のあたりにそういう集落があるという話は出てきたことがないですから、どこかの時期に消えているとみていいのでしょう。ただ、西京は散所といえるかどうかは別としても、陰陽師の住む集落としては近世期に続いていますね。ですからこれも中世から史料が続いて認められる非常に珍しいところです。こうやって挙げていくと、それだけですね。ほかは全部消えている。ただ、高木村の北谷などは史料としては近世しかないけれども、その在り様からいって中世を想定させます。

梅田　中世の北谷は「散所」だったといえるのでしょうか。「散所」以外の呪術的職能民集落もありうる。最近では近世史の呪術的職能民の存在形態として、関東・甲信越地方などの事例研究がすすんでいます。そこではまったく「散所」という言葉は出てこないし、システム的にも散所という手続きは踏まれていないのです。同様に畿内にあれば声聞師村と呼ぶしかない。奈良の横行に近いタイプの呪術的職能民村が多数見つかっています。北谷もそういうものの一類型であって。

山本　そこで散所の史料は出てこないのですか。

梅田　散所とはいわれていない。存在形態から散所かどうか判断するには、戦国から近世への移行期の状況をみて判断すべきです。系譜的に考えて散所とつなげたくなることもありますが、そこは留保して、中世後期から戦国期の散所とは関係ない宗教的芸能者の展開を想定したうえで、整理したほうがいいという気がしています。

近世へのつながりについて、少し申しますと、第三期といえるかどうかわかりませんが、荘園公領制的なシステムがなくなったあとに、散所的なものを惣村の側が主体となって包摂したり、地域のなかに位置づけ直したりする動きがあるのではないか。たぶんその段階で惣村が神事を運営するようになり、そのなかで神事の割当を舞々や散所に割り振っていくときに、由緒書きという形で権門との関係を使って説明することもあると思います。

山本　長時間にわたって、様々な観点から散所について議論していただきました。今日お出しいただいたお話の中でも、醍醐寺に施入された餌取について、これまでは散所と同一視してきたものが、実は違う存在であるという見解は、部落史の全体像にも影響していくという点で重要なものではないかと思います。また、散所、声聞師、舞々というこれまでは個々ばらばらに研究されてきたものを、現実的には一個の存在の別々の側面にすぎないということを、明瞭にすることができたことも、今後の研究に資するものが大きいのではないかと考えております。

今日は皆さん、有難うございました。

おわりに

世界人権問題研究センター研究第2部長
池坊短期大学名誉教授
秋定嘉和

本書は、世界人権問題研究センター研究第2部会（同和問題研究）前近代班の共同研究会の成果をまとめた論文集である。

研究会が始まった当初は「被差別部落史における移行期の研究」、「絵画・地図資料などにみられる被差別民」に関心を寄せていた。しかし、二一〜三年の間、諸報告とその議論を重ねるなかで、研究員の関心は、「散所とその周縁」に絞られてきた。

この展開は、中世の京都にみられる天皇・公家・寺社にかかわる人々の存在を、人権史を考察するうえでは、避けて通れないことに気づかされたからである。また、当初から研究会に積極的に参加され、発言されていた林屋辰三郎先生の存在も大きかった。先生の「散所」論は、その所在、性格、機能、地位などをめぐって、それが提案された一九五〇年代の学界の論争のひとつの焦点となったものだった。

参加した研究員は、「散所」のありようを多様にとらえようとしており、なぜ、散所民が山城・近江を中心に天皇・貴族・寺社に隷属していたのか、なぜ、その社会的存在が祭祀、芸能や浄穢機能にまつわることが多いのか、また、なぜ社会的賤視や畏怖をうけるのかなどに関心がよせられ、それが本書に結実している。そして、このような賤視感や浄穢視をうけない散所、うけなくなった散所にも注意がむけられた。

数年余の報告が続くなか、林屋先生は、研究員の報告に温容ある態度で応えられた。そして、多様な史料的事例を引きながら、討論に参加され、その応答は、今日にいたるも耳朶に残っている。そんな先生を囲んでの皆さんの多様な異論と質問が続いた。近代被差別部落史を専攻している私の立場からしても、多くのことを学ばしていただいたことを感謝したい。

このテーマが、京都、ひいては日本の人権史の礎石をなす研究であったことを知ったことも、得がたいことであった。

最後に、このような研究の場を設けて下さった世界人権問題研究センターに感謝したい。また、日本古代史、人権史の立場から、班の運営についても発言し、参与して下さった上田正昭理事長ならびに安藤仁介所長にも、厚く感謝の意を表したい。

また、出版事情の困難のなか、刊行を引きうけて下さった思文閣出版に御礼申し上げる。

第五章　史料・年表・文献目録

散所に関する基本史料

宇那木隆司

1　散所を説明する史料

「よりかた申状」（『鎌倉遺文』三五六一）＊よりかた（丹波頼賢）の父長基の没年は寛喜二年（一二三〇）

よりかた申候、
さん《(散)》所の雑色友重かむたうのちん状□をまいらせ候て、（中略）
友重［　］さんそ《(散所)》のあとを、つかすへきにて候ハ、、（中略）
さん《(散)》所人の御をん《(恩)》なくて、めしつかハる事ハ、みなのならひにて候、友重ニかき□《(りカ)》候て、それを奉公ニたつへき
ことに候ハす、（中略）
かやう□さんそ《(散所)》のかう《(号)》をかり候て、むたうをたく［　］《(らみカ)》候はんニハ、いかてかたやすく人をハめしつか□《(ふカ)》へき、
（後略）

「六波羅殿御家訓」（『中世政治社会思想・上』）＊嘉禎二年（一二三七）〜宝治元年（一二四七）頃成立

我恩シタラン者ト、散所ノ人トアランニハ、若トモ散所ノ者ヲ賞スベシ、恩ノ下ノモノハ、時トシテ□内々浦
見思事アリトモ、ナダメヤスシ、ヨソノ人ノ浦見申サン事ハ、聞ザレバ知ガタシ、知ザレバ陳謝スルニ及バズ、

善悪ニツケテ、ヨソノ人ニ見ヲトサレジト思フベシ、

2　**散所の初見史料**

「勅旨写一切経所牒」（『正倉院文書』九）天平十九年（七四七）

勅旨写一切経所牒　法隆寺三綱等

法華経疏一部法雲師撰者

右、為　御願一切経之本、奉請如前、若不在寺家、探求散所、必早欲請、故牒、

天平十九年十一月十四日春宮舎人少初位上阿刀「酒主」（自署）

造仏長官兼遠江員外介外従五位下国君麻呂

大倭少掾従七位上　佐伯宿禰「今毛人」

3　**散所衛士**

「延喜式」左右衛門府、延長五年（九二七）撰進、康保四年（九六七）施行

凡行幸之日、召散所衛士令供奉、若致闕怠毎一日怠奪五斗粮、

4　**散所内舎人**

「九条殿記」天暦元年（九四七）十二月十三日条

又公忠宿禰申云、可充使之侍従并内舎人等已少者、仰云、依例可差高年之人、又至干内舎人代者、可差散所人、

5　散所随身

「小右記」長和二年（一〇一三）正月四日条
将監保信云、中将朝臣雅通、消息云、白馬鑣近衛称散所随身、不勤其事、前例不然之事也、随報可行者、答云、称散所何処哉、申云、左府及大将随身也、

6　散所雑色

「関白家政所下文案」（『平安遺文』六二三）寛徳二年（一〇四五）五月十八日
関白左大臣家政所下　摂津国島上郡水成瀬郷刀禰住人等
仰下　雑事二箇条
一、可停止東大寺領水成瀬庄領畠肆箇処、前庄司秦重時等造新券文、沽却不知名行願寺別当并山崎住人等、如旧任四至為庄領事、
（中略）
一、可早弁進同庄田去今両年地子物等事、
右同庄司安吉愁状云、件輩為田堵、年来耕作庄田、不弁済地子物、或称八幡宮寄人、或号　殿下散所雑色、鎮致遁避者、（後略）

7　散所召次

「為房卿記」康和五年（一一〇三）八月十二日条
今日高陽院被始御装束、（中略）此日参上賀陽院之次、令注人々見参

院司公卿三人、四位已下人（七脱カ）　蔵人所衆十余人
武者所十余人　諸司官人百卅人
鳥羽殿侍百人北殿七十五人、泉殿八人、南殿十七人、
同殿庭掃百二人北殿八十二人、南殿廿人　法勝寺庭掃卌二人
尊勝寺庭掃卅人　京召次二百六十四人
田舎召次六百卅五人近末方三百七十三人、国頼方二百六十三人、

「葉黄記」寛元四年（一二四六）三月四日条
今夜、密々御幸、（中略）
御壺召次等参仕、不及散所召次歟、
＊御壺召次＝京召次に対する散所召次＝田舎召次

8　散所下人
「中右記」永久二年（一一一四）三月二十七日条
有吉来将来庁下部、是忠盛所進者、依打右（石カ）田散所下人給左獄了、

9　散所楽人
「中右記」元永元年（一一一八）三月三日条
楽人欲退出処、為宗楽人舞人等召於砌下、殿上人君達諸大夫依纏頭、先召時元、五領、行高、五領、其後或四領三領

二領一領有免、爰召天王寺舞人公定給纏頭一領、諸大夫、散所楽人先々不関此事、然而今日有議、感採桑老有纏頭也、

10　山科散所、白河新御所庭払

「中右記」元永二年（一一一九）四月三十日条

治部卿被入来家中、彼山階散所根元被談、是可申入殿下之由所被示也、近日被成院白河新御所庭払之間喧嘩出来也、答承之由也、

11　禁中に対する散所

「中右記」保安元年（一一二〇）十二月二十三日条

午時許参円宗寺、法華会結願也、（中略）

今日国忌也、音楽可行哉否之条問大外記師遠之処、申云、於散所事者恒例之楽不可止、於禁中事者所不挙也、

依師遠説所行音楽也、

12　主殿所散所雑色

「摂政忠通家政所下文案」（『平安遺文』二六五三）久安四年（一一四八）八月二十八日

摂政家政所下　摂津国大番舎人主殿所散所雑色等

可早任先例、弁済所当地子於寺家、免除臨時雑役、令勤仕政所役、東大寺領猪名庄四至内田地作人等事、（後略）

＊散所雑色に同じ

13　散所貢祭人

「官宣旨案」（『平安遺文』三二二三）応保二年（一一六二）五月一日

左弁官下鴨御祖社司

応令弁申子細東大寺所司言上摂津国猪名庄長州浜等事

（中略）

只以彼散所本数卅八人為貢祭人、（中略）

散所貢祭人者、各付身之所役、何可被付田地之課役哉、（後略）

14　散所舎人

「後白河院庁下文案」（『鎌倉遺文』二〇四）文治三年（一一八七）二月一日

（前欠）由可成庁御下文也、（中略）

早任先例、可令催済末寺庄薗作人号駕輿丁・御供御人・会賀庄宿直人・殿下大番舎人・散所舎人・東北院郡□

薗住人、兼借武家威、致対捍仏聖燈油用途所当之状、□□如件、所司等宜承知、勿違失、故下、

（後略）

15　散所神人

「中臣祐明記」（『春日社記録』）建久四年（一一九三）四月五日条

散所神人八条・井上・ミナミ山・マヒノ庄ヨリ数人令参上

「中臣祐賢記」（『鎌倉遺文』一〇三五六）文永六年（一二六九）正月十八日条

春日御社司等謹解　申請　長者宣殿下政所裁事

請殊蒙　恩裁、且依先例、且宥神威、被免除本社散所神人等夜荘厳頭状、

副進　神人解一通

（後略）

16　散所仏事

「京都東山御文庫記録」甲七十六雑々　寛元元年（一二四三）

中原師遠勘進
御神事中法事御沙汰之例

一、寛元元年十二月十日法勝寺大乗会、今日被始行、（中略）

雖散所仏事、神今食齋中不可然歟、

17　散所軽役

「追加法」三七四、関東新制条々（『中世法制史料集』）弘長元年（一二六一）

一　鎌倉大番并随兵両役事

御家人等、大番勤仕之時、奉行人、或取其贖、一向可令免除之、或差散所軽役、取賄賂之由、前々有其聞、

自今以後、早可令停止之、（後略）

18　散所御家人

「摂津多田院金堂上棟引馬注進状」（『川西市史』四）弘安元年（一二七八）カ

注進

多田院御堂上棟馬引進人々

合

二疋上下　政所分　一疋中　新田政所分

一疋中　今吉左衛門入道　一疋中　三昧僧中

一疋中　久々智兵衛尉雖為他所之仁、志於為入関東之見参、引進之由所申也、

一御家人分次第不同

（中略）

一散所御家人分次第不同

一疋中　吉河判官代入道　一疋下　小柿馬允

一疋上　原田左衛門尉　一疋下　槻並五人寄合

一疋下　佐曽利八郎　一疋下　北田原三人寄合

一疋下　六瀬六人寄合　一疋下　木器四人寄合

以上廿七疋

右、注進如件、

19　**散所御童子**

「函中秘抄修法外儀雑事第一」（仁和寺記録十三）十三世紀後半

散所御童子、恪勤・散所

　＊格勤に対する散所

20　**散所領**

「近衛府生下毛野武清申状」（『鎌倉遺文』一四二三一）弘安三年（一二八〇）カ

　近衛府生下野毛《（ママ）》武清謹言上

（中略）

草刈散所事、□秋任相伝奉行之、而去嘉禎之頃、□茂奉行之時、以草刈散所領内□延・末元両名、譲賜武清之親父□遠之間、多年領知之、其後武清伝領之処、近年為天王寺々官□順、無是非所被押領也、然間、武秋□汰物散所領、幸順同依押妨、□々令訴申之間、令治定者、（後略）

21　**散所非人**

「後深草院崩御記」（『公衡公記』）嘉元二年（一三〇四）

蓮臺野　一貫七百文　非人施行　百七十人分
　　　　三百五十文　温室料

安居院悲田院　一貫文　温室料

東悲田院　一貫五百文　非人施行　百五十人分
　　　　一貫文　温室料

獄舎　七百三十一文　七十一人分
　　　一貫百五十文　温室料

清水坂　十貫文　非人施行　千人分
一貫文　温室料
大籠　一貫四百八十二文　百四十二人分
散在　三貫八百六十五文　非人施行　三百七十六人分
散所　一貫百八十三文　百十八人分
已上五ケ所温室　四貫五百文
非人施行二十貫四百六十五文
非人二千二十七人
以温室余残加施行了
嘉元二年八月廿日　泉涌寺知事 判

22 **散所名**

「押小路文書」（『大日本史料』六ノ四）建武四年（一三三七）

掃部寮領河内国大庭郷野内散所名土民等年貢抑留、寮家違背事、令奏聞処、土民等不叙用勅裁、不相従所勘之条、不可然、殊加炳誡、可被全寮役之由、被仰下之状、如件
建武四
七月廿五日　左兵衛督（花押）
大炊権助殿

23　**散所ノ乞食法師**

「名語記」十三世紀後半

千秋万歳トテ、コノゴロ正月ニハ散所ノ乞食法師ガ仙人ノ装束ヲマナビテ、小松ヲ手ニサヽゲテ推参シテ、様々ノ祝言ヲイヒツヾケテ、録物ニアヅカルモ、コノハツ子日ノイハヒナリ、

24　**散所法師**

「右大将源具守御教書」（『石清水八幡宮文書』）延慶元年（一三〇八）十二月十五日

条々（中略）

内殿長日御香并正月十四日夜達魔以下、境内散所法師等、如旧可致其沙汰也、

（後略）

25　**掃除料、散所法師**

「後宇多院院宣」（『東寺百合文書』せ南五）文保二年（一三一八）九月十二日

（端裏書）「院宣被付散所法師由事」

教王護国寺掃除料、彼寺近辺散所法師拾五人、被付寺家也、存其旨可致沙汰之由、可令下知給之旨、御気色所候也、依執達如件、

（帖紙）「文保二年」九月十二日　（帖紙）「前左大弁宰相」宣房

謹上　長者僧上御房

26　**散所長者**

「官人中原章房挙状」（『東寺百合文書』ヒ二四一）嘉暦二年（一三二七）カ

散所長者亀菊法師申、散所法師等募権門威、不相従、可勘由事、綸旨如此、万却法師・十念法師已下輩、亦可
相従之旨、可被申東寺長者僧上房候哉、（後略）

27　**散所力者**

「栄海僧上拝堂御影供記」（『続群書類従』二六下）康永四年（一三四五）

力者十二人
　十人散処着衣（兄吉王法師着上衣）
　二人格勤着直垂（此内一人持鼻靴、一人持草鞋）

28　**散所長吏**

「周防国仁平寺本堂供養記」観応三年（一三五二）三月十五日　＊文明期作成

一、散楽録物事
　一疋　小大夫　　一疋　赤子大夫
　一々　益王太夫　一々　散所長吏

29　**散所給**

「和泉国大鳥庄上条地頭職作付注進状」（田代文書）応永二十一年（一四一四）四月

一丁五反　散所給

30　散所者＝声聞師

「建内記」正長元年（一四二八）六月十日条

川原《禁中》者穢多事也、参入、於御庭《石木》事被召仕之、為不浄之者不可然之処、自去年被停止、被召散所者声聞師事也、珍重□、

＊河原者＝穢多＝不浄之者に対置

31　散所町人

「廿一口方評定引付」（『東寺百合文書』ち一六）享徳四年（一四五五）七月四日条

散所闕所屋之事、可被壊事、治定之処、散所町人等詫事仕、代物弐貫文可進由、種々ニ申侯間、其分治定了、

（後略）

32　散所陰陽、散所古屋敷

「田代文書」（『大日本史料』八ノ二六）長享二年（一四八八）雑載

（端裏書）「さん所おんにょうか子左衛門四郎かうりけんの田井半田」

永代うり渡申田地の事

合半者、まん所方新田也、いなツマ田ト云、又ヨホウ田共云也、さい所野田井さん所ふる屋敷うしとら方、フチモアリ、

泉州大鳥上條之内有、

（中略）

右彼田者、代々さうてんの下地也、しかるといへ共、よう〳〵あるニよつて、御しやく銭のかたニまいらせ上候処、実正明白也、

（中略）

長享二年十二月五日　　　さん所《さん所》左衛門四郎（略押）

田代殿

33 散所座

「実隆公記」長享三年（一四八九）八月十日条

九條散所座中者就公事篇事一荷并鯉魚等進之、則令料理両客并滋野井、四辻前黄門等連座賞翫了、

34 散所村

「廿一口方評定引付」（『東寺百合文書』ワ七九）文明十八年（一四八六）七月十四日条

一、就内裏御普請、寺領散所村可雇進之由、雖被成奉書、以今度厳重之免除旨、被申候間、被閣了、

「教王護国寺文書」絵図一八

南小路散所村

35 散所屋敷

「大徳寺領播磨国小宅庄三職方絵図」（大徳寺）十四世紀後半

畠一町卅　此内卅堂免

散所屋敷

36 門下中・家中の産所者

「華頂要略」五五下（京都府立総合資料館）慶長十八年（一六一三）十一月二十七日

一、今度以御朱印領知弐百石拝領之内門下中配当之覚

百石　門跡蔵人
弐拾石　上乗院
弐拾石　鳥居小路
弐拾石　同人庁務職
弐拾石　大谷
五石　隠岐志摩介
七石　同千世鶴
七石　善蔵
三石　隠居治部卿
弐石　与右衛門
弐石　産所者

以上

右外壱両石之輩雖在之不記之、如此家中不残令配分候、

天正十三　十二月　日

如右先門主尊朝御自筆ニ被記置候此通有治定度候、此内庁務職者誰人ニモ可申付候、是ハ仁體不相定事候、
可然様ニ 御異見頼入候、以上

慶長十八年癸丑十一月二十七日

青蓮院

尊純　判

金地院和尚

板倉伊賀守殿

散所《さんじょ》・声聞師《しょうもじ》・舞々《まいまい》の研究《けんきゅう》

2004（平成16）年12月15日発行

定価：本体8,200円（税別）

編　者　（財）世界人権問題研究センター

発行者　田中周二

発行所　株式会社　思文閣出版

〒606-8203 京都市左京区田中関田町2-7

電話 075-751-1781（代表）

印　刷
製　本　株式会社図書印刷同朋舎

ISBN4-7842-1219-1　C3021

執筆者紹介（収録順）

山本尚友（やまもと　なおとも）
1946年佐賀県生まれ．都立北園高校卒業．世界人権問題研究センター客員研究員．『被差別部落史の研究―移行期を中心にして―』（岩田書院，1999年），『中世の民衆と芸能』（共著・阿吽社，1989年），『京都の部落史』全10巻（共著・京都部落史研究所）．

源城政好（げんじょう　まさよし）
1946年大阪府生まれ．立命館大学文学部卒業．立命館大学非常勤講師．世界人権問題研究センター嘱託研究員．『洛中洛外図大観』（共著・小学館，1987年），「検証　光悦の鷹峰村」（村井康彦編『京の歴史と文化５』講談社，1994年），「三条西家における家業の成立」（笠谷和比古編『公家と武家Ⅱ―「家」の比較文明史的考察』思文閣出版，1999年）．

河内将芳（かわうち　まさよし）
1963年大阪府生まれ．京都大学大学院人間・環境学研究科博士課程修了．京都造形芸術大学助教授．世界人権問題研究センター嘱託研究員．『中世京都の民衆と社会』（思文閣出版，2000年），「戦国期祇園会に関する基礎的考察」（『史林』第85巻５号，2002年），「宗教勢力の運動方向」（日本史研究会・歴史学研究会編『日本史講座　第５巻　近世の形成』東京大学出版会，2004年）．

村上紀夫（むらかみ　のりお）
1970年愛媛県生まれ．大谷大学大学院文学研究科博士課程中退．大阪人権博物館学芸員．世界人権問題研究センター嘱託研究員．「梅津千秋万歳考」（『藝能史研究』137，1997年），「近世桂女考」（『藝能史研究』160，2003年），「小町寺考」（『世界人権問題研究センター研究紀要』8，2003年）

下坂　守（しもさか　まもる）
1948年石川県生まれ．大谷大学大学院文学研究科修士課程修了．文化庁美術学芸課長．世界人権問題研究センター嘱託研究員．『中世寺院社会の研究』（思文閣出版，2001年），『描かれた日本の中世―絵画分析論―』（法蔵館，2003年），「山訴の実相とその歴史的意義―延暦寺惣寺と幕府権力との関係を中心に―」（河音能平・福田栄次郎編『延暦寺と中世社会』法蔵館，2004年）．

宇那木隆司（うなき　たかし）
1959年岡山県生まれ．関西大学大学院文学研究科博士前期課程修了．姫路市教育委員会文化課指導主事．世界人権問題研究センター嘱託研究員．「東寺散所研究序説」（津田秀夫先生古稀記念会編『封建社会と近代』同朋舎出版，1989年），「中世後期における東寺散所について」（『世界人権問題研究センター研究紀要』3，1998年），「中世の「部落史」研究から「身分制」研究への転回」（『部落解放研究』123，1998年）．

岡　佳子（おか　よしこ）
1954年福岡県生まれ．京都女子大学大学院文学研究科修士課程修了．大手前大学助教授．『国宝　仁清の謎』（角川書店，2001年），『京焼』（淡交社，2003年），『寛永文化のネットワーク―『隔蓂記』の世界―』（共著・思文閣出版，1998年）．

山路興造（やまじ　こうぞう）
1939年東京都生まれ．早稲田大学教育学部卒業．京都嵯峨芸術大学客員教授．世界人権問題研究センター嘱託研究員．『翁の座―芸能民たちの中世―』（平凡社　1990年），『宇治猿楽と離宮祭―宇治の芸能史』（宇治市歴史資料館，1997年），『大系　日本歴史と芸能』全14巻（共著・平凡社）．

川嶋將生（かわしま　まさお）
1942年三重県生まれ．立命館大学文学部卒業．立命館大学教授．世界人権問題研究センター嘱託研究員．『町衆のまち　京』（柳原書店，1976年），『中世京都文化の周縁』（思文閣出版，1992年），『図説上杉本洛中洛外図屏風を見る』（共著・河出書房新社，1994年）．

梅田千尋（うめだ　ちひろ）
1970年大阪府生まれ．京都大学大学院文学研究科博士課程修了．日本学術振興会特別研究員．「陰陽師—京都洛中の陰陽師と本所土御門家—」（高埜利彦編『近世の身分的周縁第一巻　民間に生きる宗教者』吉川弘文館，2000年），「近世宮中行事と陰陽師大黒松大夫—朝廷周辺社会の構造転換—」（『日本史研究』481，2002年），「陰陽道本所土御門家の組織展開—近世本所支配の諸相—」（『日本史研究』487，2003年）．

亀岡哲也（かめおか　てつや）
1963年兵庫県生まれ．京都大学文学部卒業．近江八幡市役所市史編纂室室長代理．世界人権問題研究センター嘱託研究員．「蒲生郡久保村の成立と生業」（『京都部落史研究所紀要』11，1992年），「地域史のとりくみと部落問題」（『部落問題研究』136，1996年），「自治体史の編纂と地域の部落史をめぐって」（『部落解放研究』111，1996年）．

木下光生（きのした　みつお）
1973年福岡県生まれ．大阪大学大学院文学研究科博士後期課程修了．神戸女子大学非常勤講師．『近世尾張の部落史』（愛知県部落解放運動連合会，2002年），「近世日本の葬送を支えた人びと」（江川溫・中村生雄編『死の文化誌』昭和堂，2002年），「近世畿内三昧聖の自己認識と葬送文化」（東日本部落解放研究所紀要『解放研究』17，2004年）．

家塚智子（いえつか　ともこ）
1970年千葉県生まれ．奈良女子大学大学院人間文化研究科博士課程修了．世界人権問題研究センター専任研究員．「同朋衆の存在形態と変遷」（『藝能史研究』136，1997年），「山科家領今西宮をめぐる諸問題—「相阿弥書状」を手がかりに—」（『藝能史研究』158，2002年）

（2004年11月現在）

索　　引

[散　所]

あ行

か行

さ行

た行

［事　項］

か行

さ行

た行

な行

は行

ま行

や行

ら行

わ行

挿入図版一覧

図37　長尾天満宮 ……………………………………………………………………………209
図38　北谷村とその周辺…朱智庄佐賀庄両惣図(京都府行政文書「延喜式内並国史見在神社考証」⑥式内神社考證・綴喜郡の部／京都府立総合資料館蔵) ………………227
図39　調子武遠譲状 ………………………調子家文書(長岡京市教育委員会提供)……248
図40　陰陽村 ………………縮写元禄近江国絵図(栗東歴史民俗博物館里内文庫)……252
図41　関寺の門前 ……………一遍聖絵(模本／京都市立芸術大学芸術資料館蔵)……268
図42　今宿村絵図に描かれた今宿村と前田村
………………………今宿村絵図(今宿区有文書／志賀町教育委員会提供)……271
図43　前田村が太鼓持を拒否したことについて大津代官からの書状
……………………………………………………………今宿区有文書(同上)……283
図44　前田村判鏡 ……………………………………………………………………同上……288
図45　三尾神社旧跡ともたれ石 …………………………………………………………316
図46　祭礼運営についての定書 ………………………………………田中神社文書……321
図47　若林牛頭天王社大鳥居を建立した際の棟札の写し ……………………同上……325
図48　管領斯波義将奉書案 ……………………………………調子家文書(前掲)……342
図49　被り物 ………………………………………………………………………山名家……346
図50　算置の道具一式 ………………………………………………………………同上……346
図51　算置 ………………………………………………三十二番職人歌合(前掲)……347
図52　善水寺本堂 ………………………………………………………………………349
図53　調子武俊申状案 …………………………………………調子家文書(前掲)……357
図54　『年中行事絵巻』に描かれた鷹飼
……………………年中行事絵巻(田中家蔵／中央公論社『年中行事絵巻』)……362
図55　『年中行事絵巻』に描かれた千秋万歳 ……………………………………同上……363
図56　『三十二番職人歌合』に描かれた千秋万歳 ………三十二番職人歌合(前掲)……363
図57　被り物 …………………………中村四家(野洲市立歴史民俗博物館提供)……370
図58　山伏 ………………………………七十一番職人歌合(東京国立博物館蔵)……373
図59　進宮の家…文政十亥当村色別略絵図
…(滋賀県同和問題研究所編『近江国蒲生郡岩越家文書—村の成立と景観』)……379
図60　曲舞 ………………………………………………七十一番職人歌合(前掲)……391
図61　豊臣秀吉と森本村の舞々
……………………森本区有文書(高月町立観音の里歴史民俗資料館提供)……403

散所関連年表

山本尚友

◇閏月は、○に入れて示した。
◇出典一覧は、掲出順に巻末に示したが、検索が困難な文献を除いて書誌的事項の記載は略した。
◇出典名を略記したものは、出典一覧に略号を〔　〕に入れて示した。

天平19	747	11.14　金光明寺勅旨写一切経所、法華経疏の借用を法隆寺三綱に申し出、寺家にない場合は「散所」を探求し、早く貸して欲しいと申し出る。　正倉院文書9-514
天平宝字5	761	3.20　東大寺写経所に左勇士衛の勇士や坤宮官の仕丁が散役として臨時に駆使される。　奉写一切経所解案
延暦19	800	1.4　御物の薬種を返納した者が、「散所芬隆」と署名する。　正倉院御物出納注文
天長8	831	5.2　太政官の史生10人の内、散は5人（冷然院2人・校書殿1人・厨家1人・造曹司所1人）、1人は病、4人は見直という。　類聚符宣抄6
承和15	848	5.29　摂津国長洲御厨をめぐる東大寺と賀茂御祖社の相論で、同御厨は天保勝宝8年に東大寺に施入された後、同寺の知らぬ間に二条教通の散所に寄進されたと述べる。　摂津国古文書(大日本史料3-7)
昌泰4	901	⑥.25　播磨国の百姓の過半は六衛府舎人であり、本府之物・勢家之稲と称して年貢を納めないという。　類聚三代格20
延喜15	915	12.13　荷前使の内舎人の不足は啓内舎人・省亟等を差し補すという。　類聚符宣抄4
延長5	927	12.26　行幸の日には散所衛士を召し集めて供奉させ、闕怠するものには1日ごとに5斗の粮を奪うと延喜式左右衛門府に規定される。　延喜式 12.26　延喜式主殿寮、諸司所に「所散」する今良について記す。　延喜式 12.29　内舎人宮道陳平、人身を陽成院に侍すよう命じられる。　類聚符宣抄10
承平7	937	12.17　荷前使を命じられた3人の内舎人はそれぞれ、蔵人所・陽成院・大政大臣家に候しているという（大臣家の内舎人は随人と呼ばれる）。　類聚符宣抄4
天暦1	947	12.13　荷前使を懈怠する侍従等が多いため、侍従内舎人は高年之人を、内舎人は散所人を代わりに充てるという。　九条殿記　類聚符宣抄4
天暦4	950	12.12　大納言藤原顕忠、荷前使に不足あれば、省亟等を差し仕すよう命じる（14日にも関連記事）。　類聚符宣抄4

天元5	982	2.28　藤原実資、河原に出て解除する。不浄気があるため大原野祭に奉幣しないという。	小右記
永延3	989	6.15　藤原道長の臨河祓のために、陰陽師がすべて唐崎に行ったため、日時の勘進も出来ないと藤原実資が日記に記す。	小右記
寛弘9	1012	4.3　階奏を持参した外記史生が、触穢の由を申し出たため、藤原実資は河頭に出て解除する。	小右記
		4.11　藤原実資、世間不浄を恐れ、河頭に出て解除する。	小右記
長和2	1013	1.4　白馬節会の纑の所役を命じられた左府及大将家の散所随身、その身分を称して役を勤めない。	小右記
寛徳2	1045	5.18　摂津国嶋上郡水成瀬郷の刀祢住人である田堵ら、八幡宮寄人・殿下散所雑色と称して地子を逃れようとするのを、殿下政所が禁じる。	関白左大臣家政所下文
永承3	1048	10.11　藤原頼通の高野参詣に際し、検非違使右衛門志村主重基に命じて、淀・山崎の刀祢散所等に11艘の板屋形を造らせる。	宇治関白高野御参詣記
治暦2	1066	-.-　藤原明衡の『雲州消息』に、瓜盗人が止まぬため、里長と散所雑色に制止させるとの話がのる。	雲州消息
延久3	1071	-.-　この年以降に成立の『侍中群要』に、「散所御修法」の結願の日には蔵人が御衣を持ってその所に向うとある。	侍中群要7
延久4	1072	9.5　淀住人与等益宗男左衛門志真文が石清水八幡宮に寄進した山城国乙訓郡川原埼の在家住人等，四衛府供御所狩取・宮寺神人・諸家散所雑色を称して国務に従わない。	石清水田中家文書
承暦1	1077	-.-　この年以前、桂御房源師房、東院・菩提ならびに山科散所10人・石田等を醍醐寺に付す。	醍醐雑事記5
承暦4	1080	6.14　検非違使庁下文を附して、「餌取」が寺家（醍醐寺）に付される。	醍醐雑事記14
寛治5	1091	4.5　藤原頼通の近衛随身・左近将曹中臣近友、嶋上郡水成瀬村の2町5段40歩を年来作手として請文を提出する。	東大寺文書4-37(平安遺文291)　康平記
康和4	1102	3.-　東寺政所、珍皇寺所司等に命じて、下人在家をして修理ならびに寺中の掃除人夫役を勤めさせる。	東百京6
		4.30　藤原忠実の随身・下毛野敦時に「散所事」が命じられる。	殿暦
康和5	1103	8.12　高陽院の装束始めに、鳥羽殿庭掃106人・法勝寺庭掃42人・尊勝寺庭掃30人が参じる。	為房卿記
		8.13　高陽院の装束始に候じた田舎召次を、雑色長右近将曹あるいは院御厩沙汰男と称される下毛野近末が率いる。	為房卿記
嘉承1	1106	5.29　摂津国長洲御厨の管令をめぐる相論の裁許状に、同所散所の由来が語られる。	摂津国古文書(大日本史料3-7)
天永3	1112	5.25　藤原忠実、娘高陽院に掃除夫300人を贈る。	殿暦

永久2	1114	3.27　検非違使庁の下人が右（石カ）田散所下人を打ったため左獄に入れられる。	中右記
元永1	1118	3.3　宇治平等院一切経会において、天王寺楽人が散所楽人と呼ばれ、纏頭の事には関わらないとされる。	中右記
元永2	1119	4.30　中御門宗忠のもとを訪れた治部卿源能俊、山科散所の根本について語り、最近、白河新御所の庭払として院に寄進され、喧嘩が起ったと述べる。	中右記
		5.12　中御門宗忠、関白藤原忠実の命をうけて、治部卿源能俊が年来領地してきた山科散所を白河上皇に寄進する旨を院に奏上、関白家より院に寄進することになる。	中右記
保安1	1120	12.23　後三条天皇の御願寺円宗寺で修される法華会において、当日は国忌であったが散所のため楽を止める必要はないとされる。	中右記
天治1	1124	10.2　鳥羽上皇の高野御幸に、御随身左近将曹秦公胤がつき従う。	高野御幸記
天承1	1131	7.4　東大寺領水成瀬郷の田堵である散所雑色、五節供・畠地子の役を勤めることを約束する。	東大寺文書4-71(平安遺文2201)
		–.–　この頃成立したと思われる『執政所抄』に、山城国御庄散所や真木島・贄人等に対する夫役の記事がみえる。	執政所抄
長承2	1133	6.27　東大寺の文書注進の中に、「散所雑色寺役勤仕証文」がある。	東大寺文書4-86(平安遺文2280)
長承3	1134	4.–　三条家領散所と推定される淀相模窪在家の所課に、舁居・屋形船等上下川尻并木津鳥羽殿辺連日随召が記される。	愚昧記嘉永二年巻裏文書
久安4	1148	8.28　摂政藤原通忠家政所、摂津国大番舎人・主殿所散所雑色等を通じ、東大寺領猪名庄四至内田地耕作人に寺家に所当地子を弁済し、臨時雑役を免除して政所役の勤仕を命じる。	摂津国古文書(平安遺文2653)
久安5	1149	–.–　醍醐寺領近江国柏原庄の桶餅の修正会料支配に、千秋万歳料がみえる。	醍醐雑事記11
保元3	1158	3.22　藤原忠通の家司兵部卿平信範、石清水八幡宮参詣の折、淀にて殿散所人に艤舟させる。	兵範記
永暦2	1161	7.8　文殊会に際し散所仏事は注進しがたいとする。	山槐記
応保2	1162	5.1　摂津国猪名庄内長洲浜に関する賀茂御祖社司への官宣旨、「散所貢祭人」には「身之所役」を付し、「田地之課役」は付されないと述べる。	東南院文書5-13
治承5	1181	3.12　『玉葉』の興福寺仏事に関する記事中に、散所仏事の記載がみられる。	玉葉
元暦2	1185	1.19　神護寺文覚、寺内での博奕等の禁止、牛馬鳥類飼育の禁止、呪師・猿楽等の入寺の禁止等、45カ条の置文を定める。	神護寺旧記
文治2	1186	–.–　これ以前の写しと推測される『知恩院本倭漢朗詠注上』に、乞食	

		法師のすることとして、千秋万歳の風俗が記される。知恩院本倭漢朗詠注上
		-.-　この頃、醍醐寺僧慶延が書いた「執行職雑事」に、執行一代に一度障泥を進上、年三度の大掃除、長尾天神社の神輿の行路の修造、裏無の献上など、清目の職能が記される。　醍醐雑事記9
文治3	1187	2.1　駕輿丁・御供御人・会賀庄宿直人・殿下大番舎人・散所舎人を称する東北院郡□薗住人、武家の威を借りて、仏聖灯油用途を対捍する。　民経記寛喜三年七月巻裏文書
建久4	1193	4.5　『中臣祐明記』に「散所神人」の記載がある　中臣祐明記
建仁2	1202	2.21　遊女、御所の乱舞に列座する。　明月記
建仁4	1204	1.3　千秋万歳、禁中に参入する。　明月記
建永1	1206	10.26　仁和寺道助法親王の東大寺での受戒に際し、散所が供奉に従う。　光台院御室伝
建暦1	1211	1.1　後鳥羽院が千秋万歳法師原を見る。　猪隈関白記
建暦2	1212	8.17　高陽院殿において雑芸の輩、白拍子・散楽等を演じる。　明月記
		10.5　傀儡師等、喧嘩のことで朝廷に訴訟する。　明月記
建保2	1214	7.12　舞女・猿楽等、高陽院に召される。　皇帝紀抄
寛喜2	1230	-.-　「よりかた申状」に「さん所の人の御をんなくて、めしつかハる」とある。　よりかた申状
貞永1	1232	1.19　明恵高弁死す。弟子高信筆の伝記に田楽法師・乞食癩病の語がみえ、また奥書に非人高信の署名がある。　法隆寺本明恵上人伝記
天福1	1233	1.1　千秋万歳が北白河院（藤原陳子）へ参入する。　民経記
仁治2	1241	1.-　『勝延法眼記』に、田楽・千秋万歳等の記載がみられる。勝延法眼記
寛元1	1243	12.10　この日法勝寺で行われた大乗会が、散所仏寺と称される。　京都東山御文庫記録甲76
寛元3	1245	-.-　暦仁元～寛元3年頃に成立の『六波羅殿御家訓』に、「恩シタラン者」と「散所ノ人」を比べ、「散所ノ人」を「ヨソノ人」と述べる。　六波羅殿御家訓
寛元4	1246	1.10　宣陽門院・鷹司院、千秋万歳を見る。例年正月子日に行なうという。　岡屋関白記
		3.2　六条殿への御幸にさいし、召次20人のうち散所召次17人が召され、人夫は鳥羽殿が進上しないため、検非違使庁が3人進上する。　葉黄記
		3.4　後嵯峨上皇の承明門院御幸にさいし、御壷召次が参仕すれば、散所召次を召すには及ばないと言われる。　葉黄記
寛元5	1247	1.1　千秋万歳、後嵯峨院御所へ群参する。　葉黄記
建長2	1250	5.10　誘拐の罪によって、今小路散所熊石法師の住宅が検封される。　八坂1274
建長5	1253	10.21　『近衛家所領目録』の散所の項に、淀・宮方・山崎・草刈の名がみえる。　近衛家文書

弘長1	1261	2.20 関東新制の中で、奉行人が賄賂をとって御家人に「散所軽役」を差すことを禁止する。 追加法374
弘長3	1263	1.9 醍醐寺三宝院に千秋万歳が伺候して祝言を申す。 後七日雑記
文永1	1264	12.15 行遍死す。その著書に千秋万歳の風俗につき詳しくふれる。また、四「反供事」に「御室御所ニハ恪勤・散所、二番ニ駈仕勤之云々」とある。 参語集
文永6	1269	1.18 春日社、殿下政所の命によって、散所神人等に東西金堂修二会の夜荘厳頭を免除する。 中臣祐賢記
建治1	1275	-.- 『名語記』千秋万歳のことを、正月に散所の乞食法師が仙人の装束をまねて、小松を持って推参し、様々な祝言をいって、禄物にあづかると記す。 名語記
建治3	1277	4.16 興福寺東金堂修二月夜荘厳に関する神人訴訟の裁断の長者宣に「本社并散在神人」と記され、神人交名に「本社・散所」とある(3月30日)。 中臣祐賢記
弘安1	1278	3.19 「多田院御堂上棟馬引進人々」に、御家人分と散所御家人分が別々に記される。 多田神社文書26
		10.21 『勘仲記』、御壷召次と散所召次を対比させる。 勘仲記
弘安3	1280	-.- この年のものと推定される「近衛府生下毛野武清申状」、下毛野家が年来領知してきた草刈散所を、天王寺寺官□順が押領を企てていると訴える。 兼仲卿記弘安六年春巻裏文書
弘安7	1284	11.16 宮中の酒宴に猿楽・物まね・白拍子等も参入する。 勘仲記
弘安10	1287	-.- この頃成立の『塵袋』、千秋万歳と鷹飼の帽子の違いにつき述べる。 塵袋
正応1	1288	1.8 亀山上皇の法勝寺修正会御幸に、散所召次が従う(18日の蓮華王院修正会にも)。 島田文書1
		7.5 亀山上皇の法勝寺御八講御幸に、散所召次が従う。 柳原家記録23
正応2	1289	1.8 千秋万歳法師が院に参入する。 勘仲記
正安1	1299	-.- 13世紀後半の成立と推定される仁和寺の「函中秘抄修法外儀雑事一」に、「散所童子・恪勤・散所」の記載がある。 仁和寺記録13
正安3	1301	1.1 千秋万歳が仙洞御所に参内し、十二段を演じる。 継塵記
		1.5 千秋万歳、小御所前庭で猿楽を行なう。 継塵記
嘉元2	1304	8.20 泉涌寺長老覚一上人、後深草上皇の忌日に際し非人施行。施行の対象は蓮台野、安居院悲田院、東悲田院、獄舎、清水坂、大籠と散在非人、散所非人。 後深草院崩御記
延慶1	1308	12.15 石清水八幡宮境内の散所法師が達魔の役を仰せつけられる。 石清水文書327
延慶4	1311	3.9 京畿諸国に疫病が流行し、田楽病とも三日病とも言われる。 続史愚抄

正和 2	1313	9.16　近江国檜物庄内常楽院寺僧大輔阿闍梨・常陸阿闍梨以下、散所法師住宅に押し入り、放下狼藉をしたとして、山門根本中堂末近江国善水寺寺僧が檜物庄預所に訴える。　西寺地区共有文書
正和 4	1315	4.28　道々輩の交名の中に、太鼓張、師子舞などがみえる。　管見記
		8.8　入道左大臣西園寺公衡の病により赦が行われた「勅免囚人」の内に、散所亀菊法師の名がみえる。　西園寺家記録 4　実衡公記所引官人章房記
文保 1	1317	8.5　八条院町八条烏丸の散所法師等、東寺の掃除役を拒否する。　東百ホ12　白河本東寺文書
文保 2	1318	9.12　後宇多法皇、東寺掃除料として散所法師15人を寄進する。28日、東寺長者御教書。　東百せ- 南朝 5
文保 3	1319	1.13　千秋万歳、御所で猿楽を演じる。　花園天皇宸記
		6.-　東寺領八条院々町地子帳の八条坊門烏丸・東洞院間に、「此町ハ散所物共也」の記載がある。　東百へ21
元亨 1	1321	1.3　東大寺の神輿が入洛したため、千秋万歳の参内を中止する。　花園天皇宸記
		4.21　童 1 人、猿を連れて御所に参人し、猿は種々の芸能を行なう。その様は人に異ならずという。　花園天皇宸記
元亨 4	1324	1.12　御後見の千秋万歳が大乗院家に訪れる。　内山御所毎日抄
		1.15　千秋万歳、御所に参人する。　花園天皇宸記
		7.23　般若寺ノ向西頬の案者住宅に宿非人を隠し置き、北山坂非人と東大寺横行との間で合戦。北山非人が東大寺の制止を聞かず横行の家を焼き、同寺領内の宿非人乞場が停止される。　雑々引付
嘉暦 2	1327	3.7　東寺散所長者亀菊法師、万劫・十念等の散所法師が権門の威を募って服従しない由を、朝廷・検非違使に訴える。10日東寺長者御教書。　東百ヒ241, ヱ306
		3.21　東寺散所を法勝寺池掘りに差し出すよう、後醍醐天皇の綸旨が出される。　東寺文書書 5（東寺文書聚英250）
		5.4　検非違使中原章房、東寺散所法師等が散所長者の命に従わないのを難じ、東寺に命じてその違法を停止させる。6 日東寺長者御教書。　東百せ- 武92, こ113　東寺文書金剛蔵276（東寺文書聚英503）
元弘 3 正慶 2	1333	5.24　重陽節句に用いる菊のきせ綿は内蔵寮が差配し、石見国呉綿を用いるという。　内蔵寮領目録
建武 1	1334	9.12　東寺寺辺の散所法師、所々の権門に属し寺中の掃除役・池掘等を勤めず、そのために朝廷に訴えられる。　建武元年東寺塔供養記
延元 1 建武 3	1336	4.8　東寺領八条々院町年貢散用状に、コシキ町として13人の名があがる。　東百へ429
延元 2 建武 4	1337	1.12　醍醐寺座主房に千秋万歳が来る。　建武四年後七日御修法記
		-.-　『建武年間記』、「武者所輩可存知条々」に散所において雁衣を着す

		る時は布を用いるべしと記す。　建武年間記
		7.25　掃部寮領河内国大庭郷野内散所名の土民等、年貢を抑留し、命令に従わないという。　押小路文書
延元3 暦応1	1338	－.－　八条院々町地子帳に八条坊門烏丸南ツラの記載がある。　東百へ36
延元4 暦応2	1339	4.13　東寺散所の他役免許の院宣（光厳上皇）が、東寺長者僧上に発給される。　東百て1-13
		11.20　東寺巷所地子銭等送進状に、散所法師の記載がある。　東百そ7
興国1 暦応3	1340	10.－　前下司仏成沽却田地注文に、九条室町の散所法師が東寺領山城国拝師庄鳥羽手里22坪の田地1段を買得したことが見える。　東百へ39
興国2 暦応4	1341	5.23　幸鳩垣内横行行円父子、惣横行が提訴して殺害の罪により処刑され、住宅を破却される。　奉行引付
興国4 康永2	1343	10.19　祇園社において、延期されていた師子舞・猿楽が催される。　祇園執行日記
		10.29　散所長寿法師、祇園執行のところへ菊を持参し、これを植える。　祇園執行日記
		10.30　足利直義、東寺掃除散所の他役免許について了承する。11月9日東寺長者御教書。　東寺文書御3（東寺文書聚英189）　東百て2-13
興国6 貞和1	1345	2.9　中原師守、竈神を始めて切るにあたり、霊山を人夫2人にかつがせて渡す。　師守記
		3.20　栄海僧正の東寺拝堂に従う力者は「十人散処着衣」「二人格勤直垂」という。　栄海僧正拝堂并御影供記
		6.10　「東寺散所住人交名」に十念・石松・正願・竹法師・真惣・尺迦・乙石・妙円・法実・信教・松法師・虎法師・信乃・千熊法師・三郎の名が記される。　東百カ38
正平1 貞和2	1346	3.9　醍醐寺西惣門の散所法師原16人、三宝院の庭石のことに従う。　賢俊僧正日記
正平2 貞和3	1347	5.26　師子舞徳多兵衛、山門所属の田楽者殺害の事件に連座して追放され、この日検非違使によって、その住居を破却処分に付される。　園太暦　師守記
正平3 貞和4	1348	－.－　『峯相記』に「一万部の経・九品念仏・管絃・連歌・田楽・猿楽・クセ舞ヒ・乞食・非人数百人充満シ」とある。　峯相記
正平4 貞和5	1349	6.8　法隆寺に手鞠突の子が来て、曲舞の後手鞠を突く。　法隆寺記録
		6.11　四条河原での勧進田楽興行中に、60余間の桟敷が倒壊し、死者100余人に及ぶ。翌日大雨となり、死者の汚穢不浄を流し去るという。　師守記　園太暦目録　太平記
正平5 観応1	1350	3.18　祇園社社務宝寿院顕詮の日記に「掃部曲舞」の記述がある。　祇園執行日記

		5.3　東寺学衆方、千秋万歳への下行物を、院宣により督促される。　学衆方評定引付(東百ム23)
		8.－　河上横行を大乗院が罪科に処したところ、東南院より減刑の嘆願があったが、横行の検断は前々より大乗院が行ってきたと回答する。　奉行引付
正平7 文和1	1352	3.15　周防国仁平寺の本堂上棟供養の「散楽禄物事」の中に、「一疋散所長史」と記される。　仁平寺本堂供養記
		12.17　師子舞兄部の一座、没落して所役・稲荷祭棧敷用途を滞納するも、社家に責められ半分を納入する。　祇園執行日記
正平8 文和2	1353	8.27　東寺巷所年貢注文に散所の記載が見える。　東百つ1-5
正平9 文和3	1354	－.－　この頃の作成と推定される「播磨小宅三職分絵図」に、「散所屋敷」が描かれ、「畠一町四十（割注）〔此内四十堂免〕」と註される。　大徳寺文書654,655
正平11 延文1	1356	－.－　この頃作成の八条院町公用下地注文に、「八条堀川　乞食」の記載がある。　東百へ224
正平15 延文5	1360	4.6　洞院公賢の撰した『伝宣草』に「三宮及大臣大将等散衛士(割注)〔召輔於陣所仰之〕」、『拾芥抄』に餌取小路、傀儡住所の記述がある。　伝宣草　拾芥抄
正平16 康安1	1361	6.3　東寺領の住宅破却に、雑掌が散所法師を雇おうとするが、認められず、給主が破却にあたる。　学衆方評定引付(東百ム38)
正平17 貞治1	1362	4.27　関白道嗣の拝賀の行列中に「散所雑色政所舎人」が従う。　柳原家記録100
		11.21　東寺領八条々院町地子并荒不作注文に、地子530文分の逃亡人跡の記載がみえる。　東百へ67
正平18 貞治2	1363	①.16　東寺、在家役として款冬田在家および散所法師に夜番を命じる。　東寺執行日記
		8.7　幕府、石清水八幡宮神輿帰座につき、東寺に大路の掃除ならびに朱雀河浮橋の手配を命じる。東寺勧進方、翌月1日散所法師・款冬田在家人を渡橋人夫に充てる。　東寺執行日記
正平19 貞治3	1364	5.8　朝廷にて冥道供が修され、獄・非人・散所非人等に仏供を施行する。ただし獄には囚人がいないため、大籠に遣わすという。　門葉記
		6.14　祇園会祭礼中に、田楽の者と坂の犬神人が喧嘩刃傷沙汰に及び、田楽の者1人が殺害され、坂の者も負傷する。　師守記　東寺執行日記
正平21 貞治5	1366	10.－　東寺領「東西九条女御田納本帳」中の九条の作人に、散所ひこ太郎・そつ・しやうあミと三郎二郎河原（六条三郎二郎）の名が見える。　東百ま6,て3
正平23 応安1	1368	⑥.26　南禅寺定山祖禅の『続正法論』に怒った延暦寺衆徒等、この日延

		暦寺、畿内・近国犬神人・河原犬神人・穴生散所法師原等を派して、南禅寺の破壊を企てる旨の風聞が立つ。　南禅寺対治訴訟　山門嗷訴記　愚管記
		8.25　近江国穴太散所、延暦寺の命をうけて道普請にあたる。　続正法論
正平24 応安2	1369	11.3　仁和寺の僧が上洛する際の力者、「此内三人恪勲、三人参所、三人水門へ申之、三人賃力者」であるという。　寺院細々引付
		11.11　下部五郎男、「毘沙門堂北畠」で京極行光下人を殺害するという。五郎男は毘沙門堂敷地内在地人。　後愚昧記
建徳1 応安3	1370	3.14　東寺御領巷所検注取帳に声聞師御免・散所等の記載がみえる。　東百ひ17-1
建徳2 応安4	1371	10.15　神祇官に女性の他殺死体があり、散所に片づけさせるが、30日の触穢となる。　吉田家日次記
文中1 応安5	1372	-.-　東寺領「東西九条納帳」に散所正阿弥ほか三人と六条三郎二郎、「大悲心院夏地子名寄帳」に散所の記載がある。　東百て6　教王752
文中2 応安6	1373	3.10　東寺領九条巷所注進状に散所石松の名が見える。　教王518
		-.-　東寺領「東西九条女御田年貢名寄帳写」に、川原三郎二郎と彦太郎・正阿弥・経書・右衛門二郎の名があるが散所の肩書なし。　教王525
文中3 応安7	1374	-.-　東寺領「東西九条御年貢名寄帳」に、川原三郎二郎と散所彦太郎覚円分・散所□□□内正阿弥・散所□□□内経書・散所□□□内右衛門二郎・散所正阿弥分の記載がある。　東百ム50
天授1 永和1	1375	-.-　応安頃の南都の在家注文に、「さん所のくう人・かすかのさん所ねき・八はたのさん所のしん人」「サムシヨノネキ」の記載がある。　東大寺文書4-89
天授3 永和3	1377	2.5　散所小松法師、碁に妙技を見せる。　洞院公定公記
		3.8　洞院公定、藤の花を賞翫するため、散所者に庭の掃除等を命じる。　洞院公定公記
天授4 永和4	1378	-.-　足利義満、祇園御輿迎の際、寵愛する大和猿楽児童（世阿弥）を四条東洞院の桟敷に召し、一部の公家の顰蹙をかう。三条公忠、散楽を難じて乞食之所行とその日記に記す。　後愚昧記
天授6 康暦2	1380	-.-　東寺散所にたいし他役免除の施行状が出される。　東寺文書御3（東寺文書聚英189）
弘和1 永徳1	1381	2.21　東寺造営方算用状に散所への酒食の支給が記される。　東百ヒ61
		2.25　管領斯波義将、近江守護に檜物庄・左散所の半済を止め、下地を近衛家雑掌に渡すよう命じる。　調子家文書13
		4.25　「東寺御敷地散所法師」、内院外院の掃除・築地役・寺家御命に従う旨の請文を提出する。　東百し48
		10.4　楼舎築地のため東寺散所が使役されようとするが、幕府に訴えてこれを止めさせる。　東寺文書御3（東寺文書聚英190）

		11.10　東寺造営方算用状に、散所への酒食の支払いが記される。　東百ヒ62-5
弘和2 永徳2	1382	－.－　東寺大悲心院地子帳に散所者が逐電したことがみえる。　教王752
弘和3 永徳3	1383	2.－　東寺造営方算用状に散所に対する酒食の支給のことがみえる。　教王606
		10.11　管領斯波義将、馬淵満綱の近江左散所への乱妨を止め、随身奉公重役人の武音に引き渡すよう、斎藤左衛門入道と飯尾為清に命じる。　調子家文書17
元中1 至徳1	1384	4.30　東寺造営方算用状に、築地を築いた散所に対する酒食の支給のことがみえる。　教王618
		8.30　東寺造営方算用状に、門前掃除・築地のかさ上げを勤めた散所に対する銭の下行のことがみえる。　教王620
元中2 至徳2	1385	1.13　千秋万歳が春日神社神主館を訪れる。　至徳二年記
元中4 嘉慶1	1387	6.7　越前国丹生郡八阪神社で16日に行われる舞三番を幸若が勤めるという。　八阪神社文書
元中5	1388	2.－　東寺造営方算用状に、散所が築地つき・土蔵の造作に従事して酒食・銭を支給されたことがみえる。　教王644
		－.－　東寺大悲心院地子帳に散所逐電のことがみえる。　教王752
元中7 明徳1	1390	11.22　左近将監下毛野武音、近江国大萱内左散所への押坊を止めるよう、管領斯波義将に願い出る。　調子家文書22
元中9 明徳3	1392	⑩.9　管領細川頼元、野洲郡内左散所并勢多郷太萱内散所代官領を、太河原孫三郎・高橋次郎等が半済と号して催促するのを止めさせ、左近将監武音の一円知行を認めるよう命ずる　調子家文書23
		12.－　足利義満、始めて萬部経を内野に修す。　仮名年代記　重撰倭漢皇統編年合運図　後太平記
明徳4	1393	3.－　東寺の造営方算用状に、掃除・道作・築地等に散所が従事したことがみえる。　東百ま7
		6.13　洛中町々より人夫を徴発して神泉苑の掃除を命じる。　柳原家記録　東宝記草本裏文書　官公事抄
応永1	1394	2.21　東寺散所法師善真等、拝領の敷地が狭少となったため大悲心院敷地の借用を東寺に申請し許される。地子は夏冬合わせ年1貫800文という。　廿一口(東百ち1)
		8.3　足利義満の日吉社参詣に際し、散所法師・馬借等に掃除・道作の事を命じる。　日吉社室町殿御社参記
		－.－　この年の東寺造営方算用状に築地・池掘に散所が従事したことがみえる。　東百そ17-3
		－.－　この頃の東寺領山城上野荘名寄帳に、散所の記載がある。　教王704

応永3	1396	2.3　声聞師、作事にさいして興福寺東院より石運びを命じられる。	東院光暁毎日雑々記
		8.22　管領斯波義将、近江国栗太郡勢多郷左散所并代官給の半済押妨を止め、伯耆入道覚音に一円知行を認めるよう、近江守護代六角満高に再度命じる。	調子家文書32
		8.－　近衛家代官、左散所并代官給への半済押妨を止めるよう訴え出る。	調子家文書33
		10.－　久我家領山城国久世郡「久我本荘検注帳」に作人として「散所」の記載がある。	久我家文書142
		－.－　久我家領山城国久世郡「久我荘検注帳案」に「さんしょ・清目屋敷御免・清目免」の記載がある。	久我家文書143
応永4	1397	8.3　北野社、義満の北野社祭礼見物準備のため、芝掃除等の役に西京散在法師を充てる。	北野宮三年一請会引付
応永5	1398	④.24　東寺造営方算用状に掃除散所の記載がみえる。	東百ま7
		5.9　東寺造営方算用状に築地・池掘に散所が従事したことがみえる。	東百そ21
		6.8　大和国中の声聞師・河原者・廟聖・以下の非人は、宿者が支配するという。	大宮家文書
		9.22　「大悲心院并妙見寺敷地文書」に大悲心院新屋敷注文事と題して、散所新屋敷4軒が書き上げられる。	東百ニ101-4
		12.26　東寺「大悲心院地子注文」に「散所堀分夏一度弁也」の記載がみえる。	東百ニ101-5
応永6	1399	9.15　相国寺大塔供養の際、義満に従った一条良忠の扈従中に散所雑色がいる。	大乗院　文明3年正月18日所引成恩寺殿御記
応永7	1400	10.7　北野右近馬場の仮屋で10日間の萬部経会。義満これを聴く。	枝葉鈔
応永8	1401	10.17　『仁和寺永助法親王記』に「駈仕恪勤法師、虎若乙石、散所千松虎石等也」の記述がある。	仁和寺永助法親王記
		10.30　「妙見寺并大悲心院地子散用状」に散所堀分の記載がある。	東百レ-87
		－.－　義満、山名氏清とその一族の追福のため、北野に経王堂を建てる。	大報恩寺縁起　本朝大宮仏工正統系図并末派　和漢合符
応永9	1402	7.4　幕府、東寺掃除散所法師に対する課役が増加したため、あらためて他役免許を保障する。	東百せ-武68, い11-16
		12.15　幕府、信濃小路猪熊の東寺掃除散所へ、諸役の免除を指示する。	東百ト78, ヱ113
		－.－　この年の「備中国新見荘領家方所下帳」に千秋万歳さか手・豆代・米代の記述がみえる。	教王817
応永10	1403	8.5　東寺領信濃小路と猪熊・九条・唐橋の間に散所者が住む。	教王823

		9.－　この年の東寺領八条院々町地子銭算用状に、八条坊門面東洞院以西南頬に散所町があることがみえる。　教王824
		10.21　幕府、将軍大儀の他は東寺掃除散所への諸役を免除する由を東寺に伝える。　東百ニ31
応永11	1404	1.17　『東寺廿一口年預記』に散所在所の図があり、唐橋・信濃小路・猪熊・大宮の間にそれが所在していたことがしれる。　東寺廿一口年預記
		4.26　去る1日、東寺南大門前の茶売人、火鉢を乞食に預けて失火を招き、この日、東寺の評定により商いを禁じられる。7月23日、請文を提出して商いの再開を許される。　廿一口(東百く1)　東百し61
		8.5　東寺領巷所年貢足帳に散所彦太郎の名が多くみえる。　教王823
応永12	1405	6.11　先月山科教言邸罹災する。この日、その新造に、散所法師熊等が参入する。これ以後、熊についての記事が散見する。　教言卿記
		8.－　この月、山科教言邸の築地事始、文庫壁塗等に散所法師熊・川原穢多等が参入する。　教言卿記
		9.－　山科教言邸の新造がこの月も続き、散所の熊法師・壁塗・日様者等が参入する。　教言卿記
		10.－　ひき続き山科教言邸の新造に、日様者・散所熊法師等参入する。翌11月にも日様者等が参入する。　教言卿記
		11.16　京都「二条大宮岩神ノ散所物家」が焼亡する。　教言卿記
応永13	1406	1.28　前年に引き続き、散所熊法師・築地人夫が山科教言邸の新造に従事する。以後4月にかけて熊法師・壁塗等参入する。　教言卿記
		3.2　足利義満、土御門泰嗣に対し外典祈禱を命じ、料所を安堵する。　土御門家記録
		3.11　東寺散所法師等、一両年幕府より諸役を免除されず、これを不満として寺中の掃除役を拒否。東寺、膝下諸荘園の人夫を徴発してこれに替え、幕府侍所に散所法師の逮捕を願出。　廿一口(東百　天地18)
		5.4　山科教言邸の新造に、散所熊法師参入して鎮火祭の事にあたり、また築地直しにも従事して200文を下行される。　教言卿記
		7.26　山科教言邸の新造に散所熊法師参入し、地鎮祭を沙汰して330文を下行される。この月から8月にかけて、熊法師ら築地直しに従事する。　教言卿記
		12.3　定心、調子庄并左散所分の御恩料半分として、15貫948文を請取る。　調子家文書42
		12.9　散所熊法師、山科教言邸で鎮火祭を沙汰し、200文を下行される。　教言卿記
応永14	1407	1.25　散所熊法師等、9月にかけて山科教言邸の築地の修復に従事する。この間、熊法師、土蔵の上葺を行ない（4月2日)、また父子で邸内の掃除をする（7月1日)。　教言卿記

		7.1　熊法師父子、山科教言邸の掃地にしたがう。	教言卿記
		12.17　「正親町万里小路散所法師」が焼亡する。	教言卿記
応永15	1408	-.-　この年以前の「京都三条大宮長福寺洛中散在并諸国寺領目録」に三条櫛笥四丁町は、長福寺・円福寺・久我殿御庭ハキ三者の知行地と記される。	久我家文書152
応永16	1409	3.12　山科教言、鞍馬寺で加賀の女舞をみる。	教言卿記
応永17	1410	11.19　衛府長下毛野武遠、山城国乙訓郡調子庄・江州左散所・丹波国石田庄・河内国右散所（但不知行）・江州穴尾庄（但不知行）を嫡子下毛野春光丸武俊に譲る。	調子家文書43
応永18	1411	1.15　醍醐寺三宝院へ松法師が三及打を持参、地下の松ハヤシも参入。	満済准后日記
		5.13　東寺南小路散所法師等、月1度の内院・外院の掃除等の所役を勤めることを東寺に誓約する。	東百の1-17, さ98
		11.19　幕府、御教書を発して東寺散所法師への他役催促の停止を命じる。	東寺文書御3（東寺文書聚英192）
応永20	1413	11.30　東寺造営方算用状に散所人夫のことが連日しるされる。	教王1000
		11.-　大徳寺養徳院領「近江西今村田数帳」に「散所給」として、田1反と屋敷2反が記される。	大徳寺文書1818
応永21	1414	4.15　東寺造営方算用状に、散所人夫・カハラノ物の記載がみえる。	教王1005
		4.-　河内国「大鳥荘上条地頭方作付注文」に「大　丹後宿」「一丁五反散所給」の記載がみえる。	田代文書6（大日本史料7-21）
		6.27　幕府、東寺掃除散所法師に対し諸課役を免除する。	東寺文書御3（東寺文書聚英195）
		8.-　下毛野武俊、近江国野洲郡左散所は御恩之地として知行しているもので、乱妨停止の御教書を再発給するよう求める。	調子家文書50
応永22	1415	-.-　この年の祇園社領地子納帳に、今小路散所者心成・コウヤ（紺屋）・アマベ等の記載がみえる。	八坂2129
応永23	1416	1.11　伏見殿に京松拍が参入し、猿楽等を行う。	看聞
		3.25　仙洞御所に手傀儡参入し、猿楽・輪鼓・師子舞・曲舞等の諸芸を演じ、小童1人が無骨者と称される。	看聞
応永24	1417	1.15　伏見殿で三毬杖があるが、前々から来ている京松拍は推参を止められる。	看聞
応永26	1419	1.4　伏見殿に千寿万財が参入し、祝言を申す。ついで11日に松拍柳原の犬若が参入し、種々の芸能をなし、禄物・樽等を与えられる。	看聞
		4.26　近江国坂田郡大原観音寺の「本堂造作日記帳」に「同(柱立)　散所物五百文下」「同(柱立)　坂物五百文下」の記述がある。	大原観音寺文書
		6.3　祇園社、獅子舞・田楽等に馬上料足銭を下行する。この後、例年	

		このことが行なわれる。　八坂355～357
		8.16　東寺造営方算用状に散所人夫の記載がみえる。　教王1032
		8.26　東寺散所の敷地の事につき相論がある。　廿一口(東百ち3)
応永27	1420	1.4　伏見殿に千寿万財が参入し、祝言を申す。ついで11日松拍犬若が参入し、猿楽をなし、禄物・酒・肴等を与えられる。　看聞
応永28	1421	1.4　伏見殿に千寿万財が参入する。ついで11日、京松拍が参入し、猿楽等の芸能をなす。　看聞
		6.11　東寺散所の催促に当る掃除奉行敬舜、手当の増額を申請し、上野庄の年貢の内、1石を給される。　廿一口(東百ち4)
		11.28　東寺への義昭の拝堂に際して、兵士（警備役）として散所が徴用され酒肴を下行される。　教王1066
応永29	1422	1.4　伏見殿に千寿万財が参人し、ついで11日には京松拍が参り、猿楽等を行なう。　看聞
		11.－　東寺御成方用銭切符に、散所人夫の記載がみえる。　教王1080
応永30	1423	1.4　伏見殿に千寿万財が参入し、祝言を申す。　看聞
		1.11　院が御悩のため、伏見殿では歌舞を止め松拍も不参。17日にも京松拍が柳原から来るも追い返され、23日には院本復のため、柳原より京松拍が参入し猿楽等の芸をなす。　看聞
		8.－　下毛野武俊、御恩の地である丹波国石田新庄下司職并近江国野洲郡左散所への違乱を止めるよう、訴え出る。　調子家文書55～58
		10.1　近江・河内・義乃・八幡の声聞師が六角堂に集まり、久世舞を興行する。この頃、珍皇寺・矢田寺等で国々の舞々が連日ある。　康富記
		12.11　「最勝光院敷地内屋地注進状」、一橋方・柳原方・落橋方にわけて記載され、散所関係の記載は見えない。　教王1092
応永31	1424	1.4　伏見殿に千寿万財が参入し祝言を申す、ついで11日には松拍犬若が参入し、猿楽をなす。　看聞
		2.7　仙洞裏築地を築くため、御扶持散所を明日出すよう、侍所所司代山辺某より東寺に命じられる。　東百や68
		9.4　東寺散所の者、神祇官四丁町の築地つきに使役される。　東百や70
応永32	1425	1.4　伏見殿に千寿万財が参人し、ついで11日には京松拍が参り、猿楽を行なう。　看聞
		2.4　放歌の者、伏見殿に参り、手鞠・リウコ舞・品玉等を演じる。看聞
		⑥.8　伏見殿で小者共が両三番の舞を舞う。　看聞
		⑥.19　東寺、寺命に従わない散所等の住宅の検封処分を決める。　廿一口(東百ち6)
応永34	1427	5.10　摂津国野勢郷の声聞師の児等、京都妙法院において水干・大口・立烏帽子にて久世舞を演じ、翌日も催される。　満済准后日記
		10.20　東福寺領内法性寺内に居住の東寺散所法師、東寺に柳原内針小路

		通の東寺領への移住を申し出、洛東法性寺唐橋口北頬1所を与えられ、その請文を呈する（請文は6月付）。 最勝光院（東百る36） 東百ク35
正長1	1428	1.4 散所の小犬が仙洞御所に参入し、散楽を演じる。 建内記
		3.－ 下毛野武俊、借銭の支払いに向う7年間の江州野洲郡三上散所年貢を宛てることを約束する。 調子家文書66
		6.10 庭の石木の事に従事していた河原者、不浄の者との理由で禁中への出入りを止められ、代って散所者が召し仕われる。その際、河原者は穢多、散所者は声聞師と註される。 建内記
		－.－ この頃、東寺領九条猪熊散所が築地人夫として徴発される。 教王86-8,9
永享1	1429	1.29 醍醐寺三宝院に、御陵保より松拍が参入する。 満済准后日記
		7.1 禁裏の掃除の者に太郎散所と号する者があり、庭木のことに従事する。 建内記
永享2	1430	4.28 院が室町御所に御幸、猿楽犬若に五千疋を賜う。 看聞
		5.17 散所に毎月2日と15日の禁裏仙洞御所掃除が命じられ、東寺廿一口は、すぐに免除を申請するものの、当座は掃除に出るよう決める。 廿一口（東百く13）
永享3	1431	1.2 将軍邸において観世、松拍・猿楽を催す。ついで11日にも催される。以前は声聞師がつとめたが、推参を止められたという。 満済准后日記
		1.11 伏見殿に北畠・柳原の松拍参入し、祝言を申す。ついで13日、千寿万財サルラウ参入し、芸をなす。また松拍小犬参入し、猿楽、手鞠等殊勝の芸をなす。 看聞
		7.24 東寺が散所等のことについて摂津満親に200疋の礼銭を贈り、その費用は同寺領南少路散所に賦課する。 廿一口（東百ち8）
		7.30 東寺、境内において藍を寝かせることを禁止する。廿一口（東百ち8）
		8.10 東寺廿一口、散所折紙を取るために摂津満親に200疋を贈り、働きかけが失敗した場合は、学衆方が半分を負担することを決める。 廿一口（東百ち8）
		12.2 飯尾為行の新邸の築地つきが東寺の散所に命じられ、東寺はしかたなく二間分を百疋にてつかせる。 廿一口（東百ち8）
永享4	1432	1.5 伏見殿に千寿万財サルラウが参入し芸を催す。ついで13日、北畠松拍、柳原松拍も参入し猿楽を演じる。22日には松拍小犬が歌舞・猿楽八番を演じる。 看聞
		5.24 さる20日、北野社僧7、8人が下京辺で勧進曲舞を見物するという。 看聞
		6.15 稲荷御旅所で勧進興行をした曲舞児は、一昨年即成院で舞った上手の者で、万人が群衆し前宰相らも見物するという。 看聞
永享5	1433	1.11 伏見殿に北畠松拍が参入して猿楽を演じる。12日、松拍小犬等も

		参入し猿楽をなす。　看聞
		1.27　伏見殿に柳原松拍が来るも、留守のため追い出される。29日、先日追い出された蝶阿子孫が来て、猿楽五番をおこなう。　看聞
		1.29　東寺観智院の垂髪慶松丸が乞食法師・土民百姓等と合宿した罪を問われ逐電する。　廿一口(東百ち9)
		11.3　鶴岡八幡宮役者之舞々大夫である鶴若大夫、相州八郡之舞々の頭を命じられる。　相州文書
永享6	1434	1.6　伏見殿に蝶阿末村が来るも追い出される。11日にも千寿万財サルラウ・北畠松拍等が追い帰される。19、20日サルラウは伏見殿に参入、禄物を与えられる。　看聞
		2.4　伏見殿に北畠松拍が来るも、諒闇のため追い出される。　看聞
永享7	1435	1.11　伏見殿に千寿万財猿らうと北畠松拍が参入し、芸能を催す。18日には松拍小犬が猿楽を演じる。さらに20日、松拍蝶阿参入するも留守の故をもって追い出される。　看聞
		3.2　幕府、東寺掃除散所法師への他役の催促を停止させる。15日、東寺より飯尾左衛門に五百疋を送ることが決まる。　廿一口(東百く14)
		8.－　「妙見寺指図」に西在家散所・中在家散所法師住宅が画かれる。　教王 絵図11
永享8	1436	1.2　伏見殿に北畠の松拍、5日には千寿万財さるらふ参入し祝言を申す。　看聞
		1.8　伏見殿にめし仕える千寿万財が参り芸をなす。松拍蝶阿党も参るが、公方の許容がないため追い出される。ついで13日柳原の松拍小犬が参人し、猿楽七番を演じる。　看聞
		1.18　伏見殿に松拍小犬が参じて囃す。また、内裏の三毬杖に柳原の松拍が参じて拍す。　看聞
		3.10　恒例の伏見御香宮猿楽に、摂津宿猿楽が雇われて出仕する。　看聞
		⑤.10　『蔭凉軒日録』に、女楽勧進坊主のことがみえる。　蔭凉軒
		6.14　祇園会の日、伏見殿に北畠笠鷺鉾が参入して舞い、練貫1、太刀1を下賜される。　看聞
永享9	1437	1.4　柳原の松拍小犬、室町殿に参じ、足利義教の機嫌悪きにより追い出され、門番衆に打擲される。　看聞
		1.4　伏見殿に千寿万財市が参り祝言を申す。また、松拍蝶阿党が参じるも、追い出される。　看聞
		1.6　伏見殿に松拍蝶阿党が参り舞うも「散々下手」の評価を与えられる。8日には松拍小犬が参り、猿楽を演じ、13日北畠の松拍が猿楽、20日小犬が三毬杖の拍をなす。　看聞
		1.21　内裏で松拍小犬の猿楽がある。　看聞
		3.24　三条坊門八幡宮の築地つきに東寺散所を使役しようとするが、幕

		府は東寺散所法師への築地役の賦課を停止させる。　東百し107
		6.14　祇園会の日、伏見殿に北畠笠鷺鉾等が参入する。　看聞
永享10	1438	1.6　千寿万財市、伏見殿に参入。7日に松拍蝶阿が参るも追い出され、8日松拍小犬が猿楽五番を、13日松拍北畠が猿楽五番を、14日唐人等が参入して諸芸をなす。　看聞
		1.13　内裏に小犬が参入して、松拍・猿楽を演じる。　看聞
		1.18　伏見殿の三毬杖に小犬が参って拍す。　看聞
		1.23　内裏で松拍小犬を御見物という。　看聞
		2.16　伏見殿に柳原小犬の党の児等参入し、くせ舞を舞い、「その芸、いたいけ也」との評価を得る。　看聞
		6.11　この月4日、内裏御庭者某、泉殿の置物の盗犯により罪科に処され、その兄も奉公を止めらる。代って、伏見殿と三条殿と兼参奉公者の市が内裏掃除役に召し仕われる。　看聞
		6.14　祇園会の日、伏見殿に笠鷺鉾参入し、雨中において舞う。　看聞
永享11	1439	①.25　東寺領南小路散所者、閏正月6日の猿楽の際、八足門の警固を命じられるが、見物の若者が狼藉をはたらき、住宅を検封さる。この日年寄が請文を東寺に呈して詫び、許される。　廿一口(東百ち13)　田中忠三郎文書
		2.2　東寺、正覚院より散所法師を所望される。　廿一口(東百ち13)
		8.-　東寺掃除奉行切符に、南小路人夫・川原者への下行がみえる。　東百モ70,73-37
永享12	1440	9.2　東寺散所法師、他役を免除される。　東百し126-2
		-.-　永享年間と推定される下毛野武春申状に、丹波国穴太寺（山門西塔末）執行借物に江州勢多大萱郷内左散所年貢を宛てたことが記される。　調子家文書73
嘉吉1	1441	4.8　伏見殿に放歌が参入し、品玉・りうこ等の雑芸をなす。　看聞
		-.-　この頃のものかと思われる東寺領の地口銭配分状に、河原田・八条院町散所の記載がある。　教王1280
嘉吉2	1442	5.8　禁裏の南庭で、二人舞と号する曲舞がある。22日にも二人舞推参。24日には幸若大夫が先日の礼と称して参り、また酒宴が催される。　管見記
		9.27　幕府、東寺掃除散所への他役賦課を停止する。　東百し126-3
		-.-　東寺領「東西九条田地等指出注文」に南少路伏見殿御領彦五郎・同兵衛大郎・室町尻大郎の名がある。　教王1356
嘉吉3	1443	1.5　伏見殿・内裏に千寿万財の市が参入。ついで14日、松拍小犬等参入について、公方の許可がないことにより議論となる。　看聞
		1.16　伏見殿に松拍柳原が参り猿楽をつとめる。19日には三毬杖に小犬が参り八撥を打つ。　看聞
		1.19　内裏で左義長を焼かれ、柳原が拍すという。　看聞

		1.25	内裏で柳原の松拍があり、その後猿楽八番を演じる。	看聞
		1.27	内裏で松拍柳原が猿楽を演じるが、不興により小犬を召して六番演じさせる。	看聞
		5.6	鴨川近衛河原において勧進猿楽が興行され、ついで7日、鷹司河原において勧進猿楽が興行され、諸人群集する。	康富記
		7.5	東寺九条散所、伽藍掃除散所は他役免除の由をもって幕府より築地役を免除される。	廿一口(東百ち16)
		-.-	東寺領「東西九条田地并里坪等注進状」の角神田里廿二坪に散所彦太郎、社里五坪に正仁今室町尻彦太郎散所者の記載がある。	東百ヒ71
文安1	1444	-.-	「上桂庄散在田未進徴符并未進免除人数注文」に梅津散所の三郎五郎・四郎三郎の名がみえる。	上桂庄史料447
文安3	1446	-.-	この年成立の辞書『壒嚢抄』に、声聞師の語源・芸能について説明がある。	壒嚢抄
文安4	1447	1.2	相国寺僧瑞渓周鳳、千秋万歳を評して、「一種乞食之輩」という。	臥雲日件録
		1.18	禁裏の三毬打、今夜北畠散所が入り、鼓舞例の如しという。	建内記
		1.18	伏見殿の三毬打、岩上散所が鼓舞するという。	建内記
		4.30	鳴振が大乗院経覚のもとを訪れ舞う。名を彦五郎といい、児もあり。5月1日にも同様に舞、2日には古市城で舞うという。	経覚私要鈔
		5.4	古市一族が大乗院経覚のために、鳴振を舞う。5日には方衆共が舞い、師子・児舞もある。	経覚私要鈔
		11.4	興福寺領内の五ヶ所法師原20人、運搬に従事する。	経覚私要鈔
文安5	1448	1.21	藤原清房邸で田楽珍阿と幸若が歌う。	康富記
		6.2	祇園社馬上料足惣支配帳に師子舞等への下行のことがみえる。	八坂563
宝徳1	1449	-.-	「上桂庄年貢未進河成等注文并未進徴符」に梅津散所の三郎五郎の名がみえる。	上桂庄史料489
宝徳2	1450	2.18	越前田中の香若大夫が室町殿に参り、久世舞を舞うという。	康富記
		2.23	唱門寺小犬が、勧進猿楽を六道珍皇寺で興行しようとするが、観世・金春等が訴え出たため、中止させられる。	康富記
		3.7	大乗院、十座法師原を召してタルや花甘子を遣わす。	経覚私要鈔
		4.6	南小路散所、「老」が命じるも夫役を無沙汰したため、召取って籠者、家は破却するよう、評定で決まる。	若衆方(東百け6)
		6.29	散所定使として「御恩無之」使われている松法師、大悲心院方定使の兼帯が認められる。	廿一口(東百　天地29)
		7.8	松法師が、妙見寺定使に任じられる。	廿一口(東百　天地29)
		12.22	「門指三人并松法師」に別給として各五連が与えられる。	廿一口(東百　天地29)

宝徳３	1451	2.13　興福寺の八峯茶園の掃除に、元興寺領と五ヶ所・十座の横行両座が召し出される。　経覚私要鈔
		3.7　千本炎魔王堂で越前の香若大夫が曲舞を舞い、中原康富、人を誘ってこれを聞きにいく。　康富記
		9.24　散所者が幕府より住宅を検封されるも東寺には報告が無かったことから、彼らを罪科に処し、3、4人の住宅を検封すべしと決まる。　東百つ3-11
		12.7　東寺領洛中敷地・賀茂社造営地口銭入足配当注文に河原田・散所の記載がある。　東百ぬ33
		-.-　賀茂別雷社領賀茂六郷の検注帳に悲田寺田・エトリ小路・北畠道場・悲田院・エトリ林・清目縄手等の地名がみえ、また瓦者・散所・座頭・小法師・清目等が作人としてみえる。　賀茂別雷神社文書
享徳１	1452	4.15　彼の二人舞が今日から内山寺外堂にて勧進舞、衆人が群衆すると見込まれる。　経覚私要鈔
		6.2　東寺、散所九郎次郎屋を方々からの負物を返済しなかったために破却する。6日にも関連記事。　廿一口(東百く20-22,23)
		12.24　祇園社の馬上料足惣支配帳に、本座・新座田楽・師子舞等に対する下行のことがみえる。　八坂595
享徳２	1453	2.16　播磨館で児が鳴振を舞うという。　経覚私要鈔
享徳３	1454	8.24　「大炊御門大宮冷泉間東頬巷所并唱門師家等」が焼亡するという。　康富記
		-.-　劒神社の御神体新鋳開眼供養に幸若大夫が舞う。　劒神社文書
康正１	1455	1.28　鷹司家で小犬が松囃と猿楽十一番を演じる。　康富記
		7.4　東寺において散所闕所屋を破却することが決議されるも、散所町人が詫びたため代銭を納めることで解決する。　廿一口(東百ち16)
		9.19　東寺散所が内裏築地役に徴発される。このため東寺、他役免除の奉書を得るため、幕府要路へ種々はたらきかける。　廿一口(東百ち16)
康正２	1456	2.23　幕府、東寺掃除散所への他役賦課を止める。　東寺文書御３(東寺文書聚英189)　東百し126
		4.18　東寺領九条猪熊散所に、公方御木屋築地賦課のことあり（19日にも）。　廿一口(東百つ3-19, 天地33)
		4.25　大乗院尋尊の長谷寺供養の警固に声聞師が従う。　経覚私要鈔
		8.28　「柳原地口日記」に、西頬として19名の散所の所持地と「大日堂」敷地が記載される。　東百サ66
長禄１	1457	2.13　一昨日、院御領散所と東九条者が喧嘩、東九条より散所方に発向し、類火によって南小路在家の東頬が炎上する。　廿一口(東百く21)
		2.25　この日、義政の社参始め。これ以前、西京散所者に馬場より経王堂までの掃除が命じられる。また経王堂南木戸より一条西までの掃除は

		河原者。奉行は松梅院より出る。　御社参記録
		4.13　清和院築地つきを東寺散所が命じられ、東寺、幕府に対し、同寺掃除散所法師の他役免除について安堵の奉書を発給するよう求める。幕府、この請いを容れる（9月）。　東百し130,133,134
		4.17　善勝寺でナリ振梅若大夫が勧進舞をおこなうという。　経覚私要鈔
		6.16　乞食の喧嘩にさいし五ヶ所法師原、南郷（春日大鳥居より南）は五ヶ所、北郷は北宿の自専と主張する。　大乗院
		10.24　南小路散所に公方より築地の事が命じられ、両雑掌より所司代に申し出ることとなる。　廿一口(東百く21)
長禄2	1458	6.23　「柳原百姓連署請文」に「散所法師」が末尾に署名する。　東百ゆ17
		7.5　「柳原夏地子算用状」に政所屋敷の地子免除と三ヶ庄に1貫文、散所に2貫文の酒下行のことが記される。　東百オ165
		8.9　「柳原地口丈数并地口銭注文案」に、「さ衛門三郎」以下17名の散所の所持地が記される。　東百オ166
		9.26　一昨日より新浄土寺で久世舞があり、風呂勧進のためという。　大乗院
		9.28　足利義政、相国寺門前の柳原掃地散所を同寺領として寄進、29日には御奉書を下さる旨の連絡がある。　蔭凉軒
		10.3　足利義政が経王堂で経を聴聞、これに先立ち北野社辺其外経王堂の掃除が先々のごとく西京散所者に命じられる。　北野社家日記
		10.7　相国寺の柳原散所者、「書立」を以てこれを伺うという。　蔭凉軒
		11.20　相国寺に対し、柳原散所者の「公方御免許之御奉書」を、奉行飯尾左衛門大夫に命じたとの連絡がある。　蔭凉軒
		11.22　相国寺領北畠柳原散所、寺家に免許する由の奉書を発給するとの連絡がある。　蔭凉軒
		12.29　祇園社馬上料足惣支配帳に、獅子舞等への下行のことがみえる。　八坂596
長禄3	1459	2.1　相国寺輪蔵築地つきを東寺散所が命じられるも、東寺はこれを拒否する。　廿一口(東百 天地34-2)
		10.25　幕府同朋衆春阿弥、築地つきに東寺散所の使役を申し出るも、東寺は礼銭を出してこれを拒否する。　廿一口(東百 天地34-58)
寛正1	1460	1.26　大乗院経覚の元に布施の曲舞が訪れるも、病気のため、酒・杉原・扇を与えて帰す。　経覚私要鈔
		3.15　奈良の河東の五葉辻子という所で曲舞があり、大乗院経覚が棧敷で見物し、三番の舞をみる。16日も三人が舞い、一人の若俗は甚だ優美という。17日は雨で舞なし。23日に終わる。　経覚私要鈔
		3.15　来る21日、東寺で乞食等が寺中に入らぬよう、越後法橋が散所を呼び、堅く申付ける。　廿一口(東百く23)

		5.－　祇園社領夏地子納帳に「九郎今小路跡」「心上今小路」「ゑもん四郎今小ち」の記載がある。　八坂2131
		11.21　幕府、東寺境内散所輩の他役免除を命じる。　実相院及東寺宝菩提院文書
		－.－　この年秋の「東大寺領柴辻畠屋敷注文」に、声聞師明寛法師の名がみえる。　東大寺文書1-25
寛正2	1461	10.10　足利義政、北野社経堂の経聴聞の帰途、堂前の仮屋で「散所者アヤツリ物」を見物する。　北野社引付
		11.27　春日社の行列に散所神人が供奉する。　千鳥文書2
		－.－　東寺領「東西九条女御田年貢未進徴符」に、散所新三郎・散所孫大郎・散所左衛門二郎の名がある。　教王1687
寛正3	1462	4.5　相国寺「柳原掃地者」、先規の如く御判を閣かれるとの命が出た旨の連絡があり、「寺家末代歓喜之由」と伝える。　蔭凉軒
		8.19　川上声聞師の二臈次郎三郎と久世舞の猶松丸の両人、大乗院に晧文を捧げ、以後先例のように人夫役を沙汰すると申し入れ、放火の事を許される。　大乗院
		9.28　大乗院が門橋作事のために賦課しようとした屋口間別銭を、声聞法師は乞食であるとしてまぬがれる。　大乗院
寛正4	1463	1.7　近江国坂田郡大原観音寺に礼に来た諸職人の内に、「算所大夫衆」がある。28日にも「算所衆」。　大原観音寺文書
		3.13　昨日久世舞があり、六条彦五郎が勤めるという。16日にも久世舞が参り、百疋を給う。　大乗院
		7.10　福永社の築地つきを東寺散所が命じられ、幕府、東寺掃除散所への他役賦課を停める。　実相院及東寺宝菩提院文書　廿一口(東百 天地36-63)
		7.13　相国寺、幕府に足利義満以来の支証を呈示して、同寺領御霊杜東西（御霊杜柳原）散所への高倉御所掃除役の免除を要請し認められる（26日）。　蔭凉軒
		7.26　相国寺領御霊杜・柳原散所者、細々の課役は免じられているが、幕府より特別の命令があったものは勤めなければならない旨、千秋刑部少輔を通じて命じられる。　蔭凉軒
		11.23　北宿が金タヽキを捕縛したのにたいし、十座・五ヶ所法師原、七道者は十座・五ヶ所の進退と主張し、大乗院はこれを認める。　大乗院
		－.－　近江国坂田郡大原観音寺の「食堂帳」、柱立時に「二百文中　算所者下　百文中　坂者下」の記述がある。　大原観音寺文書
寛正5	1464	1.21　前日、将軍義政が相国寺で小犬の猿楽を見物したと記される。　蔭凉軒
		5.15　東寺温料所田を耕作する百姓がいないため、町尻散所が年貢の減免があれば請け負う由をのべる。　廿一口(東百ち18)

		5.21　東寺領南小路散所の与五郎等、信乃小路散所西の大悲心院畠の地を屋敷地に所望し、東寺、地子を勘案の上、これを許す。廿一口(東百ち18)
		5.28　大悲心院畠の地子を560文免除して４貫５文とすることを、東寺廿一口方が決める。　廿一口(東百ち18)
		5.30　大悲心院畠の地子、散所与五郎より４貫文以上は出せない旨申入。本来巷所を加えると５貫60文だが、人夫役もあり１貫60文免除して４貫文とすることを、東寺廿一口方が決める。　廿一口(東百ち-8)
		6.2　「新屋敷大悲院敷地指図」が作成され、「散所請所分口九丈」が図示される。　教王 絵図4
		6.14　祇園会の日、北畠跳戈、旧例により将軍御所に参入する。　蔭凉軒
		6.15　元興寺金堂勧進のため、久世舞が始められるという。　大乗院
		7.6　北野社の閼伽井の井替は西京散所者の役という。桶縄は松梅院が、酒手100文は目代が出す。　沙汰承仕能勝日記
		8.11　大乗院で久世舞があり、百疋が与えられる。　大乗院
		9.11　一乗院で久世舞がり、東北院僧正が申沙汰するという。　大乗院
		11.23　摂津之親より川端散所の大悲心院敷地移転を禁じる命令が出されたのに対し、廿一口方、家造４人の内３人は根本寺領の者なので、そこに帰す旨の決定をくだす（28日）。　廿一口(東百ち18)
		11.－　この月より12月にかけて東寺領南小路散所与五郎等３人、ならびに川端散所法師１人、大悲心院敷地に家作して移住する。廿一口(東百ち18)
		12.20　散所新在家のことにつき松法師のもとへ、南小路散所が酒直を持って詫びに訪れる。摂津掃部に礼物を送ることとする。廿一口(東百ち18)
寛正６	1465	1.20　将軍義政が相国寺普広院に赴き、松御庭で小犬が猿楽を演じる。　蔭凉軒
		1.29　将軍義政が聖護院に赴き、小犬の能を見物する。　蔭凉軒
		6.14　祇園会の日、北畠跳（鉾）門外で拍声をなす。　蔭凉軒
		7.6　北野社の閼伽井の井替を散所者が行う。桶縄は小畠が下行、桶は八嶋より沙汰という。同時に八嶋屋之井を替える。酒肴は小畠方。　沙汰承仕能勝日記
		9.17　南御所築地散所の事につき、松法師より両度催促するも応じないため、所司代に連絡するよう、評定で決まる。　廿一口(東百け-7)
		9.20　南御所築地散所の事につき所司代が免許、礼に松茸を所司代の者に送るよう、評定で決まる。　廿一口(東百け17)
		11.24　足利義満以来他よりの諸役を免除された相国寺領御霊之前散所、後土御門天皇の即位式に際し、特例として内裏の掃除を命じられる。　蔭凉軒
文正１	1466	1.18　松拍の十二・猿楽の音阿弥・山水河原者の善阿弥等、足利義政から老いてなお健康なことを讃えられる。　蔭凉軒

		1.20　将軍義政が相国寺普広院に赴き、晩に柳原小犬が能を勤める。旧例という。　蔭凉軒
		2.6　院、戯言で美貌の小犬の子に、別に扶持を与えたいという。蔭凉軒
		4.4　小犬、近江の勧進猿楽で面を着けたことで、前日祇園林東で捕えられる。8日、勧進の罪により小犬の逮捕が命じられる。　蔭凉軒
		4.16　去る10日より千本桟敷で19歳の女曲舞があり、見物人4、5千人という。男舞・児舞・女舞とつづき、最後に児と女の立合舞がある。座員は10余人という。　後法興院記
		4.24　近衛政家、押小路大宮辺の桟敷で女房舞をみる。　後法興院記
		5.26　相国寺惣門の築地つきを東寺散所が命じられるが、東寺これを拒否する。　東百く25-52
		6.7　祇園社馬上料足惣支配帳に、師子舞等への下行のことがみえる。　八坂679
		11.21　散所が官庁掃除につき詫事を言うも、大嘗会等のことは別段之儀として、公方へは取次がないこととする。　廿一口(東百く25)
応仁1	1467	1.18　応仁の乱の御霊林の戦いの際、御霊社鳥居脇の唱門士村が放火される。　応仁記
		2.6　散所又四郎、子息愛満丸を永代大乗院尋尊の被官とするに異存がない旨の晧文を提出する。　大乗院
		2.19　東寺湯方止足散用状に町尻散所の記載がみえる。　東百キ87
		2.-　東寺の五方算用状に河原者および善阿弥・二郎五郎への下行と散所夜番のことがみえる。　教王1780
		7.2　「注進多賀大社所務渡算用状」に「舞々の撫物　百六十文」の記載がある。　多賀神社文書
応仁2	1468	2.26　東寺の御湯算用状の未進分として町尻散所がみえる。　教王1788
		2.27　柳原の声聞師、曲舞を演じる。　看聞
		2.27　高台寺辺の京ノ若大夫と申す声聞が曲舞を演じる。　経覚私要鈔
		7.24　東寺領柳原散所、九条河原者と水論をおこす。　最勝光院(東百け21)
文明1	1469	1.14　朝倉家家中の前波某、陣構の堀人夫に散所の使役を東寺に催促する。　廿一口(東百　天地37-2)
		5.21　先日、不退寺で久世舞テクヽツがあり、一乗院が禄物を沙汰する。　大乗院
文明2	1470	2.30　東寺廿一口方、大悲心院敷地の散所屋敷の検封につき評議する。　廿一口(東百ち19)
		3.16　東寺南小路散所、他役により寺内掃除の延期を認められる。また八足門内に散所少々を置くことが決められる。　廿一口(東百ち19)
		8.10　東寺領柳原散所、地子の納入を怠たる。10月15日・18日、11月20日、12月18日にもみえる。　最勝光院(東百け23)

		11.3　東寺南小路散所、畠山義就方の築地人夫として召される。	廿一口(東百ち19)
		11.5　大悲心院敷地散所者、勧修寺への刈田働きにより打ち殺される。	廿一口(東百ち19)
文明3	1471	6.7　この頃、東寺南小路散所、畠山方より堀夫役を、また斎藤新衛門方より陣夫役を懸けられ、迷惑の由を同寺に訴え出る。	廿一口(東百　天地38)
		8.5　福寺の勧進久世舞が昨日より始る。久世舞座と号するもの5人、これより以前、五ヶ所十座惣衆と対立し、大乗院より惣衆の沙汰に従うよう命じられ、福寺には出勤しないという。	大乗院
		8.6　福寺の舞を随心院が見物という。	大乗院
文明4	1472	1.5　布施の舞々4人、大乗院を訪れ、千秋万歳のあとナリ振を舞う。	経覚私要鈔
		1.25　山科の散所が竹公事400文を山科家に持参する。	山科家礼記
		2.23　竹うり散所の者、山科家に公事銭200文を出し、100文は山科家家礼大沢が請けとる。	山科家礼記
		5.2　吐田堂で久世舞勧進があるという。これにつき、木辻子の四郎三郎と南北の惣唱門が相論し、惣唱門は久世舞の人数は定まっていないと主張。	大乗院
		7.14　竹うり散所者、山科家に300文を出す。	山科家礼記
		8.13　幕府、阿波国で犬神を使う者を処罰するよう命じる。	阿波国徴古雑抄
		8.16　五ヶ所・十座、大乗院より天満社神事不参の宇治猿楽の荷物の押収を命じられる。	大乗院
文明5	1473	3.19　『見聞雑記』に掃除方として東寺南小路散所例参のことがみえる。	見聞雑記
文明6	1474	⑤.2　元興寺で久世舞勧進が、7日間にわたりあるという。	大乗院
		6.3　一昨日より福寺で久世舞があり、児5人が舞うという（9日まで）。	大乗院
		6.4　一乗院において久世舞があり、近衛・鷹栖の一門も列席という。	大乗院
		7.4　成就院の久世舞に近衛・鷹栖・一乗院が同道し、禄物は大乗院が下行する。5日にも成就院で久世舞。	大乗院
文明7	1475	1.4　禁裏で応仁乱後初めて、千秋万歳がある。	続史愚抄　親長
		1.12　禁裏で千秋万歳があり鶴亀等を舞う。	実隆
		4.3　山科言国の内の者、時々クセマイをおこなうという。	言国
		5.-　中尾声聞師、配下の金剛草履作の乞食を、木辻子ノ声聞が主人と号して、異義に及ぶのを正してほしいと、大乗院に申し入れる。	大乗院
文明8	1476	3.1　声聞師小犬弥太郎・与四郎、禁裏に参内し歌舞を演じる。6日に	

		も訪れ、その節弥太郎ら応仁の乱以前、武家の命により、緩怠の由をもって入牢させられたことを語る。　親長　実隆　言国
		3.－　近江国坂田郡大原観音寺の「本堂造作日記」の名超寺本堂の柱立の条に、「二百文　猿楽」「二百文　算所者」「三百文　坂者」の記載がある。　大原観音寺文書
		4.11　山城国久我家領并諸散在田数指出帳事の久我庄の項に散所村がみえる。　久我家文書614-39
		5.6　多数の五ヶ所声聞師、大乗院家領外に住宅を構え、人夫催促を拒む。　大乗院
文明9	1477	①.12　三条西実隆邸に尼真禅がきて、密々に曲舞等がある。　実隆
		①.20　禁裏に尼真禅が入来し、庇において曲舞を舞う。　実隆
		5.13　大乗院、領外に移住して人夫役を拒む声聞師の声聞道停止を図る。その際、声聞師の根本の住居・声聞道の内容・鳥居より北は十座、南は五ヶ所支配であること等が記される。　大乗院
		5.28　昨日より元興寺で曲舞勧進があり、また大安寺で咒師勧進があるという。　大乗院
文明10	1478	1.4　声聞師大黒党が禁裏で千秋万歳を催す。以後、『御湯殿上日記』に連年みえる。　御湯殿
		2.21　五ヶ所声聞師の内、高御門に移住した者たち、成身院知行と号して、大乗院の下知に応じない。　大乗院
		6.9　幕府、八条以南九条以北、堀川以西朱雀以東の巷所を含む東寺領を安堵する。　東寺文書千字文
文明11	1479	5.2　先月28日に一乗院で久世舞があり、東北院以下の良家衆が興行し、それぞれ百疋づつ持参という。　大乗院
		5.5　与四郎乗馬の件につき金春座と争ったことを咎めて、芝屋の唱門の住居に古市澄胤が放火する。　大乗院
		5.7　昨日より元興寺で久世舞があるという。　大乗院
		5.20　壬生晴豊のもとに黄昏律院の隆円が訪れ、天気がよければ明日より勧進舞を始める予定で、桟敷を用意するので、見物するようにすすめる。　晴豊宿禰記
		5.23　今日から、地蔵堂東庭で僻舞を越前国幸若大夫が演じる。律院隆円の発起で、律院修理のためという。26、27、28日にも記事。　晴豊宿禰記
		6.11　福田院で久世舞勧進が始る。少別当発志院の沙汰。　大乗院
		7.19　元興寺で久世舞があるとの噂に対し、衆中方から中止すべく申し送る。　大乗院
		10.1　中院通秀のもとに、二人舞の八郎九郎が訪れる。　十輪院内府記
文明12	1480	4.24　網道場で久世舞があり、甘露寺親長が見物する。25日も見物。親長

		7.30　もと土御門家に候じた散所くまが、この日より祓いを行なう。　山科家礼記
		8.1　近江の曲舞の太夫等、南小路散所の取次により、東寺坊舎で演舞する。　廿一口(東百ち23)
		8.2　内裏の西向の御庭にて絵解が行なわれる。　御湯殿
		11.3　京の竹売り2人が20疋を持って山科家を訪れ、散所者について詫びる。　山科家礼記
文明13	1481	1.1　散所熊、毘沙門経を読む。　山科家礼記
		1.4　声聞師大黒、禁裏で千秋万歳を催す。8日にも禁裏で千秋万歳、15日には千秋万歳が曲舞を演じる。18日にも曲舞が呼ばれる。御湯殿　実隆
		3.14　声聞こいぬ・さいおとこ、今年はじめて禁裏に御礼にのぼり謡う。　御湯殿
		4.13　この月、唐橋大宮に新道を造るため人夫が出され、この日、東寺南小路散所より、道路工事の人夫が出る。　東寺執行日記
		5.23　御庭者ダイコク等が、禁裏の庭の松をすく。　言国
		11.21　一休宗純の死に際し、「非人(割注)〔盲声聞師〕」「河原者」らに斎として酒が与えられる。　真珠庵文書
		12.30　散所者、竹公事1貫文を山科家に渡す。　山科家礼記
		-.-　この頃作成の「久我荘法久寺一色百姓方田数・年貢帳」に「カイテサン所」の肩書がみえる。　久我家文書440
文明14	1482	1.4　大黒党、内裏にて千秋万歳を演じる。6日には北畠党が千秋万歳。　御湯殿
		1.9　禁裏におさなき曲舞が来て舞う。　御湯殿
		8.13　東大寺八幡転害会の行列に散所神人が供奉する。東大寺八幡転害会記
		-.-　この年、東山山荘普請人夫配当注文に、東寺領散所より所出の人数がみえる。　東百ひ115
		-.-　この頃のものとして、近世期に作成された山城国朱智庄佐賀庄両惣図に北高木新屋敷の記載がある。　山城国朱智庄佐賀庄両惣図
文明15	1483	1.4　禁裏で大黒党が千秋万歳を申す。　御湯殿
		2.29　甘露寺親長、久世舞を聞く。　親長
		3.12　禁裏に曲舞を舞う稚児と男を大黒が連れてくる。これを舞わせ、太刀・折紙・銚子を給う。14日にも曲舞が呼ばれる。御湯殿　十輪院内府記
		4.4　元興寺吉祥堂の修理のため、1日より勧進久世舞が行われる。　大乗院
		4.5　舞々の稚児が禁裏に参り、長橋の小庭で謡う。8日にも呼ばれる。　御湯殿
		4.18　若狭より上京した曲舞が禁裏に参りたいと強く望んだため、長橋の小庭で舞わせる。　御湯殿

		4.19	近衛政家、聖門一門をともない曲舞を聞く。	後法興院記
		4.22	十輪院での28日からの久世舞に、大乗院尋尊は床三脚を予約する。	大乗院
		4.23	近衛政家、関白・一乗院らと共に舞を聞く。	後法興院記
		5.14	転害郷で予測外の事態があり、久世舞に事故があるという。	大乗院
		5.15	7日より8日間に渡った十輪院の久世舞が今日結願する。	大乗院
		5.16	古市城で久世舞があり、大乗院の僧が見物に出かける。	大乗院
		5.20	善勝寺で昨日から勧進久世舞があり、西転害郷においては初めてという。六方衆の下知により、祇園郷に茶屋の飾りを命じる。	大乗院
		6.－	東寺領「柳原地子銭納帳」に、「西在家」として10名の散所の所持地と「惣庄」分2300文の記載がある。	教王1883
		7.9	禁裏で曲舞児（舞々稚児）が庭上で舞い、扇と実隆染筆の古歌を下賜される。	実隆　御湯殿
		8.11	東寺領柳原散所、東山山荘造営のための人夫として22人が徴発され、また他の某散所も36人が徴発される。	東百ひ115
		9.17	河内国大鳥荘の散所5名、散所給田はもちろん、その他の田畠等の保有地を他に売却しないことを一同で確認し、領主に起請する。	田代文書7
		9.24	東寺領の「巷所田指図」の信濃小路の南側に「南小路散所村」が記される。	教王　絵図18
		11.－	上洛中の伊達成宗、千代大夫という舞に三百疋、別の舞に二千疋を給う。	伊達成宗上洛日記
文明16	1484	2.5	東寺、伽藍掃除料所として、紀伊郡佐井佐里の土地を買得する。	東百オ181
		9.19	禁裏で曲舞があり、三条西実隆「興浅からず」と記す。	実隆
		9.28	東寺領「柳原一橋屋地子注文」に、「政所屋　石松」の記載がある。	教王1894
文明17	1485	1.4	禁裏に千秋万歳が参り、御かゝりで舞わせる。	御湯殿
		1.19	禁裏で、松大夫と若衆を連れた別の久世舞（二人舞）が舞う。	御湯殿　親長　実隆
		1.23	二人舞の若衆が先日の礼に参り、ついでに舞わせる。	御湯殿
		1.26	伏見殿等の申沙汰で、久世舞が禁裏孔雀間で舞う。	御湯殿
		3.7	禁裏に曲舞の稚児と男二、三人が参る。	御湯殿
		3.16	禁裏で曲舞（二人舞）が舞う。	御湯殿　実隆
		③.11	禁裏の庭上で幸若が舞い、途中で雨になり南向でも舞う。	御湯殿　親長
		③.23	禁裏に、幸若の孫が舞いたい旨を申し出で舞う。	御湯殿　親長
		5.17	禁裏東方の万里小路通の昌門出（士）村で火事があり、一軒焼失	

		という。	親長
		6.14　禁裏での公卿の謡の席で、舞々を舞うものがある。	御湯殿
		12.2　東山山荘普請料として東寺散所に500文が賦課され、南小路散所がこれを出す。	東百ひ115-7, リ202　鎮守八幡宮供僧評定引付(東百け41)
		－.－　この頃、棟別銭を免除される者の中に、座頭・猿楽とならんで声聞師・河原者などがあげられる。	室町家御内書案
文明18	1486	1.4　禁裏で昼に、大黒党が千秋万歳を申す。8日は北畠の千秋万歳が舞う。	御湯殿
		1.6　中院通秀邸に千秋万歳が参入し、芸をなす。	十輪院内府記
		1.10　禁裏に松一大夫が礼に参り、一番舞う。	御湯殿　実隆
		2.11　禁裏に、なら松という曲舞が一番舞いたいという申し出が大黒よりあり、外で舞わせる。	御湯殿
		7.14　東寺、内裏普請につき、寺領散所村を雇い進めるという。	廿一口(東百ワ79)
		10.19　東山山殿御普請方入足配当注文に、東寺領散所に700文賦課の記載がみえる。	東百リ204
		12.19　東寺領山城国植松庄の左衛門次郎、田地を東寺西院掃除料所として売り渡す。	東百ま14-4
		12.25　東山山荘普請料として南小路散所が700文を出銭する。	東百リ209
長享1	1487	1.2　相国寺蔭凉軒で北畠の千秋万歳が例の如くある。	蔭凉軒
		1.4　河原者・散所者ら正月に近衛家に参賀し、種々の礼物を進上する。	雑事要録
		3.26　禁裏に田舎曲舞が訪れ、庭で二番舞う。	御湯殿
		3.29　天皇が長橋に出御し、曲舞がある。	御湯殿
		5.14　相国寺蔭凉軒に雑芸者がきて、種々の奇術を演じる。	蔭凉軒
		6.11　禁裏で公卿の雑色が曲舞を謡う。	御湯殿
		6.13　美濃に下向した大宮長興、土岐第で児と男の曲舞を見る。	長興宿禰記
		8.21　随身下毛野武春息武経が近衛政家のもとを訪れ、御家恩三上庄内左散所を御領目録に加えるよう申し入れる。	長興宿禰記
		11.16　東山山荘造営人足配当散用状に、東寺領散所の記載がみえる。	東百リ211, ひ119　近衛家文書
		11.－　御神神社の記録に、散所の名がある。	年貢散用状
長享2	1488	1.2　相国寺蔭凉軒に、北畠の千秋万歳入道が来て祝舞を舞う。	蔭凉軒
		1.4　河原五郎・散所者、近衛家に参賀して種々の品を進上し、銭・扇等を与えられ、また千秋万歳も扇を与えられる。	雑事要録
		1.4　禁裏で大黒党が千秋万歳を申す。7日、北畠党も千秋万歳、稚児を連れ曲舞も舞う。	御湯殿

1.10　松一大夫の曲舞が禁裏小御所である。　御湯殿
1.15　禁裏で千秋万歳、面白くなく早く終わる。　御湯殿
1.18　本年に再興された内裏の三毬打に、大黒党が拍子をとる。
御湯殿　十輪院内府記
1.28　天皇が長橋へ出御し、歴々の申沙汰により曲舞が舞う。　御湯殿
1.－　この月より翌月にかけて、東山山荘造営につき、近江国穴生の者が石垣普請に、また庭普請には河原者が従事する。　久守記
2.1　近衛政家、来臨の公卿らと曲舞を聞く。童形という。　後法興院記
2.5　外様衆の申沙汰により、声聞師こいぬが禁裏で曲舞（二人舞）を舞う。　御湯殿　実隆　親長　十輪院内府記　山科家礼記
2.13　甘露寺親長、来月2日の禁裏での曲舞の手配をする。　親長
2.17　近衛家で、童形の曲舞を聞く。　後法興院記
2.21　座頭俊一・弟子乗一が蔭凉軒を訪れ、平家・癖舞・小歌を尽くす。
蔭凉軒
2.－　東寺領「東西九条女御田年貢算用状」の角神田廿二坪に彦五郎、角神田里廿二坪に彦五郎・兵衛太郎、社里五坪に小四郎の記載がみえる。
東百わ19
3.19　聖護院准后等が訪れた近衛家の宴席で、曲舞がある。　後法興院記
4.29　この間、元興寺吉祥堂で久世舞を演じた一座、雨のため大乗院へ参仕したいと願い出、許されて障子上で舞う。　大乗院
6.14　蔭凉軒での宴席で、美少年が舞う。　蔭凉軒
7.6　北野社、西京散所に井替の手当として10疋を下行する。
北野目代日記
7.15　散所熊、この日より山科家で阿弥陀経を読む。布施3文。
山科家礼記
7.23　25日より、六方の沙汰により極楽坊で幸若大夫の久世舞勧進が予定され、明日より舞殿を立てるという。　大乗院
7.26　昨日から、極楽坊で幸若大夫の曲舞が始る。古市の取立てという。学侶・六方の多くが見物、一般の見物は殆ど無いほどという。
大乗院　政覚大僧正記
8.3　昨夜、興福寺東林院の東局に盗人が入り、曲舞児・同故僧以下の帷等八色が盗まれる。　政覚大僧正記
8.4　極楽坊の久世舞が今日まで5日間行われ、連日雨のため、勧進銭の不足は寺門が出すことになる（座席配置の詳しい記述あり）。　大乗院
8.5　極楽坊での久世舞の禄物は、学侶より千疋、衆中より五百疋出すという。　大乗院
8.6　西京散所、北野社の井替を行い、10疋を下行される。
北野目代日記

		8.16　この間、東林院局に泊まっていた久世舞児が、摂津国に帰国するにあたり、馬一匹を与える。　大乗院　政覚大僧正記
		10.5　内野御経。13日には御経で三度の抜刀事件が起り、散所新三郎が目撃して注進。14日は参詣人群集という。　北野社家日記
		10.15　北野杜経堂夜番ならびに掃除等は、同社の西京散所の役という。　北野社家日記
		11.3　東寺領散所等より東山山荘普請料700文を出銭する。　東百ひ120
		11.－　京都梅小路四郎太郎・三郎太郎、洛南鳥羽の灯心屋より買得相伝の田地の作職を、東寺西院掃除料所として東寺に売り渡す。　東百ユ123
		12.5　河内国大鳥荘の「さん所おんにようか子さ衛門四郎」、田地を地頭田代に売却する。　田代文書7（大日本史料8-26）
		12.8　西京散所者、壬生官庫の堀掘りの労役をしぶり、そのため幕府（飯尾為規）が督促する。　北野杜家日記
延徳1	1489	1.2　相国寺蔭涼軒で千秋万歳が旧例のごとく、祝舞をおこなう。入道は御陣へ参じたためか不参。　蔭凉軒
		1.22　近衛政家家で童形の曲舞がある。　後法興院記
		2.24　北野社、西京散所者に壬生官庫の堀を掘るよう沙汰する。　北野社家日記
		3.10　九条散所座中の者、公事の礼として鯉を三条西実隆に贈る。　実隆
		4.5　福田院の修理料に久世舞手ク丶ツが予定されるが、江州という理由で古市が止める。　大乗院
		5.2　東寺の湯田地子銭算用状に町尻散所の衛門太郎の名がみえる。　教王2023
		5.16　散所者熊、山科家に仁王経札を持ち来る。布施5文。　山科家礼記
		5.17　禁裏長橋で、曲舞を急に呼んで舞わせる。　御湯殿
		6.12　十座の明寛の息三郎次郎、大乗院家より石築地造成の功により太夫に補任される。　大乗院
		7.6　北野社の八嶋井の井替を預法師が行う。　北野社家日記
		7.14　散所者熊2人、山科家に阿弥陀経を読みに訪れる。　山科家礼記
		7.24　昨日より福寺の勧進相舞が始まり、28日まで5日間行われる。行事は京法性寺の者で名人という。　大乗院
		8.10　九条散所座中の者、三条西家に鯉などを持ち来る。　実隆
		9.16　今小路盛輪坊地にて幸若大夫の勧進が始る。翌17日、松梅院は境内での舞勧進の禁止を励行させるよう、社家奉行に命じる。　北野社家日記
		9.19　禁裏で内々の男たちの宴会があり、八郎九郎を急に呼び寄せ舞わせる。　御湯殿
		9.23　北野明珠院で曲舞があり、近衛政家が密かに聞きに行く。　北野社家日記　後法興院記

		10.9　千本で勧進興行をしていた越前舞（久世舞）の幸若大夫を呼びたい旨の下命があり、外様の申沙汰により孔雀間で舞がある。 御湯殿　宣胤卿記　親長　実隆　山科家礼記　後法興院記
		11.3　北野社での香若大夫の勧進を、永御寮・上殿が松梅院の坊を塞がせ、桟敷見物する。　北野社家日記
		12.13　蔭凉軒の亀泉集証、禅昌院に赴き、九世舞彦四郎、春童座の三郎らの芸を見る。　蔭凉軒
延徳2	1490	1.2　相国寺蔭凉軒に亀太夫殿が来て歌を唱い舞を舞う。ついで、千秋万歳が旧例のごとく、祝舞をおこなう。入道舞も先規のごとく行われる。 蔭凉軒
		1.3　恒例の千秋万歳、北野松梅院の広庭で舞う。　北野社家日記
		1.4　石籠大工の十座物、毘沙門経を大乗院に持参し、紙一帖と酒を給される。　大乗院
		1.9　足利義政没し、天下触穢となり、三毬打が禁じられ、神事行なわれず。　北野社家日記
		3.17　北野社の西京散所新三郎を含む土一揆、徳政令を要求して北野社境内・千本釈迦堂にたてこもる。21日室町幕府の軍勢が武力鎮圧、一揆衆社殿堂宇に放火し31人の死者が出る。　北野社家日記　北野目代日記
		5.25　北野社家、西京散所新三郎を闕所処分にする。　北野目代日記
		7.3　北野社家に闕所処分に付された西京散所新三郎の住居ならびに竹木等を売却、その代価1貫200文を各方面に配分。新三郎は細川玄蕃頭元治の被官という（延徳3年7月14日条）。 北野目代日記　北野目代日記紙背文書　北野社家日記
		7.6　西京散所者、北野社頭閼伽井の井替料十疋を目代より請取る。 北野目代日記
		8.1　禁裏で越前より上洛した女曲舞があり、三条西家の青女が見物に向かう。黒戸御毬懸で女二人・男一人が舞い、諸人が群集したという。 御湯殿　実隆　後法興院記
		8.13　曇花院で女曲舞がある。　蔭凉軒
		⑧.19　西京散所新三郎闕所家を、再度安富殿が検所するのは迷惑として、散所より目代を通じて曼殊院門跡へ願い出る。　北野目代日記紙背文書
		⑧.27　西京散所新三郎闕所家の検封が解かれる旨、松梅院より目代に連絡がある。　北野目代日記紙背文書
		12.25　北野社の八嶋の井に鼠が落ちて死に、井の清めが能椿より散所に命じられ、この日散所が清める。　北野目代日記
延徳3	1491	1.2　相国寺蔭凉軒で千秋万歳が旧例のごとく、祝舞をおこなう。先規のごとく入道も舞う。　蔭凉軒
		1.3　恒例の千秋万歳が北野社松梅院で祝言・歌舞する。　北野社家日記

		1.4　十座の明寛、大乗院に毘沙門経を持参し、紙一帖と酒を給される。　大乗院　政覚大僧正記
		1.4　禁裏で大黒党が千秋万歳と種々の舞を舞う。6日、北畠の千秋万歳もある。　御湯殿
		3.12　九峯自游初軒、九声舞二番を聴き、内藤七郎の能五番を見るという。　蔭凉軒
		4.11　元興寺で勧進久世舞が連日あり、衆中がこれを止めさせ、今日終わりとなる。　大乗院
		6.20　武田彦次郎の申沙汰により、禁裏南庭に舞台を設け、若狭国の九世舞を舞わせる。　蔭凉軒　後法興院記
		7.6　西京散所者、あ伽井の井を毎年の役として替え、料足十疋を目代より請取る。桶と綱は松梅院が出す。　北野社家日記　北野目代日記
		7.14　他家被官闕所の例として、西京散所新三郎が注される。　北野目代日記
		7.23　北野社盛輪坊地で舞勧進がある。飯尾清房よりの申し出という。26日にも飯尾方より舞勧進庭のことで話しがある。　北野社家日記
		9.3　蔭凉軒の亀泉集証、飯尾清房の陳所を訪れ、若狭国の九世舞の唱数曲を聞く。　蔭凉軒
		10.13　夜、北野杜で経堂にて経衆が集会、散所者と異論に及び、希代のことと言われる。　北野社家日記
明応1	1492	1.2　相国寺蔭凉軒で千秋万歳、年々の嘉例。祝物も先規のごとし。　蔭凉軒
		1.3　禁裏に大黒が参入して、色々の事を申す。5日、柳原党が千秋万歳。　御湯殿　続史愚抄
		1.3　北野松梅院に千秋万歳が来て、例年のように祝言歌舞をなす。　北野社家日記
		1.18　禁裏の左義長で大黒党が拍す。　御湯殿
		2.21　曲舞稚児が良く舞うと狂言する者が申し、禁裏長橋にて舞わせ、扇・折紙を給う。　御湯殿
		3.2　禁裏で稚児曲舞が舞う。4日にも稚児曲舞。　御湯殿
		3.5　近衛家での女中衆の花見に曲舞が舞われ、コウノ宮ノ松大夫が勤める。　後法興院記
		3.5　近江国野洲郡小南郷舞一丸座中に、諸公事免除した旨の文書が作成される。　中村家持廻り文書
		4.14　元興寺吉祥堂前で勧進久世舞が連日あり、今日からは別の座が始めるという。　大乗院
		4.16　曲舞がある。　後法興院記
		5.8　春日社で今日より曲舞があり、幸若彦四郎が演じる。　山科家礼記

		5.17　曲舞がある。　後法興院記
		7.12　禁裏で稚児曲舞があり、連れの七郎も謡う。　御湯殿
		8.22　山科家で散所熊が地祭を行う。　山科家礼記
		9.17　仮屋と称して在家を取り壊した西京散所者に、北野社が成敗をくわえる。　北野社家日記
		－.－　この年と前年分の東寺領「東西九条女御田未進徴符」に、散所彦三郎・助太郎・泰五郎の名と「鳥羽方御座用途未進　宿三川分右衛門二郎」の記載がある。　東百わ-27
		－.－　延徳頃、醍醐寺長尾社の修正会に、「西惣門并河林寺散所者」が悉く参り、社頭で祝言を申す。　醍醐寺年中行事
明応2	1493	1.2　相国寺蔭凉軒に千秋万歳が来て。雲頂院意足軒において祝舞を旧例のように舞う。　蔭凉軒
		1.4　禁裏で大黒党が千秋万歳を申す。9日は北畠党が千秋万歳。御湯殿
		1.5　今夜、北野社法花堂で曲舞がある。　北野社家日記
		1.20　北野松梅院に放下がきて、広庭で舞う。糸巻一振を遣わす。　北野社家日記
		1.24　天皇、勝仁親王方へ行幸、曲舞がある。　御湯殿　言国
		1.30　大徳寺養徳院領田地並地子帳に、柳原（小山郷鰯塚）の作人として唱門師四郎五郎の名がみえる。　大徳寺文書1039
		2.17　東寺南小路散所、幕府の人夫徴収に応ぜず夫銭を要求され、3月に至り詫を入れ解決する。　廿一口(東百ち26)
		3.5　蔭凉軒の亀泉集証、香備宅で彦四郎九世舞を見る。　蔭凉軒
		3.8　夜、曲舞がある。　後法興院記
		3.24　近衛政家邸で、公卿を招き曲舞がある。　後法興院記
		7.23　曲舞がある。　後法興院記
		7.29　禁裏に曲舞が参り、舞わせる。　後法興院記　言国
		5.26　「東寺廿一口方評定引付」に、地口・棟別についての散所免除の文言がみえる。　廿一口(東百ち26)
明応3	1494	1.3　北野社松梅院で例年のように千秋万歳が歌舞をおこなう。　北野社家日記
		1.4　禁裏で大黒党が千秋万歳を申す。　御湯殿
		2.3　声聞師、殺された花園郷の乞食の住宅を押収する。　大乗院
		2.－　東寺領女御田三ケ荘の未進徴符に、散所の名を多くみる。教王2086
		4.29　禁裏に近江の岩大夫の稚児二人を召して、曲舞を舞わせ、二百疋を与える。　御湯殿
		6.9　禁裏に幼い者が近江より来て、小御所の庭で舞を舞う。　御湯殿
		9.4　近衛政家邸で、公卿を招き曲舞がある。　後法興院記
		－.－　この年、祇園社領夏地子算用状に、しやうもんし、ほうちやうし、

		しきれつくり等の記載がみえる。	八坂2136
		－.－　この年、久我家領山城国久我本庄年貢納帳に、散所小大郎・小二郎・弥三郎・大郎二郎・道永・彦大郎等の名がみえる。	久我家文書614-17
		－.－　『三十二番職人歌合』の算をき、「こし程の、かりやのうちに身をゝける、さん所のものゝ、うらめしの世や」と詠む。	三十二番職人歌合
明応4	1495	1.4　禁裏で大黒党が千秋万歳を申す。	御湯殿
		2.6　禁裏の東小御所庭でしん四郎の曲舞がある。	御湯殿　実隆　親長　後法興院記
		4.7　禁裏で若狭の曲舞十人余が舞う。	御湯殿　言国
		5.2　禁裏で3月27日の余興の負態に、天王寺の曲舞を舞わせる。	御湯殿　実隆　後法興院記
		7.－　大徳寺下「祥瑞庵年貢米納帳」に唱門士孫海心、「祥瑞米之納下帳」三昧聖・深田唱門士孫衛門、「祥瑞庵領年貢米納下帳」に唱門士孫衛門の名がみえる。	大徳寺文書1253,1256,1665
		11.18　夜に入り火事があり、「近衛辺声聞師村」という。	実隆
		－.－　祇園社領秋地子算用帳に四条河原者衛門五郎・しやうもんし・ほうちやうし・しきれつくり等の名前がみえる。	八坂2138
明応5	1496	1.4　禁裏に千秋万歳が参る。6日は北畠の千秋万歳。	御湯殿
		1.17　親王方で曲舞があり、地下曲舞のため音曲に興があるという。	実隆
		1.－　大徳寺如意庵年貢地子銭納帳に、土御門唱門士村夏分・冬分として各500文の記載がみえる。	大徳寺文書2619
		2.21　曲舞がある。	後法興院記
		3.21　この間、大后寺で勧進久世舞がある。	大乗院
		4.9　西転害郷で、般若寺勧進と号して久世舞があり、戌亥方の沙汰という。造物があり、東大寺七郷に申付けるという。	大乗院
		8.26　禁裏小御所で、加賀国よりのぼる曲舞に舞わせる。	御湯殿
明応6	1497	1.4　禁裏で千秋万歳がある。5日は北畠の千秋万歳。	御湯殿
		3.22　大后寺で勧進久世舞があり、児舞という。	大乗院
		4.11　禁裏小御所で曲舞が舞う。	御湯殿
		8.12　大悲心院の指図が作成され、内部の地割りが判明する。	東百ニ101-2
		9.7　禁裏小御所で幸若の二人舞があり、音曲神妙という。	御湯殿　実隆
		9.18　禁裏の二宮の張行で、二人舞の幸若が舞う。	御湯殿　実隆
		11.3　夜に曲舞がある。	後法興院記
		11.－　東寺領妙見寺指図に、西在家散所（徐地）、中在家散所（出地子在所）の敷地が信濃小路の北に示される。	東百ニ101-3
明応7	1498	1.4　禁裏で大黒党が千秋万歳を申す。7日は北畠の千秋万歳。	御湯殿
		2.28　山科言国が赴いた花山院に、カツラ舞マイ以下が来る。	言国
		2.29　相国寺鹿苑院に摂州優者両人が来て、曲舞（多田満仲・奥州佐藤	

		兄弟）を演じる。	鹿苑日録
		3.27　近衛家での女中衆の花見に、返礼として曲舞がある。	後法興院記
		4.2　近衛政家邸に佐々木就綱が曲舞を召し連れて来て、終夜興を尽くす。上手であったため、3日にも同じ曲舞を呼ぶ。	後法興院記
		4.23　浄土寺で久世舞を初めるという。	大乗院
		5.13　浄土寺で開催予定であった勧進猿楽、六方衆の異議で延期となり、道具等を返したが、久世舞は通常通り得分があったという。	大乗院
		7.21　禁裏の庭で、加賀国の舞々が曲舞を舞う。天皇は黒戸に御し、昼より舞七番で暮れに終わる。	御湯殿　言国
		7.－　久我家文書御料所帳に散所の名がみえる。	久我家文書358
		8.19　禁裏で久世舞があり、天皇は黒戸に御し、夕暮れに終わる。	御湯殿　言国　親長　実隆
明応8	1499	1.4　禁裏で大黒党が千秋万歳。	御湯殿
		3.17　禁裏で昼に曲舞がある。	御湯殿
		4.24　近衛政家邸で、公卿を招き曲舞がある。	後法興院記
		7.6　手水の井替の料足を、北野社目代が役として西京散所方に10疋出す。	北野目代日記
		11.28　景徐周麟、将軍足利義高（義澄）に同朋衆・猿楽者等の扱いにつき、義政を分を超えた好例、義尚・義材を分を超えた悪例とし、分の上下を顚倒せぬ心がけが肝要だと説く。	鹿苑日録
		12.17　鵲郷鉢ウチ四郎の子、符坂油座の新規加入を認められる。	大乗院
		－.－　東寺領「東西九条女御田未進徴符」に散所助大郎・彦三郎・泰五郎・三郎五郎・新五郎・与四郎の名がみえる。	東百わ39
明応9	1500	1.4　禁裏で大黒党が千秋万歳を申す。	御湯殿
		3.7　近衛政家邸で、公卿を招き曲舞がある。	後法興院記
		7.6　井替の料足を目代が出すが、手水退転のため下行されない。	北野目代日記
文亀1	1501	6.14　祇園会の乗牛風流で北畠が拍子をとる。	実隆　言国
		9.17　幕府、南禅寺集慶軒に対し、同軒領丹波国保津保内一色・散所村等の代官職につき、文書を発給する。	南禅寺慈聖院文書
文亀2	1502	1.18　声聞師大黒党が内裏に参内し、三毬打の拍子を例年のごとく演じる。	元長卿記
		3.16　この二三日、下辺で童形と女房の曲舞があるという。	後法興院記
		3.19　近日申沙汰の返礼として、禁裏で下辺で勧進をしている童形の曲舞があるという。	後法興院記
		3.21　禁裏小御所東庭で曲舞があり見物雑人が群集する。大夫は八方といい、女房と児の相舞で、摂津国より上京したものという。	後法興院記　元長卿記　宣胤卿記

		4.11　山城吉祥院と植松庄との相論に際し、散所村が植松庄に合力する。　植松庄評定引付
文亀3	1503	12.2　『再昌草』八方という児の曲舞を見たと記す。　再昌草
		-.-　久我家領人夫支配帳に、散所衛門等の名が見える。久我家文書614-38
永正1	1504	10.-　右京職巷所が、内裏御公領の理由をもって香西元長の半済を免除される。　宣胤卿記
		11.10　香西元長による山城国半済につき、右京職巷所が免除されるべき旨の書状を送る。　宣胤卿記
永正2	1505	1.4　禁裏議定所の庭で千秋万歳が行なわれ、また5日には北畠声聞師がこれを行なう。　二水記
		2.26　禁裏で二人舞がある。　実隆　忠富王記　二水記
		3.11　今日から興福寺朱雀院十王堂で勧進曲舞があり、布留郷の若大夫が舞う。　多聞院日記
		5.5　元興寺吉祥堂の勧進曲舞で、国一大夫が演じる。　多聞院日記
		7.4　散所者、夫役として北野社手水の池水を替える。　北野社家日記
		10.1　白川家に座頭一人が来て、地下者二人の久世舞がある。　忠富王記
		10.3　禁裏で曲舞があり、舞々に美濃国より進上の太刀を給わる。　後奈良天皇宸記(天文13年条内)
		10.10　禁裏の長橋局の庭で、両人舞が急に催される。　実隆
永正3	1506	10.5　北野社経王堂の御経が去年と同様に勧進により執行される。同日、北野社の散所者が訴訟におよぶ。　北野社家日記
永正4	1507	-.-　この年の奥書のある『旅宿問答』に、「今の舞々と申は世間を往来する声聞士が仏菩薩の因縁を唱へ人を勧る」とあり。　旅宿問答
永正5	1508	5.2　大乗院門主尋尊死去、その『大乗院門跡領目録』に、細工・十座唱門・五ヶ所唱門・暦新座・本座などの記載がある。　大乗院門跡領目録
		6.7　将軍足利義尹の東寺御成に当り作成された御成普請境内人夫帳に、巷所衆6人が記録される。　教王2278
永正6	1509	1.4　4日大黒、5日北畠、11日目白の千秋万歳が禁裏に参内する。　京都東山御文庫記録
		1.22　禁裏の申沙汰の宴席で、新四郎など四五人が曲舞を申す。　京都東山御文庫記録
		1.-　大徳寺如意庵領所々散在地子帳に青屋、唱門士分として大郎次郎以下7人、河原次郎の記載がみえる。　大徳寺文書1530
		4.16　禁裏の長橋局で二人舞がある。　実隆
		8.27　禁裏で夕刻より、越前から上洛した香菊大夫の二人舞がある。石山勧進のためという。　実隆
		⑧.2　禁中で二人舞があり人びと群れをなすという。三条西家の青女、参入してこれを見る。天皇は記録所艮で聴聞という。　実隆

		－.－　この年より、近江国野洲郡小南大夫村が土御門家の門弟となると語り伝えられる。	小南愛郷史
永正7	1510	1.13　春日社の神主方で千秋万歳が形のごとくある。	春日社司祐稱記
		6.3　幕府、寝藍は九条散所座の専業との理由をもって、東寺雑掌が地下人を使って寝藍の業を行うことを停止する。	東百ニ157
永正8	1511	3.6　近衛家の女中で曲舞を舞う。	後法成寺関白記
		4.24　禁裏で二人舞がある。	実隆
		－.－　東寺領「東西九条女御田年貢算用状」の幡里十六坪に与三郎跡宿三川の名と、「除分　一石二斗　九条方老者会尺」の記載がある。	東百わ58
永正9	1512	1.2　近江国滋賀郡堅田庄の伊豆神社に、毎年千秋万歳が来て、禄200文は下司が出すという。また、10日の「大けち朝」には「いん内・おんはう」へ「はちのいゝ」が下される。	居初寅夫家文書
		1.5　禁裏に北畠声聞師7、8人が参内し、千秋万歳を催す。	後柏原院御記
		10.13　東寺領柳原散所の地子未進・不作分の注進状がつくられる。	教王2309
		10.21　久我家領久我庄の地子方帳案に、散所屋敷の記載がある。	久我家文書614-14
永正11	1514	1.30　禁中で二人舞がある。	公条公記
		－.－　この頃作成の「久我荘名田・散田等帳并文書案」に「本庄散所ノ道永」、「久我荘田数・分米帳」に「西散所道永」の記載がある。	久我家文書438,439
永正12	1515	1.5　三条西実隆邸に千秋万歳がくる。	実隆
永正13	1516	2.13　禁裏で大頭に舞を舞わせる。	御湯殿
		9.30　継孝院で女曲舞があり、細川家女中の招きで近衛家の北政所・徳大寺家女中等が赴く。	後法成寺関白記
		10.16　伊庭貞隆、近江国野洲郡の小南太夫村に対し、前例に準じて諸公事等を免除する。	中村家持廻り文書
永正14	1517	1.16　禁裏で踏歌節会の後、舞三番があり、近年珍しいので女子どもが雲霞のごとく見物する。	二水記
		6.19　この日より22日にかけて声聞師・河原者が中御門邸の井戸掘り、造庭に従事する。	宣胤卿記
		8.15　幕府、禁裏御領の左京職洛中散在巷所田畠の違乱を停止し、坊城俊名をしてこれを管掌させる。	東百メ278
		9.21　山城国紺灰座が7カ条の座中法度を定める。	佐野文書
		10.10　四条道場金蓮寺に坊城家が寺辺巷所を寄進する。	金蓮寺文書
		⑩.25　近衛尚通、息の明岳瑞昭とともに曲舞を見る。	後法成寺関白記
		11.12　禁裏小御所で曲舞があり、小童も座にある。	二水記

永正15	1518	1.11　伏見宮に参じた天王寺千秋万歳が帯をもらう。　伏見宮貞敦親王日記
		5.26　東寺、山城国西九条散所・福西金四郎跡の作職得分等につき、東寺が作人を補し、持地院に年貢を納入することを約す。　東百ヲ140
		12.29　九条城興寺敷地巷所をめぐって、坊城家と不動院が相論する。　華頂要略
永正16	1519	1.4　伏見殿に千秋万歳が参入、芸を尽し太刀を与えられる。　二水記
		2.21　近衛尚通、息の明岳瑞昭を招き曲舞を催す。　後法成寺関白記
永正17	1520	1.4　禁裏に千秋万歳が常のごとく参る。　二水記
		9.12　禁裏で、夕霧の子で朝霧という25、6歳の者の曲舞があり、皆感涙を拭うという。　二水記　実隆
		9.18　鷲尾隆康、二三人と同道して、千本焔魔堂に今日から始った朝霧大夫の曲舞見物に出かける。27日にも見物。　二水記
大永1	1521	4.19　禁裏で朝霧の曲舞がある。先日の返報という。　二水記
		7.12　鷲尾隆康、三条御所からの帰路、聖問師村の池をみる。　二水記
大永2	1522	11.－　連歌師柴屋軒宗長、日記に獅子舞、鉢たたき等につき言及する。　宗長駿河日記
大永3	1523	1.5　千秋万歳、三条西実隆邸に参入する。　元長卿記
		2.7　禁裏で、上京の大首と呼ばれる大夫の曲舞がある。　二水記　実隆
		8.3　禁裏で二人舞（曲舞）があり、越前香若徒党が三番を舞う。　二水記　実隆
		－.－　東寺領「東西九条女御田年貢算用状」の角神田里廿二坪に彦五郎・兵衛太郎、幡里十六坪に宿ノ与三郎跡三川の名と、「除分　二石　九条方老者会尺」の記載がある。　東百わ73
大永4	1524	8.12　禁裏の長橋局で女舞があり、途中火事で中断するも、夜にまた舞う。　実隆
大永5	1525	5.19　禁中で女舞がある。　実隆
		7.18　三条西実隆、中書王邸で見た刑部卿の曲舞興有りと記す。　実隆
大永6	1526	2.5　来る17日の将軍足利義晴の北野社社参に際し。この日より雑色・輿舁・触口・散所物等、道路の整備・架橋・穢物の清掃を命じられる。　北野目代日記
		2.17　足利義晴、北野社に社参、西京散所者を召し、道掃除をさせる。　北野目代日記
		6.9　鷲尾隆康、中山邸で女曲舞を聴く。　二水記
大永7	1527	8.2　声聞師村に近衛の者が押し寄せるとの噂に、声聞師村に数千人が集まる。　言継
享禄1	1528	1.9　禁裏に千秋万歳大黒が参り、議定所の庭で申す。10日は北畠の千秋万歳。　御湯殿
		1.18　禁裏で左義長があり、大黒がいつものように囃す。　御湯殿　二水記

		5.6　葛野五郎成宗なる者が小山昌門師太郎次郎より田地を２貫文にて買い、徳政令の適用をうけない旨を幕府に申し出る。　賦引付
		⑨.2　相模の鶴若太夫、北条四日町の太夫屋敷と飛脚御免許および舞々・いたか・陰陽方から役銭を取ることを認められる。　相州文書
		11.16　朽木民部少輔が坊城家領洛中巷所地の代官職に任じられる。　朽木家古文書
		11.－　東寺領鳥羽方女御田指出切符集に散所与三郎の名がみえる。　教王2420
享禄２	1529	1.4　禁裏に千秋万歳が参る。５日は北畠の千秋万歳、舞々等を舞う。　御湯殿　言継
		4.18　近衛尚通、宝鏡寺等と曲舞見物に密かに出かける。　後法成寺関白記
享禄３	1530	1.4　禁裏に千秋万歳が参る。５日は北畠の千秋万歳、舞を舞う。　御湯殿
享禄４	1531	1.4　禁裏に千秋万歳が参る。５日は北畠の千秋万歳、舞を舞う。　御湯殿
天文１	1532	1.4　禁裏に千秋万歳が参る。５日にも千秋万歳。　御湯殿
		9.8　大黒、禁裏の重陽節句の菊を植える。　御湯殿
天文２	1533	1.5　北畠の声聞師千秋万歳３人、議定所の庭で曲舞（盛長夢物語・頼朝都入）を舞う。　御湯殿　言継
		4.7　禁裏東方の声聞師村が法華一揆のために焼き払われる。　祇園執行日記　御湯殿　後法成寺関白記
		8.4　山科言継、大夫女房朝霧の勧進舞に出かける。　言継
天文３	1534	1.4　禁裏に千秋万歳が参る。５日には北畠の千秋万歳。　御湯殿
		1.－　久我家領「久我庄上下荘地子方帳案」の下久我庄分に、河原ノ物下地・東散所居屋敷・散所ノ角ノ衛門の記載がみえる。　久我家文書614-10
天文４	1535	1.4　禁裏に千秋万歳が参る。５日には北畠の千秋万歳。　御湯殿
		4.21　御所東方のシャウモンシ村が焼ける。　後奈良天皇宸記
		8.28　近江国蒲生郡野村の野村神社の「鳥居建立算用状」に、小南太夫・猿楽与太郎太夫・うねき太夫・川原物への下行が記録される。　野村神社文書
天文５	1536	1.5　森の久世舞が本願寺で明日舞いたいと申し出るが、断られる。　天文日記
		2.28　この年に修復された近江国三上庄三上神社所蔵の両界曼荼羅裏書に、「三上左散所」の記載がある。　野洲郡史上 p161
		⑩.－　葛野郡の「松尾社奉加帳」に「弐貫文　常盤産所惣中」の記載がある。　松尾社奉加帳
天文６	1537	1.4　禁裏に千秋万歳が参る。５日には北畠の千秋万歳、例年のように舞う。　御湯殿
		3.9　久世舞の夕霧が証如に訛言を言う。　天文日記
天文７	1538	1.4　禁裏に千秋万歳が参る。５日には北畠の千秋万歳、舞を舞う。　御湯殿

		4.3　蜷川親俊、舞見物に出かける。　蜷川親俊日記
天文8	1539	1.4　禁裏に千秋万歳がきて舞う。5日には北畠の千秋万歳。　御湯殿
		1.20　本願寺に久世舞もち大夫が来て、万疋を遣わされる。　天文日記
		2.4　禁裏で女中男の申沙汰にて舞がある。　御湯殿
		3.6　大政所で夕霧大夫の舞があり、蜷川親俊が見物する。蜷川親俊日記
		5.7　唱門士若大夫、柳本被官宇津見と語らい、臓物を奪い取るという。　披露事記録
		6.3　加賀国の山崎久世舞、法楽を勤めたいと申し出、本願寺で舞う。　天文日記
天文9	1540	1.4　禁裏に千秋万歳が参る。5日にも千秋万歳が参る。　御湯殿
		7.6　北野社八嶋の井を目代が散所に替えさせ、10疋を与える。　北野目代日記
天文10	1541	1.4　禁裏に千秋万歳が参る。5日には北畠の千秋万歳。　御湯殿
		3.28　土御門四丁町の声聞師ら作職の改易をめぐって相論し、幕府この日、これにつき奉書を発給。相論は以後も継続、事件に関連して年未詳の声聞師交名、散所村交名が作成される。　大徳寺文書1566～1570,1939,2175,2218,2657,2681
		5.11　久世舞の山崎彦太郎、法楽の事を勤めることを望み、本願寺で三番を舞う。　天文日記
天文11	1542	1.4　禁裏に千秋万歳が参る。5日には北畠の千秋万歳。　御湯殿
		2.13　『多聞院日記』、遠国で、禅僧・舞々・猿飼に猿楽三番叟をやらせようとしたが、それぞれの所作がでて上手くいかなかった話しを記す。　多聞院日記
		7.22　今出川の燈廬供養に曲舞（原文：典舞）三番が演じられる。　蜷川親俊日記
天文12	1543	1.4　禁裏に千秋万歳が参る。5日にも千秋万歳が参る。　御湯殿
天文13	1544	1.4　禁裏に千秋万歳が参る。5日には北畠の千秋万歳。　御湯殿
		1.18　禁裏の左義長で、大黒が囃す。　御湯殿
		7.18　四条道場で大頭が舞う。　尊鎮親王御自記
		8.9　幕府、禁裏御料所の巷所と幕府奉公衆知行分の巷所を地子銭賦課の対象から除くことを、洛中所々巷所百姓中に対し伝達する。　後鑑　室町家御内書案
		−.−　この年の跋文をもつ『世諺問答』に、千秋万歳についての記述がみられる。　世諺問答
天文14	1545	1.4　禁裏に千秋万歳が参る。5日には北畠の千秋万歳。　御湯殿
		1.8　北畠が今年の御礼として、禁裏に「かん三」を進上する。　御湯殿
		6.4　青蓮院で山本（大頭と号す）・藤井・彦四郎の三人が曲舞（兵庫の築島）を舞う。　言継

天文15	1546	1.4　千秋万歳7人、禁裏孔雀間において行ない、翌5日、北畠の千秋万歳5人も孔雀間で舞三番を舞う。　後奈良天皇宸記　御湯殿　言継
		3.9　禁裏で大頭と号す山本の曲舞（張良・和田酒盛・夜討蘇我・所知入・多田満仲）がある。また、知恩院門跡の申沙汰にて、大黒が来て舞う。　言継　御湯殿
		3.27　禁裏で、女中の申沙汰にて大黒が舞う。　御湯殿
		12.10　鹿王院玉芳軒が貸し付けたものの中に、常盤の「算所総借三个度内也」「算所兵衛二郎　三郎二郎」とある。　銭主賦引付
天文16	1547	1.4　禁裏に千秋万歳が参る。5日には北畠が参る。　御湯殿
		12.－　嵯峨常喜庵が貸し付けたものの中に、「ときはさん所　源五郎」の名がある。　賦引付并徳政方
		－.－　家康の父広忠、幸若左兵衛を三河岡崎城に召す。　類例略要集
天文17	1548	1.4　禁裏に千秋万歳が参る。5日には北畠が参る。　御湯殿
天文18	1549	1.4　禁裏に千秋万歳が参り、舞う。5日には北畠が参り、千秋万歳を申す。　御湯殿
		1.13　春日社で千秋万歳があるが、後段は無しという。　中臣祐金記
		9.7　声聞師村辺りで広橋と今村、小泉等の論田があり、雑色が派遣される。　言継
		9.28　大徳寺下見性寺年貢公事覚書に北山唱門士三郎兵衛の名がみえる。　大徳寺文書2740
		11.5　本願寺で狩野法眼が舞を舞う。　私心記
天文19	1550	1.4　禁裏に千秋万歳が参り、孔雀間で舞う。5日には北畠の千秋万歳、曲舞（和田酒もり・なす与一）を舞う。　御湯殿　言継
		1.18　禁裏の三毬打で、声聞師大黒が囃す。　言継
		⑤.7　伏見殿の承仕と仕丁、川で漁のところ声聞師と喧嘩になり、この争いで声聞師大黒が死亡する。翌日、伏見方は仁和寺に2000人を集め、声聞師村に押し寄せるが、本人は逐電、家は放火。　言継
天文20	1551	1.4　禁裏に千秋万歳が参る。5日も北畠の千秋万歳が参り、曲舞（和田酒盛・こし越・ゆり若）を演じる。　御湯殿　言継
天文21	1552	1.4　禁裏に千秋万歳が参る。5日には孔雀間で北畠の千秋万歳。曲舞三番を舞う。　御湯殿　言継
		11.21　竈塗改に声聞師が来て、地祭をおこなう。　言継
		12.5　禁裏に桜町の者の親子が来て舞い、太刀を下される。　言継
		12.19　伏見殿で桜町声聞師の舞がある。　言継
天文22	1553	1.4　禁裏に千秋万歳が参る。5日にも千秋万歳。　御湯殿
		8.18　禁裏で桜町の声聞師奈良松が曲舞二番（大織冠・曽我十番剪）を舞う。　言継
天文23	1554	1.4　禁裏の千秋万歳に御近所之声聞師の大黒5人が参る。　御湯殿　言継

		1.5　禁裏の千秋万歳、今日は北畠声聞師の日で、但し桜町から来るという。　御湯殿　言継
		1.7　本願寺に千秋万歳8人が訪れ祝言の後、久世舞を舞う。　天文日記
		4.11　本願寺に幸若大夫（照護寺下で60歳近い者）が舞いたい旨申し出て、五番（頼若太郎・たかだち・景清・新曲・こしごえ）を舞い、大夫には二、三百疋、同子に百疋、座者六人中に三百疋を遣わす。　天文日記
		7.22　橘通子の燈籠供養の曲舞（くまさか・かまだ）があり、山科言継が広橋等と同道して聞きに行く。　言継
弘治1	1555	1.4　禁裏に大黒が千秋万歳に参り、孔雀間で行い曲舞も舞う。5日には北畠の千秋万歳。　御湯殿　言継
		1.6　甲斐久宗が山科言継邸を訪れ、酒宴の席で曲舞が舞われる。　言継
		1.22　夷舁が禁裏に参内して車寄せで舞う。翌年にもあり。　御湯殿
		3.21　天十郎（鶴若大夫）に大永8年閏9月の証文に任せ、「卜算・移多家・唱聞師」の支配と役銭の徴収を認める。　相州文書
弘治2	1556	1.4　禁裏で千秋万歳。5日にも千秋万歳。　御湯殿
		1.18　禁裏の三毬打で、例年のごとく声聞師大黒が囃す。　御湯殿　言継
弘治3	1557	1.4　禁裏で千秋万歳。5日にも千秋万歳。　御湯殿
永禄1	1558	6.7　洛東勝軍山に拠る三好勢、京中に打ち入る際、唱門師村にも寄せる。　惟房公記
		7.6　北野社目代、曼殊院門跡より下行された井替の料足を、西京声聞師に与え、井を替えさせる。　北野目代日記
永禄2	1559	1.4　禁裏の千秋万歳を御近所の声聞師5人が旧儀に復し議定所の庭で行う。5日、北畠声聞師6人が例年の如く来て、舞三、四番を舞う。　御湯殿　言継
		1.7　本願寺に千秋万歳が来て、舞五番がある。　私心記
		3.4　山科言継、禁裏御番に参り、曲舞本「八嶋」を読む。　言継
		7.2　北山散所の与四郎、畠地を650文で買得する。　北野目代日記
		7.6　西京散所、北野杜より井替賃百文を支給される。　北野目代日記
		8.19　夜に桜町の2人が山科言継邸に来て、舞二番（八嶋・土佐正俊）を舞う。　言継
		9.－　焔魔堂で童部舞二人勧進舞がある。　厳助往年記
		11.7　正親町天皇の即位に当り、大黒が末額・平額を先規に任せて調進し、先々よりの田舎等迄、諸陰陽を役銭をもって奉行し、諸国において諸役を免れることを安堵される。　大國家文書 乙1
永禄3	1560	1.4　議定所の庭において声聞師大黒5人の千秋万歳が行われる。5日は北畠声聞師5人の千秋万歳、後に曲舞も舞う。　御湯殿　言継
		4.－　『築島』奥書に「永禄参年庚申歳卯月上旬写畢　筆者沙弥宗誉　持主民部少輔直次」とある。　築島

		7.5　北野社、西京散所に井替を命じるも料足がなく、代って曼殊院門跡の被官人がこれを行なう。　北野目代日記
		9.16　北野社目代が同社境内社務領内巷所と見世茶屋毎月公事銭等の知行を安堵される。　双柏文庫所蔵文書
		–.–　家康、幸若左兵衛を駿府城に召す。　類例略要集
		–.–　西惣門散所、西坂の掃除を行い、醍醐寺より150文を下行される。　卅講米并御影供田算用状
永禄4	1561	1.4　禁裏に5人が来て千秋万歳。5日には桜町の千秋万歳5人が参る。　御湯殿
		1.13　春日社で千秋万歳があるが、社中衆ばかりで陰陽沙汰は無いという。　中臣祐金記
永禄5	1562	1.4　禁裏に大黒の千秋万歳5人が来る。5日には桜町の千秋万歳5人が参る。　御湯殿
		12.14『劒神社文書』に「印内神領」とある。　劒神社文書
		–.–　西惣門散所、西坂の掃除を行い、惣門衆として醍醐寺より150文を下行される。　卅講米并御影供田算用状
永禄6	1563	1.4　大黒の千秋万歳が議定所の庭であり、後に曲舞二番を舞う。5日、桜町声聞師が禁裏に参内して千秋万歳を演じ、後に曲舞二番（浜出鳥・帽子折）を舞う。　御湯殿　言継　惟房公記
		1.7　「野一色記録」の「巨細帳」、「算所大夫衆一座」がこの日と28日に大原観音寺に参ったと記す。　近江坂田郡志
		3.16　若狭国高浜の舞々幸菊大夫、佐技治神社の宮建立の供養に舞う。　杉本家文書
		7.6『北野目代日記』に「井替料足10疋、御手拭布上下二つ」の記述あり。　北野目代日記
永禄7	1564	1.4　禁裏で千秋万歳、議定所で盃。5日には桜町（北畠）の唱門師の千秋万歳5人が議定所で行われる。　御湯殿　言継　惟房公記
永禄8	1565	1.4　大黒5人、禁裏の千秋万歳に参る。5日の千秋万歳は「桜町より参る、根本は北畠」と記され、議定所の庭で曲舞（張良・筥根詣・烏帽子折・秀平・浜出等）を舞う。　御湯殿　言継
永禄9	1566	1.4　禁裏に近所の声聞師の千秋万歳が参り、夕暮れに退出する。5日は桜町声聞師が、千秋万歳のため禁裏に参内する。　言継
		1.13　春日社神主宅で千秋万歳があるが、声聞師は不参する。中臣祐金記
		5.6　近衛殿で曲舞五番があり鹿苑院の僧が招かれて聞きに行く。　鹿苑日録
		9.8　大黒が例年のごとく議定所の庭に、菊を植える。　言継
		12.6　近江国沖嶋の惣代一和尚、「院内老若共」の「罪人御成敗の家御ふち」および「めしう人の御番」と「正月十五日之夜、火を付」ることにつ

		いての申し出を取り次ぐ。　居初家文書
		12.－　安芸毛利家に越前より幸若大夫が訪れ20日間逗留し、城内万願寺に舞台を設けて舞を舞い、礼物千貫を遣わされる。　温故私記10
永禄10	1567	1.4　大黒5人、禁裏の千秋万歳に参る。5日は桜町の千秋万歳4人が、議定所の庭で舞い、曲舞二番（烏帽子折・あつもり）も舞う。いつもは5人という。　御湯殿　言継
		3.29　21日より北野千部経があり、これに訪れた山科言継、帰りに手くぐつを見る。　言継
		4.6　今日から近衛烏丸の杉原跡で越前香若大夫の勧進舞があるという。　言継
		8.24　山科言継、吉田社末社の木瓜明神祭に出かけ、夜に里村の舞二番（土佐正俊・夜討曾我）を見る。　言継
		11.25　山科言継、禁裏に参内し、御前で曲舞本「敦盛」を読む。　言継
		12.24　子刻、山科家の近所の新在家声聞師家に火が着けられ、8間のうち南方2間が焼ける。　言継
		－.－　この年の近江国栗太郡常盤村の印岐志呂神社の祭礼に、散所者が米銭の下行をうける（元亀2年も同）。　永禄十年伊岐代宮御祭礼帳
永禄11	1568	1.4　禁裏で声聞師大黒5人の千秋万歳、ついで曲舞の大織冠を舞う。また夷舁、参内して車寄で舞う。5日は桜町の千秋万歳が議定所の庭であり、祝言の後に曲舞（和田酒盛・浜出）がある。　御湯殿　言継
		1.18　禁裏の三毬打で、大黒以下の声聞師が囃す。大雪であったが貴賤男女が群衆する。　言継
		2.30　薬室某、北野の勧進舞を聞くという。　言継
永禄12	1569	1.4　大黒声聞師が参内す。5日桜町声聞師の千秋万歳は世上物騒の故をもって参内せず。　御湯殿
		1.14　織田信長、将軍御所殿中掟を定め、同朋衆・猿楽等についても言及する。　仁和寺文書
		1.19　禁裏で三毬杖が行なわれ、声聞師囃子も催される。　言継
		3.25　木津伊予守の三周忌の読経の後に、曲舞があるという。　二条宴乗日記
		4.9　二条宴乗、灸の慰みに人に借りた新曲舞草紙を読む。二条宴乗日記
		4.26　二条宴乗の女房衆、極楽坊の舞を聞きに行く。27日も同。　二条宴乗日記
元亀1	1570	1.2　大黒声聞師が参内して毘沙門経を申す。この日、小法師も参内して箒を献上し、庭掃きに従事する。　御湯殿
		1.4　近所の声聞師大黒5人が参内し、議定所の庭で千秋万歳を演じる。5日には北畠の千秋万歳3人が色々のめでたき事を申す。　御湯殿　言継
		1.18　例年の如く禁裏の左義長で声聞師大黒が囃し、見物の貴賤、庭を

		うずめるという。　御湯殿　言継
		7.5　二条宴乗、二番舞（つきしま・おさだ）を見る。6日にはまんぢうを見る。　二条宴乗日記
		7.6　京都西京しやうもし、北野社より井替賃を支給される。　北野目代日記
元亀2	1571	1.4　禁裏で大黒の千秋万歳、議定所の庭で演じる。5日にも千秋万歳。　御湯殿　言継
		4.13　今日より19日まで、極楽坊で勧進の女舞狂言がある。　多聞院日記
		4.23　春日社若宮で舞がある。　多聞院日記
元亀3	1572	1.2　この日より5日にかけて、声聞師大黒が禁裏に参内して毘沙門経を読む。　御湯殿
		1.4　禁裏に大黒5人が参る。5日には北畠の千秋万歳3人が参る。　御湯殿
		①.22　19日より西大寺奥院で千部経があり、上葺勧進のため久世舞狂言があるという。　多聞院日記
		①.28　禁裏で男女中の申沙汰として、春きりという女房に舞を舞わせる。　御湯殿
		8.11　武田信玄の「葛山衆軍役定」に、「自庵江湖之申楽、舞々、妻之衣装、私宅之造作等之費用」は一切停止とある。　歴代古案
		9.8　禁裏で大黒が例年のように菊をすえる。　御湯殿
天正1	1573	1.2　声聞師大黒、禁裏に参内して毘沙門経を進める。　御湯殿
		1.4　禁裏に千秋万歳6人が参内し、翌5日は4人が参内する。　御湯殿
		8.28　浅井久政、森本村の舞々鶴松太夫を供に自刃するという。　当代記　信長公記
天正2	1574	1.6　織田信長、幸若大夫に百石の朱印状を与える。　幸若八郎九郎家文書
天正3	1575	1.4　禁裏に大黒6人が参る。　御湯殿
天正4	1576	1.4　禁裏の千秋万歳に大黒5人が参り、曲舞も舞う。5日には桜町の千秋万歳3人が参る。　御湯殿　言継
		1.8　梅津より千秋万歳18、9人が山科言継邸にくる。梅津の地を知行するため来ると注される。　言継　言経
		3.6　禁中で女房舞五番（張良・所知入・高館・伏見常磐・十番伐）がある。近江北郡の衆で、女房は18歳、脇ツレ等は父兄等の男、鼓打等の烏帽子着は5人（4、5日に準備の記事）。　御湯殿　言継
		3.25　幸若大夫の曲舞が一昨日より武家跡で勧進興行を始める。　言継
		9.28　山科言継、家人が病気のため、声聞師有祐を読んで算を置かせ、祈禱を申し付ける。　言継
		12.5　山科言経、冷泉為満に曲舞一冊を貸す。　言経
天正5	1577	1.4　禁裏に大黒の千秋万歳5人が参る。　御湯殿

		4.27　禁裏で女房舞があり、名前を所望したため、「玉子」とつける(26、28日も関連記事)。	御湯殿
天正6	1578	3.1　極楽坊で久世舞の女舞があり、諸人群衆する（5日にも記事)。	多聞院日記
		4.7　紀寺天王で女舞がある。	多聞院日記
		5.6　岡崎城に三河国衆が集ったおり、幸若大夫の従兄弟幸春大夫が舞二番（たかだち・十番ぎり）を演じる。	家忠
		7.20　三河国深溝城で越前国鶴賀の舞々幸鶴大夫が舞う。	家忠
		10.16　三河国深溝城主松平家忠のもとに東条舞が訪れ舞う。	家忠
天正7	1579	1.4　禁裏に大黒6人が参り、舞を舞う。5日には千秋万歳3人が参り、孔雀間で舞う。	御湯殿　言継
		1.7　梅津より千秋万歳7人が、山科言継邸に参り、例年のごとく舞う。	言経
		2.17　山科言経、家人の病気で、唱聞師幸松を呼び祓いをさせ、算の事を申し付ける。	言経
		3.6　禁裏で女房舞があり、脇ツレ等は男で所知入・高館・伏見常磐・十番伐等五番を舞う。	言経
		4.5　禁裏で俄に黒戸の前で女房舞（兵庫の築島・和田酒盛・次信継信）がある。	御湯殿
		5.3　京の大頭の舞（満仲・カマダ）を多聞院英俊が聞く。	多聞院日記
		6.30　三河国深溝城下に越前より幸鶴大夫が来て、三番（しだ・和田酒盛・烏帽子折）を舞う。	家忠
		7.1　松平家忠のもとに越前の幸鶴大夫が来て、四番（夜討曾我・八嶋・笛のまき・勧進帳）を舞う。2日にも同。	家忠
		12.27　近江国神崎郡建部散所村の国一大夫に、織田信長が「在所算所村」の公事免許・分国中徘徊の朱印状を発給する。	日本大学法学部所蔵文書
天正8	1580	1.4　禁裏に大黒6人が参り、次に二条邸にも参る。5日には桜町の千秋万歳3人が参る。	御湯殿
		2.1　松平家忠のもとに桜井舞々が来て、三番（烏帽子折・八島・勧進帳）を舞う。	家忠
		2.16　禁裏でかう若という若衆の舞があり、それに次いで御かはらの物山しろが三味線を弾く（13、15日に関連記事)。	御湯殿
		2.25　松平家忠のもとに東条舞々が来て、三番（おひさがし・堀河夜うち・四国おち）を舞う。	家忠
		③.13　吉田兼見、さる11日より下御霊社で行われる幸若八郎九郎の舞の相談をする。	兼見卿記
		③.15　舞の後に、下御霊社で勧進能がある。	兼見卿記
		4.13　極楽坊で女舞がある。	多聞院日記

		8.6　松平家忠のもとに、幸鶴舞々が訪れ、7日に三番（しだ・まきがり・堀河夜うち）を舞う。　家忠
		8.8　松平家忠、菩提寺本光寺で勘大夫の舞三番（しつか・しこくおち・清重）を見物する。　家忠
		10.－　武田勝頼、妻籠在番衆に対し、近江国神崎郡建部散所村の国一大夫の一行13人の通行の保障を命じる。　日本大学法学部所蔵文書
天正9	1581	1.4　禁裏に大黒が参る。先年女院死去のため、鼓無しに舞わせる。5日には北畠の千秋万歳が参るが、主公の御七日のため帰される。　御湯殿
		3.22　家康、遠江国高天神城を囲み、城中の望みを聞き入れ、幸若大夫に城際で舞わせる。　徳川実紀　常山紀談
		3.29　松平家忠のもとに東条の舞々が来て、「ゑほしおり」を舞う。家忠
		4.13　松平家忠のもとに舞々勘大夫が来て、二番（高だち・かまたり）を舞う。　家忠
		5.9　松平家忠のもとに桜井の舞々が来て、「夜打そか・くわんしんち・やう・ゑほしおり」を舞う。　家忠
		－.－　家康、幸若左兵衛を浜松城に召す。　類例略要集
天正10	1582	1.4　禁裏の千秋万歳に大黒5人が参り舞う。雨のため孔雀間で舞い、終わって例年のように議定所にて盃。5日には北畠の千秋万歳が参る。　御湯殿
		2.10　松平家忠のもとに岡崎の勘大夫が来て、二番（ゑほしおり・あつもり）を演ずる。　家忠
		2.11　松平家忠のもとに桜井の舞々が来て、まんぢう・次信を演ずる。　家忠
		4.11　10日より村雲で大頭が舞を舞い、群衆するという。　兼見卿記
		5.8　春日社若宮で京のムカデヤの久世舞があり、上手という。　多聞院日記
		5.19　安土惣見寺で信長・家康・近衛等が列席して、幸若八郎九郎が久世舞（大職冠・田歌）を舞い、次いで丹波猿楽の梅若大夫が能を演じるも不評のため、能の後に舞を舞うのは異例ながら、幸若大夫も召して和田酒盛を舞わせる。　宇野主水日記　信長公記　当代記
		6.1　宮内法印の茶湯の後、宴席で幸若に舞をまわせる。　宇野主水日記
		9.8　山科言経、折紙をそえて菊綿を献上する。　言経
		11.21　島津義久の宴席で幸若与十郎、一曲舞う。12月25日にも与十郎が舞う。　上井
天正11	1583	1.1　島津家で幸若与十郎が舞う。　上井
		1.4　千秋万歳大黒6人、例年の如く禁裏議定所の庭で舞う。5日の桜町も議定所の庭で舞う。　御湯殿
		1.5　島津義久が臨席した武庫邸での宴席で、幸若与十郎が舞う。　上井

		1.10	幸若与十郎、上井覚兼に同行して、義虎邸に赴く。	上井
		1.10	夷昇が恒例により禁裏に参入し、舞まいを演じる。	御湯殿
		1.19	禁中の左義打に声聞師大黒が拍子をとる。	御湯殿
		3.-	秀吉、近江国伊香郡「森本舞々大夫並びに陰陽大夫共」に、人夫役を免除する。	森本区有文書
		4.15	松平家忠のもとに舞々勘大夫が来て、二番（大職冠・いづみ合戦）を演ずる。	家忠
		4.23	島津家で舞がある。	上井
		8.4	後北条氏の家臣と推定される直景、江戸町人中に対し、近江国神崎郡建部散所村の国一大夫に伝馬4疋を渡すよう命じる。	日本大学法学部所蔵文書
		9.28	禁裏で大頭が舞う。	兼見卿記
		10.24	島津家の宴席で幸若与十郎が舞う。26日にも同。	上井
天正12	1584	1.24	島津家の宴席で乱舞、幸若舞などもある。	上井
		2.5	上井覚兼のもとに幸若与十郎等が寄り合い、酒宴を催す。	上井
		2.5	松平家忠のもとに舞々勘大夫が訪れる。	家忠
		2.12	松平家忠のもとに桜井舞々が訪れ、大職冠・夜討曾我を舞う。	家忠
		6.22	上井覚兼邸に可丹斎・幸若与十郎・一王雅楽助が寄り合い、酒宴を催す。	上井
		7.4	北野社の井替料として能運の地子未進分1斗が与えられる。	北野目代日記
		7.5	高倉範国が、昨夜、唱門師村の旧屋敷近辺で賊に遭って負傷し、今朝、死去する。	兼見卿記
		8.8	丹羽長秀、幸若大夫に三百石の領知状を与える。	幸若八郎九郎家文書
		9.20	上井覚兼宿での茶湯会に、幸若与十郎が勺をする。	上井
		10.3	島津家で終日乱舞、石原治部右衛門尉が狂言、幸若与十郎が一曲舞う。	上井
		10.19	島津家の寄合に、幸若与十郎が客居する。	上井
		11.29	伊集院忠棟亭に幸若弥左衛門尉親子が伺候して舞う。	上井
		12.1	上井覚兼邸に幸若弥左衛門尉らが来る。	上井
		12.3	幸若与十郎、阿多掃部助と同道して、有川長門守に礼に赴く。	上井
		12.9	島津家で宗泊という者に一、二番舞わせる。	上井
天正13	1585	1.5	北野社に千秋万歳が来て舞う。	目代昭世引付
		2.1	上井覚兼邸に幸若が来て舞う。	上井
		2.16	島津家で幸若与左衛門尉が一曲申し、百疋を遣わされる。	上井
		7.1	『北野目代日記』に「御手水不参候」の記述あり。	北野目代日記
		9.10	本田刑部・金春又次郎・石原治部右衛門尉・幸若与十郎が閑談して酒を飲む。	上井

		9.16　肥後国出陣中の島津氏の陣屋で、金春又次郎が太鼓、肥後の舞々松太夫親子・幸若与十郎が舞々、石原治部右衛門尉が狂言を演じる（17日にも松大夫が舞う）。　上井
		12.1　東福寺領横大路村の検地帳に、サン所・夙・アルキ・ゼンモンなどの作人名と、サン所口の地字がみえる。　東福寺文書563
		12.－　秀吉、尊朝法親王に門跡領を安堵し、法親王の配当中に「弐石産所者」が見える。　華頂要略55
天正14	1586	1.4　禁裏の千秋万歳に大黒が参り、例年のように議定所にて盃。5日には桜町の千秋万歳11人が参る。　御湯殿
		1.15　上井覚兼邸に島津忠長が来訪し、居合わせた幸若が舞う。　上井
		3.21　松平家忠のもとに、松平弥三郎が舞に来る。　家忠
		4.19　松平家忠のもとに舞々勘太夫が来るが、熱があるため、舞も一曲のみとなる。　家忠
		6.11　松平家忠のもとに舞々与三が来て、三番（かまた・かまたり・堀河夜うち）を舞う。7月16日にも来る。　家忠
		7.11　三河国深溝城下で近江の舞々が演じ、松平家忠が見物に出かける。　家忠
		7.16　松平家忠のもとに舞々与三が来る。　家忠
		8.29　大徳寺龍翔寺田畠目録に「三所」の肩書の作人が多く見える。　大徳寺文書2552
		8.30　大徳寺如意庵領田畠目録に、「算所　弥三左衛門」が作人として見える。　大徳寺文書2621
		－.－　久我家領上久我荘算用帳に、「ひにん　孫四郎」の記載がある。　久我家文書741
天正15	1587	1.4　禁裏の千秋万歳が議定所の庭である。5日には桜町の千秋万歳が議定所の庭である。　御湯殿
		1.6　千秋万歳が北野社目代のもとに訪れる。いつもは5日。　北野目代日記
		5.8　松平家忠のもとに越前幸鶴舞々子が来て、烏帽子折・景清・勧進帳を舞う。　家忠
		5.9　三河国深溝城下で舞があり、しだ・和田酒盛・伏見常盤を舞う。　家忠
		6.29　松平家忠のもとに舞々勘太夫が来て、八嶋を舞う。　家忠
		7.1　三河国深溝城下で勘太夫が舞う。　家忠
		8.6　松平家忠のもとに舞々与三が来て舞う。　家忠
天正16	1588	1.4　禁裏に千秋万歳が参り、南の庭で行う。5日には桜町の千秋万歳が南の庭で行われる。　御湯殿
		⑤.5　松平家忠のもとに越前幸若舞々が来て、「兵庫・おいさがし・敦

		盛」を舞う。	家忠
		7.27　毛利輝元、森勘八に招かれ、幸若小八郎の舞（大職冠）があり、幸若に太刀五百疋、同座衆へ千疋遣わす。	輝元公
		8.14　毛利輝元、近江中納言の御茶湯に出席。幸若の舞があり、太刀・折紙を遣わす。	輝元公
		8.17　毛利輝元、施薬院の御茶湯で連一検校の平家を聴き、午後道三に帰り、大頭の舞新曲を聴く。	輝元公
		8.25　毛利輝元のもとに幸若三郎九郎の弟子が来て舞う。	輝元公
		9.6　松平家忠のもとに東条舞々が来る。	家忠
		9.8　禁裏で例年のごとく大黒が、議定所の庭に菊をすえる。	御湯殿
		9.21　松平家忠のもとに小久舞々が来て、「たいしよくわん・くわんしんちやう・四国落」を演じる。22日に舞々は帰る。	家忠
		-.-　若狭国高浜村横町の幸菊大夫に、浅野久三郎より諸公事免除の御判物が下される。	杉本家文書
天正17	1589	1.4　禁裏に千秋万歳が参り、南庭で囃す。5日には桜町の千秋万歳が南庭で行われる。	御湯殿
		1.18　禁裏の左義長が例年のように南庭であり、大黒が囃す。	御湯殿
		4.23　松平家忠のもとに舞々与三が来て、烏帽子折・十番ぎりを舞う。	家忠
		6.8　竹のや備後のところで振舞があり、舞々幸鶴が来て、二番（大職冠・おいさがし）を舞う。	家忠
		6.-　北野社で地均し等の普請をする時は、北山山所村・等持院村・松原村・大将軍村・西京村が行なうという。	北野社家日記
		9.8　禁裏で例年のごとく大黒が、議定所の庭に菊をすえる。	御湯殿
		12.23　大徳寺領葛野郡北山村の検地帳にさん所、小北山の名がみえる。	大徳寺文書1999,2000,2557
天正18	1590	1.4　禁裏に千秋万歳が参り、南庭で囃す。5日には桜町の千秋万歳が南庭で囃す。	御湯殿
		1.8　この月、夷舁が禁中にたびたび参内して舞い、15日には夷舞も来る。	御湯殿
		6.5　勧修寺晴豊、舞々に肩衣を与える。	晴豊公記
		7.28　禁裏しゅこうの庭で、名人と言われる土佐の舞々が舞う。	御湯殿　晴豊公記
		8.1　幸松勘大夫、江戸に入部する家康に従い、関八州舞大夫頭に任じられ、五百石の知行と浅草田原町の屋敷地を拝領する。	浅草地名考
		9.8　禁裏で議定所の庭に、大黒が菊をすえ、それに女中が着せ綿をする。	御湯殿
		11.23　舞々治部左衛門（大橋大夫）に、「知行分似合之勧進」が認められ	

		る。	相州文書
天正19	1591	1.4　禁裏に千秋万歳が参り、南庭で申す。5日には桜町の千秋万歳が南庭で申す。	御湯殿
		11.11　前年に武蔵国忍に移封された松平家忠のもとに、江戸より舞々勘大夫が来て、翌日舞々（たい所くわん・景清・こしこえ）を演じる。12月12日にも舞い、15日に帰る。	家忠
		－.－　相楽郡上狛村の指出帳に、夙、歩、細工、猿楽、かわた、聖、神子、船頭らの各作人が保有した田畠分の記載がみえる。	浅田家文書
文禄1	1592	3.5　山科言経、徳川家康を訪れ、幸若三人の舞（新曲・夜討曽我等）を見る。	言経
		－.－　天正20年の「能登部上村水帳」に、5畝余の舞々屋敷が仁右衛門に下されたとの記載がある。	能登部上村水帳
文禄2	1593	4.16　武蔵国忍より下総国上代に移封された松平家忠の元に、舞々与三が来て、翌日に舞々（兵庫・笈さがし・夜討曽我）を演じる。17日も舞い、18日に帰る。	家忠
		7.6　北野社で井替があり、かみかせの布につき目代と松梅院が対立。	北野目代日記
		8.29　松平家忠のもとに、江戸舞々勘大夫が来る。	家忠
		9.1　松平家忠の所で勘大夫が二番（大職冠・十番ぎり）を舞う。	家忠
		⑨.14　松平家忠のもとに、江戸女舞々が来る。	家忠
		⑨.15　下総国上代で、女舞々が三番（伏見常盤・芳野落・持氏）を舞う。	家忠
文禄3	1594	3.12　京都・堺・大坂の陰陽師127人（京都109人、堺10人、大坂8人）が尾張国に移され、清須辺の荒地開発に使役される。	駒井日記
		10.29　山科言経、冷泉為満と同道して家康のもとを訪れ、舞の大夫高若（5人）の舞二番（イブキヲロシ・カマタリ）を聞く。	言経
		11.1　山科言経、家康のもとに礼に行き、高若が来て和田酒盛を舞う。	言経
文禄4	1595	1.4　この年、禁中に千秋万歳は不参という。	御湯殿
		1.11　春日社に社参した近衛信尹、千秋万歳を見る。	三藐院記
		5.23　山科言経、石川家成邸に赴き、舞（内野合戦）がある。	言経
		9.15　豊臣秀吉、幸若大夫に三百石の朱印状を与える。	幸若八郎九郎家文書
慶長1	1596	1.6　醍醐寺三宝院へ惣門の千秋万歳が来るも、唱門師は2年前より不参、「太閤御聞□」のためという。	義演准后日記
		3.10　若狭国高浜舞々村の諸公事免除の判物が下される。	杉本家文書
		6.3　梵舜、一日遊び、和田酒盛・大職冠の舞がある。	舜旧記
慶長2	1597	1.15　山科言経、カウ若舞の「胎内サガシ」を見る。	言経
		3.23　掃地坊主衆3人、鹿苑院に参向する。	鹿苑日録

		3.24　『長曾我部元親百箇条』、男が留守の時は「座頭・商人・舞々・猿楽・猿遣・諸勧進」を家に入れてはならないと定める。長曾我部元親百箇条
		4.10　久我家領上下久我荘家数覚書、「さんしょう与八」が久兵衛の北方によき家を持つと述べる。　久我家文書771
		4.10　鹿苑院主、家康のもとに赴き、舞を聴く。　鹿苑日録
		7.9　山科言経が盂蘭盆会に諸寺へ参詣し、庭掃に礼銭を与える。　言経
慶長3	1598	1.1　醍醐寺三宝院に惣門の者が来て、毘沙門経を読む。　義演准后日記
		12.20　京都奉行前田玄以、「梅津西東算所」等に対し、吉田栄可からの借米銭を返すよう命じる。　田中光治氏所蔵文書
		12.24　山科言経、伏見の家康のもとへ赴き、幸若の舞一番（満仲）を見る。　言経
		12.28　諸勧進の禁止を含む禁制が、北野社の御門・経王堂前の影向松の根に打ちつけられる。　北野社家日記
慶長4	1599	1.6　醍醐寺三宝院へ、ここ5、6年禁じられていた千秋万歳が来る。　義演准后日記
		6.23　小野郷での諷経の後の斎に、座当衆12人が来、舞の大夫も一声を行う。　鹿苑日録
		7.4　山科言経邸に伶人甲斐守が来て、張良を舞う。　言経
		7.6　北野社で今日井替。散所がこれに従った形跡は窺われぬ。　北野社家日記
		9.27　近江国神崎郡の国一大夫に宛て、「木流郷之内大夫村」に給人諸役免許の朱印状が、浅野長政家臣の井口忠兵衛・福田善右衛門より下される。　日本大学法学部所蔵文書
		12.26　禁中黒戸の庭で舞二番、次いで能がある。　言経
慶長5	1600	1.6　醍醐寺三宝院に千秋万歳がきて、祝言をのべ、餅酒を下される。　義演准后日記
		1.15　禁裏の左義打に仕丁が拍をうつ。　御湯殿
		3.18　鹿苑院での茶会で、大頭が舞（十番切）を舞う。　鹿苑日録
		4.11　山科言経邸、伶人甲斐守に舞本二番を借りる。6月10日に返却。　言経
		11.14　山科言経、冷泉為満と同道して大坂城に家康を訪れ、カウ若9人の舞（アタカ・カゲキヨ・十番切）を見る。　言経
慶長6	1601	1.6　惣門ノ者の千秋万歳、醍醐寺三宝院にきて祝言をのべる。　義演准后日記
		8.3　若狭国大飯郡高浜舞々村に諸公事免除の判物が下される。　杉本家文書
		11.26　北野松梅院、紹高所のもとに赴き、舞のあと連歌を行う。　北野社家日記

慶長7	1602	1.13　春日社の千秋万歳、先年の増田長盛除封以来、退転するという。　中臣祐範記
		3.28　山科言経、伏見城に家康を訪れ、カウ若舞（5人）を見る。　言経
		7.28　鹿苑院に客僧として托鉢に訪れた千代松太夫、「太所官・胎内サガシ」を舞い、扇子二本と十疋を遣わされる。　鹿苑日録
		7.－　丹後国中郡河辺・荒山・久次・丹波・橋木・周枳・森本・赤坂村の検地帳に、かわや・はちたたき・かねたたき・茶せん・川原・万歳師・たたき坊主等の記載がみえる。　丹後国中郡検地帳　丹後国検地帳
		8.28　鹿苑院に三人の僧と舞々の常徳が訪れ、「高館・トキワ」を唱う。　鹿苑日録
		8.－　丹後国与謝郡下世野村・忌木庄男山・温江村・宮津下村・本庄村・雲原村の検地帳に、はちひらき・かわや・かわた・忌木・かわら・さん所等の記載がみえる。　丹後国検地帳
		8.－　近江国伊香郡森本村「検地帳」、19町余の田畠、村高297石、岩大夫等13名の太夫号をもつ者の居住を記載する。　近江伊香郡志
		9.6　「江州志賀郡和邇庄内河原村御検地帳」に「まへた」と肩書された21人25筆の所持地が認められる。　今宿区有文書 B1
		9.14　「江州蒲生郡西生来村御検地帳」に，すめや太夫村として、38筆の屋敷地がみえる。田畠屋敷合4町5反3畝2歩。　岩越家文書 土地2
		－.－　近江国高島郡田中郷「検地帳」に、「さん所樹太夫」の40筆、計2町4畝の田畠が認められる。　田中神社文書2
慶長8	1603	1.6　女院御所に千秋万歳が参る。　御湯殿　慶長日件録
		2.8　御霊社旅所において一昨日より舞があり、舟橋秀賢が父国賢に従いこれを見る。　慶長日件録
		5.21　禁裏親王方で祈祷の後、笠屋を召して舞二番（大職冠・満仲）を舞わせる。　時慶卿記
		5.25　鹿苑院で斎の後、座頭十一人と十次郎というマイマイが来る。　鹿苑日録
		8.19　禁裏女院御所の帥局の庭で、笠屋大夫の舞四番（大職冠・笛クラへ・満仲・高館）がある。　御湯殿　時慶卿記
		8.22　禁裏女院御所で笠屋の舞がある。　時慶卿記
		9.8　山科言経、菊綿を禁中に献上する。　御湯殿　言経
慶長9	1604	1.6　女院御所に千秋万歳が参る。　御湯殿　時慶卿記
		1.15　禁裏にて左義打がある。この年以降連年この記事をみる。　御湯殿
		4.7　西洞院時慶、照高院殿へ相伴に参り、舞二番（高館・土佐シヤウ尊）を見る。　時慶卿記
		4.29　西洞院時慶、茶・一献の後、舞八嶋のさわりを見、毬遊びをする。　時慶卿記

		5.1　舟橋秀賢、諸卿と共に家康のもとに礼に行き、香若舞を聴聞する。　慶長日件録
		5.10　西洞院時慶、籠口某のもとで、舞三番（トガシ・新曲・文学）を見る。　時慶卿記
		10.－　板倉勝重、山城国葛野郡小北山村にたいし禁制を下付する。　鹿苑寺文書
慶長10	1605	1.13　春日社の千秋万歳、30年間退転していたが、この度声聞師芸能もふくめ再興される。　中臣延通記　春日正預祐範記
		10.2　女院より、山科言経のもとに明日のカウワカの舞の案内が来る。　言経
		10.4　禁裏女院御所で、香若の子14と10歳の兄弟の舞があり、露払と祝言の後「八島・鞍馬出・勧進帳・腰越・土佐正尊」を舞う。　時慶卿記　言経　慶長日件録
		－.－　加賀藩の『慶長十年富山侍帳』の諸職人の部に「銀壱枚　まひまひ　武右衛門」の記載がある。　慶長十年富山侍帳
慶長11	1606	8.25　豊臣秀頼、経王堂を再興し、この日再建供養がおこなわれる。　鹿苑日録
慶長12	1607	5.18　堺で舞々があり、座頭リ半斎という者と男が「継信・シダ」を舞う。　鹿苑日録
		5.25　相国寺鹿苑院に舞々の十二郎と座頭の常明勾当が来る。　鹿苑日録
		9.－　山城国「竹田村地緘帳」に「さん所」の肩書の86筆8名の39石余の記載とさん所ノ口などの地字がみえる。　城南宮文書
慶長13	1608	2.21　女院御所に夷舁がきて舞う。　御湯殿
慶長15	1610	3.7　鹿苑院主ら、千本にて、傀儡をはじめ嶋・猿という小童等の雑芸を見物する。　鹿苑日録
		4.23　金地院崇伝、珍しき舞を聴聞する。　本光国師日記
		11.19　梵舜、舞三番（十番切・大職冠・高館）を所望する。　舜旧記
慶長16	1611	12.12　家康、幸若弥次郎大夫を召し出し、舞曲がある。　駿府記
慶長17	1612	1.5　禁裏に桜町の千秋万歳が参内する。　言緒卿記
		7.18　幸若大夫暇をもらい越前に帰るさい、銀30枚を下賜される。駿府記
慶長18	1613	1.4　仙洞御所に千秋万歳が参る。　慶長日件録　言緒卿記　時慶卿記
		1.5　禁裏に千秋万歳が参人する。　慶長日件録　言緒卿記
		1.15　仙洞御所で三毬打が去年より始まり、今年は大黒が参り、音曲有りという。　孝亮宿禰日次記
		5.6　禁裏で所望により、香若舞の入鹿が舞われる。　時慶卿記
		5.6　家康、幸若八郎九郎大夫を呼び、舞曲がある。　駿府記
		5.7　文殊院の振舞により、墨介の舞がある。　義演准后日記
		9.5　梵舜のもとにシユンキクという座頭が来て、舞を舞う。　舜旧記

		11.27　幕府より青蓮院に寄せられた朱印100石の配当を受ける者のなかに、「弐石　産所者」がある。　華頂要略55下
		12.1　舞の黒助が上るという。　本光国師日記
慶長19	1614	1.5　禁裏で千秋万歳がある。　言緒卿記
		1.17　禁裏で舞六番がある。　時慶卿記　言経　孝亮宿禰日次記
		4.1　駿府城で幸若の舞曲がある。　駿府記
		4.4　西洞院時慶、竹門に礼に参上し、宴席で舞を聞く。　時慶卿記
		6.1　駿府城で幸若大夫の舞曲（高館・伊吹落）がある。5、11日にもある。　駿府記
		7.10　駿府城で幸若の舞曲（静）があり、暇を下され、銀30枚を拝領する。　駿府記
		8.21　若狭国高浜の舞々幸菊大夫、佐伎治神社の宮舞台供養に舞う。　杉本家文書
		9.14　山城国竹田村の「船入名寄帳之写」に「さん所」の４名の肩書の者の所持地が記される　城南宮文書
		9.15　幸若小八郎、江戸より駿府に来て、家康の御前で舞曲（烏帽子折）がある。　駿府記
		9.18　遠江の可睡宗珊、家康御前で曹洞宗仏法につき雑譚、後に幸若舞曲（信田）がある。　駿府記
		9.20　駿府城で幸若小八郎の舞曲（文覚）がある。　駿府記
		12.16『本光国師日記』に「黒介下」、18日には「黒介上」の記述がある。　本光国師日記
		－.－　秋田城下の萬歳は、三河国から佐竹藩の城下町常陸国久保田に移ったものが、佐竹氏の秋田移封に従って慶長年間この地に移るという。　秋田領風俗問状答
元和１	1615	1.5　禁裏の清涼殿の庭で千秋万歳があり、儀定所において一献が振舞われる。　中院通村日記　言緒卿記
		1.30　書物衆の労をねぎらって、金地院崇伝が接待し、黒介の舞がある。　鹿苑日録
		2.16　徳川秀忠、江戸に到着、四座の猿楽の能に次いで、幸若八郎が御前で舞う。　徳川実紀
		3.14　梵舜、庚申待で宵に座頭が来て、舞を所望する。　舜旧記
		7.5　駿府城で幸若弥次郎・八郎九郎・小八郎に舞曲（烏帽子折・和田宴・俊寛）を命じる。　駿府記
		8.－「本堅田村田畑之取遣帳」に慶長19～元和７年までの本堅田村の町別の石高が記され、院内は12石２斗６升、ひじりは６石３升と記される。　本堅田共有文書
		－.－　この頃、院御所において夷舁らによる操り等の雑芸がしばしば行

		なわれる。	言緒卿記　時慶卿記
		-.-　慶長頃の越前国絵図に「印内村」が記される。	越前国絵図
元和2	1616	1.3　女院御所において千秋万歳がある。	中院通村日記
		8.14　仙洞御所の北庭で傀儡の遊戯が催される。	土御門泰重卿記
元和3	1617	1.5　禁裏で千秋万歳がある。	孝亮宿禰日次記
元和4	1618	7.1　北野社、神前での宮仕の喧嘩により、御手水が退転となる。	北野社家日記
元和5	1619	1.5　明日の千秋万歳に備えて、清涼殿に座をしつらえるように日野資勝等に命じられる。	資勝卿記　孝亮宿禰日次記
		2.3　禁裏にて夷舁があり、橋掛りのある舞台にて舞い、手クグツの様という。	資勝卿記
元和6	1620	1.5　禁裏で千秋万歳がある。	孝亮宿禰日次記
		1.6　醍醐寺へ長尾より千秋万歳が来る。	義演准后日記
		9.5　本能寺前町の町法度に、座頭・舞々・青屋・猿楽・算置・石切・薬罐屋・うどん屋・木挽・油屋等への家屋売買が禁じられる。	本能寺前町文書4-26
元和8	1622	1.5　禁裏で千秋万歳がある。	孝亮宿禰日次記
		1.6　醍醐寺で千秋万歳がある。	義演准后日記
		1.13　春日神社で千秋万歳がある。	春日社司祐範記　春日社司延通記
元和9	1623	1.5　女院に千秋万歳が参り、棗庭で囃す。女御・親王が見物する。	御湯殿
寛永2	1625	1.5　禁裏に千秋万歳がきて、議定所の庭で舞う。大黒が扇を進上する。	御湯殿
寛永3	1626	4.-　『大國家文書』の「諸司町屋在之分注進書之内」として「一、しなの町　大黒」の記載がある。	大國家文書151
寛永5	1628	1.-　能登国「鹿島半郡上野組人別帳」に「舞廻太夫　かりん、伊藤」の名がみえる。	戸部功家所蔵文書
寛永9	1632	4.13「野一色記録」に「算所是はまいまい、いんやう、暦作有と見ゆ」の記載がある。	近江坂田郡志
寛永10	1633	12.14「堀田甚左衛門様御分目録」に「二斗弐升三合　すゝミや屋敷」「三斗　かわた村大夫」の記載がある。	岩越家文書 租税329
寛永13	1636	7.22　鳳林承章、放下師の嘉兵衛を呼び、その芸をみる。	隔蓂記
		12.4　鳳林承章、傀儡棚を見物する。	隔蓂記
寛永17	1640	5.18　等持院の山を山城国葛野郡算所村と松原村の両村百姓が侵して相論となり、両村百姓が処罰される。	隔蓂記
		6.20　今日死去した山城国葛野郡小北山村庄屋久左衛門を、鹿苑寺住職鳳林承章は「年来之悪人」と日記に記す。	隔蓂記
寛永20	1643	12.28　山城国葛野郡小北山村の懇望により、鹿苑寺門前百姓が立ち合っ	

		て草山が割当てられる。	隔蓂記
正保1	1644	1.5　禁裏に千秋万歳がきて、議定所の庭で囃す。	御湯殿
		1.9　山城国葛野郡小北山村の庄屋三右衛門が鹿苑寺に年頭の礼に訪れる（以後連年この記事が見える）。	隔蓂記
		1.18　禁裏の左義長で、大黒が囃す。	御湯殿
		7.21　鳳林承章、女院御所にて盲婦の三味線を含む踊女の演舞を見物する。	隔蓂記
		12.27　山城国葛野郡小北山村の百姓が鹿苑寺に草山手として、串柿一把を鹿苑寺に持参する（以後連年草山手の記事あり）。	隔蓂記
正保4	1647	6.13　東福寺領横大路村諸給人指出切帳の屋敷所有者にサン所小四郎・サン所新二郎の名が見える。	東福寺文書577
慶安1	1648	8.25　若狭国高浜の舞々幸菊大夫、福谷村天神宮の鳥居建立で舞う。	杉本家文書
慶安2	1649	8.5　若狭国高浜の舞々幸菊大夫、大島村のなかれ大明神の宮建立供養に舞う。	杉本家文書
		9.－　足袋屋町、キリシタン・牢人・後家・検校・あお屋・えた・傾城引こみ・せうむじへの家売買を禁じる。	足袋屋町文書
慶安4	1651	4.6　近江国高島郡田中郷若林天王宮の祭礼に、近村禅知院円珠尼を招くことの許可を願う、膳所藩宛の願書に、産所村の清右衛門が連署する。	田中神社文書5
承応2	1653	3.22　加賀国羽咋郡押水庄上田村居屋敷350歩が舞々三郎太夫に安堵される。	国初遺文
		9.21　若狭国高浜の舞々幸菊大夫、佐伎治神社の宮建立供養に舞う。	杉本家文書
明暦1	1655	2.28　近江国高島郡田中郷の若林牛頭天皇社の鳥居建立に際し、「御地祭」を「産所村助九郎」が勤める。	田中神社文書7
明暦3	1657	1.23　院御所庭で平家語りを所望された検校が、縁までのぼることを要求して許されず、その推参もとりやめとなる。また、猿楽・舞まい・座頭が禁裏に参入する前例はなしとされる。	梅村載筆
		9.－　近江国高島郡若林天王社の「来由書」に、「産子村々に鎮座の末社」として「三重生社　産所村」が書き上げられる。	田中神社文書8
寛文4	1664	5.5　法皇御所において傀儡が興行される。	堯如法親王日記
寛文5	1665	－.－　椹木町・福島町隣接の「つちみかどの町」は「此の町には陰陽師おほく居住す」という。	京雀
寛文6	1666	9.14　山城国葛野郡算所村（小北山村）庄屋久衛門が開き田地を押領したとして鹿苑寺領百姓より訴えられ、奉行所にて取調が行なわれる（当初9月4日の予定、11月17日には現地調査）。	隔蓂記
		11.－　陰陽師安部大黒藤原有清、関八州の陰陽師へ免許状を発行、これ	

		に対して土御門家が抗議し、諸国陰陽師支配を命じられるよう朝廷に願い出る。　土御門文書
寛文7	1667	4.18　近江国滋賀郡和邇郷の牛頭天王社の祭礼が日延べとなったのを理由に、同郷内前田村が祭礼の太鼓持を拒否するも、京都奉行所の命で太鼓持を出すこととなる（20日）。　今宿区有文書 J1,2,43
寛文8	1668	－.－　若狭国高浜の舞々幸菊大夫、下中郡国留奈胡之宮の雨乞供養に舞う。　杉本家文書
寛文9	1669	1.30　加賀藩の豊嶋安右衛門の書上によれば、三代藩主利常・四代光高の死後、奉公の舞々が扶持を召上げられ、流浪するという。　温故遺文
		3.8　若狭国高浜の舞々幸菊大夫、佐伎治神社の雨乞供養に舞う。　杉本家文書
		9.8　若狭国高浜の舞々幸菊大夫、岡安村古太明神の鳥居供養に舞う。　杉本家文書
寛文10	1670	9.11　幸徳井友伝、土御門家が南都陰陽師を配下におくことに異義を申し立てる。　土御門文書
寛文12	1672	8.－　土御門家が陰陽家を家礼に取ることが、朝廷より許可される。　土御門文書
延宝1	1673	－.－　山城国久世郡中村内の声聞師村、雨乞祈願の踊りの時には踊子は出さず、普請・警固にあたる。　中自治会文書
延宝3	1675	2.25　陰陽頭幸徳井友伝、土御門家との陰陽頭をめぐる争いの訴状のなかで、梓巫女を唱門師、竈祓いを陰陽師と呼び、土御門家がこれに免許状を出していることを非難する。　土御門文書
延宝4	1676	1.4　禁裏で千秋万歳があり、議定所の庭で囃す。　御湯殿
		1.18　禁裏の左義長が大番所の庭であり、大黒が囃す。　御湯殿
		7.19　先代泰重の忌日に備中国御家来陰陽師結城が、年頭方道の礼に土御門家を訪れる。　泰福卿記
		7.27　八朔の礼に南都陰陽師2人と縫殿・信濃が土御門家を訪れる。　泰福卿記
		7.29　八朔の礼に宇治陰陽師1人が土御門家を訪れる。　泰福卿記
		9.8　禁裏の庭に、大黒が菊をすえる。　御湯殿
		－.－　大和国の千秋万歳、1月1日に禁裏の庭にて舞い、同4日には禁裏の棗庭で舞う。　日次紀事
		－.－　猿牽、1月5日に禁裏の棗庭で猿を舞わし、また赤い縄を高貴の家に献じる。　日次紀事
		－.－　1月18日の石清水八幡宮の疫神祭に西岡宿の者が参列し、また禁裏の左義長に唱門師大黒が舞う。　日次紀事
		－.－　1月、癩人ら物吉と称して米銭を乞い、西宮傀儡師・万歳楽・春駒・鳥刺・鳥追・猿舞・大黒舞、伊勢太神楽・鹿島の事触・大原巫女・

		竈祓・獅子舞が各戸を訪れる。	日次紀事
		－.－　土用に、禁裏と院中に於て、陰陽師の大黒が水合の行事を修する。	日次紀事
		－.－　9月8日、唱門師の首大黒、禁裏に参り菊綿のための菊を常御殿の前庭に植える。	日次紀事
		－.－　9月13日、丹波国佐伯ならびに毘沙門村の明神祭が行われる。毘沙門村は全村民が唱門師と伝えられる。	日次紀事
		－.－　九条河原の東一橋辺に唱門師や神子が多く居住する。	日次紀事
延宝5	1677	1.5　今年、禁裏の千秋万歳はなし。	御湯殿
		3.18　大和国田原郷の乞食与次兵衛、十輪寺において曲舞・狂言を興行する。	山本政興日記
		10.20　近江国野洲郡小南村内陰陽師村、延徳4年の諸公事赦免の綸旨を検地奉行戸田左衛門に提示して、小南村との境界が分明なことを主張する。	中村家持廻り文書
		9.8　禁裏の庭に、大黒が菊をすえる。	御湯殿
延宝6	1678	1.6　千秋万歳が禁裏の議定所の庭で囃される。	御湯殿
延宝7	1679	3.7　「近江国野洲郡小南村検地帳」に、陰陽師屋舗7反83歩と八幡宮1反8畝10歩が除地として記載される。	小南共有文書
		3.7　「近江国滋賀郡本堅田村検地帳」に、陰陽村として15筆の屋敷地と、12筆の畑地が記載される。	本堅田共有文書
		9.8　禁裏の庭に、大黒が菊をすえる。	御湯殿
延宝8	1680	1.4　禁裏で千秋万歳がある。	御湯殿
		3.14　近江国滋賀郡今宿村で、藩命により免状を出作百姓にも見せることを約した取り決め状に、前田村の百姓は入作の中村の次に署名する。	今宿区有文書 A1
		8.19　『後水尾院年中行事』、桜町の千秋万歳、三毬打・水合を勤める大黒について詳述する。	後水尾院年中行事
天和1	1681	9.8　禁裏の庭に、大黒が菊をすえる。	御湯殿
天和2	1682	9.8　禁裏に大黒が参り、菊をすえる。	御湯殿
天和3	1683	2.－　百姓・町人の衣服が厳しく制限され、町人・舞々・猿楽は扶持人でも帯刀を禁じられる。	若山家文書
		5.17　土御門家へ諸国陰陽師支配の綸旨が出される。	御家道規則書
		7.5　若狭国高浜の舞々幸菊大夫、大島六所大明神の鳥居供養に舞う。	杉本家文書
		9.8　禁裏に大黒が参り、菊をすえる。	御湯殿
		9.25　土御門家の諸国陰陽師支配の朱印状が綱吉により出される。	徳川実紀　土御門文書
		11.4　白井右京正友、土御門家より呼名・烏帽子白直垂・木綿手繦の許	

		状を発給される。　枚方市史
貞享 1	1684	1.6　禁裏に千秋万歳が参り、議定所の庭で囃す。　御湯殿
		1.18　禁裏の大番所の庭で左義長があり、大黒が囃す。　御湯殿
		8.1　若狭国高浜の舞々幸菊大夫、佐伎治神社の雨乞供養に舞う。　杉本家文書
		9.8　禁裏に大黒が参り、菊をすえる。　御湯殿
		9.27　寺社奉行、神事舞大夫支配の幸若勘太夫と関東陰陽師触頭を呼び出して、双方の支配について裁許、幸若勘太夫は誤証文を提出という。　神事舞太夫共由緒書
		－.－　この年、土御門泰福が陰陽之徒を定めた時、若狭国中の舞々でかの家に属する者10名が、陰陽師と名を改める。　若狭郡県志
		－.－　この年より岡山藩の陰陽師は土御門家配下を申し付けられ、運上銀を取り立てられる。　日本宗教制度史 近世p512
貞享 2	1685	1.6　禁裏で千秋万歳がある。　御湯殿
		1.17　禁裏で左義長があり、大番所の庭で大黒が囃す。　御湯殿
		9.8　禁裏に大黒が参り、菊をすえる。　御湯殿
貞享 3	1686	1.6　禁裏で千秋万歳がある。　御湯殿
		1.18　禁裏で左義長があり、大番所の庭で大黒が囃す。　御湯殿
		3.18　法隆寺大殿唱門師久四郎父子、十輪寺において曲舞をまう。　山本忠辰日記
		3.19　若杉柳大夫、公家・町家23軒の旦家を、銀500目で若杉権大夫に売り渡す。　若杉家文書2161
		3.－　駿府「府内時之鐘鋳直申ニ付入用集銭帳」に「印内町　本家三拾三軒　但丁頭家弐軒除之　借屋弐拾軒」「猿屋町　本家五軒　但丁頭家除之　借屋弐軒」とある。　静岡県史10p775
		9.8　禁裏に大黒が参り、菊をすえる。　御湯殿
貞享 4	1687	1.6　禁裏で千秋万歳がある。　御湯殿
		1.17　禁裏で左義長があり、大番所の庭で大黒が囃す。　御湯殿
		－.－　寛政９年頃成立と推定される「若杉家旧誌」、貞享年中に始めて土御門家より若杉林太夫に対し、京都陰陽触頭を命じられると記す。　若杉家文書2161
元禄 1	1688	3.14　丹波国多紀郡伊串村の陰陽師に対し、石見の国号を名乗ることを土御門家が許可する。　楽翁文書
元禄 4	1691	－.－　「貞享三年御條目留帳」に、兵庫津散所村の切支丹類族である「公儀御預者」の年々預手形を作成し、宗門奉行に指上げるよう記される。　兵庫岡方文書1p316
元禄 5	1692	2.－　「駿府町数并家数人数覚」に、「印内町　家数三拾五軒　人数合弐百拾七人」「猿屋町　家数合六軒　人数合五拾四人」とある。静岡県史10p790

元禄7	1694	－.－　『京独案内』に「をんやうし　みこ　さワラ木丁　ふや丁のにし」の記述がある。 京独案内
元禄9	1696	3.27　下野国余瀬村で土御門配下の万歳師が地元の舞太夫に乱妨され、舞太夫が処罰される。 西尾市史 現代5p1136
元禄11	1698	8.－　近江国滋賀郡「本堅田村明細帳」に、陰陽村は高にかからず、「枝村一、陰陽師七人　滋賀郡陰陽師小頭　山岡六之進(下略)」の記述があり、宝暦頃と推定される付箋に「只今陰陽師四人」とある。 居初寅夫家文書 12.16　近江国滋賀郡前田村、川普請人夫給を今宿村より請取る。 今宿区有文書 I2
元禄14	1701	－.－　この年幕府に提出された「近江国絵図」の本堅田村の西に陰陽村が画かれる。 縮写元禄近江国絵図
宝永2	1705	12.5　近江国高島郡産所村の長兵衛、同村源五所持の馬場村田地を永代譲り受け、薬師川作右衛門からの源五の借金を肩代わりする。 田中神社文書132
宝永5	1708	1.7　但馬国美含郡芦谷村の庄屋小次郎、自らを陰陽師神道家で御百姓を代々勤める者と名乗る。 安谷家文書 2.5　但馬国美含郡芦谷村の安谷掃部に対し、掃部の呼名と烏帽子・木綿手繦が土御門家より許可される。 安谷家文書 5.10　谷重遠、梅宮社酒解子神に併祀されている橘嘉智子（檀林皇后）が仁明天皇を出産した梅宮社の西の地を「産所」というと記す。 東遊草
宝永6	1709	3.25　平野の神子町30余軒が残らず焼失する。 月堂見聞集
正徳1	1711	－.－　綴喜郡普賢寺郷氏神牛頭天王社の神事能の際、舞台掃除は大谷村（穢多)、舞台橋掛り設営は大谷・山崎村（宿村)、舞台警固は北谷村（散所）が勤めるという。 田宮寛家文書
正徳2	1712	1.－　越前国坂井郡瀧谷村の瀧谷寺に、越前万歳を描いた絵馬が奉納される。 萬歳絵馬
正徳5	1715	8.28　若杉上総に「禁裏左義長役」が命じられ、その旨を奉行所に届け出る。 若杉家文書2161 －.－　土御門家が支配する洛中洛外陰陽師として、大黒刑部以下5人の名がある。 京都御役所向大概覚書
享保1	1716	－.－　「諸役寄宿御免許之事」に諸役免除分として、「大黒松大夫・小泉宮内・若杉金太夫」の名がある。 京都御役所向大概覚書
享保2	1717	6.19　長谷川（大黒）刑部、出納より家領として山城国葛野郡西院村に3石の知行を請取る。また、年不明ながら、御水合・御井・御菊居の下行銭についても記される。 大國家文書71 11.3　近江国滋賀郡前田村の式部、大津町木屋孫兵衛とともに栗原村五兵衛跡式配分をめぐって五兵衛と栗原村村役人を訴え、この日関係者で済証文を交す。 畑(友)家文書

享保5	1720	12.17　医師・山伏・陰陽師に対し、綸旨・口宣・令旨・補任状の提出が命じられる。　古久保家文書　三条衣棚町文書
享保6	1721	12.－　綴喜郡北谷村治兵衛以下12名、往古より土御門家の家末葉で近年中絶するも、河内国藤田村孫兵衛等の請合で同家の配下となり、筋目悪しき者・梓神子との交際を絶つと誓約。　西尾家文書311
享保8	1723	11.13　若杉家の当主、上総の名乗を土御門家（雑掌大谷内記）より許可され、名乗と土御門家の家来であること、および帯刀人であることを町に届ける。　若杉家文書2161
享保9	1724	6.－　伊勢国三重郡浜田村に、「山伏壱人　護宝院」「陰陽師壱人　金五郎」が居住する。　林英夫氏所蔵文書
		8.21　丹波国多紀郡井串村の陰陽師に対し、伊勢の呼名・千草舞衣・木綿手繦が土御門家より許可される。　楽翁文書
		－.－　大和郡山領の郷帳に、蒲生郡舟木村陰陽師50人の記載がある。　江州御領郷鑑
		－.－　元文4年の西京町々の格式改によれば、北野右近馬場通下立売上ル七軒町は、享保9年迄は北野鳥居より石塔前迄の掃除を勤めていたという。　西上之町文書
享保16	1731	11.8　近江国蒲生郡西生来村の「村会計控」に、米5斗を大夫様あて上納した記述がある。　岩越家文書 村政18
享保18	1733	1.15　左義長を囃す唱門師大黒の衣裳とその芸態が記される。　塩尻
享保19	1734	2.1　近江国蒲生郡西生来村「鉄砲御改帳」に進宮博士の記載があり、別に「穢多鉄砲改」が作成される。　岩越家文書 治安9,11-17,20-22,24,25
		3.－　『近江輿地志略』、大津町寺内新町・高島郡産所村、蒲生郡小谷村の陰陽師について記す。　近江輿地志略
		12.1　若杉上総が土御門家家来に抱えられ、帯刀が免許される。　若杉家文書2161
享保20	1735	－.－　『春日坊目拙解』、奈良奥芝辻町には陰陽師・梓神子・猿引・傀儡師・乞食・非人頭等が多く住むと記す。　春日坊目拙解
		－.－　『塩尻』「（三河国宝飯郡宿村内）院内村萬歳作太夫、毎年東都に下り、正月十一日に御勘定所にして萬歳を勤めて金子拝領す。浅草御蔵にて勤米十五俵賜はりしといふ」。　塩尻
元文2	1737	1.－　陰陽師若杉上総、禁裏左義長役・諸役御免許を受けている旨の届けを、京都町奉行所に提出する。　若杉家文書2161
元文3	1738	4.1　尼崎藩奉行、寺社人別改で兵庫津を訪れ、算所に出向いて切支丹類族「御預ケ之家」を見分する。　兵庫岡方文書6
		－.－　『民間時令』所収のこの年の書上に、「西大高村　五代先杉江庄吉と申者より代々年始萬歳」とある。　民間時令
元文5	1740	－.－　幸松勘大夫に不埒の儀があり、関八州舞大夫頭を免じられ、代わ

		りに手代を勤める田村八大夫が頭に任じられる。　豊島郡浅草地名考
寛保3	1743	4.3　近江国高島郡田中郷、寺川・八田川の普請について村々で取り決め、その証文に産所村庄屋久太夫が連署する。　田中神社文書114
		-.-　この頃作成の『山城国乙訓郡鶏冠井村記録』、300石の院内高は不浄のため穢多並に省かれると記す。　山城国乙訓郡鶏冠井村記録
延享1	1744	6.20　山城国葛野郡小北山村と平野村の墓所が鹿苑寺により取り上げられるが、平野村のみ再び認められる。　鹿苑寺文書
延享2	1745	3.13　山城国綴喜郡北高木村の西尾久右衛門、土御門家より五畿内並に近国巡検惣目付役に任じられ提灯・荷札・帯刀が許される。　西尾家文書60
		-.-　京都に播磨の万歳が訪れるという。　恵美須草
延享3	1746	3.24　土御門家、但馬国中の陰陽師并筋目中が、元禄9年以来ご機嫌も伺わず、御灯料も払わないとして、但馬国美含郡芦谷村安谷掃部に督促を命じる。　安谷家文書
延享4	1747	6.26　近江国甲賀郡大岡寺のおこないに、山名主税が参上して寿詞を述べる。　水口神社文書
寛延2	1749	10.-　近江国蒲生郡西生来村「御物成諸役出方指出状」に「三斗五升進宮大夫被下引」の記述がある。宝暦元年、同2年、文化2～4年にも同様の記述。　岩越家文書 租税223,225,226,255,257,259
寛延3	1750	12.3　摂津国嶋下郡茨木村内下村の陰陽師、免割の際に別席を申し付けられるのは新儀であるとして、大庄屋を相手取り訴訟をおこす。　西尾家文書2,15
宝暦1	1751	3.-　近江国滋賀郡今宿村、三上藩へ提出の「家数人数覚」に、前田村(28軒・121人)を別村として記す。　今宿区有文書E5
宝暦2	1752	1.15　土御門泰邦、吉田兵庫を二条城参向の供とするため、家司より大黒民部に断わりを入れさせる。　若杉家文書10
		4.3　兵庫津の算所村平人より願い出ていた「稽古浄瑠利」、5日の日延を願う(9月7日にも同事あり)。　兵庫岡方文書7
宝暦3	1753	6.11　下之醍醐居住の陰陽師、醍醐山中旅宿で急死の死体の片づけを命じられ、前例にはしない約束でこれに従ったことを、小泉大和が宇治五ヶ所を代表して土御門家に報告。　若杉家文書102
		9.8　小泉大和、醍醐惣門村の天和三年・貞享二～四年の村方役人を調べるよう、土御門家に命じられる。　若杉家文書102
宝暦5	1755	1.10　上組陰陽師、例年正月8日に土御門家に御礼に上るところ今年は不参、家司小泉大属より吟味すると、仲間で申し合わせ間違えたとの返答。　若杉家文書103
		2.11　土御門家の春分測量で、本来なら上下組が御用を勤めるべき所、下組のみ出仕し上組は不参。　若杉家文書103
		3.24　山城国綴喜郡高木村、同村内北谷村が土御門家配下として格別の

		扱いを受けているとして出訴、北谷作兵衛・半右衛門が触頭小泉大和に、以後差別なきよう誓約書をだす。　西尾家文書312
		7.－　上組大黒刑部が土御門家に対し、御慎み内御機嫌伺不参・年頭礼不参・貢納銀不納を誤る口上書を提出する。　若杉家文書586
宝暦8	1758	－.－　近江国滋賀郡今宿村の「永代烏帽子連名記」に、前田村四郎兵衛が烏帽子料10匁を納めたことが記される。　今宿区有文書J7-1
宝暦10	1760	5.18　大黒民部と吉田和泉、14日山城国愛宕郡白川村での雨乞いで、大雨が降った礼に白銀3枚と酒肴を、村より送られる。　大國家文書49-3
宝暦11	1761	4.24　近江国高島郡田中郷で「氏子誠意祭祀格式」が郷中十一ヶ村により定められ、産所村は馬場村・下城村と一組で役を勤めることになる。　田中神社文書28
宝暦12	1762	－.－　『淀古今真佐子』、大黒舞、大和万歳、春駒、節季候などについて記す。　淀古今真佐子
宝暦13	1763	1.1　若杉権之丞、北野社および公家町、下鴨村を廻り、守札を配って初穂をもらい受ける。　若杉家文書760
		1.20　若杉権之丞、住吉屋九郎兵衛妻の病気快癒の祈禱を7日間行い、護符を届ける。　若杉家文書760
		4.11　若杉権之丞、高井家から使いが来て、胞衣を納める方角を尋ねられる。　若杉家文書760
		5.29　若杉権之丞、中立売の松屋平兵衛から方除の祈禱料を請取る。　若杉家文書760
明和2	1765	2.16　土御門家、諸国陰陽師支配の触出しを幕府に願い出るが、前例がないとして拒否される。　百箇条調書
		8.7　土御門家による筋目請合が行なわれ、筋目悪しき者・梓神子との交際を絶つことを、綴喜郡北谷村の陰陽師が誓約する（8月付で同村陰陽師10軒の名符あり）。　西尾家文書281
明和5	1768	7.1　若杉権之丞、不如意で住宅売却につき、「三毬打御役儀」を返上する（表向きは大黒民部と同居とし、実際は塔之段松之木町の裏借屋に住む）。　若杉家文書2161
明和6	1769	7.20　与謝郡難波野村の陰陽師、土御門家より伊賀の名乗りを許される。　中田家文書
明和7	1770	10.26　与謝郡難波野村の陰陽師、土御門家に貢納銀を上納する。　中田家文書
		－.－　兵庫駅馬持・馬指・算所村より定芝居1軒を願い出で、許可される。天明8年には定芝居より430匁を上納。　旧明親館文書
安永1	1772	－.－　若杉権之丞、大黒民部に左義長役の退役願を提出する。　大國家文書108-19　若杉家文書947
安永3	1774	1.－　与謝郡算所村、宮津藩より命じられた開作地が悪田のため返上を

		願い、その中に日稼・穢多に開作を命じても水難の際には対応しがたいと申し添える。　算所区有文書
安永4	1775	1.－　『物類称呼』、陰陽師・梓巫・乞人・屠児の異称について記す。　物類称呼
安永7	1778	－.－　陰陽師若杉家の「年中惣入」、米2石2斗、銀495匁5分、黒（玄米）4石3斗6合、銭42貫156、金1両。　若杉家文書760
		－.－　この年作成の若杉家の「親類書」によれば、当主若杉美作の兄の一人は播州林田藩の給人役、もう一人はかつて播州小野藩に仕えた浪人という。　若杉家文書760
安永8	1779	12.6　若杉権之丞、塔之段松之木町に自宅を買得する。　若杉家文書2161
安永9	1780	6.1　若杉権之丞、公家野宮家で清祓を行い、「清祓大符」で体を撫でて身を清めた後、庭先で札を焼き、灰を辰巳方の川へ流す。　若杉家文書2161
		－.－　『閭里歳事記』、上州高崎の万歳は三河から来ており、なかでも幡豆郡森下万歳の山内清高太夫が随一という。　閭里歳事記
天明1	1781	12.10　近江国蒲生郡「久保村おろし田地之事」に、進宮の肩書をもつ耕作人の名がみえる。　岩越家文書　土地63
天明3	1783	12.23　綴喜郡高木村内北谷村の儀兵衛、北谷村に人数多く「村方治り之為」、領主蜷川家より新たに庄屋に任命される。　西尾家文書82
天明4	1784	10.12　土御門家御代始、上組大黒民部・下組吉田和泉・若杉・吉田兵庫を関東古組格式に、若杉を陰陽道目代職に命じる。14日に4人は御礼。　若杉家文書761
		11.23　土御門家、但馬国美含郡芦谷村安谷政明を但馬国陰陽道触頭に改めて命じる。　安谷家文書
天明5	1785	3.6　河内国交野郡塚本村奥田因幡、土御門家より呼名・烏帽子白直垂・木綿手繦の許状を発給される。　枚方市史
天明7	1787	7.21　尾張藩からの陰陽師の取扱方の問合せに対し、奉行所にて陰陽師に咎を申し渡すさい、許状所持者は評席下通りに、無き者は板縁に座らせることと、幕府寺社奉行が回答する。　寺社法則
天明8	1788	－.－　『張州雑志』巻六、国内の万歳と院内人の居住地について記す。　張州雑志
寛政2	1790	9.4　土御門家より諸国陰陽道修行之者人別改が命じられ、若杉美作は配下の10人の名を届け出る。　若杉家文書761
		10.17　丹波国多紀郡井串村の坂本庄右衛門に、烏帽子・木綿手繦が土御門家より許可される。　楽翁文書
寛政3	1791	1.－　北野下七軒町の近江屋久兵衛、北野下之森に所持する日小屋での、噺・物まね・小坊主・万歳の興行を北野社に願い出る。　北野天満宮史料
		4.23　近年、勝手に陰陽道職を行っている者がいるとして、土御門家の支配を再確認する触が出される。　三条衣棚町文書　土御門文書

		5.3　土御門家、諸国陰陽道支配の触を配下に触流すよう、大黒・吉田・若杉に命じる。　若杉家文書763
寛政4	1792	7.－　土御門家より貢納を滞納せず、無免許にて陰陽道職を行うことがないよう、与謝郡難波野村に対し触れられる。　中田家文書
		7.－　土御門家、配下に幕府の触れを回覧し、承知した旨の印形を押させるよう、但馬国美含郡芦谷村の安谷掃部に触れる。　安谷家文書
寛政6	1794	4.20　近江国滋賀郡小野村上品寺（坂本西教寺下）の本山への仏帰米上納届に、前田村は「今宿村之内」と肩書される。　今宿区有文書 J13
		12.21　丹波国多紀郡井串村の坂本蔵之進に、陰陽家行事の外の異法の禁と相続のさいには本所において改めて免許をうくべきことが、土御門家より命じられる。　楽翁文書
		－.－　『丹波志』、同国内の穢多や陰陽師の居住状況につき記す。　丹波志
		－.－　『祠曹雑識』、土御門家の万歳支配について記す。　祠曹雑識
寛政7	1795	－.－　『譚海』、江戸での万歳の様子を記す。　譚海
寛政10	1798	2.－　山城国綴喜郡北谷村の霜七、京都大仏瓦屋町に養子にでて瓦商売行なうも、瓦屋仲間より筋目悪しきに付、町交わり出来かねると通告され、土御門家に善処を申し入れる。　西尾家文書207
寛政11	1799	11.－　伴高蹊、京の千秋万歳は禁裏は小泉が勤め、民間は大和より出ると記す。　閑田耕筆
享和2	1802	11.－　遠江国山名郡飯田村の助郷役免除歎願に添えられた人別帳に、修験山伏12軒、猿曳5軒、陰陽師43軒が記される。　森町史資料編3
文化2	1805	12.19　大黒有義（延享3年11月3日生）、陰陽生、正七位下に任じられる。　地下家伝
文化3	1806	－.－　京都にくる大和万歳や、唱門師大黒の左義長・水合などについて記される。　年中行事大成　橘窓自語
		－.－　『年中行事大成』、「美濃・尾張の一向宗の多き所には、鼓を打ち親鸞上人の伝記を唱ひ来る」尾張国の津島万歳というものがあると記す。　年中行事大成
文化5	1808	10.－　近江国蒲生郡「西生来村之内諸役出方」に「六石二升三合毎年神主並進宮大夫井料米庄屋給歩行給被下引」の記述がある。岩越家文書　租税260
文化8	1811	－.－　菅江真澄、「三河萬才は別所村（三河国碧海郡）といふより出でゝ鶴大夫・亀大夫などいふ通名あり」と記す。　筆のまにまに
		－.－　瀧沢馬琴、筑後山門郡大江村の農家に伝わる幸若舞について記す。　烹雑の記
文化9	1812	3.－　大黒有亮（有義孫）、無位の陰陽生に任じられる。これ以降、有章（文化14）、有直（文政9）、有光（天保2）、栄忰（天保7）は陰陽生・陰陽に任じられるがいずれも無位。　地下家伝
文化11	1814	11.－　甲斐国山梨郡西後屋敷村内赤塚に「千寿万歳・博士・巫覡・力者

		等居住ス」、また字豊後には「万力筋八幡ノ社人久保坂豊後居住ス」という。　甲斐国志
		12.－　山城国乙訓郡鶏冠井村の「六条様御年貢米取帳」に「さん」の肩書がみえる。　生嶋家文書
		12.－　近江国蒲生郡西生来村よりの、福嶋興村太夫への寄進米目録に暦代の記述がみえる。　岩越家文書 宗教24
		－.－　山城国葛野郡西梅津村の内に、溝を隔てて5、6軒の唱門師が居るという。　以文会筆記
文化12	1815	11.5　近江国高島郡田中馬場村若林天王社の伊藤兵庫、陰陽行儀数ヶ条相伝の礼状を、本所役人宛に提出する。　田中神社文書47
文化13	1816	12.－　近江国蒲生郡西生来村よりの、筋向橋中西太夫への寄進米目録に暦代の記述がみえる。　岩越家文書 宗教25
文化14	1817	2.－　大黒左衛門有章、家督を相続、陰陽生に任じられるも、官位は陰陽頭の「相続より年月無」との意向により、一両年見合わせとなる。　大國家文書148
		－.－　三河国宝飯郡宿村内院内村、この年の万歳は江戸下り13人、遠州・三州両まわり7人、三州のみ8人と寺社奉行に報告。　年始萬歳之事
文政3	1820	－.－　『一話一言』、正月4日禁裏に参内する京都の万歳小泉備後の芸態にについて詳しく記す。　一話一言
文政4	1821	12.－　大黒よりの官位の再願に対し、若杉は土御門家の意向として、大黒より今後は三毬打其他御用を陰陽寮一流まわりもちにしたと弁様方に申し出れば許可すると聞かされる。　大國家文書148
		－.－　近江国高島郡田中郷の若林牛頭天王社の神輿の再建に、同郷内産所村が5軒分50匁を出金する。　田中神社文書50
文政5	1822	－.－　八坂上ル町の陰陽師豊田みつき、公家の代参として讃岐へ赴いた際、宿の者に乱暴を働いたとして処罰される。　御仕置例類集
文政8	1825	－.－　『年中故事』、左義長を囃す唱門師大黒松太夫らの芸態について記す。　年中故事
文政9	1826	7.－　大黒式部有直、相続に際し土御門家より、父左衛門の先達よりの心得違もあるため、「御断一札」を提出するよう言われ、迷惑ながらも差し出す。　大國家文書148
文政10	1827	－.－　この年の年期のある近江国蒲生郡西生来村の「文政十亥年当村色別略絵図」に、同村内の進宮の家並が記載される。　森善祐家文書
文政11	1828	5.13　近江国滋賀郡和邇郷の和邇中村と今宿村共有の神輿修復に、前田惣中と「京前田氏子」より志納金が納められる。　今宿区有文書 J24
文政12	1829	－.－　近江国蒲生郡西生来村に、進宮の2人が出作米を納める。　岩越家文書 村政68
天保1	1830	4.－　陰陽道職を営む者は、土御門家の支配をうけるべき旨が再令され

		る。	三井文庫
		11.15　山城国綴喜郡高木村の西尾織之介、土御門家より久世・相楽・綴喜郡の陰陽道取締横目付役を命じられる。	西尾家文書340
		－.－　『嬉遊笑覧』巻五、美濃国の舞々が歳末に「守札やうの物を人家の門々にさして廻る」と記す。	嬉遊笑覧5
天保2	1831	6.－　陰陽師大黒民部有光（専助）、土御門家に対し以前の不心得をわび、家名相続を願い出て許可される。	若杉家文書588　大國家文書71,148
天保3	1832	－.－　『増補日本年中行事大全』、千寿万歳が素襖を着し、東庭にて舞い、猿楽もあると記す。	増補日本年中行事大全
天保6	1835	1.－　近江国滋賀郡今宿村の「小前帳」、「前田惣村持」として12筆の屋敷地と2筆の田地を記す。	今宿区有文書B10
		9.1　山城国綴喜郡北谷村の西尾織之助、城南の梓職4人に土御門家より許状が下付されたことに抗議し、また、皮多筋との悪説に反論する。	西尾家文書215
天保7	1836	2.－　山城鳥井阿弥陀寺弘琳坊、陰陽道取締横目付西尾織之助に、周易を扱っていないと回答する。	西尾家文書217
天保8	1837	4.－　近江国滋賀郡前田村、村中植附として1石3斗を本郷今宿村より借り受ける。	今宿区有文書M42
		4.－　近江国滋賀郡前田村、和邇郷の牛頭天王社祭礼の太鼓持を拒否、この年より太鼓持を出さなくなる。	中井利夫家文書
天保9	1838	－.－　『東都歳時記』、江戸での才蔵市の様子を記すが、この頃にはすでに廃されていた模様。	東都歳時記
天保11	1840	7.－　摂津国嶋下郡吹田村御配下中に対し土御門家より、不浄之場所・梓職・筋目不正之族と相混らぬよう、改めて仰渡される。	西尾家文書232
天保12	1841	－.－　『尾張名所図会』、春日井郡味鋺村陰陽師16人が万歳を勤めることを記す。	尾張名所図会
天保13	1842	1.－　近江国神崎郡木流村枝郷の算所村、近年は無人となり屋敷地が荒地となっているという。	木流文書
		1.－　加賀国羽咋郡押水組上田村の舞々三郎太夫、近年は耕作のみに従っているため、居屋敷と諸役免除の返上を願い出る（藩の調査では三郎太夫は藤内支配ではないという）。	加賀藩史料
		12.－　陰陽師・普化僧・神事舞太夫を町中に住まわせる時は、本寺・師家より証文をとるよう触れられる。	三条衣棚町文書
天保14	1843	9.－　大黒民部有光退身に際して、この間陰陽生として無位であったことから文化2年迄先例に戻し、伜有範に蔵人方御催陰陽として、家職を勤めたい旨を出納に出願する。	大國家文書148
		－.－　土御門家、綴喜郡北谷村西尾織之助に陰陽道伝習を許可する。	西尾家文書235

		－.－　『駿国雑志』、駿河城下には三河国碧海郡東別所村の万歳の山内・山城が来るという。　駿国雑志
弘化1	1844	3.－　近江国滋賀郡前田年寄優造、「繁二郎相続積金」として銭127匁9分1厘を今宿村より借りる。　今宿区有文書 M50
		4.12　大黒民部有光が陰陽生の辞職を申し出、出納は認めるも、土御門家で応対に当った吉田陰陽大允は態度を明確にせず、後日若杉陰陽小允は三毬打役のことを問題にする。　大國家文書148
弘化2	1845	1.18　大黒筑前介、禁裏で左義長を勤める（15日より準備の次第が記される）。　大國家文書2
		4.26　大黒兵部有範、出納に呼び出され、大黒は蔵人方催で土御門家支配ではないため、土御門家へは相続の際の届出と年頭等の礼に出るだけでよい言われる。　大國家文書148
弘化3	1846	－.－　河内国河内郡額田村で文政13年以来、村内陰陽師42軒の宗旨人別帳に夙の肩書が付けられていたことが発覚し、争いとなる。　走谷村文書
弘化4	1847	1.－　近江国滋賀郡和邇郷の牛頭天王社より、北野天満宮の万灯籠に灯明料を寄進した際、同郷内前田村より200文を寄進する。　中井利夫家文書
嘉永1	1848	10.－　『後松日記』、陰陽師大黒の勤める菊綿について記す。　後松日記
嘉永2	1849	－.－　近江国蒲生郡西生来村「銀納帳」に、進宮源太夫の名がみえる。　岩越家文書 租税94
嘉永3	1850	7.14　綴喜郡北谷村の者が梓神子との交際を指摘され、以後筋目悪しき者との交際を断つことを、西尾織之助以下21名が申し合わせる。　西尾家文書177
		8.－　摂州歴代組触頭山本丹後代宮田右近、土御門家より高木村西尾織之助に対し、染筆を下されるよう願い出る。　西尾家文書272,273
		10.9　土御門家より西尾織之助宛に、慶長以来欠かさず参勤の感状が与えられる。　西尾家文書323
		11.21　土御門家より歴代組陰陽師宛に、累代御神役の旧家筋の儀を表する感状が与えられる。　西尾家文書325
		12.－　近江国蒲生郡西生来村の「村小入用帳」に、村方出火後の祈禱料として進宮太夫へ金2歩の記載がみえる。　岩越家文書 村政99
		－.－　近江国蒲生郡西生来村「御物成穀並諸役出方覚帳」に、「進宮被下三斗五升」の記述がある。　岩越家文書 租税102,107,108,120
嘉永4	1851	5.－　綴喜郡高木村内北谷村に高札場・郷蔵が設けられるが、周辺村の反対にあう。　西尾家文書150
		10.－　近江国蒲生郡西生来村「御物成石控」に,「毎年進宮太夫被下行」として3斗5升が計上される。　岩越家文書 租税354
		－.－　近江国蒲生郡西生来村「御物成石書上書」に、「毎年進宮太夫被下」3斗5升が計上される。　岩越家文書 租税356

		－.－　近江国蒲生郡西生来村「御年貢米出作帳」に進宮の肩書がある。　岩越家文書 租税357
嘉永5	1852	12.18　近江国蒲生郡西生来村の産土社仮屋普請で、進宮両人が地祭と不浄清を勤める。　森善祐家文書
		12.－　近江国蒲生郡西生来村「御物成穀并諸役出方覚帳」に、「進宮被下三斗五升」の記述がある。　岩越家文書 租税116
		－.－　近江国滋賀郡今宿村の天保9年より明治9年までの村入用を記録した「歳々尻勘定帳」に、前田村の記述はこの年を最後に記されなくなる。　今宿区有文書D65
嘉永6	1853	12.－　土御門家、歴代組は慶長以来大祭に欠かさず出勤の者と寺社奉行に回答し、歴代組の所書を提出する。　西尾家文書276
		－.－　『守貞漫稿』、大和万歳の出立について記す。　守貞漫稿
安政1	1854	2.－　土御門家、綴喜郡高木村および陰陽道歴代の輩に、慎み方の折紙を各地歴代組に送り、不浄気を避けるよう命じる。　西尾家文書326
安政2	1855	5.－　土御門家の役人、園部藩領内の配下の村々を巡回する。　園部村庄屋日記
		6.－　綴喜郡高木村の雨乞立願踊に際し、同村内北谷村の者が順番を破り、争いとなって高木村庄屋を打擲、北谷村より詫証文を提出する（7月）。　中村家文書
		8.28　綴喜郡高木村・山本村庄屋、高木村内北谷村は本来枝郷で「穢多同様郷用相勤候程之者」であるのに、同村西尾織之助が身分をわきまえず帯刀していると、その差止を願い出る。　中村家文書
安政3	1856	5.16　綴喜郡高木村・山本村庄屋と北谷村の争論が決着し、西尾織之助は今後は神役以外は帯刀せず、絵付提灯も返上するとの証文を提出する。　西尾家文書159
安政6	1859	11.－　大黒民部、下行なく勤めている三毬打下役に、菊御紋付提灯を認めるよう出納に出願（昨年9、10月に同趣の出願をし不許可となっていた）。　大國家文書90-7
		－.－　三毬打下役18名を大黒民部が取込、これまで三毬打頭取を勤めてきた義邑喜内、役を取り上げられたと出納に訴える。大黒は義邑が増長したためと主張。　大國家文書74
安政7	1860	1.8　土御門家より、江州甲賀郡水口の山名織江に陰陽家行事の許状が出される。　小南の芸能座について
文久1	1861	2.1　近江国蒲生郡西生来村で「人数帳」作成費として、本村1貫445文・進宮106文・穢多324文を出銀する。　岩越家文書 村政141,162
		8.－　「御三毬打下役届日記」に出納への年頭・八朔礼、父子譲り・他譲りのさいの出納と大黒への礼銭等の額が記される。　大國家文書90-7
文久3	1863	10.－　幸徳井より大黒兵部有範に土御門家配下として拝領米を請取るよ

		う連絡があるが、大黒は出納に対し蔵人方御催陰陽であることを確認する口上を提出する。 大國家文書97
		－.－ 『花洛羽津根』の暦学陰陽のなかに無位として安倍有範の名が見える。 花洛羽津根
慶応２	1866	４.10 近江国高島郡庄堺村、産所村が庄堺村の立林を勝手に刈り取ったと大津役所に訴えるも、産所村は立林は同村領山崎山続きの柴草山と主張。 田中神社文書69
明治１	1868	２.８ 兵庫津の陰陽道取締触頭切戸町武田富之進、旧来の通り願い出て許可され、追って名前書を提出することになる。 北風荘右衛門御用日記
		７.－ 山城国乙訓郡鶏冠井村の「六条殿御高百拾五石名前帳」に「産所」の肩書がみえる。 五十棲家文書
明治２	1869	５.－ 近江国蒲生郡西生来村の「進宮神務人別帳」に、吉田加賀・浅田和泉ら計３軒９人が記載される。 森善祐家文書
明治３	1870	１.５ 京都御所で千秋万歳と猿舞がある。雨のため雨儀により参内殿切石の上でおこなう。 明治天皇紀
		⑩.17 太政官布告により天社神道（陰陽道、土御門家支配）が禁止される。 太政官布告
明治４	1871	３.－ 山城国乙訓郡鶏冠井村の「正親町三条様四方搦附御水帳」に屋敷地をもつ「さん弥左衛門」の名がみえる。 鶏冠井村区有文書211
明治14	1881	４.28 近江国高島郡田中村と五番領村で「祭祀定約書」が作成され、田中村之内として「旧産所村　赤井与三郎」が連署する。 田中神社文書87
明治28	1895	４.21 近江国高島郡田中神社の祭礼取決めに、産所村総代赤井辰之助が連署する（『田中神社文書』にこれ以降産所村の記事はない）。 田中神社文書95
明治33	1900	11.23 旧河内歴代組・旧摂津歴代組の166名、往古より陰陽寮之具官として禁中御祭祀神役に奉仕してきたとして、土御門晴栄の奥書を添えて士族編入を大阪府知事に願い出る。 若杉家文書984
明治34	1901	７.13 旧河内歴代組・旧摂津歴代組請願者惣代門口信治郎ら、士族編入再願書を内務大臣内海忠勝に提出する。 若杉家文書984
		６.－ 旧河内歴代組・旧摂津歴代組の内、証拠書類を有する者の士族編入が許可される。 若杉家文書984
大正４	1915	11.10 大正天皇の大礼に際し、歴代組の藤田村門口政義、鵜飼野村安田善太郎が大礼使衣紋役を勤める。 若杉家文書984

出典一覧（掲出順）

正倉院文書
奉写一切経所解案（大日本古文書15）
正倉院御物出納注文（平安遺文4292、4294）
類聚符宣抄
摂津国古文書
類聚三代格

延喜式
九条殿記
小右記
関白左大臣家政所下文(平安遺文623)
宇治関白高野御参詣記(続々群書類従５)
雲州消息
侍中群要(続々群書類従７)
石清水田中家文書(平安遺文1083)
醍醐雑事記
東大寺文書
康平記(群書類従25)
東寺百合文書〔東百〕
殿暦
為房卿記
中右記
高野御幸記(群書類従３)
執政所抄(改定史跡集覧27)
愚昧記嘉永二年巻裏文書(平安遺文2300、2321)
兵範記
山槐記
東南院文書(平安遺文3213)
玉葉
神護寺旧記
知恩院本倭漢朗詠注上
民経記寛喜三年七月巻裏文書(鎌倉遺文204)
中臣祐明記
明月記
光台院御室伝(続群書類従８上)
猪隈関白記
皇帝紀抄
よりかた申状(鎌倉遺文3561)
法隆寺本明恵上人伝記
民経記
勝延法眼記(歴代残闕日記40)
京都東山御文庫記録
六波羅殿御家訓(中世政治社会思想上)
岡屋関白記
葉黄記
八坂神社文書〔八坂〕
近衛家文書(鎌倉遺文7631)
追加法
後七日雑記(三宝院旧記16)
参語集
中臣祐賢記
名語記
多田神社文書(川西市史４)
勘仲記
兼仲卿記弘安六年春巻裏文書(鎌倉遺文14231)
塵袋
島田文書
柳原家記録
仁和寺記録
継塵記
後深草院崩御記(公衡公記４)
石清水文書
続史愚抄
西寺地区共有文書(新修石部町史史料編 P32)
管見記
西園寺家記録
実衡公記所引官人章房記
白河本東寺文書(鎌倉遺文26303)
花園天皇宸記
内山御所毎日抄
雑々引付(春日神社文書)
東寺文書
内蔵寮領目録(宮内庁書陵部蔵)
建武元年東寺塔供養記(大日本史料6-1)
建武四年後七日御修法記(醍醐寺文書４)
建武年間記
奉行引付(大乗院文書)
祇園執行日記
師守記
栄海僧正拝堂并御影供記(続群書類従26下)
賢俊僧正日記(大神宮叢書)
園太暦
峯相記(続群書類従28上)
法隆寺記録
太平記
学衆方評定引付
仁平寺本堂供養記(興隆寺文書１)
大徳寺文書
伝宣草(群書類従７)
拾芥抄
東寺執行日記
門葉記
南禅寺対治訴訟

山門嗷訴記
愚管記
続正法論
寺院細々引付(内閣文庫蔵)
後愚昧記
吉田家日次記
教王護国寺文書〔教王〕
洞院公定公記
押小路文書(大日本史料6-4)
調子家文書
至徳二年記(続群書類従２上)
八阪神社文書(福井県朝日町)
仮名年代記(大日本史料7-1)
重撰倭漢皇統編年合運図(大日本史料7-1)
後太平記(大日本史料7-1)
東宝記草本裏文書(大日本史料7-1)
官公事抄(宮内庁書陵部蔵)
廿一口方評定引付〔廿一口〕
日吉社室町殿御社参記(続群書類従２下)
東院光暁毎日雑々記(興福寺蔵)
久我家文書
北野宮三年一請会引付(北野天満宮史料)
大宮家文書(永島福太郎、中世文芸の源流、河原書店)
枝葉鈔(大日本史料7-4)
仁和寺永助法親王記(歴代残闕日記)
大報恩寺縁起(大日本史料7-5)
本朝大宮仏工正統系図并末派(大日本史料7-5)
和漢合符(大日本史料7-5)
東寺廿一口年預記
教言卿記
土御門家記録(大日本史料7-7)
田代文書
満済准后日記
看聞日記〔看聞〕
大原観音寺文書
康富記
満済准后日記
最勝光院方評定引付〔最勝光院〕
建内記
相州文書(内閣文庫蔵)
田中忠三郎文書
管見記
上桂庄史料
壒嚢抄
臥雲日件録
経覚私要鈔
若衆方評定引付〔若衆方〕
賀茂別雷神社文書
劒神社文書
御社参記録(北野天満宮史料)
大乗院寺社雑事記〔大乗院〕
蔭凉軒日録〔蔭凉軒〕
実相院及東寺宝菩提院文書
北野社引付
千鳥文書
沙汰承仕能勝日記(京都橘女子大学蔵)
後法興院記
応仁記(群書類従20)
多賀神社文書
山科家礼記
阿波国徴古雑抄
見聞雑記
親長卿記〔親長〕
実隆公記〔実隆〕
言国卿記〔言国〕
御湯殿上日記〔御湯殿〕
東寺文書千字文
晴豊宿禰記
十輪院内府記
真珠庵文書
東大寺八幡転害会記(続群書類従３上)
山城国朱智庄佐賀庄両惣図(田辺町史)
伊達成宗上洛日記
鎮守八幡宮供僧評定引付(東寺百合文書け41)
室町家御内書案(改訂史籍集覧27)
十輪院内府記
雑事要録(陽明文庫蔵)
長興宿禰記
近衛家文書
年貢散用状(御神神社文書)
久守記
政覚大僧正記
北野目代日記
北野社家日記
宣胤卿記

中村家持廻り文書（野洲市立歴史民俗博物館寄託）
三十二番職人歌合
鹿苑日録
南禅寺慈聖院文書
元長卿記
植松庄評定引付
再昌草（宮内庁書陵部蔵）
忠富王記
二水記
多聞院日記
後奈良天皇宸記
旅宿問答（続群書類従33上）
大乗院門跡領目録
小南愛郷史（小南愛郷史編纂委員会編）
春日社司祐稱記（大日本史料9-2）
後法成寺関白記
居初寅夫家文書（大津市）
後柏原院御記
公条公記
佐野文書
金蓮寺文書
伏見宮貞敦親王日記
華頂要略
宗長駿河日記
元長卿記
言継卿記〔言継〕
賦引付
朽木家古文書
野村神社文書（近江八幡市野村）
天文日記
野洲郡史
松尾社奉加帳（松尾神社記録）
蜷川親俊日記
披露事記録
尊鎮親王御自記
後鑑
世諺問答
銭主賦引付
賦引付并徳政方
類例略要集
中臣祐金記
私心記
惟房公記
厳助往年記
大國家文書（京都府立総合資料館蔵）
築島（慶応義塾図書館蔵）
双柏文庫所蔵文書
卅講米并御影供田算用状（醍醐寺文書）
近江坂田郡志
杉本家文書（越前若狭古文書選）
居初家文書
温故私記
永禄十年伊岐代宮御祭礼帳（近江国栗太郡常盤村）
仁和寺文書
二条宴乗日記
歴代古案（大日本史料10-12）
当代記
信長公記
幸若八郎九郎家文書
言経卿記〔言経〕
家忠日記〔家忠〕
日本大学法学部所蔵文書（五個荘町史２）
兼見卿記
徳川実紀
常山紀談
宇野主水日記
上井覚兼日記〔上井〕
森本区有文書（滋賀県伊香郡高月町）
目代昭世引付（北野天満宮史料）
東福寺文書
天正記
幸菊大夫由緒書
輝元公上洛日記〔輝元公〕
晴豊公記
浅草地名考（未刊随筆百種２）
浅田家文書（東京大学経済学部図書館蔵）
能登部上村水帳（若林喜三郎、加賀藩農政史の研究、吉川弘文館）
三藐院記
駒井日記
義演准后日記
舜旧記
長曾我部元親百箇条（群書類従22）
田中光治氏所蔵文書（京都大学蔵影写本）

中臣祐範記
丹後国中郡検地帳(京都府立総合資料館蔵)
丹後国検地帳(京都府立総合資料館蔵)
近江伊香郡志
今宿区有文書(滋賀県滋賀郡志賀町)
岩越家文書(滋賀大学経済学部附属史料館)
田中神社文書(高島郡安曇川町)
慶長日件録
時慶卿記
鹿苑寺文書
中臣延通記
春日正預祐範記
慶長十年富山侍帳(加越能文庫蔵)
城南宮文書(京都市伏見区)
本光国師日記
駿府記
言緒卿記
孝亮宿禰日次記
秋田領風俗問状答
中院通村日記
元寛日記
本堅田共有文書
越前国絵図
土御門泰重卿記
資勝卿記
本能寺前町文書(京都市中京区)
春日社司祐範記
春日社司延通記
戸部功家所蔵文書(若林喜三郎、加賀藩農政史の研究、吉川弘文館)
隔蓂記
足袋屋町文書(京都市歴史資料館蔵)
国初遺文(加賀藩史料)
梅村載筆
堯如法親王日記
京雀
温故遺文(加越能文庫蔵)
土御門文書
中自治会文書(城陽市史4)
泰福卿記
日次紀事
山本政興日記
小南共有文書(滋賀県野洲市)
後水尾院年中行事
若山家文書(京都市下京区)
御家道規則書(土御門文書)
枚方市史
神事舞太夫共由緒書(國學院大學黒川文庫)
若狭郡県志
日本宗教制度史(梅田義彦、東宣出版)
山本忠辰日記
若杉家文書(京都府立総合資料館蔵)
静岡県史
楽翁文書(篠市立図書館蔵)
兵庫岡方文書(鷲尾家蔵)
京独案内
西尾市史
縮写元禄近江国絵図(栗東歴史民俗博物館蔵)
東遊草
田宮寛家文書(田辺町近世近代資料集)
萬歳絵馬(杉浦茂、藝能史研究21)
安谷家文書(木場明志、但馬・丹後の陰陽師、山岳修験5)
京都御役所向大概覚書
月堂見聞集
畑(友)家文書(滋賀県滋賀郡志賀町)
古久保家文書
三条衣棚町文書(京都大学国史研究室蔵)
西尾家文書(京田辺市三山木)
林英夫氏所蔵文書(四日市の部落1 p116)
江州御領郷鑑(立教大学蔵)
西上之町文書(京都市上京区)
塩尻
近江輿地志略
春日坊目拙解
民間時令
山城国乙訓郡鶏冠井村記録(京都大学大学院文学研究科図書館蔵)
恵美須草
水口神社文書(滋賀県甲賀郡水口町)
淀古今真佐子
百箇条調書
中田家文書(宮津市難波野)
旧明親館文書(兵庫県史史料編近世3 p94)
算所区有文書(京都府与謝郡加悦町)
物類称呼

閭里歳事記
寺社法則(古事類苑 方技部)
張州雑志
北野天満宮史料
丹波志
祠曹雑識
譚海
開田耕筆
森町史資料編(静岡県)
地下家伝
年中行事大成
橘窓自語
筆のまにまに
烹雑の記
甲斐国志
生嶋家文書(向日市)
以文会筆記
年始萬歳之事(山路興造、萬歳の成立、民俗芸能研究８)
一話一言
御仕置例類集
年中故事
森善祐家文書
三井文庫
嬉遊笑覧
増補日本年中行事大全
中井利夫家文書(滋賀県滋賀郡志賀町)
東都歳時記
尾張名所図会
木流文書(近江八幡市)
加賀藩史料
駿国雑志
走谷村文書(枚方市市政情報室蔵)
後松日記
守貞漫稿
園部村庄屋日記(園部町史４)
中村家文書(京田辺市)
小南の芸能座について(古川与志継、野洲町立歴史民俗資料館研究紀要７号)
花洛羽津根
北風荘右衛門御用日記(神戸市史２ p319)
五十棲家文書(向日市)
明治天皇紀
太政官布告
鶏冠井村区有文書(向日市)

散所関係文献目録

宇那木隆司
家塚　智子

◇散所、声聞師、舞々に関する文献を、著者（編者）名の五十音順に配列した。
◇幸若舞曲の作品研究については、割愛した。
◇2004年８月現在

あ　行

青盛透
「（中世の被差別民）特集関係文献解説」（『歴史公論』55　中世の被差別民　1980）
「古代・中世の研究状況」（『部落史研究ハンドブック』雄山閣出版　1989）
「中世」（『新編部落の歴史』部落解放研究所　1993）

赤井達郎
「絵解法師」（『絵解の系譜』教育社　1984）

秋山浩三
「21世紀に遺る陰陽師集団の祭祀―河内額田陰陽道「歴代組」・鎮宅霊符社祭礼次第―」（『大阪文化財研究』21　2002）

吾郷寅之進ほか編
『幸若舞曲研究』１～10・別巻（三弥井書店　1979～1998・2004）

麻原美子
「幸若舞曲の一考察」（『言語と文芸』33　1964）
「幸若舞曲小考―曾我物をめぐって―」（『文学』35-10　幸若と説経　1967）
「舞々と越前幸若大夫考」（『言語と文芸』85　1977）
『幸若舞曲考』新典社　1980）
「幸若舞曲」（『国文学解釈と鑑賞』51-4　<特集>中世語り物　1986）
「幸若舞曲」（『別冊日本の文学　日本文学研究の現状（古典）』有精堂出版　1992）
「幸若舞」（『講座日本の演劇　中世の演劇』勉誠社　1998）

麻原美子・庵逧巌
「幸若舞曲文献目録」（『文学』35-10　幸若と説経　1967）

麻原美子・北原保雄校注
『舞の本』（新日本古典文学大系59　岩波書店　1994）

熱田公
「中世大和の声聞師に関する一考察」（『部落問題研究』３　1958）
「五ヶ所・十座」（『奈良の部落史　本文編』1983）

「中世被差別民の解放闘争」(『奈良の部落史　本文編』1983)
「声聞師」(『部落史用語辞典』柏書房　1985)

阿部猛
「散所」(『旺文社百科事典エポカ８新版』旺文社　1983)

網野善彦
「中世前期の「散所」と給免田」(『史林』59-1　1976　のちに『日本中世の非農業民と天皇』岩波書店　1984)
「散所法師について」(『中世東寺と東寺領荘園』東京大学出版会　1978)
「中世身分制の一考察」(『歴史と地理』289　1979　のちに『中世の非人と遊女』明石書店　1994)
「中世の旅人たち」(『日本民俗文化大系６　漂白と定着』小学館　1984)
「脇田晴子の所論について」(『日本中世の非農業民と天皇』岩波書店　1984)
「古代・中世の悲田院をめぐって」(『中世社会と一向一揆』1985　のちに『中世の非人と遊女』明石書店　1994)
「検非違使の所領」(『歴史学研究』557　1986)
「西の京と北野社について」(『都市と共同体　上』1991　のちに『日本中世都市の世界』筑摩書房　1996)

網野善彦ほか編
『大系日本歴史と芸能―音と映像と文字による12　祝福する人々』(平凡社　1990)

新井孝重
「病い・漂泊・芸能の構造」(『獨協大学教養諸学研究』26-2　1992)

荒木繁
「幸若舞曲論ノート―曲舞の語り物と幸若舞―」(『文学』35-10　幸若と説経　1967　のちに『語り物と近世の劇文学』桜楓社　1993)

荒木繁・池田廣司・山本吉左右編注
『幸若舞』１～３　(東洋文庫　平凡社　1979～1983)

庵逧巌
「昼の申楽　夜の幸若」(『観世』41-８　1974　のちに『幸若・歌舞伎・村芝居』勉誠出版　2000)
「舞々と幸若」(『近畿民俗』39　1974　のちに『幸若・歌舞伎・村芝居』勉誠出版　2000)

安達五男
「兵庫」(『部落の歴史　近畿篇』部落問題研究所　1984)

石尾和仁
「中世賤民制研究の成果と課題(1)」(『徳島県立富岡西高等学校研究紀要』８　1993)

石尾芳久
「散所の論争について」(『民衆運動からみた中世の非人』三一書房　1981)
「散所にみられる下人身分からの解放」(『民衆運動からみた中世の非人』三一書房

1981）
「散所から中世都市へ」（『民衆運動からみた中世の非人』三一書房　1981）
市古貞次
『中世小説の研究』（東京大学出版会　1955）
「幸若舞・曲舞年表稿」（『日本女子大学国語国文学論究』1967　のちに『中世小説とその周辺』東京大学出版会　1981）
「幸若舞・曲舞」（『中世文学年表　小説・軍記・幸若舞』東京大学出版会　1998）
稲葉伸道
「中世の公人に関する一考察」（『史学雑誌』89-10　1980　のちに『中世寺院の権力構造』岩波書店　1997）
井上清
「部落の前史」（『部落の歴史と解放理論』田畑書店　1969）
井上満郎
「散所―その語源論について―」（『日本史研究』114　1970）
「散所の周辺をめぐって」（『歴史公論』55　中世の被差別民　1980）
「散所と法師」（芸能史研究会編『日本芸能史２』法政大学出版局　1982）
岩橋小弥太
「千秋万歳と大黒舞　附猿舞はし―正月の門づけ―」（『民族と歴史』3-2　1920）
「曲舞」（『日本芸能史』芸苑社　1951）
「曲舞」（『芸能史叢説』吉川弘文館　1975）
植木行宣
「曲舞」（『部落史用語辞典』柏書房　1985）
「千秋万歳」（『部落史用語辞典』柏書房　1985）
「舞々」（『部落史用語辞典』柏書房　1985）
上田正昭
「律令国家と身分制」（『部落問題研究』3　1958　のちに『上田正昭著作集６　人権文化の創造』角川書店　1999）
「国家と身分」（『部落解放史　上』部落解放研究所　1989　のちに『上田正昭著作集６　人権文化の創造』角川書店　1999）
「中世賤民の生活」（『部落の歴史と解放運動』部落問題研究所　1976）
臼井壽光（のびしょうじ）
「中世被差別民の展開」（『兵庫の部落史１』神戸新聞出版センター　1980）
宇那木隆司
「散所についての一考察」（『京都部落史研究所紀要』4　1984）
「東寺散所研究序説」（津田秀夫先生古稀記念会編『封建社会と近代』同朋舎出版　1989）
「散所の研究について」（『GLOBE』10　世界人権問題研究センター　1997）
「中世後期における東寺散所について」（『世界人権問題研究センター研究紀要』3

1998)
「中世の「部落史」研究から「身分制」研究への転回」(『部落解放研究』123　1998)
「東寺」(『人権ゆかりの地をたずねて　京都市内編』世界人権問題研究センター　2001)

馬田綾子
「東寺領巷所―荘園領主による都市支配の一考察」(『日本史研究』159　1975)
「中世京都における寺院と民衆」(『日本史研究』235　1982)
「中世京都の坂について」(『京都の部落問題1』部落問題研究所　1987)

梅田千尋
「陰陽師―京都洛中の陰陽師と本所土御門家―」(高埜利彦編『近世の身分的周縁1　民間に生きる宗教者』吉川弘文館　2000)
「近世宮中行事と陰陽師大黒松大夫―朝廷周辺社会の構造転換―」(『日本史研究』481　2002)
「陰陽道本所土御門家の組織展開―近世本所支配の諸相―」(『日本史研究』487　2003)
「近世土御門家の陰陽師支配について」(『展示図録　安倍晴明の虚像と実像―語られた歴史・由緒と被差別民』大阪人権博物館　2003)

梅村喬
「「所」の基礎的考察―正倉院文書の主に造営所の検討から」(笹山晴生先生還暦記念会編『日本律令制論聚　上巻』吉川弘文館　1993)

上多津太郎
「続舞々の文献　羽咋郡上田村の舞々」(『加能民俗』2-3　1953)

遠藤克己
『近世陰陽道の研究』(未来工房　1985)

大阪人権博物館
『展示図録　安倍晴明の虚像と実像―語られた歴史・由緒と被差別民』(大阪人権博物館　2003)

大山喬平
「中世の身分制と国家」(『岩波講座日本歴史8　中世4』岩波書店　1976　のちに『日本中世農村史の研究』岩波書店　1978)
「最近の中世被差別身分の研究をめぐって」(『部落問題研究』61　1979)
「中世篇第1章1　斃牛馬・河原人」(『部落史史料選集1』部落問題研究所　1988)
「中世篇第3章4　乞食」(『部落史史料選集1』部落問題研究所　1988)
「身分的周縁をめぐって―ゆるやかなカースト社会―」(『部落問題研究』159　2002　のちに『ゆるやかなカースト社会・中世日本』校倉書房　2003)

岡見正雄
「絵解と絵巻、絵冊子」(『国語国文』昭和29年8月号　1954　のちに『室町文学の世界』岩波書店　1996)

岡佳子
「北山散所について」(『こぺる』34　1996)
沖浦和光
「芸能史における〈散所〉と〈河原〉―芸能は、なぜ賤民（せんみん）層によって担われたのか」(『部落解放』232　1985)
「部落史研究の節目となる重要な問題提起」(『「部落史」論争を読み解く』解放出版社　2000)
「「中世非人」をめぐる画期的な論争」(『「部落史」論争を読み解く』解放出版社　2000)
沖浦和光・野間宏
「日本文化の深層に潜む〈聖〉と〈賤〉」(『日本の聖と賤　中世編』人文書院　1985)
尾崎安啓
「中世声聞師の石築地について」(『花園史学』10　1989)
「中世声聞師の夫役と身分」(西海賢二ほか『「浮浪」と「めぐり」―歓待と忌避の境界に生きて―』ポーラ文化研究所　1991)
「中世大和における声聞師」(『陰陽道叢書２　中世』名著出版　1993)
落合重信
「近世皮多部落の形成と庄園村落」(『歴史学研究』369　1971)
「荘園内のキヨメの存在について」(『歴史と神戸』25-4　1986　のちに『近世部落の中世起原』明石書店　1992)
「近世皮多部落の源流となるか中世賤民」(『部落問題論究』11　1986　のちに『近世部落の中世起原』明石書店　1992)
折口信夫
『日本芸能史ノート』(中央公論社　1957)
陰陽道額田歴代組編史委員会
『陰陽道と額田歴代組』(陰陽道額田歴代組編史委員会　1957)

か　行

加藤恵美子
「中世篇第２章７　猿楽」(『部落史史料選集１』部落問題研究所　1988)
「中世篇第２章８　散所の芸能」(『部落史史料選集１』部落問題研究所　1988)
鎌足上賢
「院内八島（唱門師）の事」(『民族と歴史』2-2　1919)
上川通夫
「中世篇第４章２　村落」(『部落史史料選集１』部落問題研究所　1988)
川嶋將生
「中世声聞師の一考察」(『日本史研究』102　1969　のちに『中世京都文化の周縁』思文閣出版　1992)
「東寺領八条院町の構造と生活」(日本史研究会史料研究部会編『中世の権力と民衆』

創元社　1970　のちに『中世京都文化の周縁』思文閣出版　1992）
「中世畿内の被差別民」（部落解放研究所編『近世部落の史的研究　上』1979　のちに『中世京都文化の周縁』思文閣出版　1992）
「室町期における被差別民の動向」（『天理大学同和問題研究室紀要』創刊号　1980　のちに『中世京都文化の周縁』思文閣出版　1992）
「概説古代・中世」（『京都の部落史３　史料古代・中世』阿吽社　1984）
「城館の芸能」（芸能史研究会編『日本芸能史４』法政大学出版局　1985　のちに『中世京都文化の周縁』思文閣出版　1992）
「声聞師」（京都部落史研究所編『中世の民衆と芸能』阿吽社　1986）
「曲舞」（京都部落史研究所編『中世の民衆と芸能』阿吽社　1986）
「散所」（『部落問題事典』　1986）
「室町期の声聞師に関する二、三の問題点」（『中世京都文化の周縁』思文閣出版　1992　のちに『陰陽道叢書２　中世』名著出版　1993）
「皮革業者への成長と農民化」（『京都の部落史１　前近代』阿吽社　1995）
「山科家をめぐる散所と河原者」（『立命館文学』547　1997　のちに『「洛中洛外」の社会史』思文閣出版　1999）
「曲舞」（『部落問題・人権事典』解放出版社　2001）
「散所」（『部落問題・人権事典』解放出版社　2001）
「声聞師」（『部落問題・人権事典』解放出版社　2001）
「絵図や古地図にみる中世の被差別民」（大阪人権博物館編『絵図の世界と被差別民』大阪人権博物館　2001）

菊池京子

「「所」の成立と展開」（『史窓』26　1968）

喜田貞吉

「エタ源流考」（『民族と歴史』2-1　1919　のちに『喜田貞吉著作集10　部落問題と社会史』平凡社　1982）
「声聞師考」（『民族と歴史』3-6　1920　のちに『喜田貞吉著作集10　部落問題と社会史』平凡社　1982）
「大和における唱門師の研究」（『民族と歴史』3-7、4-1・2　1920　のちに『喜田貞吉著作集10　部落問題と社会史』平凡社　1982）
「散所法師考」（『民族と歴史』4-3・4　1920　のちに『喜田貞吉著作集10　部落問題と社会史』平凡社　1982）
「賤民概説」（『日本風俗史講座』５　1929　のちに『喜田貞吉著作集10　部落問題と社会史』平凡社　1982）

木場明志

「地方陰陽道の性格と活動」（『印度学仏教学研究』21-1　1972）
「近世土御門家の陰陽師支配と配下陰陽師」（『大谷学報』62-3　1982　のちに『陰陽道叢書３　近世』名著出版　1992）

「江戸時代初期の土御門家とその職掌」(『尋源』33　1982　のちに『陰陽道叢書２　中世』名著出版　1993)
「太閤秀吉と陰陽道闕職」(『大谷学報』64-4　1985)
「暦道賀茂家断絶の事―永禄～文禄期宮廷陰陽師の動向―」(北西弘先生還暦記念会編『中世社会と一向一揆』吉川弘文館　1985　のちに『陰陽道叢書２　中世』名著出版　1993)
「『占考』をめぐる近世の問題」(『大谷学報』67-3　1988)
「但馬・丹後の陰陽師」(『山岳修験』５　1989)
木村茂光
「中世の諸階層・諸身分の闘争」(青木美智男ほか編『一揆３　一揆の構造』東京大学出版会　1981)
黒田彰
「『泰山府君』と千秋万歳―桜町中納言譚をめぐって―」(『藝能史研究』94　1986)
黒田俊雄
「荘園制社会の成立」(『体系日本歴史２　荘園制社会』日本評論社　1967)
「中世の身分制と卑賤観念」(『部落問題研究』33　1972　のちに『黒田俊雄著作集６　中世共同体論・身分制論』法蔵館　1995)
「中世社会論と非人」(『部落問題研究』74　1982　のちに『黒田俊雄著作集６　中世共同体論・身分制論』法蔵館　1995)
小泉宜右
「散所」(『万有百科大事典５』小学館　1973)
小島証作
「賀茂御祖神社の摂津長洲供祭人の研究」(『神道研究』1-1　1940)
「荘園における複合的領有関係の研究」(『政治経済論叢』2-4　1952)
小高恭
『芸能史年表第３版』(岩田書院　2001)
後藤淑
「舞々・幸若舞考」(『中世的芸能の展開』明善堂書店　1959)
後藤紀彦
「辻子君と千秋万歳の歌」(『月刊百科』261　1984)
小西甚一
「曲舞」(『国史大事典４』　吉川弘文館　1984)
「幸若舞」(『国史大事典５』　吉川弘文館　1985)
小林健二
「幸若舞曲研究の軌跡と展望」(『国文学解釈と鑑賞』51-4　＜特集＞中世語り物　1986)
『中世劇文学の研究―能と幸若舞曲―』(三弥井書店　2001)

五味文彦
「洛中散在の輩」(『遙かなる中世』 5　1982)
小山靖憲
「中世賤民論」(『講座日本歴史 2　中世 4 』東京大学出版会　1985)

さ　行

笹野堅編
『幸若舞曲集序説』(第一書房　1943)
『幸若舞曲集本編』(第一書房　1943)
澤井英樹
「近世鎮守社共同祭礼の一形態—滋賀県滋賀郡志賀町和邇中鎮座天皇神社祭礼報告—」(『神語り研究』 2　1987)
鳴谷円我(西田円我)
「散所と浄土教　中世篇」(『佛教大学研究紀要』42・43合併号　1962)
島田次郎
「安堵本所考」(『日本中世の領主制と村落　上』吉川弘文館　1985)
清水克行
「権門領主による強制執行の形態」(『民衆史研究』52　1996　のちに加筆の上「室町後期における都市領主の住宅検断」と改題し、『室町社会の騒擾と秩序』吉川弘文館　2004)
「戦国期における禁裏空間と都市民衆」(『日本史研究』426　1998　のちに『室町社会の騒擾と秩序』吉川弘文館　2004)
杉浦茂
「萬歳絵馬—越前万歳小考—」(『藝能史研究』21　1968)

た　行

高埜利彦
「近世陰陽道の編成と組織」(尾藤正英先生還暦記念会編『日本近世史論叢　下』吉川弘文館　1984　のちに『陰陽道叢書 3　近世』名著出版　1992)
高橋喜一・源義春
「蓮如上人子守歌について—千秋万歳歌の一形態—」(『藝能史研究』59　1977)
高橋昌明
「大山喬平著『日本中世農村史の研究』によせて」(『家族史研究』 3　1981　のちに『中世史の理論と方法』校倉書房　1997)
高橋康夫
「町組「六町」の成立と構造」(『京都中世都市史研究』思文閣出版　1983)
高原豊明
『晴明伝説と吉備の陰陽師』(岩田書院　2001)

谷口勝巳
「中世の被差別民」(『近江の被差別部落史』滋賀県同和問題研究所　1988)
田良島哲
「中世後期の宿と散所」(『京都部落史研究所紀要』9　1989)
徳田和夫
「北野社頭の芸能―中世後期・近世初期―」(『芸能文化史』4　1981)
富沢清人
「東大寺領水無瀬荘と荘民」(『史学』47-1・2　1975　のちに『中世荘園と検注』吉川弘文館　1996)
豊田武
「部落民の差別されるようになった歴史的事情」(『社会的緊張の研究』1953　のちに『豊田武著作集7　中世の政治と社会』吉川弘文館1983)
「中世賤民の存在形態」(『日本大学史学会研究彙報』8　1964　のちに『豊田武著作集7　中世の政治と社会』吉川弘文館　1983)
「散所と河原者」(『日本歴史』300　1973　のちに『豊田武著作集7　中世の政治と社会』吉川弘文館　1983)
「商業の発達」(『室町時代―その社会と文化』1976　のちに『豊田武著作集3　中世の商人と交通』吉川弘文館1983)
「封建制社会と身分制」(『日本の封建制社会』1980　のちに『豊田武著作集8　日本の封建制』吉川弘文館　1983)
鳥越真理子
「声聞師・三党そして黒味噌座」(『日本史研究』264　1984)

な　行

長岡博男
「舞々の文献」(『加能民俗』2-2　1953)
「舞々の伝承」(『加能民俗』2-3　1953)
中谷一正
「中世初期に於ける長洲庄」(『兵庫史学』7　1956)
永積安明
「「幸若と説経」序論」(『文学』35-10　幸若と説経　1967)
永原慶二
「荘園制下の身分・階級構造」(『日本の中世社会』岩波書店　1968)
「中世社会の展開と被差別身分制」(『部落史の研究　前近代篇』部落問題研究所　1979　のちに『室町戦国の社会』吉川弘文館　1992)
「前近代の浄穢観念と身分差別」(『歴史学研究』555　1986　のちに『室町戦国の社会』吉川弘文館　1992)

中原俊章
「中世随身の存在形態」(『ヒストリア』67　1975)
仲村研
「東寺領巷所の存在形態」(『同志社大学人文科学研究所社会科学』10　1968　のちに『京都「町」の研究』法政大学出版局　1975)
「八条院町の成立と展開」(『文化史学』25　1969　のちに『京都「町」の研究』法政大学出版局　1975)
「東寺境内款冬町の支配」(『京都社会史研究』1971　のちに『京都「町」の研究』法政大学出版局　1975)
「京都「町」の研究史」(『京都「町」の研究』法政大学出版局　1975)
中山薫
「岡山県鴨方町・安倍晴明伝承の解釈」(『岡山民俗』219　2003)
「正宗白鳥の上原太夫」(『岡山民俗』220　2004)
永山玄石
「備中の或る陰陽師に就いて」(『民族と歴史』4-6　1920)
難波田徹
「室町期京都における土地問題の一考察」(『立命館文学』267　1967)
「中世後期声聞師の一形態」(『風俗』6-4　1967)
西岡虎之助
「荘園における倉庫の経営と港湾の発達の関係」(『史学雑誌』44-4・5・7　1933　のちに『荘園史の研究　上』岩波書店　1953)
西田円我(鴨谷円我)
「別所と散所—その形態をめぐって」(『鷹陵史学』3・4　1977　のちに仏教大学歴史研究所森鹿三博士頌寿記念会編『森鹿三博士頌寿記念論文集』同朋舎出版　1977)
西脇哲夫
「中世語り物主要翻刻・複製目録」(『国文学解釈と鑑賞』51-4　＜特集＞中世語り物　1986)
丹生谷哲一
「散所発生の歴史的意義」(『日本歴史』268　1970　のちに『日本中世の身分と社会』塙書房　1993)
「散所の形成過程について」(『日本史研究』121　1971　のちに『日本中世の身分と社会』塙書房　1993)
「非人施行と公武政権」(『歴史研究』17　1979　のちに『検非違使』平凡社　1986)
「鎌倉幕府御家人制研究の一視点—散所御家人を通して—」(『歴史研究』16　1979　のちに『日本中世の身分と社会』塙書房　1993)
「検非違使とキヨメ」(『ヒストリア』87　1980　のちに『検非違使』平凡社　1986)
「和泉国における春日神人」(『忠岡の歴史』3　1983　のちに『日本中世の身分と社会』塙書房　1993)

「散所非人」(『歴史研究』22　1984　のちに『検非違使』平凡社　1986)
「中世前期における非人」(『部落問題研究』79　1984　のちに『検非違使』平凡社　1986)
「春日社神人小考」(岸俊男教授退官記念会編『日本政治社会史研究　下』塙書房　1985　のちに『日本中世の身分と社会』塙書房　1993)
「“八足のけいこ”について」(『日本史研究』298　1987)
「一服一銭茶考」(『立命館文学』509　1988　のちに『日本中世の身分と社会』塙書房　1993)
「中世の身分と差別はどのようなものだったか」(峰岸純夫編『争点日本の歴史４』　新人物往来社　1991)
「非人・河原者・散所」(『岩波講座日本通史８　中世２』岩波書店　1994)
「中世河原者に関する史料断片」(『奈良県部落解放研究所部落解放』再刊１　1997)

能勢朝次

「手猿楽考」(『能楽源流考』岩波書店　1938)

のびしょうじ(臼井壽光)

「地域被差別民史の研究構想」(『部落解放研究』117　1997)

は　行

芳賀登

「民衆概念の歴史的変遷」(『民衆概念の歴史的変遷』雄山閣出版　1984)

橋本初子

「中世の検非違使庁関係文書について」(『古文書研究』16　1981)

服部幸造

「幸若舞」(『福井県史　通史編２　中世』1994)
「幸若舞・舞々・越前万歳」(『福井県史　通史編３　近世１』1994)

林淳

「陰陽師と神事舞太夫の争論」(『愛知学院大学人間文化研究所紀要　人間文化』８　1993)
「幕末の土御門家の陰陽師支配」(『愛知学院大学人間文化研究所紀要　人間文化』９　1994)
「土御門家配下の知多の陰陽師と出稼ぎ万歳」(『愛知学院大学人間文化研究所紀要　人間文化』14　1999)
「近世陰陽道研究史覚書」(『愛知学院大学論叢文学部紀要』30　2001)

林屋辰三郎

「中世文化の成立―絵巻物の展開を中心として」(『中世文化の基調』東京大学出版会　1953)
「散所　その発生と展開―古代末期の基本問題―」(『史林』37-6　1954　のちに『変革の道程　日本史論聚３』岩波書店　1988)

「『山椒大夫』の原像」(『文学』22-2　1954　のちに『変革の道程　日本史論聚３』岩波書店　1988)
「中世篇」(『部落の歴史と解放運動』部落問題研究所　1954)
「解説」(『部落史に関する綜合的研究史料第二』柳原書店　1956)
「近代以前」(奈良本辰也編『未解放部落の歴史と社会』日本評論社　1956)
「古代末期に於ける芸能者の隷属形態」(『部落問題研究』創刊号　1957　のちに『歴史に於ける隷属民の生活　日本史講義２』筑摩書房　1987)
「中世における都市と農村の文化」(『岩波講座日本文学史５』岩波書店　1958　のちに『変革の道程　日本史論聚３』岩波書店　1988
「古代中世における身分制」(『人権と部落問題』部落問題研究所　1959)
『中世藝能史の研究』(岩波書店　1960)
「解説」(『部落史に関する綜合的研究史料第三』柳原書店　1962)
「解説」(『部落史に関する綜合的研究史料第四』柳原書店　1965)
「公家と散所」(『南北朝』創元社　1967)
「散所　その後の考説」(日本史研究会史料研究部会編『中世の権力と民衆』創元社　1970　のちに『変革の道程　日本史論３』岩波書店　1988)
「散所」(『週刊アルファ大世界百科105』1972　のちに『変革の道程　日本史論聚３』岩波書店　1988)
「部落史の位置」(『歴史・京都・芸能』朝日選書　1978)
『歴史に於ける隷属民の生活　日本史講義２』(筑摩書房　1987)

原田伴彦

「中世賤民の一考察」(『経済学雑誌』31-3・4合併号　1954　のちに『原田伴彦論集４　部落差別史研究』思文閣出版　1985)
「石工と脱賤民化」(『部落』79　1956　のちに『原田伴彦論集４　部落差別史研究』思文閣出版　1985)
「封建時代賤民史の諸問題」(『日本封建制下の都市と社会』1960　のちに『原田伴彦論集４　部落差別史研究』思文閣出版　1985)

久野修義

「中世篇第１章５散所」(『部落史史料選集１』部落問題研究所　1988)

福田晃

「甲賀の唱門師―『神道集巻八釜神事の背景』補説」(『伝承文学研究』３　1962)

藤井奈都子

「加賀藩における舞々をめぐって―『豊嶋安右衛門言上書』を中心に―」(『藝能史研究』111　1990)
「語り物研究主要論文目録とその解題」(『軍記語りと芸能』軍記文学研究叢書12　汲古書院　2000)
「幸若舞曲文献目録」(『幸若舞曲研究』別巻　三弥井書店　2004)

藤沢靖介
「民間宗教者・芸能民・「賤民」―舞々＝神事舞太夫と民間宗教者統制の研究から」（『明日を拓く』28　1999）
藤田恒春
「近世芸能民について―西生来村『進宮』を中心に」（『月刊滋賀の部落』143　1988）
「消えゆく芸能民の村」（『月刊滋賀の部落』340　2002）
「みたび進宮について―「清浄成人」をめぐって―」（『月刊滋賀の部落』363　2004）
古川与志継
「小南の芸能座について」（『野洲町立歴史民俗資料館研究紀要』7　2000）
外園豊基
「中世の諸階層・諸身分の闘争」（青木美智男ほか編『一揆3　一揆の構造』東京大学出版会　1981）
細川涼一
「中世前期の非人について」（『中央大学大学院研究年報』9　1980　のちに『中世の身分制と非人』日本エディタースクール出版部　1994）
「中世身分制と非人身分論の展開」（『日本歴史大系2　中世』山川出版社　1985）
「職能の分化と賤民の動向」（『日本歴史大系2　中世』山川出版社　1985）
「中世賤民と芸能―謡曲「花月」に照らす―」（『部落』545　1992　のちに『中世の身分制と非人』日本エディタースクール出版部　1994）
「中世非人論の現状と課題」（『中世の身分制と非人』日本エディタースクール出版部 1994）
「民衆運動―身分解放闘争」（『日本中世史研究事典』東京堂出版　1995）
「中世被差別民衆の姿」（『部落解放』405　1996　のちに『死と境界の中世史』洋泉社 1997）
「西京散所と北野社」（奈良人権部落解放研究所編『日本歴史の中の被差別民』新人物往来社　2001）
堀一郎
『我が国民間信仰史の研究2　宗教史編』（東京創元社　1953）

ま　行

松尾剛次
「天皇支配権と中世非人支配」（『日本歴史』394　1981　のちに『中世の都市と非人』法蔵館　1998）
松田憲治
「近世陰陽道の編成と知多の陰陽師・万歳師」（『名古屋自由学院短期大学研究紀要』23 1991）
黛弘道
「散所」（『大日本百科事典8』小学館　1969）

三浦圭一
「下克上の時代の一側面―嬰児殺害・一色田・散所―」(『ヒストリア』50　1968　のちに『中世民衆生活史の研究』思文閣出版　1981)
「一五世紀～一六世紀の人民闘争―未解放部落成立史との関連において―」(『歴史評論』231　1969　のちに『日本中世賤民史の研究』部落問題研究所　1990)
「中世後期の散所について」(『立命館文学』337・338合併号　1976　のちに『日本中世賤民史の研究』部落問題研究所　1990)
「戦国期の交易と交通」(『岩波講座日本歴史８　中世４』岩波書店　1976　のちに『中世民衆生活史の研究』思文閣出版　1993)
「日本中世における賤民身分研究の二、三の問題」(『日本史研究』176　1977　のちに『日本中世賤民史の研究』部落問題研究所　1990)
「中世後期における日本の内と外」(『有斐閣新書日本史３』有斐閣　1978　のちに『中世民衆生活史の研究』思文閣出版　1993)
「中世後期における賤民の存在形態」(『部落史の研究　前近代篇』部落問題研究所　1979　のちに『日本中世賤民史の研究』部落問題研究所　1990)
「中世から近世初頭にかけての和泉国における賤民生活の実態」(『歴史評論』368　1980　のちに『日本中世賤民史の研究』部落問題研究所　1990)
「中世篇第４章２村落」(『部落史史料選集１』部落問題研究所　1988)
三鬼清一郎
「普請と作事―大地と人間―」(『岩波講座日本の社会史８』岩波書店　1987　のちに『陰陽道叢書３　近世』名著出版　1992)
峰岸純夫
「日本中世の身分制研究をめぐって」(『部落問題研究』71　1982)
三橋修
「差別論ノート２」(『差別論ノート』新泉社　1973　のちに『増補差別論ノート』新泉社　1986)
村岡幹生
「中世春日社の神人組織」(『立命館文学』521　1991)
宮川満
『太閤検地論』(御茶の水書房　1957～1963　のちに『宮川満著作集』４～６　第一書房　1999)
村上紀夫
「梅津千秋万歳考」(『藝能史研究』137　1997)
「常盤散所小考」(『藝能史研究』141　1998)
「「安倍晴明伝説」考」(『展示図録　安倍晴明の虚像と実像―語られた歴史・由緒と被差別民』大阪人権博物館　2003)
村田修三
「中近世移行期大和における賤民制の展開」(『部落問題研究』117　1992)

村山修一
「町人層の成長」(『日本都市生活の源流』関書院　1953　復刊・国書刊行会　1984)
室木弥太郎
「幸若とその系譜」(『近世文芸』 4　1957)
「幸若と舞々」(『国語と国文学』昭和32年 8 月　1957)
「舞々断想」(『加能民俗』3-12　1957)
「舞と説経の成立の基盤について」(『文学』35-10　幸若と説経　1967)
『増訂語り物(舞・説経・古浄瑠璃)の研究』(風間書房　1981)
『中世近世日本芸能史の研究』(風間書房　1992)
森末義彰
「中世寺院における声聞師の研究」(『日本宗教史研究』隆章閣　1933)
「散所」(『史学雑誌』50-7・8　1939　のちに『中世の社寺と芸術』(復刊) 吉川弘文館　1983)
「散所の形成」(『風俗』27-2　1988)
森田竜雄
「中世後期奈良の声聞師集団に関する一考察―その構造と展開」(『部落問題研究』133　1995)
森田康夫
「大坂における被差別民の重層構造」(『部落史研究 1　多様な被差別民の世界』解放出版社　1997)
「多様な「情念的賤民」―聖・夙・陰陽師を中心に―」(『新修大阪の部落史』上　解放出版社　1995)
盛田嘉徳
「散所に関する研究の変遷」(『大阪学芸大学紀要A人文科学』13・14　1965・1966　のちに『中世賤民と雑芸能の研究』雄山閣出版　1974)
「千秋萬歳の研究」(『中世賤民と雑芸能の研究』雄山閣出版　1974)
守屋毅
「芸能史における「近世」の萌芽―芸能の商品化と芸能市場をめぐって―」(日本史研究会史料研究部会編『中世の権力と民衆』創元社　1970　のちに『近世芸能興行史の研究』弘文堂　1985)
「芸能を演じる人々」(『日本民俗文化大系 7　演者と観客』小学館　1984)
「旅芝居」(京都部落史研究所編『近世の民衆と芸能』阿吽社　1989)
師岡佑行
「部落史研究の本格化と部落の起源をめぐる対立」(『戦後部落解放論争史 2』柘植書房　1981)

や　行

柳田国男
「山荘大夫考」(『郷土研究』3-2　1915　のちに『定本柳田国男集７』 筑摩書房　1962)
「唱門師の話」(『郷土研究』4-2　1916　のちに『定本柳田国男集９』 筑摩書房　1967)
山上伊豆母
「陰陽道の伝流と土御門家「歴代組」の一考察」(『風俗』1-4　1951　のちに『陰陽道叢書３　近世』名著出版　1992)
山路興造
「旅わたらいの芸能」(芸能史研究会編『日本芸能史３』法政大学出版局　1983)
「中世芸能の変質」(『藝能史研究』90　1985　のちに『翁の座』平凡社　1990)
「千秋万歳」(京都部落史研究所編『中世の民衆と芸能』阿吽社　1986)
「松囃子」(京都部落史研究所編『中世の民衆と芸能』阿吽社　1986)
「中世芸能」(『部落問題事典』解放出版社　1986)
「被差別民芸能の変遷」(『藝能史研究』98　1987　のちに『翁の座』平凡社　1990)
「萬歳の成立」(『民俗芸能研究』８　1988　のちに『翁の座』平凡社　1990)
「近江猿楽座再考」(『藝能史研究』105　1989　のちに『翁の座』平凡社　1990)
「萬歳」(京都部落史研究所編『近世の民衆と芸能』阿吽社　1989)
「野田村の成立と展開―京都市伏見区竹田の被差別部落―」(『京都市歴史資料館紀要』７　1989)
「散所村と声聞師」(『京都の部落史１　前近代』阿吽社　1995)
「声聞師と鉢叩き」(『京都の部落史１　前近代』阿吽社　1995)
「地方の「舞々」」(『部落史の再発見』部落解放研究所　1996)
「舞々考―地方の舞々を中心に―」(『藝能史研究』141　1998)
「近世都市における「遊民」の諸相」(『世界人権問題研究センター研究紀要』５　2000)
「千秋万歳」(『部落問題・人権事典』解放出版社　2001)
山田洋子
「中世大和の非人について」(『年報中世史研究』４　1979)
山村雅史
「「大和万歳」に関するノート」(『奈良県立同和問題関係史料センター紀要』３　1996)
「地域の声聞師研究一試論―中世法隆寺辺の声聞師から―」(『奈良県立同和問題関係史料センター紀要』７　2000)
山本尚友
「陰陽師」(京都部落史研究所編『中世の民衆と芸能』阿吽社　1986)
「近世社会とその身分―序に代えて―」(京都部落史研究所編『近世の民衆と芸能』阿吽社　1989)
「院内」(京都部落史研究所編『近世の民衆と芸能』阿吽社　1989)

「宿・鉢叩きを部落史にどう位置づけるか」(『こぺる』150・151　1990)
「民間陰陽師の発生とその展開」(『陰陽道叢書３　近世』名著出版　1992)
「差別の諸相」(佛教大学編『京都の歴史４』京都新聞社　1995)
「中世賤民の全体像」(『京都の部落史１　前近代』阿吽社　1995)
「中世末・近世初頭の洛南における賤民集落の地理的研究　上・下」(『世界人権問題研究センター研究紀要』２・３　1997・1998　のちに『被差別部落史の研究―移行期を中心にして―』岩田書院　1999)
「諸賤民集団研究の課題」(『部落史研究』１　1997　のちに『被差別部落史の研究―移行期を中心にして―』岩田書院　1999)
「近世近江の陰陽師村の消長―滋賀郡前田村を事例として」(『世界人権問題研究センター研究紀要』７　2002)

山本尚友（司会）ほか
「中世被差別民史への視点〈座談会〉」(京都部落史研究所編『中世の民衆と芸能』阿吽社　1986)
「近世被差別民史への視点〈座談会〉」(京都部落史研究所編『近世の民衆と芸能』阿吽社　1989)

山本義孝
『民間陰陽師の村　笠原院内（南区の歴史を顧る）』(部落解放同盟静岡県連合会　1998)

葉漢鰲
「千秋万歳の発生と中国の門付芸」(『東アジアの神と祭り』雄山閣出版　1998)

横井清
「中世における卑賤観の展開とその条件」(『部落問題研究』12　1962　のちに『中世民衆の生活文化』東京大学出版会　1975)
「触穢思想の中世的展開」(『風俗』7-3　1968　のちに『中世民衆の生活文化』東京大学出版会　1975)
「散所」(『中世史ハンドブック』近藤出版社　1973　のちに『中世民衆の生活文化』東京大学出版会　1975)
「触穢思想の中世的構造」(『国文学解釈と鑑賞』472　1975　のちに『中世民衆の生活文化』東京大学出版会　1975)
「中世賤民の生活」(『歴史公論』19　近世の被差別民　1977　のちに『下剋上の文化』東京大学出版会　1980)
「賤民と隷属民」(『歴史公論』55　中世の被差別民　1980　のちに『現代に生きる中世』西田書店　1981)
「戦乱と能」(芸能史研究会編『日本芸能史３』法政大学出版局　1983)
「解説」(『編年差別史史料集成３　中世篇１』三一書房　1983)
「解説」(『編年差別史史料集成１　古代篇１』三一書房　1984)
「散所」(『大百科事典６』平凡社　1985)

「中世・民衆・芸能―序に代えて」(京都部落史研究所編『中世の民衆と芸能』阿吽社　1986)
「声聞師」(『国史大事典７』吉川弘文館　1986)
「千秋万歳」(『国史大事典８』吉川弘文館　1987)
「中世」(『部落解放史　上巻』解放出版社　1989)
「散所」(『日本史大事典３』平凡社　1993)
吉田栄治郎
「近世大和の陰陽師と奈良暦」(『陰陽道叢書３　近世』名著出版　1992)
「大和万歳祖神考」(『奈良県立同和問題関係史料センター紀要』８　2001)
「中近世大和の被賤視民の歴史的諸相―横行の場合」(『天理大学人権問題研究室紀要』６　2003)
吉田徳夫
「中世奈良の非人と声聞師」(『関西大学法学論集』41-5・6　1992)
「中世の被差別民」(『新修大阪の部落史　上』解放出版社　1995)
吉村亨
「中世の部落」(『近江八幡の部落史』近江八幡市　1995)

わ　行

脇田修
「京都市の部落」(『京都の部落問題１』部落問題研究所　1987)
脇田修（司会）ほか
「座談会・世界史における身分と差別　アジア編」(部落問題研究所編『世界史における身分と差別』部落問題研究所　1987)
「シンポジウム前近代部落史の研究情況と課題」(『部落問題研究』59　1979)
「最近の中世被差別身分の研究をめぐって（討論）」(『部落問題研究』61　1979)
「シンポジウム中世身分制の研究状況と課題」(『部落問題研究』78　1984)
「座談会・世界史における身分と差別　ヨーロッパ編」(部落問題研究所編『世界史における身分と差別』部落問題研究所　1987)
脇田晴子
「散所の成立」(『日本中世商業発達史の研究』御茶の水書房　1969)
「散所の成立をめぐって」(『日本史研究』113　1970)
「日本中世都市と領主権力」(『歴史学研究』471　1979　のちに『日本中世都市論』東京大学出版会　1981)
「散所論」(『部落史の研究　前近代篇』部落問題研究所　1979)
「中世史研究と都市論」(『日本中世都市論』東京大学出版会　1981)
「都市の成立と住民構成」(『日本中世都市論』東京大学出版会　1981)
「自治都市の成立とその構造」(『日本中世都市論』東京大学出版会　1981)
「都市共同体の形成」(『日本中世都市論』東京大学出版会　1981)

「中世被差別民の生活と社会」(『部落の歴史と解放運動　前近代篇』部落問題研究所　1985　のちに『日本中世被差別民の研究』岩波書店　2002)
「散所」(『部落史用語辞典』柏書房　1985)
「散所」(『国史大辞典６』吉川弘文館　1985)
「散所」(『日本大百科全書10』 小学館　1986)
「中世篇第２章７猿楽」(『部落史史料選集１』部落問題研究所　1988)
「中世篇第２章８散所の芸能」(『部落史史料選集１』部落問題研究所　1988)
「日本中世の地縁的・職能別共同体と被差別民」(『ステイタスと職業』ミネルヴァ書房　1997)
「曲舞女」(『女性芸能の源流―傀儡子・曲舞・白拍子』角川書店　2001)
「研究史と課題」(『日本中世被差別民の研究』岩波書店　2002)
「散所非人」(『日本中世被差別民の研究』岩波書店　2002)
「勧進と民間信仰」(『日本中世被差別民の研究』岩波書店　2002)

渡辺昭五

「七道者の性格」(『国学院雑誌』81-8　1980　のちに『中近世放浪芸の系譜』岩田書院　2000)
「声聞師の中世文芸その他」(『大妻国文』29　1998　のちに『中近世放浪芸の系譜』岩田書院　2000)

渡辺澄夫

「摂関家大番領の研究」(『畿内庄園の基礎構造　下』吉川弘文館　1956　のちに『増訂畿内庄園の基礎構造　下』吉川弘文館　1970)

渡辺俊雄

「部落史における中世」(『いま、部落史がおもしろい』解放出版社　1996)

渡辺広

「散所のことなど」(『和歌山大学学芸学部紀要人文科学』６　1956　のちに『未解放部落の史的研究』吉川弘文館　1963)
「中世賤民の様相」(『那賀町史』1981　のちに『未解放部落史の源流と変遷』部落問題研究所　1994)